U0920849

总第41期

2023
江西统计年鉴
JIANGXI STATISTICAL YEARBOOK

江西省统计局　国家统计局江西调查总队　编

JIANGXI PROVINCIAL BUREAU OF STATISTICS

SURVEY OFFICE OF THE NATIONAL BUREAU OF STATISTICS IN JIANGXI

中国统计出版社

China Statistics Press

图书在版编目（C I P）数据

江西统计年鉴. 2023 = Jiangxi Statistical Yearbook 2023 : 汉英对照 / 江西省统计局, 国家统计局江西调查总队编. -- 北京 : 中国统计出版社, 2023.10
ISBN 978-7-5230-0159-2

Ⅰ. ①江… Ⅱ. ①江… ②国… Ⅲ. ①统计资料 - 江西 - 2023 - 年鉴 - 汉、英 Ⅳ. ①C832.56-54

中国国家版本馆CIP数据核字(2023)第133185号

江西统计年鉴2023

作　　者／江西省统计局　国家统计局江西调查总队
责任编辑／徐　颖
执行编辑／舒　慧　李少鹏　温春晖
出版发行／中国统计出版社有限公司
地　　址／北京市丰台区西三环南路甲6号
邮政编码／100073
电　　话／邮购（010)63376909　书店（010)68783171
网　　址／http://www.zgtjcbs.com
印　　刷／江西昌和特种票证有限公司
经　　销／新华书店
开　　本／890mmx1240mm 1/16
字　　数／1200千字
印　　张／35.25　0.75彩页
版　　别／2023年 10 月第1版
版　　次／2023年 10 月第1次印刷
定　　价／400.00元　Price:400.00 yuan (RMB)

本书附同版本 CD-ROM 一张，光盘内容以书面文字为准。
如有印装差错，由本社发行部调换。

《江西统计年鉴2023》编辑委员会

Jiangxi Statistical Yearbook 2023 Editorial Committee

编者说明

一、《江西统计年鉴 2023》系统收录了全省和 11 个设区市 2022 年经济、社会各方面的统计数据，改革开放以来和其他重要历史年份的全省主要统计数据，以及全国各省（区、市）部分主要指标数据，是一部全面反映江西省经济和社会发展情况的资料性年刊。

二、本年鉴正文内容分为 21 个篇章，即：综合，人口，就业人员和职工工资，固定资产投资，对外经济贸易，能源，财政，价格指数，人民生活，城市建设，生态环境，农业，工业，建筑业，交通运输、邮电通讯业，国内贸易和旅游，金融业，房地产开发，科技、教育、文化，卫生、体育、社会福利及其他，各省、自治区、直辖市主要经济指标及 2022 年江西统计调查工作大事记。为方便读者使用，各篇章前设有简要介绍，对本篇章的主要内容、资料来源、统计范围、统计方法等予以简要概述，篇末附有主要统计指标解释。

三、本年鉴对以前发表的统计资料重新予以审核，凡与本年鉴资料有出入的，均以本年鉴为准。

四、本年鉴所使用的度量衡单位，均采用国际统一标准计量单位。

五、本年鉴中部分数据合计数或相对数由于单位取舍不同而产生的计算误差，均未作机械调整。

六、本年鉴各表中的“空格”表示该项统计指标数据不足本表最小单位数、数据不详或无该项数据；“#”表示其中的主要项。

Editor's Notes

I. *Jiangxi Statistical Yearbook 2023* is an annual statistics publication, which reflects comprehensively the economic and social development of Jiangxi province. It covers data for 2022 and some selected data series in historically important years and the most recent forty years at level of province and other provinces and municipalities.

II. The yearbook contains the following twenty-one chapters, General Survey; Population; Employment and Wages; Investment in Fixed Assets; Energy; Price Indices; People's Livelihood; General Survey of Cities; Ecological Environment; Agriculture; Industry; Construction; Transport, Post and Telecommunication Services; Domestic Trade; Foreign Trade and Economic Cooperation; Tourism; Financial Intermediation; Insura iilnce; Real Estate; Education, Science and Technology; Culture, Sports and Public Health; Social Welfare and Other Social Activities; Main Statistical Indictors on provinces, autonomous regions and municipalities and Notes of Jiangxi Statistical Events in 2022. For readers' convenience, in Brief Introduction at the beginning of each chapter, main coverage of this chapter, data sources, statistical coverage, statistical methods and historical changes are concerned. In addition, Explanatory Notes on Main Statistical Indicators are provided at the end of each chapter.

III. This yearbook re-audited statistic data published previously, any data different from this yearbook, take this yearbook's as standard data.

IV. The units of measurement used in this yearbook are internationally standard measurement units.

V. Statistical discrepancies due to rounding are not adjusted in the yearbook.

VI. Notations used in the yearbook: blank space indicates that the figure is not large enough to be measured with the smallst unit in the table, or data are unknown or are not available; "#" indicates a major breakdown of the total.

目 录 Contents

一、综 合
CHAPTER 1 GENERAL SURVEY

二、人 口
CHAPTER 2 POPULATION

三、就业人员和职工工资
CHAPTER 3 EMPLOYMENT AND WAGE

四、固定资产投资
CHAPTER 4 INVESTMENT IN FIXED ASSETS

五、对外经济贸易
CHAPTER 5 FOREIGN ECONOMIC RELATIONS AND TRADE

六、能 源
CHAPTER 6 ENERGY

七、财 政 CHAPTER 7 GOVERNMENT FINANCE

八、价格指数 CHAPTER 8 PRICE INDICES

九、人民生活
CHAPTER 9 PEOPLE'S LIVELIHOOD

十、城市建设
CHAPTER 10 MUNICIPAL CONSTRUCTION

十一、生态环境 CHAPTER 11 ECOLOGICAL ENVIRONMENT

十二、农 业
CHAPTER 12 AGRICULTURE

十三、工　业
CHAPTER 13　INDUSTRY

十六、国内贸易和旅游
CHAPTER 16 DOMESTIC TRADE AND TOURISM

十七、金融业
CHAPTER 17 FINANCIAL INDUSTRY

十八、房地产开发 CHAPTER 18 REAL ESTATE DEVELOPMENT

十九、科技、教育、文化 CHAPTER 19 SCIENCE,EDUCATION AND CULTURE

二十、卫生、体育、社会福利和其他
CHAPTER 20 PUBLIC HEALTH,SPORTS,SOCIAL WELFARE AND OTHERS

二十一、各省、自治区、直辖市主要经济指标

CHAPTER 21 MAIN ECONOMIC INDICATORS OF PROVINCES,AUTONCOMOUS REGIONS AND MUNICIPALITIES DIRECTLY UNDER THE CENTRAL GOVERNMENT

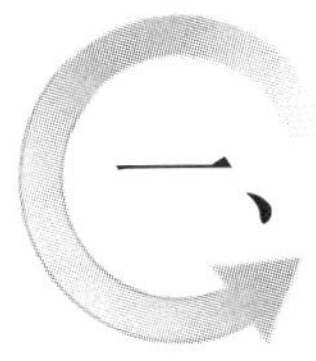

一、综　合

GENERAL SURVEY

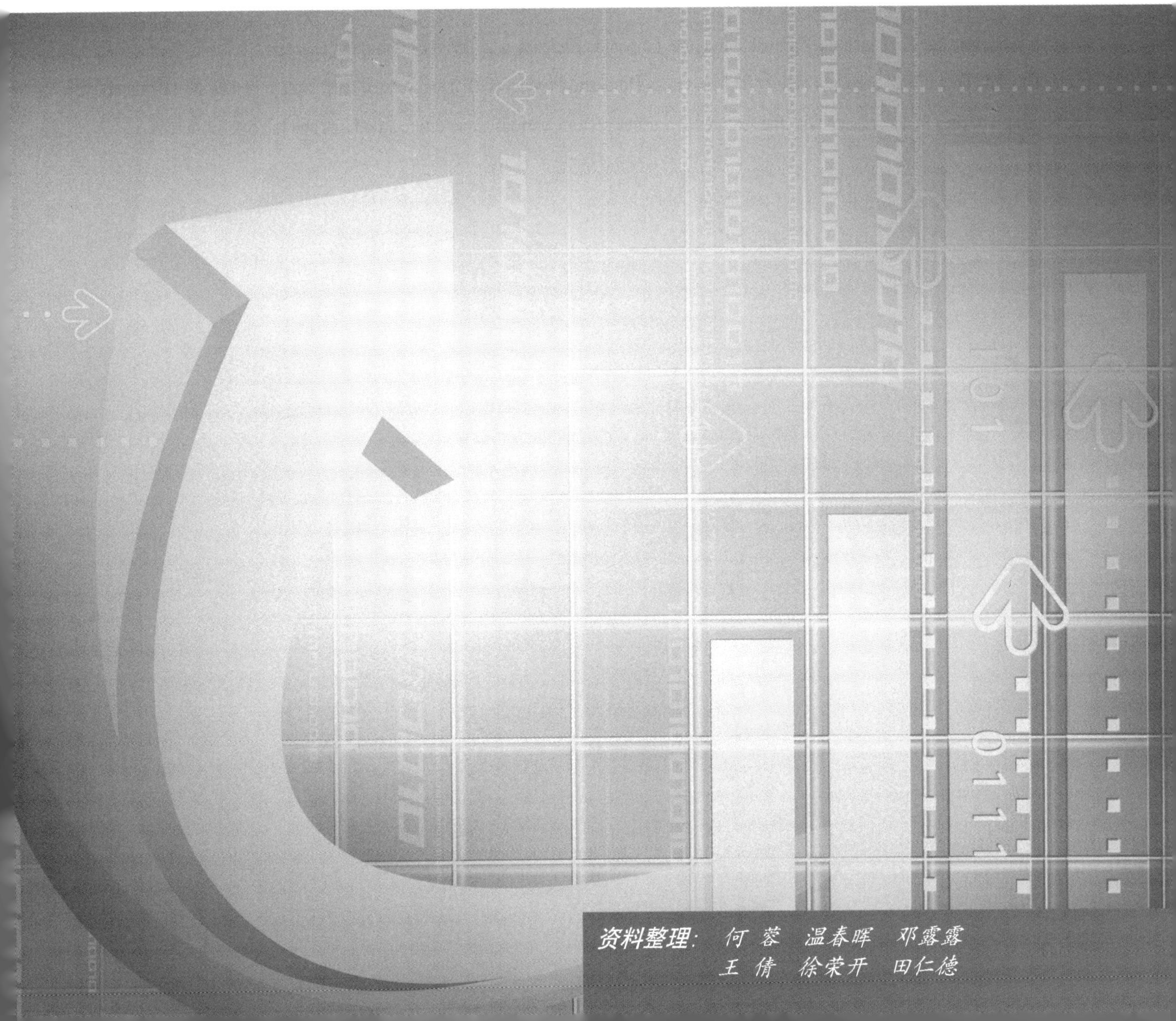

资料整理：何　蓉　温春晖　邓露露
王　倩　徐荣开　田仁德

简要介绍

本篇章由综合资料及国民经济核算资料两个部分组成。

综合资料主要包括国民经济和社会发展综合资料，通过对各篇章主要统计指标及其速度、结构、比例和效益等的加工计算，来反映国民经济和社会发展的总体情况。

国民经济核算资料主要包括地区生产总值及其有关资料。地区生产总值是根据不同产业部门、不同支出构成的特点和资料来源情况而分别采取不同方法计算的。

Brief Introduction

This chapter consists of two parts: The summary data and the data on national accounts.

The summary data on the national economy reflect the overall situation of the economic and social development by presenting further processed statistics including growth, structure, ratio and efficiency data derived from other chapters.

The data on national accounts mainly include Gross Domestic Product (GDP) and related data. Data on GDP are calculated with various approaches in accordance with the features of various sectors, various expenditure structures and the data resources.

自然地理资源

位　　置

江西省，简称赣。位于长江中下游交接处的南岸。地处北纬 24° 29′ ~30° 04′ 、东经 113° 34′ ~118° 28′ 之间，东邻浙江、福建，南连广东，西接湖南，北毗湖北、安徽。北控长江，上接武汉三镇，下通南京、上海，东南与沿海开放城市相邻近。京九铁路和浙赣铁路纵横贯通全境，交通便利，地理位置优越。

地势、面积

全省东南西三面群山环绕，内侧丘陵广亘，中北部平原坦荡，整个地势，由外及里，自南而北，渐次向鄱阳湖倾斜，构成一个向北开口的巨大盆地。全省面积 16.69 万平方公里。全境以山地、丘陵为主，山地占全省总面积的 36%，丘陵占 42%，岗地、平原、水面占 22%。

山脉、河流、湖泊

主要山脉分布于省境边陲，山峰一般海拔 1000 米左右，少数海拔 2000 余米。省境东和东北有蜿蜒于赣闽、赣浙之间的武夷山和怀玉山；南有逶迤于赣粤之间的大庚岭和九连山；西有耸峙于赣湘之间的罗霄山脉，雄伟的井冈山就在罗霄山脉的中段；西北有盘亘于赣鄂之间的幕阜山，庐山即是它向东延伸的余脉。

全省有大小河流 2400 多条，总长约 18400 公里，大部分河流汇向鄱阳湖，再注入长江。主要河流有 5 条，即赣江、抚河、信江、修河、饶河。赣江全长 751 公里，为本省第一大川，水量为长江第二大支流，它自南而北流贯全省，从赣州至湖口而入长江，通航里程 5000 余公里。

鄱阳湖是全国最大的淡水湖，它是江西最大的聚水盆，长江水量的巨大调节器，也是沟通省内外各地航道的中转站。

气　　候

江西气候四季变化分明。春季温暖多雨，夏季炎热温润，秋季凉爽少雨，冬季寒冷干燥。2022 年全省平均气温为 19.3℃，降水量为 1567.7 毫米，日照为 1721.4 小时。全年气候温暖，光照充足,雨量充沛,无霜期长，具有亚热带湿润气候特色。

资　　源

2022 年，全省养殖面积 40.62 万公顷。产量较多的有四大家鱼、虾蟹、蚯鳝和龟鳖等。省内还有众多的水禽和珍禽，其中不少是受到世界性保护的珍禽。

江西地下矿藏丰富，是我国矿产资源配套程度较高的省份之一。储量居全国前三位的有铜、钨、银、钽、钪、铀、铷、铯、金、伴生硫、滑石、粉石英、硅灰石等。铜、钨、铀、钽、稀土、金、银被誉为江西的“七朵金花”。

Nature, Geography and Resources

Position

Jiangxi Province, called Gan for short, lies in the southern bank of the middle and lower reaches of the Yangtze River. It is located at latitude 24° 29′ ～30° 04′ north, longitude 113° 34′ ～118° 28′ east. It borders Zhejiang and Fujian provinces to the east, Guangdong to the south, Hunan to the west, and Hubei and Anhui to the north. Jiangxi dominates the Yangtze River in the north, and connects to three towns of Wuhan in the upper stream, Nanjing and Shanghai in the downstream. And it is close to the coastal opening cities in the southeast. Both Beijing-Kowloon and Zhejiang Jiangxi railways run through the whole province, which provided with the convenient transportation and superior location.

Topography and area

Mountains surround Jiangxi province on three sides. The southern half of the province is hilly with ranges and valleys interspersed; while the middle and northern half is flatter and lower in altitude. Stretching from south to north, the whole land is generally sloping towards Poyang Lake, which has formed a huge basin opening to the north. The total area of the province is 166,900 square kilometers. There are various land forms within it, with mountains and hills dominating. Mountains account for 36% of the province's total area, hills account for 42%, and mounds, plains, and water surface area for 22%.

Mountain ranges, rivers and lakes

The main mountain ranges are distributed by the border of the province, which generally have the altitude of about 1000m, and minority over 2000m. On the east and northeast of Jiangxi there are Wuyi and Huaiyu Mountains winding between Jiangxi and Fujian, Jiangxi and Zhejiang Provinces. On the south there are Dayu and Jiulian Mountains wriggling between Jiangxi and Guangdong provinces. In the west there are Luoxiao Ranges standing between Jiangxi and Hunan provinces, where the magnificent Mt. Jinggang is situated at the middle. In the northwest there are Mufu Mountains circling between Jiangxi and Hubei provinces. And its extending part on the east is namely the famous mountain—Mt. Lushan.

There are more than 2,400 rivers of various sizes in Jiangxi province, which have a combined total length of about 18,400 kilometers. Most of them enter Poyang Lake, which in turn empties into the Yangtze River. The five major rivers are Gan River, Fu River, Xin River, Xiu River, and Rao River. The Gan River winds along 751 kilometers, which is the biggest river of the province, and the second tributary of the Yangtze River in water volume. Flowing through the entire length of the province from south to north, it enters Ganzhou to Hukou, and then pours into the Yangtze River, with navigation mileage of over 5000 kilometers.

Poyang Lake is the largest fresh lake in China, and the biggest water assembling basin of Jiangxi province. It is the huge volume moderator of the Yangtze River, and also the intersection of linking up with all shipping lines in-and-out of the province.

Climate

The climate of Jiangxi province is four seasons alternating distinctively: warm with abundant rainfall in spring, hot and humid in summer, cool with little rainfall in autumn, chilly and dry in winter. In 2022, The average temperature of the whole province is about 19.3℃, with the annual precipitation of 1567.7 mm and sunshine hours of 1721.4 h. The whole year of Jiangxi has mild climate, with sufficient sunshine, plentiful rainfall and long frost-free period, which belongs to humid subtropical climate.

Resources

In 2022, the provincial aquaculture area covers 406,200 hectares. There are many kinds of fish, with high yields of four large fish, shrimp and crab, eel and turtles. There are also numerous birds and cherished ones in province, most of which are world-protected species.

Jiangxi province has a rich reserve of underground minerals, which is one of the provinces with high matching degree of mineral resources in China. The reserves of Copper, Tungsten, Silver, Tantalum, Scandium, Uranium, Rubidium, Caesium, Gold, and Associated Pyrite etc, ranking the top three of the nation. Among all these minerals, Copper, Tungsten, Uranium, Tantalum, Rare Earths, Gold and Silver are considered “the seven gold flowers of Jiangxi.”

1-1 行政区划(2022年末)
Divisions of Administrative Areas (end of 2022)

地区	Region	设区市 Cities at Prefecture Level	县级市 Cities at County Level	县 Countries	市辖区 Districts Under the Jurisdiction of Cities	市、县、区名称	Name of Cities at County Level, Countries and Districts Under the Jurisdication of Cities
全省	**Total**	**11**	**12**	**61**	**27**		
南昌市	Nanchang	1		3	6	东湖区、西湖区、青云谱区、青山湖区、新建区、红谷滩区、南昌县、安义县、进贤县	Donghu,Xihu,Qingyunpu, Qingshanhu,Xinjian,Honggutan, Nanchang,Anyi,Jinxian
景德镇市	Jingdezhen	1	1	1	2	昌江区、珠山区、浮梁县、乐平市	Changjiang,Zhushan,Fuliang, Leping
萍乡市	Pingxiang	1		3	2	安源区、湘东区、莲花县、上栗县、芦溪县	Anyuan,Xiangdong,Lianhua, Shangli,Luxi
九江市	Jiujiang	1	3	7	3	濂溪区、浔阳区、柴桑区、武宁县、修水县、永修县、德安县、都昌县、湖口县、彭泽县、瑞昌市、共青城市、庐山市	Lianxi,Xunyang,Chaisang, Wuning,Xiushui,Yongxiu, De'an,Duchang,Hukou, Pengze,Ruichang, Gongqingcheng,Lushan
新余市	Xinyu	1		1	1	渝水区、分宜县	Yushui,Fenyi
鹰潭市	Yingtan	1	1		2	月湖区、余江区、贵溪市	Yuehu,Yujian,Guixi
赣州市	Ganzhou	1	2	13	3	章贡区、南康区、赣县区、信丰县、大余县、上犹县、崇义县、安远县、定南县、全南县、宁都县、于都县、兴国县、会昌县、寻乌县、石城县、瑞金市、龙南市	Zhanggong,Nankang,Ganxian, Xinfeng,Dayu,Shangyou, Chongyi,Anyuan,Dingnan, Quannan,Ningdu,Yudu, Xingguo,Huichang,Xunwu, Shicheng,Ruijin,Longnan
吉安市	Ji'an	1	1	10	2	吉州区、青原区、吉安县、吉水县、峡江县、新干县、永丰县、泰和县、遂川县、万安县、安福县、永新县、井冈山市	Jizhou,Qingyuan,Ji'an, Jishui,Xiajiang,Xingan, Yongfeng,Taihe,Suichuan, Wan'an,Anfu,Yongxin, Jinggangshan
宜春市	Yichun	1	3	6	1	袁州区、奉新县、万载县、上高县、宜丰县、靖安县、铜鼓县、丰城市、樟树市、高安市	Yuanzhou,Fengxin,Wanzai, Shanggao,Yifeng,Jing'an, Tonggu,Fengcheng,Zhangshu, Gao'an
抚州市	Fuzhou	1		9	2	临川区、东乡区、南城县、黎川县、南丰县、崇仁县、乐安县、宜黄县、金溪县、资溪县、广昌县	Linchuan,Dongxiang,Nancheng, Lichuan,Nanfeng,Chongren, Le'an,Yihuang,Jinxi, Zixi,Guangchang
上饶市	Shangrao	1	1	8	3	信州区、广丰区、广信区、玉山县、铅山县、横峰县、弋阳县、余干县、鄱阳县、万年县、婺源县、德兴市	Xinzhou,Guangfeng,guangxin Yushan,Yanshan,Hengfeng, Yiyang,Yugan,Poyang, Wannian,Wuyuan,Dexing

1-2 各设区市按专业分组一套表调查单位数（2022年）

Number of Qualified Legal Entities by Region and Profession (2022)

单位：个 (unit)

地 区	Region	合 计 Total	工 业 Industry	建筑业 Construction	批发和零售业 Wholesale and Retail Trade	住宿和餐饮业 Hotel and Catering Services	房地产开发经营业 Real Estate	服务业 Service	其他投资 Other Investment
全 省	**Provincial Total**	**55921**	**17597**	**5939**	**10361**	**2897**	**2992**	**6620**	**9515**
南昌市	Nanchang	9287	2092	1248	2749	484	531	1493	690
景德镇市	Jingdezhen	2147	621	99	423	178	98	255	473
萍乡市	Pingxiang	2463	702	224	323	134	116	147	817
九江市	Jiujiang	6888	2248	577	878	380	381	714	1710
新余市	Xinyu	1796	603	159	263	47	76	130	518
鹰潭市	Yingtan	1588	523	83	287	57	95	283	260
赣州市	Ganzhou	7772	2832	1066	1208	378	528	731	1029
吉安市	Ji'an	5984	1944	433	1179	386	240	798	1004
宜春市	Yichun	6787	2400	691	1171	327	288	819	1091
抚州市	Fuzhou	3915	1314	418	606	168	260	423	726
上饶市	Shangrao	7294	2318	941	1274	358	379	827	1197

注：其他投资是指未纳入规模以上工业、有资质的建筑业、限额以上批发和零售业、限额以上住宿和餐饮业、房地产开发经营业、规模以上服务业，且在报告期内有计划总投资5000万元及以上在建投资项目的法人单位。

a) Other investment refers to legal entities with 50 million yuan and above construction project in the reporting period, not including above scale industry, qualified construction industry, above-norm wholesale and retail trade, above-norm hotel and catering services, real estate development business, above scale service industry.

1-3 按主要行业分法人单位数(2022年)
Number of Corporate Units by Sector(2022)

单位：个 (unit)

地 区	Region	合 计 Total	农、林、牧、渔业 Agriculture, Forestry, Animal Husbandry and Fishery	采 矿 业 Mining	制 造 业 Manufacturing	电力、热力、燃气及水生产和供应业 Production and Supply of Electricity,Heat. Gas and Water	建 筑 业 Construction	批发和零售业 Wholesale and Retail Trades
全 省	**Provincial Total**	**1213069**	**109191**	**4866**	**131457**	**9921**	**102318**	**354064**
南 昌 市	Nanchang	191131	7839	90	16165	392	20344	55957
景德镇市	Jingdezhen	41798	2168	118	6743	159	3556	12393
萍 乡 市	Pingxiang	55852	4807	308	5012	360	5177	16291
九 江 市	Jiujiang	173800	18057	542	17751	1167	11900	52645
新 余 市	Xinyu	53119	3369	241	4307	196	3030	22013
鹰 潭 市	Yingtan	35464	3202	206	4341	147	2712	8841
赣 州 市	Ganzhou	211267	18901	1039	22153	1806	20742	64474
吉 安 市	Ji'an	110518	9918	501	13748	1196	9508	30619
宜 春 市	Yichun	116604	10678	809	15970	954	7650	33685
抚 州 市	Fuzhou	82335	11089	287	9018	2504	6091	21275
上 饶 市	Shangrao	141181	19163	725	16249	1040	11608	35871

1-3 续表1 continued

单位：个 (unit)

地 区	Region	交通运输、仓储和邮政业 Transport, Storage and Post	住宿和餐饮业 Hotels and Catering Services	信息传输、软件和信息技术服务业 Information Transmission, Software and Information Technology	金融业 Financial Intermediation	房地产业 Real Estate	租赁和商务服务业 Leasing and Business Services	科学研究和技术服务业 Scientific Research and Technical Services
全 省	**Provincial Total**	**36514**	**17278**	**63116**	**2826**	**29574**	**156650**	**52257**
南昌市	Nanchang	5129	3666	13265	733	6499	29050	11958
景德镇市	Jingdezhen	1151	776	1507	103	1239	4335	1725
萍乡市	Pingxiang	1055	659	4718	171	1030	8104	2443
九江市	Jiujiang	4089	2306	6819	270	3820	29585	7991
新余市	Xinyu	1013	358	2399	151	800	9663	1919
鹰潭市	Yingtan	1530	544	1787	128	855	5173	1337
赣州市	Ganzhou	4891	2830	13535	352	4883	20195	8185
吉安市	Ji'an	3640	1919	5411	295	2644	12304	4846
宜春市	Yichun	7336	1465	4526	211	2322	13017	3878
抚州市	Fuzhou	3070	929	2974	172	2040	8152	2853
上饶市	Shangrao	3610	1826	6175	240	3442	17072	5122

1-3 续表2 continued

单位：个 (unit)

地区	Region	水利、环境和公共设施管理业 Management of Water Conservancy, Environment and Public Facilities	居民服务、修理和其他服务业 Service to Households, Repair and Other Services	教育 Education	卫生和社会工作 Health and Social Service	文化、体育和娱乐业 Culture, Sports and Entertainment	公共管理、社会保障和社会组织 Pubic Management, Social Security and Social Organization
全省	**Provincial Total**	**9348**	**19066**	**26448**	**9665**	**23553**	**54957**
南昌市	Nanchang	1638	3830	3581	1502	4169	5324
景德镇市	Jingdezhen	460	802	815	318	1648	1782
萍乡市	Pingxiang	391	608	1166	369	782	2401
九江市	Jiujiang	1367	2867	3159	1113	2135	6217
新余市	Xinyu	320	519	698	199	729	1195
鹰潭市	Yingtan	294	618	959	311	709	1770
赣州市	Ganzhou	1437	3497	5312	1823	4565	10647
吉安市	Ji'an	891	1508	2401	856	1898	6415
宜春市	Yichun	833	1497	2557	1096	1477	6643
抚州市	Fuzhou	577	1283	2148	888	1294	5691
上饶市	Shangrao	1140	2037	3652	1190	4147	6872

1-4 分地区按三次产业和机构类型分法人单位数(2022年)

Number of Corporate Units by Three Strata of Industry and Type of Institutions and Region(2022)

单位：个 (unit)

地区	Region	法人单位数 Number of Corporate Units	按三次产业分 Grouped by Three Strata of Industry			按机构类型分 By Type of Institutions				
			第一产业 Primary Industry	第二产业 Secondary Industry	第三产业 Tertiary Industry	企业法人 Enterprises	事业法人 Institution Units	机关法人 Government Units	社会团体 Social Organization	其他 Others
全省	**Provincial Total**	**1213069**	**98597**	**247381**	**867091**	**1058334**	**27551**	**7714**	**11554**	**107916**
南昌市	Nanchang	191131	7064	36733	147334	177968	2967	726	1108	8362
景德镇市	Jingdezhen	41798	1924	10548	29326	36818	970	306	334	3370
萍乡市	Pingxiang	55852	4503	10826	40523	49374	801	416	496	4765
九江市	Jiujiang	173800	16428	31131	126241	153823	3716	993	1167	14101
新余市	Xinyu	53119	3067	7732	42320	49158	652	220	305	2784
鹰潭市	Yingtan	35464	2306	7381	25777	30110	1256	310	432	3356
赣州市	Ganzhou	211267	17159	45598	148510	183557	4745	1274	2241	19450
吉安市	Ji'an	110518	8134	24860	77524	94128	2807	912	1292	11379
宜春市	Yichun	116604	9728	25256	81620	98475	3250	811	1694	12374
抚州市	Fuzhou	82335	10093	17842	54400	67088	3204	810	968	10265
上饶市	Shangrao	141181	18191	29474	93516	117835	3183	936	1517	17710

1-5 按地区和控股情况分企业法人单位数(2022年)

Numbers of Corporate Enterprises by Region and the Status of Holdings(2022)

单位：个 (unit)

地区	Region	企业单位数 Number of Enterprises	国有控股 State-holding	集体控股 Collective-holding	私人控股 Private-holding	港、澳、台商控股 Holding by Investors form Hong Kong. Macao and Taiwan	外商控股 Holding by Foreign Investors	其他 Others
全省	**Provincial Total**	**1058334**	**12906**	**4374**	**1022730**	**2182**	**852**	**15290**
南昌市	Nanchang	177968	3437	794	166989	251	197	6300
景德镇市	Jingdezhen	36818	627	159	35417	60	39	516
萍乡市	Pingxiang	49374	432	406	48037	127	14	358
九江市	Jiujiang	153823	1643	725	150327	267	112	749
新余市	Xinyu	49158	340	99	47582	136	22	979
鹰潭市	Yingtan	30110	393	93	29154	357	53	60
赣州市	Ganzhou	183557	1762	680	179144	394	174	1403
吉安市	Ji'an	94128	1123	448	91222	301	83	951
宜春市	Yichun	98475	890	252	95421	112	70	1730
抚州市	Fuzhou	67088	888	258	65058	105	47	732
上饶市	Shangrao	117835	1371	460	114379	72	41	1512

1-6 按地区和登记注册类型分企业法人单位数(2022年)

Number of Corporate Enterprises by Regin and Status of Registration(2022)

单位：个 (unit)

地 区	Region	企业单位数 Number of Enterprises	内资企业 Domestic Funded Enterprises	国有企业 State-owned Enterprises	集体企业 Collective-owned Enterprises	股份合作企业 Cooperative Enterprises	联营 Joint Ownership
全 省	**Provincial Total**	**1058334**	**1054976**	**4651**	**2474**	**637**	**331**
南昌市	Nanchang	177968	177448	811	389	303	40
景德镇市	Jingdezhen	36818	36716	259	91	7	158
萍乡市	Pingxiang	49374	49214	117	107	60	7
九江市	Jiujiang	153823	153378	809	501	45	30
新余市	Xinyu	49158	48991	103	77	8	8
鹰潭市	Yingtan	30110	29683	144	67	4	
赣州市	Ganzhou	183557	182954	514	377	62	17
吉安市	Ji'an	94128	93721	631	265	24	16
宜春市	Yichun	98475	98262	401	177	38	21
抚州市	Fuzhou	67088	66912	310	190	15	11
上饶市	Shangrao	117835	117697	552	233	71	23

1-6 续表 continued

单位：个 (unit)

地 区	Region	有限责任公司 Limited Liability Corporations	股份有限公司 Share-holding Corporations Lid.	私营 Private	港、澳、台商投资企业 Enterprises with Investment from Hong Kong, Macao and Taiwan	外商投资企业 Enterprises with Foreign Investment
全 省	**Provincial Total**	**52315**	**3996**	**985984**	**2287**	**1071**
南昌市	Nanchang	14962	1100	157963	273	247
景德镇市	Jingdezhen	2892	119	33001	59	43
萍乡市	Pingxiang	1476	134	46995	135	25
九江市	Jiujiang	7898	439	143210	293	152
新余市	Xinyu	1597	124	46847	141	26
鹰潭市	Yingtan	2406	179	26808	358	69
赣州市	Ganzhou	5182	519	175860	396	207
吉安市	Ji'an	3080	288	89153	312	95
宜春市	Yichun	3674	303	93358	127	86
抚州市	Fuzhou	3583	181	62591	114	62
上饶市	Shangrao	5565	610	110198	79	59

1-7 国民经济和社会发展主要指标与发展速度

指 标	Item	1978
人口(万人)	**Population (10 000 persons)**	
年末总人口	Population at Year-end	3182.82
男性人口	Male	1642.78
女性人口	Female	1540.04
城镇人口	Urban	533.12
乡村人口	Rural	2649.70
就业(万人)	**Employment (10 000 persons)**	
年末社会就业人数	Employment at Year-end	1254.3
#职工人数	Staff and Workers	267.4
地区生产总值(亿元)	**Gross Domestic Product (100 million yuan)**	**87.00**
第一产业	Primary Industry	36.18
第二产业	Secondary Industry	33.08
第三产业	Tertiary Industry	17.74
人均生产总值(元)	Per Capita GDP (yuan)	276
固定资产投资(亿元)	**Investment in Fixed Assets (100 million yuan)**	
全社会固定资产投资总额	Total Investment in Fixed Assets	
#固定资产投资	Investment in Fixed Assets	
#房地产开发投资	Investment in Real Estate Development	
财政(亿元)	**Government Finance (100 million yuan)**	
一般公共预算收入	General Public Budget Revenue	
一般公共预算支出	General Public Budget Expenditure	16.27
能源生产与消费(万吨标准煤)	**Production and Consumption of Energy (10 000 tons of SCE)**	
能源生产总量	Total Energy Production	
能源消费总量	Total Energy Consumption	
价格指数(上年=100)	**Price Indices (preceding year=100)**	
居民消费价格指数	Consumer Price Index	
商品零售价格指数	Retail Price Index	100.1
工业生产者出厂价格指数	Producer Price Index for Industrial Products	
工业生产者购进价格指数	Producer Price Indices for Purchasing Goods	
人民生活	**People's Livelihood**	
城镇非私营单位职工平均工资(元)	Average Wage of Staff and Workers in Urban Non-Private Non-Private Units(yuan)	552
城镇住户人均年可支配收入(元)	Per Capita Annual Disposable Income of Urban Households(yuan)	305
农村住户人均年可支配收入(元)	Per Capita Net Income of Rural Residents (yuan)	141
人民币住户存款年末余额(亿元)	Outstanding Amount of Saving Deposits in Urban and Rural Areas (100 million yuan)	4.16
城镇住户人均住宅建筑面积(平方米)	Per Capita Gross Living Space in Cities (sq.m)	
农村居民人均住房面积(平方米)	Per Capita Net Floor Space of Rural Residents (sq.m)	
城市建设、环境保护	**City Construction ,Environmental Protection**	
天然气供气量(万立方米)	Natural Gas Supply (10 000 cu.m)	
液化石油气供气量(吨)	Total Liquefied Petroleum Gas Supply (ton)	
道路长度(公里)	Length of Roads (km)	
排水管道长度(公里)	Length of Drainpipes (km)	
公共车辆(汽、电车)运营数(辆)	Operating Public Buses (Buses and Trolley Buses) (unit)	
绿化覆盖面积(公顷)	Coverage Area of Afforestation (hectare)	

注：1. 地区生产总值、农业总产值、工业增加值的发展速度均按可比价格计算。
2. 自1998年起，职工人数为在岗职工人数。自2012年起，职工人数含劳务派遣人员。
3. 从2011年起，固定资产投资项目统计起点由过去的计划投资50万元及以上提高到计划投资500万元及以上。
4. 2013年起城乡居民调查指标为新口径调查数据，统一为可支配收入指标。

Major Indicators and Growth Rates on National Economic and Social Development

总量指标	Aggregate Data				速度指标 (%)	Indices and Growth Rates (%)					
					指数 Index (2022为以下各年) (2022 as Percentage of the Following Years)				平均增长速度 Average Annual Growth Rate		
2000	2010	2020	2021	2022	1978	2000	2010	2020	1979–2022	2001–2022	2011–2022
4148.54	4462.25	4519.45	4517.40	4527.98	142.3	109.1	101.5	100.2	0.8	0.4	0.1
2157.02	2303.16	2332.15	2335.21	2339.75	142.4	108.5	101.6	100.3	0.8	0.4	0.1
1991.52	2159.08	2187.29	2182.19	2188.23	142.1	109.9	101.3	100.0	0.8	0.4	0.1
1148.73	1966.07	2731.41	2776.40	2810.52	527.2	244.7	143.0	102.9	3.9	4.2	3.0
2999.81	2496.18	1788.03	1741.01	1717.46	64.8	57.3	68.8	96.1	-1.0	-2.5	-3.1
2060.9	2388.0	2264.0	2242.0	2193.0	174.8	106.4	91.8	96.9	1.3	0.3	-0.7
291.6	279.6	412.3	411.2	404.3	151.2	138.6	144.6	98.1	0.9	1.5	3.1
2003.07	**9383.16**	**25781.95**	**29827.83**	**32074.72**	**36867.5**	**1601.3**	**341.8**	**124.4**	**14.4**	**13.4**	**10.8**
485.14	1147.59	2243.79	2334.10	2451.47	6775.8	505.3	213.6	109.3	10.1	7.6	6.5
700.76	5083.08	11107.92	13230.72	14359.56	43408.6	2049.1	282.5	129.3	14.8	14.7	9.0
817.17	3152.49	12430.24	14263.01	15263.68	86041.0	1867.9	484.2	122.8	16.6	14.2	14.0
4851	21099	57069	66020	70923	25696.7	1462.0	336.1	124.3	13.4	13.0	10.6
									21.5	20.7	13.3
									21.3	21.6	13.7
										18.4	8.9
111.55	778.09	2507.54	2812.23	2948.33		2643.0	378.9	117.6		16.0	11.7
223.47	1923.26	6674.08	6778.87	7289.07	44800.6	3261.8	379.0	109.2	14.9	17.2	11.7
1293.23	2312.80	1255.41	1404.36	1592.39		123.1	68.9	126.8		1.0	-3.1
2505.00	6280.55	9808.58	10517.78	10785.69		430.6	171.7	110.0		6.9	4.6
100.3	103.0	102.6	100.9	102.0		101.7	99.0	99.4		0.1	-0.1
98.5	102.7	101.6	101.2	102.6	102.5	104.2	99.9	101.0	0.1	0.2	0.0
101.0	115.3	98.3	110.5	103.5		102.5	89.8	105.3		0.1	-0.9
101.2	111.8	97.0	112.3	109.4		108.1	97.9	112.7		0.4	-0.2
7014	29092	80503	86116	90397	16376.3	1288.8	310.7	112.3	12.3	12.3	9.9
5104	15481	38556	41684	43697	14310.0	856.2	282.3	113.3	11.9	10.3	9.0
2135	5789	16981	18684	19936	14169.2	933.6	344.4	117.4	11.9	10.7	10.9
1243.15	6113.24	22741.11	25454.74	29998.55	721119.0	2413.1	490.7	131.9	22.4	15.6	14.2
32.4	38.88	50.47	51.59	51.90		160.2	133.5	102.8		2.2	2.4
27.79	40.26	64.64	69.37	69.75		251.0	173.2	107.9		4.3	4.7
		194417	234841	251369				129.3			
164698	188847	212089	202237	173056		105.1	91.6	81.6		0.2	-0.7
3033	5742	12656	14103	14797		487.9	257.7	116.9		7.5	8.2
2074	7340	20023	21577	23120		1114.7	315.0	115.5		11.6	10.0
4031	7048	15401	15604	15863		393.5	225.1	103.0		6.4	7.0
20044	48924	84260	86527	88242		440.2	180.4	104.7		7.0	5.0

a) Growth rates of gross domestic product, gross output value of agriculture and gross industrial value-added are calculated at constant prices.

b) Since 1998,number of staff and workers refers to number of employed staff and workers.Since 2012,number of staff and workers includes dispatched laborers.

c) The statistical starting point of the fixed assets investment projects from the previous plan to invest 500 000 yuan and above to plans to invest 5 million and above since 2011.

d) Indicators of urban and rural residents survey are adjusted to disposable income since 2013.

1-7 续表1

指 标	Item	1978
一般工业固体废物综合利用量(万吨)	General Industrial Solid Wastes Utilized (10 000 tons)	
一般工业固体废物综合利用率(%)	Ratio of General Industrial Solid Wastes Utilized (%)	
农业	**Agriculture**	
农业总产值(亿元)	Gross Output Value of Agriculture (100 million yuan)	49.29
主要农产品产量	Output of Major Farm Products	
粮食(万吨)	Grain (10 000 tons)	1125.74
棉花(万吨)	Cotton (10 000 tons)	3.48
油料折油(万吨)	Oil-bearing Crops Converted Into Oil (10 000 tons)	6.63
油料(万吨)	Oil-bearing Crops (10 000 tons)	13.49
黄红麻(吨)	Jute and Ambary Hemp (10 000 tons)	4800
烟叶(万吨)	Tobacco (10 000 tons)	0.61
茶叶(吨)	Tea (ton)	8878
蚕茧(吨)	Silkworm Cocoons (ton)	143
甘蔗(万吨)	Sugar Cane (10 000 tons)	68.29
水果(万吨)	Fruits (10 000 tons)	2.92
肉类总产量(万吨)	Total Output of Meat (10 000 tons)	26.27
水产品(万吨)	Aquatic Products (10 000 tons)	5.93
生猪年末存栏(万头)	Number of Hogs on Hand at Year-end (10 000 heads)	944.27
生猪当年出栏(万头)	Number of Slaughtered Fattened Hogs of the Year (10 000 heads)	574.00
工业	**Industry**	
主要工业产品产量	Output of Major Industrial Products	
化学纤维(万吨)	Chemical Fiber (10 000 tons)	0.42
布(混合数)(万米)	Cloth (10 000 m)	20173
机制纸及纸板(万吨)	Machine-made Paper and Paperboard (10 000 tons)	9.26
卷烟(亿支)	Cigarettes (100 million pieces)	19.14
原煤产量(万吨)	Coal (10 000 tons)	1435.50
原油加工量(万吨)	Processed Crude Oil (10 000 tons)	
发电量(亿千瓦时)	Electricity (100 million kWh)	45.31
粗钢 (万吨)	Crude Steel (10 000 tons)	25.64
钢材 (万吨)	Rolled Steel (10 000 tons)	24.50
水泥(万吨)	Cement (10 000 tons)	155.56
汽车(万辆)	Vehicles (10 000 unit)	0.10
照相机(万架)	Cameras (10 000 sets)	1.00
化学肥料(折合100%)(万吨)	Chemical Fertilezers (pure) (10 000 tons)	15.97
化学农药(原药)(吨)	Chemical Pesticide (ton)	13539
规模以上工业企业主要指标(亿元)	Main Indicators of Industrial Enterprises above Designated Size (100 million yuan)	
资产总计	Total Assets	
营业收入	Revenue from Principal Business	
建筑业(资级企业)	**Construction With Grade**	
建筑业企业人数(万人)	Number of Employed Persons (10 000 persons)	
建筑业总产值(亿元)	Gross Output Value (100 million yuan)	
施工房屋面积(万平方米)	Floor Space of Buildings Under Construction (10 000 sq.m)	
竣工房屋面积(万平方米)	Floor Space of Buildings Completed (10 000 sq.m)	
交通运输业	**Transportation**	
铁路营业里程(公里)	Length of Railways in Operation (km)	1184
公路通车里程(公里)	Length of Highways (km)	30245

注：1.2000年及以后工业产品产量为规模以上产量。
2.公路通车里程从2006年开始包括村道。

continued

总量指标	Aggregate Data				速度指标 (%)			Indices and Growth Rates (%)			
					指数 Index (2022为以下各年) (2022 as Percentage of the Following Years)				平均增长速度 Average Annual Growth Rate		
2000	2010	2020	2021	2022	1978	2000	2010	2020	1979-2022	2001-2022	2011-2022
702.24	4379.14	5497.56	5586.09	6286.17		895.2	143.5	114.3		10.5	3.1
14.64	46.54	44.98	47.96	48.90		334.0	105.1	108.7		5.6	0.4
741.35	1900.58	3820.74	3998.09	4223.8	8569.3	569.7	222.2	110.5	10.6	8.2	6.9
1614.60	1954.70	2163.9	2192.3	2151.9	191.2	133.3	110.1	99.4	1.5	1.3	0.8
6.80	13.08	5.29	1.72	2.17	62.4	31.9	16.6	41.1	-1.1	-5.1	-13.9
32.52	36.47	48.32	56.15	55.31	834.2	170.1	151.7	114.5	4.9	2.4	3.5
96.73	107.57	122.70	130.91	137.46	1019.0	142.1	127.8	112.0	5.4	1.6	2.1
4400	1123	38	22	11	0.2	0.3	1.0	28.9	-12.9	-23.8	-32.0
1.82	3.76	2.68	2.59	2.71	444.9	149.1	72.2	101.4	3.5	1.8	-2.7
15703	29808	71603	73839	77155	869.1	491.3	258.8	107.8	5.0	7.5	8.2
3266	7550	6511	1180	5003	3498.6	153.2	66.3	76.8	8.4	2.0	-3.4
136.81	59.10	61.18	60.68	62.48	91.5	45.7	105.7	102.1	-0.2	-3.5	0.5
42.34	297.13	493.21	518.36	538.88	18454.7	1272.7	181.4	109.3	12.6	12.3	5.1
192.31	287.56	285.17	344.96	359.89	1370.0	187.1	125.2	126.2	6.1	2.9	1.9
127.12	215.34	262.69	269.51	283.24	4776.4	222.8	131.5	107.8	9.2	3.7	2.3
1473.50	1756.33	1569.85	1683.23	1730.10	183.2	117.4	98.5	110.2	1.4	0.7	-0.1
1992.27	2897.54	2218.28	2910.38	3064.63	533.9	153.8	105.8	138.2	3.9	2.0	0.5
7.08	17.92	86.90	107.66	125.00	29761.8	1765.5	697.5	143.8	13.8	13.9	17.6
21710	80517	77103	95519	72013	357.0	331.7	89.4	93.4	2.9	5.6	-0.9
24.02	186.59	291.06	280.24	390.77	4220.0	1626.9	209.4	134.3	8.9	13.5	6.4
50.99	111.80	630.71	642.05	642.04	3354.4	1259.2	574.3	101.8	8.3	12.2	15.7
1813.76	2912.22	281.23	213.42	194.60	13.6	10.7	6.7	69.2	-4.4	-9.6	-20.2
327.62	468.43	701.88	666.66	718.90		219.4	153.5	102.4		3.6	3.6
226.77	637.59	1320.58	1425.20	1568.58	3461.9	691.7	246.0	118.8	8.4	9.2	7.8
319.86	1834.03	2682.07	2710.96	2689.93	10491.1	841.0	146.7	100.3	11.2	10.2	3.2
282.90	1951.55	3093.92	3480.92	3457.01	14110.2	1222.0	177.1	111.7	11.9	12.1	4.9
1382.00	6220.54	9769.74	10130.68	8768.64	5636.8	634.5	141.0	89.8	9.6	8.8	2.9
13.36	37.28	45.13	43.60	42.74	43132.4	320.0	114.7	94.7	14.8	5.4	1.1
17.84	0.58	30.66	31.95	33.68	3367.8	188.8	5806.5	109.8	8.3	2.9	40.3
43.43	113.42	19.63	97.45	111.25	696.6	256.2	98.1	566.8	4.5	4.4	-0.2
13796	21213	13553	85862	59696	440.9	432.7	281.4	440.5	3.4	6.9	9.0
1835.86	8424.86	28392.14	30357.93	33933.97		1848.4	402.8	119.5		14.2	12.3
897.00	14196.68	37909.17	43976.73	48295.46		5384.1	340.2	127.4		19.9	10.7
29.80	86.10	164.97	164.48	173.37		581.8	201.4	105.1		8.3	6.0
116.41	1691.47	8649.16	9762.95	10694.84		9187.2	632.3	123.7		22.8	16.6
2572.30	13669.67	34235.47	35525.62	37048.39		1440.3	271.0	108.2		12.9	8.7
1359.80	6488.09	13911.91	14475.20	14682.60		1079.8	226.3	105.5		11.4	7.0
2197	2734	4546	4822	4822	407.3	219.5	176.4	106.1	3.2	3.6	4.8
60292	140597	210642	211101	210711	696.7	349.5	149.9	100.0	4.5	5.9	3.4

a) Output of industrial products are above designated size since 2000.

b) The total length of highways have included the village road since 2006.

1-7 续表2

指 标	Item	1978
货物周转量(亿吨公里)	Freight Ton-kilometers (100 million ton-km)	128.63
铁 路(亿吨公里)	Railways (100 million ton-km)	108.48
公 路(亿吨公里)	Highways (100 million ton-km)	5.14
水 运(亿吨公里)	Waterways (100 million ton-km)	15.01
旅客周转量(亿人公里)	Passenger-kilometers (100 million person-km)	44.67
铁 路(亿人公里)	Railways (100 million person-km)	26.73
公 路(亿人公里)	Highways (100 million person-km)	16.83
水 运(亿人公里)	Waterways (100 million person-km)	1.13
邮电通信业	**Postal and Telecommunication Services**	
邮电业务总量(亿元)	Business Volume of Postal and Telecommunication Services (100 million yuan)	0.92
函 件(万件)	Number of Letters (10 000 pcs)	7372
移动电话用户(万户)	Number of Mobile Telephone Subscribers (10 000 subscribers)	
固定电话用户(万户)	Fixed Telephone Subscribers (10 000 Subscribers)	5.59
计算机互联网用户(万户)	Number of Internet Services Subscribers (10 000 subscribers)	
内外贸易和旅游	**Domestic Trade , Foreign Trade and Tourism**	
社会消费品零售总额(亿元)	Total Retail Sales of Consumer Goods (100 million yuan)	33.93
海关货物进出口总值(万元)	Total Value of Imports and Exports (10000 yuan)	
出口值	Exports	
进口值	Imports	
旅游总收入(亿元)	Total Tourism Earnings (100 million yuan)	
金融业(亿元)	**Financial Intermediation (100 million yuan)**	
金融机构人民币存款余额	Deposits of National Banking System	
金融机构人民币贷款余额	Loans of National Banking System	
教育、文化、卫生	**Education,Culture and Health Care**	
高等学校在校学生数(人)	Students Enrollment of Higher Education (person)	21847
中等职业学校在校学生数(人)	Students Enrollment of Specialized Secondary Schools (persons)	
普通中学在校学生数(万人)	Students Enrollment of Secondary Schools (10 000 persons)	169.20
小学在校学生数(万人)	Students Enrollment of Primary Schools (10 000 persons)	513.77
报纸出版数量(万份)	Number of Newspapers Published (10 000 copies)	14453
期刊出版数量(万册)	Number of Magazines Published (10 000 copies)	378
图书出版数量(万册)	Number of Books Published (10 000 copies)	8495
卫生机构数(个)	Number of Hospitals (unit)	5178
卫生技术人员(人)	Number of Medical Technical Personnels (person)	70247
#医 生	Number of Doctors	30430
病 床 数(张)	Number of Hospital Beds (bed)	72289

注：1. 邮电业务总量2000年以前按1990年不变价格计算，2001年以后按2000年不变价格计算，2011年以后按2010年不变价格计算。
2. 卫生机构数1996年开始包括个体机构。
3. 2007年卫生年报统计口径变动。
4. 交通运输数据2008年开始按新口径计算。
5. 2009年互联网用户口径变化为宽带用户数。

continued

总量指标 Aggregate Data					速度指标 (%) Indices and Growth Rates (%)						
					指数 Index (2022为以下各年) (2022 as Percentage of the Following Years)				平均增长速度 Average Annual Growth Rate		
2000	2010	2020	2021	2022	1978	2000	2010	2020	1979-2022	2001-2022	2011-2022
746.93	2738.70	4010.79	4881.90	5119.76	3980.2	685.4	186.9	127.6	8.7	9.1	5.4
563.82	705.90	497.30	567.55	619.11	570.7	109.8	87.7	124.5	4.0	0.4	-1.1
147.19	1850.20	3247.09	3960.11	4086.42	79502.3	2776.2	220.9	125.8	16.4	16.3	6.8
35.81	182.41	266.40	354.24	414.23	2759.7	1156.7	227.1	155.5	7.8	11.8	7.1
453.07	912.76	631.35	603.91	455.61	1020.0	100.6	49.9	72.2	5.4	0.0	-5.6
271.91	564.80	450.29	505.96	394.17	1474.6	145.0	69.8	87.5	6.3	1.7	-3.0
171.33	330.48	180.89	97.71	61.30	364.3	35.8	18.5	33.9	3.0	-4.6	-13.1
1.20	0.32	0.18	0.24	0.14	12.6	11.9	45.2	80.7	-4.6	-9.2	-6.4
81.31	698.05	3851.14	626.74	681.31	73918.8	837.9	97.6	17.7	16.2	10.1	-0.2
14010	17971	1184	745	706	9.6	5.0	3.9	59.6	-5.2	-12.7	-23.6
140.3	1811.3	4249.4	4496.8	4694.5		3346.3	259.2	110.5		17.3	8.3
354.1	709.6	482.4	474.0	448.2	8017.9	126.6	63.2	92.9	10.5	1.1	-3.8
26.95	253.40	1510.5	1700.2	1958.3		7266.4	772.8	129.6		21.5	18.6
704.87	2956.21	10371.77	12206.69	12853.5	37882.4	1823.5	434.8	123.9	14.4	14.1	13.0
1344664	14629821	40246096	49735545	63434807		4717.5	433.6	157.6		19.1	13.0
991414	9079759	29182260	36664444	47507381		4791.9	523.2	162.8		19.2	14.8
353250	5550062	11063836	13071101	15927427		4508.8	287.0	144.0		18.9	9.2
134.6	818.32	5422.70	6769.02	5758.7		4278.4	703.7	106.2		18.6	17.7
1966.78	11846.18	43608.17	47455.74	52864.07		2687.8	446.3	121.2		16.1	13.3
1739.87	7757.12	41409.15	46920.69	52629.14		3024.9	678.5	127.1		16.8	17.3
146411	837797	1293235	1407671	1464437	6703.1	1000.2	174.8	113.2	10.0	11.0	4.8
		445493	519162	557069				125.0			
259.22	273.96	330.87	332.28	329.00	194.4	126.9	120.1	99.4	1.5	1.1	1.5
422.68	426.02	406.31	395.79	383.92	74.7	90.8	90.1	94.5	-0.7	-0.4	-0.9
39929	70449	75566	72876	69857	483.3	175.0	99.2	92.4	3.6	2.6	-0.1
9060	7060	7959	7875	7028	1859.3	77.6	99.5	88.3	6.9	-1.1	0.0
20300	16039	27050	26539	32740	385.4	161.3	204.1	121.0	3.1	2.2	6.1
8048	7172	36716	36764	35683	689.1	443.4	497.5	97.2	4.5	7.0	14.3
123192	154733	286089	305670	313991	447.0	254.9	202.9	109.8	3.5	4.3	6.1
54437	59264	104897	111394	113311	372.4	208.2	191.2	108.0	3.0	3.4	5.5
90930	127915	285797	307292	314403	434.9	345.8	245.8	110.0	3.4	5.8	7.8

a) Business volume of post and telecommunication services before 2000 are calculated at constant prices of 1990 and at 2000 constant prices since 2000, and at 2011 constant prices since 2010.
b) Number of hospitals include individual since 1996.
c) Statistical standards in health report have changed since 2007.
d)The data of transportation are calculated according to new statistical scope since 2008.
e)Internet subscriber is adjusted to DSL subscriber in 2009.

1-8 国民经济主要比例关系
Composition Indicators on National Economic

单位：% (%)

指 标	Item	1978	2000	2010	2015	2020	2021	2022
地区生产总值	**Gross Domestic Product**							
第一产业	Primary Industry	41.6	24.2	12.7	10.2	8.7	7.8	7.6
第二产业	Secondary Industry	38.0	35.0	54.2	49.9	43.1	44.4	44.8
工 业	Industry	26.6	27.2	46.1	41.9	34.9	36.4	36.7
建筑业	Construction	11.4	7.8	8.1	8.0	8.2	8.0	8.1
第三产业	Tertiary Industry	20.4	40.8	33.2	39.9	48.2	47.8	47.6
#交通运输邮电业	Transport,Postal and Telecommunication Services	2.9	9.7	4.8	4.5	4.0	4.2	4.2
批零贸易和住宿餐饮业	Wholesale and Retail Trades,Hotel and Catering Services	5.6	9.1	9.0	9.3	10.1	10.5	10.6
金融业	Financial Intermediation	1.4	4.6	2.6	5.1	6.9	6.7	6.7
全省总人口	**Province Total Population**							
城镇人口	Urban	16.8	27.7	44.1	52.3	60.4	61.5	62.1
乡村人口	Rural	83.3	72.3	55.9	47.7	39.6	38.5	37.9
社会就业人员	**Total Employed Persons**							
第一产业	Primary Industry	77.2	46.6	35.6	27.6	20.1	18.9	18.4
第二产业	Secondary Industry	13.0	24.4	29.6	32.4	33.9	34.5	34.7
第三产业	Tertiary Industry	9.8	29.0	34.8	40.0	46.0	46.6	46.9
农业总产值	**Gross Agricultural Output Value**							
农 业	Farming	74.0	46.5	43.1	48.5	44.2	44.9	45.4
林 业	Forestry	11.9	7.8	9.6	9.6	9.6	10.0	9.9
牧 业	Animal Husbandry	12.8	29.9	29.8	23.3	29.5	26.3	25.9
渔 业	Fishery	1.3	13.5	13.5	14.8	12.4	13.7	13.1
服务业	Service in Support of Agriculture		2.3	4.0	3.8	4.3	5.1	5.7
全社会固定资产投资	**Total Investment in Fixed Assets**							
第一产业	Primary Industry			2.9	2.7	2.4	1.9	2.1
第二产业	Secondary Industry			57.5	52.0	48.6	50.8	50.1
第三产业	Tertiary Industry			39.6	45.3	49.0	47.3	47.8
财政支出	**Government Expenditures**							
一般公共服务	General Public Services					8.4	8.0	8.1
教 育	Education	10.6	17.1	15.5	18.0	18.3	18.4	18.1
科学技术	Science	0.2	0.5	0.9	1.7	2.9	3.1	3.1
社会保障和就业	Social Seaurity and Employment					13.0	13.2	14.0
卫生健康	Health and hygiene					9.6	9.5	9.7

1-9 主要指标每人年平均水平
Per Capita Average Annual Level of Major Indicators

指 标	Item	1978	1980	1990	2000	2010	2020	2021	2022
地区生产总值(元)	**Gross Domestic Product (yuan)**	**276**	**342**	**1134**	**4851**	**21099**	**57065**	**66020**	**70923**
第一产业	Primary Industry	115	149	466	1175	2672	4967	5166	5420
第二产业	Secondary Industry	105	126	353	1697	11430	24588	29177	31750
第三产业	Tertiary Industry	56	67	315	1979	6997	27515	31210	33749
财政总收入(元)	**Government Revenue (yuan)**	**39**	**38**	**107**	**416**	**2757**	**8961**		
年末居民储蓄存款余额(元)	**Balance of Savings Deposit of Households at Year-end (yuan)**	**13**	**24**	**375**	**2997**	**13746**	**50318**	**56348**	**66251**
主要农产品产量(公斤)	**Output of Major Farm Products (kg)**								
粮 食	Grain	357.33	381.60	438.86	391.04	439.53	478.98	485.20	475.80
棉 花	Cotton	1.10	1.32	1.51	1.65	2.94	1.17	0.38	0.48
油料折油	Oil-bearing Crops Converted into oil	2.10	2.09	5.19	7.88	8.20	10.69	12.43	12.23
甘 蔗	Sugar Cane	21.68	26.38	51.42	33.13	13.29	13.54	13.43	13.81
水 果	Fruits	0.93	1.73	6.17	10.25	66.81	109.17	114.72	119.15
肉类总产量	Total output of Meat	8.34	11.71	29.57	46.58	69.30	63.12	76.34	79.57
水 产 品	Aquatic Products	1.88	2.32	8.12	30.79	48.42	58.15	59.65	62.63
主要工业产品产量	**Output of Major Industrial Products**								
化学纤维(公斤)	Chemical Fiber (kg)	0.13	0.41	0.53	1.71	4.03	24.66	238.26	276.38
布(混合数)(米)	Cloth (m)	6.40	9.24	8.09	5.26	18.10	17.07	21.14	15.92
机制纸及纸板(公斤)	Machine-made Paper and Paperboard (kg)	2.94	3.91	6.77	5.82	41.96	64.43	62.02	86.40
原 煤(公斤)	Coal (kg)	455.65	458.62	536.50	439.28	636.40	62.25	47.23	43.03
原油加工量(公斤)	Processed Crude Oil (kg)					1053.31	155.36	147.54	159.10
发 电 量(千瓦小时)	Electricity (kWh)	143.82	176.05	321.32	486.95	1387.46	2923.13	3154.20	3468.24
粗钢(公斤)	Crude Steel (kg)	8.14	11.93	29.67	77.47	412.40	593.68	599.98	594.76
钢材(公斤)	Rolled Steel (kg)	7.78	14.36	24.43	68.52	438.83	684.85	770.38	764.37
水 泥(公斤)	Cement (kg)	49.38	61.85	124.16	334.71	1398.75	2162.55	2242.08	1938.81
化学肥料(公斤)	Chemical Fertilezers (kg)	5.07	7.92	8.22	10.52	25.50	4.34	21.57	24.60
化学农药(公斤)	Chemical Pesticide (kg)	0.43	0.54	0.14	0.33	0.48	3.00	19.00	13.20
主要消费品消费量	**Consumption of Major Consumer Good**								
农村居民食品消费量(公斤)	Living Consumption of Rural Households (kg)								
粮 食	Grain		314.55	340.85	303.61	213.52	178.21	193.12	178.22
植 物 油	Vegetable Oils		2.03	4.76	8.73	6.57	15.15	15.09	13.01
猪牛羊肉	Pork, Beef and Mutton		6.60	11.99	12.64	12.71	24.04	31.69	35.35
蛋类及蛋制品	Eggs		1.04	1.95	3.26	3.28	9.29	12.14	11.53
水 产 品	Aquatic Products		1.54	2.02	3.73	5.23	13.33	16.75	16.37
城镇居民消费量(公斤)	Purchase of Urban Households (kg)								
粮 食	Grain						130.85	156.9	145.2
油脂类	Oil						15.60	15.3	13.7
肉类	Meat						33.85	41.2	41.4
禽类	Pouorty						13.27	13.7	13.4
蛋类及蛋制品	Eggs and Related Products						9.71	10.4	10.6
水 产 品	Aquatic Products						17.90	19.9	19.8

注：2013年起城乡居民消费品为新口径调查数据。

a) New statistical caliber is applied in living consumption of urban and rural households since 2013.

1-10 江 西 的 一 天
One Day of Jiangxi

指 标	Item	1978	2000	2010	2020	2021	2022
全省每天创造的财富	**Province Daily Production**						
地区生产总值(万元)	Gross Domestic Product (10 000 yuan)	2384	54879	257073	704425	817201	878759
第一产业	Primary Industry	991	13292	32555	61306	63948	67164
第二产业	Secondary Industry	907	19199	139262	303495	361184	393413
工业	Industry	635	14901	118556	245671	297615	322475
建筑业	Construction	272	4298	20706	58004	65102	71156
第三产业	Tertiary Industry	486	22388	85255	339624	386361	418183
#交通运输邮电业	Transport,Postal and Telecommunication Services	70	5342	12251	28311	34366	36758
批零贸易和住宿餐饮业	Wholesaleand Retail Trades,Hotel and Catering Services	135	4985	23222	71086	85771	93150
金融业	Financial Intermediation	32	2547	6616	48357	54828	58644
布产量(万米)	Cloth (10 000 meters)	55	59	221	211	262	197
机制纸及纸板(吨)	Machine-made Paper and Paperboard (ton)	254	658	5112	7953	7678	10706
原煤产量(吨)	Coal (ton)	39329	49692	77540	7684	7705	5332
原油加工量(吨)	Processed Crude Oil (ton)			12834	19177	18280	19714
发电量(万千瓦小时)	Electricity (10 000 kWh)	1241	5508	16905	36081	36180	42975
粗钢(吨)	Crude Steel (ton)	702	8763	50247	73281	74273	73697
钢材(吨)	Rolled Steel (ton)	671	7751	53467	84533	95368	94713
水泥(吨)	Cement (ton)	4262	37863	170426	266933	277553	240237
汽车(辆)	Vehicles (unit)	3	366	1021	1233	1194	1171
照相机(架)	Cameras (set)	27	489	16	838	875	923
全省每天消费	**Province Daily Consumption**						
能源消费(万吨标准煤)	Energy Consumption(10 000 tons of SCE)		6.86	17.41	26.80	28.82	29.55
社会消费品零售总额(万元)	Total Retail Sales of Consumer Goods (10 000 yuan)	930	19312	80992	283382	334430	352150
全省每天其他活动	**Province Other Daily Economic Activities**						
货物运输量(万吨)	Freight Traffic (10 000 tons)	12.89	64.66	274.90	429.42	544.39	539.54
旅客运输量(万人)	Passenger Traffic (10 000 persons)	17.69	98.14	209.95	117.99	70.35	46.28
出版报纸(万份)	Newspapers Published (10 000 copies)	39.60	109.39	193.01	206.46	199.66	191.39
出版期刊(万册)	Number of Magazines Published (10 000 copies)	1.03	28.70	19.34	21.75	21.58	19.25
出版图书(万册)	Books Published (10 000 copies)	23.27	55.62	43.94	73.91	72.71	89.70
邮电业务总量(万元)	Business Volume of Postal and Telecommunication Services (10 000 yuan)	21	2228	19125	105222	17171	18666
邮寄函件(万件)	Letters Delivered (10 000 pieces)	20.20	38.38	49.24	3.23	2.04	1.93
邮寄包裹(件)	Packages Delivered (piece)		6767	3321	1011	919	1011
结婚人数(对)	Number of Marriages (couple)	437	810	989	746	670	579
离婚人数(对)	Number of Divorces (couple)	28	66	134	300	176	174

1-11 地区生产总值
Gross Domestic Product

本表按当年价格计算。
Data in this table are calculated at current prices.

单位：亿元 (100 million yuan)

年份 Year	地区生产总值 Gross Domestic Product	第一产业 Primary Industry	第二产业 Secondary Industry	第三产业 Tertiary Industry	农林牧渔业 Agriculture, Forestry, Animal Husbandry and Fishery	工业 Industry	建筑业 Construction
1978	87.00	36.18	33.08	17.74	36.18	23.16	9.92
1980	111.15	48.31	41.00	21.84	48.31	30.84	10.16
1985	207.89	84.06	76.05	47.78	84.06	63.13	12.92
1990	428.62	175.96	133.56	119.10	175.96	116.50	17.06
1991	479.37	183.27	154.77	141.33	183.27	135.82	18.95
1992	572.55	200.81	199.40	172.34	200.81	168.14	31.26
1993	723.04	225.58	282.46	215.00	225.58	233.76	48.70
1994	948.16	314.35	338.23	295.58	316.86	269.16	69.07
1995	1169.73	374.64	403.74	391.35	377.82	314.49	89.25
1996	1409.74	440.00	481.30	488.44	444.22	375.83	105.47
1997	1605.77	475.18	548.84	581.75	480.82	438.98	109.86
1998	1719.87	450.44	608.22	661.21	457.14	477.15	131.07
1999	1853.65	464.40	648.82	740.43	471.56	503.79	145.03
2000	2003.07	485.14	700.76	817.17	492.37	543.88	156.88
2001	2175.68	506.00	786.12	883.56	514.51	603.23	182.89
2002	2450.48	535.98	941.77	972.73	543.72	702.42	239.35
2003	2812.70	551.51	1204.33	1056.87	560	863.31	341.02
2004	3398.06	664.52	1505.19	1228.35	673.77	1149.79	355.40
2005	3941.23	717.69	1834.65	1388.89	727.37	1468.68	365.97
2006	4696.80	775.11	2337.59	1584.10	786.14	1923.00	414.59
2007	5777.62	868.60	2950.31	1958.71	902.41	2435.45	514.86
2008	6934.20	1014.54	3518.79	2400.87	1051.83	2936.92	581.87
2009	7629.98	1062.13	3882.65	2685.20	1101.03	3232.49	650.16
2010	9383.16	1147.59	5083.08	3152.49	1188.26	4327.30	755.78
2011	11584.52	1320.49	6338.00	3926.03	1363.29	5462.31	875.69
2012	12807.69	1439.14	6893.33	4475.22	1484.41	5889.24	1004.09
2013	14300.17	1540.65	7661.85	5097.67	1591.73	6523.26	1138.59
2014	15667.78	1626.87	8238.65	5802.26	1682.26	6930.73	1307.92
2015	16780.89	1714.47	8367.65	6698.77	1773.85	7026.22	1343.21
2016	18388.59	1794.12	8732.52	7861.95	1851.94	7349.25	1387.49
2017	20210.78	1835.26	9444.60	8930.92	1898.49	7969.59	1480.00
2018	22716.51	1877.33	10081.16	10758.02	1947.87	8264.23	1823.43
2019	24667.29	2057.70	10820.30	11789.29	2135.83	8774.17	2053.02
2020	25781.95	2243.79	11107.92	12430.24	2328.07	8991.57	2122.96
2021	29827.83	2334.10	13230.72	14263.01	2437.99	10862.93	2376.24
2022	32074.72	2451.47	14359.56	15263.68	2577.77	11770.33	2597.19

注：2022年地区生产总值数据为快报数，后同。
a)The data of GDP in 2022 are preliminary accounting results.The same applies to the pollowing tables.

1-11 续表 continued

本表按当年价格计算。

Data in this table are calculated at current prices.

单位: 亿元 (100 million yuan)

年 份 Year	批发和零售业 Wholesale and Retail Trades	交通运输仓储和邮政业 Transport, Storage and Post	住宿和餐饮业 Hotels and Catering Services	金融业 Financial Intermediation	房地产业 Real Estate	其他服务业 Other Service Industry	人均地区生产总值(元) Per Capita GDP (yuan)
1978	4.91	2.54		1.18	1.41	7.70	276
1980	5.78	3.92		1.39	1.67	9.08	342
1985	11.57	12.27		5.60	2.84	15.50	597
1990	19.74	25.18		27.33	7.26	39.59	1134
1991	27.86	26.73		31.17	8.61	46.96	1249
1992	29.69	31.61	6.11	38.83	10.23	55.87	1472
1993	37.05	39.43	7.63	48.44	12.77	69.68	1835
1994	47.90	55.93	9.86	61.71	22.89	94.78	2376
1995	71.11	78.32	11.28	71.84	29.78	125.84	2896
1996	91.89	101.64	16.42	86.32	37.23	150.72	3452
1997	104.60	115.41	20.06	97.40	53.11	185.53	3890
1998	121.18	145.40	22.36	100.50	60.56	204.51	4124
1999	136.92	167.74	24.71	101.15	76.31	226.44	4402
2000	152.58	194.98	29.38	92.97	95.63	244.40	4851
2001	159.39	217.94	32.67	82.02	114.84	268.19	5221
2002	180.99	248.61	33.20	76.51	125.27	300.41	5829
2003	205.39	266.11	37.67	64.31	138.02	336.87	6636
2004	242.21	259.03	54.16	65.10	167.20	431.40	7960
2005	252.43	300.97	67.11	69.55	171.88	517.27	9172
2006	280.42	339.58	79.97	79.75	184.67	608.68	10859
2007	381.25	372.23	92.45	101.34	225.96	751.67	13270
2008	465.26	389.17	131.71	130.57	281.96	964.91	15816
2009	553.89	395.74	167.59	165.10	305.90	1058.08	17277
2010	646.89	447.16	200.71	241.49	340.56	1235.01	21099
2011	781.04	508.57	270.29	357.44	402.51	1563.38	25928
2012	865.94	631.76	310.84	413.07	421.83	1786.51	28624
2013	1005.04	679.48	319.71	542.83	500.57	1998.96	31952
2014	1113.95	710.88	353.48	739.70	522.81	2306.05	34988
2015	1213.51	754.12	354.08	861.65	707.56	2746.69	37436
2016	1397.66	821.42	373.34	1012.30	1008.29	3186.90	40950
2017	1695.02	895.82	386.13	1100.12	1289.35	3496.26	44878
2018	1942.27	1022.51	408.40	1422.64	1740.30	4144.86	50347
2019	2112.18	1106.67	453.38	1583.01	1816.31	4632.72	54640
2020	2185.76	1036.19	416.00	1769.87	2005.00	4926.52	57065
2021	2588.20	1254.35	542.45	2001.24	2145.04	5619.40	66020
2022	2844.47	1341.68	555.51	2140.49	2117.41	6129.88	70923

1-12 地区生产总值构成
Composition of Gross Domestic Product

本表按当年价格计算。
Data in this table are calculated at current prices.

单位：% (%)

年份 Year	地区生产总值 Gross Domestic Product	第一产业 Primary Industry	第二产业 Secondary Industry	第三产业 Tertiary Industry	农林牧渔业 Agriculture, Forestry, Animal Husbandry and Fishery	工业 Industry	建筑业 Construction
1978	100	41.6	38.0	20.4	41.6	26.6	11.4
1980	100	43.5	36.9	19.6	43.5	27.7	9.1
1985	100	40.4	36.6	23.0	40.4	30.4	6.2
1990	100	41.1	31.2	27.8	41.1	27.2	4.0
1991	100	38.2	32.3	29.5	38.2	28.3	4.0
1992	100	35.1	34.8	30.1	35.1	29.4	5.5
1993	100	31.2	39.1	29.7	31.2	32.3	6.7
1994	100	33.2	35.7	31.2	33.4	28.4	7.3
1995	100	32.0	34.5	33.5	32.3	26.9	7.6
1996	100	31.2	34.1	34.6	31.5	26.7	7.5
1997	100	29.6	34.2	36.2	29.9	27.3	6.8
1998	100	26.2	35.4	38.4	26.6	27.7	7.6
1999	100	25.1	35.0	39.9	25.4	27.2	7.8
2000	100	24.2	35.0	40.8	24.6	27.2	7.8
2001	100	23.3	36.1	40.6	23.6	27.7	8.4
2002	100	21.9	38.4	39.7	22.2	28.7	9.8
2003	100	19.6	42.8	37.6	19.9	30.7	12.1
2004	100	19.6	44.3	36.1	19.8	33.8	10.5
2005	100	18.2	46.6	35.2	18.5	37.3	9.3
2006	100	16.5	49.8	33.7	16.7	40.9	8.8
2007	100	15.0	51.1	33.9	15.6	42.2	8.9
2008	100	14.6	50.7	34.6	15.2	42.4	8.4
2009	100	13.9	50.9	35.2	14.4	42.4	8.5
2010	100	12.2	54.2	33.6	12.7	46.1	8.1
2011	100	11.4	54.7	33.9	11.8	47.2	7.6
2012	100	11.2	53.8	34.9	11.6	46.0	7.8
2013	100	10.8	53.6	35.6	11.1	45.6	8.0
2014	100	10.4	52.6	37.0	10.7	44.2	8.3
2015	100	10.2	49.9	39.9	10.6	41.9	8.0
2016	100	9.8	47.5	42.8	10.1	40.0	7.5
2017	100	9.1	46.7	44.2	9.4	39.4	7.3
2018	100	8.3	44.4	47.4	8.6	36.4	8.0
2019	100	8.3	43.9	47.8	8.7	35.6	8.3
2020	100	8.7	43.1	48.2	9.0	34.9	8.2
2021	100	7.8	44.4	47.8	8.2	36.4	8.0
2022	100	7.6	44.8	47.6	8.0	36.7	8.1

1-12 续表 continued

本表按当年价格计算。

Data in this table are calculated at current prices.

单位：% (%)

年份 Year	批发和零售业 Wholesale and Retail Trades	交通运输仓储和邮政业 Transport, Storage and Post	住宿和餐饮业 Hotels and Catering Services	金融业 Financial Intermediation	房地产业 Real Estate	其他服务业 Other Service Industry
1978	5.6	2.9		1.4	1.6	8.9
1980	5.2	3.5		1.3	1.5	8.2
1985	5.6	5.9		2.7	1.4	7.5
1990	4.6	5.9		6.4	1.7	9.2
1991	5.8	5.6		6.5	1.8	9.8
1992	5.2	5.5	1.1	6.8	1.8	9.8
1993	5.1	5.5	1.1	6.7	1.8	9.6
1994	5.1	5.9	1.0	6.5	2.4	10.0
1995	6.1	6.7	1.0	6.1	2.5	10.8
1996	6.5	7.2	1.2	6.1	2.6	10.7
1997	6.5	7.2	1.2	6.1	3.3	11.6
1998	7.0	8.5	1.3	5.8	3.5	11.9
1999	7.4	9.0	1.3	5.5	4.1	12.2
2000	7.6	9.7	1.5	4.6	4.8	12.2
2001	7.3	10.0	1.5	3.8	5.3	12.3
2002	7.4	10.1	1.4	3.1	5.1	12.3
2003	7.3	9.5	1.3	2.3	4.9	12.0
2004	7.1	7.6	1.6	1.9	4.9	12.7
2005	6.4	7.6	1.7	1.8	4.4	13.1
2006	6.0	7.2	1.7	1.7	3.9	13.0
2007	6.6	6.4	1.6	1.8	3.9	13.0
2008	6.7	5.6	1.9	1.9	4.1	13.9
2009	7.3	5.2	2.2	2.2	4.0	13.9
2010	6.9	4.8	2.1	2.6	3.6	13.2
2011	6.7	4.4	2.3	3.1	3.5	13.5
2012	6.8	4.9	2.4	3.2	3.3	13.9
2013	7.0	4.8	2.2	3.8	3.5	14.0
2014	7.1	4.5	2.3	4.7	3.3	14.7
2015	7.2	4.5	2.1	5.1	4.2	16.4
2016	7.6	4.5	2.0	5.5	5.5	17.3
2017	8.4	4.4	1.9	5.4	6.4	17.3
2018	8.6	4.5	1.8	6.3	7.7	18.2
2019	8.6	4.5	1.8	6.4	7.4	18.8
2020	8.5	4.0	1.6	6.9	7.8	19.1
2021	8.7	4.2	1.8	6.7	7.2	18.8
2022	8.9	4.2	1.7	6.7	6.6	19.1

1-13 地区生产总值指数
Indices of Gross Domestic Product

本表按可比价格计算。
Data in this table are calculated at constant pieces.

(1978年=100) (year of 1978=100)

年 份 Year	地区生产总值 Gross Domestic Product	第一产业 Primary Industry	第二产业 Secondary Industry	第三产业 Tertiary Industry	农林牧渔业 Agriculture, Forestry, Animal Husbandry and Fishery	工 业 Industry	建筑业 Construction
1978	100.0	100.0	100.0	100.0	100	100.0	100.0
1979	115.8	115.4	115.9	116.6	115.4	120.9	104.2
1980	120.7	116.4	129.7	116.1	116.4	138.9	108.1
1981	127.5	128.3	127.7	126.8	128.3	142.2	93.6
1982	139.3	144.1	131.4	143.4	144.1	146.4	96.3
1983	148.7	144.2	150.5	157.0	144.2	165.5	115.2
1984	171.7	157.9	182.4	185.6	157.9	210.9	115.2
1985	197.2	169.1	218.2	225.8	169.1	258.5	123.2
1986	210.5	170.9	234.2	260.0	170.9	284.4	115.9
1987	227.8	186.4	250.2	283.7	186.4	307.9	114.4
1988	253.9	191.4	291.3	331.5	191.4	358.3	133.2
1989	269.4	198.8	304.8	368.2	198.8	370.8	149.4
1990	281.6	211.5	312.5	387.3	211.5	388.8	132.6
1991	304.8	219.0	346.8	434.1	218.9	438.3	131.4
1992	350.1	231.6	423.5	517.5	231.6	513.4	211.2
1993	397.9	235.3	546.1	573.8	235.3	652.6	294.4
1994	432.9	248.7	584.4	657.0	248.7	680.6	356.6
1995	462.5	261.1	601.2	746.7	261.1	686.8	398.0
1996	516.5	283.3	679.4	845.1	283.3	781.5	437.1
1997	579.8	302.6	782.6	963.0	302.6	920.6	455.9
1998	621.2	291.1	865.4	1083.8	291.1	1017.3	505.8
1999	670.0	308.6	921.3	1200.1	308.6	1072.3	563.7
2000	723.9	329.5	982.7	1324.9	329.5	1147.3	592.8
2001	787.2	343.4	1108.9	1430.1	343.4	1271.8	710.1
2002	870.1	358.5	1314.4	1528.4	358.5	1502.0	851.4
2003	982.9	362.8	1633.4	1655.1	368.2	1795.3	1185.5
2004	1112.8	392.2	1937.1	1816.8	397.6	2123.8	1415.5
2005	1256.4	417.9	2270.0	2014.6	423.5	2559.2	1532.7
2006	1410.4	444.8	2640.6	2213.9	451	3044.2	1621.3
2007	1595.9	462.9	3101.1	2473.2	469.5	3688.7	1630.9
2008	1807.4	484.7	3632.1	2758.5	492	4418.4	1674.4
2009	2045.2	506.6	4254.9	3055.8	514.2	5225.1	1843.6
2010	2330.5	526.8	5026.2	3399.5	534.7	6249.7	1991.9
2011	2620.5	547.6	5791.0	3775.7	556.1	7321.7	2073.9
2012	2907.9	572.5	6554.5	4132.4	581.7	8302.9	2318.6
2013	3201.0	620.0	7347.7	4428.3	607.9	9324.1	2569.0
2014	3511.1	649.2	8152.5	4828.7	636.5	10343.3	2854.2
2015	3829.1	674.5	8915.0	5318.5	675	11271.3	3193.0
2016	4175.6	701.9	9668.8	5907.0	702.5	12245.6	3431.8
2017	4545.0	732.7	10452.7	6545.7	733.8	13289.2	3635.2
2018	4938.1	758.0	11462.1	7110.4	760.1	14511.3	4077.5
2019	5325.8	780.6	12366.0	7740.1	783.6	15714.2	4317.7
2020	5525.5	798.1	12868.3	8025.3	802.4	16360.8	4480.5
2021	6017.3	838.8	14129.4	8731.5	843.3	18193.2	4668.7
2022	6300.1	871.5	14892.4	9098.3	878.7	19193.8	4892.8

1-13 续表 continued

本表按可比价格计算。
Data in this table are calculated at constant pieces.

(1978年=100) (year of 1978=100)

年份 Year	批发和零售业 Wholesale and Retail Trades	交通运输仓储和邮政业 Transport, Storage and Post	住宿和餐饮业 Hotels and Catering Services	金融业 Financial Intermediation	房地产业 Real Estate	其他 Others	人均地区生产总值 Per Capita GDP
1978	100.0	100.0	100.0	100.0	100.0	100.0	100.0
1979	108.2	141.6	108.2	83.3	116.3	116.3	113.8
1980	106.1	147.1	106.1	98.1	112.5	112.5	117.0
1981	120.5	152.0	120.5	107.3	122.6	122.6	122.1
1982	131.2	202.3	131.2	141.7	130.0	130.0	131.9
1983	149.2	221.7	149.2	155.1	139.2	139.2	139.0
1984	156.6	235.9	156.6	314.2	163.7	163.7	157.9
1985	182.8	303.1	182.8	383.0	198.8	198.8	178.3
1986	210.6	312.5	210.6	514.7	228.4	228.4	187.0
1987	199.8	321.0	199.8	761.8	242.1	242.1	199.2
1988	233.6	375.2	233.6	1077.9	254.9	254.9	218.7
1989	207.7	391.0	207.7	1353.8	296.7	296.7	228.3
1990	136.4	439.0	136.4	1368.7	359.2	359.2	234.5
1991	190.6	407.4	190.6	1467.3	408.3	408.3	249.8
1992	295.3	449.0	295.3	1665.3	518.5	425.8	283.0
1993	297.7	489.4	297.7	1981.8	595.7	487.4	317.5
1994	308.9	580.4	322.5	2271.7	704.6	583.7	341.0
1995	345.4	705.2	350.5	2415.4	810.4	676.5	359.7
1996	404.5	777.9	405.2	2577.7	951.4	780.7	397.5
1997	489.8	912.4	494.3	2786.5	1090.5	864.1	441.6
1998	555.9	1121.4	561.1	2847.8	1319.1	952.7	468.1
1999	647.6	1321.0	643.9	2907.6	1424.0	1023.7	499.5
2000	730.5	1550.8	726.1	2905.7	1604.8	1110.7	550.5
2001	851.1	1721.6	839.5	2907.3	1689.0	1148.3	593.4
2002	913.2	1904.1	900.8	2729.4	1956.2	1201.3	649.8
2003	1020.4	2062.1	971.4	2426.5	2097.8	1356.2	728.4
2004	1147.9	2296.0	1092.9	2155.3	2291.5	1516.3	821.6
2005	1292.7	2578.4	1232.2	2276.0	2469.4	1678.1	921.0
2006	1446.5	2900.7	1384.9	2437.6	2597.8	1829.6	1062.3
2007	1608.5	3266.2	1570.5	2666.7	2816.0	2059.4	1195.1
2008	1843.6	3429.5	1781.0	2954.7	3021.6	2368.7	1344.5
2009	2183.9	3467.2	2014.3	3549.0	3322.9	2630.6	1509.8
2010	2459.0	3900.6	2314.4	4074.2	3366.1	2940.3	1709.1
2011	2746.8	4146.4	2596.8	4518.3	3396.4	3380.7	1912.9
2012	3059.9	4498.8	2737.0	5001.8	3518.7	3737.6	2119.6
2013	3277.1	4795.7	2654.9	6312.2	3962.0	3893.9	2332.7
2014	3496.7	4949.2	2808.9	7618.9	4136.4	4326.2	2557.3
2015	3709.7	5063.0	3056.1	9302.6	4389.1	4805.3	2786.1
2016	4034.5	5110.0	3180.4	11189.9	4996.2	5396.3	3032.8
2017	4500.0	5548.1	3281.7	12336.3	5710.7	6008.3	3291.6
2018	4581.7	5829.0	3459.1	13304.6	6128.0	6812.9	3569.6
2019	4851.1	6173.4	3547.0	14673.3	6582.2	7576.4	3847.6
2020	4969.4	6145.3	3247.1	16063.3	6824.8	7902.9	3989.2
2021	5704.9	7073.2	4029.7	17059.2	6736.1	8590.5	4344.2
2022	6070.0	7235.9	4086.1	18014.5	6608.1	9097.3	4544.1

1-14 地区生产总值指数
Indices of Gross Domestic Product

本表按可比价格计算。
Data in this table are calculated at constant prices.

(上年=100) (preceding year =100)

年份 Year	地区生产总值 Gross Domestic Product	第一产业 Primary Industry	第二产业 Secondary Industry	第三产业 Tertiary Industry	农林牧渔业 Agriculture, Forestry, Animal Husbandry and Fishery	工业 Industry	建筑业 Construction
1978	113.3	100.3	126.1	128.6	117.6	127.7	122.3
1980	104.2	100.9	111.9	99.6	100.9	114.9	103.7
1985	114.9	107.1	119.6	121.7	107.1	122.5	107.0
1990	104.5	106.4	102.5	105.2	106.4	104.9	88.8
1991	108.2	103.5	111.0	112.1	103.5	112.7	99.1
1992	114.8	105.8	122.1	119.2	105.8	117.1	160.8
1993	113.7	101.6	128.9	110.9	101.6	127.1	139.4
1994	108.8	105.7	107.0	114.5	105.7	104.3	121.1
1995	106.8	105.0	102.9	113.7	105	100.9	111.6
1996	111.7	108.5	113.0	113.2	108.5	113.8	109.8
1997	112.3	106.8	115.2	114.0	106.8	117.8	104.3
1998	107.1	96.2	110.6	112.5	96.2	110.5	111.0
1999	107.8	106.0	106.5	110.7	106	105.4	111.4
2000	108.0	106.8	106.7	110.4	106.8	107.0	105.2
2001	108.8	104.2	112.9	107.9	104.2	110.8	119.8
2002	110.5	104.4	118.5	106.9	104.4	118.1	119.9
2003	113.0	101.2	124.3	108.3	102.7	119.5	139.2
2004	113.2	108.1	118.6	109.8	108	118.3	119.4
2005	112.9	106.6	117.2	110.9	106.5	120.5	108.3
2006	112.3	106.4	116.3	109.9	106.5	119.0	105.8
2007	113.2	104.1	117.4	111.7	104.1	121.2	100.6
2008	113.3	104.7	117.1	111.5	104.8	119.8	102.7
2009	113.2	104.5	117.1	110.8	104.5	118.3	110.1
2010	114.0	104.0	118.1	111.2	104	119.6	108.0
2011	112.4	104.0	115.2	111.1	104	117.2	104.1
2012	111.0	104.6	113.2	109.4	104.6	113.4	111.8
2013	110.1	108.3	112.1	107.2	104.5	112.3	110.8
2014	109.7	104.7	111.0	109.0	104.7	110.9	111.1
2015	109.1	103.9	109.4	110.1	106.1	109.0	111.9
2016	109.0	104.1	108.5	111.1	104.1	108.6	107.5
2017	108.8	104.4	108.1	110.8	104.4	108.5	105.9
2018	108.7	103.4	109.7	108.6	103.6	109.2	112.2
2019	107.9	103.0	107.9	108.9	103.1	108.3	105.9
2020	103.8	102.2	104.1	103.7	102.4	104.1	103.8
2021	108.9	105.1	109.8	108.8	105.1	111.2	104.2
2022	104.7	103.9	105.4	104.2	104.2	105.5	104.8

1-14 续表 continued

本表按可比价格计算。

Data in this table are calculated at constant prices.

(上年=100) (preceding year =100)

年 份 Year	批发和零售业 Wholesale and Retail Trades	交通运输仓储和邮政业 Transport, Storage and Post	住宿和餐饮业 Hotels and Catering Services	金融业 Financial Intermediation	房地产业 Real Estate	其他服务业 Other Service Industry	人均地区生产总值 Per Capita GDP
1978	128.7	128.3	128.7	122.1	128.4	129.8	110.6
1980	98.1	103.9	98.1	117.8	96.8	96.8	102.8
1985	116.7	128.5	116.7	121.9	121.5	121.5	112.9
1990	65.7	112.3	65.7	101.1	121.0	121.0	102.7
1991	139.7	92.8	139.7	107.2	113.7	113.7	106.5
1992	154.9	110.2	154.9	113.5	127.0	104.3	113.3
1993	100.8	109.0	100.8	119.0	114.9	114.5	112.2
1994	103.8	118.6	108.3	114.6	118.3	119.8	107.4
1995	111.8	121.5	108.7	106.3	115.0	115.9	105.5
1996	117.1	110.3	115.6	106.7	117.4	115.4	110.5
1997	121.1	117.3	122.0	108.1	114.6	110.7	111.1
1998	113.5	122.9	113.5	102.2	121.0	110.2	106.0
1999	116.5	117.8	114.8	102.1	108.0	107.5	106.7
2000	112.8	117.4	112.8	99.9	112.7	108.5	110.2
2001	116.5	111.0	115.6	100.1	105.2	103.4	107.8
2002	107.3	110.6	107.3	93.9	115.8	104.6	109.5
2003	111.7	108.3	107.8	88.9	107.2	112.9	112.1
2004	112.5	111.3	112.5	88.8	109.2	111.8	112.8
2005	112.6	112.3	112.7	105.6	107.8	110.7	112.1
2006	111.9	112.5	112.4	107.1	105.2	109.0	115.3
2007	111.2	112.6	113.4	109.4	108.4	112.6	112.5
2008	114.6	105.0	113.4	110.8	107.3	115.0	112.5
2009	118.5	101.1	113.1	120.1	110.0	111.1	112.3
2010	112.6	112.5	114.9	114.8	101.3	111.8	113.2
2011	111.7	106.3	112.2	110.9	100.9	115.0	111.9
2012	111.4	108.5	105.4	110.7	103.6	110.6	110.8
2013	107.1	106.6	97.0	126.2	112.6	104.2	110.1
2014	106.7	103.2	105.8	120.7	104.4	111.1	109.6
2015	106.1	102.3	108.8	122.1	106.1	111.1	108.9
2016	108.8	100.9	104.1	120.3	113.8	112.3	108.9
2017	111.5	108.6	103.2	110.2	114.3	111.3	108.5
2018	101.8	105.1	105.4	107.8	107.3	113.4	108.4
2019	105.9	105.9	102.5	110.3	107.4	111.2	107.8
2020	102.4	99.5	91.5	109.5	103.7	104.3	103.7
2021	114.8	115.1	124.1	106.2	98.7	108.7	108.9
2022	106.4	102.3	101.4	105.6	98.1	105.9	104.6

1-15 收入法地区生产总值
Gross Domestic Product by Income Approach

本表按当年价格计算。
Data in this table are calculated at current prices.

单位：亿元 (100 million yuan)

年份 Year	地区生产总值 Gross Domestic Product	劳动者报酬 Compensation of Employees	固定资产折旧 Depreciation of Fixed Assets	生产税净额 Net Taxes on Production	营业盈余 Operating Surplus
1978	87.00	57.36	8.19	7.62	13.83
1980	111.15	73.40	9.06	9.05	19.64
1985	207.89	134.11	17.82	19.79	36.17
1990	428.62	265.24	33.85	42.61	86.92
1991	479.37	277.58	44.06	45.52	112.21
1992	572.55	374.80	47.83	60.15	89.77
1993	723.04	462.89	61.49	80.65	118.01
1994	948.16	613.87	97.04	106.10	131.15
1995	1169.73	718.54	123.45	100.37	227.37
1996	1409.74	898.92	140.02	120.04	250.76
1997	1605.77	1044.68	192.38	160.07	208.64
1998	1719.87	1081.83	229.54	166.88	241.62
1999	1853.65	1151.31	282.15	180.32	239.87
2000	2003.07	1218.70	351.87	210.86	221.64
2001	2175.68	1274.14	419.36	280.09	202.09
2002	2450.48	1399.72	497.42	316.47	236.87
2003	2812.70	1555.45	567.25	379.52	310.48
2004	3398.06	1900.19	672.64	467.45	357.78
2005	3941.23	1793.11	474.96	487.96	1185.21
2006	4696.80	2093.99	564.63	615.18	1423.00
2007	5777.62	2529.06	680.75	779.18	1788.63
2008	6934.20	2990.43	1153.58	1293.44	1496.75
2009	7629.98	3107.82	1359.86	1483.90	1678.41
2010	9383.16	4228.02	1174.92	1605.18	2375.03
2011	11584.52	5091.98	1591.00	1945.58	2955.95
2012	12807.69	5468.72	1965.06	2091.73	3282.18
2013	14300.17	6211.10	1927.85	2240.86	3920.36
2014	15667.78	6337.37	2239.00	2572.53	4518.88
2015	16780.89	7024.99	2304.17	2744.90	4706.83
2016	18388.59	7764.49	2481.54	2828.22	5314.34
2017	20210.78	8499.61	2734.24	3219.24	5757.69
2018	22716.51	9377.86	3307.93	3584.24	6446.48
2019	24667.29	10814.92	3664.00	3670.00	6518.37
2020	25781.95	12385.24	4017.77	3200.28	6178.66
2021	29827.83	14437.69	3180.63	4781.66	7427.84

1-16 各设区市地区生产总值(2022年)

本表按当年价格计算。
Data in this table are calculated at current prices.
单位：亿元

地 区	Region	地区生产总值 Gross Domestic Product	第一产业 Primary Industry	第二产业 Secondary Industry	第三产业 Tertiary Industry	农林牧渔业 Agriculture, Forestry, Animal Husbandry and Fishery	工 业 Industry
南昌市	Nanchang	7203.50	248.60	3484.61	3470.29	258.34	2511.03
景德镇市	Jingdezhen	1192.19	75.42	533.49	583.28	79.01	478.67
萍乡市	Pingxiang	1160.33	80.93	515.20	564.20	82.95	440.08
九江市	Jiujiang	4026.60	258.66	1926.52	1841.42	277.28	1727.90
新余市	Xinyu	1252.15	73.82	552.72	625.62	81.49	460.18
鹰潭市	Yingtan	1237.55	78.10	649.92	509.53	81.07	569.99
赣州市	Ganzhou	4523.63	450.83	1822.59	2250.21	467.12	1526.50
吉安市	Ji'an	2750.33	260.65	1280.07	1209.62	284.99	1102.22
宜春市	Yichun	3473.12	351.34	1508.90	1612.87	365.35	1326.55
抚州市	Fuzhou	1945.62	241.66	766.83	937.13	253.84	555.89
上饶市	Shangrao	3309.70	331.47	1318.70	1659.52	346.33	1071.31

1-17 各设区市地区生产总值指数(2022年)

本表按可比价格计算。
Data in this table are calculated at constant prices.
(上年=100)

地 区	Region	地区生产总值 Gross Domestic Product	第一产业 Primary Industry	第二产业 Secondary Industry	第三产业 Tertiary Industry	农林牧渔业 Agriculture, Forestry, Animal Husbandry and Fishery	工 业 Industry
南昌市	Nanchang	104.1	103.6	104.6	103.7	104.1	104.7
景德镇市	Jingdezhen	104.7	103.4	106.0	103.8	103.8	106.1
萍乡市	Pingxiang	102.0	104.1	99.3	104.1	104.4	98.6
九江市	Jiujiang	104.3	104.4	104.5	104.1	104.9	104.4
新余市	Xinyu	104.8	104.2	105.2	104.5	104.9	105.7
鹰潭市	Yingtan	104.9	103.8	105.7	104.1	104.2	105.6
赣州市	Ganzhou	105.2	103.8	106.6	104.5	104.2	107.0
吉安市	Ji'an	105.1	104.5	106.3	104.1	105.0	106.4
宜春市	Yichun	105.3	103.9	106.9	104.3	104.3	106.9
抚州市	Fuzhou	105.0	103.3	105.9	104.8	103.8	106.2
上饶市	Shangrao	105.1	103.7	106.6	104.3	104.1	107.0

Gross Domestic Product by Region (2022)

(100 million yuan)

建筑业 Construction	批发和零售业 Wholesale and Retail Trades	交通运输仓储和邮政业 Transport, Storage and Post	住宿和餐饮业 Hotels and Catering Services	金融业 Financial Intermediation	房地产业 Real Estate	其他服务业 Other Service Industry	人均地区生产总值(元) Per Capita GDP (yuan)
975.04	586.21	247.58	67.64	729.39	492.32	1335.95	111031
55.38	133.71	42.99	26.92	64.28	71.06	240.16	73537
75.17	116.62	28.75	19.51	63.53	61.20	272.52	64201
200.73	465.97	172.70	67.04	183.21	207.32	724.45	88318
92.90	176.11	41.89	17.47	62.71	43.02	276.39	104130
80.10	102.08	42.72	17.99	51.79	73.73	218.08	107111
296.85	365.98	180.90	133.60	317.79	352.97	881.93	50352
178.12	184.88	110.33	45.40	164.96	180.71	498.72	62170
183.04	266.39	238.78	51.56	190.61	211.14	639.69	69876
211.08	154.40	102.35	30.38	126.71	154.59	356.38	54360
248.78	292.11	132.70	78.00	185.49	269.35	685.62	51425

Indices of Gross Domestic Product by Region (2022)

(preceding year=100)

建筑业 Construction	批发和零售业 Wholesale and Retail Trades	交通运输仓储和邮政业 Transport, Storage and Post	住宿和餐饮业 Hotels and Catering Services	金融业 Financial Intermediation	房地产业 Real Estate	其他服务业 Other Service Industry	人均地区生产总值 Per Capita GDP
104.3	105.3	100.0	100.9	103.0	88.5	111.7	101.8
104.5	105.3	102.2	101.6	105.3	99.1	104.7	104.6
103.3	104.8	99.6	102.3	106.5	98.4	105.2	101.9
105.5	104.7	105.2	101.3	105.0	101.1	104.3	104.8
102.9	105.2	105.6	101.0	107.9	101.3	103.6	104.8
106.4	105.8	100.0	102.4	107.4	100.5	104.7	104.9
104.2	105.1	102.0	102.6	105.1	101.1	106.1	105.1
105.6	104.7	101.6	101.5	104.8	103.1	104.5	105.7
107.0	105.8	103.4	102.5	104.7	101.2	104.8	105.7
105.0	106.4	103.8	103.0	105.9	102.9	104.9	105.6
105.2	105.2	103.0	102.0	105.3	102.8	104.6	105.6

1-18 各县(市、区)地区生产总值(2022年)
Gross Domestic Product by County (County-level City) (2022)

地 区	Region	绝对值(万元) Value (10000 yuan)				比上年增长(%) Rate of Increase over Preceding Year (%)			
		地 区 生产总值 Gross Domestic Product	第一产业 Primary Industry	第二产业 Secondary Industry	第三产业 Tertiary Industry	地 区 生产总值 Gross Domestic Product	第一产业 Primary Industry	第二产业 Secondary Industry	第三产业 Tertiary Industry
东湖区	Donghu	4823059	7563	365690	4449806	2.8	1.0	-8.4	3.8
西湖区	Xihu	7272351	0	1409763	5862588	4.7	-	3.7	4.9
青云谱区	Qingyunpu	4433735	0	2946325	1487410	5.1	-	5.3	4.6
青山湖区	Qingshanhu	6753096	3402	4463729	2285965	5.0	1.1	6.9	1.1
新建区	Xinjian	4077375	484745	1860493	1732137	3.3	3.3	3.8	2.6
红谷滩区	Honggutan	8022749	104953	850636	7067160	3.2	3.0	5.9	2.8
南昌县	Nanchang	12803494	750795	7076330	4976369	4.2	3.7	4.6	3.6
安义县	Anyi	1390737	155803	584114	650820	4.1	5.0	5.5	2.4
进贤县	Jinxian	3780834	757402	1824231	1199201	3.7	3.8	2.3	5.7
昌江区	Changjiang	3002368	62617	1719566	1220185	4.7	2.6	5.6	3.6
珠山区	Zhujiang	2759705	9655	579197	2170853	4.6	1.2	5.7	4.4
浮梁县	Fuliang	1767516	228886	920150	618480	4.7	3.6	6.3	2.9
乐平市	Leping	4392304	453024	2116024	1823256	4.8	3.4	6.2	3.7
安源区	Anyuan	2790604	56125	811578	1922902	4.9	0.2	6.8	4.3
湘东区	Xiangdong	1601894	189952	651703	760239	5.3	5.0	5.4	5.4
莲花县	Lianhua	793943	117451	256387	420105	5.6	3.7	4.8	6.7
上栗县	Shangli	2105485	199396	1087592	818497	5.5	3.8	5.6	5.8
芦溪县	Luxi	1419536	241597	586482	591457	5.3	5.0	5.4	5.2
濂溪区	Lianxi	3772613	62157	1652922	2057534	5.0	4.4	6.5	3.8
浔阳区	Xunyang	4290552	707	605506	3684339	4.3	-13.0	3.7	4.4
柴桑区	Chaisang	2238559	237084	1010878	990597	4.9	4.4	4.9	4.9
武宁县	Wuning	2182870	242879	941466	998525	5.0	4.4	5.8	4.3
修水县	Xiushui	3054687	337843	1186464	1530380	2.1	4.3	-0.4	3.5
永修县	Yongxiu	3156507	305403	1689981	1161123	4.8	4.7	5.3	4.1
德安县	De'an	1895079	116242	1164661	614176	5.7	4.6	5.9	5.5
都昌县	Duchang	2596685	356386	999184	1241115	2.0	4.5	-0.4	3.2
湖口县	Hukou	3099895	177401	2115731	806763	5.6	4.4	6.0	4.8
彭泽县	Pengze	2153488	295205	1034460	823823	4.6	4.3	4.5	4.7
瑞昌市	Ruichang	3342814	241157	1944316	1157341	4.6	4.1	5.0	4.0
共青城市	Gongqingcheng	2178511	91317	1133221	953973	4.7	4.6	5.0	4.3
庐山市	Lushan	1771853	116647	630131	1025075	3.1	4.5	0.0	4.8
渝水区	Yushui	10221018	500174	4698983	5021861	4.7	4.2	5.1	4.3
分宜县	Fenyi	2300505	237993	828221	1234291	5.6	4.4	6.0	5.5
月湖区	Yuehu	3861588	115175	1542727	2203686	4.7	3.4	4.7	4.7
余江区	Yujiang	2096175	246699	1032609	816867	5.5	3.9	7.2	4.0
贵溪市	Guixi	6417751	419094	3923888	2074769	4.9	3.8	5.8	3.5
章贡区	Zhanggong	6610172	41964	2469174	4099034	5.8	2.3	7.3	5.1
南康区	Nankang	4439018	281662	1931709	2225647	5.7	4.3	7.0	4.8
赣县区	Ganxian	2631890	262740	857128	1512022	5.4	3.9	8.0	4.3
信丰县	Xinfeng	3000105	454009	1196456	1349640	5.5	4.1	6.8	5.0
大余县	Dayu	1361150	154656	600628	605866	5.3	3.8	7.2	4.0
上犹县	Shangyou	1124434	165607	451763	507064	4.8	3.7	6.5	3.9
崇义县	Chongyi	1108577	120991	474132	513454	4.9	3.3	7.1	3.4
安远县	Anyuan	1109626	235194	300634	573798	4.8	3.1	6.9	4.4
定南县	Dingnan	1085291	137082	392297	555912	6.0	3.0	8.1	5.3
全南县	Quannan	1069410	172121	450514	446775	5.9	4.2	8.2	4.5
宁都县	Ningdu	2658776	494658	778566	1385552	4.9	4.5	7.1	4.0
于都县	Yudu	3430017	349209	1407801	1673007	5.3	3.6	6.5	4.8
兴国县	Xingguo	2410356	379288	804662	1226406	5.1	4.3	6.4	4.6
会昌县	Huichang	1640835	280527	628423	731885	5.2	3.5	6.9	4.6
寻乌县	Xunwu	1250467	267201	411314	571952	5.4	4.5	8.5	3.8
石城县	Shicheng	1042331	196262	316312	529757	4.7	2.9	6.9	4.1
瑞金市	Ruijin	2084074	298144	837094	948836	5.0	3.6	6.4	4.4
龙南市	Longnan	2243757	168964	1075555	999238	5.6	3.2	6.4	5.2

1-18 续表 continued

地 区	Region	绝对值(万元) Value (10000 yuan)				比上年增长(%) Rate of Increase over Preceding Year (%)			
		地区生产总值 Gross Domestic Product	第一产业 Primary Industry	第二产业 Secondary Industry	第三产业 Tertiary Industry	地区生产总值 Gross Domestic Product	第一产业 Primary Industry	第二产业 Secondary Industry	第三产业 Tertiary Industry
吉州区	Jizhou	3055911	106605	1112779	1836527	5.3	4.4	7.1	4.3
青原区	Qingyuan	1603240	97381	803713	702146	5.1	4.6	6.1	3.9
吉安县	Ji'an	2634832	317617	1522008	795207	5.4	4.9	7.3	2.3
吉水县	Jishui	2281356	297451	908651	1075254	5.4	4.4	7.2	4.2
峡江县	Xiajiang	1022951	136875	423976	462100	4.8	4.1	6.5	3.5
新干县	Xingan	2227211	226798	1105284	895129	5.2	4.2	6.9	3.5
永丰县	Yongfeng	2275637	259408	993432	1022797	4.7	4.1	6.0	3.6
泰和县	Taihe	2546157	304708	1253081	988368	4.9	4.0	6.5	3.2
遂川县	Suichuan	2198746	177706	978608	1042432	5.3	4.7	6.2	4.6
万安县	Wan'an	1211389	154125	442247	615017	5.5	4.8	6.9	4.6
安福县	Anfu	2109259	237579	975544	896136	6.1	4.1	7.2	5.5
永新县	Yongxin	1465820	195627	408214	861979	5.7	4.7	7.1	5.3
井冈山市	Jinggangshan	1001737	94573	203994	703170	5.3	4.9	6.9	4.9
袁州区	Yuanzhou	5604155	453540	2094622	3055993	5.6	4.6	9.1	3.6
奉新县	Fengxin	2416269	256108	1144678	1015483	5.5	4.2	6.3	5.1
万载县	Wanzai	2625568	229081	1271964	1124523	5.3	3.7	6.9	4.0
上高县	Shanggao	2842073	293981	1350063	1198029	5.2	4.3	6.2	4.4
宜丰县	Yifeng	1932003	258983	911618	761402	5.7	3.6	6.4	5.6
靖安县	Jing'an	829493	93979	321150	414364	5.1	3.9	6.5	4.3
铜鼓县	Tonggu	703874	85883	251098	366893	5.0	2.0	5.6	5.3
丰城市	Fengcheng	6613714	863689	3084595	2665430	5.2	4.0	6.6	4.1
樟树市	Zhangshu	5369532	485771	2474692	2409069	5.2	4.1	6.5	4.2
高安市	Gaoan	5794478	492398	2184551	3117529	5.2	3.2	7.1	4.4
临川区	Linchuan	5980696	562726	2841815	2576155	5.0	3.6	5.3	5.0
东乡区	Dongxiang	2311813	272966	1017509	1021338	4.9	3.2	6.8	3.6
南城县	Nancheng	1893073	202047	707269	983757	4.5	3.4	3.3	5.6
黎川县	Nanfeng	1062679	128824	383222	550633	5.1	3.3	6.7	4.4
南丰县	Nanfeng	1779730	378122	465808	935800	5.1	3.6	6.3	5.1
崇仁县	Chongren	1631755	303645	569511	758599	4.9	2.9	6.6	4.6
乐安县	Le'an	939680	124107	301077	514496	5.4	3.1	7.0	5.1
宜黄县	Yihuang	1084885	112119	459722	513044	5.3	3.0	6.9	4.4
金溪县	Jinxi	1157683	151736	408554	597393	4.8	2.9	6.9	3.9
资溪县	Zixi	557191	46226	161417	349548	5.2	3.5	4.7	5.6
广昌县	Guangchang	1057059	134125	352352	570582	5.5	3.8	7.2	4.8
信州区	Xinzhou	4162710	96532	1010264	3055914	5.1	2.8	8.2	4.2
广丰区	Guangfeng	6290157	303720	3250599	2735838	5.7	3.9	7.0	4.3
广信区	Guangxin	3602898	249410	1922029	1431459	5.6	3.9	7.9	2.8
玉山县	Yushan	2901732	263728	1247922	1390082	5.4	4.1	7.2	4.0
铅山县	Yanshan	1973652	213133	794189	966330	4.8	3.4	7.0	3.4
横峰县	Hengfeng	1115972	55792	597335	462845	4.7	3.6	2.0	8.2
弋阳县	Yiyang	1513182	239190	460334	813658	4.8	4.2	5.4	4.7
余干县	Yugan	2594466	556869	803826	1233771	5.3	3.7	10.0	3.1
鄱阳县	Poyang	3165534	766067	968454	1431013	5.0	3.4	7.5	4.3
万年县	Wannian	2098763	209104	1053286	836373	4.6	3.8	4.3	5.1
婺源县	Wuyuan	1657309	125599	395901	1135809	4.5	3.8	1.6	5.5
德兴市	Dexing	2020599	235582	682879	1102139	4.8	3.4	3.9	5.6

主要统计指标解释

行政区划 指国家对行政区域的划分。根据有关法规规定，我国的行政区域划分如下：(1)全国分为省、自治区、直辖市；(2)省、自治区分为自治州、县、自治县、市；(3) 自治州分为县、自治县、市；(4)县、自治县分为乡、民族乡、镇；(5)直辖市和较大的市分为区、县；(6)国家在必要时设立的特别行政区。

平均增长速度 平均增长速度表明社会经济现象在一个较长的时期内逐期平均增长变化的程度，它不能根据各个环比增长速度直接求得，但与平均发展速度之间存在着一定的数量关系：平均增长速度＝平均发展速度－1。

平均发展速度是一种根据环比发展速度计算的序时平均数，由于各时期对比的基础不同，所以计算平均发展速度不能采用一般的序时平均数的计算方法，计算方法分为水平法和累计法。水平法，又称几何平均法，即将环比发展速度按连乘法用几何平均数公式计算。累计法，也称方程法，根据一段时期内各年发展水平总和与基期水平的关系，列出方程式计算平均发展速度。水平法着重考虑最后一年所达到的发展水平；累计法着重考虑整个时期累计发展水平的总量。

本《年鉴》内所列的平均增长速度，除固定资产投资用“累计法”计算外，其余均用“水平法”计算。从某年到某年平均增长速度的年份，均不包括基期年在内。如建国四十三年以来的平均增长速度是以1949 年为基期计算的，则写为 1950-1992 年平均增长速度，其余类推。

国民经济行业分类 自 2017 年年报和 2018 年定期报表开始使用新的《国民经济行业分类》(GB/T4754-2017)。该分类是由国家统计局组织修订，原国家质量监督检验检疫总局和中国国家标准化管理委员会于 2017 年 6 月 30 日发布。

这次修订是在 2011 年分类标准的基础上，结合我国经济活动特点，参照联合国《全部经济活动的国际标准产业分类》(ISIC/Rev.4)进行的。修订后的《国民经济行业分类》(GB/T4754-2017) 共有门类 20 个，大类 97 个，中类 473 个，小类 1382 个。

企业登记注册类型 是以在市场监管部门登记注册的各类企业为划分对象，以市场监管部门对企业登记注册的类型为依据，将企业登记注册类型分为内资企业、港澳台商投资企业和外商投资企业三大类。内资企业包括国有企业、集体企业、股份合作企业、联营企业、有限责任公司、股份有限公司、私营企业和其他企业；港澳台商投资企业和外商投资企业分别包括合资经营企业、合作经营企业、独资经营企业和股份有限公司等。

国有企业 指企业全部资产归国家所有，并按《中华人民共和国企业法人登记管理条例》规定登记注册的非公司制的经济组织。不包括有限责任公司中的国有独资公司。

集体企业 指企业资产归集体所有，并按《中华人民共和国企业法人登记管理条例》规定登记注册的经济组织。

股份合作企业 指以合作制为基础，由企业职工共同出资入股，吸收一定比例的社会资产投资组建，实行自主经营，自负盈亏，共同劳动，民主管理，按劳分配与按股分红相结合的一种集体经济组织。

联营企业 指两个及两个以上相同或不同所有制性质的企业法人或事业单位法人，按自愿、平等、互利的原则，共同投资组成的经济组织。联营企业包括国有联营企业、集体联营企业、国有与集体联营企业和其他联营企业。

有限责任公司 指根据《中华人民共和国公司登记管理条例》规定登记注册，由两个以上、五十个以下的股东共同出资，每个股东以其所认缴的出资额对公司承担有限责任，公司以其全部资产对其债务承担责任的经济组织。有限责任公司包括国有独资公司以及其他有限责任公司。

股份有限公司 指根据《中华人民共和国公司登记管理条例》规定登记注册，其全部注册资本由等额股份构成并通过发行股票筹集资本，股东以其认购的股份对公司承担有限责任，公司以其全部资产对其债务承担责任的经济组织。

私营企业 指由自然人投资设立或由自然人控股，以雇佣劳动为基础的营利性经济组织。包括按照《公司法》、《合伙企业法》以及《个人独资企业法》规定登记注册的私营独资企业、私营合伙企业、私营有限责任公司、私营股份有限公司和个人独资企业。

其他企业 指上述企业之外的其他内资经济组织。

与港澳台商合资经营企业 指港澳台地区投资者与内地企业依照原《中华人民共和国中外合资经营企业法》及有关法律的规定，按合同规定的比例投资设立，分享利润、分担风险和亏损的企业。

与港澳台商合作经营企业 指港澳台地区投资者与内地企业依照原《中华人民共和国中外合作经营企业法》及有关法律的规定，依照合作合同的约定进行投资或提供条件设立，分配利润、分担风险和亏损的企业。

港澳台商独资经营企业 指依照原《中华人民共和国外资企业法》及有关法律的规定，在内地由港澳台地区投资者全额投资设立的企业。

港澳台商投资股份有限公司 指根据国家有关规定，经商务部（原外经贸部）批准设立，并且其中港、澳、台商的股本占公司注册资本的比例达 25%以上的股份有限公司。凡其中港、澳、台商的股本占公司注册资本的比例小于 25% 的，属于内资中的股份有限公司。

其他港澳台商投资企业 指在中国境内参照原《外国企业或个人在中国境内设立合伙企业管理办法》和《外商投资合伙企业登记管理规定》，依法设立的港、澳、台商投资合伙企业等。

中外合资经营企业 指外国企业或外国人与中国内地企业依照原《中华人民共和国中外合资经营企业法》及有关法律的规定，按合同规定的比例投资设立，分享利润和分担风险和亏损的企业。

中外合作经营企业 指外国企业或外国人与中国内地企业依照原《中华人民共和国中外合作经营企业法》及有关法律的规定，依照合作合同的约定进行投资或提供条件设立，分配利润、分担风险和亏损的企业。

外资企业 指依照原《中华人民共和国外资企业法》及有关法律的规定，在中国内地由外国投资者全额投资设立的企业。

外商投资股份有限公司 指根据国家有关规定,经商务部(原外经贸部)批准设立,并且其中外资的股本占公司注册资本的比例达 25% 以上的股份有限公司。凡其中外资股本占公司注册资本的比例小于 25%的,属于内资企业中的股份有限公司。

其他外商投资企业 指在中国境内依照原《外国企业或个人在中国境内设立合伙企业管理办法》和《外商投资合伙企业登记管理规定》,依法设立的外商投资合伙企业等。

地区生产总值 是指一个地区所有常住单位在一定时期内生产活动的全部最终成果。地区生产总值有三种表现形式,即价值创造、收入形成和最终使用。从价值创造看,它是所有常住单位在一定时期内生产的全部货物和服务价值与同期投入的全部非固定资产货物和服务价值的差额,即所有常住单位的增加值之和;从收入形成看,它是所有常住单位在一定时期内形成的劳动者报酬、生产税净额、固定资产折旧、营业盈余等各项收入之和;从最终使用看,它是所有常住单位在一定时期内最终使用的货物和服务价值与货物和服务净出口价值之和。

三次产业 地区生产总值统一核算三次产业分类依据国家统计局2018年修订的《三次产业划分规定》确定,包括第一产业、第二产业和第三产业:

第一产业包括农林牧渔业(不含农林牧渔专业及辅助性活动)。

第二产业包括工业(不含开采专业及辅助性活动,金属制品、机械和设备修理业)和建筑业。

第三产业包括除第一产业、第二产业以外的其他行业(不含国际组织)。

固定资产折旧 指由于自然退化、正常淘汰或损耗而导致的固定资产价值下降,用以代表固定资产通过生产过程被转移到其产出中的价值。原则上,固定资产折旧应按照固定资产的重置价值计算。

劳动者报酬 指劳动者因从事生产活动而获得的全部报酬。包括劳动者获得的各种形式的工资、奖金和津贴,既包括货币形式的,也包括实物形式的,还包括劳动者所享受的公费医疗和医药卫生费、上下班交通补贴、单位支付的社会保险费、住房公积金等。对于个体经济来说,其所有者所获得的劳动报酬和经营利润不易区分,这两部分统一作为劳动者报酬处理。

生产税净额 指生产税减生产补贴后的余额,生产税是指政府对生产单位从事生产、销售和经营活动以及因从事生产活动使用某些生产要素(如固定资产、土地、劳动力)所征收的各种税、附加费和规费。生产补贴与生产税相反,指政府对生产单位的单方面转移支出,因此视为负生产税,包括政策亏损补贴、价格补贴等。

营业盈余 指常住单位创造的增加值扣除固定资产折旧、劳动者报酬和生产税净额后的余额,它相当于企业的营业利润加上生产补贴,但要扣除利润中开支的工资、福利等。

Explanatory Notes on Main Statistical Indicators

Divisions of Administrative Areas refer to the division of administrative areas by the State. The relative laws define the administrative division as follows: 1) the whole country is divided into provinces, autonomous regions and municipalities directly under the Central Government; 2) provinces and autonomous regions are further divided into autonomous prefectures, counties, autonomous counties and cities; 3) autonomous prefectures are further divided into counties, autonomous counties and cities; 4) counties and autonomous counties are further divided into townships, ethnic townships and towns; 5) municipalities directly under the Central Government and large cities are divided into districts and counties, 6) the State shall, when necessary, establish special administrative regions.

Average Annual Growth Rate shows the average growth rate of social and economic development during a longer period. It can not be directly calculated by chain based growth rate. The relation is:

Average growth rate = average speed of development － 1

Average speed of development is the time series average of speed which is obtained through chain-based calculation. Because the reference bases during the different periods are different, average speed of development can not be calculated by the general method. Level approach and accumulative approach for calculating average speed of development rate are applied. The "level approach", or geometric average approach, is derived by the formula of geometric average of the chain-based speeds of development by continuous multiplication. The other is called the "accumulative approach" or the "equation" method, which is derived by the summation of the actual figure of each year in the interval divided by the figure in the base year. The level approach focuses on the level of the last year, while the accumulative approach emphasizes the aggregate development for the entire duration.

The average annual growth rates listed in the Yearbook are calculated by the level approach except for the growth rate of investment in fixed assets. The base year is not listed in the duration for which average annual growth rates are computed. For instance, the average annual growth rate of the 43 years since 1949 is shown as the average annual growth rate of 1950-1992 without showing the base year 1949.

Industrial Classification of the National Economy The new Industrial Classification of the National Economy (GB/T 4754-2017) is introduced starting from the compilation of 2017 annual statistics and 2018 monthly or quarterly statistics. The revision, based on the 2011 classification, was organized by the National Bureau of Statistics taking into consideration of the characteristics of economic activities in China and the International Standards of the Industrial Classification of All Economic Activities (ISIC/Rev.4) of the United Nations. The new Classification was promulgated by the former National Administration of Quality Supervision, Inspection and Quarantine and the Standardization Administration of the People's Republic of China on June 30, 2017. The revised version of the Industrial Classification of the National Economy (GB/T 4754-2017) is composed of 20 sections, 97 divisions, 473 groups and 1382 classes.

Registration Status of Enterprises (units) Enterprises are classified into 3 categories, namely enterprises with domestic investment, enterprises with investment from Hong Kong, Macao and Taiwan, and enterprises with foreign investment, according to the registration status of an enterprise in market supervision administration. Domestic-invested enterprises include state-owned enterprises, collective-owned enterprises, cooperative enterprises, joint ownership enterprises, limited liability corporations, share-holding corporations Ltd., private enterprises and other enterprises. Included in the enterprises with investment from Hong Kong, Macao and Taiwan and enterprises with foreign investment are joint-venture enterprises, cooperative enterprises, sole- proprietorship enterprises and share-holding corporations Ltd.

State-owned Enterprises refer to non-corporation economic units where the entire assets are owned by the state and which have been registered in accordance with the Regulation of the People's Republic of China on the Management of Registration of Corporate Enterprises. Not included from this category are state sole-proprietorship corporations in the limited liability corporations.

Collective-owned Enterprises refer to economic units where the assets are owned collectively and which have been registered in accordance with the Regulation of the People's Republic of China on the Management of Registration of Corporate Enterprises.

Cooperative Enterprises refer to a form of collective economic units (enterprises) where capitals come mainly from employees as their shares, with certain proportion of capital from the outside, where production is organized on the basis of independent operation, independent accounting for profits and losses, joint work, democratic management, and a distribution system that integrates remuneration according to work with dividend according to capital share.

Joint Ownership Enterprises refer to economic units established by two or more corporate enterprises or corporate institutions of the same or different ownership, through joint investment on the basis of voluntary participation, equality, and mutual benefits. They include state joint ownership enterprises; collective joint ownership enterprises; joint state-collective enterprises; and other joint ownership enterprises.

Limited Liability Corporations refer to economic units established with investment from 2-50 investors and registered in accordance with the Regulation of the People's Republic of China on the Management of Registration of Corporations, each investor bearing limited liability to the corporation depending on its share of investment, and the corporation bearing liability to its debt to the maximum of its total assets. Limited liability corporations include state sole-proprietorship corporations and other limited liability corporations.

Share-holding Corporations Ltd. refer to economic units registered in accordance with the Regulation of the People's Republic of China on the Management of Registration of Corporations, with total registered capital divided into equal shares and additional capitals raised through issuing stocks. Each investor bears limited liability to the corporation depending on the holding of shares, and the corporation bears liability to its debt to the maximum of its total assets.

Private Enterprises refer to profit-making economic units invested and established by natural persons, or controlled by natural persons, using employed labour. Included in this category are private sole-proprietorship enterprise, private partnership enterprise, private limited liability companies, private limited-liability company by shares and individual sole-proprietorship enterprise registered in accordance with the Company Law, the Law on Partnership Business and the Law on Individual Proprietorship Enterprises.

Other Domestic-Invested Enterprises refer to domestic-invested economic units other than those mentioned above.

Joint Venture Enterprises with Hong Kong, Macao and Taiwan are enterprises jointly established by investors from Hong Kong, Macao and Taiwan with enterprises in the mainland of China in accordance with the former Law of the People's Republic of China on Sino-foreign Equity Joint Ventures and other relevant laws, where the establishment of the investment and the sharing of profits, taking risks and loss are stipulated in joint venture contracts.

Cooperative Enterprises with Hong Kong, Macao and Taiwan established by investors from Hong Kong, Macao and Taiwan with enterprises in the mainland of China in accordance with the former Law of the People's Republic of China on Sino-foreign Contractual Joint Venture and other relevant laws, where the investment or provision of facilities and the sharing of profits and risks are stipulated under cooperative contracts.

Sole-proprietorship Enterprises with Investment from Hong Kong, Macao and Taiwan refer to enterprises established in the mainland of China with exclusive investment from investors from Hong Kong, Macao and Taiwan in accordance with the former Law of the People's Republic of China on Enterprises with Foreign Investment and other relevant laws.

Share-holding Corporations Ltd. with Investment from Hong Kong, Macao and Taiwan refer to share-holding corporations Ltd. established with the approval from the Ministry of Commerce (the former Ministry of Foreign Trade and Economic Relations) in line with relevant state regulations, where the share of investment from Hong Kong, Macao or Taiwan businessmen exceeds 25% of the total registered capital of the corporation. In case the share of investment from Hong Kong, Macao or Taiwan is less than 25% of the total registered capital, the enterprise is to be classified as domestic-invested share-holding corporation Ltd.

Other Enterprises with Funds From Hong Kong, Macao and Taiwan refer to partnership enterprises with investments from Hong Kong, Macao and Taiwan established within the territory of China in accordance with former Administrative Measures on the Establishment of Partnership Enterprises in China by Foreign Enterprises or Foreign Individuals and Regulations for the Administration of the Registration of Foreign-invested Partnership Enterprises.

Joint Venture Enterprises with Foreign Investment refer to enterprises jointly established by foreign enterprises or foreigners with enterprises in the mainland of China in accordance with the former Law of the People's Republic of China on Sino-foreign Equity Joint Ventures and other relevant laws, where the sharing of investment, profits and risks and loss are stipulated in contracts.

Cooperative Enterprises with Foreign Investment refer to enterprises jointly established by foreign enterprises or foreigners with enterprises in the mainland of China in accordance with the former Law of the People's Republic of China on Sino-foreign Contractual Joint Venture and other relevant laws, where the investment or provision of facilities and the sharing of profits and taking risks and loss are stipulated in cooperative contracts.

Sole-proprietorship Enterprises with Foreign Investment refer to enterprises established in the mainland of China with exclusive investment from foreign investors in accordance with the former Law of the People's Republic of China on Enterprises with Foreign Investment and other relevant laws.

Share-holding Corporations Ltd. with Foreign Investment refer to share-holding corporations Ltd. established with the approval from the Ministry of Commerce (the former Ministry of Foreign Trade and Economic Relations) in line with relevant state regulations, where the share of investment from foreign investors exceeds 25% of the total registered capital of the corporation. In case the share of foreign investment is less than 25% of the total registered capital, the enterprise is to be classified as domestic-invested share-holding corporation Ltd.

Other Enterprises with Foreign Funds refer to partnership enterprises established within the territory of China in accordance with former Administrative Measures on the Establishment of Partnership Enterprises in China by Foreign Enterprises or Foreign Individuals and Regulations for the Administration of the Registration of Foreign-invested Partnership Enterprises.

Gross Domestic Product (GDP) refers to the final products at market prices produced by all resident units in a country (or a region) during a certain period of time. Gross Domestic Product is expressed in three different perspectives, namely value, income, and products respectively. GDP in its value perspective refers to the total value of all goods and services produced by all resident units during a certain period of time, minus the total value of input of goods and services of the nature of non-fixed assets; in other words, it is the sum of the value-added of all resident units. GDP from the perspective of income includes the primary income created by all resident units and distributed to resident and non-resident units. GDP from the perspective of products refers to the value of all goods and services for final consumption by all resident units minus the net exports of goods and services during a given period of time. In the practice of national accounting, gross domestic product is calculated from three approaches, namely production approach, income approach and expenditure approach, which reflect gross domestic product and its composition from different angles.

Three Strata of Industry Classification of economic activities into three strata of industry is a common practice in the world, although the grouping varies to some extent form country to country. In China economic activities are categorized into the following three strata of industry:

Primary industry refers to agriculture, forestry, animal husbandry and fishery and services in support of these industries.

Secondary industry refers to mining and quarrying, manufacturing, production and supply of electricity, water and gas, and construction.

Tertiary industry refers to all other economic activities not included in the primary or secondary industries.

Depreciation of Fixed Assets refers to the decline of the value of fixed assets due to natural deterioration, normal elimination or loss, and it reflects the value of the fixed assets transferred into the output through production. In principle, the depreciation of fixed assets should be calculated on the basis of the re-purchased value of the fixed assets.

Labourers Remuneration refers to the total payment of various forms to labourers for the productive activities they are engaged in. It includes wages, bonuses and allowances, which the labourers earn in cash and in kind. It also includes the free medical services provided to the labourers and the medicine expenses, transport subsidies and social insurance, and housing fund paid by the employers. As regards the individual economy, since labourers remuneration is not easily distinguishable from the operating profit, both parts are treated as labourer remuneration.

Net Taxes on Production refers to taxes on production less subsidies on production. The taxes on production refers to the various taxes, extra charges and fees levied on the production units on their production, sale and business activities as well as on the use of some factors of production, such as fixed assets, land and labour in the production activities they are engaged in. In contrast to taxes on production, subsidies on production refer to the unilateral government transfer to the production units and are therefore regarded as negative taxes on production. They include subsidies on the loss due to implementation of government policies, price subsidies, etc.

Operating Surplus refers to the balance of the value added created by the resident units after deducting the labourers remuneration, net taxes on production and the depreciation of fixed assets. It is equivalent to the business profit of the enterprises plus subsidies to production, but the wages and welfare expenses paid from the profits should be deducted.

二、人　口

POPULATION

◆ 41/52

资料整理：韩　梅　黄　琰

简要介绍

一、本篇资料的主要内容

本篇资料反映全省2022年及历年人口方面的基本情况，包括全省及11个设区市的主要人口统计数据，如：全省历年人口数、城镇人口、乡村人口、男性人口、女性人口、分年龄人口、人口密度；2022年各设区市人口数、出生率、死亡率、自然增长率等。

二、本篇的资料来源

本篇资料由省统计局人口和就业统计处整理。资料来源为人口普查和年度人口变动情况抽样调查数据。

三、本篇的统计调查方法

2022年全省人口变动情况抽样调查是以全省为总体，各设区市为次总体，采用分层、多阶段、整群概率比例抽样方法，在全省11个设区市抽取了100个县（市、区）2331个村（居）委会的约33万人，调查样本占全省总人口的0.70%。

Brief Introduction

Ⅰ.Main Contents

Data in this chapter show the basic condition of population in 2022 as well as previous years for the whole province and 11 municipalities. They include the sizes of the provincial population, urban population, rural population, male population, female population, population by age, population density, as well as birth rates, death rates, natural growth rate by region in 2022.

Ⅱ. Sources of Data

Data in this chapter are prepared by the Division of Population and Employment, Jiangxi Provincial Bureau of Statistics. The data sources are from statistics of Population Census and Annual Sample Survey on Population Changes.

Ⅲ.Methodology of Survey

The 2022 Provincial Sample Survey on Population Change adopted a Stratified multi-stage systematic PPS cluster sampling scheme. A total of 330 000 people were selected from 2331Village (neighborhood) committee in 100 counties (cities and districts） of 11 municipalities. The size of the sample was thus 0.70% of the provincial population.

2-1 人口自然变动情况
Population Natural Change

年 份 Year	年平均人口(人) Average Population (person)	人口出生率(‰) Birth Rate (‰)	人口死亡率(‰) Death Rate (‰)	人口自然增长率(‰) Natural Growth Rate(‰)	人口密度(人/平方公里) Population Density (person/sq.km)
1978	31504121	27.01	7.39	19.62	191
1979	32058990	20.97	7.23	13.80	193
1980	32495869	18.57	6.38	12.19	196
1981	32870597	20.42	6.54	13.88	198
1982	33261360	19.18	6.07	13.11	201
1983	33714259	21.92	8.23	13.69	203
1984	34261956	25.30	6.80	18.50	207
1985	34838425	20.29	5.39	14.90	210
1986	35427804	24.15	5.53	18.70	214
1987	36040374	22.92	7.23	15.69	218
1988	36580961	19.90	5.80	14.10	221
1989	37150503	23.04	6.26	16.70	224
1990	37784307	24.59	7.54	17.05	228
1991	38376396	21.20	7.13	14.07	231
1992	38888651	19.53	7.07	12.46	234
1993	39395666	20.33	6.89	13.44	238
1994	39907432	19.38	7.00	12.38	241
1995	40389933	18.94	7.28	11.66	243
1996	40840020	17.53	7.02	10.51	246
1997	41278987	17.43	6.56	10.87	249
1998	41707706	16.85	7.05	9.80	251
1999	42111908	16.51	7.02	9.49	253
2000	41289734	15.55	6.07	9.48	249
2001	41671562	15.44	6.06	9.38	251
2002	42040975	14.74	6.02	8.72	253
2003	42383264	14.07	5.98	8.09	255
2004	42688961	13.61	5.99	7.62	257
2005	42974053	13.79	5.96	7.83	258
2006	43251863	13.80	6.01	7.79	260
2007	43537706	13.86	5.99	7.87	262
2008	43842582	13.92	6.01	7.91	264
2009	44161310	13.87	5.98	7.89	266
2010	44472035	13.72	6.06	7.66	267
2011	44680896	13.48	5.98	7.50	268
2012	44747119	13.46	6.14	7.32	268
2013	44755275	13.19	6.28	6.91	268
2014	44776441	13.24	6.26	6.98	268
2015	44821288	13.20	6.24	6.96	269
2016	44900903	13.45	6.16	7.29	269
2017	45035657	13.79	6.08	7.71	270
2018	45124893	13.43	6.06	7.37	270
2019	45147224	12.59	6.03	6.56	271
2020	45176973	9.48	6.61	2.87	271
2021	45184250	8.34	6.71	1.63	271
2022	45226924	7.19	6.94	0.25	271

注：2011-2019年的年平均人口数据为修订后的数据。
a) The average population from 2011 to 2019 are revised data.

2-2 人口数(年末数)
Population (year-end)

年 份 Year	总人口 (人) Total Population (person)	按性别分 By Gender		以年末总人口为100 Total Population at year-end=100	
		男 Male	女 Female	男 Male	女 Female
1978	31828203	16427779	15400424	51.61	48.39
1979	32289778	16659570	15630208	51.59	48.41
1980	32701960	16866769	15835191	51.58	48.42
1981	33039235	17031186	16008049	51.55	48.45
1982	33483485	17265308	16218177	51.56	48.44
1983	33945033	17524200	16420778	51.63	48.37
1984	34578879	17872492	16707000	51.69	48.32
1985	35097971	18155525	16942000	51.73	48.27
1986	35757637	18500090	17257547	51.74	48.26
1987	36323111	18801109	17522002	51.76	48.24
1988	36838811	19053400	17786000	51.72	48.28
1989	37462196	19381113	18081083	51.74	48.26
1990	38106418	19727708	18378000	51.77	48.23
1991	38646374	19978326	18668148	51.69	48.31
1992	39130927	20259917	18871010	51.77	48.23
1993	39660405	20500789	19159616	51.69	48.31
1994	40154459	20586009	19568450	51.27	48.73
1995	40625406	20837093	19788313	51.29	48.71
1996	41054635	21184192	19870443	51.60	48.40
1997	41503338	21345274	20158064	51.43	48.57
1998	41912074	21364925	20547149	50.98	49.02
1999	42311742	21810874	20500868	51.55	48.45
2000	41485447	21570202	19915245	51.99	48.01
2001	41857676	21840587	20017089	52.18	47.82
2002	42224273	21813059	20411214	51.66	48.34
2003	42542255	21807160	20735095	51.26	48.74
2004	42835667	22064652	20771015	51.51	48.49
2005	43112439	21935609	21176830	50.88	49.12
2006	43391287	22194643	21196644	51.15	48.85
2007	43684125	22388114	21296011	51.25	48.75
2008	44001038	22584130	21416908	51.33	48.67
2009	44321581	22717106	21604475	51.26	48.74
2010	44622489	23031644	21590845	51.61	48.39
2011	44739303	23156187	21583116	51.76	48.24
2012	44754934	23152139	21602795	51.73	48.27
2013	44755616	23144900	21610716	51.71	48.29
2014	44797265	23156130	21641135	51.69	48.31
2015	44845311	23168077	21677234	51.66	48.34
2016	44956495	23218130	21738365	51.65	48.35
2017	45114818	23294617	21820201	51.63	48.37
2018	45134968	23301551	21833417	51.63	48.37
2019	45159480	23309951	21849529	51.62	48.38
2020	45188635	23318533	21870102	51.60	48.40
2021	45174033	23352085	21821948	51.69	48.31
2022	45279815	23397542	21882273	51.67	48.33

注：2011-2019年的总人口、男性人口、女性人口为修订后的数据；2020年数据为第七次全国人口普查普查时点数。

a) The total population and its gender group from 2011 to 2019 are revised data. The reference time of data on 2020 is zero hour on November 1st , 2020.

2-3 按城乡分的人口数(年末数)
Population by Residence (year-end)

年 份 Year	总人口 (人) Total Population (person)	按城乡分 By Residence		以年末总人口为100 Total Population at year-end=100	
		城镇人口 Urban Population	乡村人口 Rural Population	城镇人口 Urban Population	乡村人口 Rural Population
1978	31828203	5331228	26496975	16.75	83.25
1979	32289778	5630294	26660000	17.44	82.56
1980	32701960	6145928	26556032	18.79	81.21
1981	33039235	6298459	26740776	19.06	80.94
1982	33483485	6512538	26970000	19.45	80.55
1983	33945033	6639648	27305385	19.56	80.44
1984	34578879	6801665	27777214	19.67	80.33
1985	35097971	6942379	28155592	19.78	80.22
1986	35757637	7112194	28646000	19.89	80.11
1987	36323111	7264622	29058489	20.00	80.00
1988	36838811	7408285	29430526	20.11	79.89
1989	37462196	7574856	29887340	20.22	79.78
1990	38106418	7754656	30351000	20.35	79.65
1991	38646374	8148201	30498173	21.08	78.92
1992	39130927	8537586	30593341	21.82	78.18
1993	39660405	8944215	30716190	22.55	77.45
1994	40154459	9350367	30804092	23.29	76.71
1995	40625406	9689159	30936247	23.85	76.15
1996	41054635	10092871	30961764	24.58	75.42
1997	41503338	10507815	30995523	25.32	74.68
1998	41912074	10918934	30993140	26.05	73.95
1999	42311742	11333623	30978119	26.79	73.21
2000	41485447	11487320	29998127	27.69	72.31
2001	41857676	12728919	29128757	30.41	69.59
2002	42224273	13596216	28628057	32.20	67.80
2003	42542255	14472875	28069380	34.02	65.98
2004	42835667	15240930	27594737	35.58	64.42
2005	43112439	15994715	27117724	37.10	62.90
2006	43391287	16783750	26607537	38.68	61.32
2007	43684125	17386282	26297843	39.80	60.20
2008	44001038	18198829	25802209	41.36	58.64
2009	44321581	19138059	25183522	43.18	56.82
2010	44622489	19660669	24961820	44.06	55.94
2011	44739303	20468231	24271072	45.75	54.25
2012	44754934	21209363	23545571	47.39	52.61
2013	44755616	21948154	22807462	49.04	50.96
2014	44797265	22645017	22152248	50.55	49.45
2015	44845311	23454098	21391213	52.30	47.70
2016	44956495	24272012	20684483	53.99	46.01
2017	45114818	25128954	19985864	55.70	44.30
2018	45134968	25880391	19254577	57.34	42.66
2019	45159480	26675705	18483775	59.07	40.93
2020	45188635	27310611	17878024	60.44	39.56
2021	45174033	27763961	17410072	61.46	38.54
2022	45279815	28105181	17174634	62.07	37.93

注：2011-2019年数据为修订后的数据；2020年数据为第七次全国人口普查普查时点数。

a) The data from 2011 to 2019 are revised data. The reference time of data on 2020 is zero hour on November 1st , 2020.

2-4 各地区按性别分的人口数(2022年末)
Population by Gender and Region (end of 2022)

地区	Region	总人口(人) Total Population (person)	按性别分 By Gender		以年末总人口为100 Total Population at year-end=100	
			男 Male	女 Female	男 Male	女 Female
全　省	**Provincial Total**	**45279815**	**23397542**	**21882273**	**51.67**	**48.33**
南昌市	Nanchang	6538127	3420206	3117921	52.31	47.69
景德镇市	Jingdezhen	1621845	840007	781838	51.79	48.21
萍乡市	Pingxiang	1808794	922078	886716	50.98	49.02
九江市	Jiujiang	4557703	2341868	2215835	51.38	48.62
新余市	Xinyu	1202839	627293	575546	52.15	47.85
鹰潭市	Yingtan	1155837	598586	557251	51.79	48.21
赣州市	Ganzhou	8988068	4625880	4362188	51.47	48.53
吉安市	Ji'an	4422636	2282208	2140428	51.60	48.40
宜春市	Yichun	4969735	2567848	2401887	51.67	48.33
抚州市	Fuzhou	3578964	1850125	1728839	51.69	48.31
上饶市	Shangrao	6435267	3321443	3113824	51.61	48.39

2-5 各地区按城乡分的人口数(2022年末)
Population by Residence and Region (end of 2022)

地区	Region	总人口(人) Total Population (person)	按城乡分 By Residence		以年末总人口为100 Total Population at year-end=100	
			城镇人口 Urban Population	乡村人口 Rural Population	城镇人口 Urban Population	乡村人口 Rural Population
全　省	**Provincial Total**	**45279815**	**28105181**	**17174634**	**62.07**	**37.93**
南昌市	Nanchang	6538127	5160106	1378021	78.92	21.08
景德镇市	Jingdezhen	1621845	1078184	543661	66.48	33.52
萍乡市	Pingxiang	1808794	1254503	554291	69.36	30.64
九江市	Jiujiang	4557703	2858461	1699242	62.72	37.28
新余市	Xinyu	1202839	895304	307535	74.43	25.57
鹰潭市	Yingtan	1155837	763277	392560	66.04	33.96
赣州市	Ganzhou	8988068	5123369	3864699	57.00	43.00
吉安市	Ji'an	4422636	2391473	2031163	54.07	45.93
宜春市	Yichun	4969735	2883682	2086053	58.02	41.98
抚州市	Fuzhou	3578964	2096657	1482307	58.58	41.42
上饶市	Shangrao	6435267	3600165	2835102	55.94	44.06

2-6　2022年末各地区按年龄分的人口数(一)
Population by Age and Region at the end of 2022(one)

地区	Region	总人口(万人) Total Population (10 000 persons)	0-15岁人口 0-15 year old population		16-59岁人口 16-59 year old population		60岁及以上人口 Population aged 60 and over	
			人口数 Population	比重(%) proportion	人口数 Population	比重(%) proportion	人口数 Population	比重(%) proportion
全　省	**Provincial Total**	**4527.98**	**975.60**	**21.55**	**2745.86**	**60.64**	**806.51**	**17.81**
南昌市	Nanchang	653.81	109.04	16.68	445.31	68.11	99.47	15.21
景德镇市	Jingdezhen	162.18	33.76	20.82	99.51	61.35	28.91	17.83
萍乡市	Pingxiang	180.88	36.02	19.91	108.10	59.77	36.76	20.32
九江市	Jiujiang	455.77	94.76	20.79	274.56	60.24	86.45	18.97
新余市	Xinyu	120.28	24.39	20.27	73.33	60.96	22.57	18.76
鹰潭市	Yingtan	115.58	24.64	21.31	69.64	60.25	21.30	18.43
赣州市	Ganzhou	898.81	203.54	22.65	547.17	60.88	148.09	16.48
吉安市	Ji'an	442.26	110.00	24.87	248.34	56.15	83.92	18.98
宜春市	Yichun	496.97	113.31	22.80	288.43	58.04	95.23	19.16
抚州市	Fuzhou	357.90	80.00	22.35	215.25	60.14	62.65	17.50
上饶市	Shangrao	643.53	146.15	22.71	376.21	58.46	121.16	18.83

2-7　2022年末各地区按年龄分的人口数(二)
Population by Age and Region at the end of 2022(two)

地区	Region	总人口(万人) Total Population (10 000 persons)	0-14岁人口 0-14 year old population		15-64岁人口 15-64 year old population		65岁及以上人口 Population aged 65 and over	
			人口数 Population	比重(%) proportion	人口数 Population	比重(%) proportion	人口数 Population	比重(%) proportion
全　省	**Provincial Total**	**4527.98**	**899.25**	**19.86**	**3038.62**	**67.11**	**590.11**	**13.03**
南昌市	Nanchang	653.81	101.71	15.56	479.01	73.26	73.09	11.18
景德镇市	Jingdezhen	162.18	31.06	19.15	110.78	68.31	20.34	12.54
萍乡市	Pingxiang	180.88	33.31	18.42	120.77	66.77	26.80	14.81
九江市	Jiujiang	455.77	87.31	19.16	304.26	66.76	64.20	14.09
新余市	Xinyu	120.28	22.45	18.67	81.45	67.71	16.38	13.62
鹰潭市	Yingtan	115.58	22.54	19.50	77.63	67.17	15.41	13.33
赣州市	Ganzhou	898.81	187.27	20.84	603.07	67.10	108.46	12.07
吉安市	Ji'an	442.26	101.55	22.96	279.89	63.28	60.83	13.75
宜春市	Yichun	496.97	104.57	21.04	323.48	65.09	68.93	13.87
抚州市	Fuzhou	357.90	73.58	20.56	237.60	66.39	46.72	13.05
上饶市	Shangrao	643.53	133.89	20.81	420.68	65.37	88.95	13.82

2-8 各地区人口抚养比(2022年末)
Dependency Ratio of Population by Region (end of 2022)

单位：%　　(%)

地区	Region	少儿抚养比 Children Dependency Ratio	老年抚养比 Elderly Dependency Ratio	总抚养比 Gross Dependency Ratio
全　省	**Provincial Total**	**29.59**	**19.42**	**49.01**
南昌市	Nanchang	21.23	15.26	36.49
景德镇市	Jingdezhen	28.04	18.36	46.40
萍乡市	Pingxiang	27.58	22.19	49.77
九江市	Jiujiang	28.70	21.10	49.80
新余市	Xinyu	27.57	20.11	47.68
鹰潭市	Yingtan	29.03	19.85	48.88
赣州市	Ganzhou	31.05	17.98	49.04
吉安市	Ji'an	36.28	21.73	58.02
宜春市	Yichun	32.33	21.31	53.63
抚州市	Fuzhou	30.97	19.66	50.63
上饶市	Shangrao	31.83	21.15	52.97

2-9 各地区人口出生率、死亡率和自然增长率(2022年)
Birth Rates，Death Rates and Natural Growth Rates of Population by region(2022)

单位：‰　　(‰)

地区	Region	人口出生率 Birth Rate	人口死亡率 Death Rate	人口自然增长率 Natural Growth
全　省	**Provincial Total**	**7.19**	**6.94**	**0.25**
南昌市	Nanchang	6.19	5.45	0.73
景德镇市	Jingdezhen	6.62	6.55	0.07
萍乡市	Pingxiang	7.50	7.74	-0.23
九江市	Jiujiang	6.78	6.65	0.13
新余市	Xinyu	6.04	6.37	-0.33
鹰潭市	Yingtan	6.85	7.01	-0.16
赣州市	Ganzhou	7.83	7.19	0.65
吉安市	Ji'an	7.95	7.61	0.35
宜春市	Yichun	7.71	7.69	0.02
抚州市	Fuzhou	7.53	7.12	0.41
上饶市	Shangrao	6.78	7.15	-0.37

2-10 各地区出生人口、死亡人口和自然增加人口(2022年)

Births, Deaths and Natural Increases in Population by Region(2022)

单位：万人 (10000 persons)

地 区	Region	出生人口 Birth Population	死亡人口 Death Population	自然增加人口 Natural Increase in Population
全 省	**Provincial Total**	**32.50**	**31.40**	**1.10**
南 昌 市	Nanchang	4.01	3.54	0.48
景德镇市	Jingdezhen	1.07	1.06	0.01
萍 乡 市	Pingxiang	1.36	1.40	-0.04
九 江 市	Jiujiang	3.09	3.03	0.06
新 余 市	Xinyu	0.73	0.77	-0.04
鹰 潭 市	Yingtan	0.79	0.81	-0.02
赣 州 市	Ganzhou	7.04	6.46	0.58
吉 安 市	Ji'an	3.52	3.37	0.15
宜 春 市	Yichun	3.83	3.82	0.01
抚 州 市	Fuzhou	2.70	2.55	0.15
上 饶 市	Shangrao	4.37	4.60	-0.24

2-11 平均预期寿命

Life Expectancy at Birth

单位：岁 (years)

年 份 Year	合计 Total	男 Male	女 Female
1953	32.25	30.00	34.00
1964	54.07	53.80	54.35
1982	65.97	64.75	67.28
1987	66.38	65.47	67.02
1990	66.11	64.87	67.49
1995	68.74	67.25	70.01
2000	68.95	68.37	69.32
2005	72.25	71.09	73.79
2010	74.33	71.94	77.06
2015	75.90	73.43	78.75
2020	77.64	75.08	80.52

注：1990年和2000年数据根据《中国人口和就业统计年鉴》进行了修订。

a) The data of 1990 and 2000 were revised according to 《China population and employment statistics yearbook》。

2-12 各地区人口平均预期寿命(2020年)

Population Life Expectancy by Region(2020)

单位：岁 (years)

年 份 Year	Region	合计 Total	男 Male	女 Female
全 省	**Provincial Total**	**77.64**	**75.08**	**80.52**
南 昌 市	Nanchang	80.16	77.73	82.90
景德镇市	Jingdezhen	77.47	74.67	80.73
萍 乡 市	Pingxiang	77.78	75.41	80.44
九 江 市	Jiujiang	78.47	76.19	81.04
新 余 市	Xinyu	79.36	77.03	81.90
鹰 潭 市	Yingtan	77.28	74.74	80.25
赣 州 市	Ganzhou	77.37	74.35	80.71
吉 安 市	Ji'an	77.79	75.21	80.31
宜 春 市	Yichun	77.81	75.14	80.85
抚 州 市	Fuzhou	77.19	74.67	80.00
上 饶 市	Shangrao	77.49	75.28	79.98

主要统计指标解释

人口数 指一定时点，一定地区范围内有生命的个人总和。

城镇人口和乡村人口 城镇人口是指居住在城镇范围内的全部常住人口；乡村人口是除上述人口以外的全部人口。

出生率（又称粗出生率） 指在一定时期内（通常为一年）一定地区的出生人数与同期内平均人数（或期中人数）之比，用千分率表示。本资料中的出生率指年出生率，其计算公式为：

$$出生率 = \frac{年出生人数}{年平均人数} \times 1000‰$$

式中：出生人数指活产婴儿，即胎儿脱离母体时（不管怀孕月数），有过呼吸或其他生命现象。年平均人数指年初、年底人口数的平均数，也可用年中人口数代替。

死亡率（又称粗死亡率） 指在一定时期内（通常为一年）一定地区的死亡人数与同期平均人数（或期中人数）之比，用千分率表示。本资料中的死亡率指年死亡率，其计算公式为：

$$死亡率 = \frac{年死亡人数}{年平均人数} \times 1000‰$$

人口自然增长率 指在一定时期内（通常为一年）人口自然增加数（出生人数减死亡人数）与该时期内平均人数（或期中人数）之比，用千分率表示。计算公式为：

$$人口自然增长率 = \frac{本年出生人数 - 本年死亡人数}{年平均人数} \times 1000‰$$

$$= 人口出生率 - 人口死亡率$$

Explanatory Notes on Main Statistical Indicators

Total Population refers to the total number of people alive at a certain point of time within a given area.

Urban Population and Rural Population Urban population refers to all people residing in cities and towns, while rural population refers to population other than urban population.

Birth Rate (or Crude Birth Rate) refers to the ratio of the number of births to the average population (or mid-period population) during a certain period of time (usually a year), expressed in ‰. Birth rate in the chapter refers to annual birth rate. The following formula is used:

$$\text{Birth Rate}=\frac{\text{Number of Births}}{\text{Annual Average Population}} \times 1000‰$$

Number of births in the formula refers to live births, i.e. when a baby has breathed or showed any vital phenomena regardless of the length of pregnancy. Annual average population is the average of the number of population at the beginning of the year and that at the end of the year. Sometimes it is substituted by the mid-year population.

Death Rate (or Crude Death Rate) refers to the ratio of the number of deaths to the average population (or mid-period population) during a certain period of time (usually a year), expressed in ‰. Death rate in the chapter refers to annual death rate. The following formula is used:

$$\text{Death Rate}=\frac{\text{Number of Deaths}}{\text{Annual Average Population}} \times 1000‰$$

Natural Growth Rate of Population refers to the ratio of natural increase in population (number of births minus number of deaths) in a certain period of time (usually a year) to the average population (or mid-period population) of the same period, expressed in ‰. The following formula is applied:

$$\text{Natural Growth Rate of Population}=\frac{\text{Number of Births-Number of Deaths}}{\text{Annual Average Population}} \times 1000‰$$

=Natural Growth Rate of Population = Birth Rate-Death Rate.

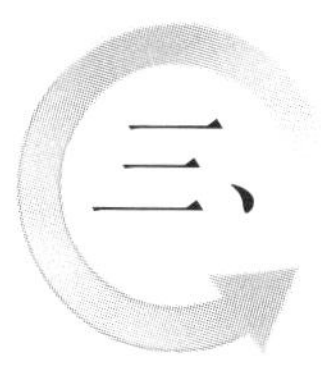

三、就业和工资

EMPLOYMENT AND WAGES

◆ *53/70*

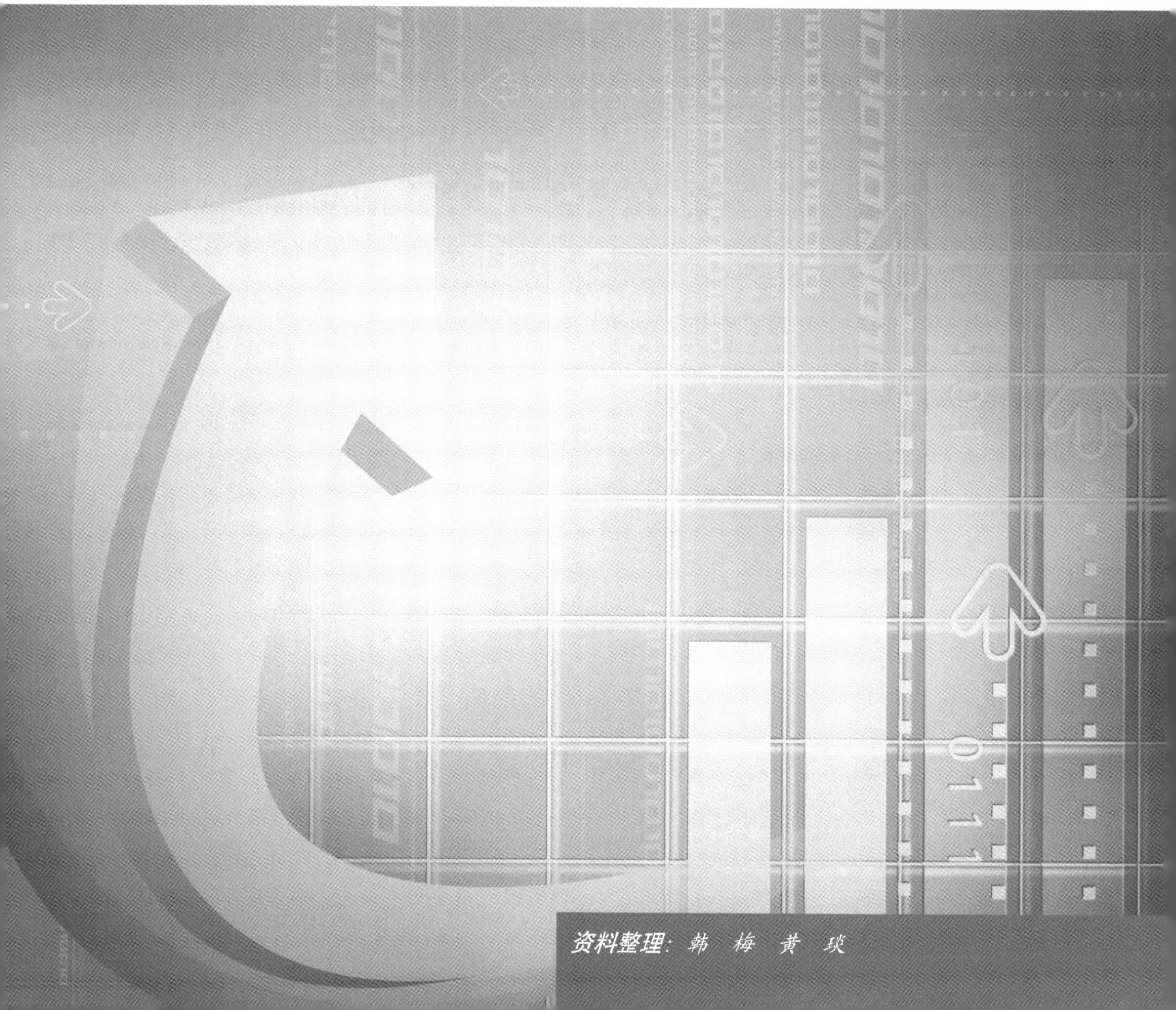

资料整理：韩 梅 黄 琰

简要介绍

一、本篇资料的主要内容

本篇资料反映全省劳动经济方面的基本情况，包括11个设区市的主要劳动统计数据。如：就业人员数，城镇登记失业人数，就业人员工资总额，平均工资及指数变化情况等。就业人员数为年末时点数。

二、本篇资料的统计范围

《劳动工资统计报表制度》的调查范围为全部地域的一套表法人单位和非一套表法人单位；全社会就业人员统计范围为城镇和乡村16岁以上人口。1998年及以后城镇单位就业人员、工资总额、平均工资等指标中不再包括离开本单位仍保留劳动关系的职工及其生活费。

三、本篇资料来源

就业基本情况及其分组、工资总额等资料，是省统计局根据劳动工资统计、人口普查、年度人口变动情况抽样调查、劳动力调查等资料加工整理；城镇登记失业人数根据省人力资源和社会保障厅报表整理。

四、本篇的统计调查方法

劳动工资统计中，一套表法人单位采用全面调查方法，非一套表法人单位采用抽样调查方法。

Brief Introduction

I. Main Contents

Data in this chapter show the basic conditions of labor economy in the whole province, including main labor statistics on the whole province and 11 municipalities, such as the number of employed persons, number of registered unemployed persons in urban areas, total wage biils and average wages of employed persons and the changes in index. The number of employed persons is taken at the point of year-end.

II. Scope of Statistics

The scope of statistics of The Reporting Form System on Labour and Wage Statistics is legal entities of the whole province above and below designated size. Data on employed persons are figures for employed population aged 16 and over in urban and rural areas. Since 1998, statistics on employed person in urban units, total wage biils and average wage do not include the persons who had left their working units while keep their labour contract or employment relation unchanged.

III. Sources of Data

Data on basic conditions of employment and their breakdowns, total wage biils of staff and workers are collected and complied through labour and wage statistic survey, national census, and national sample survey on population changes. Data on the number of registered unemployed persons are collected and complied through statistics from the Department of Human Resources and Social Security of Jiangxi Province.

IV. Methodology of Survey

A complete reporting form system is used in the labour and wage statistics of legal entities above designated size, and sampling method is used in the statistics of legal entities below designated size.

3-1 劳动力资源
Labor Force Resources

单位：万人 (10 000 persons)

年份 Year	劳动力资源总数 Total Number of Labor Force Resources	社会就业人数 Number of Employed Persons in Society	#职工人数 Number of Staff and Workers	国有经济单位 State-owned Units	城镇集体经济单位 Urban Collective-owned Units	其他各种经济单位 Units of Other Types of Ownership	劳动力资源总数占人口数的比重(%) Percentage of Total Number of Labor Force Resources to Population(%)	劳动力资源利用率(%) Utilization Ratio of Labor Force Resources (%)
1978	1448.1	1254.3	267.4	221.0	46.4		45.5	86.6
1979	1503.5	1307.0	269.6	219.6	50.0		46.6	86.9
1980	1559.6	1356.3	286.7	233.0	53.7		47.7	87.0
1981	1610.2	1409.8	301.9	242.2	59.7		48.7	87.6
1982	1638.9	1434.0	311.9	249.3	62.6		49.0	87.5
1983	1731.4	1498.2	311.1	245.6	65.5		51.2	86.5
1984	1824.8	1537.3	324.9	247.0	77.9		53.4	84.3
1985	1887.1	1584.8	341.6	261.4	80.1	0.1	54.5	84.0
1986	1934.6	1622.6	351.9	269.4	82.3	0.2	55.1	83.9
1987	1981.4	1668.4	365.3	281.4	83.7	0.2	55.7	84.2
1988	2055.3	1723.0	379.2	293.8	85.0	0.4	56.6	83.8
1989	2107.2	1760.4	380.1	298.3	81.3	0.5	57.0	83.5
1990	2175.3	1816.5	386.2	304.0	81.6	0.6	57.1	83.5
1991	2248.8	1874.5	398.9	313.9	83.9	1.1	58.2	83.4
1992	2354.0	1870.4	408.4	322.0	84.4	2.0	60.2	79.5
1993	2418.7	1903.7	412.0	326.9	80.4	4.7	61.0	78.7
1994	2636.1	2007.7	413.5	328.6	79.2	5.7	65.6	76.2
1995	2653.3	2100.5	411.3	332.7	71.4	7.2	63.3	79.2
1996	2735.4	2107.2	412.0	336.0	68.8	7.2	66.6	77.0
1997	2768.8	2120.6	409.4	334.0	67.6	7.8	66.7	76.6
1998	2809.1	2094.3	322.5	254.9	41.0	26.6	67.0	74.6
1999	2830.2	2089.0	305.9	242.8	36.3	26.8	66.9	73.8
2000	2898.2	2060.9	291.6	231.8	33.0	26.8	69.8	71.1
2001	2898.5	2054.8	279.3	222.2	27.9	29.2	69.2	70.9
2002	2911.6	2130.6	261.9	206.8	22.8	32.3	69.0	73.2
2003	3016.6	2168.2	256.7	196.1	20.0	40.6	70.9	71.9
2004	3073.5	2214.0	258.4	192.4	17.5	48.5	71.8	72.0
2005	3130.0	2276.7	264.8	191.3	17.6	55.9	72.6	72.7
2006	3210.4	2321.1	271.9	191.9	16.0	64.0	74.0	72.3
2007	3290.6	2369.6	275.0	190.5	16.3	68.2	75.3	72.0
2008	3353.0	2404.5	275.2	186.6	13.9	74.7	76.2	71.7
2009	3413.8	2445.2	273.8	187.4	12.6	73.8	77.0	71.6
2010	3417.6	2388.0	279.6	187.8	12.5	79.3	76.6	69.9
2011	3436.6	2378.0	311.3	185.3	15.7	110.2	76.8	69.2
2012	3434.4	2364.0	360.9	195.2	15.6	150.1	76.7	68.8
2013	3432.6	2362.0	410.0	173.0	12.6	224.4	76.7	68.8
2014	3437.8	2348.0	426.0	175.7	12.4	238.0	76.7	68.3
2015	3439.3	2338.0	440.1	180.8	11.8	247.5	76.7	68.0
2016	3443.3	2332.0	431.8	172.3	9.9	249.6	76.6	67.7
2017	3454.2	2317.0	427.5	171.2	9.0	247.3	76.6	67.1
2018	3455.8	2295.0	400.3	158.3	8.8	233.2	76.6	66.4
2019	3454.1	2278.0	407.1	152.3	7.4	247.3	76.5	66.0
2020	3457.5	2264.0	412.3	159.4	7.1	245.8	76.5	65.5
2021	3496.3	2242.0	411.2	163.2	7.0	241.1	77.4	64.1
2022	3552.4	2193.0	404.3	164.9	6.3	233.1	78.5	61.7

注：自1998年起，职工人数为在岗职工人数。自2012年起，职工人数含劳务派遣人员。按照国家统计局统一要求，对第六次和第七次全国人口普查之间的2010年至2019年主要就业数据进行了修订。

a) After 1998, the number of staff and workers refers to the number of employed staff and workers. After 2012, dispatched laborers are included in staff and workers. In accordance with the unified requirements of National Bureau of Statistics, the main indicators on employment between the 6th and 7th National Census and from 2010 to 2019 are adjusted for data comparability.

3-2 按三次产业分就业人员数(年末数)
Number of Employed Persons at Year-end by Three Strata of Industry

年份 Year	就业人员(万人) Employed Persons (10 000 persons)	第一产业 Primary Industry	第二产业 Secondary Industry	第三产业 Tertiary Industry	构成(以合计数为100) Composition in Percentage 第一产业 Primary Industry	第二产业 Secondary Industry	第三产业 Tertiary Industry
1978	1254.3	968.7	163.4	122.2	77.2	13.0	9.8
1979	1307.0	1015.3	163.9	127.8	77.7	12.5	9.8
1980	1356.3	1053.8	166.9	135.6	77.7	12.3	10.0
1981	1409.8	1093.4	172.7	143.7	77.6	12.2	10.2
1982	1434.0	1100.9	180.4	152.7	76.8	12.6	10.6
1983	1498.2	1133.6	195.3	169.3	75.7	13.0	11.3
1984	1537.3	1117.8	216.3	203.2	72.7	14.1	13.2
1985	1584.8	1057.2	320.5	207.1	66.7	20.2	13.1
1986	1622.6	1068.1	330.6	223.9	65.8	20.4	13.8
1987	1668.4	1098.3	339.3	230.8	65.8	20.4	13.8
1988	1723.0	1111.6	368.1	243.3	64.5	21.4	14.1
1989	1760.4	1146.4	367.0	247.0	65.1	20.9	14.0
1990	1816.5	1193.1	368.6	254.8	65.7	20.3	14.0
1991	1874.5	1224.2	388.7	261.6	65.3	20.7	14.0
1992	1870.4	1186.2	412.9	271.3	63.4	22.0	14.6
1993	1903.7	1085.9	462.5	355.3	57.3	24.3	18.4
1994	2007.7	1127.2	493.3	387.2	56.1	24.6	19.3
1995	2100.5	1071.7	525.1	503.7	51.0	25.0	24.0
1996	2107.2	1049.7	539.7	517.8	49.8	25.6	24.6
1997	2120.6	1000.9	549.8	569.9	47.2	25.9	26.9
1998	2094.3	975.5	548.8	570.0	46.6	26.2	27.2
1999	2089.0	969.3	530.7	589.0	46.4	25.4	28.2
2000	2060.9	960.9	502.8	597.2	46.6	24.4	29.0
2001	2054.8	949.6	482.6	622.6	46.2	23.5	30.3
2002	2130.6	964.5	483.8	682.3	45.3	22.7	32.0
2003	2168.2	910.7	568.0	689.5	42.0	26.2	31.8
2004	2214.0	907.7	598.4	707.9	41.0	27.0	32.0
2005	2276.7	907.5	619.5	749.7	39.9	27.2	32.9
2006	2321.1	907.4	639.5	774.2	39.1	27.5	33.4
2007	2369.6	900.8	663.3	805.5	38.0	28.0	34.0
2008	2404.5	900.1	675.0	829.4	37.4	28.1	34.5
2009	2445.2	892.6	710.1	842.5	36.5	29.0	34.5
2010	2388.0	850.1	706.8	831.1	35.6	29.6	34.8
2011	2378.0	806.1	715.8	856.1	33.9	30.1	36.0
2012	2364.0	758.8	728.2	877.0	32.1	30.8	37.1
2013	2362.0	722.8	741.6	897.6	30.6	31.4	38.0
2014	2348.0	680.9	749.0	918.1	29.0	31.9	39.1
2015	2338.0	645.3	757.5	935.2	27.6	32.4	40.0
2016	2332.0	608.7	760.2	963.1	26.1	32.6	41.3
2017	2317.0	572.3	762.3	982.4	24.7	32.9	42.4
2018	2295.0	527.9	764.2	1002.9	23.0	33.3	43.7
2019	2278.0	489.8	765.4	1022.8	21.5	33.6	44.9
2020	2264.0	455.0	767.0	1042.0	20.1	33.9	46.0
2021	2242.0	424.0	773.0	1045.0	18.9	34.5	46.6
2022	2193.0	403.0	761.0	1029.0	18.4	34.7	46.9

注：按照国家统计局统一要求，对第六次和第七次全国人口普查之间的2010年至2019年主要就业数据进行了修订，后同。

a) In accordance with the unified requirements of National Bureau of Statistics, the main indicators on employment between the 6th and 7th National Census and from 2010 to 2019 are adjusted for data comparability. The same applies to the following tables.

3-3 社会就业人员数（年末数）
Number of Employed Persons at Year-end

单位：万人 (10 000 persons)

类别	Type	2021	2022
总计	**Total**	**2242.00**	**2193.00**
按经济类型分	**Classifed by Types of Ownership**		
城镇	Urban	1317.00	1309.00
#国有	State-owned	172.85	173.71
集体	Collective-owned	8.29	7.53
股份合作	Cooperative	1.67	1.62
联营	Joint Ownership	0.44	0.68
有限责任公司	Limited Liability Corporations	188.22	185.30
股份有限公司	Share-holding Corporations Ltd.	33.84	31.77
港澳台投资	Funds from Hong Kong,Macao&Taiwan	21.07	15.78
外商投资	Foreign Funded	13.82	13.38
乡村	Rural	925.00	884.00

3-4 各地区就业人员数(2022年末数)
Number of Employed Persons by Region(End of 2022)

单位：万人 (10 000 persons)

地区	Region	就业人员 Employed Persons	按城乡分 By Urban and Rural Areas		按三次产业分 By Three Industries		
			城镇 Urban	乡村 Rural	第一产业 Primaty Industry	第二产业 Secondary Industry	第三产业 Tertiary Industry
全　省	**Provincial Total**	**2193.0**	**1309.0**	**884.0**	**403.0**	**761.0**	**1029.0**
南昌市	Nanchang	334.7	256.7	78.0	51.5	115.5	167.7
景德镇市	Jingdezhen	76.8	49.0	27.8	13.5	27.6	35.7
萍乡市	Pingxiang	85.6	57.2	28.4	14.8	37.3	33.4
九江市	Jiujiang	212.3	128.0	84.3	40.7	81.1	90.6
新余市	Xinyu	59.4	42.6	16.8	11.9	24.1	23.4
鹰潭市	Yingtan	55.5	35.4	20.2	9.8	18.3	27.4
赣州市	Ganzhou	443.5	243.0	200.5	78.7	152.6	212.1
吉安市	Ji'an	203.4	104.3	99.1	43.9	64.2	95.3
宜春市	Yichun	243.2	134.1	109.2	45.7	81.2	116.3
抚州市	Fuzhou	168.2	93.6	74.6	37.5	49.2	81.4
上饶市	Shangrao	310.5	165.2	145.3	54.9	109.9	145.6

3-5 城镇非私营单位就业人员年末人数和平均工资(2022年)
Number and Wage of Employed Persons in Urban Non-Private Units at Year-end (2022)

类 别	Type	就业人员人数(人) Number of Employed Persons (person)	就业人员平均工资(元) Average Wage of Employed Persons (yuan)
总　计	**Total**	**4369465**	**87972**
按经济类型分	**Classified by Types of Ownership**		
国有单位	State-owned	1737074	106423
城镇集体单位	Collective-owned	75314	60396
其他单位	Others	2557077	76241
#股份合作	Cooperative	16165	77043
联营	Joint Ownership	6758	89872
有限责任公司	Limited Liability Corporations	1852972	73696
股份有限公司	Share-holding Corporations Ltd.	317685	100043
其他内资	Other Domestic Enterprises	71950	67023
港澳台商投资	Funds from Hong Kong,Macao&Taiwan	157789	63248
外商投资	Foreign Funded	133759	72983
按国民经济行业分	**Classified by Sector**		
农、林、牧、渔业	Agriculture, Forestry, Animal Husbandry and Fishery	15718	53255
采矿业	Mining	26388	78859
制造业	Manufacturing	1002275	74719
电力、热力、燃气及水生产和供应业	Production and Supply of Electricity, Heat, Gas and Water	95613	98952
建筑业	Construction	693208	65477
批发和零售业	Wholesale and Retail Trades	174826	73597
交通运输、仓储和邮政业	Transport, Storage and Post	172078	100680
住宿和餐饮业	Hotels and Catering Services	43606	44417
信息传输、软件和信息技术服务业	Information Transmission, Software and Information Technology	57043	111734
金融业	Financial Intermediation	156952	117035
房地产业	Real Estate	90380	75508
租赁和商务服务业	Leasing and Business Services	82398	66430
科学研究和技术服务业	Scientific Research and Technical Services	74234	111457
水利、环境和公共设施管理业	Management of Water Conservancy, Environment and Public Facilities	69664	43931
居民服务、修理和其他服务业	Services to Households, Repair and Other Services	13255	51382
教育	Education	640489	102433
卫生和社会工作	Health and Social Services	295098	117922
文化、体育和娱乐业	Culture, Sports and Entertainment	31790	92340
公共管理、社会保障和社会组织	Public Management, Social Security and Social Organization	634450	105043
按地区分	**By Region**		
南 昌 市	Nanchang	1106251	101790
景德镇市	Jingdezhen	141938	78716
萍 乡 市	Pingxiang	150761	88079
九 江 市	Jiujiang	438929	83431
新 余 市	Xinyu	115808	93841
鹰 潭 市	Yingtan	114200	88954
赣 州 市	Ganzhou	592799	86297
吉 安 市	Ji'an	394013	80173
宜 春 市	Yichun	424019	75912
抚 州 市	Fuzhou	379992	78174
上 饶 市	Shangrao	409541	81015

3-6 城镇非私营单位在岗职工年末人数和平均工资(2022年)

Number and Wage of Employed Staff and Workers in Urban Non-Private Units at Year-end (2022)

类别	Type	在岗职工人数（人）Number of Employed Staff and Workers (person)	在岗职工平均工资（元）Average Wage of Employed Staff and Workers(yuan)
总计	**Total**	**4042678**	**90397**
按经济类型分	**Classified by Types of Ownership**		
国有单位	State-owned	1648539	109944
城镇集体单位	Collective-owned	63217	62334
其他单位	Others	2330922	77302
#股份合作	Cooperative	15050	78819
联营	Joint Ownership	6656	90778
有限责任公司	Limited Liability Corporations	1674782	73876
股份有限公司	Share-holding Corporations Ltd.	284724	106724
其他内资	Other Domestic Enterprises	70320	67689
港澳台商投资	Funds from Hong Kong,Macao&Taiwan	157194	63173
外商投资	Foreign Funded	122197	76992
按国民经济行业分	**Classified by Sector**		
农、林、牧、渔业	Agriculture, Forestry, Animal Husbandry and Fishery	14548	54962
采矿业	Mining	25957	79290
制造业	Manufacturing	992076	74982
电力、热力、燃气及水生产和供应业	Production and Supply of Electricity, Heat, Gas and Water	83485	103728
建筑业	Construction	538178	62837
批发和零售业	Wholesale and Retail Trades	170379	74608
交通运输、仓储和邮政业	Transport, Storage and Post	168305	101793
住宿和餐饮业	Hotels and Catering Services	40583	45551
信息传输、软件和信息技术服务业	Information Transmission, Software and Information Technology	53633	114403
金融业	Financial Intermediation	117416	144254
房地产业	Real Estate	87804	76258
租赁和商务服务业	Leasing and Business Services	73796	67702
科学研究和技术服务业	Scientific Research and Technical Services	71809	113233
水利、环境和公共设施管理业	Management of Water Conservancy, Environment and Public Facilities	59358	46162
居民服务、修理和其他服务业	Services to Households, Repair and Other Services	12163	53670
教育	Education	613411	105374
卫生和社会工作	Health and Social Services	287941	119471
文化、体育和娱乐业	Culture, Sports and Entertainment	30815	94274
公共管理、社会保障和社会组织	Public Management, Social Security and Social Organization	601020	108588
按地区分	**By Region**		
南昌市	Nanchang	944810	106663
景德镇市	Jingdezhen	137304	79880
萍乡市	Pingxiang	138921	92611
九江市	Jiujiang	417830	85547
新余市	Xinyu	110093	96386
鹰潭市	Yingtan	109871	90963
赣州市	Ganzhou	569829	88145
吉安市	Ji'an	377720	82108
宜春市	Yichun	408360	77176
抚州市	Fuzhou	351738	81415
上饶市	Shangrao	386050	82912

注：在岗职工含劳务派遣人员。

a)Number of employed staff and workers includes dispatched laborers.

3-7 城镇非私营单位各种分组的就业人员人数(2022年末)
Number of Employed Persons in Urban Non-Private Units by Types of Groups (End of 2022)

单位：人 (person)

类别	Type	合计 Total	国有单位 State-owned Units	城镇集体单位 Urban Collective-owned Units	其他单位 Units of Other Types of Ownership
总计	**Total**	**4369465**	**1737074**	**75314**	**2557077**
按国民经济行业分	Grouped by Sector				
农、林、牧、渔业	Agriculture, Forestry, Animal Husbandry and Fishery	15718	11088	465	4165
采矿业	Mining	26388	4708	143	21537
制造业	Manufacturing	1002275	23002	2250	977024
电力、热力、燃气及水生产和供应业	Production and Supply of Electricity, Heat, Gas and Water	95613	12621	221	82770
建筑业	Construction	693208	46944	49288	596976
批发和零售业	Wholesale and Retail Trades	174826	18652	955	155219
交通运输、仓储和邮政业	Transport, Storage and Post	172078	31094	1245	139739
住宿和餐饮业	Hotels and Catering Services	43606	6749	166	36692
信息传输、软件和信息技术服务业	Information Transmission, Software and Information Technology	57043	4138	395	52511
金融业	Financial Intermediation	156952	22835		134117
房地产业	Real Estate	90380	4355	403	85622
租赁和商务服务业	Leasing and Business Services	82398	16194	1855	64349
科学研究和技术服务业	Scientific Research and Technical Services	74234	38066	455	35713
水利、环境和公共设施管理业	Management of Water Conservancy, Environment and Public Facilities	69664	15507	352	53805
居民服务、修理和其他服务业	Services to Households, Repair and Other Services	13255	2224	274	10758
教育	Education	640489	568963	10322	61204
卫生和社会工作	Health and Social Services	295098	258699	5052	31346
文化、体育和娱乐业	Culture, Sports and Entertainment	31790	19669	169	11951
公共管理、社会保障和社会组织	Public Management, Social Security and Social Organization	634450	631566	1304	1579

3-8 城镇非私营单位各种分组的在岗职工人数(2022年末)
Number of Employed Staff and Workers in Urban Non-Private Units by Types of Groups (End of 2022)

单位：人　　(person)

类别	Type	合计 Total	国有单位 State-owned Units	城镇集体单位 Urban Collective-owned Units	其他单位 Units of Other Types of Ownership
总　计	**Total**	**4042678**	**1648539**	**63217**	**2330922**
按国民经济行业分	Grouped by Sector				
农、林、牧、渔业	Agriculture, Forestry, Animal Husbandry and Fishery	14548	10095	402	4051
采矿业	Mining	25957	4456	143	21358
制造业	Manufacturing	992076	22674	2198	967204
电力、热力、燃气及水生产和供应业	Production and Supply of Electricity, Heat, Gas and Water	83485	12169	209	71106
建筑业	Construction	538178	33987	38656	465534
批发和零售业	Wholesale and Retail Trades	170379	18001	903	151475
交通运输、仓储和邮政业	Transport, Storage and Post	168305	29510	1127	137668
住宿和餐饮业	Hotels and Catering Services	40583	6247	146	34190
信息传输、软件和信息技术服务业	Information Transmission, Software and Information Technology	53633	3910	395	49328
金融业	Financial Intermediation	117416	22006		95410
房地产业	Real Estate	87804	4092	403	83309
租赁和商务服务业	Leasing and Business Services	73796	15484	1674	56638
科学研究和技术服务业	Scientific Research and Technical Services	71809	36912	455	34443
水利、环境和公共设施管理业	Management of Water Conservancy, Environment and Public Facilities	59358	13157	325	45876
居民服务、修理和其他服务业	Services to Households, Repair and Other Services	12163	2138	274	9751
教育	Education	613411	543535	9910	59965
卫生和社会工作	Health and Social Services	287941	252751	4630	30561
文化、体育和娱乐业	Culture, Sports and Entertainment	30815	19068	167	11580
公共管理、社会保障和社会组织	Public Management, Social Security and Social Organization	601020	598345	1199	1475

3-9 城镇非私营单位职工工资总额和平均工资
Total Wages Bill and Average Wage of Staff and Workers in Urban Non-Private Units

年 份 Year	工资总额 (万元) Total Wages Bill (10 000 yuan)	国有经济单位 State-owned Units	城镇集体经济单位 Urban Collective-owned Units	其他各种经济单位 Units of Other Types of Ownership	平均工资 (元) Average Wage (yuan)	国有经济单位 State-owned Units	城镇集体经济单位 Urban Collective-owned Units	其他各种经济单位 Units of Other Types of Ownership
1978	145123	122929	22194		552	562	500	
1979	161102	135538	25564		603	624	512	
1980	199674	167220	32454		713	733	625	
1981	210974	175632	35342		719	745	613	
1982	223632	185973	37659		732	758	625	
1983	230035	190050	39985		747	774	640	
1984	284282	230178	54067	37	894	949	716	949
1985	329858	266560	63213	86	997	1052	817	1132
1986	394647	321560	72890	197	1147	1215	919	1190
1987	431756	352660	78895	202	1215	1286	974	1312
1988	533074	440107	92403	564	1446	1539	1121	1675
1989	583499	486785	95917	798	1562	1658	1205	1809
1990	656975	551602	104213	1160	1729	1843	1300	2079
1991	719291	598920	118234	2137	1842	1946	1446	2329
1992	860275	724646	131368	4261	2154	2295	1606	2414
1993	1042007	883776	144510	13720	2580	2753	1842	3114
1994	1407031	1207665	176282	23084	3450	3720	2268	4214
1995	1621603	1393677	189980	37946	4211	4427	2990	5623
1996	1858269	1588203	218857	51209	4852	5050	3562	7275
1997	1944011	1666516	219199	58297	5089	5303	3636	7843
1998	1739295	1400368	152032	186895	5384	5473	3720	7104
1999	2057811	1675969	170518	211325	6749	6930	4692	7913
2000	2047372	1681669	151720	213983	7014	7249	4676	7798
2001	2255433	1864519	144576	246339	8026	8346	5149	8349
2002	2437527	2001095	133577	302855	9262	9607	5859	9444
2003	2710865	2161536	137779	411551	10521	10918	6905	10359
2004	3054546	2367213	136642	550691	11860	12291	7873	11569
2005	3583091	2726459	157004	699628	13688	14276	8952	13140
2006	4170749	3136396	160449	873904	15590	16491	10102	14220
2007	4994197	3703412	203353	1087433	18400	19624	12574	16344
2008	5732519	4204570	192028	1335921	21000	22608	13934	18247
2009	6713864	4900030	205362	1608472	24696	26247	16624	22088
2010	8071398	5796975	223793	2050630	29092	30985	18194	26272
2011	9970075	6256416	378133	3335526	34055	36939	24265	30939
2012	12823272	7891818	455102	4476352	39651	40712	30608	39030
2013	17789724	8248934	435385	9105405	43582	47238	36185	41101
2014	19882093	8981797	491409	10408887	47299	51406	41022	44550
2015	22796952	10470884	529037	11797031	52137	58565	46734	47734
2016	24553020	11513470	481493	12558057	57470	67536	50045	50815
2017	26478273	12879242	459114	13139917	63069	76018	52596	54369
2018	27995956	12865039	494381	14636535	70772	81872	58143	63654
2019	30647348	13568230	421702	16657417	76131	89791	57636	68231
2020	32862058	15357305	396964	17107789	80503	97378	57387	70233
2021	34851656	16757705	400602	17693349	86116	103736	58317	74878
2022	36093678	17926945	390456	17776277	90397	109944	62334	77302

注：自1998年起，职工工资为在岗职工工资。自2012年起，平均工资含劳务派遣人员工资。

a) Since 1998,wage of staff and workers refers to wage of employed staff and workers.Since 2012,average wage includes dispatched laborers' wage.

3-10 城镇非私营单位职工平均工资指数
Average Wage Indices of Staff and Workers in Urban Non-Private Units

(上年=100) (preceding year=100)

年 份 Year	货币工资指数 Currency Wages Indices	国有经济单位 State-owned Units	城镇集体经济单位 Urban Collective-owned Units	其他各种经济单位 Units of Other Types of Ownership	实际工资指数 Actual Wages Indices	国有经济单位 State-owned Units	城镇集体经济单位 Urban Collective-owned Units	其他各种经济单位 Units of Other Types of Ownership
1978	106.8	105.4	102.0		106.6	105.2	101.8	
1979	109.2	111.0	102.4		107.0	108.7	100.3	
1980	118.2	117.5	122.1		112.0	111.4	115.7	
1981	100.8	101.6	98.1		97.1	97.9	94.5	
1982	101.8	101.7	102.0		98.7	98.6	98.9	
1983	102.0	102.1	102.4		100.1	100.2	100.5	
1984	119.7	122.6	111.9		116.7	119.5	109.1	
1985	111.5	110.9	114.1	119.3	102.5	101.9	104.9	109.7
1986	115.0	115.5	112.5	105.1	108.5	108.7	106.1	99.2
1987	105.9	105.8	106.0	108.0	98.1	98.1	98.2	100.1
1988	119.0	119.7	115.1	127.7	96.2	96.8	93.0	103.2
1989	108.0	107.7	107.5	108.0	92.2	91.9	91.7	92.2
1990	110.7	111.2	107.9	114.9	109.1	109.6	106.3	113.2
1991	106.5	105.6	111.2	112.0	102.0	101.1	106.5	107.3
1992	116.9	117.9	111.1	103.6	108.7	109.7	103.3	96.4
1993	115.9	115.9	111.5	127.8	100.1	100.1	96.3	110.4
1994	138.2	139.8	126.1	136.6	108.9	110.2	99.4	107.6
1995	122.1	119.0	131.8	133.4	104.4	101.8	112.7	114.1
1996	115.2	114.1	105.8	129.4	106.6	105.5	97.9	119.7
1997	104.9	105.0	102.1	107.8	101.8	101.9	99.1	104.7
1998	105.8	103.2	102.3	90.6	104.8	102.2	101.3	89.7
1999	125.4	126.6	126.1	111.4	127.2	128.4	127.9	112.9
2000	103.9	104.6	99.7	98.5	103.5	104.2	99.4	98.2
2001	114.4	115.1	110.1	107.0	114.9	115.7	110.7	107.5
2002	115.4	115.1	113.8	113.1	115.3	114.9	113.7	112.9
2003	113.6	113.6	117.9	109.7	112.7	112.7	117.0	108.8
2004	112.7	112.6	114.0	111.7	108.9	108.8	110.1	107.9
2005	115.4	116.2	113.7	113.6	113.5	114.3	111.8	111.7
2006	113.9	115.5	112.8	108.2	112.5	114.1	111.5	106.9
2007	118.0	119.0	124.5	114.9	112.6	113.5	118.8	109.6
2008	114.1	115.2	110.8	111.6	107.5	108.7	104.5	105.3
2009	117.6	116.1	119.3	121.1	118.4	116.9	120.1	122.0
2010	117.8	118.1	109.4	118.9	114.4	114.7	106.2	115.4
2011	117.1	119.2	133.4	117.8	111.3	113.3	126.8	112.0
2012	116.3	110.7	125.7	124.1	113.2	107.8	122.4	120.8
2013	109.9	116.0	118.2	105.3	107.2	113.2	115.3	102.7
2014	108.5	108.8	113.4	108.4	106.1	106.4	110.9	106.0
2015	110.2	113.9	113.9	107.1	108.6	112.2	112.2	105.5
2016	110.2	115.3	107.1	106.5	108.0	113.0	105.0	104.4
2017	109.7	112.6	105.1	107.0	107.5	110.4	103.0	104.9
2018	112.2	107.7	110.5	117.1	109.9	105.5	108.2	114.7
2019	107.6	109.7	99.3	107.2	104.6	106.6	96.5	104.2
2020	105.7	108.4	99.6	102.9	103.0	105.7	97.1	100.3
2021	107.0	106.5	101.6	106.6	106.0	105.6	100.7	105.7
2022	105.0	106.0	106.9	108.1	102.9	103.9	104.8	106.0

3-11 城镇非私营单位各种分组的就业人员工资总额(2022年)

Total Wages Bill of Employed Persons by Types of Groups in Urban Non-Private Units (2022)

单位：万元 (10 000 yuan)

类别	Type	工资总额 Total Wages Bill	国有单位 State-owned Units	城镇集体单位 Urban Collective-owned Units	其他单位 Units of Other Types of Ownership
总计	**Total**	**38002871**	**18284347**	**449092**	**19269433**
按国民经济行业分	**Grouped by Sector**				
农、林、牧、渔业	Agriculture, Forestry, Animal Husbandry and Fishery	83475	62098	1840	19536
采矿业	Mining	211414	41131	688	169595
制造业	Manufacturing	7338470	267928	12627	7057915
电力、热力、燃气及水生产和供应业	Production and Supply of Electricity, Heat, Gas and Water	952030	140734	896	810400
建筑业	Construction	4448506	244709	258768	3945030
批发和零售业	Wholesale and Retail Trades	1290327	218062	4046	1068219
交通运输、仓储和邮政业	Transport, Storage and Post	1731622	282958	6552	1442112
住宿和餐饮业	Hotels and Catering Services	191890	30307	561	161022
信息传输、软件和信息技术服务业	Information Transmission, Software and Information Technology	638685	50169	3962	584554
金融业	Financial Intermediation	1873330	329331		1544000
房地产业	Real Estate	704486	35030	2623	666833
租赁和商务服务业	Leasing and Business Services	534753	111804	10192	412757
科学研究和技术服务业	Scientific Research and Technical Services	817761	446885	3944	366933
水利、环境和公共设施管理业	Management of Water Conservancy, Environment and Public Facilities	288889	77431	2242	209216
居民服务、修理和其他服务业	Services to Households, Repair and Other Services	66179	14634	1267	50278
教育	Education	6479720	5977835	90348	411538
卫生和社会工作	Health and Social Services	3443716	3161327	36760	245629
文化、体育和娱乐业	Culture, Sports and Entertainment	294761	202031	1257	91474
公共管理、社会保障和社会组织	Public Management, Social Security and Social Organization	6612858	6589943	10521	12395

3-12 城镇非私营单位各种分组的在岗职工工资总额(2022年)

Total Wages Bill of Employed Staff and Workers by Types of Groups in Urban Non-Private Units (2022)

单位：万元 (10 000 yuan)

类 别	Type	工资总额 Total Wages Bill	国有单位 State-owned Units	城镇集体单位 Urban Collective-owned Units	其他单位 Units of Other Types of Ownership
总 计	**Total**	**36093678**	**17926945**	**390456**	**17776277**
按国民经济行业分	**Grouped by Sector**				
农、林、牧、渔业	Agriculture, Forestry, Animal Husbandry and Fishery	79336	58545	1678	19113
采矿业	Mining	208931	39765	688	168478
制造业	Manufacturing	7293346	265834	12514	7014998
电力、热力、燃气及水生产和供应业	Production and Supply of Electricity, Heat, Gas and Water	868589	138531	872	729186
建筑业	Construction	3299767	196672	205431	2897664
批发和零售业	Wholesale and Retail Trades	1271621	214335	3917	1053369
交通运输、仓储和邮政业	Transport, Storage and Post	1709926	273536	6425	1429965
住宿和餐饮业	Hotels and Catering Services	184498	27921	459	156117
信息传输、软件和信息技术服务业	Information Transmission, Software and Information Technology	613618	48884	3962	560773
金融业	Financial Intermediation	1704751	325003		1379748
房地产业	Real Estate	691815	34121	2623	655072
租赁和商务服务业	Leasing and Business Services	488295	108742	9172	370380
科学研究和技术服务业	Scientific Research and Technical Services	799966	440562	3944	355460
水利、环境和公共设施管理业	Management of Water Conservancy, Environment and Public Facilities	259738	69280	2151	188308
居民服务、修理和其他服务业	Services to Households, Repair and Other Services	63454	14369	1267	47817
教育	Education	6387492	5892370	89162	405960
卫生和社会工作	Health and Social Services	3402435	3125668	34856	241910
文化、体育和娱乐业	Culture, Sports and Entertainment	291235	200103	1256	89877
公共管理、社会保障和社会组织	Public Management, Social Security and Social Organization	6474865	6452705	10081	12080

3-13 城镇非私营单位各种分组的就业人员平均工资(2022年)
Average Wage of Employed Persons by Types of Groups in Urban Non-Private Units (2022)

单位：元 (yuan)

类别	Type	平均工资 Average Wage	国有单位 State-owned Units	城镇集体单位 Urban Collective-owned Units	其他单位 Units of Other Types of Ownership
总计	**Total**	**87972**	**106423**	**60396**	**76241**
按国民经济行业分	**Grouped by Sector**				
农、林、牧、渔业	Agriculture, Forestry, Animal Husbandry and Fishery	53255	55681	39594	48152
采矿业	Mining	78859	86501	48126	77401
制造业	Manufacturing	74719	116765	54596	73759
电力、热力、燃气及水生产和供应业	Production and Supply of Electricity, Heat, Gas and Water	98952	110938	39598	97288
建筑业	Construction	65477	54295	53415	67335
批发和零售业	Wholesale and Retail Trades	73597	116893	42801	68597
交通运输、仓储和邮政业	Transport, Storage and Post	100680	91541	52628	103128
住宿和餐饮业	Hotels and Catering Services	44417	45024	34201	44350
信息传输、软件和信息技术服务业	Information Transmission, Software and Information Technology	111734	121984	101061	111013
金融业	Financial Intermediation	117035	142481		112741
房地产业	Real Estate	75508	82561	64407	75221
租赁和商务服务业	Leasing and Business Services	66430	69520	55278	65965
科学研究和技术服务业	Scientific Research and Technical Services	111457	119375	85730	103435
水利、环境和公共设施管理业	Management of Water Conservancy, Environment and Public Facilities	43931	57467	61251	40296
居民服务、修理和其他服务业	Services to Households, Repair and Other Services	51382	66029	46503	48386
教育	Education	102433	106334	88611	68353
卫生和社会工作	Health and Social Services	117922	123410	73284	79614
文化、体育和娱乐业	Culture, Sports and Entertainment	92340	103701	78538	74495
公共管理、社会保障和社会组织	Public Management, Social Security and Social Organization	105043	105157	81036	79150

3-14 城镇非私营单位各种分组的在岗职工平均工资(2022年)
Average Wage of Employed Staff and Workers by Types of Groups in Urban Non-Private Units (2022)

单位：元 (yuan)

类别	Type	平均工资 Average Wage	国有单位 State-owned Units	城镇集体单位 Urban Collective-owned Units	其他单位 Units of Other Types of Ownership
总计	**Total**	**90397**	**109944**	**62334**	**77302**
按国民经济行业分	**Grouped by Sector**				
农、林、牧、渔业	Agriculture, Forestry, Animal Husbandry and Fishery	54962	58049	41714	48425
采矿业	Mining	79290	88366	48126	77614
制造业	Manufacturing	74982	117774	55235	74010
电力、热力、燃气及水生产和供应业	Production and Supply of Electricity, Heat, Gas and Water	103728	113290	41627	102270
建筑业	Construction	62837	60297	53779	63781
批发和零售业	Wholesale and Retail Trades	74608	119095	43445	69511
交通运输、仓储和邮政业	Transport, Storage and Post	101793	93350	57125	103957
住宿和餐饮业	Hotels and Catering Services	45551	45131	31896	45685
信息传输、软件和信息技术服务业	Information Transmission, Software and Information Technology	114403	125693	101061	113619
金融业	Financial Intermediation	144254	146802		143666
房地产业	Real Estate	76258	85596	64407	75882
租赁和商务服务业	Leasing and Business Services	67702	71000	55180	67164
科学研究和技术服务业	Scientific Research and Technical Services	113233	121441	85730	104826
水利、环境和公共设施管理业	Management of Water Conservancy, Environment and Public Facilities	46162	61935	64386	42083
居民服务、修理和其他服务业	Services to Households, Repair and Other Services	53670	67446	46503	50762
教育	Education	105374	109624	91261	68929
卫生和社会工作	Health and Social Services	119471	124957	75901	80475
文化、体育和娱乐业	Culture, Sports and Entertainment	94274	105956	79468	75852
公共管理、社会保障和社会组织	Public Management, Social Security and Social Organization	108588	108702	83912	82575

3-15 城镇私营单位就业人员年末人数和平均工资(2022年)

Number and Wage of Employed Persons in Urban Private Units at Year-end (2022)

类别	Type	就业人员人数(人) Number of Employed Persons (person)	就业人员平均工资(元) Average Wage of Employed Persons (yuan)
总　计	**Total**	**3323183**	**53650**
按国民经济行业分	**Classified by Sector**		
农、林、牧、渔业	Agriculture, Forestry, Animal Husbandry and Fishery	44424	40591
采矿业	Mining	16210	57377
制造业	Manufacturing	1283266	56723
电力、热力、燃气及水生产和供应业	Production and Supply of Electricity, Heat, Gas and Water	12322	57776
建筑业	Construction	567143	53370
批发和零售业	Wholesale and Retail Trades	400985	49331
交通运输、仓储和邮政业	Transport, Storage and Post	157076	56542
住宿和餐饮业	Hotels and Catering Services	83515	41615
信息传输、软件和信息技术服务业	Information Transmission, Software and Information Technology	63111	62908
金融业	Financial Intermediation	9651	57169
房地产业	Real Estate	133051	57278
租赁和商务服务业	Leasing and Business Services	221163	50907
科学研究和技术服务业	Scientific Research and Technical Services	67044	56228
水利、环境和公共设施管理业	Management of Water Conservancy, Environment and Public Facilities	42374	31179
居民服务、修理和其他服务业	Services to Households, Repair and Other Services	52336	44517
教育	Education	95913	50100
卫生和社会工作	Health and Social Services	36876	64382
文化、体育和娱乐业	Culture, Sports and Entertainment	36723	45341
按地区分	**By Region**		
南昌市	Nanchang	534071	61135
景德镇市	Jingdezhen	100861	48132
萍乡市	Pingxiang	114571	52387
九江市	Jiujiang	364079	51574
新余市	Xinyu	108157	50993
鹰潭市	Yingtan	81730	52174
赣州市	Ganzhou	590144	53466
吉安市	Ji'an	362789	50768
宜春市	Yichun	397082	52930
抚州市	Fuzhou	226309	52113
上饶市	Shangrao	443391	52949

主要统计指标解

劳动力 指16周岁及以上人口。

就业人员 指在一定年龄以上，有劳动能力，为取得劳动报酬或经营收入而从事一定社会劳动的人员。具体指年满16周岁，为取得报酬或经营利润，在调查周内从事了1小时（含1小时）以上劳动的人员；或由于学习、休假等原因在调查周内暂时处于未工作状态，但有工作单位或场所的人员；或由于临时停工放假、单位不景气放假等原因在调查周内暂时处于未工作状态，但不满三个月的人员。

单位就业人员 指报告期末最后一日在本单位工作，并取得工资或其他形式劳动报酬的人员数。该指标为时点指标，不包括最后一日当天及以前已经与单位解除劳动合同关系的人员，是在岗职工、劳务派遣人员及其他就业人员之和。就业人员不包括：

(1)离开本单位仍保留劳动关系，并定期领取生活费的人员；

(2)在本单位实习的各类在校学生；

(3)本单位以劳务外包形式使用的人员，如：建筑业整建制使用的人员。

城镇私营就业人员 指在工商管理部门注册登记，其经营地址设在县城关镇(含县城关镇)以上的私营企业就业人员，包括私营企业投资者和雇工。

在岗职工 指在本单位工作且与本单位签订劳动合同，并由单位支付各项工资和社会保险、住房公积金的人员，以及上述人员中由于学习、病伤、产假等原因暂未工作仍由单位支付工资的人员。在岗职工还包括：

(1)应订立劳动合同而未订立劳动合同人员；

(2)处于试用期人员；

(3)编制外招用的人员，如临时人员；

(4)派往外单位工作，但工资仍由本单位发放的人员(如挂职锻炼、外派工作等情况)。

工资总额 指根据《关于工资总额组成的规定》(1990年1月1日国家统计局发布的一号令)进行修订，本单位在报告期内(季度或年度)直接支付给本单位全部就业人员的劳动报酬总额。包括计时工资、计件工资、奖金、津贴和补贴、加班加点工资、特殊情况下支付的工资，是在岗职工工资总额、劳务派遣人员工资总额和其他就业人员工资总额之和。

工资总额是税前工资，包括单位从个人工资中直接为其代扣或代缴的个人所得税、社会保险基金和住房公积金等个人缴纳部分，以及房费、水电费等，不包括从单位工会经费或工会账户中发放的现金或实物。

工资总额不论是计入成本的还是不计入成本的，不论是以货币形式支付的还是以实物形式支付的，均应列入工资总额的计算范围。

平均工资 指单位就业人员在一定时期内平均每人所得的工资额。它表明一定时期工资收入的高低程度，是反映就业人员工资水平的主要指标。计算公式为：

$$平均工资=\frac{报告期就业人员工资总额}{报告期就业人员平均人数}$$

平均货币工资指数 指报告期就业人员平均工资与基期就业人员平均工资的比率，是反映不同时期就业人员货币工资水平变动情况的相对数。计算公式为：

$$平均货币工资指数=\frac{报告期就业人员平均工资}{基期就业人员平均工资}\times 100\%$$

平均实际工资指数 就业人员平均实际工资指扣除物价变动因素后的就业人员平均工资。就业人员平均实际工资指数是反映实际工资变动情况的相对数，表明就业人员实际工资水平提高或降低的程度。计算公式为：

$$平均实际工资指数=\frac{报告期平均货币工资指数}{报告期城镇居民价格消费指数}\times 100\%$$

城镇登记失业人员 指有非农业户口，在一定的劳动年龄内(16周岁至退休年龄)，有劳动能力，无业而要求就业，并在当地劳动保障部门进行失业登记的人员。

城镇登记失业率 城镇登记失业人员与城镇单位就业人员(扣除使用的农村劳动力、聘用的离退休人员、港澳台及外方人员)、城镇单位中的不在岗职工、城镇私营业主、个体户主、城镇私营企业和个体就业人员、城镇登记失业人员之和的比。

Explanatory Notes on Main Statistical Indicators

Labor Force Resources refers to population aged 16 and over.

Employed Persons refers to persons above a specified age who had labor capacity and performed some social work for compensation or business gains. Specifically, it refers to persons, aged 16 and over, who performed some work for compensation or business gains for one hour or more during the reference period; or persons who do not work for the reasons of study or on holiday, but had work units or sites during the reference period; or persons temporary absence from a job for disorganization or suspension of work, recession, etc., but not exceeding three months during the reference period.

Persons Employed in Various Units refer to the total number of employees who work at his unit and obtain wages or other forms of payment at the end of the reporting period. This indicator is a kind of time point index and it equals to the sum of the number of employed staff and workers, labor dispatch personnel and other employed persons. Employed persons do not include:

1) persons who have left their working units while keeping their labor contract (employment relation) unchanged and receiving regular alimony;

2) all kinds of enrolled students who do internship in various units;

3) persons employed due to labor outsourcing, for example, persons employed in the organizational system of construction industry.

Persons Employed in Private Enterprises in Urban Areas refers to the persons employed in the private enterprises which have been registered at the departments of industrial and commercial administration for which the business operation are situated at a county town (i.e. a town where the county government is located), or at urban areas with administrative hierarchy higher than a county town.

Employed Staff and Workers refer to persons who signed labor contracts with working units and working units would pay wages, social insurance and housing funds for them. Persons who have their work posts but are temporarily absent from work for reasons of study or on sick, injury or maternal leave and still receive wages from their working units are also included. Employed staff and workers also include:

1) Persons who should have signed the labor contracts but not;

2) Employees on probation;

3) Employees beyond the staffing quota, for example, temporary employees;

4) Employees who are sent to other working units but still obtain wages from their original units (situations like on-the-job placement, expatriated assignment, etc.)

Total Wage Bill It is revised according to the "Provision of Composition of Total Wages" (Order No.1 by National Bureau of Statistics on January, 1st,, 1990), total wage bill refers to the total remuneration payment to all employed persons in various units during the reporting period (by quarter or by year), including hourly-paid wages, piece-rate wages, bonuses, allowance and subsidies, overtime wages and wages paid under special circumstances. It equals to the sum of total wages of employed staff and workers, dispatch labors and other employed persons.

Total wage bill is pre-tax wages, including personal income tax, social insurance fund and housing accumulation fund paid or withheld by employee's units, room charges, and utility bills. It does not include cash or in kind paid from labor union funds or accounts.

Total wage bill, whether or not included in cost, whether or not paid in money or in kind, shall be included in the calculation of total wage.

Average Wage refers to the average per capita wage during a certain period of time for employed persons. It shows the general level of wage income during a certain period of time, one major indicator to reflect the wage level. It is calculated as follows:

$$\text{Average wage}=\frac{\text{Total Wage Bill of Employed Persons at Reference Time}}{\text{Average Number of Persons Employed at Reference Time}}\times 100\%$$

Average Money Wage Indices refers to the ratio of average wage of employed persons the reporting period to that at the base period, which reflects the change of money wage of employed persons at the different period. It is calculated as follows:

$$\text{Average Money Wage Indices}=\frac{\text{Average Wage of Employed Persons at Reference Time}}{\text{Average Wage of Persons Employed at Base Period}}\times 100\%$$

Average Real Wage Indices average real wage of employed persons refers to the average wage of employed persons after removing the effects of the price changes and average real wage indices of employed persons refers to the change of real wage, which reflects the relative increasing or decreasing level of real wage of employed persons ,which is calculated as follows:

$$\text{Average Real Wage Indices}=\frac{\text{Average monetary wage index in the reporting period}}{\text{Urban Consumer Price Indices at Reference Time}}\times 100\%$$

四、固定资产投资

INVESTMENT IN FIXED ASSETS

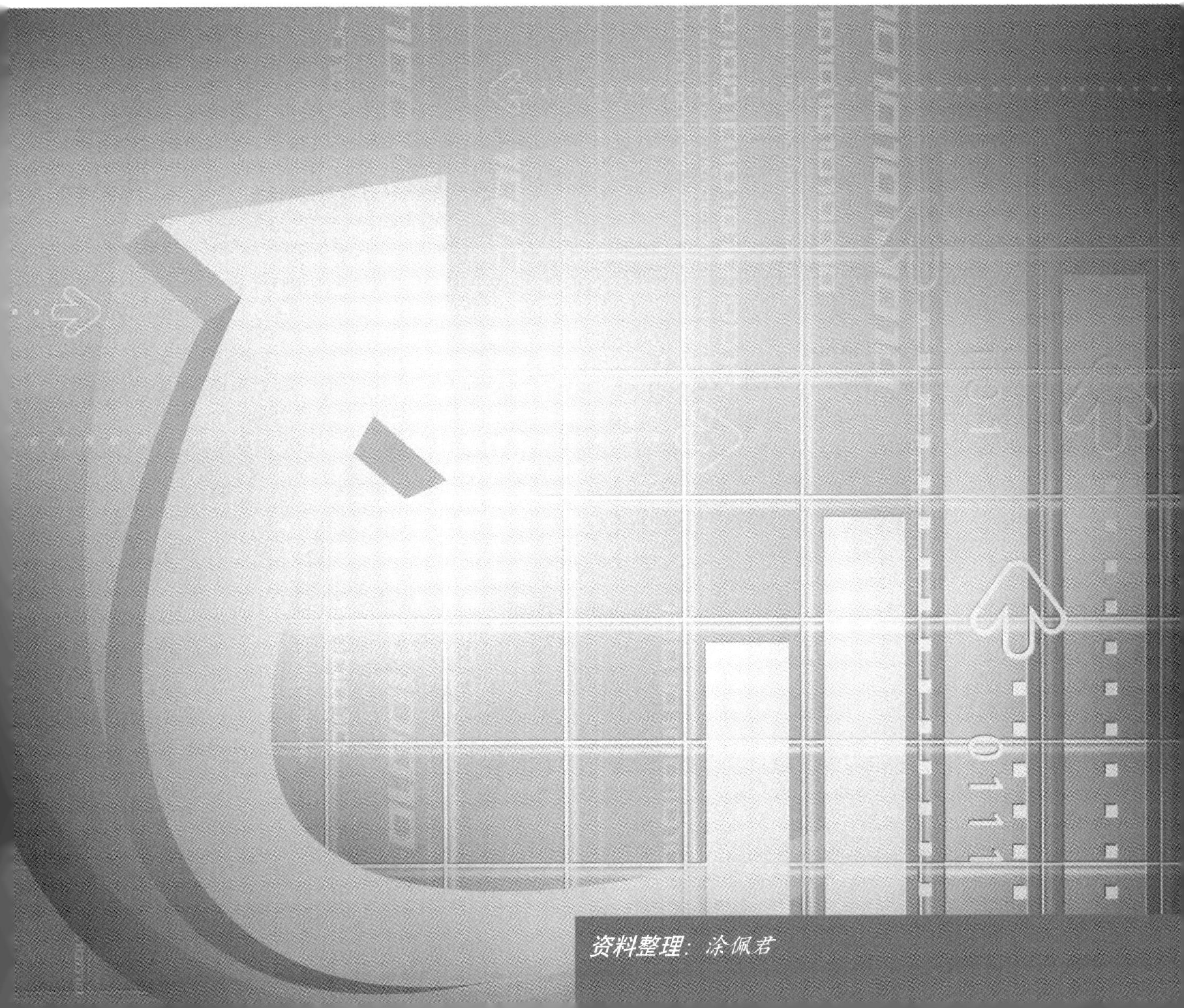

资料整理：涂佩君

简要介绍

一、本篇资料的主要内容

本篇资料通过对一定时期全社会建造和购置固定资产活动的数量描述，反映报告期内固定资产投资的速度、固定资产投资的结构和比例关系、固定资产投资的资金来源及固定资产投资的效果等。

二、本篇资料的统计范围

全社会固定资产投资统计的范围包括：建设项目固定资产投资、房地产开发投资、农村农户固定资产投资。

三、本篇的资料来源

农户固定资产投资资料来自国家统计局江西调查总队；除此以外的固定资产投资统计资料均来自省统计局固定资产投资统计处统计调查。

四、本篇的统计调查方法

除农户固定资产投资统计采用抽样调查方法外，其他均为全面统计报表。

Brief Introduction

I. Main Contents

Statistics in this chapter describe activities on the construction and purchase of fixed assets of the whole country during a given period of time, and reflect the growth, structure, ratio financing and results of the investment in fixed assets during the reference period.

II. Scope of Statistics

Statistics on the total investment in fixed assets in the whole country cover construction project investments in fixed assets, investments in real estate development and investments in fixed assets by rural households.

III. Sources of Data

Data on investments in fixed assets by individuals in rural areas are provided by Survey Office of the National Bureau of Statistics of Jiangxi. Other data on investments in fixed assets come from surveys conducted by the Department of Investment &Construction Statistics of Jiangxi Provincial Bureau of Statistics.

IV. Methodology of Data Collection

All data on investments in fixed assets are collected by the system of reporting form with complete enumeration, except data on individual investments in fixed assets in rural areas, which are collected through sample surveys.

4-1 全社会固定资产投资发展速度
Development speed of Total Investment in Fixed Assets in the Whole Country

年 份 Year	发展速度(上年=100) Development Speed(preceding year=100)			
	合 计 (%) Absolute Figures (%)	固定资产投 资 Investment in Fixed Assets	#房地产开发投资 Investment in Real Estate Development	农村农户投 资 Farm Households Investment in Fixed Assets
1978	157.7	157.7		
1979	103.3	103.3		
1980	224.1	194.3		
1981	90.8	82.6		144.0
1982	143.4	148.1		125.8
1983	114.7	102.7		167.7
1984	125.3	127.5		119.3
1985	125.1	121.7		134.8
1986	121.2	116.0		134.8
1987	110.2	110.3	96.9	109.8
1988	133.0	127.9	215.1	144.5
1989	93.7	96.4	115.0	88.5
1990	96.4	111.8	125.1	63.0
1991	128.9	126.8	166.6	137.2
1992	137.6	139.9	159.5	129.4
1993	148.0	151.9	179.2	132.9
1994	128.0	133.5	136.8	103.7
1995	119.7	110.2	138.0	173.4
1996	125.2	120.2	102.1	143.4
1997	108.0	110.6	95.2	100.0
1998	118.3	120.3	107.9	111.8
1999	108.1	107.0	123.8	112.0
2000	111.5	120.4	126.1	81.2
2001	120.5	123.3	149.9	106.3
2002	140.0	146.3	163.2	102.7
2003	149.3	154.9	171.2	102.0
2004	131.9	133.6	149.9	109.4
2005	119.2	119.7	113.2	111.4
2006	123.7	124.2	114.9	115.5
2007	123.0	123.7	125.9	110.3
2008	131.6	132.0	125.8	123.6
2009	131.0	131.0	115.9	130.6
2010	125.8	126.0	111.4	121.6
2011	122.0	122.5	122.7	109.3
2012	123.3	123.5	111.8	118.6
2013	119.3	119.8	121.1	104.9
2014	117.3	117.8	112.6	104.2
2015	115.3	116.0	114.9	91.1
2016	113.3	114.0	116.5	80.0
2017	112.1	112.3	113.7	99.8
2018	110.8	111.1	108.0	98.0
2019	109.3	109.2	103.0	112.1
2020	108.0	108.2	106.2	99.0
2021	110.6	110.8	106.3	100.6
2022	108.0	108.6	87.4	78.4

注：1. 本篇章各表均不含跨省中央项目投资。
2. 全社会固定资产投资=固定资产投资+农村农户投资，后同。
3. 固定资产投资=计划投资500万元及以上项目固定资产投资+房地产开发投资，后同。

a) Central project transprovincially project don't add up to the total.

b)Total Investment in Fixed Assets in the Whole Country= Investment in Fixed Assets+Farm Households Investment in Fixed Assets.

c) investment in fixed assets = construction project investments in fixed assets plans to invest 5 miliion yuan and above + investments in real estat development.

4-2 全社会固定资产投资增速
Growth Rates of Total Investment in Fixed Assets in the Whole Country

单位：% (%)

指 标	Item	2021	2022
全社会固定资产投资	**Total Investment in Fixed Assets in the Whole Country**	**10.6**	**8.0**
#工 业	Industry	15.4	7.0
固定资产投资	Total Investment	10.8	8.6
农户投资	Farm Households	0.6	-21.6
按登记注册类型分	Grouped by Status of Registration		
内 资	Domestic Funds	10.6	9.2
国 有	State-owned	2.7	23.7
集 体	Collective-owned	-23.0	202.4
股份合作	Share Holding Cooperative	74.7	-37.0
联 营	Joint-owned	719.4	-13.3
有限责任公司	Limited Liability Corporations	-1.3	10.1
股份有限公司	Share Holding Enterprises	-34.4	-2.5
私 营	Private	25.4	3.9
其他内资	Others	39.5	32.6
港、澳、台投资	Funds from Hong Kong，Macao and Taiwan	15.6	-12.0
外商投资	Foreign Funded	18.2	-5.6
个体经营	Individuals	-12.4	-34.7
按构成分	Grouped by Use of Funds		
建筑安装工程	Construction and Installation	17.1	11.1
设备、工器具购置	Purchase of Equipment and Instruments	-15.5	-2.5
其他费用	Others	-14.0	-18.4
按建设性质分	Grouped by Type of Construction		
#新 建	New Construction	6.0	10.5
扩 建	Expansion	9.6	0.1
改建和技术改造	Reconstruction and Technical Transformation	33.4	4.9
按产业分	Grouped by Industry		
第一产业	Primary Industry	3.6	19.0
第二产业	Secondary Industry	15.6	6.9
第三产业	Tertiary Industry	6.0	8.9

4-2 续表 continued

单位：% (%)

指 标	Item	2021	2022
按行业分	Grouped by Sector		
农、林、牧、渔业	Agriculture, Forestry, Animal Husbandy and Fishery	-2.2	20.7
采矿业	Mining	8.3	31.9
制造业	Manufacturing	17.1	6.5
电力、热力、燃气及水生产和供应业	Production and Supply of Electricity, Heat, Gas and Water	-5.1	7.5
建筑业	Construction	89.9	-44.8
批发和零售业	Wholesale and Retail Trade	46.3	4.0
交通运输、仓储和邮政业	Transport, Storage and Post Services	3.2	9.4
住宿和餐饮业	Hotel and Catering Services	23.6	29.8
信息传输、软件和信息技术服务业	Information Transmission,Software and Information Technology Services	63.0	-7.8
金融业	Financial Intermediation	-11.7	16.1
房地产业	Real Estate	5.1	-7.3
租赁和商务服务业	Leasing and Business Services	1.5	19.4
科学研究和技术服务业	Scientific Reseach and Technical Services	29.9	12.9
水利、环境和公共设施管理业	Management of Water Conservancy, Public Facilities and Environment	-0.2	29.8
居民服务、修理和其他服务业	Services to Households, Repair and Other Services	41.8	9.6
教 育	Education	18.4	14.4
卫生和社会工作	Health and Social Services	24.1	40.4
文化、体育和娱乐业	Culture, Sports and Entertainment	11.3	28.9
公共管理、社会保障和社会组织	Public Management,Social Security and Social Organizations	-14.6	1.1
资金来源合计	**Total Source of Funds**		
上年末结余资金	Balance at last Year-end	20.2	-8.5
本年资金来源小计	Subtotal Sources of Funds This Year	18.4	11.7
国家预算内资金	State Budget	27.1	68.2
国内贷款	Domestic Loans	-4.9	-15.2
债券	Bonds	-66.5	-44.7
利用外资	Foreign Investment	-17.7	-54.3
自筹资金	Self-raising Funds	25.3	12.8
其他资金	Others	4.6	1.8
新增固定资产	**Newly Increased Fixed Assets**	**12.4**	**13.6**
施工房屋建筑面积	**Floor Space of Buildings under Construction**	**7.0**	**-9.9**
#住宅	Residential Buildings	7.8	-8.7
竣工房屋建筑面积	**Floor Space of Buildings Completed**	**12.5**	**-41.9**
#住宅	Residential Buildings	10.4	-42.1

4-3 全社会固定资产投资构成
Composition of Total Investments in Fixed Assets

单位：% (%)

指 标	Item	2021	2022
全社会固定资产投资	**Total Investment in Fixed Assets in the Whole Country**	**100**	**100**
#工 业	Industry	50.6	50.0
固定资产投资	Total Investment	98.1	98.6
农户投资	Farm Households	1.9	1.4
按登记注册类型分	Grouped by Status of Registration		
内 资	Domestic Funds	95.0	96.0
国 有	State-owned	12.6	14.5
集 体	Collective-owned	0.1	0.2
股份合作	Share Holding Cooperative	0.1	0.1
联 营	Joint-owned	0.2	0.2
有限责任公司	Limited Liability Corporations	33.3	34.0
股份有限公司	Share Holding Enterprises	1.3	1.2
私 营	Private	45.7	43.8
其他内资	Others	1.7	2.1
港、澳、台投资	Funds from Hong Kong，Macao and Taiwan	1.9	1.6
外商投资	Foreign Funded	1.1	1.0
个体经营	Individuals	0.0	0.0
按构成分	Grouped by Use of Funds		
建筑安装工程	Construction and Installation	84.4	86.7
设备、工器具购置	Purchase of Equipment and Instruments	9.8	8.9
其他费用	Others	5.8	4.4
按建设性质分	Grouped by Type of Construction		
#新 建	New Construction	68.7	70.5
扩 建	Expansion	7.4	6.9
改建和技术改造	Reconstruction and Technical Transformation	21.2	20.4
按产业分	Grouped by Industry		
第一产业	Primary Industry	1.9	2.1
第二产业	Secondary Industry	50.8	50.1
第三产业	Tertiary Industry	47.3	47.8
按行业分	Grouped by Sector		
农、林、牧、渔业	Agriculture, Forestry, Animal Husbandy and Fishery	2.1	2.4
采矿业	Mining	0.8	1.0
制造业	Manufacturing	46.9	46.1
电力、热力、燃气及水生产和供应业	Production and Supply of Electricity,Heat Power, Gas and Water	2.9	2.9
建筑业	Construction	0.1	0.1
批发和零售业	Wholesale and Retail Trade	1.4	1.4
交通运输、仓储和邮政业	Transport, Storage and Post Services	3.9	4.0
住宿和餐饮业	Hotel and Catering Services	0.5	0.6
信息传输、软件和信息技术服务业	Information Transmission, Software and Information Technology Services	1.2	1.0
金融业	Financial Intermediation	0.1	0.1
房地产业	Real Estate	19.6	16.9
租赁和商务服务业	Leasing and Business Services	2.1	2.4
科学研究和技术服务	Scientific Reseach and Technical Services	0.6	0.7
水利、环境和公共设施管理业	Management of Water Conservancy, Environment and Public Facilitie	11.1	13.3
居民服务、修理和其他服务业	Services to Households,Repair and Other Services	0.3	0.3
教 育	Education	1.9	2.1
卫生和社会工作	Health and Social Services	1.4	1.8
文化、体育和娱乐业	Culture, Sports and Entertainment	1.3	1.6
公共管理、社会保障和社会组织	Public Management, Social Security and Social Organizations	1.5	1.4

4-4 固定资产投资增速
Growth Rates of Investment in Fixed Assets

单位: % (%)

指 标	Item	2021	2022
固定资产投资	**Total Investment**	**10.8**	**8.6**
#工 业	Industry	15.4	7.0
按登记注册类型分	Grouped by Status of Registration		
内 资	Domestic Funds	10.6	9.2
国 有	State-owned	2.7	23.7
集 体	Collective-owned	-23.0	202.4
股份合作	Share Holding Cooperative	74.7	-37.0
联 营	Joint-owned	719.4	-13.3
有限责任公司	Limited Liability Corporations	-1.3	10.1
股份有限公司	Share Holding Enterprises	-34.4	-2.5
私 营	Private	25.4	3.9
其他内资	Others	39.5	32.6
港、澳、台投资	Funds from Hong Kong，Macao and Taiwan	15.6	-12.0
外商投资	Foreign Funded	18.2	-5.6
个体经营	Individuals	-12.4	-34.7
按构成分	Grouped by Use of Funds		
建筑安装工程	Construction and Installation	17.7	11.8
设备、工器具购置	Purchase of Equipment and Instruments	-17.2	-2.4
其他费用	Others	-14.0	-18.3
按建设性质分	Grouped by Type of Construction		
#新 建	New Construction	6.0	10.5
扩 建	Expansion	9.6	0.1
改建和技术改造	Reconstruction and Technical Transformation	33.4	4.9
按产业分	Grouped by Industry		
第一产业	Primary Industry	1.7	20.8
第二产业	Secondary Industry	15.5	6.9
第三产业	Tertiary Industry	6.4	10.1
资金来源合计	**Total Source of Funds**		
上年末结余资金	Balance at last Year-end	20.2	-8.5
本年资金来源小计	Subtotal Sources of Funds This Year	18.9	12.4
国家预算内资金	State Budget	27.1	68.2
国内贷款	Domestic Loans	-7.3	-12.2
债券	Bonds	-66.5	-44.7
利用外资	Foreign Investment	-17.7	-54.3
自筹资金	Self-raising Funds	26.3	13.9
其他资金	Others	4.6	1.8
新增固定资产	**Newly Increased Fixed Assets**	**12.5**	**14.9**
施工房屋建筑面积	**Floor Space of Buildings under Construction**	**7.0**	**-9.9**
#住宅	Residential Buildings	7.8	-8.7
竣工房屋建筑面积	**Floor Space of Buildings Completed**	**12.5**	**-41.9**
#住宅	Residential Buildings	10.4	-42.1

4-5 固定资产投资构成
Composition of Investment in Fixed Assets

单位：% (%)

指 标	Item	2021	2022
固定资产投资	**Total Investment**	**100**	**100**
#工 业	Industry	51.6	50.7
按登记注册类型分	Grouped by Status of Registration		
内 资	Domestic Funds	96.9	97.4
国 有	State-owned	12.9	14.7
集 体	Collective-owned	0.1	0.2
股份合作	Share Holding Cooperative	0.1	0.1
联 营	Joint-owned	0.2	0.2
有限责任公司	Limited Liability Corporations	34.0	34.5
股份有限公司	Share Holding Enterprises	1.3	1.2
私 营	Private	46.6	44.5
其他内资	Others	1.7	2.1
港、澳、台投资	Funds from Hong Kong，Macao and Taiwan	2.0	1.6
外商投资	Foreign Funded	1.1	1.0
个体经营	Individuals	0.0	0.0
按构成分	Grouped by Use of Funds		
建筑安装工程	Construction and Installation	84.5	86.9
设备、工器具购置	Purchase of Equipment and Instruments	9.6	8.6
其他费用	Others	5.9	4.4
按建设性质分	Grouped by Type of Construction		
#新 建	New Construction	70.1	71.5
扩 建	Expansion	7.5	7.0
改建和技术改造	Reconstruction and Technical Transformation	21.6	20.7
按产业分	Grouped by Industry		
第一产业	Primary Industry	1.7	1.8
第二产业	Secondary Industry	51.7	50.8
第三产业	Tertiary Industry	46.6	47.4

4-6 分行业固定资产投资增速和构成

Growth Rates and composition of investment in fixed assets by Sector

行 业	Sector	增速(%) accelerate (%)		构成(%) Percentage (%)	
		2021	2022	2021	2022
总 计	**Total**	**10.8**	**8.6**	**100**	**100**
农、林、牧、渔业	**Agriculture, Forestry, Animal Husbandry and Fishery**	**-4.4**	**22.5**	**1.9**	**2.1**
采矿业	**Mining**	**8.3**	**31.9**	**0.9**	**1.0**
#煤炭开采和洗选业	Mining and Washing of Coal	-46.7	-28.4	0.0	0.0
黑色金属矿采选业	Mining and Processing of Ferrous Metal Ores	-15.4	-32.2	0.1	0.0
有色金属矿采选业	Mining and Processing of Non-Ferrous Metal Ores	-36.4	73.6	0.1	0.1
非金属矿采选业	Mining and Processing of Nonmetal Ores	29.0	33.9	0.7	0.8
制造业	**Manufacturing**	**17.1**	**6.5**	**47.8**	**46.8**
#石油加工、炼焦加工业	Processing of Petroleum, Coking	-10.9	34.9	0.1	0.1
非金属矿物制品业	Manufacture of Non-metallic Mineral Products	14.9	1.1	5.0	4.7
黑色金属冶炼及压延加工业	Smelting and Pressing of Ferrous Metals	-27.7	-2.8	0.3	0.2
有色金属冶炼及压延加工业	Smelting and Pressing of Non-ferrous Metals	17.6	8.4	1.9	1.9
计算机、通信和其他电子设备制造业	Manufacture of Communication Equipment, Computers and Other Electronic Equipment	22.9	13.4	7.8	8.1
电力、热力、燃气及水生产和供应业	**Production and Supply of Electricity, Heat, Gas and Water**	**-5.1**	**7.2**	**2.9**	**2.9**
#电力、热力的生产和供应业	Production and Supply of Electric Power and Heat Power	-4.0	10.1	2.0	2.0
水的生产和供应业	Production and Supply of Water	-3.8	-3.3	0.9	0.8
建筑业	**Construction**	**39.8**	**-29.3**	**0.1**	**0.1**
批发和零售业	**Wholesale and Retail Trades**	**44.7**	**4.7**	**1.4**	**1.4**
交通运输、仓储和邮政业	**Transport, Storage and Post**	**1.4**	**10.3**	**3.9**	**4.0**
#铁路运输业	Railway Transport	66.7	-21.2	0.1	0.1
道路运输业	Road Transport	0.6	2.2	3.1	2.9
邮政业	Post	159.9	53.2	0.1	0.1
住宿和餐饮业	**Hotels and Catering Services**	**20.1**	**33.4**	**0.5**	**0.6**
信息传输、软件和信息技术服务业	**Information Transmission, Software and Information Technology**	**63.0**	**-7.8**	**1.2**	**1.1**
#电信、广播电视和卫星传输服务	Telecommunications, Radio and Television and Satellite Transmission Services	137.6	-40.1	0.3	0.1
金融业	**Financial Intermediation**	**-11.7**	**16.1**	**0.1**	**0.1**
房地产业	**Real Estate**	**6.5**	**-5.9**	**18.5**	**16.1**
租赁和商务服务业	**Leasing and Business Services**	**1.5**	**19.4**	**2.2**	**2.4**
科学研究和技术服务业	**Scientific Reseach and Technical Services**	**29.9**	**12.9**	**0.7**	**0.7**
水利、环境和公共设施管理业	**Management of Water Conservancy, Public Facilities and Environment**	**-0.2**	**29.8**	**11.3**	**13.5**
水利管理业	Management of Water Conservancy	-9.1	34.0	0.7	0.9
生态保护和环境治理业	Ecological Protection and Environmental Management	-6.9	21.4	0.3	0.4
公共设施管理业	Management of Public Facilities	1.1	29.4	10.2	12.2
居民服务、修理和其他服务业	**Services to Households Repair and Other Services**	**42.2**	**9.7**	**0.3**	**0.3**
教育	**Education**	**18.4**	**14.4**	**2.0**	**2.1**
卫生和社会工作	**Health and Social Services**	**24.1**	**40.4**	**1.4**	**1.8**
#卫生	Health	24.7	41.1	1.2	1.5
文化、体育和娱乐业	**Culture, Sports and Entertainment**	**11.3**	**28.9**	**1.4**	**1.6**
公共管理、社会保障和社会组织	**Public Management Social Security and Social Organizations**	**-14.6**	**1.1**	**1.5**	**1.4**

4-7 按行业和登记注册类型分固定资产投资增速（2022年）

单位：%

行业	Sector	合计 Total	内资 Domestic Funds	国有 State-owned
总　计	**Total**	**8.6**	**9.2**	**23.7**
农、林、牧、渔业	Agriculture, Animal Husbandry and Fishery	22.5	23.8	55.1
采矿业	Mining	31.9	31.9	10.9
制造业	Manufacturing	6.5	7.0	-19.5
电力、热力、燃气及水生产和供应业	Production Supply Electricity Gas Water	7.2	8.3	14.2
建筑业	Construction	-29.3	-28.5	35.2
批发和零售业	Wholesale Retail Trades	4.7	5.3	-20.5
交通运输、仓储和邮政业	Transport, and Post	10.3	13.9	5.0
住宿和餐饮业	Hotels Catering Services	33.4	33.2	162.1
信息传输、软件和信息技术服务业	Information and Technology Services	-7.8	-6.9	32.6
金融业	Financial Intermediation	16.1	22.7	528.9
房地产业	Real Estate	-5.9	-5.7	44.7
租赁和商务服务业	Leasing Business Services	19.4	15.6	88.7
科学研究和技术服务业	Scientific and Services	12.9	12.1	70.8
水利、环境和公共设施管理业	Management Water Environment Public Facilities	29.8	30.3	31.9
居民服务、修理和其他服务业	Services Households and Services	9.7	11.0	32.1
教　育	Education	14.4	14.6	13.8
卫生和社会工作	Health Social Services	40.4	40.4	45.9
文化、体育和娱乐业	Culture, and Entertainment	28.9	30.0	61.9
公共管理、社会保障和社会组织	Public Security Social Organizations	1.1	1.3	2.1

Rates Investment Fixed by and Status (2022)

(%)

集 体 Collective-owned	股份合作 Share Holding Cooperative	联 营 Joint-owned	有限责任公司 Limited Liability Corporations	股份有限公司 Share Holding Enterprises	私 营 Private	其 他 Others	港澳台商投资 Funds from Hong Macao and Taiwan	外商投资 Foreign Funded	个体经营 Individuals
202.4	**-37.0**	**-13.3**	**10.1**	**-2.5**	**3.9**	**32.6**	**-12.0**	**-5.6**	**-34.7**
154.8	1078.0	-62.9	55.2	95.9	4.6	24.6	-48.9	1.9	-41.7
-82.5		8.3	124.2	54.8	8.6	156.3	45.9	-13.5	480.6
24.9	-49.7	137.2	13.4	4.1	5.5	8.3	3.2	-19.5	-67.2
		-32.1	0.9	-33.2	21.6	73.4	-5.6	-24.6	
74.1			30.8		-55.7	-68.7	-52.1		
1957.3	-10.3		-30.8	45.0	16.1	25.8	-100.0	-47.6	507.7
136.6	-100.0	-8.4	14.8	289.4	12.4	169.2	-57.4		10820.0
		-100.0	25.6	-16.4	27.7	75.3	22.1		-64.8
23823.1			-26.2	-50.5	3.6	59.0	-74.7	178.6	
-100.0	-100.0	-100.0	7.2	79.4	106.1	-47.5		-100.0	
10.5		550.1	-7.4	-21.0	-9.2	7.5	-20.5	41.3	
179.2			3.7	-76.5	12.6	121.8	1959.4	63.8	
			52.5	383.5	-27.6	0.8		-93.1	
192.1		-62.0	28.9	76.1	21.7	36.2	-38.5	-54.4	-69.6
227.2	-100.0		-2.8	-91.4	18.0	-22.3		-100.0	
	-100.0		22.6	14.9	-2.9	18.2		-69.1	
483.0	60.9	-72.5	82.7	126.2	-10.4	21.4			
100.1	236.2		19.3	35.8	28.0	38.4	-94.0	-77.2	8.4
939.2		-48.3	-23.1		17.9	65.2		-100.0	

4-8 固定资产投资建设项目情况（2022年）
Investment in fixed assets and construction projects (2022)

行业	Sector	施工项目（个）Number of Projects under Construction (unit)	#新开工（个）Started this Year (unit)	全部建成投产（个）Number of Projects Completed and Put into Use (unit)
总　计	**Total**	**24912**	**11929**	**12825**
农、林、牧、渔业	**Agriculture, Forestry, Animal Husbandry and Fishery**	**992**	**442**	**491**
农业	Farming	492	235	239
林业	Forestry	42	29	22
畜牧业	Animal Husbandry	260	85	117
渔业	Fishery	69	30	36
农、林、牧、渔服务业	Services in Support of Agriculture	129	63	77
采矿业	**Mining**	**291**	**137**	**174**
#煤炭开采和洗选业	Mining and Washing of Coal	4	1	3
黑色金属矿采选业	Mining and Processing of Ferrous Metal Ores	19	11	10
有色金属矿采选业	Mining and Processing of Non-Ferrous Metal Ores	41	22	21
非金属矿采选业	Mining and Processing of Nonmetal Ores	217	99	134
制造业	**Manufacturing**	**10778**	**5239**	**5442**
农副食品加工业	Processing of Food from Agricultural Products	376	188	211
食品制造业	Manufacture of Foods	210	110	113
酒、饮料和精制茶制造业	Manufacture of Liguor,Beverages and Refined Tea	179	91	109
烟草制品业	Manufacture of Tobacco	4		2
纺织业	Manufacture of Textile	300	136	186
纺织服装、服饰业	Manufacture of Textile Wearing Apparel and Accessorise	431	238	296
皮革、毛皮、羽毛及其制品和制鞋业	Manufacture of Leather, Fur, Feather and Related Products and Footwear	198	114	125
木材加工及木、竹、藤、棕、草制品业	Processing of Timber, Manufacture of Wood, Bamboo, Rattan, Palm and Straw Products	288	186	174
家具制造业	Manufacture of Furniture	267	135	149
造纸及纸制品业	Manufacture of Paper and Paper Products	164	87	84
印刷和记录媒介复制业	Printing, Reproduction of Recording Media	137	79	95
文教、美工、体育和娱乐用品制造业	Manufacture of Articles For Culture, Art,Education Sport Activities and Entertainmetn Products	189	95	104
石油加工、炼焦加工业	Processing of Petroleum, Coking	54	33	30
化学原料及化学制品制造业	Manufacture of Raw Chemical Materials and Chemical Products	748	385	384
医药制造业	Manufacture of Medicines	388	188	169
化学纤维制造业	Manufacture of Chemical Fibers	45	26	24
橡胶和塑料制品业	Manufacture of Rubber and Plastics Rroducts	435	230	220
非金属矿物制品业	Manufacture of Non-metallic Mineral Products	1281	596	674
黑色金属冶炼及压延加工业	Smelting and Pressing of Ferrous Metals	76	38	36
有色金属冶炼及压延加工业	Smelting and Pressing of Non-ferrous Metals	413	192	221
金属制品业	Manufacture of Metal Products	601	283	311
通用设备制造业	Manufacture of General Purpose Machinery	448	191	234

4-8 续表1 continued

行 业	Sector	施工项目（个）Number of Projects under Construction (unit)	#新开工（个）Started this Year (unit)	全部建成投产（个）Number of Projects Completed and Put into Use (unit)
专用设备制造业	Manufacture of Special Purpose Machinery	689	298	305
汽车制造业	Manufacture of Transport Carmaking.	322	166	149
铁路、船舶、航空航天和其他运输设备制造业	Manufacture of Railroads,Ships,Aerospace and Other Transportation Equipment	116	44	51
电气机械和器材制造业	Manufacture of Electrical Machinery and Apparatus	838	396	373
计算机、通信和其他电子设备制造业	Manufacture of Computers, Communication and Other Electronic Equipment	1134	506	402
仪器仪表及制造业	Manufacture of Measuring Instruments and Machinery	122	61	49
其他制造业	Manufacture of Others	111	40	53
废弃资源综合利用业	Comperhensive Utilization of Waste	209	102	108
金属制品、机械和设备修理业	Repair of Metal Products, Machinery and Equipment	5	5	1
电力、热力、燃气及水生产和供应业	**Production and Supply of Electricity Heat Gas and Water**	**693**	**334**	**345**
电力、热力的生产和供应业	Production and Supply of Electric Power and Heat Power	373	177	200
燃气生产和供应业	Production and Supply of Gas	69	26	39
水的生产和供应业	Production and Supply of Water	251	131	106
建筑业	**Construction**	**15**	**10**	**7**
房屋建筑业	Construction of Buildings	5	3	2
土木工程建筑业	Construction of Civil Engineering	6	4	3
建筑安装业	Building Installation	2	1	
建筑装饰业和其他建筑业	Building Decoration and Other	2	2	2
批发和零售业	**Wholesale and Retail Trades**	**728**	**507**	**579**
批发业	Wholesale Trade	436	327	354
零售业	Retail Trade	292	180	225
交通运输、仓储和邮政业	**Transport, Storage and Post**	**911**	**386**	**432**
铁路运输业	Railway Transport	16	8	5
道路运输业	Road Transport	649	260	311
水上运输业	Water Transport	24	4	7
航空运输业	Air Transport	12	4	6
管道运输业	Transport Via Pipelines	2	1	2
装卸搬运和其他运输服务业	Loading, Unloading and	14	6	5
仓储业	Storage	180	96	88
邮政业	Post	14	7	8
住宿和餐饮业	**Hotels and Catering Services**	**285**	**149**	**159**
住宿业	Hotels	217	100	103
餐饮业	Catering Services	68	49	56
信息传输、软件和信息技术服务业	**Information Transmission,Software and Computer Services**	**357**	**222**	**288**
电信、广播电视和卫星传输服务	Telecommunications, Broadcasting Television and Satellite Transmission	24	7	14
互联网和相关服务	Internet and Related Services	112	65	83
软件和信息技术服务业	Software and Information Technology Services	221	150	191

4-8 续表2 continued

行 业	Sector	施工项目(个) Number of Projects under Construction (unit)	#新开工(个) Started this Year (unit)	全部建成投产(个) Number of Projects Completed and Put into Use (unit)
金融业	**Financial Intermediation**	**28**	**16**	**19**
货币金融服务	Monetary and Financial Services	18	11	14
资本市场服务	Capital Market Services	5	2	2
保险业	Insurance	4	3	3
其他金融活动	Other Financial Activities	1		
房地产业	**Real Estate**	**780**	**221**	**282**
租赁和商务服务业	**Leasing and Business Services**	**649**	**349**	**343**
租赁业	Leasing	19	15	15
商务服务业	Business Services	630	334	328
科学研究和技术服务业	**Scientific Reseach and Technical Services**	**240**	**141**	**143**
研究与试验发展	Research and Experimental Development	42	27	21
专业技术服务业	Professional Technical Services	97	57	50
科技推广和应用服务业	Services of Science and Technology Promotion and Application	101	57	72
水利、环境和公共设施管理业	**Management of Water Conservancy, Environment and Public Facilities**	**5330**	**2439**	**2653**
水利管理业	Management of Water Conservancy	356	150	154
生态保护和环境治理业	Ecological Protection and Environmental Management	198	88	96
公共设施管理业	Management of Public Facilities	4747	2191	2384
居民服务、修理和其他服务业	**Services to Households Repair and Other Services**	**187**	**89**	**125**
居民服务业	Services to Households	118	57	80
机动车、电子产品和日用产品修理业	Repair to Motor,Electronic Products and Househole Products	27	12	23
其他服务业	Other Services	42	20	22
教 育	**Education**	**870**	**389**	**421**
卫生和社会工作	**Health and Social Services**	**561**	**239**	**257**
卫 生	Health	428	181	195
社会工作	Social Services	133	58	62
文化、体育和娱乐业	**Culture, Sports and Entertainment**	**495**	**244**	**257**
新闻和出版业	Journalism and Publishing Activities	5	3	4
广播、电视、电影和影视录音制作业	Broadcasting, Movies, Television and Video Reccording	24	21	21
文化艺术业	Cultural and Art Activities	162	52	73
体 育	Sports Activities	56	35	30
娱乐业	Entertainment	248	133	129
公共管理、社会保障和社会组织	**Public Management,Social Security and Social Organizations**	**722**	**376**	**408**
#中国共产党机关	Organs of Communist Party of China	6	4	4
国家机构	Government Agencies	643	320	354
社会保障	Social Security			
群众团体、社会团体和其他成员组织	Non-Governmental Organizations, Social Organizations and Other Organizations	17	6	9
基层群众自治组织	Grass Roots Self-governing Organizations	56	46	41

4-9 各地区固定资产投资增速（2022年）
Growth Rates of Investment in Fixed Assets by Region (2022)

单位：%　　(%)

地 区	Region	合 计 Total	#工 业 Industry	第一产业 Primary Industry	第二产业 Secondary Industry	第三产业 Tertiary Industry
全 省	**Provincial Total**	**8.6**	**7.0**	**20.8**	**6.9**	**10.1**
南昌市	Nanchang	7.6	8.4	16.2	8.0	7.3
景德镇市	Jingdezhen	8.1	12.2	29.5	12.4	2.3
萍乡市	Pingxiang	7.8	10.6	18.3	10.6	2.6
九江市	Jiujiang	9.5	0.2	-11.6	0.2	32.6
新余市	Xinyu	7.4	4.6	24.1	4.6	11.4
鹰潭市	Yingtan	9.4	23.2	-17.5	23.1	-5.1
赣州市	Ganzhou	9.7	-0.3	-7.8	-0.3	20.4
吉安市	Ji'an	8.7	14.0	6.0	14.0	1.5
宜春市	Yichun	9.8	14.0	23.1	14.0	3.7
抚州市	Fuzhou	8.3	6.8	97.9	6.7	4.8
上饶市	Shangrao	8.6	4.7	41.6	4.7	12.5

4-10 各地区固定资产投资构成（2022年）
Composition of Investments in Fixed Assets by Region (2022)

单位：% (%)

地 区	Region	合 计 Total	#工 业 Industry	第一产业 Primary Industry	第二产业 Secondary Industry	第三产业 Tertiary Industry
全 省	**Provincial Total**	**100**	**100**	**100**	**100**	**100**
南 昌 市	Nanchang	24.1	15.6	12.7	15.7	33.6
景德镇市	Jingdezhen	3.9	4.1	6.5	4.1	3.6
萍 乡 市	Pingxiang	4.1	5.2	2.8	5.2	3.0
九 江 市	Jiujiang	13.2	16.4	9.9	16.4	9.9
新 余 市	Xinyu	5.1	6.3	10.2	6.3	3.7
鹰 潭 市	Yingtan	3.0	3.4	2.1	3.4	2.5
赣 州 市	Ganzhou	12.5	11.1	8.7	11.1	14.1
吉 安 市	Ji'an	8.0	9.3	11.7	9.3	6.4
宜 春 市	Yichun	9.6	11.2	8.5	11.1	8.1
抚 州 市	Fuzhou	7.1	7.5	19.0	7.5	6.3
上 饶 市	Shangrao	9.4	9.9	8.0	9.9	8.9

4-11 各地区按登记注册类型分的固定资产投资增速（2022年）
Growth Rates of Investment in Fixed Assets by Region and Status of Registration (2022)

单位：% (%)

地 区	Region	合 计 Total	内 资 Domestic Funds	国 有 State-owned	集 体 Collective-owned	股份合作 Share Holding Cooperative	联 营 Joint-owned
全 省	**Provincial Total**	**8.6**	**9.2**	**23.7**	**202.4**	**-37.0**	**-13.3**
南 昌 市	Nanchang	7.6	8.7	35.7	320.1	24.8	0.3
景德镇市	Jingdezhen	8.1	7.6	15.2			64.7
萍 乡 市	Pingxiang	7.8	8.2	8.4	-66.7	-21.7	-94.0
九 江 市	Jiujiang	9.5	10.8	70.1	-8.8	-67.6	103.5
新 余 市	Xinyu	7.4	7.2	-8.2	33.6	-76.5	
鹰 潭 市	Yingtan	9.4	10.0	10.7			-68.2
赣 州 市	Ganzhou	9.7	9.8	33.8		-70.5	-30.9
吉 安 市	Ji'an	8.7	10.3	8.3	179.2		
宜 春 市	Yichun	9.8	9.7	12.6	157.1	-39.9	
抚 州 市	Fuzhou	8.3	8.2	2.7	-3.7	-100.0	
上 饶 市	Shangrao	8.6	9.1	38.4			-25.1

4-11 续表 continued

地 区	Region	有限责任公司 Limited Liability Corporations	股份有限公司 Share Holding Enterprises	私 营 Private	其 他 Others	港澳台商投资 Funds Hong Kong, Macao and Taiwan	外商投资 Foreign Funded	个体经营 Individuals
全 省	**Total**	**10.1**	**-2.5**	**3.9**	**32.6**	**-12.0**	**-5.6**	**-34.7**
南 昌 市	Nanchang	5.3	-22.3	4.4	37.8	-29.3	22.4	26.1
景德镇市	Jingdezhen	-2.6	-3.8	18.4	355.3	221.1	162.9	
萍 乡 市	Pingxiang	-8.3	33.6	13.4	93.8	-73.1	29.6	62.8
九 江 市	Jiujiang	11.0	-12.2	1.3	-1.5	28.6	-35.4	-63.5
新 余 市	Xinyu	36.1	19.3	2.7	61.3	46.9	163.6	-100.0
鹰 潭 市	Yingtan	8.0	-67.2	11.3	20.9	-6.8	-19.8	
赣 州 市	Ganzhou	17.7	-15.0	-3.0	25.9	2.5	19.9	
吉 安 市	Ji'an	21.5	-6.3	5.7	32.2	-33.7	-16.1	202.3
宜 春 市	Yichun	12.9	32.0	6.0	42.8	17.8	21.3	-24.9
抚 州 市	Fuzhou	17.0	93.9	4.4	-2.2	111.0	-45.3	-20.2
上 饶 市	Shangrao	9.0	22.6	-1.4	84.1	-30.1	-22.1	

4-12 各地区按行业分固定资产投资增速（2022年）

单位：%

行 业	Sector	全 省 Total	南昌市 Nanchang	景德镇市 Jingdezhen
总 计	**Total**	**8.6**	**7.6**	**8.1**
农、林、牧、渔业	Agriculture, Forestry, Animal Husbandry and Fishery	22.5	12.5	27.5
采矿业	Mining	31.9	179.5	12.6
制造业	Manufacturing	6.5	7.5	15.6
电力、热力、燃气及水生产和供应	Production and Supply of Electricity Heat Gas and Water	7.2	25.7	-52.9
建筑业	Construction	-29.3	-29.7	
批发和零售业	Wholesale and Retail Trades	4.7	0.6	5.7
交通运输、仓储和邮政业	Transport, Storage and Post	10.3	3.1	-6.3
住宿和餐饮业	Hotels and Catering Services	33.4	2.8	7.4
信息传输、软件和信息技术服务业	Information Transmission,Software and Information Technology Services	-7.8	-12.2	
金融业	Financial Intermediation	16.1	36.5	
房地产业	Real Estate	-5.9	-7.1	-32.0
租赁和商务服务业	Leasing and Business Services	19.4	27.2	29.5
科学研究和技术服务业	Scientific Reseach and Technical Services	12.9	0.5	-35.5
水利、环境和公共设施管理业	Management of Water Conservancy, Environment and Public Facilities	29.8	43.5	13.9
居民服务、修理和其他服务业	Services to Households Repair and Other Services	9.7	-13.3	
教 育	Education	14.4	14.8	33.3
卫生和社会工作	Health and Social Services	40.4	28.0	162.2
文化、体育和娱乐业	Culture, Sports and Entertainment	28.9	21.3	75.6
公共管理、社会保障和社会组织	Public Management,Social Security and Social Organizations	1.1	60.0	-70.1

注：本表全省数据含跨地区项目数。

Growth Rates of Investment in Fixed Assets by Region and Sector (2022)

(%)

萍乡市 Pingxiang	九江市 Jiujiang	新余市 Xinyu	鹰潭市 Yingtan	赣州市 Ganzhou	吉安市 Ji'an	宜春市 Yichun	抚州市 Fuzhou	上饶市 Shangrao
7.8	**9.5**	**7.4**	**9.4**	**9.7**	**8.7**	**9.8**	**8.3**	**8.6**
33.6	-9.3	26.8	15.5	-6.9	15.1	16.6	93.1	51.5
46.3	191.9	-31.6	-38.9	20.7	-4.3	135.1	-52.1	-23.5
9.0	-2.0	4.2	24.7	0.3	15.7	11.7	9.7	3.1
63.4	-3.8	58.4	27.5	-7.9	-6.4	13.9	-23.2	40.1
	-57.5					320.0		
128.8	15.4	-37.0	331.9	-37.2	-37.6	105.5	-51.5	25.5
-11.7	90.8	134.3	-36.1	27.6	-12.5	38.3	21.5	-9.5
27.8	273.9	584.9	-23.1	132.0	145.4	41.4	201.8	7.2
19383.9	15.9	199.7	-49.0	-21.3	148.6	-2.3	22.0	269.7
-57.1				-92.7	-81.1	2540.3		-11.1
-14.5	5.5	45.0	-3.2	-3.5	-1.8	-2.4	-14.3	-12.8
-22.3	14.5	9.8	-21.2	58.0	4.3	-15.2	23.6	2.4
11.2	46.0	94.7	-13.3	67.4	-54.8	-61.2	-4.6	1161.7
13.8	71.4	-23.0	-26.3	49.9	17.0	9.1	15.2	42.0
-29.9	54.7	15.3	-95.6	15.5	33.7	44.7	-20.3	132.3
-25.8	61.1	-18.3	-9.3	22.2	15.8	6.6	10.5	-7.5
29.6	48.6	-1.5	64.9	79.0	0.6	52.1	73.9	8.3
2.7	61.5	92.2	47.0	-23.1	-1.0	1.3	56.9	11.1
3.8	-31.0	46.9	55.9	128.8	29.0	-20.6	-40.3	23.8

a) The data of this table containing trans-regional project data.

4-13　各地区按构成分固定资产投资增速（2022年）

Growth Rates of Investment in Fixed Assets by Region and Use of Funds (2022)

单位：%　　(%)

地　区	Region	合　计 Total	建筑、安装工程 Construction and Installation	设备、工器具购置 Purchase of Equipment and Instruments	其他费用 Others
全　省	**Provincial Total**	**8.6**	**11.8**	**-2.4**	**-18.3**
南昌市	Nanchang	7.6	10.1	3.3	-9.7
景德镇市	Jingdezhen	8.1	10.4	17.3	-59.3
萍乡市	Pingxiang	7.8	7.4	37.8	-53.4
九江市	Jiujiang	9.5	13.2	-10.3	-22.6
新余市	Xinyu	7.4	13.4	-8.6	-51.2
鹰潭市	Yingtan	9.4	15.7	-62.8	75.4
赣州市	Ganzhou	9.7	8.4	15.7	24.5
吉安市	Ji'an	8.7	13.6	12.5	-62.8
宜春市	Yichun	9.8	17.9	-19.5	-23.4
抚州市	Fuzhou	8.3	11.3	-1.4	-37.7
上饶市	Shangrao	8.6	11.9	7.2	-31.6

4-14　各地区按建设性质分固定资产投资增速（2022年）

Growth Rates of Investment in Fixed Assets by Region and Type of Construction (2022)

单位：%　　(%)

地　区	Region	合　计 Total	#新　建 New Construction	#扩　建 Expansion	#改建和技术改造 Reconstruction Technical Transformation
全　省	**Provincial Total**	**8.6**	**10.5**	**0.1**	**4.9**
南昌市	Nanchang	7.6	12.2	0.6	-8.7
景德镇市	Jingdezhen	8.1	7.2	-23.1	40.6
萍乡市	Pingxiang	7.8	5.4	-33.4	53.9
九江市	Jiujiang	9.5	13.3	27.6	-3.2
新余市	Xinyu	7.4	6.5	28.3	-5.6
鹰潭市	Yingtan	9.4	1.0	14.3	39.7
赣州市	Ganzhou	9.7	23.5	-17.4	-21.4
吉安市	Ji'an	8.7	0.8	9.9	30.6
宜春市	Yichun	9.8	9.9	3.3	11.8
抚州市	Fuzhou	8.3	5.8	-18.5	26.5
上饶市	Shangrao	8.6	7.2	4.1	25.9

4-15 各地区工业投资增速（2022年）
Growth Rates of Investment in Industry by Region (2022)

单位：% (%)

地 区	Region	合 计 Total	采矿业 Mining	制造业 Manufacturing	电力、燃气及水的生产和供应业 Production and Supply of Electricity, Gas and Water
全 省	**Provincial Total**	**8.6**	**31.9**	**6.5**	**7.2**
南昌市	Nanchang	7.6	179.5	7.5	25.7
景德镇市	Jingdezhen	8.1	12.6	15.6	-52.9
萍乡市	Pingxiang	7.8	46.3	9.0	63.4
九江市	Jiujiang	9.5	191.9	-2.0	-3.8
新余市	Xinyu	7.4	-31.6	4.2	58.4
鹰潭市	Yingtan	9.4	-38.9	24.7	27.5
赣州市	Ganzhou	9.7	20.7	0.3	-7.9
吉安市	Ji'an	8.7	-4.3	15.7	-6.4
宜春市	Yichun	9.8	135.1	11.7	13.9
抚州市	Fuzhou	8.3	-52.1	9.7	-23.2
上饶市	Shangrao	8.6	-23.5	3.1	40.1

4-16 各地区固定资产投资施工和投产项目个数（2022年）
Number of Projects under Construction and Put into use by Region (2022)

地 区	Region	施工项目（个） Number of Projects under Construction (unit)	#新开工 Started this Year	全部建成投产（个） Number of Projects Completed and Put into Use (unit)
全 省	**Provincial Total**	**24912**	**11929**	**12825**
南昌市	Nanchang	4814	2948	3557
景德镇市	Jingdezhen	940	314	247
萍乡市	Pingxiang	1730	743	743
九江市	Jiujiang	3764	1545	1751
新余市	Xinyu	1149	518	628
鹰潭市	Yingtan	712	355	320
赣州市	Ganzhou	2869	1348	1061
吉安市	Ji'an	2284	1104	867
宜春市	Yichun	2634	1325	1484
抚州市	Fuzhou	1578	790	945
上饶市	Shangrao	2438	939	1222

主要统计指标解释

全社会固定资产投资 是以货币形式表现的在一定时期内全社会建造和购置固定资产的工作量以及与此有关的费用的总称。该指标是反映固定资产投资规模、结构和发展速度的综合性指标,又是观察工程进度和考核投资效果的重要依据。全社会固定资产投资按登记注册类型可分为国有、集体、个体、联营、股份制、外商、港澳台商、其他等。按统计方式可分为建设项目固定资产投资和房地产开发投资（全面统计）、农村农户固定资产投资（抽样调查）。建设项目投资不同的时期有不同的统计起点。1995-1996 年，项目投资统计的起点为计划总投资 5 万元及以上；自 1997 年起，项目投资统计的起点由 5 万元提高到 50 万元及以上；自 2011 年起，项目投资的统计起点由 50 万元提高至 500 万元及以上。为便于比较，2010 年调整为 500 万元以上起点数。

固定资产投资 指各种登记注册类型的企业、事业、行政单位及个体户进行的建设项目投资、房地产开发投资。

房地产开发投资 指各种登记注册类型的房地产开发公司、商品房建设公司及其他房地产开发法人单位和附属于其他法人单位实际从事房地产开发或经营活动的单位统一开发的包括统代建、拆迁还建的住宅、厂房、仓库、饭店、宾馆、度假村、写字楼、办公楼等房屋建筑物和配套的服务设施，土地开发工程（如道路、给水、排水、供电、供热、通讯、平整场地等基础设施工程）的投资；不包括单纯的土地交易活动。

固定资产投资的资金来源 根据固定资产投资的资金来源不同，分为国家预算内资金、国内贷款、利用外资、自筹资金和其他资金。

(1)国家预算内资金：分为财政拨款和财政安排的贷款两部分。包括中央财政的基本建设基金(分经营性基金和非经营性基金两部分)、专项支出(如煤代油专项等)、收回再贷、贴息资金，财政安排的挖潜改造和新产品试制支出、城建支出、商业部门简易建筑支出、不发达地区发展基金等资金中用于固定资产投资的资金；地方财政中由国家统筹安排的资金等。

(2)国内贷款：指报告期固定资产投资单位向银行及非银行金融机构借入的用于固定资产投资的各种国内借款，包括银行利用自有资金及吸收的存款发放的贷款、上级主管部门拨入的国内贷款、国家专项贷款、地方财政专项资金安排的贷款、国内储备贷款、周转贷款等。

(3)利用外资：指报告期收到的用于固定资产建造和购置的国外资金(包括设备、材料、技术在内)。包括对外借款(外国政府、国际金融组织贷款、出口信贷、外国银行商业贷款、对外发行债券和股票)、外商直接投资及外商其他投资。不包括我国自有外汇资金(国家外汇、地方外汇、留成外汇、调剂外汇和中国银行自有资金发行的外汇贷款等)。计算利用外资时，需要折算成人民币，折算中所使用的外汇汇率按现汇计算，即按使用外汇时的汇率计算。

(4)自筹资金：指固定资产投资单位报告期收到的，由各地区、各部门及企、事业单位筹集用于固定资产投资的预算外资金，包括中央各部门、各级地方和企、事业单位的自筹资金。

(5)其他资金：指在报告期收到的除以上各种资金之外其他用于固定资产投资的资金，包括企业或金融机构通过发行各种债券筹集到的资金、群众集资、个人资金、无偿捐赠的资金及其他单位拨入的资金等。

固定资产投资按国民经济行业分 根据建设项目建成投产后的主要产品或主要用途及社会经济活动性质来确定国民经济行业。一般情况下，一个建设项目或一个企业、事业单位只能属于一种国民经济行业。

固定资产投资按建设性质分 根据整个建设项目情况来确定。建设项目的性质一般分为新建、扩建、改建和技术改造、迁建、恢复。

(1)新建：一般指从无到有开始建设的企业、事业和行政单位或建设项目。现有企业、事业、行政单位一般不属于新建。但如有的单位原有基础很小，经过建设后新增的固定资产价值超过该企、事业、行政单位原有固定资产价值(原值)三倍以上的也应作为新建。

(2)扩建：指在厂内或其他地点，为扩大原有产品的生产能力(或效益)或增加新的产品生产能力，而增建主要的生产车间(或主要工程)、分厂、独立的生产线。行政、事业单位在原单位增建业务用房(如学校增建教学用房、医院增建门诊部、病房等)也作为扩建。

现有企、事业单位为扩大原有主要产品生产能力或增加新的产品生产能力，增建一个或几个主要生产车间(或主要工程)、分厂，同时进行一些更新改造工程的，也应作为扩建。

(3)改建和技术改造：指现有企业、事业单位，对原有设施进行技术改造或更新(包括相应配套的辅助性生产、生活福利设施）的建设项目。现有企业、事业单位为适应市场变化的需要，而改变企业的主要产品种类(如军工企业转产民用品等）的建设项目，应作为改建。原有产品生产作业线由于各工序(车间)之间能力不平衡，为填平补齐充分发挥原有生产能力而增建不增加本企业主要产品设计能力的车间，也应作为改建。技术改造是指企业、事业单位在现有基础上，用先进的技术代替落后的技术，用先进的工艺和装备代替落后的工艺和装备，以改变企业落后的技术经济面貌，实现以内涵为主的扩大再生产，达到提高产品质量、促进产品更新换代、节约能源、降低消耗、扩大生产规模、全面提高社会经济效益的目的。技术改造具体包括以下内容：机器设备和工具的更新改造；生产工艺改革、节约能源和原材料的改造；厂房建筑和公共设施的改造；劳动条件和生产环境的改造等。

固定资产投资按构成分 固定资产投资活动按其工作内容和实现方式分为建筑安装工程，设备、工具、器具购置，其他费用三个部分。

(1)建筑安装工程(建筑安装工作量)：指各种房屋、建筑物的建造工程和各种设备、装置的安装工程。包括各种房屋建造工程；各种用途设备基础和各种工业窑炉的砌筑工程及金属结构工程；为施工而进行的各种准备工作和临时工程以及完工后的清理工作等；铁路、道路的铺设，矿井的开凿及石油管道的架设等；水利工程；防空地下建筑等特殊工程；列入房屋工程预算内的暖气、卫生、通风、照明、煤气等设备的价值及装设油饰工程；列入建筑工程预算内的各种管道(蒸汽、压缩空气、石油、给排水等管道)、电力、电讯电缆导线等的敷设工程；以及各种机械设备的安装工程；为测定安装工程质量，对设备进行的试运工作；房地产开发单位进行的商品房屋开发建设工程、土地开发工程。

在安装工程中，不包括被安装设备本身的价值。

(2)设备、工具、器具购置：指建设单位或企、事业单位购置或自制的，达到固定资产标准的设备、工具、器具的价值。新建单位及扩建单位的新建车间，按照设计或计划要求购置或自制的全部设备、工具、器具，不论是否达到固定资产标准均计入“设备、工具、器具购置”中。

(3)其他费用：指在固定资产建造和购置过程中发生的，除上述几项内容以外的各种应分摊计入固定资产的费用。

施工项目 指报告期内进行过建筑或安装施工活动的项目。凡是报告期内施过工的建设项目，不论施工时间长短，均作为施工项目统计。施工项目个数可以反映一定时期固定资产投资的实际规模，与同期全部建成投产项目个数相比，可以从建设速度的角度反映固定资产投资的效果。根据建设项目施工活动的不同性质，施工项目又分为：本年正式施工项目、本年收尾项目和以前年度全部停缓建项目。

全部建成投产项目 工业项目指设计文件规定形成生产能力的主体工程及其相应配套的辅助设施全部建成，经负荷试运转，证明具备生产设计规定合格产品的条件，并经过验收鉴定合格或达到竣工验收标准，与生产性工程配套的生活福利设施可以满足近期正常生产的需要，正式移交生产的建设项目。非工业项目指设计文件规定的主体工程和相应的配套工程全部建成，能够发挥设计规定的全部效益，经验收鉴定合格或达到竣工验收标准，正式移交使用的建设项目。

房屋建筑面积 指房屋建筑物勒脚以上外墙外围的水平截面面积，包括房屋建筑物的有效面积和结构面积。该指标是从实物形态上反映建设规模和建设成果的重要指标之一，也是检查工程形象进度、计算工程造价、分析投资效果、研究施工任务和建筑材料之间平衡情况的重要依据。

住宅建筑面积 指施工和竣工房屋建筑面积中供居住用的房屋建筑面积。

施工面积 指报告期内施工的全部房屋建筑面积。包括本期新开工的面积和上期开工跨入本期继续施工的房屋面积，以及上期已停建在本期恢复施工的房屋面积。本期竣工和本期施工后又停缓建的房屋，其建筑面积仍计入本期房屋施工面积中。

竣工面积 指在报告期内房屋建筑按照设计要求已经全部完工，达到住人和使用条件，经验收鉴定合格(或达到竣工验收标准)，正式移交使用单位的各栋房屋建筑面积的总和。

新增固定资产 指报告期内已经完成建造和购置过程，并已交付生产或使用单位的固定资产价值。该指标是表示固定资产投资成果的价值指标，也是反映建设进度，计算固定资产投资效果的重要指标。

Explanatory Notes on Main Statistical Indicators

Total Investment in Fixed Assets in the Whole Country refers to the volume of activities in construction and purchases of fixed assets of the whole country and related fees, expressed in monetary terms during the reference period. It is a comprehensive indicator which shows the size, structure and growth of the investment in fixed assets, providing a basis for observing the progress of construction projects and evaluating results of investment. Total investment in fixed assets in the whole country includes, by type of ownership, the investment by State-owned units, collective-owned units, individuals, joint ownership units, share-holding units, as well as investments by entrepreneurs from foreign countries and from Hong Kong, Macao and Taiwan, and by other units. According to statistical methods can be divided into construction project investments in fixed assets and investments in real estate development (Comprehensive Statistics), investments in fixed assets by rural households (sampling survey).Construction project investment of different periods have different starting point of statistics. From 1995 to 1996 the cut-off point of project investment was 50000 yuan and above; Since 1997 the cut-off point of project investment had changed from 50000 yuan to 500000 yuan and above;

Since 2011,the cut-off point of project investment had changed from 500000 yuan to 5 million yuan and above. For the convenience of comparison, relevant data of 2010 were adjusted to 5 million yuan and above.

Investment in Fixed Assets refers to enterprises of various types of ownership, institutions, administrative units and individuals in the construction project investment, investments in real estate development.

Investment in Real Estate Development refers to investment by real estate development companies, commercialized buildings construction companies and other real estate development units of various types of ownership in the construction of buildings, such as residential buildings, factory buildings, warehouses, hotels, guesthouse, holiday villages, office buildings, and the complementary service facilities and land development projects, such as roads, water supply, water drainage, power supply, heating supply, telecommunications, land leveling and other infrastructural projects. It does not include activities in pure land transactions.

Sources of Funds for Investment in Fixed Assets are categorized as funds from the State budget, domestic loans, foreign investment, self-raised funds, and others, depending on the sources of investment.

(1) Fund from the State budget consists of budgetary appropriation and loans from the State budget. More specifically, it includes, from the budget of the central government, capital construction fund (operation fund and non-operational fund), special expenses (e.g. expenses on substituting petroleum with coal), loans from repayment, discount fund, expenses on innovation and trial production of new products, expenses on urban construction, expenses on temporary construction from business departments, development fund for less developed areas, as well as local budgetary fund transferred from the central budget.

(2) Domestic loans refer to loans of various forms borrowed by investing units from banks and non-bank financial institutions during the reference period for the purpose of investment in fixed assets, including loans issued by banks from their self-owned funds and deposit, loans appropriated by higher authorities, special loans by government, loans arranged by local government from special funds, domestic reserve loan, and working loan.

(3) Foreign investment refers to foreign funds received during the reference period for the construction and purchase of investment in fixed assets (covering equipment, materials and technology), including foreign borrowings (loans from foreign governments and international financial institutions, export credit, commercial loans from foreign banks, issue of bonds and stocks overseas), foreign direct investment and other foreign investments. Excluded from this category is capital in foreign exchanges owned by China (foreign exchanges owned by the central and local governments, foreign exchanges retained by enterprises, foreign exchanges by enterprises through the regulating mechanism, loans in foreign exchanges issued by the Bank of China with its own fund, etc.). In calculating the utilization of foreign capital, foreign currencies are converted into Chinese Renminbi applying the current exchange rate when the foreign capitals are actually used.

(4) Self-raised funds refer to extra-budgetary funds for investment in fixed assets received during the reference period by investing units from central government ministries, local governments, enterprises and institutions, including their self-raised funds.

(5) Others refer to funds for investment in fixed assets received from sources other than those listed above, including capital raised through issuing bonds by enterprises or financial institutions, funds raised from individuals and through donations, and funds transferred from other units.

Investment in Fixed Assets by Sector The classification of construction projects by sector is determined by the major products or the purpose of the projects when they are put into production or use, and by the nature of their social economic activities. In general, one project or one enterprise or institution can only be classified into one sector.

Investment in Fixed Assets by Type of Construction Construction projects in general can be classified, by the type of construction, into new construction, expansion, reconstruction and technical transformation, moving and restoration.

(1) New construction in general refers to construction projects, which start from scratch, of enterprises, institutions, administrative agencies. Construction in existing enterprises, institutions or agencies is generally not considered as new construction. In case the size of the existing unit is quite small, and the value of newly added fixed assets is more than three times of the original value, the expansion will be considered as new construction.

(2) Expansion refers to construction of new major production workshop, branch factory or independent production line within a factory or in other locations, for the purpose of increasing the production capacity (or improving efficiency) or adding new production capacity. Newly constructed accommodation for the operation of institutions and administrative organizations (such as newly constructed buildings for teaching in schools, buildings for clinics or wards in hospitals, etc.) are also classified as expansion.

Also included in expansion are investments by existing enterprises or institutions in building major production line(s) or branch factory (ies) along with some work on innovation, for the purpose of expanding the production capacity of original products or producing new products.

(3) Reconstruction and technical transformation refers to construction projects by existing enterprises or institutions in innovation or technical transformation of the old facilities (including auxiliary production equipment and welfare facilities). Also considered as reconstruction is the construction of new workshops by the existing enterprises or institutions to change the variety of products to meet the market demand (such as the production of civil products by defence industries), or to bring the designed production capacity into full play through a more balanced production process on production lines. Technical transformation refers to replacement of old technology or equipment by new technology or equipment, in order to expand the reproduction through improvement of technology contents in production, to improve product quality, to promote new products, to save energy, to reduce consumption, to expand the production scale and to improve overall social-economic efficiency. Contents of technical transformation include: updating of machinery, equipment and tools; reforming production process by using energy or materials saving technology; construction of factory workshops and transformation of public facilities; improvement of working conditions and environment, etc.

Investment in Fixed Assets by Structure By their contents and the mode of implementation, investment activities are classified into 3 categories, i.e. construction and installation, purchase of equipment and instrument, and other expenses.

(1) Construction and installation (work volume of construction and installation) refers to the construction of houses and buildings and the installation of various kinds of equipment and instruments. They include construction of houses; equipment foundations, industrial kilns and stoves, and metal structure work; preparation works and temporary works for project construction, and clearing up works post project construction; pavement of railways and roads, drilling of mines and putting up of oil pipes; construction of water conservancy; construction of underground air-raid shelters and construction of other special projects; value of equipment for heating, sanitation, ventilation, lighting, gas, painting, etc. that are covered by the budget of housing projects; laying out of various pipelines (for steam, compressed air, petroleum, tap water and sewage) and wiring and cabling for electric power and for communications; installation of various machinery and equipment; testing operation for pre-testing the quality of installation projects, and land and other development work conducted by real estate developers for commercialized housing. The value of equipment installed is itself not included in the value of installation projects.

(2) Purchase of equipment and instruments refers to the total value of equipment, tools, and instruments purchased or self-produced which come up to the cut-off point for fixed assets by the construction units or investing enterprises or institutions. Equipment, tools and instruments purchased or self-produced for new workshops by newly established or expanded units are categorized as "purchase of equipment and instruments" no matter whether they come up to the cut-off point for fixed assets.

(3) Other expenses refer to expenses arising during the construction or purchase of fixed assets other than those mentioned above.

Projects under Construction refer to projects with construction and installation activities undertaken in the reference period. All projects that have construction activities undertaken during the reference period are reported as projects under construction irrespective of the length of construction work. The number of projects under construction can reflect the actual size of investment in fixed assets during a given period, and when compared with the number of projects completed and put into use during the same period, it demonstrates the results of investment in fixed assets from the angle of the speed of the construction. Depending on the nature of construction activities, projects under construction can also be classified into projects beginning construction in current year, winding-up projects in current year and stopped or suspended projects in previous years (with resumption of work in current year).

Projects Completed and Put into Use Industrial projects refer to the major projects and anxilliary facilities having been completed in accordance with the design documents, resulting in forming production capacity and having checked and accepted after relevant tests, while the living and welfare facilities having been completed and being capable of ensuring normal production. Non-industrial projects refer to the major projects and anxilliary facilities which have been completed in accordance with the design documents ; have been checked, accepted after relevant examination; and have been formally delivered for use..

Floor Space of Buildings under Construction refers to the total floor space of the horizontal section of outer walls above the plinth of the building, including the effective area and the area occupied by the structure. This indicator is one of the important indicators in physical terms to reflect the scale and accomplishment of the construction industry and also an important basis for monitoring the progress, calculating the cost, analyzing the efficiency and studying the supply of building materials in relation to the construction projects.

Floor Space of Residential Buildings refers to the floor space of the residential buildings among the total space of buildings under construction or completed.

Floor Space under Construction refers to total floor space of all buildings under construction during the reference period, including floor space of newly started buildings during the reference period, floor space of construction extended from the previous period to the current period, and floor space of construction suspended during the previous period and resumed in the current period. Floor space of construction completed in the current period, and floor space of construction started and then suspended in the current period are also included in the floor space under construction of the current year.

Floor Space Completed refers to the floor space of all buildings completed in the reference period, which have been appraised and accepted (or come up to the designed standards) and have been transferred to owner units.

Newly Increased Fixed Assets refer to the newly increased value of fixed assets, constructed or purchased, that have been transferred to the investors. This is an indicator that demonstrates the results of investment in fixed assets in monetary terms, and an important indicator to reflect the speed of construction and to calculate the efficiency of investment.

五、

对外经济贸易

FOREIGN ECONOMIC RELATIONS AND TRADE

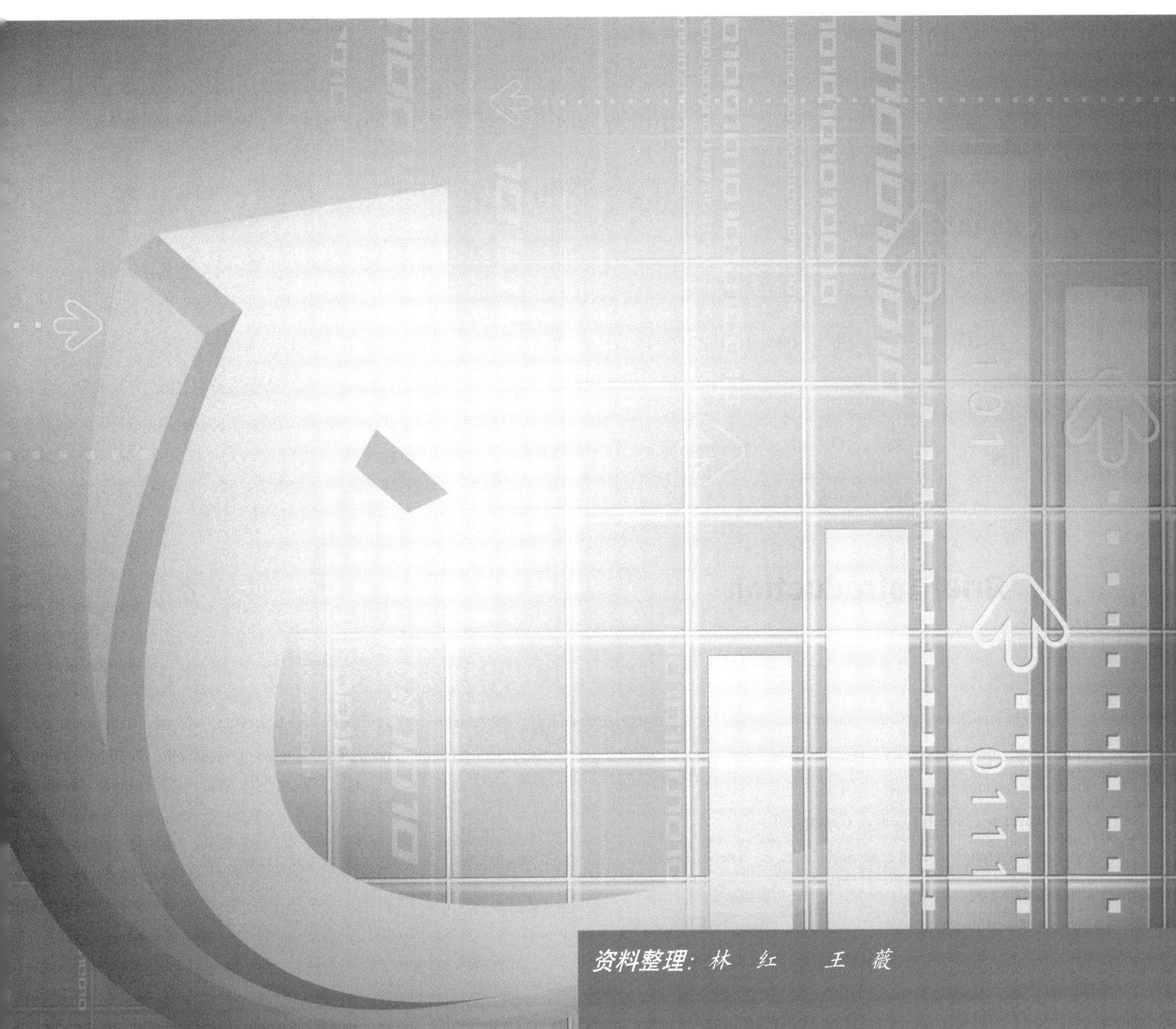

资料整理：林　红　　王　薇

简要介绍

本篇资料综合反映全省货物对外贸易、利用外资、对外直接投资、对外经济合作、与国外结成友好城市的历年概况，重点反映对外经济贸易的近期发展状况。

一、货物对外贸易部分

货物对外贸易统计的主要内容包括：进出口货物的金额、品种、国别(地区)、收发货人所在地、贸易方式、类别等项目。

货物对外贸易统计的范围是按照联合国的国际贸易统计原则制定的，即凡能引起中华人民共和国关境内物质资源存量增加或减少的进出口货物，除制度另有规定者外，均列入该项统计。

货物对外贸易统计的资料来源于南昌海关，调查方法是全面调查。

历年出口商品分类金额和历年进口商品分类金额按照联合国《国际贸易标准分类》(SITC)进行统计。进出口商品目录是在海关合作理事会制定的《商品名称和编码协调制度》(HS)的基础上，结合我国进出口实际情况制定的。

全省对各国(地区)进出口总值表中，出口货物按中华人民共和国关境外最终目的国(地区)统计，进口货物按中华人民共和国关境外原产国(地区)统计。各地区进出口商品总值按境内收发货人所在地列示。收发货人所在地是指中华人民共和国关境内进出口企业报关注册的登记地。

二、利用外资部分

利用外资统计的主要内容包括：外商直接投资情况、外商投资企业登记注册情况。

统计范围是凡经市场监督管理机关核准登记，在江西所有利用外资的单位和部门，经批准设立的中外合资经营企业、合作经营企业、外资企业、外商投资股份制企业、合作开发项目等具有法人资格的独立核算企业(包括港澳台地区投资企业)，在江西从事经营活动的外国及港澳台地区企业和外国公司在江西境内设立的分支机构。

利用外资统计的资料来源于省商务厅，外商投资企业的登记注册情况资料来源于省市场监督管理局登记注册局，调查方法是全面调查。

三、对外直接投资和经济合作部分

对外直接投资和经济合作统计的主要内容包括：对外直接投资额、中方协议投资额、对外承包工程的合同数、合同金额、完成营业额及对外劳务合作的合同工资总额、实际收入总额等。

对外直接投资统计范围主要包括境内投资者通过直接投资方式在境外拥有或控制10%或以上股权、投票权或其他等价利益的各类公司型和非公司型的境外直接投资企业。对外经济合作统计范围是发生对外承包工程业务的企业或单位、有对外劳务合作经营资格的企业以及海员外派机构。

资料来源于省商务厅，调查方法是全面调查。

四、其他

与国外结成友好城市部分的统计资料来源于省外事办公室。

Brief Introduction

Data in this chapter provide summary data of the whole provinces foreign trade, utilization of foreign capital, outboard direct investment, contracted projects and labour cooperation with foreign countries forming friendship cities over the years with foreign countries, focusing on the recent situation of foreign trade and economic cooperation.

I. Foreign Trade in Goods or Commodities

Data on foreign trade in goods include: value, varieties, countries（regions）, imports and exports corporations, trade method, category of imports and exports, and so on.

The scope of foreign trade in goods statistics are designed according to United Nations' Principles on international trade statistics, that is: all imports or exports that will lead to stock changes of material resources with the territory of People's Republic of China; excluding goods by escape clause.

Sources of data on foreign trade in goods or commodities are from Customs of Nanchang through a comprehensive reporting system.

Customs statistics in value terms for both imports and exports are compiled according to the classifications of UN Standard International Trade Classification (SITC).The list of import and export commodities is compiled based on the Harmonized Commodity Description and Coding System (HS) stipulated by the Customs Cooperation Council and China`s reality of imports and exports.

In the table on provincial total imports and exports with related countries and regions, the export commodities are calculated at the customs of the countries (regions) of destination and the import commodities are calculated at the customs of the countries (regions) of origin. The total values of the import and export commodities by region are calculated respectively at the place where the import or export corporations are situated within the boundary of the People's Republic of China. The province where the import or export corporations are situated refers to the province where the import or export corporations have applied to and have been registered at the customs. The province of origin within the border of the People's Republic of China refers to the province where the export commodities are produced or originally delivered.

II. Utilization of Foreign Capitals

Utilization of foreign capitals includes: foreign direct investments, and the basic condition of registration of foreign funded enterprises.

The statistics cover all the units and departments which have utilized foreign capitals, all the Sino-foreign joint ventures, Sino-foreign cooperative enterprises, ventures exclusively with foreign investment, foreign-funded stock companies, Sino-foreign cooperative development projects (including the enterprises funded by the entrepreneurs from Hong Kong, Macao and Taiwan) with independent accounting system which have been approved by the Jiangxi provincial government to set up in the border of Jiangxi and registration through administrative authorities of market regulation.

Data on utilization of foreign capitals are from Department of Commerce of Jiangxi Province. Data on basic condition of registration of foreign funded enterprises are from Jiangxi Administration for Market Regulation through Enterprise Registration Bureau

III. Direct Foreign Investment and Foreign Economic Cooperation

Data on direct foreign investment and foreign economic cooperation include: direct foreign investment, Chinese-side agreement investment, number, volume and turnover of foreign project-contracting, total wages of contract, complete business turnover of foreign labor service cooperation.

Statistics on outboard direct investment cover all types of overseas corporations and non-corporations that domestic investors own or control 10% or more equity, voting rights or other equivalent interests through direct investment. Statistics on foreign economic cooperation cover enterprises or units that have overseas contracted projects, enterprises with qualifications for overseas labour services and qualified agencies engaging in dispatching seamen.

Data on foreign economic cooperation are from Department of Commerce of Jiangxi Province through a comprehensive reporting system.

IV. Others

Statistical of data on foreign sister city with foreign countries are from Foreign Affairs Office of Jiangxi Province.

5-1 海关货物进出口总值
Total Value of Imports and Exports of Goods

年份 地区 Year Region	人民币（万元） 10 000 yuan				美元（万美元） USD 10 000			
	进出口总值 Total Imports & Exports	出口值 Exports	进口值 Imports	差额 Balance	进出口总值 Total Imports & Exports	出口值 Exports	进口值 Imports	差额 Balance
1989	232715	174932	57783	117149	62487	46948	15539	31409
1990	322283	257970	64313	193657	71934	58023	13911	44112
1991	408347	270925	137422	133503	76568	50814	25754	25060
1992	531711	355773	175938	179835	96533	64707	31826	32881
1993	665418	350031	315387	34644	116740	61409	55331	6078
1994	1126963	690113	436850	253263	130457	80014	50443	29571
1995	1080209	845224	234985	610239	129044	101035	28009	73026
1996	928914	709206	219708	489498	111672	85243	26429	58814
1997	1105121	924093	181028	743065	133284	111438	21846	89592
1998	1033368	844234	189134	655100	124720	101870	22850	79020
1999	1087884	750259	337625	412634	131387	90611	40776	49835
2000	1344664	991414	353250	638164	162399	119736	42663	77073
2001	1267519	860333	407186	453147	153119	103930	49189	54741
2002	1402687	871005	531682	339323	169468	105232	64236	40996
2003	2092670	1246410	846260	400150	252799	150569	102230	48339
2004	2923218	1651484	1271734	379750	353195	199539	153656	45883
2005	3338761	2005931	1332830	673101	405938	244004	161934	82070
2006	4948598	3000716	1947882	1052834	619356	375307	244049	131258
2007	7230425	4168726	3061698	1107028	944886	544473	400413	144060
2008	9545118	5412965	4132153	1280812	1361793	772666	589127	183539
2009	8727529	5033213	3694316	1338897	1277878	736849	541029	195820
2010	14629821	9079759	5550062	3529697	2160529	1341606	818923	522683
2011	20387440	14160957	6226483	7934474	3146881	2187606	959275	1228331
2012	21086322	15846515	5239807	10606708	3341383	2511279	830104	1681175
2013	22844979	17525434	5319545	12205889	3674663	2816665	857998	1958667
2014	26243484	19666525	6576959	13089566	4273082	3202532	1070550	2131982
2015	26285359	20514912	5770447	14744465	4239961	3311674	928287	2383387
2016	26384489	19621927	6762562	12859365	4002841	2979840	1023001	1956839
2017	30111172	22090111	8021061	14069050	4433898	3248827	1185072	2063755
2018	31617435	22229519	9387916	12841603	4818758	3394269	1424490	1969779
2019	35099686	24960542	10139144	14821398	5088978	3619295	1469683	2149612
2020	40246096	29182260	11063836	18118424	5802584	4205576	1597008	2608568
2021	49735545	36664444	13071101	23593343	7697174	5673919	2023255	3650665
2022	63434807	47507381	15927427	31579954	9515904	7133638	2382266	4751372
南昌市 Nanchang	12917504	9049930	3867574	5182356	1939567	1359382	580185	779197
景德镇市 Jingdezhen	2407643	1692600	715043	977557	352752	250640	102113	148527
萍乡市 Pingxiang	2174578	2128024	46554	2081470	334359	327523	6837	320686
九江市 Jiujiang	8688677	6958893	1729784	5229109	1303651	1045445	258206	787239
新余市 Xinyu	4696909	2148024	2548885	-400861	699177	318885	380292	-61407
鹰潭市 Yingtan	4242802	1168459	3074343	-1905884	639193	175086	464107	-289021
赣州市 Ganzhou	9121677	7281258	1840419	5440839	1363067	1086018	277049	808969
吉安市 Ji'an	6815177	5722340	1092836	4629504	1021691	858643	163048	695595
宜春市 Yichun	4776452	4482200	294252	4187948	716830	673104	43726	629378
抚州市 Fuzhou	2702400	2534041	168360	2365681	410572	385271	25301	359970
上饶市 Shangrao	4890988	4341611	549377	3792234	735044	653641	81404	572237

5-2 海关进出口货物分类金额(2022年)
Value of Imports and Exports of Goods by HS Section and Division (2022)

单位: 万元 (RMB 10 000)

商品类别	Section & Division	进出口总值 Total Imports & Exports	出口值 Exports	进口值 Imports
总计	**Total**	**63434807**	**47507381**	**15927427**
活动物;动物产品	**Live Animals & Animal Products**	**161965**	**48960**	**113005**
活动物	Live Animals	42746	42746	
肉及食用杂碎	Meat and Edible Meat Offal	89787	624	89163
鱼、甲壳动物、软体动物及其他水生无脊动物	Fish and Crustaceans Molluscs and Other Aquatic Invertebrates	14751	126	14625
乳品;蛋品;天然蜂蜜;其他食用动物产品	Dairy Products;Birds'Eggs;Natural Honey;Edible Products of Animal Origin,not Elsewhere Specified or Included	8475	1804	6672
其他动物产品	Products of Animal Origin,not Elsewhere Specified or Included	6205	3659	2546
植物产品	**Vegetable Products**	**419738**	**170314**	**249424**
活树及其他活植物;鳞茎、根及类似品;插花及装饰用簇叶	Live Trees and Other Plants;Bulbs;Roots and the Like;Cut Flowers and Ornamental Foliage	2441	2038	403
食用蔬菜、根及块茎	Edible Vegetables and Certain Roots and Tubers	49845	11464	38381
食用水果及坚果;甜瓜或柑橘属水果的果皮	Edible Fruit and Nuts; Peel of Citrus Fruits or Melons	39363	28051	11311
咖啡、茶、马黛茶及调味香料	Coffee; Tea Mate and Spices	87839	87345	494
谷物	Cereals	29756	110	29645
制粉工业产品;麦芽;淀粉;菊粉;面筋	Products of the Milling Industry; Malt; Starches; Inulin ;Wheat Gluten	3440	369	3070
含油子仁及果实;杂项子仁及果实;工业用或药用植物;稻草、秸秆及饲料	Oil Seeds and Oleaginous Fruits;Miscellaneous Grains, Seeds and Fruits; Industrial or Medicinal Plants; Straw and Fodder	175745	11242	164503
虫胶;树胶、树脂及其他植物液、汁	Lac; Gums; Resins And Other Vegetable Saps and Extracts	28585	26986	1599
编结用植物材料;其他植物产品	Vegetable Planting Materials; Vegetable Products Not Elsewhere Specified or Included	2725	2707	17
动植物油、脂及其分解产品;精制的食用油脂;动、植物蜡	**Animal or Vegetable Fats and Oils and their Cleavage Products;Prepared Edible Fats;Animal or Vegetable Waxes**	**10504**	**1756**	**8749**
食品;饮料、酒及醋;烟草、烟草及烟草代用品的制品	**Prepared Foodstuffs;Beverages,Spirits And Vinegar; Tobacco and Manufactured Tobacco Substitutes**	**256222**	**213688**	**42534**
肉、鱼、甲壳动物、软体动物及其他水生无脊椎动物的制品	preparations of meat.of fish or of crustaceans.molluscs or other aquatic invertebrates	41377	41377	
糖及糖食	Sugars and Sugar Confectionery	11537	10453	1084
可可及可可制品	Cocoa and Cocoa Preparations	1826	1620	205
谷物、粮食粉、淀粉或乳的制品;糕饼点心	Preparations of Cereals; Flour; Starch or Milk ; Pastry -Cooks' Products	27402	25209	2193
蔬菜、水果、坚果或植物其他部分的制品	Preparations of Vegetables; Fruits , Nuts or Other Parts of Plants	62963	62875	88
杂项食品	Miscellaneous Edible Preparations	60122	31118	29003
饮料、酒及醋	Beverages;Spirits and Vinegar	10915	4353	6562
食品工业的残渣及废料;配制的动物饲料	Residues and Waste from the Food Industries; Prepared Animal Fodder	18605	15207	3398
烟草及烟草代用品的制品	Tobacco and Manufactured Tobacco Substitutes	21476	21476	
矿产品	**Mineral Products**	**4546952**	**181555**	**4365397**
盐;硫酸;泥土及石料;石膏料、石灰及水泥	Salt; Sulphur;Earth and Stone;Plastering、Materials,Lime and Cement	1955711	152555	1803156
矿砂、矿渣及矿灰	Ore; Slag and Ash	2485111	18536	2466575
矿物燃料、矿物油及其 蒸馏产品;沥青物质;矿物蜡	Mineral Fuels; Mineral Oils and Products of Their Distillation; Bituminous Substances;Mineral Waxes	106130	10463	95667

5-2 续表1 continued

单位: 万元 (RMB 10 000)

商品类别	Section & Division	进出口总值 Total Imports & Exports	出口值 Exports	进口值 Imports
化学工业及其相关工业的产品	**Products of The Chemical or Industries Allied**	**5883734**	**5538938**	**344796**
无机化学品;贵金属、稀土金属、放射性元素及其同位素的有机及无机化合物	Inorganic Chemicals;Organic or Inorgance Compounds of Precious Metals,of Rare-Earth Metals,of Radioactive Elements of Isotopes	3142177	2994930	147248
有机化学品	Organic Chemicals	1071733	1034801	36932
药品	Pharmaceutical Products	56750	44612	12138
肥料	Fertilizers	82242	82242	
鞣料浸膏及染料浸膏;鞣酸及其他衍生物;染料、颜料及其他着色料;油漆及清油灰及其他类似胶粘剂;墨水、油墨	Tanning or Dyeing Extracts;Tannic and Their Derivatives;Dyes, pigments and Other Colouring Matter; Paints and Varnishes; Putty and Other Mastics;Inks	224936	214668	10267
精油及香膏;芳香料制品及化妆盥洗品	Essential Oils and Retinoid; Perfumery; Cosmetics or Toilet Preparations	129130	73497	55633
肥皂、有机表面活性剂、洗涤剂、润滑剂、人造蜡、调制蜡、光洁剂、蜡烛及类似品、塑型用膏、"牙科用蜡"及牙科用熟石膏制剂	Soap;Organic Surface-Active Agents,Washing Preparations, Lubricating Preparations,Artificial Waxes,Prepared Waxes,Polishing or Scouring Preparations,Candles and Similar Articles,Modelling Pastes,"Dental Waxes" And Dental Preparations With a Basis of Plast	78629	61511	17118
蛋白类物质; 改性淀粉;胶; 酶	Albuminoidal Substances; Modified Starches;Glues;Enzymes	69290	63134	6156
烟火制品; 火柴;引火合金; 易燃材料制品	Pyrotechnic Products;Matches;Pyrophoric Alloys;Certain Combustible Preparations	244805	243045	1760
照相及电影用品	Photographic or Cinematographic Goods	9788	7835	1954
杂项化学产品	Miscellaneous Chemical Products	774254	718664	55590
塑料及其制品; 橡胶及其制品	**Plastics and Articles Thereof;Rubber and Articles Thereof**	**2406168**	**2119048**	**287121**
塑料及其制品	Plastics and Articles Thereof	2155250	1910804	244446
橡胶及其制品	Rubber and Articles Thereof	250918	208243	42675
生皮、皮革、毛皮及其制品;鞍具及挽具;旅行用品、手提包及类似品; 动物肠线(蚕胶丝除外)制品	**Raw Hides and Skins; Leather; Fur Skins and Articles Thereof; Saddlery and Harness;Travel Goods,Handbags and Similar Containers;Articles of Animal Gut(Other Than Silk-Worm Gut)**	**833723**	**806636**	**27087**
生皮及皮革	Raw Hides and Skins and Leather	54908	28293	26616
皮革制品;鞍具及挽具;旅行用 品、手提包及类似容器;动物肠线制品	Articles of Leather,Saddlery and Harness;Travel Goods;Handbags and Similar Containers	676718	676368	350
毛皮、人造毛皮及其制品	Fur skins and Artificial Fur; Manufactures Thereof	102097	101975	121
木及木制品;木炭;软木及软木制品;稻草、秸秆、针茅或其他编结材料制品;篮筐及柳条编织品	**Wood and Articles of Wood; Wood Charcoal; Cork and Articles of Cork;Manufactures of Straw,of Esparto or of Other Planting Materials;Basket Ware and Wickerwork**	**561693**	**356169**	**205524**
木及木制品;木炭	Wood and Articles of Wood , Wood Charcoal	547496	342024	205472
软木及软木制品	Cork and Articles of Cork	728	728	0
稻草、秸秆、针茅或其他编结材料制品;篮筐及柳条编织品	Manufactures of Straw,of Esparto or of Other Planting Materials; Basket Ware and Wickerwork	13468	13416	52
木浆及其他纤维状纤维素浆;纸及纸板的废碎品;纸、纸板及其制品	**Pulp of Wood or of Other Fibrous Cellulosic Material; Waste and Scrap of paper or Paperboard;Paper and Paperboard and Articles Thereof**	**1801018**	**982907**	**818111**
木浆及其他纤维状纤维;纸及纸板的废碎品	Pulp of Wood or of Other Fibrous Cellulosic Material;Waste and Scrap of paper or Paperboard	766900	6013	760887

5-2 续表2 continued

单位：万元 (RMB 10 000)

商品类别	Section & Division	进出口总值 Total Imports & Exports	出口值 Exports	进口值 Imports
纸及纸板;纸浆、纸或纸板制品	Paper and Paperboard; Articles of Paper Pulp or Paper and Paperboard	996170	940950	55220
书籍、报纸、印刷图画及其他印刷品;手稿、打字稿及设计图纸	Printed Books,Newspapers, Pictures and Other Products of the Printing Industry;Manuscripts,Typescripts and Plants	37949	35944	2005
纺织原料及纺织制品	**Textiles and Textile Article**	**4091086**	**4014234**	**76852**
蚕丝	Silk	750	699	51
羊毛、动物细毛或粗毛;马毛纱线及其机织物	Wool; Fine or Coarse Animal Hair;Horsehair Yarn and Woven Fabric	2299	324	1975
棉花	Cotton	35200	30267	4932
其他植物纺织纤维;纸纱线及其机织物	Other Vegetable Textile Fibres;Paper Yarn and Woven Fabrics of Paper Yarn	20365	12679	7687
化学纤维长丝	Man-Made Filaments	120860	106357	14503
化学纤维短纤	Man-Made Short Fibres	89343	81287	8056
絮胎、毡呢及无纺织物;特种纱线;线、绳、索、缆及其制品	Wadding; Felt and Nonwoven; Special Yarn;Twine Cordage,Ropes and Cables and Articles Thereof Fabrics;	82007	76962	5045
地毯及纺织材料的其他铺地制品	Carpets and Other Textile Floor Coverings	53751	53709	42
特种机织物；簇绒织物；花边；装饰毯；装饰带；刺绣品	Special Woven Fabrics; Tufted Textile Fabrics; Laces; Tapestries; Trimmings; Embroidery	62423	56529	5894
浸渍、涂布、包覆或层压的纺织物；工业用纺织制品	Impregnated，Coated Covered or Laminated Textile Fabrics; Textile Articles of a kind Suitable for Industrial Use	65244	56051	9194
针织物及钩编织物	Knitted or Crocheted Fabrics	160905	150729	10176
针织或钩编的服装及衣着附件	Articles of Apparel and Clothing Accessories, Knitted or Crocheted	2058808	2056844	1964
非针织或非钩编的服装及衣着附件	Articles of Apparel and Clothing Accessories, not Knitted or Crocheted	949149	947126	2023
其他纺织制成品；旧衣着及旧纺织品；碎织物	Other Made Up Textile Articles; Sets;Worn Clothing And Worn Textile Articles ;Rags Articles;Rags	389981	384670	5311
鞋、帽、伞、杖、鞭及其零件；已加工的羽毛及其制品；人造花；人发制品	**Footwear; Headgear; Umbrellas; Sun Umbrellas,Walking -Sticks, Seat-Sticks,Whips,Riding-Crops and Parts Thereof; Prepared Feathers and Articles Made Therewith;Artificial Flowers;Articles of Human Hair**	**1474952**	**1443725**	**31227**
鞋靴、护腿和类似品及其零件	Footwear; Gaiters and The Like;Parts of Such Articles	1125301	1095322	29979
帽类及其零件	Headgear And Parts Thereof	50417	50024	393
雨伞、阳伞、手仗、鞭子、马鞭及其零件	Umbrellas;Sun Umbrellas; Walking-Sticks,Seat-Stick,Whips, Riding-Crops And Parts Thereof	22409	22407	2
已加工羽毛、羽绒及其制品；人造花；人发制品	Prepared Feathers and Down and Article,Made of Feathers or of Down; Artificial Flowers;Articles of Human Hair	276825	275972	852
石料、石膏、水泥、石棉、云母及类似材料的制品；陶瓷产品；玻璃及其制品	**Articles of Stone,Plaster,Cement,Asbestos,Mica or Similar Materials;Ceramic Products;Glass and Glassware**	**1684960**	**1655856**	**29104**
石料、石膏、水泥、石棉、云母及类似材料的制品	Articles of Stone, Plaster, Cement, Asbestos, Mica or Similar Materials	297395	290449	6946
陶瓷产品	Ceramics Products	915911	912685	3226
玻璃及其制品	Glass and Glassware	471654	452722	18932
天然或养殖珍珠、宝石或半宝石、贵金属、包贵金属及其制品；仿首饰；硬币	**Natural or Cultivated Pearls;Precious or Semi-Precious Stones; Precious Metals, Metals Clad with Precious Metal and Artificial Thereof;Imitation Jewellery;Coin**	**686826**	**382308**	**304518**

5-2 续表3 continued

单位: 万元 (RMB 10 000)

商品类别	Section & Division	进出口总值 Total Imports & Exports	出口值 Exports	进口值 Imports
贱金属及其制品	**Base Metals and Articles of Base Metal**	**9299405**	**6849086**	**2450319**
钢铁	Iron and Steel	3268147	3254100	14048
钢铁制品	Articles of Articles of Iron or Steel	1931062	1919557	11506
铜及其制品	Copper and Articles Thereof	2317883	429065	1888817
镍及其制品	Nickel and Articles Thereof	3309	2790	519
铝及其制品	Aluminum and Articles Thereof	268879	229173	39706
铅及其制品	Lead and Articles Thereof	54522	54201	320
锌及其制品	Zinc and Articles Thereof	4526	4443	83
锡及其制品	Tin and Articles Thereof	12606	220	12386
其他贱金属、金属陶瓷及其制品	Other Base Metals Cermets Related Products	726593	249906	476687
贱金属工具、器具、利口器、餐匙、餐叉及其零件	Tools Implements Cutlery,Spoon and Forks of Base Metal,Parts Thereof Base Metal	276285	273257	3028
贱金属杂项制品	Miscellaneous Articles	435592	432374	3219
机器、机械器具、电气设备及其零件;录音机及放声机、电视图像、声音的录制和重放设备及其零件、附件	**Machinery and Machinical Appliances;Electrical Equipment;Parts Thereof;Sound Recorders and Reproducers;Telecison Image and Sound Recorolers and Reproducers,and Parts and Accessories of Recorolers and Reproducers,and Parts and Accessories of Such Srtic**	**22286071**	**16092881**	**6193190**
锅炉、机器机械器具及其零件等	Boilers;Machinery and Machinical Appliances;Parts Thereof Electric	4200724	3608137	592587
电机、电气设备及其零件;录音机及放声机、电视图像、声音的录制和重放设备及其零件、附件	Machinery and Equipment and Parts Thereof;Sound Recorders and Reproducers,Telecison Image and Sound Recorolers and Reproducers and Parts and Accessories of Such Articles	18085347	12484744	5600603
车辆、船舶及有关运输设备	**Vehicles; Aircraft ,Vessels And Associated Transport Equipment**	**1296213**	**1246707**	**49506**
光学、照相、电影、计量、检验、医疗或外科用仪器及设备、精密仪器及设备;上述物品的零件、附件	**Optical; Photographic; Cinematographic; Measuring, Checking, Precision, Medical or Surgical Instruments and Apparatus;Clocks And Watches;Musical Instruments;Parts and Accessories Thereof**	**955977**	**643462**	**312516**
光学、照相、电影、计量、检验、医疗或外科用仪器及设备、精密仪器及设备;零件、附件	Optical; Photographic; Cinematographic; Measuring, Checking, Precision, Medical or Surgical Instruments and Apparatus;Clocks; Parts and Accessories Thereof	885578	573988	311590
钟表及其零件	Clocks and Watches and Parts Thereof	50249	49880	370
乐器及其零件、附件	Musical Instruments; Parts and Accessories of Such Articles	20090	19533	556
其他及其零件、附件	Other parts and Accessories of Such Articles	60	60	
杂项制品	**Miscellaneous Manufactured Articles**	**4729892**	**4714844**	**15049**
家具、寝具、褥垫、弹簧床垫、软座垫及类似的填充制品;未列名灯具及照明装置;发光标志、发光名牌及类似品;活动房屋	Furniture ;Bedding,Mattresses,Mattress Supports,Cushions and Similar Stuffed Furnishing;Lamps and Lighting Fittings,not Elsewhere Specified or Included;Illuminated Signs,Illuminated Toys,Games and Sports Requisites;Parts and Accessories Thereof	2513522	2507215	6307
玩具、游戏品、运动用品及其零件、附件	Toys, Games and Sports Requisites; Parts and Accessories Thereof	1952978	1948926	4053
杂项制品	Miscellaneous Manufactured Articles	263392	258703	4689
艺术品、收藏品及古物	**Works of Art, Collectors' Pieces and Antiques**	**14013**	**13952**	**61**
特殊交易品及未分类商品	**Commodities and Transactions not Classified According to Kind**	**33362**	**30025**	**3337**
跨境电商B2B简化申报商品	**Cross-border E-commerce B2B Goods of Simplified Declaration**	**330**	**330**	

5-3 海关进出口货物分类金额(2022年)
Value of Imports and Exports by HS Section and Division (2022)

单位: 万美元 (USD 10 000)

商品类别	Section & Division	进出口总值 Total Imports & Exports	出口值 Exports	进口值 Imports
总计	**Total**	**9515904**	**7133638**	**2382266**
活动物;动物产品	**Live Animals & Animal Products**	**24189**	**7337**	**16852**
活动物	Live Animals	6416	6416	
肉及食用杂碎	Meat and Meat Offal	13478	91	13387
鱼、甲壳动物、软体动物及其他水生无脊动物	Fish and Crustaceans Molluscs and Other Aquatic Invertebrates	2088	19	2069
乳品;蛋品;天然蜂蜜;其他食用动物产品	Dairy Products;Birds'Eggs; Natural Honey;Edible Products of Animal Origin,not Elsewhere Specified or Included	1284	267	1018
其他动物产品	Products of Animal Origin,not Elsewhere Specified or Included	923	544	378
植物产品	**Vegetable Products**	**62915**	**25422**	**37493**
活树及其他活植物;鳞茎、根及类似品;插花及装饰用簇叶	Live Trees and Other Plants; Bulbs;Roots and the Like; Cut Flowers and Ornamental Foliage	372	309	63
食用蔬菜、根及块茎	Edible Vegetables and Certain Roots and Tubers	7575	1728	5848
食用水果及坚果;甜瓜或柑橘属水果的果皮	Edible Fruit and Nuts; Peel of Citrus Fruits or Melons	5808	4107	1701
咖啡、茶、马黛茶及调味香料	Coffee; Tea Mate and Spices	13160	13087	73
谷物	Cereals	4510	17	4493
制粉工业产品;麦芽;淀粉;菊粉;面筋	Products of the Milling Industry; Malt; Starches; Inulin ;Wheat Gluten	522	55	467
含油子仁及果实;杂项子仁及果实;工业用或药用植物;稻草、秸秆及饲料	Oil Seeds and Oleaginous Fruits; Miscellaneous Grains, Seeds and Fruits; Industrial or Medicinal Plants;Straw and Fodder	26306	1700	24607
虫胶;树胶、树脂及其他植物液、汁	Lac; Gums; Resins and Other Vegetable Saps and Extracts	4248	4008	239
编结用植物材料;其他植物产品	Vegetable Planting Materials; Vegetable Products Not Elsewhere Specified or Included	414	412	3
动植物油、脂及其分解产品;精制的食用油脂;动、植物蜡	**Animal or Vegetable Fats and Oils and their Cleavage Products;Prepared Edible Fats;Animal or Vegetable Waxes**	**1523**	**268**	**1256**
食品;饮料、酒及醋;烟草、烟草及烟草代用品的制品	**Prepared Foodstuffs;Beverages,Spirits And Vinegar;Tobacco and Manufactured Tobacco Substitutes**	**38527**	**32204**	**6323**
肉、鱼、甲壳动物、软体动物及其他水生无脊椎动物的制品	preparations of meat.of fish or of crustaceans.molluscs or other aquatic invertebrates	6271	6271	
糖及糖食	Sugars and Sugar Confectionery	1734	1573	161
可可及可可制品	Cocoa and Cocoa Preparations	273	244	29
谷物、粮食粉、淀粉或乳的制品;糕饼点心	Preparations of Cereals; Flour; Starch or Milk;Pastry -Cooks' Products	4115	3788	327
蔬菜、水果、坚果或植物其他部分的制品	Preparations of Vegetables; Fruits , Nuts or Other Parts of Plants	9428	9414	13
杂项食品	Miscellaneous Edible Preparations	8967	4697	4270
饮料、酒及醋	Beverages;Spirits and Vinegar	1655	654	1001
食品工业的残渣及废料;配制的动物饲料	Residues and Waste from the Food Industries; Prepared Animal Fodder	2804	2282	521
烟草及烟草代用品的制品	Tobacco and Manufactured Tobacco Substitutes	3281	3281	
矿产品	**Mineral Products**	**681129**	**27502**	**653626**
盐;硫酸;泥土及石料;石膏料、石灰及水泥	Salt; Sulphur; Earth and Stone; Plastering Materials, Lime and Cement	290577	23087	267490
矿砂、矿渣及矿灰	Ore; Slag and Ash	374719	2833	371885
矿物燃料、矿物油及其 蒸馏产品;沥青物质;矿物蜡	Mineral Fuels; Mineral Oils and Products of Their Distillation; Bituminous Substances; Mineral Waxes	15833	1582	14251

5-3 续表1 continued

单位: 万美元 (USD 10 000)

商品类别	Section & Division	进出口总值 Total Imports & Exports	出口值 Exports	进口值 Imports
化学工业及其相关工业的产品	**Products of The Chemical or Industries Allied**	**881354**	**829523**	**51831**
无机化学品;贵金属、稀土金属、放射性元素及其同位素的有机及无机化合物	Inorganic Chemicals;Organic or Inorgance Compounds of Precious Metals,of Rare-Earth Metals,of Radioactive Elements of Isotopes	468648	446470	22178
有机化学品	Organic Chemicals	161476	155892	5583
药品	Pharmaceutical Products	8531	6711	1820
肥料	Fertilizers	12300	12300	
鞣料浸膏及染料浸膏;鞣酸及其他衍生物;染料、颜料及其他着色料;油漆及清漆;油灰及其他类似胶粘剂;墨水、油墨	Tanning and Dyeing Extracts;Tannic and Their Derivatives; Dyes, pigments and Other Colouring Matter; Paints and Varnishes; Putty and Other Mastics;Inks	34100	32552	1548
精油及香膏;芳香料制品及化妆盥洗品	Essential Oils and Retinoid; Perfumery; Cosmetics or Toilet Preparations	19304	10960	8344
肥皂、有机表面活性剂、洗涤剂、润滑剂、人造蜡、调制蜡、光洁剂、蜡烛及类似品、塑型用膏、"牙科用蜡"及牙科用熟石膏制剂	Soap;Organic Surface-Active Agents,Washing Preparations, Lubricating Preparations,Artificial Waxes,Prepared Waxes,Polishing or Scouring Preparations,Candles and Similar Articles,Modelling Pastes,"Dental Waxes" And Dental Preparations With a Basis of	11838	9282	2556
蛋白类物质; 改性淀粉;胶; 酶	Albuminoidal Substances; Modified Starches;Glues;Enzymes	10438	9512	927
烟火制品; 火柴;引火合金; 易燃材料制品	Pyrotechnic Products;Matches;Pyrophoric Alloys;Certain Combustible Preparations	37030	36768	262
照相及电影用品	Photographic or Cinematographic Goods	1473	1178	295
杂项化学产品	Miscellaneous Chemical Products	116216	107899	8318
塑料及其制品; 橡胶及其制品	**Manufacturing of Plastics;Manufacturing of Rubber**	**363146**	**319900**	**43246**
塑料制品业	Manufacturing of Plastics	325274	288439	36835
橡胶制品业	Manufacturing of Rubber	37872	31461	6411
生皮、皮革、毛皮及其制品;鞍具及挽具;旅行用品、手提包及类似品; 动物肠线(蚕胶丝除外)制品	**Raw Hides and Skins; Leather; Fur Skins and Articles Thereof; Saddlery and Harness;Travel Goods,Handbags and Similar Containers;Articles of Animal Gut(Other Than Silk-Worm Gut)**	**125351**	**121261**	**4090**
生皮及皮革	Raw Hides and Skins and Leather	8292	4271	4021
皮革制品;鞍具及挽具;旅行用 品、手提包及类似容器;动物肠线制品	Articles of Leather,Saddlery and Harness;Travel Goods;Handbags and Similar Containers	102109	102057	51
毛皮、人造毛皮及其制品	Fur skins and Artificial Fur; Manufactures Thereof	14950	14932	18
木及木制品;木炭;软木及软木制品;稻草、秸秆、针茅或其他编结材料制品;篮筐及柳条编织品	**Wood and Articles of Wood; Wood Charcoal; Cork and Articles of Cork;Manufactures of Straw,of Esparto or of Other Planting Materials;Basket Ware and Wickerwork**	**84588**	**53781**	**30806**
木及木制品;木炭	Wood and Articles of Wood , Wood Charcoal	82413	51615	30799
软木及软木制品	Cork and Articles of Cork	108	108	0
稻草、秸秆、针茅或其他编结材料制品;篮筐及柳条编织品	Manufactures of Straw,of Esparto or of Other Planting Materials; Basket Ware and Wickerwork	2067	2059	8
木浆及其他纤维状纤维素浆;纸及纸板的废碎品;纸、纸板及其制品	**Pulp of Wood or of Other Fibrous Cellulosic Material; Waste and Scrap of paper or Paperboard;Paper and Paperboard and Articles Thereof**	**270959**	**147951**	**123008**
木浆及其他纤维状纤维;纸及纸板的废碎品	Pulp of Wood or of Other Fibrous Cellulosic Material;Waste and Scrap of paper or Paperboard	115417	907	114510

5-3 续表2 continued

单位: 万美元 (USD 10 000)

商品类别	Section & Division	进出口总值 Total Imports & Exports	出口值 Exports	进口值 Imports
纸及纸板;纸浆、纸或纸板制品	Paper and Paperboard; Articles of Paper Pulp or Paper and Paperboard	149829	141636	8192
书籍、报纸、印刷图画及其他印刷品;手稿、打字稿及设计图纸	Printed Books,Newspapers, Pictures and Other Products of the Printing Industry;Manuscripts,Typescripts and Plants	5713	5407	305
纺织原料及纺织制品	**Textiles and Textile Article**	**616217**	**604662**	**11554**
蚕丝	Silk	113	106	7
羊毛、动物细毛或粗毛;马毛纱线及其机织物	Wool; Fine or Coarse Animal Hair;Horsehair Yarn and Woven Fabric	343	49	294
棉花	Cotton	5349	4611	737
其他植物纺织纤维;纸纱线及其机织物	Other Vegetable Textile Fibres;Paper Yarn and Woven Fabrics of Paper Yarn	3053	1904	1148
化学纤维长丝	Man-Made Filaments	18146	15948	2198
化学纤维短纤	Man-Made Short Fibres	13619	12410	1209
絮胎、毡呢及无纺织物;特种纱线;线、绳、索、缆及其制品	Wadding; Felt and Nonwoven; Special Yarn;Twine Cordage, Ropes and Other Textile Floor Coverings , Special Woven Fabrics;	12332	11574	758
地毯及纺织材料的其他铺地制品	Carpets and Other Textile Floor Coverings Special Woven Fabrics;	8051	8045	6
特种机织物;簇绒织物;花边;装饰毯;装饰带;刺绣品	Tufted Textile Fabrics; Laces; Tapestries; Trimmings; Embroidery	9420	8535	885
浸渍、涂布、包覆或层压的纺织物;工业用纺织制品	Impregnated，Coated Covered or Laminated Textile Fabrics; Textile Articles of a kind Suitable for Industrial Use	9822	8428	1394
针织物及钩编织物	Knitted or Crocheted Fabrics	24251	22719	1533
针织或钩编的服装及衣着附件	Articles of Apparel and Clothing Accessories, Knitted or Crocheted	309713	309426	286
非针织或非钩编的服装及衣着附件	Articles of Apparel and Clothing Accessories, not Knitted or	142815	142515	300
其他纺织制成品;旧衣着及旧纺织品;碎织物	Crocheted Other Made Up Textile Articles; Sets;Worn Clothing And Worn Textile Articles ;Rags Articles;Rags	59189	58391	798
鞋、帽、伞、杖、鞭及其零件;已加工的羽毛及其制品;人造花;人发制品	**Footwear; Headgear; Umbrellas; Sun Umbrellas,Walking -Sticks, B39Seat-Sticks,Whips,Riding-Crops and Parts Thereof; Prepared Feathers and Articles Made Therewith;Artificial Flowers;Articles of Human Hair**	**222838**	**218129**	**4709**
鞋靴、护腿和类似品及其零件	Footwear; Gaiters and The Like;Parts of Such Articles	169633	165102	4530
帽类及其零件	Headgear And Parts Thereof	7607	7549	58
雨伞、阳伞、手仗、鞭子、马鞭及其零件	Umbrellas;Sun Umbrellas; Walking-Sticks,Seat-Stick,Whips, Riding-Crops And Parts Thereof	3383	3382	0
已加工羽毛、羽绒及其制品;人造花;人发制品	Prepared Feathers and Down and Article,Made of Feathers or of Down; Artificial Flowers;Articles of Human Hair	42216	42096	120
石料、石膏、水泥、石棉、云母及类似材料的制品;陶瓷产品;玻璃及其制品	**Articles of Stone,Plaster,Cement,Asbestos,Mica or Similar Materials;Ceramic Products;Glass and Glassware**	**253431**	**249094**	**4337**
石料、石膏、水泥、石棉、云母及类似材料的制品	Articles of Stone, Plaster, Cement, Asbestos, Mica or Similar Materials	44825	43788	1037
陶瓷产品	Ceramics Products	137692	137207	486
玻璃及其制品	Glass and Glassware	70914	68099	2815
天然或养殖珍珠、宝石或半宝石、贵金属、包贵金属及其制品;仿首饰;硬币	**Natural or Cultivated Pearls;Precious or Semi-Precious Stones; Precious Metals, Metals Clad with Precious Metal and Artificial Thereof;Imitation Jewellery;Coin**	**103152**	**57578**	**45574**

5-3 续表3 continued

单位: 万美元 (USD 10 000)

商品类别	Section & Division	进出口总值 Total Imports & Exports	出口值 Exports	进口值 Imports
贱金属及其制品	**Base Metals and Related Products**	**1403508**	**1034433**	**369074**
钢铁	Iron and Steel	493287	491183	2103
钢铁制品	Iron and Steel Products	291432	289700	1732
铜及其制品	Copper and Related Products	349374	65014	284360
镍及其制品	Nickel and Related Products	499	421	78
铝及其制品	Aluminum and Related Products	40524	34616	5908
铅及其制品	Lead and Related Products	8183	8137	46
锌及其制品	Zinc and Related Products	689	676	13
锡及其制品	Tin and Related Products	1912	33	1879
其他贱金属、金属陶瓷及其制品	Other Base Metals and Related Products	110097	38078	72018
贱金属工具、器具、利口器、餐匙、餐叉及其零件	Tools and Apparatus of Base Metals; Spoon and Accessories	41622	41169	453
贱金属杂项制品	Miscellaneous Products of Base Metals and Accessories	65888	65405	484
机器、机械器具、电气设备及其零件;录音机及放声机、电视图像、声音的录制和重放设备及其零件、附件	**Machinery and Machinical Appliances;Electrical Equipment;Parts Thereof;Sound Recorders and Reproducers;and Parts and Accessories of Such Articles**	**3328598**	**2406943**	**921655**
锅炉、机器机械器具及其零件等	Boilers;Machinery and Machinical Appliances;Parts Thereof Electric	633243	544677	88566
电机、电气设备及其零件;录音机及放声机、电视图像、声音的录制和重放设备及其零件、附件	Machinery and Equipment and Parts Thereof;Sound Recorders and Reproducers,and Parts and Accessories of Such Articles	2695355	1862266	833089
车辆、船舶及有关运输设备	**Vehicles; Aircraft ,Vessels And Associated Transport Equipment**	**193330**	**185832**	**7498**
光学、照相、电影、计量、检验、医疗或外科用仪器及设备、精密仪器及设备;上述物品的零件、附件	**Optical; Photographic; Cinematographic; Measuring, Checking, Precision, Medical or Surgical Instruments and Apparatus;Clocks And Watches;Musical Instruments;Parts and Accessories Thereof**	**143152**	**96618**	**46535**
光学、照相、电影、计量、检验、医疗或外科用仪器及设备、精密仪器及设备;零件、附件	Optical; Photographic; Cinematographic; Measuring, Checking, Precision, Medical or Surgical Instruments and Apparatus;Clocks And Watches;Musical Instruments;Parts and Accessories Thereof	132540	86142	46398
钟表及其零件	Clocks and Watches and Parts Thereof	7568	7514	54
乐器及其零件、附件	Musical Instruments; Parts and Accessories of Such Articles	3034	2952	82
其他及其零件、附件	Other parts and Accessories of Such Articles	9	9	
杂项制品	**Miscellaneous Manufactured Articles**	**710797**	**708515**	**2281**
家具、寝具、褥垫、弹簧床垫、软座垫及类似的填充制品;未列名灯具及照明装置;发光标志、发光名牌及类似品;活动房屋	Furniture ;Bedding,Mattresses,Mattress Supports,Cushions and Similar Stuffed Furnishing;Lamps and Lighting Fittings,not Elsewhere Specified or Included;Illuminated Signs,Illuminated Toys,Games and Sports Requisites;Parts and Accessories Thereof	377539	376582	958
玩具、游戏品、运动用品及其零件、附件	Toys, Games and Sports Requisites; Parts and Accessories Thereof	293611	292998	613
杂项制品	Miscellaneous Manufactured Articles	39646	38936	711
艺术品、收藏品及古物	**Works of Art, Collectors' Pieces and Antiques**	**2120**	**2110**	**9**
特殊交易品及未分类商品	**Commodities and Transactions not Classified According to Kind**	**5029**	**4522**	**506**
跨境电商B2B简化申报商品	**Cross-border E-commerce B2B Goods of Simplified Declaration**	**52**	**52**	

5-4 按国别(地区)分海关货物进出口总值(2022年)
Value of Imports and Exports by Country (or Region) (2022)

单位: 万元 (RMB 10 000)

国 别 (地 区)	Country (Region)	进出口总值 Total Imports & Exports	出口值 Exports	进口值 Imports
合 计	**Total**	**63434807**	**47507381**	**15927427**
亚 洲	**Asia**	**34240982**	**25897385**	**8343598**
#孟加拉国	Bangladesh	356627	350607	6020
中国香港	Hong Kong, China	4336803	4266302	70501
中国澳门	Macao, China	52765	52765	
中国台湾	Taiwan, China	2239520	644837	1594683
印 度	India	2445391	2413347	32044
印度尼西亚	Indonesia	1607499	1056673	550826
伊 朗	Iran	94852	94849	3
以色列	Israel	264626	256648	7978
日 本	Japan	3037120	2048755	988366
马来西亚	Malaysia	2123926	1653393	470533
蒙 古	Mongolia	61667	61445	222
巴基斯坦	Pakistan	451036	405435	45601
菲律宾	Philippine	1764112	1711908	52204
沙特阿拉伯	Saudi Arabia	640240	592687	47553
新加坡	Singapore	1133414	1020073	113341
韩 国	Korea Rep.	3881928	2802804	1079124
斯里兰卡	Sri Lanka	62209	61168	1042
叙利亚	Syria	5465	5465	
泰 国	Thailand	1499687	1219736	279951
土耳其	Turkey	350503	333433	17071
阿联酋	United Arab Emirates	879321	866809	12512
也 门	Republic of Yemen	39817	39817	
越 南	Vietnam	2964356	2412125	552231
非 洲	**Africa**	**4225205**	**2716186**	**1509019**
#阿尔及利亚	Algeria	53706	52990	716
埃 及	Egypt	271757	270333	1423
科特迪瓦	Cote d'lvoire	52245	52245	
尼日利亚	Nigeria	542845	478194	64651
南 非	South Africa	573862	311776	262086
多 哥	Togo	80248	79986	261
刚果(金)	Congo DR	623085	67649	555437

5-4 续表 continued

单位: 万元 (RMB 10 000)

国 别（地 区）	Country (Region)	进出口总值 Total Imports & Exports	出口值 Exports	进口值 Imports
欧 洲	**Europe**	**8146150**	**7306652**	**839498**
#比利时	Belgium	375890	364640	11250
丹 麦	Denmark	85219	82862	2357
英 国	United Kingdom	923314	860875	62439
德 国	Germany	1061260	932584	128676
法 国	France	430300	373357	56943
意大利	Italy	459712	426687	33025
荷 兰	Netherlands	1419295	1389717	29579
希 腊	Greece	295911	295831	81
西班牙	Spain	517334	489893	27441
奥地利	Austria	34263	15550	18713
芬 兰	Finland	80638	23089	57549
波 兰	Poland	692317	683139	9179
瑞 典	Sweden	91104	67641	23462
瑞 士	Switzerland	44911	26046	18865
爱沙尼亚	Estonia	4257	3820	437
俄罗斯联邦	Russian Federation	711081	558323	152758
乌克兰	Ukraine	33904	28095	5809
捷 克	Czech	215265	173939	41326
拉丁美洲	**Latin America**	**5721650**	**3222333**	**2499317**
#阿根廷	Argentina	168848	142620	26228
巴 西	Brazil	1492715	1011238	481477
智 利	Chile	1801152	465470	1335682
古 巴	Cuba	32700	2746	29954
危地马拉	Guatemala	59136	59136	
牙买加	Jamaica	18843	18835	8
墨西哥	Mexico	823443	555980	267463
巴拿马	Panama	188796	156941	31855
秘 鲁	Peru	469732	192897	276835
委内瑞拉	Venezuela	46276	40492	5784
北美洲	**North America**	**7969128**	**7471644**	**497484**
#加拿大	Canada	649287	549290	99998
美 国	United States	7319833	6922347	397486
大洋洲	**Oceanic**	**3128644**	**893181**	**2235463**
#澳大利亚	Australia	2965869	753394	2212475
新西兰	New Zealand	106439	84926	21513
巴布亚新几内亚	Papua New Guinea	21450	20400	1050
其他	**Others**	**3048**		**3048**

5-5 按国别(地区)分海关货物进出口总值(2022年)
Value of Imports and Exports by Country (or Region) (2022)

单位：万美元 (USD 10 000)

国 别（地 区）	Country (Region)	进出口总值 Total Imports & Exports	出口值 Exports	进口值 Imports
合 计	**Total**	**9515904**	**7133638**	**2382266**
亚 洲	**Asia**	**5126885**	**3881981**	**1244904**
#孟加拉国	Bangladesh	54111	53201	910
中国香港	Hong Kong, China	641965	631661	10304
中国澳门	Macao, China	7870	7870	
中国台湾	Taiwan, China	336933	97043	239889
印 度	India	369114	364260	4854
印度尼西亚	Indonesia	241489	158921	82568
伊 朗	Iran	14269	14268	1
以色列	Israel	39893	38693	1199
日 本	Japan	455411	307194	148217
马来西亚	Malaysia	318784	248659	70126
蒙 古	Mongolia	9393	9361	33
巴基斯坦	Pakistan	68292	61294	6997
菲律宾	Philippine	264525	256705	7820
沙特阿拉伯	Saudi Arabia	95666	88498	7167
新加坡	Singapore	169306	152383	16923
韩 国	Korea Rep.	581128	418863	162264
斯里兰卡	Sri Lanka	9427	9271	156
叙利亚	Syria	836	836	
泰 国	Thailand	225447	183506	41942
土耳其	Turkey	52956	50462	2494
阿联酋	United Arab Emirates	131909	130035	1874
也 门	Republic of Yemen	5980	5980	
越 南	Vietnam	445598	363407	82192
非 洲	**Africa**	**635213**	**408161**	**227052**
#阿尔及利亚	Algeria	8080	7972	108
埃 及	Egypt	40834	40620	214
科特迪瓦	Cote d'lvoire	7796	7796	
尼日利亚	Nigeria	81900	72209	9691
南 非	South Africa	86255	46865	39390
多 哥	Togo	12040	12001	39
刚果(金)	Congo DR	93742	10136	83606

5-5 续表 continued

单位: 万美元 (USD 10 000)

国别(地区)	Country (Region)	进出口总值 Total Imports & Exports	出口值 Exports	进口值 Imports
欧 洲	**Europe**	**1225604**	**1099893**	**125711**
#比利时	Belgium	56498	54807	1691
丹 麦	Denmark	12752	12393	359
英 国	United Kingdom	138674	129231	9443
德 国	Germany	159836	140531	19305
法 国	France	64970	56412	8559
意大利	Italy	69263	64238	5025
荷 兰	Netherlands	213342	208989	4353
希 腊	Greece	44547	44536	11
西班牙	Spain	78381	74311	4070
奥地利	Austria	5218	2354	2864
芬 兰	Finland	12189	3495	8694
波 兰	Poland	104282	102902	1380
瑞 典	Sweden	13661	10173	3488
瑞 士	Switzerland	6785	3936	2850
爱沙尼亚	Estonia	643	577	67
俄罗斯联邦	Russian Federation	106663	83992	22670
乌克兰	Ukraine	5233	4323	910
捷 克	Czech	31791	25564	6228
拉丁美洲	**Latin America**	**860905**	**484750**	**376155**
#阿根廷	Argentina	25373	21649	3724
巴 西	Brazil	225137	152714	72423
智 利	Chile	272124	69889	202235
古 巴	Cuba	4822	403	4419
危地马拉	Guatemala	8790	8790	
牙买加	Jamaica	2847	2846	1
墨西哥	Mexico	123529	83267	40262
巴拿马	Panama	28362	23620	4742
秘 鲁	Peru	69872	28919	40953
委内瑞拉	Venezuela	6953	6079	874
北美洲	**North America**	**1199659**	**1124674**	**74985**
#加拿大	Canada	98181	83012	15168
美 国	United States	1101477	1041660	59817
大洋洲	**Oceanic**	**467175**	**134179**	**332996**
#澳大利亚	Australia	442656	113104	329551
新西兰	New Zealand	16054	12834	3219
巴布亚新几内亚	Papua New Guinea	3245	3083	162
其他	**Others**	**463**		**463**

5-6 海关主要商品出口值
Main Exported Goods Value

单位: 万元 (RMB 10 000)

品　名	Item	2021	2022
农产品	Agriculture Products	353826	457757
水产品	Aquatic Products	57923	41721
蔬菜及食用菌	Vegetables and edible fungi	24979	33313
干鲜瓜果及坚果	Dried and fresh fruits and nuts	18332	27952
茶叶	Tea	78375	86760
钨品	Tungsten & its Compounds	135990	185098
医药材及药品	Medical and Pharmaceutical Products	335278	347823
烟花、爆竹	Fireworks and Firecrackers	190057	240334
塑料制品	Plastic Articles	1380128	1641270
橡胶轮胎	Rubber Tire	10023	13499
皮革、毛皮及其制品	Leather,Fur and Their Products	134388	157430
箱包及类似容器	Articles, Chests and Bags for Travel	523048	652836
木及其制品	Wood and Its Products	254906	327387
纸浆、纸及其制品	Articles of Paper Pulp, of Paper or Paperboard	529513	946964
纺织纱线、织物及其制品	Spinning Yarn,Fabric and the Products	990691	977057
服装及衣着附件	Clothing and Accessories	2660215	3282737
鞋靴	Footwear	789079	1024523
伞	Umbrellas	15592	18112
陶瓷产品	Ceramic Products	758159	912685
玻璃及其制品	Glass and Its Products	352422	464378
钢材	Rolled Steel	793589	3839627
未锻轧铜及铜材	Unwrought Copper and Its Alloys	615957	391108
未锻轧铝及铝材	Unwrought Aluminium and Aluminium Products	35955	57410
家具及其零件	Furniture and Parts	1458685	1533963
玩具	Toys	1157983	1213651
体育用品及设备	Articles and Equipment of Sports	351300	255859
机电产品	Mechanical and Electrical Products	18323726	21411136
自动数据处理设备及其零部件	Automatic Data Processing Equipment and Its Parts	2279332	1728323
电子元件	Electronic Component	4303408	5614267
汽车(包含底盘)	Automobile(including chassis)	353308	620677
灯具、照明装置及其零件	Lamps and Lighting Fittings	1106888	858192
高新技术产品	High and New-tech Products	7875685	11283971
文化产品	Cultural Products	2833813	2860538

5-7 海关主要商品出口值
Main Exported Goods Value

单位：万美元 (USD 10 000)

品名	Item	2021	2022
农产品	Agriculture Products	54766	68695
水产品	Aquatic Products	8958	6322
蔬菜及食用菌	Vegetables and edible fungi	3866	4992
干鲜瓜果及坚果	Dried and fresh fruits and nuts	2847	4091
茶叶	Tea	12129	12997
钨品	Tungsten & its Compounds	21057	27920
医药材及药品	Medical and Pharmaceutical Products	51859	52402
烟花、爆竹	Fireworks and Firecrackers	29405	36359
塑料制品	Plastic Articles	213474	247494
橡胶轮胎	Rubber Tire	1549	2032
皮革、毛皮及其制品	Leather,Fur and Their Products	20826	23298
箱包及类似容器	Articles, Chests and Bags for Travel	80900	98508
木及其制品	Wood and Its Products	39421	49413
纸浆、纸及其制品	Articles of Paper Pulp, of Paper or Paperboard	81889	142544
纺织纱线、织物及其制品	Spinning Yarn,Fabric and the Products	153257	147614
服装及衣着附件	Clothing and Accessories	411741	493630
鞋靴	Footwear	122087	154363
伞	Umbrellas	2413	2726
陶瓷产品	Ceramic Products	117223	137207
玻璃及其制品	Glass and Its Products	54488	69861
钢材	Rolled Steel	122962	579179
未锻轧铜及铜材	Unwrought Copper and Its Alloys	95343	59274
未锻轧铝及铝材	Unwrought Aluminium and Aluminium Products	5563	8653
家具及其零件	Furniture and Parts	225520	229582
玩具	Toys	179154	182131
体育用品及设备	Articles and Equipment of Sports	54316	38685
机电产品	Mechanical and Electrical Products	2836276	3207090
自动数据处理设备及其零部件	Automatic Data Processing Equipment and Its Parts	352870	260887
电子元件	Electronic Component	667155	839779
汽车(包含底盘)	Automobile(including chassis)	54630	91647
灯具、照明装置及其零件	Lamps and Lighting Fittings	171089	129692
高新技术产品	High and New-tech Products	1220302	1688675
文化产品	Cultural Products	438393	431220

5-8 海关主要商品进口值
Main Imported Goods Value

品　　名	Item	人民币(万元)(RMB 10 000)		美元(万美元)(USD 10 000)	
		2021	2022	2021	2022
农产品	Agriculture Products	310875	422370	48106	63217
金属矿及矿砂	Metal Ore and Ore	2719870	2467117	421120	371965
铁矿砂及其精矿	Iron Ore	772717	649282	119747	98268
铜矿砂及其精矿	Copper Ores	1620886	1342190	250912	202781
煤及褐煤	Coal and Lignite	10035	2642	1487	370
医药材及药品	Medical and Pharmaceutical Products	29108	14659	4495	2196
初级形状的塑料	Plastics of Primary Pattern	145273	123831	22489	18704
塑料制品	Plastic Articles	130635	121391	20199	18248
天然及合成橡胶(包括胶乳)	Natural and Synthetic Rubber (Latex)	24480	29627	3792	4456
皮革、毛皮及其制品	Leather,Fur and Their Products	31229	26214	4834	3964
木及其制品	Wood and Its Products	152022	202056	23532	30270
纸浆、纸及其制品	Articles of Paper Pulp, of Paper or Paperboard	610759	816106	94382	122702
纺织纱线、织物及其制品	Spinning Yarn,Fabric and the Products	62097	57933	9608	8731
钢材	Rolled Steel	7661	6087	1187	920
未锻轧铜及铜材	Unwrought Copper and its Alloys	1206289	1250320	186792	188156
机电产品	Mechanical and Electrical Products	5412809	6588357	837733	980669
二极管及类似半导体器件	Diode and Semi Conductors	131364	255472	20341	37513
集成电路	Integrated Circuit	3229229	4129758	499754	614124
高新技术产品	High and New-tech Products	4173133	5687655	645878	845610

5-9 按贸易方式分海关货物进出口总值(2022年)
Total Value of Imports and Exports by Trade Form (2022)

贸易方式	Trade Form	人民币(万元)(RMB 10 000)			美元(万美元)(USD 10 000)		
		进出口总值 Total	出口值 Exports	进口值 Imports	进出口总值 Total	出口值 Exports	进口值 Imports
总计	**Total**	**63434807**	**47507381**	**15927427**	**9515904**	**7133638**	**2382266**
一般贸易	Ordinary Trade	49004639	39673743	9330896	7368154	5967897	1400257
国家间、国际组织无偿援助和赠送的物资	Aid and Donation between Countries and from International Associations	3965	3965		573	573	
其他捐赠物资	Other Donations	11	11		2	2	
加工贸易	Processing Trade	12484821	6967929	5516892	1857647	1036409	821238
来料加工装配贸易	Trade for Processing and Assembling with Customer's Materials	765340	470806	294534	115025	70708	44317
进料加工贸易	Trade for Processing with Imported Materials	11719481	6497123	5222358	1742622	965701	776921
加工贸易进口设备	Processing Equipments	184		184	27		27
对外承包工程出口货物	Goods for Contracted Foreign Projects	28845	28845		4351	4351	
租赁贸易	Renting Trade	2232	2232		329	329	
外商投资企业作为投资进口的设备、物品	Foreign Funded Equipments and Goods	5903		5903	888		888
海关保税监管场所进出境货物	Inbound and Outbound Goods in Bonded Supervision Area	39558	2864	36694	5771	427	5344
海关特殊监管区域物流货物	Logistic Good Customs in Particular Supervision Areas	1757982	820789	937194	262326	122600	139726
海关特殊监管区域进口设备	Imported Equipment in Particular Supervision Areas	70828		70828	10387		10387
其他	Others	35841	7004	28837	5449	1050	4399

5-10 对外直接投资和经济合作
Foreign Direct Investment and Economic Cooperation

指标	Item	2000	2005	2010	2015	2019	2020	2021	2022
对外直接投资(非金融类)	**Overseas Direct Investment(Non-Finance)**								
新设境外投资企业和机构(家)	Enterprise Newly Established Investing Overseas (unit)		3	46	77	68	37	33	42
中方协议投资额(万美元)	Contractual Foreign Investment (USD 10 000)		35	21747	190600	314770	246422	135944	196163
对外直接投资额(万美元)	Overseas Direct Investment(USD 10 000)		630	21280	105062	184507	86979	89625	202861
对外承包工程	**Contracted Projects**								
合同数(份)	Number of Contracts (unit)	27	32	102	230	170	155	147	180
合同额(万美元)	Contracted Value (USD 10 000)	5149	19963	135697	404131	375428	390457	360655	466551
营业额(万美元)	Value of Turnover Fulfilled (USD 10 000)	6382	14817	104334	351093	449005	406373	412195	387001
对外劳务合作	**Labor Services**								
合同工资总额(万美元)	Contracted Wage in Total (USD 10 000)	4354	8555	3531	5966	835	393	285	593
实际收入总额(万美元)	Real Income in Total (USD 10 000)	4567	6350	6582	5286	1684	902	250	273

注：从2002年始，商务部和国家统计局制订了《对外直接投资统计制度》。

a) State Department of Commerce and State Statistical Bureau drafted statistical system of foreign direct investment in 2002.

5-11 外商在赣直接投资情况(2022年)
Foreign Direct Investments in Jiangxi (2022)

类别	Type	新设立外商投资企业(家) Newly Established Foreign-Invested Enterprises (unit)	实际使用外资(万美元) Total Amount of Foreign Investment Actually Utilized (USD 10 000)
总计	**Total**	**669**	**216619**
按投资方式分	**By Form**		
#合资经营企业	Equity Joint Venture	20	9247
合作经营企业	Cooperative Operation Enterprises		
外资企业	Contractual Joint Venture	645	207372
外商投资股份有限公司	Foreign Investment Co., Ltd		
合伙企业	Partnership	4	
按国民经济行业分	**By Sector**		
农、林、牧、渔业	Agriculture, Forestry, Animal Husbandry and Fishery	16	580
采矿业	Mining	6	650
制造业	Manufacturing	248	77262
#食品制造业	Manufacture of Foods		718
酒、饮料和精制茶制造业	Manufacture of Beverages	2	33
纺织业	Manufacture of Textile	9	5528
纺织服装、服饰业	Manufacture of Textile Wearing Apparel, Footware and Caps	12	2875
家具制造业	Manufacture of Furniture	7	751
文教、工美、体育和娱乐用品制造业	Manufacture of Articles for Culture, Education and Sport Activties	3	232
化学原料和化学制品制造业	Manufacture of Raw Chemical Materials and Chemical Products	8	1897
医药制造业	Manufacture of Medicines	1	600
橡胶和塑料制品业	Manufacture of Plastics	9	1281
非金属矿物制品业	Manufacture of Non-metallic Mineral Products	4	608
有色金属冶炼及压延加工业	Smelting and Pressing of Non-ferrous Metals	4	2965
金属制品业	Manufacture of Metal Products	5	1081
通用设备制造业	Manufacture of General Purpose Machinery	7	896
专用设备制造业	Manufacture of Special Purpose Machinery	19	3885
汽车制造业	Automotive Industry	7	3820
电气机械和器材制造业	Manufacture of Electrical Machinery and Equipment	20	3533
计算机、通信和其他电子设备制造业	Manufacture of Communication Equipment,Computers and Other Electronic Equipment	98	31339
电力、热力、燃气及水生产和供应业	Production and Supply of Electric Power,Heat Power and Water	34	9403
建筑业	Construction	7	841
批发和零售业	Wholesale and Retail Trades	139	24658
批发业	Wholesale Trade	110	21869
零售业	Retail Trade	29	2788
交通运输、仓储和邮政业	Transport, Storage and Post	7	8385
#装卸搬运和仓储业	Handling and Warehousing Industry	5	6742
住宿和餐饮业	Hotels and Catering Services	7	346
住宿业	Hotels	4	346
餐饮业	Catering Services	3	
信息传输、软件和信息技术服务业	Information Transmission, Computer Services and Software	64	14404
#互联网和相关服务	Internet and Related Services	4	540
软件和信息技术服务业	Software and Information Technology Services	59	13864
金融业	Financial Intermediation	3	7150
房地产业	Real Estate	8	16268

5-11 续表 continued

类 别	Type	新设立外商投资企业(家) Newly Established Foreign-Invested Enterprises (unit)	实际使用外资(万美元) Total Amount of Foreign Investment Actually Utilized (USD 10 000)
租赁和商务服务业	Leasing and Business Services	62	39743
#商务服务业	Business Services	62	39743
科学研究和技术服务业	Scientific Research, and Technical Service and Geologic Prospecting	51	16001
水利、环境和公共设施管理业	Management of Water Conservancy, Environment and Public Facilities	1	638
居民服务、修理和其他服务业	Services to Households, Repair and Other Services	5	255
教育	Education		
卫生和社会工作	Health and Social Service	1	35
文化、体育和娱乐业	Culture, Sports and Entertainment	8	
公共管理、社会保障和社会组织	Public Management, Social Security and Social Organization		
国际组织	International Organizations	2	
按投资国别(地区)分	**By Country (Region)**	**669**	**216619**
亚 洲	**Asia**	**594**	**192579**
#中国香港	Hong Kong, China	466	178672
中国澳门	Macao, China	24	528
中国台湾	Taiwan, China	75	2531
印 度	India	2	
日 本	Japan	4	233
马来西亚	Malaysia	1	1
新加坡	Singapore	6	5450
韩 国	Korea Rep.	7	4527
泰 国	Thailand	1	
菲 律 宾	Philippines		637
非 洲	**Africa**	**3**	**242**
欧 洲	**Europe**	**10**	**12483**
#英 国	United Kingdom	4	1177
法 国	France		3811
意大利	Italy	1	
荷 兰	Netherlands	1	500
挪 威	Norway	1	6086
瑞 士	Switzerland		898
拉丁美洲	**Latin America**	**13**	**5207**
#英属维尔京群岛	The British Virgin Islands	13	5206
北美洲	**North America**	**21**	**4300**
#加拿大	Canada	7	225
美 国	United States	14	3559
大洋洲及太平洋岛屿	**Oceanic and Pacific Islands**	**5**	**1808**
#澳大利亚	Australia	4	282
萨摩亚	Samoa	1	1526
其他	**Others**		

注：1. 从2022年7月始，外商直接投资数据改为国家商务部统计口径数据。

2. 新设立外商投资企业中，存在多个国家(地区)投资同一家企业情况，故按投资国别(地区)分的新设立外商投资企业数之和不等于合计数。

a)Since some of the newly established foreign-invested enterprises are invested by mutiple countries, the sum of newly established foreign-invested enterprises by country(region) is not equal to the total.

b)Newly established foreign-invested enterprises, there are a number of countries (regions) to invest in the same enterprise, so the sum of the number of newly established foreign-invested enterprises by investment country (region) is not equal to the total number.

5-12 外商投资企业年底注册登记情况(2022年)
Registration Status of Foreign Funded Enterprises at Year-end (2022)

类 别	Type	外商投资企业数(户) Number of Enterprises Corporate (unit)	投资总额(万美元) Total Investment (USD 10 000)	注册资本(万美元) Registered Capital (USD 10 000)	#外 方 Foreign Investor
总 计	**Total**	**7308**	**16119875**	**10704783**	**7892800**
按投资方式分	**By Form**				
#合资经营企业	Equity Joint Venture	779	3972600	3200443	1780161
合作经营企业	Cooperative Operation Enterprises	41	182896	98604	63835
外资企业	Contractual Joint Venture	1951	4142979	2705054	2551937
外商投资有限责任公司	Foreign investment limited liability company	1227	7157180	3832922	3329276
外商投资股份有限公司	Foreign Investment Co., Ltd	35	664219	549896	167592
其他外商投资企业	Other Foreign Investment Enterprise	143		317863	
外商投资企业分支机构	Branches of Foreign Investment Enterprise	3132			
按国民经济行业分	**By Sector**				
农、林、牧、渔业	Agriculture, Forestry, Animal Husbandry and Fishery	218	513517	437926	302819
采矿业	Mining	25	86972	66151	29807
制造业	Manufacturing	2098	5705060	3973493	3304330
#金属制品、机械和设备修理业	Repairing Maintenance of Metal Products, Machines and Equipments	1	2000	1000	1000
电力、热力、燃气及水生产和供应业	Production and Supply of Electric Power, Heat Power and Water	145	783453	238568	138633
建筑业	Construction	90	1234769	1232802	1075664
批发和零售业	Wholesale and Retail Trades	2385	2779293	481780	419598
交通运输、仓储和邮政业	Transport, Storage and Post	77	118309	59228	55988
住宿和餐饮业	Hotels and Catering Services	387	46745	28978	24060
信息传输、软件和信息技术服务业	Information Transmission, Computer Services and Software	461	463047	323187	295139
金融业	Financial Intermediation	103	248768	214490	60632
房地产业	Real Estate	282	1199990	701390	464386

5-12 续表 continued

类别	Type	外商投资企业数(户) Number of Enterprises Corporate (unit)	投资总额(万美元) Total Investment (USD 10 000)	注册资本(万美元) Registered Capital (USD 10 000)	#外方 Foreign Investor
租赁和商务服务业	Leasing and Business Services	581	1343535	1596698	715059
科学研究和技术服务业	Scientific Research and Technical Services	297	1232852	1056561	799745
水利、环境和公共设施管理业	Management of Water Conservancy, Environment and Public Facilities	31	92050	158205	123891
居民服务、修理和其他服务业	Services to Households ,Repair and Other Services	46	38207	28157	12356
教育	Education	7	603	583	336
卫生和社会工作	Health and Social Service	9	73291	58693	30209
文化、体育和娱乐业	Culture, Sports and Entertainment	65	157314	45790	38046
其他	Others	1	2101	2101	2101
按投资国别(地区)分	**By Country (Region)**				
亚　洲	**Asia**	**3394**	**14364932**	**9321667**	**7159098**
中国香港	Hong Kong, China	2527	10129353	7869405	6008147
中国澳门	Macao, China	110	69490	84786	76927
中国台湾	Taiwan, China	502	696875	580839	477635
日　本	Japan	62	2474720	155174	76896
韩　国	Korea Rep.	33	130292	73753	59676
亚洲其他国家(地区)	Other Asia Countries (Regions)	160	864202	557710	459818
非　洲	**Africa**	**52**	**120157**	**63011**	**61543**
埃　及	Egypt	2	196	176	113
南　非	South Africa	1	35000	15000	15000
毛里求斯	Mauritius	9	11963	7879	7369
塞舌尔	Seychelles	21	67450	36001	35456
非洲其他国家(地区)	Other Africa Countries (Regions)	19	5549	3955	3605
欧　洲	**Europe**	**174**	**511433**	**381460**	**286113**
英　国	United Kingdom	36	77100	37410	25719
德　国	Germany	19	53848	31537	18791
法　国	France	10	221259	61711	31376
俄罗斯联邦	Russian Federation	7	1430	1405	397
欧洲其他国家(地区)	Other Europe Countries (Regions)	102	157797	249397	209830
拉丁美洲	**Latin America**	**136**	**666798**	**313333**	**181579**
巴　西	Brazil	2	9712	3347	3347
开曼群岛	Cayman Islands	7	24358	13525	7247
英属维尔京群岛	British Virgin Islands	122	615494	279803	164046
拉丁美洲其他国家(地区)	Other Latin America Countries (Regions)	5	17234	16659	6939
北美洲	**North America**	**122**	**249437**	**162670**	**84003**
加拿大	Canada	30	97581	69063	22775
美　国	United States	89	148150	91958	59933
百慕大群岛	Bermuda	3	3706	1648	1294
大洋洲	**Oceanic**	**104**	**112570**	**75359**	**63749**
澳大利亚	Australia	33	14541	10539	7593
新 西 兰	New Zealand	3	5172	1856	966
萨 摩 亚	Samoa	68	92857	62964	55191
大洋洲其他国家(地区)	Other Oceanic Countries (Regions)				
其他	**Others**	**48**	**84507**	**59375**	**49989**

注：按投资国别(地区)分的外商投资企业数、投资总额、注册资本、其中外方注册资本等指标不包括中外合作非法人企业、其他外商投资企业在中国境内从事经营活动的外国(地区)企业和外商投资企业分支机构数。

a) The number of foreign-invested enterprises, total investment, registered capita, registered capital of foreign investors do not include non-legal person enterprises of Sino-foreign cooperation, other foreign-invested enterprises, foreign (region) enterprises engaged in business activities in China and branches of foreign-invested enterprises.

5-13 江西与国外结成友好城市一览
List of Foreign Sister Cities with Jiangxi

国别	Country (Region)	友好城市(州、县)	Sister City (State, Prefecture)	缔结日期 Date of Conclusion
马其顿	Macedonia	斯科普里市	Skopje	1984.03.20
德国	Germany	黑森州	Hesse	1985.04.03
美国	United States	肯塔基州	Kentucky	1985.10.16
美国	United States	犹他州	Utah	1986.07.10
日本	Japan	岐阜县	Gifu	1988.06.21
墨西哥	Mexico	托卢卡市	Toluca	1988.08.16
日本	Japan	高松市	Takamatsu-shi	1990.09.28
日本	Japan	冈山县	Okayama	1992.06.01
摩洛哥	Morocco	萨菲市	Safi	1993.10.15
澳大利亚	Australia	波波郡	Gaw Baw Shire	1993.12.09
斯洛文尼亚	Slovenia	科佩尔市	Hoper	1995.04.05
日本	Japan	有田町	Arite-cho	1996.08.28
日本	Japan	玉野市	Amano-shi	1996.10.05
芬兰	Finland	瓦尔济考斯基市	Valkeakoski	1997.11.20
美国	United States	路易维尔市	Louisville	2004.09.09
俄罗斯	Russia	雅罗斯拉夫尔州	Jarraud Slavic	2005.03.24
日本	Japan	鸭方町	Kamogata-cho	2005.09.26
美国	United States	索拉洛郡	Solano	2005.10.26
日本	Japan	清水町	Shimizu-cho	2006.04.03
韩国	Korea Rep.	南海郡	Namhae	2006.04.13
菲律宾	Philippine	保和省	Bohol	2006.05.08
芬兰	Finland	卡亚尼市	Kajaani	2006.06.26
法国	France	第戎市	Dijon	2006.10.17
日本	Japan	濑户市	Seto-shi	2007.03.28
日本	Japan	安八町	Anpachi-cho	2007.08.02
韩国	Korea Rep.	利川市	Lichuan	2007.10.17
韩国	Korea Rep.	罗州市	Naju-si	2007.10.22
韩国	Korea Rep.	尚州市	Sangju	2007.10.23
巴西	Brazil	索罗卡巴市	Sorocaba	2007.10.23
智利	Chile	科皮亚波市	Copiapo	2008.01.17
阿根廷	Argentina	拉普拉塔市	Laplata	2008.01.21
美国	United States	欧文顿市	Overton	2008.07.01
波兰	Poland	莱基奥诺沃市	Legionowo	2008.08.30
法国	France	奥赛市	Orsay	2008.09.10
法国	France	中央大区	Centre	2008.09.25
希腊	Greece	希俄斯市	Chios	2008.09.25
韩国	Korea Rep.	堤川市	Jye Chun	2008.11.05
美国	United States	萨凡纳市	Savannah	2008.11.08
阿根廷	Argentina	基尔梅斯市	Quilmes	2008.12.05
澳大利亚	Australia	奥本市	Auburn	2009.09.24
德国	Germany	派尼区	Piney	2009.10.13
英国	United Kingdom	巴斯—东北萨默塞特郡	Bath and North East Somerset	2009.10.20

5-13 续表 continued

国 别	Country (Region)	友好城市	Sister City	缔结日期 Date of Conclusion
巴西	Brazil	南马托格罗索州	Mato Grosso do Sul	2009.10.23
匈牙利	Hugary	蒂萨新城	Tiszaujvaros	2009.12.02
美国	United States	罕斯维尔市	Huntsville	2009.12.07
美国	United States	不伦瑞克市	Brunswick	2010.04.03
美国	United States	门县市	Men	2010.06.01
法国	France	图尔市	Tours	2010.06.18
埃塞俄比亚	Ethiopia	阿姆哈拉州	Amhara	2010.07.02
美国	United States	奥林匹亚市	Olympia	2010.08.18
塞拉利昂	Sierra Leone	弗里敦市	Freetown	2010.09.21
津巴布韦	Zimbabwe	穆塔雷市	Mutare	2010.09.21
荷兰	Holland	代尔夫特市	Delfe	2010.10.18
巴西	Brazil	基玛多斯市	Gemados	2011.02.24
韩国	Korea Rep.	太白市	Taebaek	2011.10.10
英国	United Kingdom	红桥市	Redbridge	2011.11.07
希腊	Greece	中希腊大区	Central Greece Region	2011.11.23
法国	France	香槟阿登大区	Champagne-Ardenne	2011.11.23
德国	Germany	沃尔泽伦市	Volzeren	2011.11.29
墨西哥	Mexico	蒙克罗瓦市	Moncroix	2012.02.29
韩国	Korea Rep.	全罗南道	Jeollanam-do	2012.04.17
意大利	Italy	卡乃利市	Canary	2012.06.29
南非	South Africa	自由州省	Free State	2012.07.19
俄罗斯	Russia	苏兹达里市	Suzy Dario	2012.09.10
南非	South Africa	新堡市	Newcastle	2012.11.29
匈牙利	Hugary	包尔绍德—奥包乌伊—曾普伦州	Borsod-Abauj-Zemplén	2013.01.18
南非	South Africa	德拉肯斯汀市	De Lakin Steen	2013.01.23
乌克兰	Ukraine	伊久姆市	Izyum	2013.02.16
西班牙	Spain	阿尔巴塞特市	Albacete	2013.04.22
博茨瓦纳	Botswana	塞罗韦市	Serowe	2013.09.05
意大利	Italy	法恩扎市	Faenza	2013.10.18
柬埔寨	Cambodia	暹粒省	Siem Reap	2013.11.29
加纳	Republic of Ghana	北部省	Tamale	2014.07.09
巴西	Brazil	伊塔佩瓦市	Itapeva	2015.02.04
英国	United Kingdom	林肯市	Lincoln	2015.03.27
韩国	Korea Rep.	忠州市	Chungju	2015.05.25
埃及	Egypt	卢克索省	Luxor	2015.06.08
俄罗斯	Russia	巴什科尔托斯坦共和国	Republic of Bashkortostan	2015.11.10
英国	United Kingdom	卡尔德达尔市	Calder	2015.11.16
澳大利亚	Australia	怀昂市	Wyong	2015.11.20
泰国	Thailand	南邦府	Lampang	2016.02.24
柬埔寨	Cambodia	磅清扬省	Kampong Chhnang	2016.03.08
英国	United Kingdom	斯特拉福德区	Stratford District	2016.03.08
斯里兰卡	Sri Lanka	马塔拉市	Matara	2016.03.17
西班牙	Spain	阿尔卡拉德埃纳雷斯市	Alcal de Henares	2016.03.25
韩国	Korea Rep.	旌善郡	Jingshan County	2016.03.29
斯洛文尼亚	Slovenia	马里博尔市	Maribor	2016.07.06
刚果(金)	Congo (Kinshasa)	金沙萨市	Kinshasa	2016.09.02
俄罗斯	Russia	乌法市	Ufa	2016.09.08
俄罗斯	Russia	托斯诺区	Tosnenskiy Rayon	2017.02.22
美国	United States	利文斯顿市	Livingston	2017.08.28
乌克兰	Ukraine	敖德萨州	Odessa	2018.08.29
俄罗斯	Russia	彼尔姆边疆区	Perm Krai	2018.09.28
俄罗斯	Russia	丘索沃伊地区	Chusovoy	2018.09.28
韩国	Korea Rep.	南海郡	Namhae	2018.11.12
匈牙利	Hungary	豪特万市	Hatvan	2019.10.25
土耳其	Turkey	伊兹尼克市	Iznik	2019.12.02
保加利亚	Bulgaria	索菲亚大区	Sophia Region	2020.02.09
阿根廷	Argentina	门多萨省	Mendoza	2020.03.16
意大利	Italy	曼托瓦省	Mantova	2020.08.19
韩国	South Korea	顺天市	Suncheon	2020.09.07
格鲁吉亚	Georgia	库塔伊西	Kutaisi	2020.12.01
加拿大	Canada	万锦市	Markham	2021.01.28
法国	France	利摩日	Limoges	2021.02.04
法国	France	南锡	Nancy	2021.09.13
意大利	Italy	圭迪佐洛市	Italy,Guidizzolo	2022.04.24
白俄罗斯	Belarus	维捷布斯克州	Vitebsk	2022.07.18
新西兰	New Zealand	奥波蒂基	Opotiki	2022.10.10

主要统计指标解释

货物进出口总值　指实际进出我国关境的货物总金额。包括对外贸易实际进出口货物，来料加工装配进出口货物，国家间、联合国及国际组织无偿援助物资和赠送品，华侨、港澳台同胞和外籍华人捐赠品，租赁期满归承租人所有的租赁货物，进料加工进出口货物，边境地方贸易及边境地区小额贸易进出口货物，中外合资企业、中外合作经营企业、外商独资经营企业进出口货物和公用物品，到、离岸价格在规定限额以上的进出口货样和广告品(无商业价值、无使用价值和免费提供出口的除外)，从保税仓库提取在中国境内销售的进口货物以及其他进出口货物。该指标可以观察一个国家在货物贸易方面的总规模。我国规定出口货物按离岸价格统计，进口货物按到岸价格统计。

商品收发货人所在地进、出口值　指按进出口企业注册登记地进行分组汇总的进、出口值。

外商投资　是指国外及港澳台地区的法人和自然人在中国大陆地区以现金、实物、无形资产、股权等方式进行投资。其中，外商直接投资是指国外及港澳台地区投资者在非上市公司中的全部投资及在单个外国投资者所占股权比例不低于10%的上市公司中的投资。

对外承包工程　根据《对外承包工程管理条例》，对外承包工程是指中国的企业或者其他单位承包境外建设工程项目的活动。

对外劳务合作　指组织劳务人员赴其他国家或地区为国外的企业或机构工作的经营性活动。

对外直接投资　指境内投资者以控制国(境)外企业的经营管理权为核心的经济活动，体现在一经济体通过投资于另一经济体而实现其持久利益的目标。

Explanatory Notes on Main Statistical Indicators

Total Import and Export of Goods　refer to the real value of commodities imported and exported across the border of China. They include the actual imports and exports through foreign trade, imported and exported goods under the processing and assembling trades and materials, supplies and gifts as aid given gratis between governments and by the United Nations and other international organizations, and contributions donated by overseas Chinese, compatriots in Hong Kong and Macao and Chinese with foreign citizenship, leasing commodities owned by tenant at the expiration of leasing period, the imported and exported commodities processed with imported materials, commodities trading in border areas, the imported and exported commodities and articles for public use of the Sino-foreign joint ventures, cooperative enterprises and ventures with sole foreign investment. Also included are import or export of samples and advertising goods for whice CIF or FOB value are beyond the permitted ceiling (excluding goods of no trading or use value and free commodities for export), imported goods sold in China from bonded warehouses and other imported or exported goods. The indicator of the total imports and exports at customs can be used to observe the total size of external trade in a country. In accordance with the stipulation of the Chinese government, imports are calculated at CIF, while exports are calculated at FOB.

Import or Export Value by Location of China's Foreign Trade Managing Units　The location of importers or exporters refers to the place inside China's customs territory where the importers or exporters are registered.

Foreign Investment　refers to investment in China by legal or natural persons of foreign countries and of HongKong, Macau and Taiwan, in the form of cash、physical assets、intangible assets and equity and others. Foreign direct investment refers to investment by investors from foreign countries and from HongKong, Macau and Taiwan in a non-listed company, or the investment of over 10 percent or more in a listed company.

Overseas Contracted Projects　refer to activities of contracting overseas construction projects by Chinese enterprises or any other units, which are stipulated in the Regulations on Administration of Foreign Contracted Project.

Overseas Labour Services　refer to operational activities of organizing labour force to go abroad providing services to foreign enterprises or agencies.

Overseas Direct Investment　refers to operational activities of domestic investors, centering on operation and management of those enterprises are under the control of domestic investors. The content of overseas direct investment mainly reflects one economic entity by investing in another economic entity to achieve its goal of lasting interest.

能　源

ENERGY

◆ *125/154*

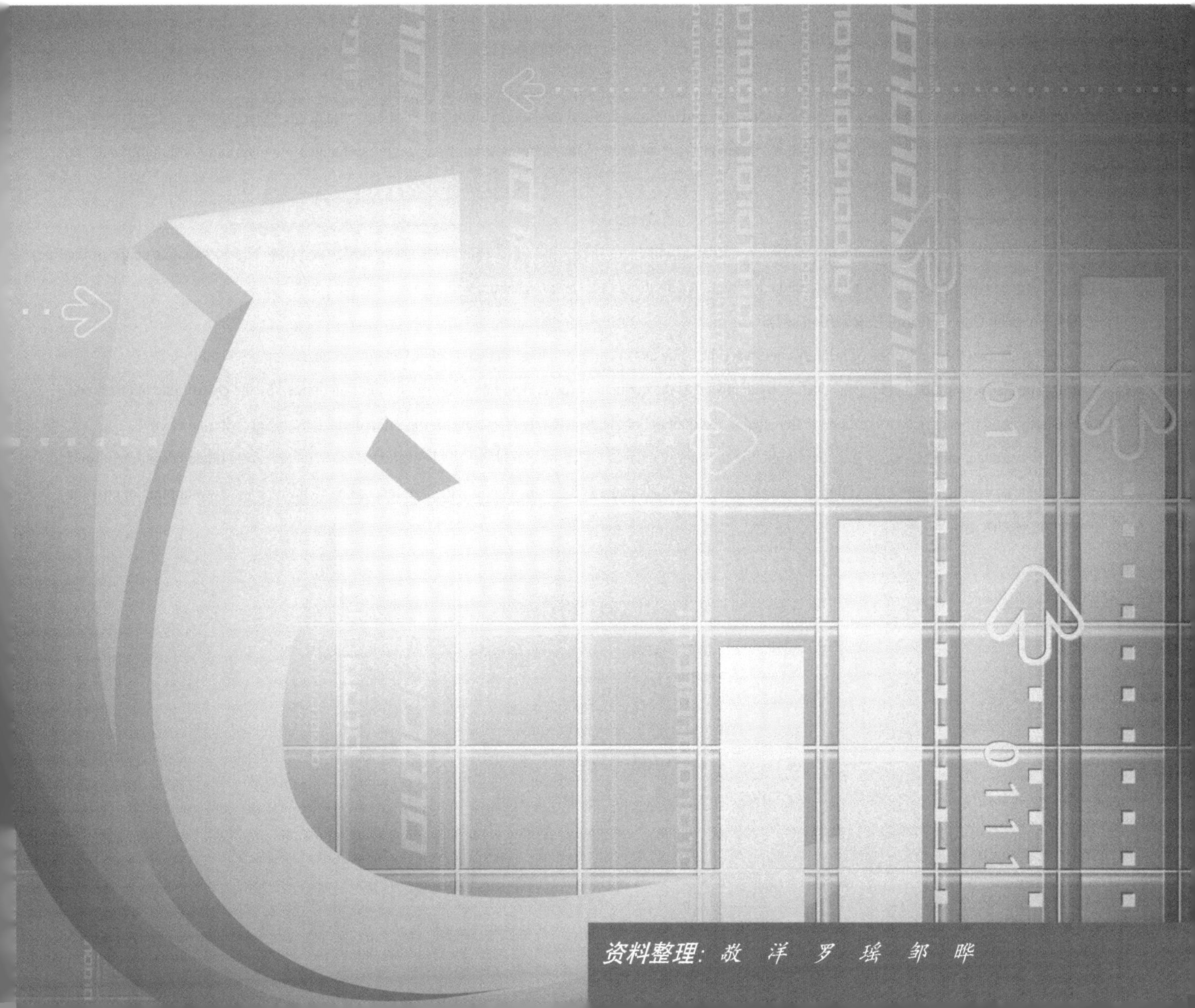

资料整理：敖　洋　罗　瑶　邹　晔

简要介绍

一、本篇资料的主要内容

本篇包括的主要内容有能源生产、消费及品种构成，能源生产和消费弹性系数，综合能源平衡表和主要能源品种的单项平衡表，分行业、分主要能源品种的消费量，生活用能源消费量等。

二、本篇资料的来源

本篇资料来源于全省能源平衡表和规模以上工业企业能源报表。能源平衡表的编制范围为辖区内除军队系统以外的全部能源生产和消费活动的单位。

三、关于数据口径与计算的说明

1.一次能源生产量与能源产品产量统计数字一致。

2.能源生产与消费弹性系数分别以能源生产、消费增长速度与国内生产总值增长速度相比求得。

3.能源平衡表中的库存量、进口量、出口量和消费量，根据有关部门和企业提供的数据综合评估得出。电力折算标准煤系数按平均发电煤耗计算。

Brief Introduction

I. Main Contents

Data in this chapter cover mainly the energy production and consumption and their composition, the elasticity ratio of energy production and consumption, the overall balance of energy and the balance by different types of energy, the consumption of energy by sector and by main types of energy and the consumption of energy for non-production use.

II. Source of Data

Date in this chapter come from the province energy balance and energy-scale industrial enterprises above designated size. The compilation scope of the energy balance is the total energy production and consumption activities of the units except the military system.

III. Notes on Coverage and Calculation of Data:

(a) The data on the production of primary energy are the same as the corresponding data on output of energy products.

(b) The elasticity ratio of energy production is calculated as the quotient of the growth rate of energy production divided by the growth rate of GDP; and the elasticity ratio of energy consumption is calculated as the quotient of the growth rate of energy consumption divided by the growth rate of GDP.

(c) The storage, import, export and consumption in the energy balance tables are comprehensively evaluated based on data from related departments and enterprises. The coefficient for conversion of electric power into the standard coal equivalent is calculated according to the average consumption of coal for generating electricity.

6-1 能源生产总量及构成
Total Production of Energy and Its Composition

年 份 Year	能源生产总量 (万吨标准煤) Total Energy Production (10 000 tons of SCE)	占能源生产总量的比重 (%) As Percentage of Total Energy Production(%)			
		原 煤 Raw Coal	原 油 Crude Oil	天然气 Natural Gas	一次电力 Primary Power
1990	1282.4	90.5			9.5
1991	1353.0	89.6			10.4
1992	1344.9	88.4			11.6
1993	1366.1	87.8			12.2
1994	1513.4	85.2			14.8
1995	1868.8	88.0			12.0
1996	1573.2	88.5			11.5
1997	1410.0	83.7			16.3
1998	1394.7	78.6			21.4
1999	1154.5	85.7			14.3
2000	1293.2	81.5			18.5
2001	1242.7	80.5			19.5
2002	1252.2	77.0			23.0
2003	1505.4	83.5			16.5
2004	1902.5	81.9			18.1
2005	2010.5	86.0			14.0
2006	2241.0	84.6		0.1	15.3
2007	2253.3	87.9		0.3	11.8
2008	2395.0	87.0		0.2	12.8
2009	2528.8	89.1		0.2	10.7
2010	2312.8	82.8		0.2	12.9
2011	2581.6	88.3		0.7	11.0
2012	2601.2	81.0		0.5	18.5
2013	2558.8	83.3		0.8	15.9
2014	2451.9	82.0		0.2	17.8
2015	2356.9	66.9		0.2	26.6
2016	2000.9	55.1		0.1	35.3
2017	1525.2	43.3		0.2	44.0
2018	1170.0	33.2		0.2	53.1
2019	1320.3	27.0			62.8
2020	1255.4	18.1			66.1
2021	1404.4	12.1			67.6
2022	1592.4	9.8			72.7

注：电力折算标准煤的系数根据当年平均发电煤耗计算。下表同。

a)The coefficient for conversion of electric power into SCE (standard coal equivalent) is calculated on the basis of the data on average coal consumption in generating electric power in the same year. The same applies to the tables following.

6-2 能源消费总量及构成
Total Consumption of Energy and Its Composition

年 份 Year	能源消费总量 (万吨标准煤) Total Energy Composition (10 000 tons of SCE)	占能源消费总量的比重 (%) As Percentage of Total Energy Composition(%)			
		煤 炭 Coal	石 油 Crude Oil	天然气 Natural Gas	一次电力 Primary Power
1990	1732.3	82.0	10.9		7.1
1991	1793.4	82.2	10.6		7.2
1992	1871.4	81.7	11.0		7.3
1993	1946.1	81.4	11.1		7.5
1994	2071.5	80.6	10.7		8.7
1995	2391.7	79.8	10.0		10.2
1996	2154.7	78.4	12.0		9.6
1997	2132.4	75.2	12.9		11.9
1998	2028.4	73.3	16.3		10.4
1999	2123.3	73.6	17.8		8.7
2000	2505.0	70.5	17.3		12.2
2001	2628.0	71.5	17.0		11.5
2002	2933.0	68.7	21.8		9.5
2003	3426.0	74.5	22.2		3.2
2004	3814.0	72.6	16.9		10.5
2005	4286.0	74.0	17.0		6.6
2006	4660.1	73.8	16.9	0.2	7.4
2007	5052.5	74.9	16.9	0.3	5.3
2008	5383.0	71.7	16.7	0.6	5.7
2009	5812.5	72.0	16.0	0.5	4.7
2010	6280.6	71.0	16.3	1.0	4.7
2011	6847.1	74.0	15.6	1.2	4.1
2012	7148.3	69.5	15.8	1.9	6.8
2013	7582.9	70.5	17.5	2.4	5.4
2014	8055.4	68.0	16.9	2.5	5.4
2015	8423.4	66.6	17.5	2.7	7.4
2016	8730.1	65.2	17.6	3.0	8.1
2017	8971.9	64.4	18.1	3.1	7.5
2018	9285.7	64.4	18.5	3.5	6.7
2019	9665.2	62.4	18.7	3.4	8.6
2020	9808.6	62.9	16.9	3.8	8.5
2021	10517.8	60.0	14.8	4.7	9.0
2022	10785.7	60.6	13.8	5.1	10.7

注：1、因个别企业修正数据，对2021年的数据进行了调整。

2、2010年开始，能源消费总量不包括回收能，下表同。

a)The data of 2021 has been adjusted,due to data revisions of individual enterprise.

b) From 2010, the total energy consumption does not include the total amount of the recycled energy.The same applies to the tables following.

6-3 平均每天能源消费量
Average Daily Energy Consumption by Type of Energy

能源品种	Type of Energy	1990	2000	2010	2015	2020	2021	2022
合计(吨标准煤)	**Total (ton of SCE)**	**47460**	**68630**	**172071**	**230779**	**268728**	**288158**	**295498**
煤炭(吨)	Coal (ton)	62079	67634	171140	209828	218536	226400	232259
焦炭(吨)	Coke (ton)	4308	5642	21167	24430	26354	25830	26155
原油(吨)	Crude Oil (ton)	4249	9073	12875	15232	19246	18280	19714
燃料油(吨)	Fuel Oil (ton)	641	937	648	482	267	301	221
汽油(吨)	Gasoline (ton)	1159	1602	4253	7781	10611	11423	10541
煤油(吨)	Kerosene (ton)	145	62	233	277	389	475	297
柴油(吨)	Diesel Oil (ton)	1245	2871	10103	14726	14594	11964	11810
电力(万千瓦小时)	Electricity (10 000 kWh)	3497	6407	19192	29788	44571	51028	54328

6-4 人均生活能源消费量
Annual per Capita Energy Consumption of Households

能源品种	Type of Energy	1990	2000	2010	2015	2020	2021	2022
生活消费能源(千克标准煤)	**Consumption for Households (kg of SCE)**	**59.68**	**82.71**	**147.52**	**224.83**	**332.00**	**348.20**	**372.98**
煤 炭(千克)	Coal (kg)	80.97	42.66	42.27	42.33	53.97	52.23	50.43
汽 油(千克)	Gasoline (kg)		0.97	6.39	16.73	27.67	27.22	25.87
天然气(立方米)	Natural Gas (cu.m)			4.09	8.72	12.62	13.77	18.24
液化石油气(千克)	Liquefied Petroleum Gas (kg)	0.89	4.94	8.95	10.26	14.06	11.95	11.65
煤气(立方米)	Coal Gas (cu.m)	0.24	1.52	4.61	0.67	3.28		
电力(千瓦小时)	Electricity (kWh)	22.57	56.26	249.19	411.39	673.95	761.20	839.17

6-5 综合能源平衡表

单位：万吨标准煤

指 标	Item	1990	2000
可供消费的能源总量	**Total Energy Available for Consumption**	**1704.54**	**2371.75**
一次能源生产量	Primary Energy Output	1282.42	1293.23
外省(区、市)调入量	Transferred in from Other Provinces	808.97	1157.24
进口量	Imports	0.09	229.73
本省(区、市)调出量(-)	Sent Out to Other Provinces (-)	303.53	225.80
出口量(-)	Exports (-)	8.15	
年初年末库存差额	Stock Changes in the Year	-75.26	-82.65
能源消费总量	**Total Energy Consumption**	**1732.29**	**2505.00**
在总量中	Consumption by Sector		
农、林、牧、渔、水利业	Agriculture, Forestry, Animal Husbandry, Fishery and Water Conservancy	132.87	151.00
工 业	Industry	1264.22	1751.76
建筑业	Construction	8.88	7.72
交通运输、仓储和邮政业	Transport, Storage and Post	65.93	177.97
批发、零售业和住宿、餐饮业	Wholesale and Retail Trades,Hotels and Catering Services	10.81	30.59
其他	Other Sectors	25.60	44.46
生活消费	Household Consumption	223.98	341.50
在总量中	Consumption by Usage		
终端消费	End-use Consumption	1617.12	2320.40
#工 业	Industry	1149.05	1567.16
加工转换损失量	Losses During the Process of Energy Conversion	74.40	130.64
#炼 焦	Coking	9.71	24.88
炼 油	Petroleum Refining	2.46	24.91
回收能(-)	Recovery Energy		
损失量	Energy Losses	40.77	53.96
#输变电损失量	Losses in Transmission	40.68	53.96
平衡差额	**Balance**	**-27.75**	**-133.25**

注：电力、热力按等价热值计算，因此加工转换损失量中不包括发电、供热损失量。下表同。

Overall Energy Balance Sheet

(10 000 tons of SCE)

2010	2015	2020	2021	2022
6280.55	**8423.44**	**9807.50**	**10517.78**	**10785.69**
2312.84	2356.86	1255.41	1404.36	1592.39
4601.12	5750.79	7951.42	8785.68	8647.69
328.98	942.82	846.06	801.16	838.72
888.31	660.64	315.99	407.78	325.97
21.61	33.60	70.61	-65.64	32.86
6280.55	**8423.44**	**9808.58**	**10517.78**	**10785.69**
139.58	131.21	155.01	166.91	166.24
4635.41	5874.46	6096.46	6532.01	6728.92
57.15	109.16	155.68	167.10	136.11
468.94	767.26	995.88	1052.07	1031.73
140.70	232.54	376.60	476.29	443.70
182.70	301.20	529.08	550.08	592.10
656.07	1007.71	1499.87	1573.31	1686.89
6294.25	8655.38	10204.43	10901.22	11148.05
4651.30	6106.96	6493.22	6916.31	7092.12
252.24	162.69	123.96	136.61	148.48
62.64	53.39	61.60	58.55	48.13
4.13	0.12	2.80	1.90	0.81
446.33	597.61	700.23	704.70	701.67
180.40	202.98	180.43	184.65	190.84
178.27	202.33	179.57	183.84	189.96
		-1.08		

a) Electric power and heat are converted on the basis of equal caloric value. Therefore, losses during the process of energy conversion do not include losses in power generation and heating. The same applies to the tables following.

6-6 煤炭平衡表

单位：万吨

指　标	Item	1990	2000
可供量	**Total Energy Available for Consumption**	**2218.37**	**2245.84**
生产量	Output	2027.11	1813.76
外省(市、区)调入量	Transferred in from Other Provinces	491.22	649.08
进口量	Imports		
本省(市、区)调出量(-)	Sent Out to Other Provinces (-)	178.29	111.96
出口量(-)	Exports (-)	4.78	
年初年末库存差额	Stock Changes in the Year	-116.89	-105.04
消费量	**Total Energy Consumption**	**2265.87**	**2468.63**
在消费量中	Consumption by Sector		
农、林、牧、渔、水利业	Agriculture, Forestry, Animal Husbandry, Fishery and Water Conservancy	54.20	12.10
工　业	Industry	1852.93	2263.78
建 筑 业	Construction	2.29	
交通运输、仓储和邮政业	Transport, Storage and Post	38.66	11.42
批发、零售业和住宿、餐饮业	Wholesale and Retail Trades,Hotel and Catering Services	11.41	5.20
其他	Other Sectors	2.51	
生活消费	Household Consumption	303.87	176.13
在消费量中	Consumption by Usage		
终端消费	End-use Consumption	1254.79	1076.66
#工　业	Industry	841.85	871.81
中间消费(用于加工转换)	Intermediate Consumption (Consumed in Conversion)	882.27	1261.89
#发　电	Power Generation	720.53	906.11
炼　焦	Coking	161.74	247.94
洗选损耗	Losses in Coal Washing and Dressing	128.81	130.08
平衡差额	**Balance**	**-47.50**	**-222.79**

注：生产量为原煤产量。

Coal Balance Sheet

(10 000 tons)

2010	2015	2020	2021	2022
6246.61	**7658.74**	**7976.57**	**8263.58**	**8477.43**
2912.22	2270.70	314.46	237.22	215.75
3829.74	5372.87	7585.23	8214.05	8259.58
	201.80	66.61	39.86	1.03
389.23	221.78	42.93	118.65	40.08
-106.12	35.15	53.19	-108.90	41.15
6246.61	**7658.74**	**7976.57**	**8263.58**	**8477.43**
23.00	18.00	19.00	15.00	14.60
5989.55	7396.51	7660.94	7966.08	8194.94
3.00	2.00	2.80	2.50	1.00
3.06	5.00	5.01	4.01	5.80
16.00	23.00	25.00	25.00	23.00
24.00	24.50	20.00	15.00	10.00
188.00	189.72	243.80	236.00	228.10
2272.99	3188.14	2567.39	2570.17	2240.64
2015.93	2925.92	2251.78	2272.66	1958.14
3973.62	4470.60	5409.18	5693.41	6236.79
2648.31	3001.81	4148.82	4359.77	4735.41
920.48	1123.75	960.70	969.72	914.95
291.59	243.17	25.55	30.79	15.38

a) Data on output refer to the output of raw coal.

6-7 石油平衡表

单位：万吨

指　标	Item	1990	2000
可供量	**Total Energy Available for Consumption**	**132.89**	**297.33**
外省(市、区)调入量	Transferred In from Other Provinces	244.24	249.59
进口量	Imports	0.06	160.81
本省(市、区)调出量(-)	Send Out to Other Provinces (-)	109.04	103.36
出口量(-)	Exports (-)	3.06	
年初年末库存差额	Stock Changes in the Year	0.69	-9.71
消费量	**Total Energy Consumption**	**133.09**	**304.46**
在消费量中	Consumption by Sector		
农、林、牧、渔、水利业	Agriculture, Forestry, Animal Husbandry, Fishery and Water Conservancy	25.82	61.25
工　业	Industry	62.96	105.96
建筑业	Construction	2.27	1.48
交通运输、仓储和邮政业	Transport, Storage and Post	26.27	105.17
批发、零售业和住宿、餐饮业	Wholesale and Retail Trades,Hotels and Catering Services	0.18	2.12
其他	Other Sectors	8.01	4.08
生活消费	Non-Production Consumption	7.58	24.40
在消费量中	Consumption by Usage		
终端消费	End-use Consumption	119.34	253.08
#工　业	Industry	49.21	54.58
中间消费(用于加工转换)	Intermediate Consumption(Consumed in Conversion)	8.63	28.56
#发　电	Power Generation	8.63	11.56
供　热	Heating		17.00
炼油损失量	Losses in Petroleum Refining	5.06	19.26
损 失 量	Other Losses	0.06	3.56
平衡差额	**Balance**	**-0.20**	**-7.13**

Petroleum Balance Sheet

(10 000 tons)

2010	2015	2020	2021	2022
713.89	**1025.97**	**1143.61**	**1078.91**	**1012.98**
837.82	611.92	658.24	628.08	563.73
230.28	561.93	560.33	541.32	586.67
354.02	153.92	91.88	116.74	126.74
-0.19	6.04	16.92	26.25	-10.68
713.89	**1025.97**	**1143.60**	**1078.91**	**1012.98**
55.00	59.00	66.50	60.00	59.00
232.68	242.55	132.96	144.93	116.51
23.43	37.71	48.30	38.60	34.00
288.73	460.98	583.75	589.98	559.17
17.06	43.50	56.60	31.00	34.30
20.57	40.03	50.00	24.39	26.60
76.42	142.20	205.50	190.00	183.40
707.66	1010.62	1125.13	1068.39	1037.33
227.94	227.66	115.08	134.99	141.46
4.74	14.89	17.87	9.95	-24.96
0.86	2.79	3.68	2.15	1.39
7.00	3.69	5.24	3.40	2.35
3.12	8.41	8.95	4.40	-28.70
1.49	0.46	0.60	0.57	0.61
		0.01		

6-8 电力平衡表

单位：亿千瓦小时

指　标	Item	1990	2000
可供量	**Total Energy Available for Consumption**	**127.65**	**233.85**
发电量	Output	121.41	226.77
一次电力	Primary Power	27.77	77.96
火电	Thermal Power	93.64	148.81
外省(市、区)调入量	Transferred in from Other Provinces	6.51	7.12
本省(市、区)调出量(-)	Sent Out to Other Provinces (-)	0.27	0.04
消费量	**Total Energy Consumption**	**127.65**	**233.85**
在消费量中	Consumption by Sector		
农、林、牧、渔、水利业	Agriculture,Forestry,Animal Husbandry, Fishery and Water Conservancy	14.34	21.92
工　业	Industry	99.05	173.98
建 筑 业	Construction	0.93	0.80
交通运输、仓储和邮政业	Transport, Storage and Post	1.19	3.42
批发、零售业和住宿、餐饮业	Wholesale and Retail Trades,Hotels and Catering Services	0.90	2.98
其他	Other Sectors	2.77	7.52
生活消费	Household Consumption	8.47	23.23
在消费量中	Consumption by Usage		
终端消费	End-use Consumption	118.55	221.67
#工　业	Industry	89.95	161.80
输配损失量	Losses in Transmission	9.10	12.18

Electricity Balance Sheet

(100 million kWh)

2010	2015	2020	2021	2022
700.51	**1087.25**	**1626.83**	**1862.52**	**1982.98**
637.59	982.05	1444.71	1563.27	1725.05
87.84	201.58	277.32	319.45	392.42
549.75	780.47	1167.39	1243.82	1332.63
62.92	105.20	182.12	299.25	257.93
700.51	**1087.25**	**1626.83**	**1862.52**	**1982.98**
13.00	10.51	14.79	23.08	23.45
496.72	729.93	1019.78	1121.06	1215.05
6.69	17.79	28.83	37.78	30.11
13.28	28.46	37.52	50.84	46.19
21.73	45.87	82.45	125.57	112.91
38.27	70.30	138.99	160.27	175.74
110.82	184.39	304.47	343.92	379.53
648.14	1022.06	1566.83	1800.69	1918.59
444.35	664.74	959.78	1059.23	1150.66
52.37	65.19	60.00	61.83	64.39

6-9 能源消费量

单位：万吨标准煤

行 业	Sector	1990
消费总量	**Total Consumption**	**1732.29**
农、林、牧、渔业	**Agriculture, Forestry, Animal Husbandry and Fishery**	**132.87**
工 业	**Industry**	**1264.22**
#煤炭开采和洗选业	Mining and Washing of Coal	115.91
黑色金属矿采选业	Mining and Processing of Ferrous Metal Ores	2.74
有色金属矿采选业	Mining and Processing of Non-Ferrous Metal Ores	48.27
非金属矿采选业	Mining and Processing of Non-metal Ores	6.21
农副食品加工业	Processing of Food from Agricultural Products	20.12
食品制造业	Manufacture of Foods	3.06
酒、饮料和精制茶制造业	Manufacture of Liquor, Beverages and Refined Tea	16.32
烟草制品业	Manufacture of Tobacco	2.42
纺织业	Manufacture of Textile	48.08
纺织服装、服饰业	Manufacture of Textile,Wearing Apparels and Accessories	1.64
皮革、毛皮、羽毛及其制品和制鞋业	Manufacture of Leather, Fur, Feather and Related Products and Footwear	1.78
木材加工和木、竹、藤、棕、草制品业	Processing of Timber, Manufacture of Wood,Bamboo, Rattan, Palm, and Straw Products	11.90
家具制造业	Manufacture of Furniture	0.88
造纸和纸制品业	Manufacture of Paper and Paper Products	38.67
印刷和记录媒介复制业	Printing and Reproduction of Recording Media	1.20
文教、工美、体育和娱乐用品制造业	Manufacture of Articles for Culture, Education, Arts and Crafts, Sport and Entertainment Activities	0.63
石油、煤炭及其他燃料加工业	Processing of Petroleum, Coal and Other Fuel	53.45
化学原料和化学制品制造业	Manufacture of Raw Chemical Materials and Chemical Products	154.02
医药制造业	Manufacture of Medicines	23.02
化学纤维制造业	Manufacture of Chemical Fibres	14.83
橡胶和塑料制品业	Manufacture of Rubber and Plastics Products.	11.20
非金属矿物制品业	Manufacture of Non-metallic Mineral Products	248.61
黑色金属冶炼和压延加工业	Smelting and Pressing of Ferrous Metals	232.43
有色金属冶炼和压延加工业	Smelting and Pressing of Non-ferrous Metals	31.80
金属制品业	Manufacture of Metal Products	9.80
通用设备制造业	Manufacture of General Purpose Machinery	16.52
专用设备制造业	Manufacture of Special Purpose Machinery	7.95
汽车制造业	Manufacture of Automobiles	11.09
铁路、船舶、航空航天和其他运输设备制造业	Manufacture of Railway, Ship, Aerospace and Other Transport Equipments	2.27
电气机械和器材制造业	Manufacture of Electrical Machinery and Apparatus	8.23
计算机、通信和其他电子设备制造业	Manufacture of Computers, Communication and Other Electronic Equipment	5.65
仪器仪表制造业	Manufacture of Measuring Instruments and Machinery	1.64
其他制造业	Other Manufacture	14.25
废弃资源综合利用业	Utilization of Waste Resources	
电力、热力生产和供应业	Production and Supply of Electric Power and Heat Power	84.97
燃气生产和供应业	Production and Supply of Gas	2.30
水的生产和供应业	Production and Supply of Water	6.90
建筑业	**Construction**	**8.88**
交通运输、仓储和邮政业	**Transport, Storage and Post**	**65.93**
批发和零售业、住宿和餐饮业	**Wholesale, Retail Trade and Hotel,Restaurants**	**10.81**
其他	**Others**	**25.60**
居民生活	**Residential**	**223.98**
城 镇	Urban	120.75
乡 村	Rural	103.23

Consumption of Energy by Sector

(10 000 tons of SCE)

2000	2010	2015	2020	2021	2022
2505.00	**6280.55**	**8423.44**	**9808.58**	**10517.78**	**10785.69**
151.00	**139.58**	**131.21**	**155.01**	**166.91**	**166.24**
1751.76	**4635.41**	**5874.46**	**6096.46**	**6532.01**	**6728.92**
165.95	219.43	100.16	26.80	29.40	19.04
5.41	32.33	37.26	14.59	11.27	12.56
46.01	38.53	37.14	83.47	77.43	98.43
20.86	45.57	52.76	58.99	72.19	85.59
27.87	46.58	66.93	63.92	68.53	65.64
17.70	57.19	53.63	49.67	57.76	49.95
10.34	19.59	22.44	15.06	15.12	14.35
2.49	3.60	4.32	3.88	3.36	3.62
37.07	77.99	80.40	74.96	84.01	87.58
0.68	15.45	39.70	19.36	22.40	23.52
1.04	13.91	24.24	16.00	16.97	17.97
14.83	42.12	31.98	33.50	37.43	35.45
0.93	4.51	9.74	22.69	24.14	25.10
35.57	76.49	108.08	89.12	111.61	130.66
1.77	5.63	21.01	6.96	7.22	7.40
0.38	5.61	20.65	12.72	21.19	23.18
145.55	236.28	229.37	249.42	225.88	238.26
171.93	309.13	349.83	233.42	402.74	404.61
20.31	54.94	94.85	68.57	81.52	94.79
32.57	25.87	59.59	82.23	94.30	91.18
4.45	39.22	55.29	90.22	80.92	92.03
313.35	1313.16	1633.25	1668.60	1610.15	1502.56
323.10	1002.98	1461.89	1372.98	1338.16	1326.27
102.17	287.01	409.79	248.33	300.22	305.50
5.20	26.45	57.95	118.47	125.25	121.78
10.95	24.78	26.79	22.59	28.11	33.51
10.38	13.92	25.87	18.22	20.60	23.11
14.39	54.60	79.10	33.72	36.33	38.14
2.95	11.25	11.29	14.10	15.50	15.22
7.69	64.00	119.95	84.44	155.22	187.48
6.68	22.18	59.52	209.86	243.77	334.05
3.61	2.92	6.60	6.52	9.52	11.93
6.83	9.62	36.74	74.71	81.15	80.06
	1.85	8.51	30.03	42.53	48.39
164.68	408.51	405.78	812.77	910.56	1010.93
1.37	5.32	4.51	9.55	6.54	5.43
13.70	15.97	14.90	40.70	48.80	50.88
7.72	**57.15**	**109.16**	**155.68**	**167.11**	**136.12**
177.97	**468.94**	**767.26**	**995.88**	**1052.07**	**1031.73**
30.59	**140.70**	**232.54**	**376.60**	**476.29**	**443.70**
44.46	**182.70**	**301.20**	**529.08**	**550.08**	**592.10**
341.50	**656.07**	**1007.71**	**1499.87**	**1573.31**	**1686.89**
231.33	364.10	526.51	813.69	856.08	912.83
110.17	291.97	481.20	686.18	717.23	774.06

6-10 煤炭消费量

单位：万吨

行业	Sector	1990
消费总量	**Total Consumption**	**2265.87**
农、林、牧、渔业	**Agriculture, Forestry, Animal Husbandry and Fishery**	**54.20**
工　业	**Industry**	**1852.93**
#煤炭开采和洗选业	Mining and Washing of Coal	182.33
黑色金属矿采选业	Mining and Processing of Ferrous Metal Ores	0.42
有色金属矿采选业	Mining and Processing of Non-Ferrous Metal Ores	13.90
非金属矿采选业	Mining and Processing of Non-metal Ores	3.87
农副食品加工业	Processing of Food from Agricultural Products	26.03
食品制造业	Manufacture of Foods	6.58
酒、饮料和精制茶制造业	Manufacture of Liquor, Beverages and Refined Tea	17.53
烟草制品业	Manufacture of Tobacco	1.98
纺织业	Manufacture of Textile	47.21
纺织服装、服饰业	Manufacture of Textile,Wearing Apparels and Accessories	1.14
皮革、毛皮、羽毛及其制品和制鞋业	Manufacture of Leather, Fur, Feather and Related Products and Footwear	1.09
木材加工和木、竹、藤、棕、草制品业	Processing of Timber, Manufacture of Wood,Bamboo, Rattan, Palm, and Straw Products	12.82
家具制造业	Manufacture of Furniture	0.38
造纸和纸制品业	Manufacture of Paper and Paper Products	43.20
印刷和记录媒介复制业	Printing and Reproduction of Recording Media	0.24
文教、工美、体育和娱乐用品制造业	Manufacture of Articles for Culture, Education, Arts and Crafts, Sport and Entertainment Activities	0.13
石油、煤炭及其他燃料加工业	Processing of Petroleum, Coal and Other Fuel	90.60
化学原料和化学制品制造业	Manufacture of Raw Chemical Materials and Chemical Products	146.91
医药制造业	Manufacture of Medicines	24.08
化学纤维制造业	Manufacture of Chemical Fibres	17.98
橡胶和塑料制品业	Manufacture of Rubber and Plastics Products.	11.95
非金属矿物制品业	Manufacture of Non-metallic Mineral Products	316.22
黑色金属冶炼和压延加工业	Smelting and Pressing of Ferrous Metals	152.40
有色金属冶炼和压延加工业	Smelting and Pressing of Non-ferrous Metals	12.09
金属制品业	Manufacture of Metal Products	3.69
通用设备制造业	Manufacture of General Purpose Machinery	4.46
专用设备制造业	Manufacture of Special Purpose Machinery	3.16
汽车制造业	Manufacture of Automobiles	4.17
铁路、船舶、航空航天和其他运输设备制造业	Manufacture of Railway, Ship, Aerospace and Other Transport Equipments	0.87
电气机械和器材制造业	Manufacture of Electrical Machinery and Apparatus	11.93
计算机、通信和其他电子设备制造业	Manufacture of Computers, Communication and Other Electronic Equipment	2.45
仪器仪表制造业	Manufacture of Measuring Instruments and Machinery	0.81
其他制造业	Other Manufacture	1.12
废弃资源综合利用业	Utilization of Waste Resources	
电力、热力生产和供应业	Production and Supply of Electric Power and Heat Power	685.20
燃气生产和供应业	Production and Supply of Gas	1.92
水的生产和供应业	Production and Supply of Water	
建筑业	**Construction**	
交通运输、仓储和邮政业	**Transport, Storage and Post**	**38.66**
批发和零售业、住宿和餐饮业	**Wholesale, Retail Trade and Hotel,Restaurants**	**11.41**
其他	**Others**	**2.51**
居民生活	**Residential**	**303.87**
城　镇	Urban	165.12
乡　村	Rural	138.75

Consumption of Coal by Sector

(10 000 tons)

2000	2010	2015	2020	2021	2022
2468.63	**6246.61**	**7658.74**	**7976.55**	**8263.59**	**8477.44**
12.10	**23.00**	**18.00**	**19.00**	**15.00**	**14.60**
2263.78	**5989.55**	**7396.51**	**7660.94**	**7966.08**	**8194.94**
200.13	367.29	261.19	25.67	29.70	15.61
0.86	5.81	6.18	0.68		
4.76	3.91	3.49	1.06	0.87	0.41
22.40	15.18	49.99	62.20	82.28	84.59
18.59	11.40	19.42	10.01	8.65	2.22
7.72	61.64	51.19	35.91	32.40	29.43
14.48	12.04	9.76	3.88	2.31	1.22
2.23	1.31	0.53			
32.80	12.30	10.88	2.99	3.45	3.52
0.03	3.68	2.23	0.44	0.28	0.12
0.64	1.01	1.78	0.93	0.39	0.30
18.09	3.41	1.54	0.16	0.13	
0.07	0.42	0.22	0.22	0.01	
60.49	60.18	109.98	156.34	160.83	154.06
0.25	0.34	2.83	0.56	0.92	0.72
0.12	0.67	2.67	0.72	8.83	0.71
125.50	387.56	623.10	551.86	543.64	536.07
179.20	152.40	215.52	111.88	310.56	282.14
19.20	20.71	18.29	4.94	4.44	15.57
20.32	28.50	64.98	121.62	135.08	142.46
5.76	8.14	8.95	17.65	19.43	23.80
360.31	1031.44	1673.93	1540.79	1364.03	1151.46
290.36	1083.66	1157.94	930.87	926.48	962.61
24.17	63.89	153.93	30.58	27.97	28.28
2.39	3.39	5.07	0.35	0.32	0.22
4.99	4.07	2.86	0.07	0.08	0.03
2.32	1.73	2.89	0.64	0.82	0.55
5.68	7.43	3.31			
1.18	1.54	0.56	0.02		
12.90	7.90	6.44	0.56	11.58	9.60
2.03	1.13	2.71	3.35	1.87	32.34
0.66	0.16	0.06			
8.04	1.57	9.40			
	0.34	3.00	3.01	5.75	8.17
857.12	2613.88	2909.57	4041.01	4282.96	4708.73
1.83	9.11				
0.04	0.03				
	3.00	**2.00**	**2.80**	**2.50**	**1.00**
11.42	**3.06**	**5.00**	**5.01**	**4.01**	**5.80**
5.20	**16.00**	**23.00**	**25.00**	**25.00**	**23.00**
	24.00	**24.50**	**20.00**	**15.00**	**10.00**
176.13	**188.00**	**189.72**	**243.80**	**236.00**	**228.10**
95.64	35.00	30.00	50.80	46.00	42.50
80.49	153.00	159.72	193.00	190.00	185.60

6-11 电力消费量

单位：亿千瓦小时

行 业	Sector	1990
消费总量	**Total Consumption**	**127.65**
农、林、牧、渔业	**Agriculture, Forestry, Animal Husbandry and Fishery**	**14.34**
工 业	**Industry**	**99.05**
#煤炭开采和洗选业	Mining and Washing of Coal	8.28
黑色金属矿采选业	Mining and Processing of Ferrous Metal Ores	0.51
有色金属矿采选业	Mining and Processing of Non-Ferrous Metal Ores	8.63
非金属矿采选业	Mining and Processing of Non-metal Ores	0.57
农副食品加工业	Processing of Food from Agricultural Products	1.58
食品制造业	Manufacture of Foods	0.42
酒、饮料和精制茶制造业	Manufacture of Liquor, Beverages and Refined Tea	0.85
烟草制品业	Manufacture of Tobacco	0.23
纺织业	Manufacture of Textile	4.42
纺织服装、服饰业	Manufacture of Textile,Wearing Apparels and Accessories	0.16
皮革、毛皮、羽毛及其制品和制鞋业	Manufacture of Leather, Fur, Feather and Related Products and Footwear	0.23
木材加工和木、竹、藤、棕、草制品业	Processing of Timber, Manufacture of Wood,Bamboo, Rattan, Palm,and Straw Products	0.61
家具制造业	Manufacture of Furniture	0.09
造纸和纸制品业	Manufacture of Paper and Paper Products	2.91
印刷和记录媒介复制业	Printing and Reproduction of Recording Media	0.27
文教、工美、体育和娱乐用品制造业	Manufacture of Articles for Culture, Education, Arts and Crafts, Sport and Entertainment Activities	0.11
石油、煤炭及其他燃料加工业	Processing of Petroleum, Coal and Other Fuel	1.31
化学原料和化学制品制造业	Manufacture of Raw Chemical Materials and Chemical Products	13.37
医药制造业	Manufacture of Medicines	1.95
化学纤维制造业	Manufacture of Chemical Fibres	0.69
橡胶和塑料制品业	Manufacture of Rubber and Plastics Products.	0.82
非金属矿物制品业	Manufacture of Non-metallic Mineral Products	7.81
黑色金属冶炼和压延加工业	Smelting and Pressing of Ferrous Metals	11.69
有色金属冶炼和压延加工业	Smelting and Pressing of Non-ferrous Metals	3.64
金属制品业	Manufacture of Metal Products	0.91
通用设备制造业	Manufacture of General Purpose Machinery	1.78
专用设备制造业	Manufacture of Special Purpose Machinery	1.05
汽车制造业	Manufacture of Automobiles	1.43
铁路、船舶、航空航天和其他运输设备制造业	Manufacture of Railway, Ship, Aerospace and Other Transport Equipments	1.32
电气机械和器材制造业	Manufacture of Electrical Machinery and Apparatus	0.93
计算机、通信和其他电子设备制造业	Manufacture of Computers, Communication and Other Electronic Equipment	0.45
仪器仪表制造业	Manufacture of Measuring Instruments and Machinery	0.19
其他制造业	Other Manufacture	0.12
废弃资源综合利用业	Utilization of Waste Resources	
电力、热力生产和供应业	Production and Supply of Electric Power and Heat Power	18.84
燃气生产和供应业	Production and Supply of Gas	0.03
水的生产和供应业	Production and Supply of Water	1.51
建筑业	**Construction**	**0.93**
交通运输、仓储和邮政业	**Transport, Storage and Post**	**1.19**
批发、零售业和住宿、餐饮业	**Wholesale, Retail Trade and Hotel,Restaurants**	**0.90**
其他	**Others**	**2.77**
生活消费	**Residential**	**8.47**
城 镇	Urban	4.51
乡 村	Rural	3.96

Electricity Consumption by Sector

(100 million kWh)

2000	2010	2015	2020	2021	2022
233.85	**700.51**	**1087.25**	**1626.82**	**1862.52**	**1982.98**
21.92	**13.00**	**10.51**	**14.79**	**23.08**	**23.45**
173.98	**496.72**	**729.93**	**1019.78**	**1121.06**	**1215.05**
7.54	11.70	8.35	6.47	5.16	3.37
0.07	6.12	7.59	3.84	3.48	3.99
2.88	8.79	10.34	26.47	25.24	32.72
0.90	3.35	6.61	7.55	7.57	9.60
4.26	8.05	15.84	15.40	16.51	17.78
1.01	5.91	7.54	9.78	12.18	9.96
0.89	2.75	4.53	2.77	2.72	2.94
0.32	0.53	0.77	1.01	0.81	0.94
5.00	17.41	22.36	23.14	26.02	27.25
0.15	3.18	9.62	6.20	7.33	7.83
0.17	3.21	6.47	4.81	5.30	5.72
1.52	8.19	8.35	10.05	11.55	11.28
0.19	1.04	2.96	6.84	7.62	8.28
3.00	14.08	19.69	11.60	14.41	19.72
0.33	1.24	3.41	1.65	1.63	1.75
0.07	1.43	5.92	3.75	6.02	7.10
4.05	5.93	10.35	8.77	6.56	9.53
16.76	49.75	59.06	46.56	52.78	60.60
1.52	6.44	20.34	13.74	16.11	19.32
1.95	2.59	5.84	3.81	3.60	3.59
0.70	7.96	14.73	19.26	21.09	23.83
16.34	57.69	87.65	167.57	168.04	165.60
26.37	58.61	58.87	89.65	93.03	85.07
18.25	46.04	68.05	54.50	62.99	71.86
1.78	5.80	9.91	37.16	39.44	38.92
1.78	5.50	7.10	6.42	8.38	10.54
1.94	3.20	6.56	4.87	5.84	7.05
2.07	8.67	15.22	8.73	9.39	10.61
0.66	2.74	3.25	4.60	4.98	4.31
1.10	15.34	29.22	25.23	39.66	53.27
0.62	5.85	18.23	67.29	78.23	86.38
0.29	0.73	2.10	2.03	3.08	3.80
0.15	2.21	6.72	24.70	27.08	26.69
		1.34	6.79	8.30	9.26
45.68	109.14	155.22	264.93	295.64	331.24
0.03	0.76	1.03	3.17	2.16	1.82
3.04	4.39	4.77	13.54	16.32	17.22
0.80	**6.69**	**17.79**	**28.83**	**37.78**	**30.11**
3.42	**13.28**	**28.46**	**37.52**	**50.84**	**46.19**
3.08	**21.73**	**45.87**	**82.45**	**125.57**	**112.91**
7.52	**38.27**	**70.30**	**138.99**	**160.27**	**175.74**
23.23	**110.82**	**184.39**	**304.47**	**343.92**	**379.53**
15.68	61.48	98.33	158.44	183.82	201.18
7.55	49.34	86.06	146.03	160.10	178.35

6-12 规模以上工业主要能源分行业消费量(2022年)

单位：吨

行 业	Sector	原 煤 Raw Coal	洗精煤 Cleaned Coal
总 计	**Total**	**71567029**	**9145929**
#煤炭开采和洗选业	Mining and Washing of Coal	535767	
黑色金属矿采选业	Mining and Processing of Ferrous Metal Ores		
有色金属矿采选业	Mining and Processing of Non-Ferrous Metal Ores	4116	
非金属矿采选业	Mining and Processing of Non-metal Ores	845920	
农副食品加工业	Processing of Food from Agricultural Products	22192	
食品制造业	Manufacture of Foods	293989	
酒、饮料和精制茶制造业	Manufacture of Liquor, Beverages and Refined Tea	12216	
烟草制品业	Manufacture of Tobacco		
纺织业	Manufacture of Textile	35204	
纺织服装、服饰业	Manufacture of Textile,Wearing Apparels and Accessories	1217	
皮革、毛皮、羽毛及其制品和制鞋业	Manufacture of Leather, Fur, Feather and Related Products and Footwear	2870	
木材加工和木、竹、藤、棕、草制品业	Processing of Timber, Manufacture of Wood,Bamboo, Rattan, Palm, and Straw Products		
家具制造业	Manufacture of Furniture		
造纸和纸制品业	Manufacture of Paper and Paper Products	1540650	
印刷和记录媒介复制业	Printing and Reproduction of Recording Media	7219	
文教、工美、体育和娱乐用品制造业	Manufacture of Articles for Culture, Education, Arts and Crafts, Sport and Entertainment Activities	7117	
石油、煤炭及其他燃料加工业	Processing of Petroleum, Coal and Other Fuel	845451	3850472
化学原料和化学制品制造业	Manufacture of Raw Chemical Materials and Chemical Products	2817383	

Main Energy Consumption of Industrial Enterprises above Designated Size by Sector (2022)

(ton)

其他洗煤 Other Washed Coal	焦　炭 Coke	原　油 Crude Oil	汽　油 Gasoline	煤　油 Kerosene	柴　油 Diesel Oil	燃料油 Fuel Oil
890233	**9546525**	**7195503**	**14617**	**251**	**202007**	**65513**
			661		1278	
			26		5388	
	4		183	17	10381	
	64357		729		19487	
			214		488	
			354		577	
			51		40	
					9	
			95		127	
			195		60	
89			53		33	
			195		503	9
			696		1048	
			29		906	
			249		667	
			73		83	
		7195503	77		271	36
514	236		503		2836	

6-12 续表

单位：吨

行业	Sector	原煤 Raw Coal	洗精煤 Cleaned Coal
医药制造业	Manufacture of Medicines	155678	
化学纤维制造业	Manufacture of Chemical Fibres	1424656	
橡胶和塑料制品业	Manufacture of Rubber and Plastics Products.	238006	
非金属矿物制品业	Manufacture of Non-metallic Mineral Products	11446221	
黑色金属冶炼和压延加工业	Smelting and Pressing of Ferrous Metals	3580437	5295457
有色金属冶炼和压延加工业	Smelting and Pressing of Non-ferrous Metals	223322	
金属制品业	Manufacture of Metal Products	2179	
通用设备制造业	Manufacture of General Purpose Machinery	318	
专用设备制造业	Manufacture of Special Purpose Machinery	5458	
汽车制造业	Manufacture of Automobiles		
铁路、船舶、航空航天和其他运输设备制造业	Manufacture of Railway, Ship, Aerospace and Other Transport Equipments		
电气机械和器材制造业	Manufacture of Electrical Machinery and Apparatus	95981	
计算机、通信和其他电子设备制造业	Manufacture of Computers, Communication and Other Electronic Equipment	310858	
仪器仪表制造业	Manufacture of Measuring Instruments and Machinery		
其他制造业	Other Manufacture		
废弃资源综合利用业	Utilization of Waste Resources	64706	
电力、热力生产和供应业	Production and Supply of Electric Power and Heat Power	47047901	
燃气生产和供应业	Production and Supply of Gas		
水的生产和供应业	Production and Supply of Water		

continued

(ton)

其他洗煤 Other Washed Coal	焦 炭 Coke	原 油 Crude Oil	汽 油 Gasoline	煤 油 Kerosene	柴 油 Diesel Oil	燃料油 Fuel Oil
			459		352	
					372	
			139		480	
68423	3229		491		77333	2411
746629	9399491		157		10921	
35150	52162		400		49871	43259
	1652		531	3	1899	
	248		165	218	253	
			203	2	385	
			719		2169	
			12		21	
			1034		613	15462
	581		700	4	2259	
			14		7	
			8		117	19
	24565		85	7	2261	4317
39427			4782		7811	
			106		308	
			180		372	

6-13 能源生产量

能源品种	Type of Energy	1990	2000
原煤(万吨)	Raw Coal (10 000 tons)	2027.11	1813.76
洗精煤(万吨)	Cleaned Coal (10 000 tons)	144.84	125.84
其他洗煤(万吨)	Other Washed Coal (10 000 tons)	189.72	52.10
焦炭(万吨)	Coke (10 000 tons)	119.96	177.5
燃料油(万吨)	Fuel Oil (10 000 tons)	42.36	54.27
汽油(万吨)	Gasoline (10 000 tons)	47.82	81.75
煤油(万吨)	Kerosene (10 000 tons)	1.10	2.41
柴油(万吨)	Diesel Oil (10 000 tons)	46.12	125.82
液化石油气(万吨)	Liquefied Petroleum Gas (10 000 tons)	4.53	16.92
炼厂干气(万吨)	Refinery Gas (10 000 tons)	3.98	9.43
焦炉煤气(亿立方米)	Coke Oven Gas (100 million cu.m)	3.72	7.03
电力(亿千瓦小时)	Electricity (100 million kWh)	121.41	226.77

Energy Production

2010	2015	2020	2021	2022
2912.22	2270.70	314.46	237.22	215.75
126.10	470.30	63.61	58.02	32.59
429.78	99.69	13.45	16.65	5.38
678.44	815.44	688.50	694.45	645.91
20.89	0.20	17.65	28.00	15.78
108.07	192.76	211.62	197.68	210.50
	34.17	54.24	45.73	36.21
190.85	211.92	236.69	203.65	237.54
24.27	32.18	43.89	42.68	48.29
14.84	22.08	27.75	25.35	33.03
15.71	24.76	19.09	20.97	21.41
637.59	982.05	1444.71	1563.27	1725.05

6-14 能源生产弹性系数
Elasticity Ratio of Energy Production

年 份 Year	能源生产比上年增长(%) Growth Rate of Energy Production over Preceding Year (%)	电力生产比上年增长(%) Growth Rate of Electricity Production over Preceding Year (%)	地区生产总值比上年增长(%) Growth Rate of Gross Domestic Product (GDP) over Preceding Year (%)	能源生产弹性系数 Elasticity Ratio of Energy Production	电力生产弹性系数 Elasticity Ratio of Electricity Production
1985	2.52	15.43	14.8	0.17	1.04
1986	-3.94	13.74	6.7		2.05
1987	5.63	8.98	8.3	0.68	1.08
1988	6.75	12.54	11.4	0.59	1.10
1989	-0.09	3.50	6.4		0.57
1990	-2.86	1.42	4.5		0.32
1991	5.51	7.04	8.2	0.67	0.86
1992	-0.60	10.52	14.8		0.71
1993	1.57	5.08	13.7	0.11	0.37
1994	10.79	13.01	17.0	0.63	0.77
1995	22.50	3.45	14.5	1.55	0.24
1996	-15.82	3.94	13.4		0.29
1997	-10.37	-1.89	11.5		
1998	-1.09	0.69	8.2		0.08
1999	-17.22	8.90	7.8		1.14
2000	12.02	7.73	8.0	1.50	0.97
2001	-3.91	6.85	8.8		0.78
2002	0.76	14.73	10.5	0.07	1.40
2003	20.22	22.64	13.0	1.55	1.74
2004	26.37	13.85	13.2	2.00	1.05
2005	5.68	1.89	12.8	0.44	0.15
2006	11.47	16.68	12.3	0.93	1.36
2007	0.55	13.42	13.2	0.04	1.02
2008	6.29	-0.21	13.2	0.48	
2009	5.59	6.33	13.1	0.43	0.48
2010	-8.54	21.58	14.0		1.54
2011	11.62	16.41	12.5	0.93	1.31
2012	0.76	2.34	11.0	0.07	0.21
2013	-1.63	15.25	10.1		1.51
2014	-4.18	-0.24	9.7		
2015	-3.88	12.45	9.1		1.37
2016	-15.10	10.52	9.0		1.17
2017	-23.77	6.67	8.8		0.76
2018	-23.29	10.40	8.7		1.20
2019	12.85	7.64	7.9	1.63	0.97
2020	-4.91	5.00	3.8		1.32
2021	11.86	8.21	8.9	1.33	0.92
2022	13.39	10.35	4.7	2.85	2.20

6-15 能源消费弹性系数
Elasticity Ratio of Energy Consumption

年 份 Year	能源消费比上年增长(%) Growth Rate of Energy Consumption over Preceding Year (%)	电力消费比上年增长(%) Growth Rate of Electricity Consumption over Preceding Year (%)	地区生产总值比上年增长(%) Growth Rate of Gross Domestic Product (GDP) over Preceding Year (%)	能源消费弹性系数 Elasticity Ratio of Energy Consumption	电力消费弹性系数 Elasticity Ratio of Electricity Consumption
1985	4.75	14.11	14.8	0.32	0.95
1986	11.19	11.10	6.7	1.67	1.66
1987	8.07	11.53	8.3	0.97	1.39
1988	8.75	11.76	11.4	0.77	1.03
1989	0.76	4.61	6.1	0.12	0.76
1990	-2.08	4.10	4.5		0.91
1991	3.53	6.22	8.2	0.43	0.76
1992	4.35	9.37	14.8	0.29	0.63
1993	3.99	6.20	13.7	0.29	0.45
1994	6.45	10.37	17.0	0.38	0.61
1995	15.50	4.30	14.5	1.07	0.30
1996	-9.90	4.97	13.4		0.37
1997	-1.03	-2.18	11.5		
1998	-4.88	0.83	8.2		0.10
1999	5.23	3.35	7.8	0.67	0.42
2000	4.01	7.98	8.0	0.50	1.00
2001	4.91	6.23	8.8	0.56	0.71
2002	11.61	11.32	10.5	1.11	1.08
2003	16.81	15.54	13.0	1.29	1.20
2004	11.33	21.80	13.2	0.86	1.65
2005	12.38	6.37	12.8	0.97	0.50
2006	8.73	13.83	12.3	0.71	1.12
2007	8.42	14.54	13.2	0.64	1.10
2008	6.54	6.98	13.2	0.50	0.53
2009	7.98	11.42	13.1	0.61	0.87
2010	8.05	14.98	14.0	0.58	1.07
2011	9.02	19.21	12.5	0.72	1.54
2012	4.40	3.90	11.0	0.40	0.36
2013	6.08	9.16	10.1	0.60	0.91
2014	6.23	7.54	9.7	0.64	0.78
2015	4.57	6.75	9.1	0.50	0.74
2016	3.64	8.76	9.0	0.40	0.97
2017	2.77	9.43	8.8	0.31	1.07
2018	3.50	10.42	8.7	0.40	1.20
2019	4.09	7.48	7.9	0.52	0.95
2020	1.48	5.93	3.8	0.39	1.56
2021	7.23	14.49	8.9	0.81	1.63
2022	2.55	6.47	4.7	0.54	1.38

6-16 各地区能源消费总量及用电量(2022年)
The Energy Consumption and Electricity Consumption by Region (2022)

地 区	Region	能源消费总量(万吨标准煤) Total Energy Composition (10 000 tons of SCE)	规模以上工业能源消费量(当量值)(万吨标准煤) Energy Consumption of Industrial Enterprises above Designated Size by Region (equivalent value) (10 000 tons of SCE)	全社会用电量(亿千瓦时) Society Electricity Consumption (100 million kWh)	工业用电量(亿千瓦时) Industrial Electricity Consumption (100 million kWh)	居民生活用电量(亿千瓦时) Residential Electricity Consumption (100 million kWh)
全　省	**Provincial Total**	**10785.69**	**6362.32**	**1982.98**	**1215.05**	**379.53**
南昌市	Nanchang	1732.58	612.61	307.50	146.22	62.43
景德镇市	Jingdezhen	479.66	272.56	78.62	48.78	16.25
萍乡市	Pingxiang	785.76	502.28	86.51	54.38	18.39
九江市	Jiujiang	1808.84	1476.79	289.77	210.43	41.68
新余市	Xinyu	1014.27	772.99	112.91	91.86	9.73
鹰潭市	Yingtan	291.93	248.57	62.76	42.50	9.97
赣州市	Ganzhou	1167.17	566.56	277.77	145.57	68.43
吉安市	Ji'an	601.27	304.51	156.62	93.20	31.80
宜春市	Yichun	1281.17	877.34	264.20	185.03	40.91
抚州市	Fuzhou	599.16	309.35	119.46	66.06	28.04
上饶市	Shangrao	948.43	418.75	226.86	131.03	51.90

6-17 各地区规模以上工业主要能源消费量(2022年)
Main Energy Consumption of Industrial Enterprises above Designated Size by Region (2022)

单位：吨 (ton)

地 区	Region	原煤 Raw Coal	洗精煤 Cleaned Coal	其他洗煤 Other Washed Coal	焦炭 Coke	原油 Crude Oil	汽油 Gasoline	煤油 Kerosene	柴油 Diesel Oil	燃料油 Fuel Oil
全　省	**Provincial Total**	**71567029**	**9145929**	**890233**	**9546525**	**7195503**	**14617**	**251**	**202007**	**65513**
南昌市	Nanchang	3092183	1285425	734742	1403935		6595		18121	
景德镇市	Jingdezhen	3648222	2601803				15		4911	36
萍乡市	Pingxiang	4640596			2047301		218	3	6866	
九江市	Jiujiang	17332194			2198933	7195503	2157		17885	
新余市	Xinyu	5085138	4010032	61508	3753136		346	113	9918	2071
鹰潭市	Yingtan	3418272			14428		162		49619	21322
赣州市	Ganzhou	8995781			1656		1528	27	23750	15645
吉安市	Ji'an	4392554			186		799	2	12170	1413
宜春市	Yichun	10706595	1125121	57281	82557		1444		24270	336
抚州市	Fuzhou	5347620	123548		1904		260	99	6965	7593
上饶市	Shangrao	4907874		36701	42489		1094	9	27533	17097

主要统计指标解释

能源生产总量 指一定时期内，全国或地区一次能源生产量的总和。该指标是观察全国或地区能源生产水平、规模、构成和发展速度的总量指标。一次能源生产量包括原煤、原油、天然气、水电、核能及其他动力能(如风能、地热能等)发电量，不包括低热值燃料生产量、生物质能、太阳能等的利用和由一次能源加工转换而成的二次能源产量。

能源消费总量 指一定时期内，全国或地区各行业和居民生活消费的各种能源的总和。该指标是观察能源消费水平、构成和增长速度的总量指标。能源消费总量包括原煤和原油及其制品、天然气、电力，不包括低热值燃料、生物质能和太阳能等的利用。能源消费总量分为终端能源消费量、能源加工转换损失量和能源损失量三部分。

(1)终端能源消费量：指一定时期内，全国或地区生产和生活消费的各种能源在扣除了用于加工转换二次能源消费量和损失量以后的数量。

(2)能源加工转换损失量：指一定时期内，全国或地区投入加工转换的各种能源数量之和与产出各种能源产品之和的差额。该指标是观察能源在加工转换过程中损失量变化的指标。

(3)能源损失量：指一定时期内，能源在输送、分配、储存过程中发生的损失和由客观原因造成的各种损失量，不包括各种气体能源放空、放散量。

能源生产弹性系数 是研究能源生产增长速度与国民经济增长速度之间关系的指标。计算公式：

$$\text{能源生产弹性系数} = \frac{\text{能源生产总量年平均增长速度}}{\text{国民经济年平均增长速度}}$$

国民经济年平均增长速度，可根据不同的目的或需要，用国民生产总值、国内生产总值等指标来计算，本年鉴是采用国内生产总值指标计算的。

电力生产弹性系数 是研究电力生产增长速度与国民经济增长速度之间关系的指标。一般来说，电力的发展应当快于国民经济的发展，也就是说电力应超前发展。计算公式为：

$$\text{电力生产弹性系数} = \frac{\text{电力生产总量年平均增长速度}}{\text{国民经济年平均增长速度}}$$

能源消费弹性系数 反映能源消费增长速度与国民经济增长速度之间比例关系的指标。计算公式为：

$$\text{能源消费弹性系数} = \frac{\text{能源消费总量年平均增长速度}}{\text{国民经济年平均增长速度}}$$

电力消费弹性系数 反映电力消费增长速度与国民经济增长速度之间比例关系的指标。计算公式为：

$$\text{电力消费弹性系数} = \frac{\text{电力消费总量年平均增长速度}}{\text{国民经济年平均增长速度}}$$

一次电力 是指核电、水电、风电以及太阳能发电所发出的电力。

Explanatory Notes on Main Statistical Indicators

Total Energy Production refers to the total production of primary energy by all energy producing enterprises in the country or region in a given period of time. It is a comprehensive indicator to show the level, scale, composition and pace of development of energy production of the country or region. The production of primary energy includes that of coal, crude oil, natural gas, hydro-power and electricity generated by nuclear energy and other means such as wind power and geothermal power. However, it does not include the production of fuels of low calorific value, bio-energy, solar energy and secondary energy converted from primary energy.

Total Energy Consumption refers to the total consumption of energy of various kinds by the production sectors and the households in the country or region in a given period of time. It is a comprehensive indicator to show the scale, composition and pace of increase of energy consumption. Total energy consumption includes that of coal, crude oil and their products, natural gas and electricity. However, it does not include the consumption of fuel of low calorific value, bio-energy and solar energy. Total energy consumption can be divided into three parts: end-use energy consumption; loss during the process of energy conversion; and energy loss.

(1)End-use Energy Consumption: It refers to the total energy consumption by the production sectors and the households in the country or region in a given period of time. It does not include the consumption during the conversion of primary energy into secondary energy and the loss in the process of energy conversion.

(2)Loss During the Process of Energy Conversion: It refers to the total input of various kinds of energy for conversion, minus the total output of various kinds of energy in the country or region in a given period of time. It is an indicator to show the loss that occurs during the process of energy conversion.

(3)Energy Loss: It refers to the total of the loss of energy during the course of energy transport, distribution and storage and the loss caused by any objective reason in a given period of time. The loss of various kinds of gas due to gas discharges and stocktaking is not included.

Elasticity Ratio of Energy Production is an indicator to show the relationship between the growth rate of energy production and the growth rate of the national economy. The formula is:

$$\text{Elasticity Ratio of Energy Production} = \frac{\text{Average Annual Growth Rate of Energy Production}}{\text{Average Annual Growth Rate of National Economy}}$$

The average annual growth rate of the national economy can be measured by indicators such as the Gross National Product and the Gross Domestic Product, depending on the purposes or needs. The Gross Domestic Product has been used in the calculation of the ratio in this Yearbook.

Elasticity Ratio of Electricity Production is an indicator to show the relationship between the growth rate of electricity production and the growth rate of the national economy. Generally speaking, the growth rate of electricity production should be higher than that of the national economy. Its formula is:

$$\text{Elasticity Ratio of Electricity Production} = \frac{\text{Average Annual Growth Rate of Electricity Production}}{\text{Average Annual Growth Rate of National Economy}}$$

Elasticity Ratio of Energy Consumption is an indicator to show the relationship between the growth rate of energy consumption and the growth rate of the national economy. The formula is:

$$\text{Elasticity Ratio of Energy Consumption} = \frac{\text{Average Annual Growth Rate of Energy Consumption}}{\text{Average Annual Growth Rate of National Economy}}$$

Elasticity Ratio of Electricity Consumption is an indicator to show the relationship between the growth rate of electricity consumption and the growth rate of the national economy. The formula is:

$$\text{Elasticity Ratio of Electricity Consumption} = \frac{\text{Average Annual Growth Rate of Electricity Consumption}}{\text{Average Annual Growth Rate of National Economy}}$$

Primary Power It refers to electricity generated by nuclear power, hydropower, wind power and solar power.

七、财　政

GOVERNMENT FINANCE

◆ *155/166*

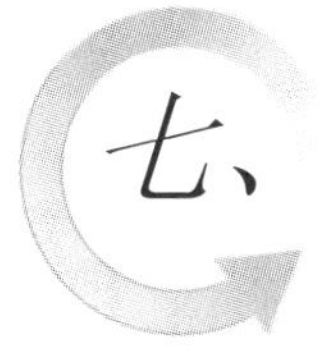

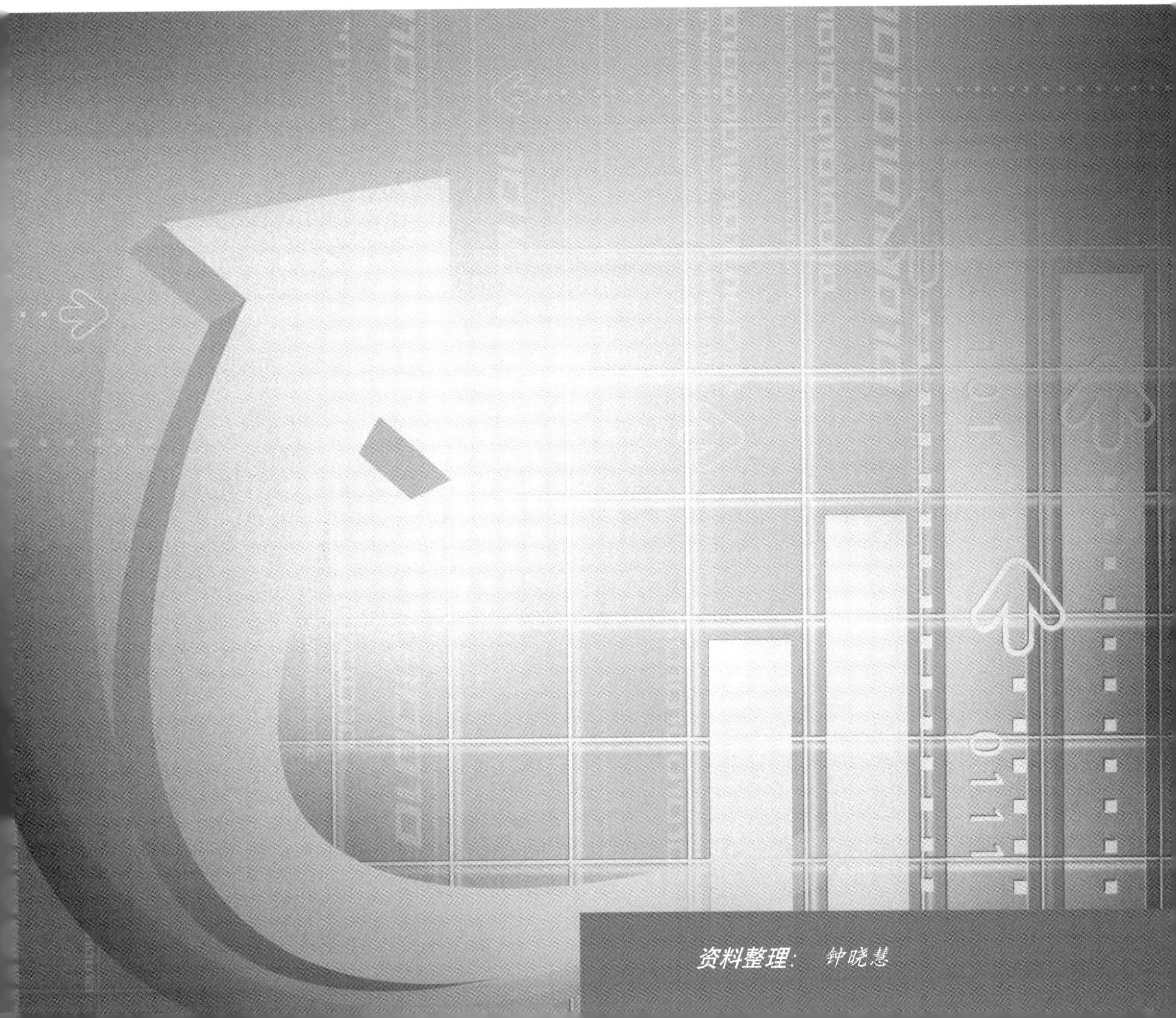

资料整理：　钟晓慧

简要介绍

一、主要内容

本篇包括全省财政收支和预算外资金收支资料。

二、统计口径

2007年起，财政收支科目实施了较大改革，特别是财政支出项目口径变化很大，与往年数据不可比。

三、资料来源

资料来源于省财政厅的财政总决算报表，由省统计局国民经济核算处编辑整理。

Brief Introduction

I. Main Contents

The data in this chapter present provincial government revenue and expenditure situation, the extra-budgetary revenue and expenditure.

II. Scope of Statistics

Due to the adjustment on classifications of revenue and expenditure accounts since 2007, the relative data are incomparable with previous years` data.

III. Sources of Data

The data are based on final provincial financial accounts, which are provided by Jiangxi Provincial Department of Finance, and compiled by the Department of National Accounts of the provincial Bureau of Statistics.

7-1 一般公共预算收支总额
General Public Budget Revenue and Expenditure

单位：万元 (10 000 yuan)

年 份 Year	一般公共预算收入 General Public Budget Revenue	税收收入 Tax Revenue	#增值税 Value-added Tax	#营业税 Business Tax	#企 业所得税 Corporate Income Tax	非税收入 Non-tax Revenue	一般公共预算支出 General Public Budget Expenditure
1994	492907	421932	106344	111482	38491	70975	920290
1995	641328	524945	110526	151464	56004	116383	1103381
1996	770936	635070	126810	194011	63139	135866	1318475
1997	905924	712721	119902	216962	81443	193203	1526026
1998	971561	769453	123145	250849	73469	202108	1752605
1999	1051371	812280	125302	249255	86842	239091	2078293
2000	1115536	856481	150826	263986	95048	259055	2234722
2001	1319790	1021023	172324	266187	226086	298767	2837144
2002	1405457	1040551	187248	334960	105994	364906	3413843
2003	1681670	1230510	230683	431628	97428	451160	3820981
2004	2057667	1450860	254350	553126	135045	606807	4540598
2005	2529236	1707228	338739	628395	173966	822008	5639525
2006	3055214	2087123	411759	755107	246651	968091	6964361
2007	3898510	2818573	530534	973988	379803	1079937	9050582
2008	4886476	3579635	642916	1181937	474319	1306841	12100730
2009	5813012	4300204	667374	1534987	462744	1512808	15623742
2010	7780922	5851073	847892	2043822	637192	1929849	19232633
2011	10534342	7770948	1058993	2727856	979220	2763394	25345989
2012	13719940	9780836	1074123	3634642	1241189	3939104	30192244
2013	16212358	11787426	1464306	4235034	1367065	4424932	34703013
2014	18818315	13811325	2195983	4435692	1524704	5006990	38827011
2015	21657362	15170279	2406292	4984378	1572137	6487083	44125491
2016	21514670	14711012	3788124	2828829	1662639	6803658	46174022
2017	22470624	15150122	6157167	67732	1822263	7320502	51114673
2018	23730080	16631502	7129087	23197	2226212	7098578	56675207
2019	24873857	17476297	8008554		2446552	7397560	63868022
2020	25075448	17019191	7664045		2325396	8056257	66740791
2021	28122251	19293277	9410015		2444161	8828974	67788720
2022	29483321	17889125	8054161		2553674	11594196	72890652

注：1. 1994-2009年企业所得税含退税。
2. 1997年地方财政收入和非税收入包含当年纳入基金预算收入的城市教育附加费、矿产资源补偿费、排污费和城市水资源费收入。
3. 以上数据根据江西省历年财政总决算整理得出。

a) From 1994 to 2009,corporate income tax include the tax rebate.
b) In 1997,the local government revenue and non-tax income include extra-charges for urban education,compensation for mineral resources,fees on sewage treatment and on urban water resource,which has brought into the income of funds budget at current year.
c) Data above are collected according to Jiangxi annual general final budget of public finance.

7-2 一般公共预算主要收入项目
Main Items of General Public Budget Revenue

单位: 万元　　(10 000 yuan)

项　目	Item	2018	2019	2020	2021	2022
总　　计	**Total**	**23730080**	**24873857**	**25075448**	**28122251**	**29483321**
税收收入	**Tax Revence**	**16631502**	**17476297**	**17019191**	**19293277**	**17889125**
#增值税	Value Added Tax	7129087	8008554	7664045	9410015	8054161
营业税	Business Tax	23197				
企业所得税	Corporate Income Tax	2226212	2446552	2325396	2444161	2553674
个人所得税	Individual Income Tax	890121	566183	628380	771761	1004002
资源税	Resource Tax	448827	304981	274066	244209	267639
城市维护建设税	City Maintenance and Construction Tax	1041146	1091390	1109113	1332865	1343830
房产税	House Property Tax	398202	413791	342259	404707	512705
印花税	Stamp Tax	224986	216961	240414	328238	372578
城镇土地使用税	Urban Land Use Tax	489271	506526	411945	448287	498956
土地增值税	Land Appreciation Tax	1339023	1388614	1421236	1182878	1105399
车船税	Tax on Vehicles and Boat Operation	162254	184064	209837	241091	250190
烟叶税	Tobacco Leaf Tax	15328	11018	14470	15223	18311
耕地占用税	Farm Land Occupation Tax	441224	365764	284947	211159	283203
契　税	Deed Tax	1778899	1926924	2048824	2223671	1590944
非税收入	**Non Tax Revenue**	**7098578**	**7397560**	**8056257**	**8828974**	**11594196**
国有资本经营收入	Operating Income from Government Capital	28515	21587	96324	92213	169409
行政事业性收费收入	Charge of Administrative and Institutional Units	1522872	1522887	1592063	1678384	1814756
罚没收入	Penalty Receipts	1065352	1221874	1196992	1469997	1895109
专项收入	Special Program Receipts	1459183	1448788	1231336	1582203	1779132
国有资源(资产)有偿使用收入	Income from Use of State-owned Resources (Assets)	2514452	2699408	3396026	3445493	5093846
其他收入	Other Revenue	508204	483016	543516	560684	841944

7-3 一般公共预算支出
General Public Budget Expenditure

单位：万元 (10 000 yuan)

项 目	Item	2018	2019	2020	2021	2022
总 计	**Total**	**56675207**	**63868022**	**66740791**	**67788720**	**72890652**
一般公共服务	General Public Services	5252659	5963708	5582788	5406153	5900236
国防	National Defence	66356	81535	96867	92057	108020
公共安全	Public Security	3006038	3156466	3165999	2924318	3271517
教育	Education	10544090	11485039	12235880	12490987	13200100
科学技术	Science and Technology	1470936	1829194	1957387	2109502	2284274
文化旅游体育与传媒	Culture, Tourism, Sport and Media	791029	875979	1203487	1173194	1233659
社会保障和就业	Social Security and Employment	7610648	8177559	8656497	8921187	10228525
卫生健康	Health Care	5854720	6309928	6423569	6432720	7077845
节能环保	Energy Conservation and Environment Protection	1625457	1942833	2182654	2295946	2376336
城乡社区	Urban and Rural Community Affairs	6761472	10463845	7284110	6695266	7260596
农林水	Agriculture,Forestry and Water Conservancy	5994078	6198025	7403133	7622555	7884845
交通运输	Transportation	2307388	2248187	2603695	2907814	2750173
资源勘探工业信息等	Resource Exploration and Industrial Information	1668544	1391127	2539758	3484567	3168261
商业服务业等	Affairs of Commerce and Services	370914	190594	289330	317214	455242
金融	Financial Affairs	23451	43412	97667	282075	306509
援助其他地区	Assistance to Other Regions	31020	28010	21500	21300	34334
自然资源海洋气象等	Nature Resources, Ocean and Weather	384423	365611	510089	491116	533531
住房保障	Affairs of Housing Security	1375948	1432372	2052514	1857596	2075601
粮油物资储备	Reserve of Grain, Oil and Other Materials	168238	216788	209067	161689	192288
债务付息	Interest Payments on Debts	735103	982914	1064986	1172306	1392759
其他	Other Expenditure	626039	159739	546808	384986	542720

7-4 各地区一般公共预算收入(2022年)

General Public Budget Revenue of Local Government by Region (2022)

单位：万元 (10 000 yuan)

地 区	Region	一般公共预算收入 General Public Budget Revenue	#增值税 Value-added Tax	#企业所得税 Corporate Income Tax	#个人所得税 Individual Income Tax	#其他收入 Other Revenue
全 省	**Provincial Total**	**29483321**	**8054161**	**2553674**	**1004002**	**17871484**
南昌市	Nanchang	4576780	632612	495641	199493	3249034
景德镇市	Jingdezhen	939995	96922	49257	14475	779341
萍乡市	Pingxiang	1071061	307093	59117	20091	684760
九江市	Jiujiang	3033837	575402	241016	130157	2087262
新余市	Xinyu	889412	302025	98054	102976	386357
鹰潭市	Yingtan	1002762	390001	58523	13047	541191
赣州市	Ganzhou	3060643	486246	209693	73247	2291457
吉安市	Ji'an	1908720	549538	116460	53071	1189651
宜春市	Yichun	2774763	760639	204525	35062	1774537
抚州市	Fuzhou	1364186	389098	73028	19735	882325
上饶市	Shangrao	2508585	784764	139154	41448	1543219

注：1. 本表财政收入不含中央两税(增值税和消费税)收入。
2. 其他收入＝一般公共预算收入-增值税-企业所得税-个人所得税。

a) The local Government Revenue in the table do not include the Value-added tax and consumption tax of the central Government.

b)Other Revenue=General Public Budget Revenue-Value-added Tax-Corporate Income Tax-Individual Income Tax.

7-5 各地区一般公共预算支出(2022年)

General Public Budget Expenditure of Local Government by Region (2022)

单位：万元 (10 000 yuan)

地区	Region	一般公共预算支出 General Public Budget Expenditure	一般公共服务 General Public Services	教育 Education	社会保障和就业 Social Security and Employment	卫生健康 Health Care	农林水 Agriculture, Forestry and Water Consenvancy	其他支出 Other Expenditure
全　省	**Provincial Total**	**72890652**	**5900236**	**13200100**	**10228525**	**7077845**	**7884845**	**28599101**
南昌市	Nanchang	9388389	759025	1451258	863337	899253	646541	4768975
景德镇市	Jingdezhen	2475501	235269	417406	271966	219884	201850	1129126
萍乡市	Pingxiang	3067908	337673	511222	434232	292615	253932	1238234
九江市	Jiujiang	6917463	633868	1202003	815138	688545	814979	2762930
新余市	Xinyu	1921437	176838	293032	191467	153996	130138	975966
鹰潭市	Yingtan	2084160	160370	338198	200521	198210	174807	1012054
赣州市	Ganzhou	10276606	796664	2255345	1242251	1248565	1340355	3393426
吉安市	Ji'an	6108192	560049	1177293	699312	683223	805219	2183096
宜春市	Yichun	7019855	512050	1171130	912183	823483	766771	2834238
抚州市	Fuzhou	5347501	437905	922971	582970	596141	725108	2082406
上饶市	Shangrao	7937898	710280	1458568	832429	917545	910343	3108733

注：其他支出＝一般公共预算支出-一般公共服务-教育-社会保障和就业-卫生健康-农林水。

a)Other Expenditure=General Public Budget Expenditure-General Public Services-Social Security and Employment-Health Care-Agriculture,Forestry and Water Consenvancy.

7-6 县(市、区)一般公共预算收支表(2022年)

General Public Financial Revenue and Expenditure of Local Government by County (County-level City) (2022)

单位：万元 (10 000 yuan)

地 区	Region	一般公共预算收入 General Public Government Budget Revenue	税收收入 Tax Revenue	#增值税 Value-added Tax	非税收入 Non-tax Revenue	一般公共预算支出 General Public Budget Expenditure
东湖区	Donghu	153851	103579	12143	50272	249754
西湖区	Xihu	226150	163276	25759	62874	358810
青云谱区	Qingyunpu	107826	76405	16034	31421	223426
红谷滩区	Honggutan	337361	182773	15318	154588	815392
青山湖区	Qingshanhu	148793	94133	19021	54660	330760
新建区	Xinjian	309793	187385	55383	122408	671465
南昌县	Nanchang	776917	387030	81621	389887	1385007
安义县	Anyi	146148	82309	24416	63839	351449
进贤县	Jinxian	212439	112514	40945	99925	531323
昌江区	Changjiang	69437	23409	6929	46028	189697
珠山区	Zhushan	47990	9893	-4241	38097	205079
浮梁县	Fuliang	72245	56652	15295	15593	333071
乐平市	Leping	332868	217040	65742	115828	743111
安源区	Anyuan	276913	181334	90669	95579	492749
湘东区	Xiangdong	133658	86298	40501	47360	542306
莲花县	Lianhua	64081	45272	20635	18809	308782
上栗县	Shangli	166836	107382	55730	59454	469474
芦溪县	Luxi	123383	80509	33827	42874	375384
濂溪区	Lianxi	167840	105902	40718	61938	270170
浔阳区	Xunyang	83361	69413	21122	13948	192248
柴桑区	Chaisang	126815	72047	31337	54768	323277
武宁县	Wuning	142338	93225	29330	49113	370473
修水县	Xiushui	156107	104753	42704	51354	647322
永修县	Yongxiu	209555	120445	55748	89110	505178
德安县	De'an	147105	88022	43929	59083	305539
都昌县	Duchang	106902	59703	35570	47199	525313
湖口县	Hukou	218076	160171	75535	57905	391019
彭泽县	Pengze	186462	90581	32229	95881	428720
瑞昌市	Ruichang	262581	145230	42112	117351	475066
共青城市	Gongqingcheng	225651	187022	37865	38629	352594
庐山市	Lushan	161717	77763	30106	83954	354060
渝水区	Yushui	207443	162135	65738	45308	442549
分宜县	Fenyi	152798	98855	53689	53943	385662
月湖区	Yuehu	76374	39107	13997	37267	180668

7-6 续表 continued

单位: 万元 (10 000 yuan)

地 区	Region	一般公共预算收入 General Public Government Budget Revenue	税收收入 Tax Revenue	#增值税 Value-added Tax	非税收入 Non-tax Revenue	一般公共预算支出 General Public Budget Expenditure
余江区	Yujiang	145459	105962	56908	39497	409093
贵溪市	Guixi	481821	367529	229098	114292	711551
章贡区	Zhanggong	225897	140221	34384	85676	456128
南康区	Nankang	255786	183270	60878	72516	709743
赣县区	Ganxian	177809	91410	28643	86399	565651
信丰县	Xinfeng	159567	97289	19985	62278	576868
大余县	Dayu	93106	46413	17775	46693	291508
上犹县	Shangyou	78042	45560	10311	32482	315357
崇义县	Chongyi	100487	50614	26315	49873	280508
安远县	Anyuan	73477	48707	8961	24770	343515
龙南市	Longnan	172020	90959	31719	81061	419675
定南县	Dingnan	91995	47496	15072	44499	351989
全南县	Quannan	75713	35556	10652	40157	293376
宁都县	Ningdu	95798	44394	13123	51404	564290
于都县	Yudu	155009	97070	18714	57939	702100
兴国县	Xingguo	100691	64007	15547	36684	556820
会昌县	Huichang	105779	53086	8686	52693	450060
寻乌县	Xunwu	73759	38270	13444	35489	347480
石城县	Shicheng	77523	46516	18423	31007	344061
瑞金市	Ruijin	161444	98785	38315	62659	570598
吉州区	Jizhou	111740	77745	42412	33995	345141
青原区	Qingyuan	73551	47510	26406	26041	235576
吉安县	Ji'an	179924	107948	56667	71976	477401
吉水县	Jishui	121826	80366	46499	41460	477310
峡江县	Xiajiang	100558	64479	40854	36079	262603
新干县	Xingan	130538	89814	52795	40724	384075
永丰县	Yongfeng	140441	85958	40655	54483	421118
泰和县	Taihe	167174	99929	50773	67245	489750
遂川县	Suichuan	117104	79168	41086	37936	518359
万安县	Wan'an	87615	58321	32902	29294	327250
安福县	Anfu	116871	74385	36094	42486	381283
永新县	Yongxin	87024	62660	25582	24364	444566
井冈山市	Jinggangshan	87504	48005	20882	39499	284824

7-6 续表2 continued

单位：万元 (10 000 yuan)

地区	Region	一般公共预算收入 General Public Government Budget Revenue	税收收入 Tax Revenue	#增值税 Value-added Tax	非税收入 Non-tax Revenue	一般公共预算支出 General Public Budget Expenditure
袁州区	Yuanzhou	264313	165671	70968	98642	887527
奉新县	Fengxin	167318	108428	46245	58890	459563
万载县	Wanzai	179095	111460	60012	67635	530952
上高县	Shanggao	211174	131430	69704	79744	421888
宜丰县	Yifeng	174311	119576	63052	54735	352893
靖安县	Jing'an	75732	41418	20990	34314	230715
铜鼓县	Tonggu	56812	30899	16304	25913	268709
丰城市	Fengcheng	506782	324724	163232	182058	1113688
樟树市	Zhangshu	376312	238725	110576	137587	755442
高安市	Gaoan	342417	215019	90865	127398	685430
临川区	Linchuan	154287	114401	61426	39886	608552
东乡区	Dongxiang	183378	128420	59250	54958	581054
南城县	Nancheng	107853	80350	39606	27503	404216
黎川县	Lichuan	78198	52797	27590	25401	302913
南丰县	Nanfeng	86219	52650	30454	33569	355395
崇仁县	Chongren	83117	53742	24070	29375	379829
乐安县	Le'an	61506	42670	16316	18836	339791
宜黄县	Yihuang	67176	47684	28824	19492	283980
金溪县	Jinxi	91640	42327	22516	49313	290450
资溪县	Zixi	34305	22525	9556	11780	175903
广昌县	Guangchang	62587	45166	21836	17421	310003
信州区	Xinzhou	205964	145913	70145	60051	433949
广丰区	Guangfeng	317287	211729	127268	105558	770870
广信区	Guangxin	204607	170897	89602	33710	548038
玉山县	Yushan	168367	113917	57279	54450	516651
铅山县	Yanshan	154090	110159	67584	43931	452205
横峰县	Hengfeng	82957	65367	35837	17590	275721
弋阳县	Yiyang	130470	86658	41931	43812	515245
余干县	Yugan	132051	89984	37075	42067	602184
鄱阳县	Poyang	155744	104808	44107	50936	828986
万年县	Wannian	153090	103237	51083	49853	467566
婺源县	Wuyuan	105274	66766	36109	38508	381805
德兴市	Dexing	256035	172925	81093	83110	537068

主要统计指标解释

一般公共预算收入 指财政参与社会产品分配所取得的收入，是实现国家职能的财力保证。主要包括：（1）各项税收：包括国内增值税、国内消费税、进口货物增值税、进口消费品消费税、出口货物退增值税、出口消费品退消费税、企业所得税、个人所得税、资源税、城市维护建设税、房产税、印花税、城镇土地使用税、土地增值税、车船税、船舶吨税、车辆购置税、关税、耕地占用税、契税、烟叶税、环境保护税等。（2）非税收入：包括专项收入、行政事业性收费收入、罚没收入、国有资本经营收入、国有资源（资产）有偿使用收入和其他收入。

一般公共预算支出 指财政将筹集起来的资金进行分配使用，以满足经济建设和各项事业的需要。主要包括：一般公共服务、外交、国防、公共安全、教育、科学技术、文化旅游体育与传媒、社会保障和就业、卫生健康、节能环保、城乡社区、农林水、交通运输、资源勘探工业信息等、商业服务业等、金融、援助其他地区、自然资源海洋气象等、住房保障、粮油物资储备、灾害防治及应急管理、债务付息、债务发行费用等方面的支出。

Explanatory Notes on Main Statistical Indicators

General Public Budget Revenue refers to income for the government finance through participating in the distribution of social products. It is the financial guarantee to ensure government functioning. The government revenue includes the following main items: (1) Various tax revenues including domestic value added tax (VAT), domestic consumption tax, VAT from imports, consumption tax from imports, VAT rebate for exports, consumption tax rebate for exports, corporate income tax, individual income tax, resource tax, city maintenance and construction tax, house property tax, stamp tax, urban land use tax, land appreciation tax, tax on vehicles and boat operation, ship tonnage tax, vehicle purchase tax, tariffs, farm land occupation tax, deed tax, and tobacco tax, environment protection tax, etc. (2) Non-tax revenue, including special program receipts, charge income of administrative and institutional units, penalty receipts, operating income from government capital, income from use of state-owned resources (assets) and others non-tax receipts.

General Public Budget Expenditure refers to the distribution and use of the funds which the government finance has raised, so as to meet the needs of economic construction and various undertakings. It includes the following main items: expenditure for general public services, expenditure for foreign affairs, expenditure for national defence expenditure for public security, expenditure for education, expenditure for science and technology, expenditure for culture, tourism, sport and media, expenditure for social safety net and employment effort, expenditure for health care, expenditure for energy conservation and environment protection, expenditure for urban and rural community affairs, expenditure for agriculture, forestry and water conservancy, expenditure for transportation, expenditure for resource exploration and industrial information, expenditure for affairs of commerce and services, expenditure for finance, aid to other regions, expenditure for nature resources, ocean and weather, expenditure for housing security, expenditure for grain & oil reserves, expenditure for prevention of disasters and emergency management, interest payment for public debts, expenditure for issuing debts.

八、

价格指数

PRICE INDICES

◆ *167/182*

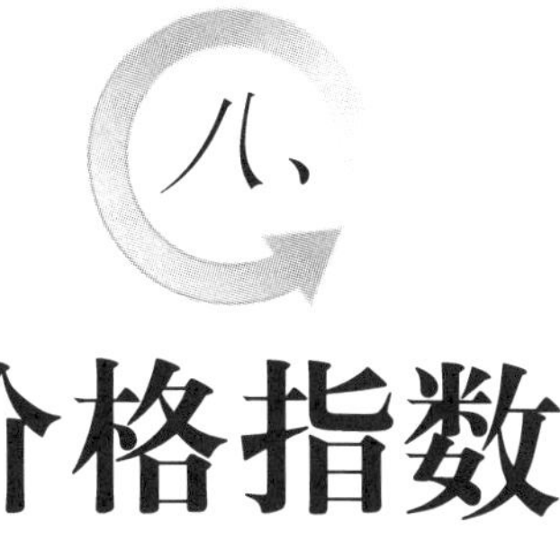

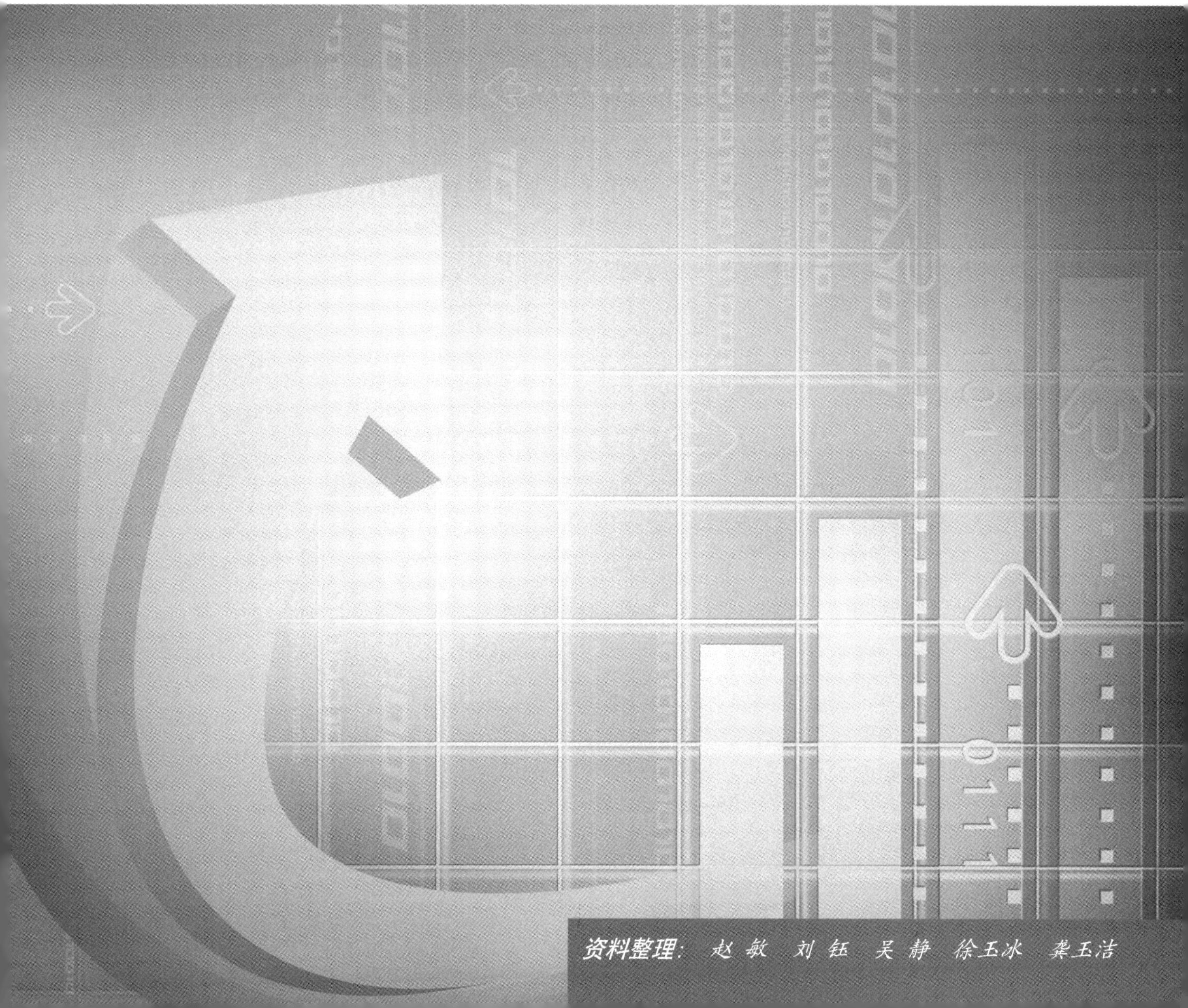

资料整理：赵 敏 刘 钰 吴 静 徐玉冰 龚玉洁

简要介绍

一、本篇资料的主要内容

本篇资料反映了全省生产、流通、消费等环节价格变动状况，主要包括居民消费、商品零售、工业品出厂、原材料燃料动力购进等价格指数。

二、本篇资料的来源

1.居民消费、商品零售价格指数来源于消费价格统计调查年报，由国家统计局江西调查总队消费价格调查处整理提供。

2.工业品出厂、原材料燃料动力购进等价格指数来源于工业生产者价格统计调查年报，由国家统计局江西调查总队生产价格调查处整理提供。

Brief Introduction

I. Main Content

Data on the price indices in this chapter show the changing trend in production, circulation and consumption, including mainly consumer price indices of residents, retail price indices, production price indices of industrial products, purchasing price indices of raw materials, fuels and power.

II. Source of Data

(1) Data on consumer price indices of residents, retail price indices are based on yearly report on consumer price and are provided by the Division of Consumer Price Survey of Survey Office of the National Bureau of Statistics in Jiangxi.

(2) Data on production price indices of industrial products, purchasing price indices of raw materials, fuels and power are based on statistical survey of industrial producer prices and are provided by the Division of Production Price Survey of Survey Office of the National Bureau of Statistics in Jiangxi.

8-1 各种价格指数
Price Indices

(上年=100) (preceding year=100)

年 份 Year	商品零售价格指数 Retail Price Index	城 市 Urban Areas	农 村 Rural Areas	居民消费价格指数 Consumer Price Index	城 市 Urban Areas	农 村 Rural Areas
1978	100.1	100.2	100.1		100.2	
1980	104.3	106.6	102.9		106.0	
1985	108.3	109.0	107.8	109.0	108.8	109.1
1990	101.3	100.3	102.2	102.1	101.5	102.8
1995	115.9	115.0	116.9	116.9	116.9	117.0
2000	98.5	98.6	98.5	100.3	102.1	99.1
2001	98.4	98.3	98.4	99.5	99.8	99.2
2002	100.2	100.1	100.3	100.1	100.2	99.9
2003	100.1	99.4	100.7	100.8	100.9	100.6
2004	103.0	101.9	104.0	103.5	103.3	103.5
2005	100.9	100.3	101.4	101.7	101.5	102.2
2006	101.2	101.0	101.4	101.2	100.9	101.6
2007	104.0	103.5	105.1	104.8	104.4	105.8
2008	106.1	106.0	106.4	106.0	105.9	106.3
2009	99.1	99.1	99.0	99.3	99.4	99.2
2010	102.7	102.6	102.9	103.0	102.9	103.3
2011	104.8	104.8	105.0	105.2	105.1	105.6
2012	102.1	101.9	102.5	102.7	102.6	103.0
2013	101.5	101.2	101.9	102.5	102.4	102.9
2014	101.2	101.1	101.4	102.3	102.4	102.2
2015	100.5	100.4	100.6	101.5	101.5	101.5
2016	100.6	100.5	100.8	102.0	102.0	101.9
2017	101.0	101.0	101.0	102.0	102.0	101.9
2018	101.0	101.0	100.8	102.1	102.1	102.2
2019	101.9	102.0	101.4	102.9	102.9	102.8
2020	101.6	101.5	101.9	102.6	102.4	103.0
2021	101.2	101.2	101.1	100.9	100.9	100.7
2022	102.6	102.6	102.9	102.0	102.0	102.0

8-2 各种价格指数(2022年)
Price Indices (2022)

类 别	Type	以1978年价格为100 year of 1978=100	以1980年价格为100 year of 1980=100	以1990年价格为100 year of 1990=100	以1995年价格为100 year of 1995=100	以2005年价格为100 year of 2005=100	以2010年价格为100 year of 2010=100	以2015年价格为100 year of 2015=100	以2020年价格为100 year of 2020=100
商品零售价格指数	Retail Price Index	513.5	488.0	243.5	141.4	137.6	121.4	110.2	103.9
城 市	Urban Areas	534.2	493.8	241.8	136.5	135.5	120.6	110.2	103.9
农 村	Rural Areas	493.0	477.8	250.3	147.5	141.6	122.8	110.3	104.1
居民消费价格指数	Consumer Price Index			322.2	174.3	149.6	131.0	115.2	102.9
城 市	Urban Areas	758.1	702.1	343.1	178.1	147.6	130.2	115.1	102.9
农 村	Rural Areas			306.3	175.0	153.9	132.6	115.4	102.7

注：1990-1993年零售、消费价格指数中城市、农村口径为城镇、农村。

a) Statistic standards of retail and consumer price index from 1990-1993 are urban and rural areas.

8-3 商品零售价格分类指数(2022年)
Retail Price Indices by Category (2022)

(上年=100) (preceding year=100)

类 别	Item	全 省 Province Indices	城 市 Urban Areas	农 村 Rural Areas
商品零售价格总指数	**Retail Price Index**	**102.6**	**102.6**	**102.9**
食品	**Food**	**102.5**	**102.6**	**102.1**
粮食	Grain	100.8	100.7	101.5
薯类	Tubers	108.0	107.7	110.2
豆类	Beans	103.6	103.6	103.3
食用油	Edible oil and Fats	106.4	106.4	106.1
菜及食用菌	Vegetables and Edible Mushrooms	104.4	104.5	103.3
畜肉类	Meat of Livestock	95.8	96.0	94.5
禽肉类	Meat of Poultry	105.7	105.7	105.4
水产品	Aquatic products	100.4	100.1	101.6
蛋类	Eggs	109.1	109.4	107.1
奶类	Milk	101.1	101.1	101.4
干鲜瓜果类	Fruits and Nuts	114.3	114.2	114.7
糖果糕点类	Candy and Cake	101.2	101.6	99.4
调味品	Flavoring	102.9	103.2	101.7
其他食品类	Other Foods	100.4	99.9	102.5
餐饮业零售	Food and Beverage Retail	101.3	101.3	101.0
饮料、烟酒	**Beverages, Tobacco and Alcohol**	**101.0**	**101.2**	**100.1**
茶及饮料	Tea and Beverages	101.7	101.8	100.4
卷烟	Tobacco	100.9	101.0	100.3
酒类	Alcohol	100.9	101.1	99.3
服装、鞋帽	**Garments, Shoes and Hats**	**100.7**	**100.9**	**99.6**
服装	Garments	100.7	100.9	99.5
鞋帽袜	Footgear and Hats	100.9	101.1	99.6
其他衣着配件	Others	99.8	99.3	104.1
纺织品	**Textiles**	**98.7**	**98.2**	**101.5**
服装材料	Clothing	99.9	99.4	103.5
床上用品	Bedding	98.5	98.1	101.2
家用电器及音像器材	**Household Appliances, Music and Video Equipment**	**99.4**	**99.4**	**99.5**
家庭设备	Household Appliances	100.4	100.3	101.2
文娱用耐用消费品	Cultural and Recreate Durable Consumable	97.1	97.3	96.0
专业音像器材	Professional Music and Video Equipment	100.5	100.5	99.8
文化办公用品	**Cultural and Office Appliances**	**100.0**	**100.1**	**99.8**
日用品	**Articles for Daily Use**	**100.8**	**100.8**	**100.8**
日用百货	General Merchandise for Daily Use	100.9	100.9	100.9
厨具餐具茶具	Kitchenware tableware and Tea set	102.0	102.0	102.1
清洗用品	Cleaning Supplies	99.9	100.0	99.3
其他日用品	Other Daily Necessities	100.6	100.6	100.9
体育娱乐用品	**Sports and Recreation Articles**	**101.0**	**101.1**	**100.9**

8-3 续表 continued

(上年=100) (preceding year=100)

类 别	Item	全 省 Province Indices	城 市 Urban Areas	农 村 Rural Areas
体育户外用品	Sports Articles	105.1	105.0	106.4
娱乐用品	Recreation Articles	100.4	100.4	100.5
交通、通信用品	**Transportation and Communication Appliances**	**99.7**	**99.7**	**100.1**
交通运输机械	Transportation Equipments	100.2	100.2	100.4
通信器材	Communication Equipments	97.4	97.1	99.0
家具	**Furniture**	**101.0**	**100.9**	**101.7**
化妆品	**Cosmetics**	**102.3**	**102.3**	**102.1**
金银饰品	**goid and Silver Ornaments**	**102.1**	**102.2**	**101.5**
中西药品及医疗保健用品	**Traditional Chinese and Western Medicines and Health Care Articles**	**100.4**	**100.4**	**100.3**
医疗卫生器具	Medical Instruments	97.9	97.9	97.6
中药	Traditional Chinese and Medicines	102.3	102.7	100.5
西药	Western Medicines	99.8	99.6	100.5
保健器具及用品	Medical Apparatus and Articles	100.5	100.6	99.6
书报杂志及电子出版物	**Books, Newspapers, Magazines and Electronic Publications**	**102.3**	**102.2**	**103.0**
教材及参考书	Teaching Material and Reference Book	103.6	103.5	104.4
书报杂志及音像制品	Newspapers,Magazines and Audio&Video Products	100.6	100.6	100.9
计算机办公软件	Computer office software	100.8	100.8	100.7
燃料	**Fuels**	**119.7**	**119.0**	**124.0**
煤炭及制品	Coal and Coal Products	123.0	121.2	133.3
石油及制品	Petroleum and Related Products	119.6	118.9	123.8
建筑材料及五金电料	**Building Materials and Hardware**	**100.8**	**100.6**	**101.6**
建筑装潢材料	Building Decoration Materials	100.7	100.4	101.9
五金水暖	Hardware	101.3	101.5	100.3

8-4 居民消费价格分类指数(2022年)
Consumer Price Indices by Category (2022)

(上年=100) (preceding year=100)

类别	Item	全省 Province Indices	城市 Urban Areas	农村 Rural Areas
居民消费价格总指数	**Consumer Price Index**	**102.0**	**102.0**	**102.0**
服务价格指数	**Price Index of Services**	**100.9**	**100.8**	**101.0**
食品烟酒	**Food, tobacco and Alcohol**	**102.2**	**102.4**	**101.8**
食品	Food	**102.9**	**103.0**	**102.5**
粮食	Grain	101.0	100.8	101.5
薯类	Tubers	108.7	107.9	111.1
豆类	Beans	103.6	103.7	103.3
食用油	Edible oil and Fats	106.5	106.7	106.2
菜及食用菌	Vegetables and Edible Mushrooms	104.3	104.5	103.9
畜肉类	Meat of Livestock	95.3	95.9	94.1
禽肉类	Meat of Poultry	105.8	105.9	105.3
水产品	Aquatic products	100.7	100.2	101.9
蛋类	Eggs	109.0	109.7	107.3
奶类	Milk	101.1	101.0	101.5
干鲜瓜果类	Fruits and Nuts	114.6	114.5	114.6
糖果糕点类	Candy and Cake	101.1	101.4	100.4
调味品	Flavoring	102.8	103.3	101.4
其他食品类	Other foods	100.7	99.6	102.6
茶及饮料	Tea and drinks	101.0	101.5	100.3
烟酒	Tobacco and Alcohol	**100.6**	**101.1**	**99.9**
卷烟	Tobacco	100.8	101.1	100.3
酒类	Alcohol	100.2	101.0	98.9
在外餐饮	Dinning Out	101.2	101.2	101.1
衣着	**Clothing**	**100.5**	**100.8**	**99.7**
服装	Garments	100.6	100.8	100.0
男式服装	Clothing for Men	100.3	100.5	99.8
女式服装	Clothing for Women	100.6	101.1	99.3
儿童服装	Clothing for Children	101.0	101.0	100.8
衣着材料及配件	Clothing Materials and Accessories	100.1	99.0	103.3
衣着服务费	Clothing Services Fee	101.9	101.2	103.9
鞋类	Footwear	100.2	101.0	98.4
鞋	Shoes	100.2	101.0	98.4
鞋类服务	Footwear Services	103.9	105.5	100.6
居住	**Residence**	**100.9**	**100.6**	**101.7**
租赁房房租	Rent of Rental Housing	**99.7**	**99.7**	**99.7**

8-4 续表 continued

(上年=100) (preceding year=100)

类 别	Item	全 省 Province Indices	城 市 Urban Areas	农 村 Rural Areas
住房保养维修及管理	Housing Maintenance and Management	101.8	102.0	101.4
水电燃料	Water,Electricity and Fuels	104.0	102.9	106.4
自有住房	Private Housing	99.8	99.7	100.1
生活用品及服务	**Articles for Daily Use and Services**	**100.8**	**100.7**	**101.0**
家具及室内装饰品	Furniture and Interior Decorations	100.5	100.4	100.8
家用器具	Household Appliances	100.6	100.3	101.4
家用纺织品	Home Textiles	99.7	99.2	101.7
家庭日用杂品	Household Articles for Daily Use	100.3	100.5	99.9
个人护理用品	Personal-care Supplies	102.1	102.0	102.5
家庭服务	Household Services	102.1	101.9	102.8
交通和通信	**Transport and Communications**	**105.6**	**105.8**	**105.2**
交通	Transport	107.9	107.8	108.0
通信	Communications	99.2	99.1	99.3
教育文化和娱乐	**Education, Culture and Recreation**	**102.1**	**101.8**	**102.7**
教育	Education	102.7	102.4	103.3
教育用品	Education Articles	104.4	104.8	103.5
教育服务	Education Services	102.6	102.3	103.3
文化娱乐	Cultural and Recreational Articles	100.8	100.8	101.0
文娱耐用消费品	Durable Consumer Goods for Culture and Recreation	98.1	98.6	96.3
其他文娱用品	Other Articles	100.8	100.8	100.9
文化娱乐服务	Cultural and Recreational Services	100.7	100.9	100.1
旅游	Touring	103.0	102.3	105.3
医疗保健	**Health Care**	**100.2**	**100.2**	**100.1**
药品及医疗器具	Medicine and Medical Instruments	100.4	100.6	100.1
中药	Traditional Chinese Medicine	102.2	102.8	100.8
西药	Western Medicine	99.9	99.7	100.4
滋补保健品	Nourishing Health Care Products	100.3	100.6	98.9
医疗卫生器具	Medical and Health Equipment	97.8	98.1	96.9
保健器具	Health Care Equipment	99.3	100.1	97.3
医疗服务	Medical Service	100.1	100.1	100.1
综合医疗类	Comprehensive Medical Category	100.2	100.0	100.6
诊断类	Diagnostic Class	99.9	100.0	99.8
治疗类	Treatment Class	100.4	100.5	100.2
康复类	Rehabilitation Class	100.0	100.1	100.0
中医医疗服务类	Chinese Medicine Medical Services Category	100.0	100.0	100.1
其他医疗服务	Other Medical Services	99.9	100.1	99.6
其他用品和服务	**Other Articles and Services**	**101.6**	**101.8**	**101.2**
其他用品	Other Articles	101.5	101.6	101.3
首饰手表	Jewelry Watch	101.6	101.7	100.9
母婴用品	Maternal and Infant Products	103.6	103.0	104.9
其他杂项用品	Other Miscellaneous Supplies	100.5	100.7	100.0
其他服务	Other Services	101.8	102.1	101.0
在外住宿	Hotel Accommodation	98.9	98.7	100.5
美容美发洗浴	Beauty Salon and Bath	104.1	104.6	101.3
养老服务	Old Age Service	102.2	102.9	100.7
金融及保险服务	Financial and Insurance Services	101.2	101.3	101.1
中介法律及其他服务	Intermediary Legal and Other Services	100.0	100.0	100.1

8-5 各市商品零售价格分类指数(2022年)

(上年=100)

类 别	Item	南昌市 Nan chang	景德镇市 Jing dezhen
商品零售价格总指数	**Retail Price Index**	**102.8**	**102.8**
食品	Food	102.5	102.0
饮料、烟酒	Beverages, Tobacco and Alcohol	101.7	100.0
服装、鞋帽	Garments, Shoes and Hats	101.5	101.2
纺织品	Textiles	96.4	99.4
家用电器及音像器材	Household Appliances, Music and Video Equipment	98.7	100.0
文化办公用品	Cultural and Office Appliances	98.3	100.5
日用品	Articles for Daily Use	100.9	100.6
体育娱乐用品	Sports and Recreation Articles	100.5	102.6
交通、通信用品	Transportation and Communication Appliances	98.9	100.1
家具	Furniture	101.3	101.5
化妆品	Cosmetics	102.7	102.5
金银饰品	Gold and Silver Ornaments	104.5	98.4
中西药品及医疗保健用品	Traditional Chinese and Western Medicines and Health Care Articles	100.9	100.4
书报杂志及电子出版物	Books, Newspapers, Magazines and Electronic Publications	101.6	100.1
燃料	Fuels	117.8	119.4
建筑材料及五金电料	Building Materials and Hardware	100.2	101.7

8-6 各市居民消费价格分类指数(2022年)

(上年=100)

类 别	Type	南昌市 Nan chang	景德镇市 Jing dezhen
居民消费价格总指数	**Consumer Price Index**	**101.8**	**101.9**
服务价格指数	Price Index of Services	100.7	101.0
食品烟酒	Food ,Tobacco and Alcohol	102.3	101.7
衣着	Clothing	101.5	101.1
居住	Residence	100.3	101.2
生活用品及服务	Articles for Daily Use and Services	100.6	100.7
交通和通信	Transport and Communications	105.8	105.9
教育文化娱乐	Education,Culture and Recreation	101.0	102.0
医疗保健	Health Care	100.3	100.2
其他用品及服务	Other Articles and Services	103.2	100.7

Retail Price Indices by Category and Region (2022)

(preceding year=100)

萍乡市 Ping xiang	九江市 Jiu jiang	新余市 Xin yu	鹰潭市 Ying tan	赣州市 Gan zhou	吉安市 Ji'an	宜春市 Yi chun	抚州市 Fuzhou	上饶市 Shang rao
102.5	**103.1**	**102.7**	**104.4**	**103.9**	**103.1**	**102.5**	**104.9**	**105.2**
102.7	103.9	103.0	103.7	102.2	102.3	101.9	102.9	103.3
101.5	100.7	100.0	101.5	99.7	101.9	102.2	101.4	101.1
99.4	102.1	99.4	99.4	99.3	99.9	100.6	99.8	102.7
103.6	98.7	102.1	102.1	99.6	100.2	100.0	99.5	97.4
100.1	100.8	99.9	100.5	99.1	99.1	99.8	99.9	96.3
99.5	104.5	103.1	102.8	101.4	98.0	99.1	100.7	101.1
98.1	100.2	100.6	102.6	101.2	101.7	99.3	101.1	103.0
103.5	101.8	101.6	100.9	101.4	99.3	100.0	100.8	101.5
99.3	99.4	99.4	100.2	99.3	100.4	99.6	104.3	104.2
97.1	103.6	100.6	100.0	101.3	97.2	99.2	102.2	96.2
101.1	102.8	102.3	103.1	102.1	101.4	101.7	99.7	101.6
103.1	100.9	103.9	100.4	98.8	98.9	98.5	101.8	102.3
99.3	98.8	101.0	99.6	100.7	100.8	99.5	99.9	101.9
100.5	106.7	100.6	100.0	105.4	102.0	102.7	103.3	103.8
120.5	118.4	121.7	121.2	120.5	119.4	118.9	119.4	120.8
103.0	100.3	99.9	98.6	101.0	102.4	103.7	98.8	102.3

Consumer Price Indices by Category and Region (2022)

(preceding year=100)

萍乡市 Ping xiang	九江市 Jiu jiang	新余市 Xin yu	鹰潭市 Ying tan	赣州市 Gan zhou	吉安市 Ji'an	宜春市 Yi chun	抚州市 Fuzhou	上饶市 Shang rao
102.0	**102.3**	**101.8**	**102.1**	**102.3**	**101.8**	**102.1**	**101.6**	**102.4**
100.9	100.4	100.3	100.7	101.9	100.4	101.2	100.1	100.9
102.4	103.4	102.3	103.0	102.0	102.0	101.8	102.4	102.8
99.6	102.0	99.5	99.5	99.2	100.1	100.6	99.9	102.6
100.5	100.5	100.7	100.8	100.9	100.9	101.8	100.8	100.2
100.6	101.1	101.6	101.4	101.7	100.0	100.0	100.6	99.4
105.9	106.0	105.8	105.8	105.5	106.4	106.6	104.8	106.1
103.6	101.7	100.4	101.4	105.1	101.0	101.6	99.9	103.8
99.6	99.7	100.2	99.9	100.5	100.0	99.9	100.0	101.6
99.8	100.3	102.2	101.4	101.3	100.5	101.2	100.9	101.8

8-7　工业生产者出厂价格指数
Producer Price Indices for Industrial Products

(上年＝100)　　　　(preceding year=100)

类　别	Item	2005	2010	2015	2018	2019	2020	2021	2022
总指数	**General Index**	**108.8**	**115.3**	**93.7**	**104.2**	**98.9**	**98.3**	**110.5**	**103.5**
按轻重工业分	**Grouped by Light & Heavy Industries**								
轻工业	Light Industry	99.2	104.3	99.1	100.3	98.6	97.7	103.7	104.1
以农产品为原料	Agricultural Products as Raw Materials	100.6	105.4	99.8	102.2	99.8	99.2	104.0	103.4
以非农产品为原料	Non-agricultural Products as Raw Materials	98.0	103.2	97.9	96.7	96.1	94.9	103.3	105.0
重工业	Heavy Industry	113.3	121.3	91.7	105.9	99.1	98.6	113.7	103.2
采　　掘	Mining	145.5	123.0	91.2	106.9	98.9	103.0	113.4	110.1
原 材 料	Raw Materials	115.6	123.7	90.0	107.6	97.2	97.8	121.7	109.9
加　　工	Processing	104.2	118.8	92.7	105.0	100.0	98.6	110.5	100.0
按生产生活资料分	**Grouped by Means of Production & Living**								
生产资料	Means of Production	110.8	117.9	91.9	105.3	98.8	98.1	113.6	104.1
采　　掘	Mining	142.2	121.5	91.2	106.9	98.9	103.0	113.4	110.1
原 材 料	Raw Materials	115.1	124.3	90.0	107.6	97.0	97.4	121.3	109.9
加　　工	Processing	101.7	113.8	92.9	104.2	99.5	98.1	110.9	101.7
生活资料	Consumer Goods	100.5	103.1	100.3	100.9	99.3	99.0	100.4	101.4
食　　品	Food	100.3	103.5	101.3	100.9	102.1	104.5	100.6	101.6
衣　　着	Clothing	100.7	103.3	100.9	101.7	98.1	94.5	100.3	102.9
一般日用品	Articles for Daily Use	101.6	102.4	99.0	100.5	97.0	95.7	102.8	102.5
耐用消费品	Durable Consumer Goods	99.7	102.1	98.9	100.2	99.8	99.5	97.4	98.5
按工业部门分	**Grouped by Industrial Department**								
冶金工业	Metallurgical Industry	120.7	131.8	84.8	108.5	98.5	100.5	129.2	101.0
电力工业	Power Industry	104.6	102.2	96.3	100.2	98.9	99.1	100.7	107.0
煤炭及炼焦工业	Coal Industry and Coking Industry	125.0	115.4	88.7	109.4	100.4	99.0	148.3	106.7
石油工业	Petroleum Industry	122.8	115.4	77.5	112.4	94.8	84.8	115.3	121.7
化学工业	Chemical Industry	106.1	108.4	97.4	103.1	95.2	94.1	110.7	109.2
机械工业	Machine Building Industry	100.3	103.4	97.7	98.5	97.9	97.9	103.7	102.4
建筑材料工业	Building Materials Industry	93.0	104.9	97.9	111.3	105.9	98.6	102.4	100.5
森林工业	Timber Industry	102.9	104.1	100.7	102.5	101.5	99.4	101.1	102.1
食品工业	Food Industry	100.9	103.9	100.4	100.9	101.7	104.4	103.0	103.3
纺织工业	Textile Industry	98.7	117.4	94.9	104.8	98.2	94.9	112.4	105.7
缝纫工业	Tailoring Industry	101.0	103.4	100.7	102.5	97.2	92.4	100.9	103.6
皮革工业	Leather Industry	100.4	102.7	101.6	99.1	101.3	101.0	98.9	101.5
造纸工业	Paper Industry	102.8	103.5	100.1	106.3	94.2	96.3	106.7	102.0
文教艺术用品工业	Industry of Cultural, Educational & Handicrafts Articles	99.8	103.8	99.9	100.5	100.4	99.7	97.1	102.1
其他工业	Other Industry	105.7	105.3	100.4	102.0	100.8	95.8	108.6	104.3

注：2018年至今工业生产者价格调查工业行业分类按2017年《国民经济行业分类标准》，部分分类指标与2017年不同。

a) The industrial industry classification of the Industrial Producer Price Survey from 2018 is based on the <National Economic Industry Classification Standard> in 2017, and some of the classification indicators are different from those in 2017.

8-8 按工业行业分工业生产者出厂价格指数
Producer Price Indices for Industrial Products by Sector

(上年=100) (preceding year=100)

行业	Sector	2019	2020	2021	2022
煤炭开采和洗选业	**Mining and Washing of Coal**	**104.7**	**101.2**	**142.5**	**112.1**
烟煤和无烟煤的开采洗选	Mining and Washing of Bituminous Coal and Anthracite	104.7	101.2	142.5	112.1
黑色金属矿采选业	**Mining and Processing of Ferrous Metal Ores**	**100.4**	**108.1**	**108.7**	**93.8**
铁矿采选	Mining and Processing of Iron Ores	100.3	108.5	108.7	93.8
锰矿、铬矿采选	Mining and Processing of Manganese and Chrome Ores	101.8	100.3		
有色金属矿采选业	**Mining and Processing of Non-Ferrous Metal Ores**	**92.2**	**100.8**	**125.7**	**114.9**
常用有色金属矿采选	Mining and Processing of Frequently Used Non-Ferrous Metal Ores	94.3	100.7	137.1	100.7
贵金属矿采选	Mining and Processing of Precious Metal Ores	107.9	121.1	97.0	103.8
稀有稀土金属矿采选	Mining and Processing of Rare Earth and Rare Metals Ores	88.5	97.8	122.4	126.1
非金属矿采选业	**Mining and Processing of Non-metal Ores**	**105.9**	**101.3**	**98.2**	**106.7**
土砂石开采	Mining of Soil,Sand and Stone	108.4	102.6	97.8	105.4
采盐	Mining and Processing of Salt Ores	88.4	89.6	108.8	139.8
石棉及其他非金属矿采选产品	Mining and Processing of Asbestos and Other Nonmetal Ores	99.8	98.9	96.7	102.5
农副食品加工业	**Processing of Food from Agricultural Products**	**102.2**	**106.5**	**104.6**	**104.9**
谷物磨制	Polishing of Grain	96.4	103.5	105.3	99.9
饲料加工	Processing of Feed	96.3	100.1	109.3	107.6
植物油加工	Processing of Vegetables,Fungi,Fruits and Nuts	104.5	106.5	112.4	105.8
屠宰及肉类加工	Slaughtering and Processing of Meat	129.1	133.5	83.8	99.8
水产品加工	Processing of Aquatic Products	100.8	89.1	90.8	107.1
蔬菜、菌类、水果和坚果加工	Processing of Vegetable,Fungi,Fruits and Nuts	100.3	100.8	107.6	105.6
其他农副食品加工	Processing of Other Food from Agricultural Products	100.3	100.5	103.8	102.2
食品制造业	**Manufacture of Foodstuff**	**100.7**	**101.0**	**100.8**	**103.0**
焙烤食品制造	Manufacture of Baking Foodstuff	101.4	104.6	101.7	102.5
糖果、巧克力及蜜饯制造	Manufacture of Sweet,Chocolate and Candied Fruit	101.1	99.8	99.1	103.5
方便食品制造	Manufacture of Convenience Food	98.8	101.9	102.3	101.4
乳制品制造	Manufacture of Dairy Products	101.8	101.0	102.3	102.5
罐头食品制造	Manufacture of Cans Food	101.5	102.7	96.9	99.5
调味品、发酵制品制造	Manufacture of Condiments and Fermentation Products	94.9	93.5	101.7	101.0
其他食品制造	Manufacture of Other Foodstuff	102.4	100.0	100.9	105.1
酒、饮料和精制茶制造业	**Manufacture of Alcohol, Beverages and Refined Tea**	**99.6**	**98.6**	**100.3**	**100.1**
酒的制造	Manufacture of Alcohol	98.4	98.7	100.4	100.8
饮料制造	Manufacture of Beverages	100.9	98.0	100.0	99.3
精制茶加工	Processing of Refined Tea	98.9	100.7	101.1	100.5
烟草制品业	**Manufacture of Tobacco**	**102.1**	**100.9**	**100.2**	**100.0**
卷烟制造	Manufacture of Cigarettes	102.1	100.9	100.2	100.0
纺织业	**Manufacture of Textile**	**98.2**	**94.9**	**112.2**	**105.2**
棉纺织及印染精加工	Processing and Dyeing of Cotton and Textile	96.4	92.6	116.0	105.3
毛纺织及染整精加工	Processing and Dyeing of Wool Textile	100.0	98.2		
麻纺织及染整精加工	Processing and Dyeing of Flax Textile	130.5	111.5	96.9	98.7
丝绢纺织及印染精加工	Processing and Dyeing of Silk Textile	96.0	95.4	124.3	114.8
化纤织造及印染精加工	Processing and Dyeing of Chemical Fiber	97.5	99.0	99.6	109.2
针织或钩针编织物及其制品制造	Manufacture of Knits or Crochets and Related Products			109.8	99.2
家用纺织制成品制造	Manufacture of Household Textile Products	105.0	102.9	102.0	101.0
产业用纺织制成品制造	Manufacture of Household Industrial Textile Products	99.4	109.5	85.6	99.1
纺织服装、服饰业	**Manufacture of Textile Wearing Apparel,and Accessories**	**97.0**	**92.1**	**100.2**	**104.0**
机织服装制造	Manufacture of Woven Garments	95.3	89.7	102.5	106.4
针织或钩针编织服装制造	Manufacture of Knitted or Crocheted Garments	101.0	96.8	98.9	99.6
服饰制造	Manufacture of Clothing	99.9	98.6	90.0	97.8
皮革、毛皮、羽毛及其制品和制鞋业	**Manufacture of Leather, Fur, Feather and Related Products and Footwear**	**101.5**	**97.4**	**102.5**	**101.5**

注：2021年工业生产者价格调查对调查目录做了修订，部分分类指标与2020年不同。

The survey catalogue was revised in the 2021 Industrial Produces Price Survey,and some classification indicators will be different in 2020.

8-8 续表1 continued

(上年=100) (preceding year=100)

行 业	Sector	2019	2020	2021	2022
皮革鞣制加工	Processing of Leather	100.3	98.1	99.5	104.6
皮革制品制造	Manufacture of Leather Products	100.4	99.6	99.1	101.5
毛皮鞣制及制品加工	Manufacture and Processing of Fur Products	100.5	100.9	99.8	101.3
羽毛(绒)加工及制品制造	Manufacture and Processing of Feather Products	102.0	64.5	120.6	101.6
制鞋业	Manufacture of Shoes	101.9	102.5	98.8	101.0
木材加工和木、竹、藤、棕、草制品业	**Processing of Timber,Manufacture of Wood,Bamboo,Rattan,Palm, and Straw Products**	**101.2**	**98.7**	**102.0**	**103.0**
木材加工	Processing of Wood	91.0	97.5	104.1	105.7
人造板制造	Manufacture of Plywood	101.4	98.9	103.4	105.4
木质制品制造	Manufacture of Wood Products	103.3	97.4	99.3	100.1
竹、藤、棕、草等制品制造	Manufacture of Wood, Bamboo, Rattan, Palm and Straw Products	103.3	99.3	98.4	96.5
家具制造业	**Manufacture of Furniture**	**102.3**	**100.5**	**100.8**	**101.2**
木质家具制造	Manufacture of Wood Furniture	102.0	101.0	100.3	101.3
金属家具制造	Manufacture of Metal Furniture	97.1	94.1	101.2	95.5
其他家具制造	Manufacture of Other Furniture	109.5	100.3	105.5	103.5
造纸和纸制品业	**Manufacture of Paper and Paper Products**	**94.2**	**96.3**	**106.7**	**102.0**
纸浆制造	Manufacture of Pulp			122.6	119.9
造纸	Manufacture of Paper	89.6	94.1	106.7	100.2
纸制品制造	Manufacture of Paper Products	100.3	99.2	106.7	104.3
印刷和记录媒介复制业	**Printing, Reproduction of Recording Media**	**99.4**	**98.8**	**98.4**	**96.7**
印刷	Printing	99.4	98.8	98.4	96.7
文教、工美、体育和娱乐用品制造业	**Manufacture of Articles For Culture,Education,Arts and Crafis Sport and Entertainment Activities**	**100.9**	**98.7**	**98.6**	**105.3**
文教办公用品制造	Manufacture of Office Supplies For Culture,Education	101.2	100.4	103.6	100.0
乐器制造	Manufacture of Music Instruments	101.1	102.7		
工艺美术及礼仪用品制造	Manufacture of Arts and Crafts and Etiquettes	100.2	97.2	99.8	101.4
体育用品制造	Manufacture of Sport Articles	104.1	104.9	95.6	102.5
玩具制造	Manufacture of Toys	99.5	96.0	94.8	99.5
游艺器材及娱乐用品制造	Manufacture of Recreational Equipment and Entertainmtng Products	101.9	99.9	96.7	136.7
石油、煤炭及其他燃料加工业	**Processing of Petroleum,Coal and Other Fuels**	**94.3**	**87.7**	**128.3**	**118.5**
精炼石油产品制造	Manufacture of Refined Petroleum Products	93.0	82.4	120.8	123.6
煤炭加工	Processing of Coal	96.6	96.5	150.1	105.2
生物质燃料加工	Processing of Biofuel			108.3	103.0
化学原料和化学制品制造业	**Manufacture of Raw Chemical Materials and Chemical Products**	**92.4**	**90.4**	**117.0**	**112.5**
基础化学原料制造	Manufacture of Basic Chemical Material	92.2	89.1	129.7	120.0
肥料制造	Manufacture of Fertilizers	101.4	94.3	115.6	129.7
农药制造	Manufacture of Pesticides	103.4	97.8	100.9	102.3
涂料、油墨、颜料及类似产品制造	Manufacture of Coating,Ink and Paint Products	104.2	96.3	105.8	103.3
合成材料制造	Manufacture of Synthetic Materials	85.8	92.4	122.0	102.0
专用化学产品制造	Manufacture of Specialized Chemical Products	86.1	86.1	115.0	110.2
炸药、火工及焰火产品制造	Manufacture of Explosives, Pyrotechnics and Fireworks	100.1	100.1	104.1	104.7
日用化学产品制造	Manufacture of Daily Used Chemical Products	97.6	91.9	97.2	103.6
医药制造业	**Manufacture of Medicines**	**98.4**	**100.5**	**104.7**	**102.8**
化学药品原料药制造	Manufacture of Chemical Original Drug	97.2	102.4	111.9	117.5
化学药品制剂制造	Manufacture of Chemical Agents	102.1	100.8	98.5	97.8
中药饮片加工	Manufacture of Herbal Medicine	100.0	97.6	108.6	108.1
中成药生产	Manufacture of Proprietary Chinese Medicine	95.6	100.4	105.3	101.7
兽用药品制造	Manufacture of Veterinary Drugs	100.0	99.4	106.0	103.5
生物药品制品制造	Manufacture of Biopharmaceutical Products	100.8	100.6	99.0	100.2
卫生材料及医药用品制造	Manufacture of Sanitation Materials and Medical Supplies	99.6	100.4	92.2	64.6
药用辅料及包装材料	Pharmaceutical Excipients and Packaging Materials	99.6	100.4	107.2	98.1
化学纤维制造业	**Manufacture of Chemical Fibers**	**90.0**	**83.4**	**103.3**	**101.0**
纤维素纤维原料及纤维制造	Manufacture of Cellulose Fibers and Fibers	85.3	79.5		
合成纤维制造	Manufacture of Synthetic Fibers	106.0	94.7	103.3	101.0
生物基材料制造	Manufacture of Biological Material	85.3	79.5		
橡胶和塑料制品业	**Manufacture of Rubber and Plastics**	**99.6**	**96.5**	**105.2**	**108.1**
橡胶制品业	Manufacture of Rubber	98.5	96.5	101.1	105.7
塑料制品业	Manufacture of Plastics	99.9	96.5	106.2	108.6

8-8 续表2 continued

(上年=100) (preceding year=100)

行 业	Sector	2019	2020	2021	2022
非金属矿物制品业	**Manufacture of Non-metallic Mineral Products**	**105.4**	**98.5**	**103.4**	**100.6**
水泥、石灰和石膏制造	Manufacture of Cement, Lime and Gypsum	98.4	97.8	106.2	95.7
石膏、水泥制品及类似制品制造	Manufacture of Cement and Gypsum	108.4	101.0	102.2	101.4
砖瓦、石材等建筑材料制造	Manufacture of Brick, Stone	109.6	102.8	98.7	103.1
玻璃制造	Manufacture of Glass	101.8	100.7	128.9	94.9
玻璃制品制造	Manufacture of Glass Products	100.0	105.3	101.4	99.9
玻璃纤维和玻璃纤维增强塑料制品制造	Manufacture of Glass Fiber and Glass Fiber Reinforced Plastic Products	97.4	96.9	121.2	96.8
陶瓷制品制造	Manufacture of Ceramic Products	108.4	97.3	99.6	99.3
耐火材料制品制造	Manufacture of Refractory Products	99.5	97.6	96.3	122.4
石墨及其他非金属矿物制品制造	Manufacture of Graphite and Other Non-metallic Mineral Products	95.9	101.0	114.3	115.4
黑色金属冶炼和压延加工业	**Smelting and Pressing of Ferrous Metals**	**97.8**	**97.7**	**129.2**	**86.9**
炼钢	Steelmaking	102.3	98.2	133.6	103.5
钢压延加工	Smelting and Pressing of Steel	97.6	97.7	129.1	86.7
铁合金冶炼	Smelting of Alloy Iron	100.1	98.4		
有色金属冶炼和压延加工业	**Smelting and Pressing of Non-ferrous Metals**	**98.0**	**101.0**	**133.5**	**104.0**
常用有色金属冶炼	Smelting of Frequently Used Non-Ferrous Metal	96.9	101.3	136.0	104.4
贵金属冶炼	Smelting of Precious Metal	121.3	123.9	107.5	89.5
稀有稀土金属冶炼	Smelting of Rare Earth and Rare Metals	91.3	97.1	148.4	120.1
有色金属合金制造	Manufacture of Non-Ferrous Metaling Alloy	91.6	96.0	118.7	115.4
有色金属压延加工	Pressing of Non-Ferrous Metal	101.0	101.2	131.9	101.1
金属制品业	**Manufacture of Metal Products**	**100.8**	**99.5**	**108.0**	**102.1**
结构性金属制品制造	Manufacture of Structural Metal Products	100.9	100.3	109.9	102.0
金属工具制造	Manufacture of Metal Tools	104.9	99.3	93.4	93.4
集装箱及金属包装容器制造	Manufacture of Containers and Metal Packaging	100.2	103.2	101.2	102.6
金属丝绳及其制品制造	Manufacture of Metal Wire, Ropes and Its Products	100.5	98.0	123.7	99.5
建筑、安全用金属制品制造	Manufacture of Metal Products for Construction and Safety	100.4	96.4	101.2	103.0
金属表面处理及热处理加工	Processing of Metal Surface Treatment and Heat Treatment	98.9	96.7		
搪瓷制品制造	Manufacture of Enamel Products	99.2	98.7		
金属制日用品制造	Manufacturing of Metal Commodities	107.4	100.9	96.2	98.0
锻造及其他金属制品制造	Forging and Manufacture of Other Metal Products	98.9	102.2	116.0	103.8
通用设备制造业	**Manufacture of General Purpose Machinery**	**99.8**	**98.8**	**102.8**	**101.3**
锅炉及原动设备制造	Manufacture of Boilers and Original Motivation	98.8	96.8	100.8	102.1
金属加工机械制造	Manufacture of Metal Processing Machinery	101.2	100.7	98.0	101.0
物料搬运设备制造	Manufacture of Material Handling Equipment	100.0	99.9	100.5	99.1
泵、阀门、压缩机及类似机械制造	Manufacture of Pumps, Valves, Compressors	100.5	98.9	105.6	102.0
轴承、齿轮和传动部件制造	Manufacture of Bearings, Gears and Transmission Components	100.5	100.3	100.3	100.0
烘炉、风机、包装等设备制造	Manufacture of Drying Furnace,Fan,Packing and Other Equipment	101.1	101.4	104.0	99.9
文化、办公用机械制造	Manufacture of Culture, Office Machinery			106.4	121.2
通用零部件制造	Manufacture of General Components	97.4	95.6	101.0	98.6
其他通用设备制造业	Manufacture of Other General Equipment	100.0	100.0	99.4	100.7
专用设备制造业	**Manufacture of Special Purpose Machinery**	**101.4**	**100.5**	**99.3**	**100.0**
采矿、冶金、建筑专用设备制造	Manufacture of Special Equipment for Mining,Metallurgy, Construction	102.8	99.8	98.2	100.3
化工、木材、非金属加工专用设备制造	Manufacture of Special Equipment for Chemicals,Wood,Non-metallic Processing	103.3	96.1	97.5	99.0
食品、饮料、烟草及饲料生产专用设备制造	Manufacture of Special Equipment for Food, Beverage,Tobacco and Feed Production	100.3	100.3	101.6	101.5
印刷、制药、日化及日用品生产专用设备制造	Manufacture of Special Equipment for Printing,Pharmaceuticals, Cosmetics and Daily Production	100.0	100.0		
纺织、服装和皮革加工专用设备制造	Manufacture of Special Equipment for Textiles, Clothing and Leather Industry	103.8	98.1	91.6	101.8
农、林、牧、渔专用机械制造	Manufacture of Special Equipment for Agriculture,Forestry,Animal Husbandry, Fishery	102.8	102.3		
电子和电工机械专用设备制造	Manufacture of Special Equipment for Electronic and Electrical Machinery			101.2	101.1
医疗仪器设备及器械制造	Manufacture of Medical Equipment and Instrument	100.9	102.9	100.4	99.4
环保、邮政、社会公共服务及其他专用设备制造	Manufacture of Environmental Protection,Postal Service,Public Service and Other Special Equipment	96.6	99.9	100.8	100.3

8-8 续表3 continued

(上年=100) (preceding year=100)

行 业	Sector	2019	2020	2021	2022
汽车制造业	**Manufacture of Automobiles**	**99.8**	**99.5**	**100.0**	**100.5**
汽车整车制造	Manufacture of Automobiles	100.5	98.9	99.1	100.0
汽车用发动机制造	Manufacture of Automotive Engine	100.5	98.9	97.3	98.8
改装汽车制造	Manufacture of Refit Automobiles	101.8	100.9	99.8	101.1
汽车车身、挂车制造	Manufacture of Automobiles and Trailers	97.8	102.1	111.1	102.0
汽车零部件及配件制造	Manufacture of Auto Parts and Accessories	99.1	99.9	100.2	100.9
铁路、船舶、航空航天和其他运输设备制造业	**Manufacture of Railway,Ship,Aerospace and Other Transport Equipment**	**112.7**	**108.0**	**99.8**	**100.5**
铁路运输设备制造	Manufacture of Equipment for Railway Transport	99.2	100.4	99.6	100.7
船舶及相关装置制造	Manufacture of Shipping and Related Devices	118.2	110.8		
摩托车制造	Manufacture of Motorcycles	100.0	100.0		
城市轨道交通设备制造	Manufacture of Urban Rail Transport Equipment			100.3	100.0
助动车制造	Manufacture of Moped Bicycle	100.0	100.0	100.3	99.9
非公路休闲车及零配件制造	Manufacture of Off-highway Leisure Vehicles and Parts	95.4	98.1		
电气机械和器材制造业	**Manufacture of Electrical Machinery and Equipment**	**93.2**	**94.6**	**109.2**	**105.9**
电机制造	Manufacture of Electrical Motors	99.2	100.5	104.8	99.5
输配电及控制设备制造	Manufacture of Power Distribution and Control Equipment	81.2	86.9	102.7	102.7
电线、电缆、光缆及电工器材制造	Manufacture of Wires, Cables,Fiber-optic Cables and Electrical Equipment	99.1	100.3	122.0	98.2
电池制造	Manufacture of Electric Cells	101.2	97.5	112.2	128.6
家用电力器具制造	Manufacture of Household Electrical Apparatus	96.6	96.7	97.0	100.6
非电力家用器具制造	Manufacture of Household Nonelectrical Apparatus	100.1	101.4		
照明器具制造	Manufacture of Lighting Devices	103.3	100.3	104.1	104.2
其他电气机械及器材制造	Manufacture of Other Electrical Machinery and Equipment	95.1	96.1		
计算机、通信和其他电子设备制造业	**Manufacture of Computers,Communications and Other Electronic**	**100.3**	**99.6**	**101.1**	**100.8**
计算机制造	Manufacture of Computers	103.7	103.3	105.4	106.3
通信设备制造	Manufacture of Communication Equipment	99.1	99.4	102.5	101.4
广播电视设备制造	Manufacture of Communication Broadcasting and TV Equipment	103.0	100.2	98.3	100.0
视听设备制造	Manufacture of Audio-visual Equipment	99.8	100.7		
非专业视听设备制造	Manufacture of Non-professional Audio-Visual Equipment			106.8	95.9
智能消费设备制造	Manufacture of Inelligent Consumption Equipment	99.9	99.2	82.1	84.4
电子器件制造	Manufacture of Electronic Devices	99.6	98.9	98.2	96.9
电子元件及电子专用材料制造	Manufacture of Electronic Components and Electronic Specialized Materials	100.4	98.7	109.1	108.2
其他电子设备制造	Manufacture of Other Electronic Equipment	99.9	99.2	97.5	104.5
仪器仪表制造业	**Manufacture of Measuring Instruments**	**100.2**	**100.2**	**100.0**	**98.3**
通用仪器仪表制造	Manufacture of General Measuring Instruments and Machinery	101.0	100.8	99.5	99.5
专用仪器仪表制造	Manufacture of Special Measuring Instruments and Machinery	96.2	98.4		
钟表与计时仪器制造	Manufacture of Clocks and Timing Equipment	100.0	100.0		
光学仪器制造	Manufacture of Optical Instruments	93.1	90.6	100.3	93.8
衡器制造	Manufacture of Weighing Instruments	102.2	101.7	104.7	101.2
其他制造业	**Other Manufacture**	**107.5**	**98.6**	**98.1**	**101.2**
日用杂品制造	Manufacture of Groceries for Daily Use	109.2	99.1	95.3	97.0
其他未列明制造业	Other Unspecified Manufacturing Industries	99.9	96.3	100.8	105.2
废弃资源综合利用业	**Comprehensive Utilization of Waste Resources**	**109.7**	**98.9**	**125.9**	**103.3**
金属废料和碎屑加工处理	Metal Waste and Fragment Treatment and Processing	109.6	98.6	128.3	103.1
非金属废料和碎屑加工处理	Processing and Disposal of Non-metallic Waste and Debris	100.3	101.0	103.2	105.8
金属制品、机械和设备修理业	**Repair of Metal Products, Machinery and Equipment**	**100.4**	**100.0**		
其他机械和设备修理业	Other Machinery and Equipment Repair Industries	100.4	100.0		
电力、热力生产和供应业	**Production and Supply of Electric Power and Heat Power**	**98.8**	**99.0**	**100.7**	**107.0**
电力生产	Production of Electric Power	100.6	100.1	101.6	112.2
电力供应	Supply of Electric Power	98.0	98.6	100.0	103.0
热力生产和供应	Production and Supply of Heat Power	121.7	101.9	109.2	130.3
燃气生产和供应业	**Production and Supply of Gas**	**103.5**	**95.9**	**100.1**	**115.4**
燃气生产和供应业	Production and Supply of Gas	103.5	95.9	100.1	115.4
生物质燃气生产和供应业	Production and Supply of Biomass Gas	103.5	95.9		
水的生产和供应业	**Production and Supply of Water**	**104.6**	**100.0**	**100.7**	**104.5**
自来水生产和供应	Production and Supply of Water	103.5	99.9	100.3	100.5
污水处理及其再生利用	Sewage Treatment and Recycling	111.9	101.1	105.0	145.3

8-9 工业生产者购进价格指数
Purchasing Price Indices for Industrial Producers

(上年=100)　　(preceding year=100)

类　别	Type	2005	2010	2015	2018	2019	2020	2021	2022
总指数	**General Index**	**110.0**	**111.8**	**93.6**	**103.2**	**98.2**	**97.0**	**112.3**	**109.4**
燃料、动力类	Fuel and Power	112.8	106.6	89.6	105.6	97.4	94.4	115.1	118.6
黑色金属材料类	Ferrous Metals	105.3	108.0	87.8	104.3	104.2	101.5	118.1	94.9
钢　材	Steel	106.9	105.3	91.6	106.9	99.5	99.0	115.0	98.5
其　他	Others	103.7	111.4	77.9	98.7	114.6	106.7	122.6	90.0
有色金属材料及电线类	Nonferrous Metals and Cables	125.7	135.0	88.4	104.3	95.7	99.0	120.0	113.7
化工原料类	Raw Chemical Materials	109.0	111.9	94.9	98.8	89.3	88.8	117.8	116.8
木材及纸浆类	Timber and Paper Pulp	107.7	106.6	99.0	103.8	99.0	100.5	108.7	104.0
建筑材料及非金属类	Building Materials and Non-metals	113.1	104.5	95.1	107.6	100.5	101.5	106.8	100.4
其他工业原材料及半成品类	Other Industrial Raw Materials and Semifinished Products	103.6	108.3	97.7	101.9	100.2	97.2	106.8	105.5
农副产品类	Agricultural Products	100.6	119.8	99.1	99.8	100.6	100.3	105.6	106.1
纺织原料类	Textile Materials	102.4	112.7	97.8	102.8	102.0	98.1	104.7	109.0

主要统计指标解释

居民消费价格指数 是反映一定时期内城乡居民所购买的生活消费品价格和服务项目价格变动趋势和程度的相对数，是对城市居民消费价格指数和农村居民消费价格指数进行综合汇总计算的结果。该指数可以观察和分析消费品的零售价格和服务项目价格变动对城乡居民实际生活费支出的影响程度。

商品零售价格指数 是反映一定时期内城乡商品零售价格变动趋势和程度的相对数。商品零售价格的变动直接影响到城乡居民的生活支出和国家的财政收入，影响居民购买力和市场供需的平衡，影响到消费与积累的比例关系。因此，该指数可以从一个侧面对上述经济活动进行观察和分析。

工业生产者价格指数 是反映工业产品价格变化趋势和变动幅度的统计指标，是工业企业的产品价格在不同时间和空间条件下平均变动的相对数，包括工业品第一次出售时的出厂价格和企业作为中间投入的原材料、燃料、动力购进价格。该指数是进行国民经济核算和经济管理的重要依据。

Explanatory Notes on Main Statistical Indicators

Consumer Price Indices reflect the trend and degree of changes in prices of consumer goods and services purchased by urban and rural households during a given period. They are obtained by combining the Urban Consumer Price Indices and the Rural Consumer Price Indices. The Indices enable the observation and analysis of the degree of impact of the changes in the prices of retailed goods and services on the actual living expenses of urban and rural residents.

Retail Price Indices reflect the trend and degree of change in retail prices of commodities during a given period. The change in retail prices of commodities directly affect the living expenses of urban and rural residents, government revenue, purchasing power of residents and the equilibrium of market supply and demand, and the ratio of consumption to accumulation. Therefore, the retail price indices are useful from an oblique perspective for observing and analyzing the changes of the above economic activities.

Industry producer price index measures the trend and degree of variance of industry producer price. It is a relative figure of average variance in different time and space, which includes factory price of first sale and intermediate inputs of raw materials, fuel and power. It is a important base of national economic accounting and economic governance.

九、人民生活

PEOPLE`S LIVELIHOOD

◆ 183/214

资料整理：田仁德　王　敏

简要介绍

一、本篇资料的主要内容

本篇资料反映了全省城镇、农村居民的家庭收支、人口就业、居住、耐用消费品拥有、生产和生活等方面的情况。

二、本篇资料的来源

本篇资料中城镇、农村居民家庭相关资料来源于居民收支调查年报，由国家统计局江西调查总队居民收支调查处整理提供。

三、本篇资料的调查口径

从2013年起，国家统计局开展了城乡一体化住户收支与生活状况抽样调查，与2013年前的分城镇和农村住户抽样调查的调查范围、调查方法、指标口径有所不同。2013年前城镇和农村住户调查的指标为老口径数据，2013年后城镇和农村居民调查的指标为新口径数据。

Brief Introduction

I. Content

Data in this chapter show the basic condition of the people's livelihood of the whole province, including income and expenditure of the households, population and employment, housing condition, consumption, possession of the major consumer goods, production, and living condition.

II. Source of Data

Data in this chapter are based on the data collected by the sample survey on income and expenditure of urban and rural households, and are prepared and provided by the Division of Household Income and Expenditure Survey of Survey Office of the National Bureau of Statistics in Jiangxi.

Ⅲ Statistical Caliber

The sample survey of the integration of urban and rural residents income and life situation has been conducted since 2013 . The scope of investigation, investigation method, index caliber therefore varies from the sample survey of residents by residences before 2013. New stati stical caliber has been applied since 2013.

9-1 人民物质文化生活情况
People's Material and Cultural Life

指标	Item	1978	2000	2010	2021	2022
就业(人)	**Employment (person)**					
城镇居民每一劳动力负担人口	Number of Dependents per Employee of Urban Household		1.79	1.87	1.65	1.65
农村居民每一劳动力负担人口	Number of Dependents per Laborer of Rural Household	2.50	1.46	1.35	2.02	2.03
收入(元)	**Income (yuan)**					
城镇非私营单位在岗职工平均工资	Average Wage of Employed Staff and Workers in Urban Nonprivate Units	552	7014	29092	86116	90397
城镇居民人均可支配收入	Per Capita Annual Disposable Income of Urban Households	305	5104	15481	41684.41	43697
农村居民人均可支配收入	Per Capita Net Income of Rural Residents	141	2135	5789	18684.19	19936
储蓄(元)	**Saving (yuan)**					
平均每人住户存款年末余额	Per Capita Balance of Saving Deposit at Year-end	13	2997	13746		
居住(平方米)	**Residence (sq.m)**					
城镇居民人均建筑面积	Per Capita Building Space of Urban Households			38.9	51.6	51.9
农村居民人均建筑面积	Per Capita Living Space of Rural Households		27.8	40.3	69.4	69.7
交通、通讯	**Traffic and Communication**					
城镇居民每百户汽车拥有量(辆)	Number of Automobiles per 100 Urban Households (unit)		0.39	5.31	43.14	44.10
城镇居民每百户摩托车拥有量(辆)	Number of Motorcycles per 100 Urban Households (unit)		12.96	20.77	29.25	27.35
城镇居民每百户拥有移动电话(部)	Number of Mobile Telephones per 100 Urban Households (unit)		14.37	181.18	263.43	267.53
农村居民每百户汽车拥有量(辆)	Number of Bicycles per 100 Rural Households (unit)				26.37	30.60
农村居民每百户摩托车拥有量(辆)	Number of Motorcycles per 100 Rural Households (unit)		17.47	60.49	57.43	56.63
农村居民每百户拥有移动电话(部)	Number of Mobile Telephones per 100 Rural Households (unit)		1.43	140.98	276.43	281.31
教育	**Education**					
每万人中有普通高等学校在校学生(人)	Students Enrollment of Regular Higher Education Institutions per 10 000 Population (person)	6.9	35.3	188.0	298.48	323.80
每万人中有中等学校在校学生(人)	Students Enrollment of Secondary Schools per 10 000 Population (person)	540.7	702.4	788.7	850.28	850.62
每万人中有小学在校学生(人)	Students Enrollment of Primary Schools per 10 000 Population (person)	1614.2	1018.9	955.9	875.95	848.87
卫生	**Health**					
每万人中有卫生技术人员(人)	Number of Medical Technical Personnels per 10 000 Population (person)	22.1	29.7	34.7	67.65	69.43
#医生	Doctors	9.6	13.1	13.3	24.65	25.05
每万人中有病床数(张)	Number of Hospital Beds per 10000 Population (bed)	22.7	21.9	28.7	68.01	69.52
#医院卫生院	Hospital Beds	20.5	20.1	23.1	63.07	64.29
文化(台/套)	**Culture (set)**					
城镇居民每百户拥有彩色电视机	Number of Color TV per 100 Urban Households		106.01	148.00	126.00	126.78
城镇居民每百户拥有照相机	Number of Cameras per 100 Urban Households		25.48	33.82	6.72	7.27
城镇居民每百户拥有计算机	Number of Computers per 100 Urban Households		4.56	59.91	56.26	54.99
农村居民每百户拥有计算机	Number of Computers per 100 Rural Households		2.00	5.22	24.87	23.99
农村居民每百户拥有彩色电视机	Number of Color TV per 100 Rural Households		30.16	106.86	125.72	125.79
农村居民每百户拥有照相机	Number of Cameras per 100 Rural Households		2.08	2.69	1.06	1.23

注：2013年之前为农村居民人均纯收入指标，2013年之后所有调查指标为新口径调查数据，无纯收入指标，统一为可支配收入指标。后同。

a) Rural per capita net income has been adjusted to per capita disposable income of rural residents since 2013. The same applies to the tables following.

9-2 居民消费水平
Household Consumption Expenditure

本表绝对数按当年价格计算，指数按可比价格计算。
Level in this table are calculated at current prices, while indices are calculated at constant prices.

年份 Year	绝对数(元) Level (yuan)			指数(上年=100) Index (Preceding Year=100)			指数(1978=100) Index (year of 1978=100)		
	全体居民 All Households	农村居民 Rural Household	城镇居民 Urban Household	全体居民 All Households	农村居民 Rural Household	城镇居民 Urban Household	全体居民 All Households	农村居民 Rural Household	城镇居民 Urban Household
1978	181	161	281	115.7	115.7	109.7	100.0	100.0	100.0
1979	203	179	323	110.7	109.7	113.4	110.7	109.7	113.4
1980	211	183	340	99.7	98.0	101.0	110.4	107.5	114.5
1981	230	194	394	104.1	101.3	110.8	114.9	108.9	126.9
1982	266	235	403	112.4	117.7	99.5	129.1	128.2	126.3
1983	282	253	410	104.5	106.1	100.3	135.0	136.0	126.6
1984	311	279	448	107.6	107.6	106.6	145.2	146.3	135.0
1985	367	327	535	108.7	107.9	109.7	157.8	157.9	148.1
1986	395	346	590	101.6	101.0	101.6	160.4	159.5	150.5
1987	427	365	675	103.7	101.7	107.0	166.3	162.2	161.0
1988	506	421	842	104.7	101.7	111.7	174.1	164.9	179.8
1989	580	480	971	100.0	101.6	96.5	174.1	167.6	173.5
1990	666	577	1017	104.5	104.8	103.6	182.0	175.6	179.8
1991	706	605	1105	103.6	103.2	104.6	188.5	181.2	188.1
1992	770	634	1295	106.7	105.1	110.0	201.1	190.5	206.9
1993	887	712	1566	105.9	105.0	107.8	213.0	200.0	223.0
1994	1182	923	2165	105.8	105.2	106.3	225.4	210.4	237.1
1995	1559	1266	2632	106.8	107.6	104.2	240.7	226.4	247.0
1996	1857	1553	2942	112.2	115.7	104.4	270.0	262.0	257.9
1997	1930	1569	3200	104.4	103.1	106.7	281.9	270.1	275.2
1998	1973	1599	3267	101.6	101.4	101.7	286.4	273.9	279.8
1999	2056	1637	3482	104.4	103.9	105.0	299.0	284.5	293.8
2000	2396	1793	4488	116.6	114.9	117.2	348.7	326.9	344.4
2001	2500	1801	4845	104.8	101.2	108.0	365.4	330.9	371.9
2002	2651	1879	5138	106.0	104.3	106.0	387.3	345.1	394.2
2003	2739	1964	5127	102.9	104.0	99.6	398.6	358.9	392.7
2004	3277	2289	6157	111.6	109.8	110.8	444.8	394.1	435.1
2005	3693	2489	7083	109.6	108.1	109.5	487.5	426.0	476.4
2006	4052	2729	7720	125.0	120.1	129.2	609.4	511.6	615.5
2007	4665	3037	9128	108.4	105.9	110.3	660.6	541.8	678.9
2008	5692	3063	9539	114.8	105.4	93.4	758.3	571.0	634.1
2009	6172	3412	9941	112.3	113.4	108.9	851.6	647.5	690.5
2010	7846	4342	12294	111.5	115.4	106.8	949.5	747.3	737.5
2011	9348	5773	13587	112.2	112.7	109.3	1065.4	842.2	806.1
2012	10426	6366	14933	110.9	115.3	106.7	1181.5	971.0	860.1
2013	11933	7458	16584	110.4	114.0	106.6	1304.4	1107.0	916.8
2014	13293	8646	17839	110.5	113.6	107.3	1441.3	1257.5	983.8
2015	14668	9762	19144	109.5	113.5	105.8	1578.3	1427.3	1040.8
2016	16204	11648	20087	109.3	113.6	105.7	1725.0	1621.4	1100.2
2017	17837	12906	21759	108.5	112.8	105.1	1871.7	1828.9	1156.3
2018	20477	15506	24176	108.8	112.9	105.8	2036.4	2064.8	1223.4
2019	23109	17841	26760	108.2	112.6	105.1	2203.4	2325.0	1285.8
2020	24174	19465	27256	103.8	107.3	101.5	2287.1	2494.7	1305.0

9-3 各地区住户存款年末余额(2022年)
Balance of Household Deposits at Year-end by Region (2022)

单位：亿元　　(100 million yuan)

地　区	Region	本外币 RMB and Foreign Currency			人民币 RMB		
		年末余额 Balance	比年初 Over Beginning of Year	比年初增长(%) Growth Rate (%)	年末余额 Balance	比年初 Over Beginning of Year	比年初增长(%) Growth Rate (%)
全　省	**Provincial Total**	**25522.81**	**2710.90**	**11.9**	**25454.74**	**2713.63**	**11.9**
南昌市	Nanchang	4776.22	456.55	10.6	4737.98	459.33	10.7
景德镇市	Jingdezhen	1074.25	114.20	11.9	1071.98	114.06	11.9
萍乡市	Pingxiang	939.88	108.03	13.0	937.93	108.01	13.0
九江市	Jiujiang	2453.80	265.72	12.1	2449.24	265.71	12.2
新余市	Xinyu	829.47	94.55	12.9	827.98	94.66	12.9
鹰潭市	Yingtan	696.48	75.95	12.2	695.27	75.92	12.3
赣州市	Ganzhou	4276.17	432.51	11.3	4270.68	432.46	11.3
吉安市	Ji'an	2586.98	300.01	13.1	2584.17	299.96	13.1
宜春市	Yichun	2805.09	305.11	12.2	2801.65	305.10	12.2
抚州市	Fuzhou	1915.51	216.90	12.8	1912.86	216.97	12.8
上饶市	Shangrao	3167.46	342.00	12.1	3163.51	342.07	12.1

9-4 各地区住户贷款年末余额(2022年)
Balance of Household Loan at Year-end by Region (2022)

单位：亿元　　(100 million yuan)

地　区	Region	本外币 RMB and Foreign Currency			人民币 RMB		
		年末余额 Balance	比年初 Over Beginning of Year	比年初增长(%) Growth Rate (%)	年末余额 Balance	比年初 Over Beginning of Year	比年初增长(%) Growth Rate (%)
全　省	**Provincial Total**	**18240.89**	**1939.11**	**11.9**	**18240.68**	**1939.07**	**11.9**
南昌市	Nanchang	4849.51	388.97	8.7	4849.43	388.94	8.7
景德镇市	Jingdezhen	465.35	57.63	14.1	465.34	57.62	14.1
萍乡市	Pingxiang	437.48	50.11	12.9	437.47	50.11	12.9
九江市	Jiujiang	1857.00	197.06	11.9	1856.98	197.06	11.9
新余市	Xinyu	419.93	38.38	10.1	419.92	38.38	10.1
鹰潭市	Yingtan	333.31	36.76	12.4	333.31	36.76	12.4
赣州市	Ganzhou	3493.74	407.96	13.2	3493.71	407.96	13.2
吉安市	Ji'an	1558.14	164.54	11.8	1558.13	164.54	11.8
宜春市	Yichun	1707.09	239.43	16.3	1707.08	239.42	16.3
抚州市	Fuzhou	1333.94	129.75	10.8	1333.93	129.75	10.8
上饶市	Shangrao	1757.37	218.92	14.2	1757.35	218.92	14.2

9-5 城镇居民基本情况
Basic Statistics on Urban Households

年 份 地 区 Year Region	平均每户家庭人口数(人) Average Household Size (person)	平均每户劳动力人口数(人) Average Number of Employed Persons per Household (person)	平均每人每年可支配收入(元) Per Capita Annual Disposable Income (yuan)	可支配收入指数 Index of Disposable Income		平均每人每年消费支出(元) Per Capita Annual Consumption Expenditure (yuan)
				以上年为100 (preceding year=100)	以1978年为100 (year of 1978=100)	
1986	4.02		729.80	118.0	171.9	630.96
1987	3.98		791.90	100.6	172.9	703.20
1988	3.72		937.80	95.7	165.5	876.48
1989	3.65		1081.90	98.4	161.2	977.88
1990	3.60		1188.00	107.5	173.3	983.76
1991	3.54		1295.00	104.5	181.0	1110.24
1992	3.45		1585.00	113.8	206.0	1275.96
1993	3.37		1985.00	108.1	222.8	1585.68
1994	3.28		2777.00	110.2	245.6	2201.04
1995	3.20		3376.51	104.0	255.5	2712.48
1996	3.18		3780.20	103.6	264.6	2942.16
1997	3.13		4071.32	104.6	276.7	3199.56
1998	3.08		4254.88	103.4	286.0	3266.76
1999	3.06		4728.51	112.0	320.3	3482.28
2000	3.08		5116.46	105.9	339.2	3623.52
2001	3.04		5524.56	108.1	366.7	3894.48
2002	2.97		6362.67	114.8	421.0	4549.32
2003	2.97		6936.75	108.0	454.7	4914.60
2004	2.91		7604.82	106.0	482.0	5337.84
2005	2.89		8678.88	112.3	541.3	6109.44
2006	2.86		9625.05	110.0	595.4	6645.54
2007	2.85		11551.12	112.5	669.8	7810.73
2008	2.90		12989.51	108.3	725.4	8717.37
2009	2.88		14168.14	109.6	795.0	9739.99
2010	2.84		15655.93	107.3	853.0	10618.69
2011	2.87		17692.42	107.5	917.0	11747.21
2012	2.86		20084.62	110.6	1014.2	12775.65
2013	3.35	2.32	22120.00	107.8	1093.3	13843.00
2014	3.32	2.31	24309.00	107.3	1173.1	15142.00
2015	3.23	2.27	26500.12	107.4	1259.9	16731.81
2016	3.25	2.22	28673.28	106.1	1336.8	17695.65
2017	3.23	2.22	31198.06	106.7	1425.9	19244.46
2018	3.71	2.25	33819.40	106.2	1513.9	20760.02
2019	3.78	2.21	36545.90	105.0	1589.9	22714.27
2020	3.82	2.26	38555.84	103.0	1638.1	22134.31
2021	3.74	2.26	41684.41	107.2	1756.0	24586.53
2022	3.70	2.24	43696.53	102.8	1805.2	25975.53

注：可支配收入指数均按可比价计算。

a) Disposable income index is calculated at comparable price.

9-6 城镇居民按收入高低五等份分组基本情况(2022年)
Per Capita Disposable Income of Urban Households by Income Quintile (2022)

指　　标	Item	低收入组 Low Income Households	中低收入组 Lower Middle Income Households
占调查总户数比重(%)	Percentage of Households (%)	20	20
平均每户家庭人口数(人)	Average Household Size (person)	4.45	4.14
平均每户劳动力人口数(人)	Average Number of Laborer Per Household (person)	2.25	2.41
平均每户家庭劳动力人口比重(%)	Percentage of Laborer Per Household	50.59	58.39
平均每一劳动力负担人口(人)	Average Number of Persons Supported by A Laborer (person)	1.98	1.71
平均每人每年可支配收入(元)	Per Capita Annual Disposable Income (yuan)	13515.64	28024.77
平均每人每年消费支出(元)	Per Capita Annual Disposable Income (yuan)	16124.01	19282.18

9-6　续表　continued

指　　标	Item	中等收入组 Middle Income Households	中高收入组 Upper Middle Income Households	高收入组 High Income Households
占调查总户数比重(%)	Percentage of Households (%)	20	20	20
平均每户家庭人口数(人)	Average Household Size (person)	3.52	3.22	3.16
平均每户劳动力人口数(人)	Average Number of Laborer Per Household (person)	2.20	2.21	2.14
平均每户家庭劳动力人口比重(%)	Percentage of Laborer Per Household	62.72	68.52	67.86
平均每一劳动力负担人口(人)	Average Number of Persons Supported by A Laborer (person)	1.59	1.46	1.47
平均每人每年可支配收入(元)	Per Capita Annual Disposable Income (yuan)	38759.45	53739.59	102039.70
平均每人每年消费支出(元)	Per Capita Annual Consumption Expenditure (yuan)	23451.29	30624.75	46715.03

9-7 城镇居民平均每人每年收支
Per Capita Annual Income and Expenditure of Urban Households by Income Quintile

单位：元 (yuan)

指　　标	Item	2021	2022
可支配收入	**Disposable Income**	**41684.41**	**43696.53**
工资性收入	Income of Wages and Salaries	25128.55	26190.87
#工资	Wages	24135.78	25076.64
经营净收入	Net Business Income	3985.10	4122.15
财产净收入	Net Income from Property	4136.10	4527.26
转移净收入	Net Income from Transfers	8434.67	8856.24
#养老金或离退休金	Pension or Retirement Annuities	5904.28	6456.53
总支出	**Total Expenditure of Households**	**35820.48**	**37512.18**
#消费支出	Consumption Expenditure	24586.53	25975.53
生产经营费用支出	Production and Operation	3300.40	3446.90
财产性支出	Property	154.69	128.60
转移性支出	Transfer	1812.01	1924.23
个人所得税	Individual Income Tax	90.75	103.41
部分商业保险支出	Part of the Commercial Insurance Payments	208.32	263.57
购置资产及非经常性转移支出	Purchase of Assets and Non Regular Payments	4037.64	3767.39
借贷性支出	Loan	1721.55	2005.96
#存入储蓄款	Money Deposited in Bank	40.34	163.89
借出款	Lending Money	38.63	45.58
归还借款	Money Returned to the Borrower	280.60	302.54
归还住房贷款	Housing Loan Returned	937.40	1146.30

9-8 城镇居民平均每人每年收支(2022年)

Per Capita Annual Income and Expenditure of Urban Households (2022)

单位：元 (yuan)

指标	Item	合计 Total	低收入户 Low Income Households	中等偏下户 Lower Middle Income Households	中等收入户 Middle Income Households	中等偏上户 Upper Middle Income Households	高收入户 High Income Households
可支配收入	**Disposable Income**	**43696.53**	**13515.64**	**28024.77**	**38759.45**	**53739.59**	**102039.70**
工资性收入	Income of Wages and Salaries	26190.87	9366.43	17325.81	22630.79	29774.60	61915.47
#工资	Wages	25076.64	9289.96	17046.66	21993.02	28604.38	57749.87
经营净收入	Net Business Income	4122.15	-800.05	2516.56	3115.06	5848.15	12511.08
财产净收入	Net Income from Property	4527.26	1235.74	2155.24	3303.88	4809.55	13401.13
转移净收入	Net Income from Transfers	8856.24	3713.52	6027.15	9709.72	13307.28	14212.02
#养老金或离退休金	Pension or Retirement Annuities	6456.53	1537.88	3834.13	7487.79	11503.77	10395.49
总支出	**Total Expenditure of Households**	**37512.18**	**25733.63**	**24548.47**	**29881.78**	**43487.41**	**73700.62**
#消费支出	Consumption Expenditure	25975.53	16124.01	19282.18	23451.29	30624.75	46715.03
生产经营费用支出	Production and Operation	3446.90	6638.78	1123.43	1283.34	2751.58	5231.31
财产性支出	Property	128.60	79.46	41.48	95.31	110.02	370.76
转移性支出	Transfer	1924.23	921.17	1117.35	1413.49	2056.11	4848.63
个人所得税	Individual Income Tax	103.41	36.88	20.06	21.94	46.25	460.18
部分商业保险支出	Part of the Commercial Insurance Payments	263.57	51.27	71.48	106.46	361.50	893.04
购置资产及非经常性转移支出	Purchase of Assets and Non Regular Payments	3767.39	1550.11	2096.09	2300.89	4737.59	9753.87
借贷性支出	Loan	2005.96	368.83	816.46	1231.01	2845.85	5887.97
#存入储蓄款	Money Deposited in Bank	163.89	7.14	33.07	84.27	46.25	771.95
借出款	Lending Money	45.58		43.57	3.38	78.40	125.85
归还借款	Money Returned to the Borrower	302.54	54.12	83.94	74.35	1303.44	151.82
归还住房贷款	Housing Loan Returned	1146.30	226.17	467.43	820.62	1172.85	3684.31

9-9 城镇居民平均每人每年消费支出(2022年)
Per Capita Consumption Expenditure of Urban Households (2022)

单位：元 (yuan)

指 标	Item	合 计 Total	低 收 入 户 Low Income Households	中 等 偏下户 Lower Middle Income Households	中 等 收入户 Middle Income Households	中 等 偏上户 Upper Middle Income Households	高 收 入 户 High Income Households
消费支出	**Consumption Expenditure**	**25975.53**	**16124.01**	**19282.18**	**23451.29**	**30624.75**	**46715.03**
食品烟酒	Food，Cigarette and Wine	8102.09	5430.49	6741.39	7984.63	9918.87	11895.69
#食品	Food	5525.97	3959.53	4906.86	5671.25	6630.72	7228.26
烟酒	Cigarette and Wine	767.20	561.39	608.47	762.59	958.13	1072.60
饮料	Beverage	162.96	100.84	119.23	153.61	193.59	286.93
饮食服务	Service	1645.96	808.73	1106.83	1397.18	2136.43	3307.91
衣着	Clothing	1440.88	741.28	1052.01	1275.35	1720.18	2836.56
#衣类	Clothes	1186.02	592.15	861.00	1042.65	1405.50	2385.73
鞋类	Footwears	254.86	149.13	191.01	232.70	314.68	450.83
居住	Residence	5828.04	3195.39	4377.67	5344.53	7903.15	9830.63
生活用品及服务	Household Appliances and Services	1580.58	735.45	1010.32	1474.42	1888.42	3324.63
交通通信	Transport and Communications	3319.31	1886.02	1972.22	2322.48	3759.51	7795.12
#交通	Transport	2585.33	1370.23	1339.44	1627.77	2836.72	6773.20
通信	Communications	733.98	515.79	632.78	694.71	922.79	1021.92
教育、文化娱乐	Education, Cultural and Recreation Services	2909.19	2417.19	2444.04	2691.41	2795.85	4585.31
#教育	Education	2254.62	2121.40	2057.96	2177.60	2055.75	2999.30
文化娱乐	Cultural and Recreation Services	654.57	295.80	386.07	513.81	740.10	1586.01
医疗保健	Health Care and Medical Services	2185.71	1311.69	1354.16	1937.54	2048.50	4945.60
#医疗器具及药品	Instruments, Apparatuses and Medicines	468.63	354.73	295.05	494.44	488.52	809.35
医疗服务	Service	1717.09	956.96	1059.11	1443.11	1559.98	4136.25
其他用品和服务	Other Goods and Services	609.72	406.48	330.37	420.92	590.27	1501.50
#其他用品	Other Goods	327.91	284.91	187.41	212.03	257.79	780.20
其他服务	Other Services	281.81	121.57	142.96	208.89	332.48	721.30

9-10 城镇居民平均每人每年消费支出和构成
Per Capita Consumption Expenditure and Expenditure Percentage of Urban Households

类　别	Type	消费性支出（元）Consumption Expenditure (yuan)		构　成（%）Percentage（%）	
		2021	2022	2021	2022
消费支出	**Consumption Expenditure**	**24586.53**	**25975.53**	**100**	**100**
食品烟酒	Food，Cigarette and Wine	7722.65	8102.09	31.41	31.19
#食品	Food	5397.69	5525.97	21.95	21.27
烟酒	Cigarette and Wine	661.39	767.20	2.69	2.95
饮料	Beverage	140.24	162.96	0.57	0.63
饮食服务	Service	1523.33	1645.96	6.20	6.34
衣着	Clothing	1440.24	1440.88	5.86	5.55
#衣类	Clothes	1190.36	1186.02	4.84	4.57
鞋类	Footwears	249.88	254.86	1.02	0.98
居住	Residence	5469.81	5828.04	22.25	22.44
生活用品及服务	Household Appliances and Services	1445.79	1580.58	5.88	6.08
交通通信	Transport and Communications	2939.62	3319.31	11.96	12.78
#交通	Transport	2197.72	2585.33	8.94	9.95
通信	Communications	741.90	733.98	3.02	2.83
教育、文化娱乐	Education, Cultural and Recreation Services	2943.56	2909.19	11.97	11.20
#教育	Education	2247.34	2254.62	9.14	8.68
文化娱乐	Cultural and Recreation Services	695.56	654.57	2.83	2.52
医疗保健	Health Care and Medical Services	2015.42	2185.71	8.20	8.41
#医疗器具及药品	Instruments, Apparatuses and Medicines	421.51	468.63	1.71	1.80
医疗服务	Service	1593.91	1717.09	6.48	6.61
其他用品和服务	Other Goods and Services	609.45	609.72	2.48	2.35
#其他用品	Other Goods	332.66	327.91	1.35	1.26
其他服务	Other Services	276.78	281.81	1.13	1.08

9-11 城镇居民平均每百户主要耐用消费品年末拥有量
Main Durable Goods Owned Per 100 Urban Households at Year-end by Region

品 名	Item	2005	2010	2021	2022
摩托车(辆)	Motorcycle (unit)	24.38	20.77	29.25	27.35
家用汽车(辆)	Family Vehicle (unit)	0.73	5.31	43.14	44.10
洗衣机(台)	Washing Machine (unit)	95.29	93.84	95.47	95.79
电冰箱(台)	Refrigerator (unit)	90.66	96.57	100.14	100.33
彩色电视机(台)	Color Television Set (unit)	139.31	148.00	126.00	126.78
计算机(台)	Computer (unit)	32.03	59.91	56.26	54.99
照相机(台)	Camera (unit)	37.35	33.82	6.72	7.27
中高档乐器(架)	Medium and High Grade Musical Instruments (piece)	8.67	6.70	6.10	6.53
微波炉(台)	Microwave Oven (unit)	38.93	55.86	44.62	45.30
空调(台)	Air Conditioner (unit)	72.41	107.67	161.04	163.26
热水器(台)	Shower Heater (unit)	81.77	92.28	102.45	102.44
健身器材(台)	Body Building Equipment (unit)	1.77	3.17	5.55	5.87
移动电话(部)	Mobile Telephone (unit)	136.26	181.18	263.43	267.53

9-12 农村居民家庭基本情况
Basic Statistics on Rural Households

年 份 Year	平均每户家庭人口(人) Average Permanent Population Per Household (person)	平均每户整半劳动力(人) Average Number of Full/ Semi Labour Force Per Household (person)	平均每个劳动力负担人口(人) Average Number of Dependents Per Laborer Force (person)	平均每人可支配收入(元) Per Capita Average Net Income (yuan)	平均每人住房面积(平方米) Per Capita Floor Space of Residential Buildings (sq.m)
1978	5.68	2.77	2.50	140.70	
1979	5.67	2.26	2.50	156.50	
1980	5.91	2.50	2.36	180.94	9.09
1981	6.06	2.78	2.18	226.87	10.05
1982	5.97	2.63	2.27	269.7	11.57
1983	5.92	2.9	2.04	301.76	13.92
1984	5.94	3.02	1.97	334.11	15.55
1985	5.79	3.09	1.87	377.31	16.20
1986	5.72	3.04	1.88	395.63	17.50
1987	5.61	3.02	1.85	429.29	18.47
1988	5.48	3.01	1.82	488.16	19.35
1989	5.38	3.02	1.78	558.64	19.94
1990	5.28	3.00	1.76	669.90	20.58
1991	5.09	2.92	1.74	702.53	20.08
1992	5.01	2.94	1.70	768.41	20.70
1993	4.92	3.02	1.63	869.81	22.91
1994	4.86	3.10	1.57	1218.19	21.61
1995	4.79	3.12	1.54	1537.36	22.70
1996	4.71	3.02	1.56	1869.63	24.00
1997	4.61	3.00	1.54	2107.28	24.33
1998	4.56	2.99	1.52	2052.87	25.31
1999	4.50	2.99	1.50	2139.95	26.90
2000	4.44	3.03	1.46	2151.09	27.79
2001	4.43	3.01	1.47	2253.85	28.25
2002	4.39	3.01	1.46	2335.40	29.24
2003	4.36	3.05	1.43	2494.78	30.55
2004	4.33	3.08	1.41	2836.93	31.35
2005	4.34	3.14	1.38	3193.94	34.10
2006	4.30	3.15	1.37	3541.00	35.91
2007	4.29	3.17	1.35	4151.80	36.78
2008	4.29	3.16	1.36	4835.27	37.56
2009	4.29	3.17	1.35	5238.02	39.53
2010	4.29	3.18	1.35	5991.17	40.26
2011	4.25	3.06	1.39	7132.77	46.82
2012	4.24	3.04	1.40	8103.39	47.61
2013	4.20	2.40	1.75	9089.00	49.11
2014	4.20	2.31	1.82	10117.00	50.20
2015	4.11	2.24	1.83	11139.08	51.80
2016	4.05	2.18	1.86	12137.72	54.20
2017	4.06	2.19	1.85	13241.82	54.90
2018	4.30	2.09	2.06	14459.89	59.20
2019	4.39	2.03	2.16	15796.29	62.91
2020	4.44	2.06	2.16	16980.84	64.64
2021	4.26	2.11	2.02	18684.19	69.37
2022	4.23	2.08	2.03	19936.05	69.75

注：2013年之后人均常住人口指标为人均家庭人口，人均纯收入指标为人均可支配收入，2013年之后所有数据为新口径调查数据。后同。

a) Average permanent population per household has been adjusted to average family population per household, per capita net income to per capita disposable income since 2013. The new statistic standard has been applied since. The same applies as following tables.

9-13 平均每百户农村居民主要生产用固定资产拥有量
Main Fixed Assets for Production Owned Per 100 Rural Households

指 标	Item	2021	2022
生产性固定资产原值（元）	**Productive Original Value of Fixed Assets (yuan)**	**1407000**	**1335675**
农 业	Agriculture	431189	431449
林 业	Forestry	23729	10498
牧 业	Animal Husbandry	78481	157594
渔 业	Fishing	40715	16851
采矿业	Mining	-	-
制造业	Manufacturing	216382	74725
电力、热力、燃气及水的生产和供应业	Production and Supply of Electricity, Gas & Water	2779	6461
建筑业	Construction	29736	27989
批发和零售业	Wholesale and Retail Trade	236287	287859
交通运输、仓储和邮政业	Traffic, Transport, Storage and Post	231264	231555
住宿和餐饮业	Hotels and Catering Services	14375	17449
居民服务与其他服务业	Services to Households and Other Services	42540	42183
其 他	Others	59522	31063
主要生产性固定资产数量	**Amount of Major Productive Fixed Assets**		
房屋及建筑物（平方米）	Housing and Building (aq.m)	1185.78	1581.09
大中型农用拖拉机（台）	Large and Medium Agrimotor (unit)	0.82	2.71
小型农用拖拉机（台）	Small and Walking Agrimotor (unit)	9.74	9.88
农用排灌动力机械(台)	Power-driven Irrigation and Drainage Equipment (unit)	6.80	11.69
插秧机(台)	Rice Transplanter (unit)	0.65	0.97
收割机（台）	Harvester (unit)	7.53	2.28
脱粒机（台）	Thresher (unit)	4.59	3.26
产品畜（头）	Commodity Animal (head)	27.84	68.74

9-14 农村居民人口与就业情况
Population and Employment of Rural Households

单位：人 (person)

指标	Item	2021	2022
农村居民人口状况	**Population of Rural Households**		
家庭常住人口	Number of Permanent Residents	7604	7553
5岁及以下	5 and Under	423	335
6-15岁	Aged 6 - 15	1526	1483
16-19岁	Aged 16 - 19	463	527
20-24岁	Aged 20 - 24	231	278
25-29岁	Aged 25 - 29	169	150
30-34岁	Aged 30 - 34	311	278
35-40岁	Aged 35 - 40	372	367
41-50岁	Aged 41 - 50	1107	1031
51-60岁	Aged 51 - 60	1457	1515
61-65岁	Aged 61 - 65	600	551
66岁及以上	66 and Over	945	1038
在校学生人数	Students Enrollment	2062	2118
农村住户劳动力素质状况	**Labor Force Quality of Rural Households**		
整半劳动力数	Number of Full/Semi Labour Force	4882	4841
#男劳动力人数	Number of Male Labour Force	2429	2408
整劳动力	Number of Full Labour Force	1693	1568
劳动力文化程度	Education of Labor Force		
未上过学	Un-Schooled	242	214
小学程度	Primary School	1950	1887
初中程度	Junior High School	2109	2138
高中程度	Senior High School	404	416
大专及以上	Junior College and over	177	186

注：家庭常住人口为全省住户抽样调查中农村住户的家庭常住人口数量。
a)The permanent household population is the number of permanent household population of rural households in the province's household sample survey.
Note: The permanent household population is the number of permanent household population of rural households in the province's household sample survey

9-14 续表 continued

单位：人 (person)

指 标	Item	2021	2022
农村居民就业情况	**Employment of Rural Households**		
家庭常住从业人数	Resident Labor Force	3917	3775
就业类型	Type of Employment		
雇主	Employer	14	12
公职人员	Public Employee	9	7
事业单位人员	Institution Personnel	40	39
国有企业雇员	Employee of State-owned Enterprises	11	8
其他雇员	Other Employee	2047	2070
农业自营	Agricultural Self-run	1424	1292
非农自营	Non-agricultural Self-run	372	347
行业分布	Sector of Employment		
第一产业就业人数	Primary Industry	1514	1389
第二产业就业人数	Secondary Industry	1294	1290
采矿业	Mining and Quarrying	20	21
制造业	Manufacturing	592	587
电力、热力、燃气及水生产供应业	Production and Supply of Electricity, Gas & Water	37	33
建筑业	Construction	645	649
第三产业就业人数	Tertiary Industry	1109	1096
批发和零售业	Wholesale and Retail Trades	257	255
交通运输、仓储和邮政业	Transport, Storage and Post	137	119
住宿和餐饮业	Hotels and Catering Services	90	93
居民服务、修理和其他服务业	Services to Households and Other Services	295	291
教 育	Education	60	52
卫生和社会工作	Health and Social Affairs	74	80
文化、体育和娱乐业	Culture, Sports and Entertainment	12	12
其 他	Others	184	194

9-15 平均每百户农村居民主要耐用消费品年末拥有量
Main Durable Goods Owned Per 100 Rural Households at Year-end

品　　名	Item	2021	2022
家用汽车(辆)	Family Vehicle (unit)	26.37	30.60
摩托车(辆)	Motorcycle (unit)	57.43	56.63
洗衣机(台)	Washing Machine (unit)	76.84	80.25
电冰箱(台)	Refrigerator (unit)	97.36	97.50
彩色电视机(台)	Color TV Set (unit)	125.72	125.79
排油烟机(台)	Smoke Absorber (unit)	41.46	46.46
空调(台)	Air Conditioner (unit)	89.94	97.94
热水器(台)	Water Heater (unit)	90.92	91.52
微波炉(台)	Oven (unit)	15.31	16.66
固定电话(线)	Fixed-line Telephone (line)	2.74	1.29
移动电话(部)	Mobile Telephone (unit)	276.43	281.31
照相机(台)	Camera (unit)	1.06	1.23
计算机(台)	Computer (unit)	24.87	23.99
中高档乐器(架)	Medium and High Grade Musical Instrument (unit)	0.82	0.81

9-16 农村居民人均食品消费量
Per Capita Food Consumption of Rural Households

单位：公斤 (kg)

类　别	Type	2021	2022
粮食	Grain	193.12	178.22
#谷物	Rice	177.80	162.09
薯类	Tubers	2.06	1.92
豆类	Soybeans	13.25	14.22
蔬菜及菜制品	Fresh Vegetable and Related Products	121.83	120.30
油脂类	Oil	15.85	13.54
#植物油	Vegetable Oil	15.09	13.01
肉类	Meat	33.90	37.43
#猪肉	Pork	29.33	32.69
牛肉	Beef	2.10	2.26
羊肉	Mutton	0.26	0.40
禽类	Poultry	13.68	13.31
水产品	Aquatic Products	16.75	16.37
蛋类及蛋制品	Eggs and Related Products	12.14	11.53
奶和奶制品	Milk and Dairy Products	8.85	7.85
食糖	Sugar	1.28	1.21
鲜瓜果	fresh melons and fruits	44.80	46.36

9-17 农村居民平均每人总收入
Per Capita Total Income of Rural Households

单位：元 (yuan)

指　　标	Item	2021	2022
全年总收入（未扣除生产费用）	**Annual Total Income**	**23401.41**	**25225.12**
工资性收入	Income From Wages and Salaries	8279.72	8884.20
经营性收入	Income from Household Operations	10086.75	10956.05
第一产业	Primary Industry	6374.25	6401.49
#农业	Agriculture	4640.19	4841.20
林业	Forestry	294.01	225.87
牧业	Animal Husbandry	1212.81	1127.41
渔业	Fishery	227.25	207.01
第二产业	Secondary Industry	707.80	825.49
第三产业	Tertiary Industry	3004.70	3729.07
财产性收入	Property Income	397.96	426.67
转移性收入	Transfer Income	4636.97	4958.20

9-18 农村居民平均每人现金收入
Per Capita Cash Income of Rural Households

单位：元 (yuan)

指　　标	Item	2021	2022
全年现金收入(未扣除生产费用)	**Annual Total Cash Income (Operating Expenses Undeducted)**	**21869.79**	**23837.14**
#现金工资性收入	Income from Wages and Salaries	8229.39	8829.98
#工资	Wages	8208.82	8805.63
其他工资性收入	Other Wage Incomes	20.57	24.35
现金经营性收入	Operational Income in Cash	8882.48	9916.85
第一产业	Primary Industry	5169.99	5362.29
#农业	Agriculture	3743.73	4029.14
林业	Forestry	116.80	133.39
牧业	Animal Husbandry	1088.37	1002.37
渔业	Fishery	221.07	197.40
第二产业	Secondary Industry	707.80	825.49
#采矿业	Mining	4.86	9.04
制造业	Manufacturing	465.02	499.55
建筑业	Construction	237.93	289.30
第三产业	Tertiary Industry	3004.70	3729.07
#批发和零售业	Wholesale and Retail Trade	1696.05	2234.20
交通运输、仓储和邮政业	Traffic Transport, Storage and Post	614.97	731.02
住宿和餐饮业	Hotels and Catering Services	153.59	145.81
居民服务、修理和其他服务业	Domestic Service, Repair and Other Services	340.16	409.38
其他行业	Other Sectors	71.66	92.61
现金财产性收入	Income from Properties	397.96	426.67
现金转移性收入	Income from Transfers	4359.95	4663.64

9-19 农村居民家庭平均每人总支出
Per Capita Total Expenditure of Rural Households

单位：元

指　　标	Item	2021	2022
全年总支出	**Annual Total Expenditure**	**23376.55**	**25214.16**
#生产经营费用支出	Expenditure on Production and Management	3761.14	4355.03
第一产业	Primary Industry	2342.28	2290.93
第二产业	Secondary Industry	262.05	355.62
第三产业	Tertiary Industry	1156.80	1708.48
购置资产及非经常性转移支出	Purchase of Assets and Non Regular Payments	2544.12	2389.07
#购置资产支出	Acquisition of Assets	1041.88	787.60
非经常转移支出	Non-recurrent Transfer	1502.23	1601.47
消费支出	Living Expenditure	15663.06	16984.43
#食品烟酒	Food, Cigarette and Wine	5221.79	5666.90
衣　着	Clothing	691.38	737.37
居　住	Residence	3915.02	4204.34
生活用品及服务	Articles and Service of Daily Use	814.63	888.33
交通通信	Transportation and Communications	1699.45	1854.55
教育文化娱乐	Education, Culture and Entertainment	1776.89	1936.43
医疗保健	Medical Articles	1347.44	1491.00
其他用品和服务	Other Commodities and Services	196.45	205.53
财产性支出	Property Expenditure	61.55	49.69
转移性支出	Transfer Expenditure	612.25	605.56

9-20 农村居民平均每人生活消费支出
Per Capita Living Expenditure of Rural Households

单位：元 (yuan)

指　　标	Item	2021	2022
全年生活消费支出（不含自产自用）	**Annual Living Expenditure for Consumption (Self-produce and Self-use Not Included)**	**14900.32**	**16322.98**
#货币性消费	Consumption Paid in Money	11991.97	13360.08
食品烟酒	Food, Cigarette and Wine	4645.43	5148.24
#货币性消费	Consumption Paid in Money	4594.49	5093.56
衣着	Clothing	691.35	737.36
#货币性消费	Consumption Paid in Money	691.10	737.00
居住	Residence	3739.90	4120.38
#货币性消费	Consumption Paid in Money	1158.66	1504.99
生活用品及服务	Articles and Service of Daily Use	814.31	888.25
#货币性消费	Consumption Paid in Money	809.57	884.31
交通通信	Transportation and Communications	1699.45	1854.55
#货币性消费	Consumption Paid in Money	1699.03	1854.05
教育文化娱乐	Education, Culture and Entertainment	1776.89	1936.43
#货币性消费	Consumption Paid in Money	1776.87	1933.98
医疗保健	Medical Articles	1336.62	1432.27
#货币性消费	Consumption Paid in Money	1066.39	1148.03
其他用品和服务	Other Commodities and Services	196.36	205.52
#货币性消费	Consumption Paid in Money	195.86	204.16

9-21 农村居民家庭平均每人可支配收入
Per Capita Annual Disposable Income of Rural Households

单位：元

指　　标	Item	2021	2022
全年可支配收入	**Annual Disposable Income**	**18684.19**	**19936.05**
工资性收入	Income of Wages and Salaries	8279.72	8884.20
#工资	Wages	8208.82	8805.63
经营净收入	Income from Household Business Operation	6043.33	6322.23
第一产业	Primary Industry	3914.19	3986.26
农业收入	Agriculture	2986.01	3089.41
林业收入	Forestry	256.00	176.26
牧业收入	Animal Husbandry	548.10	593.63
渔业收入	Fishery	124.07	126.97
第二产业	Secondary Industry	411.15	447.83
第三产业	Tertiary Industry	1717.99	1888.14
财产净收入	Property Income	336.41	376.98
转移净收入	Transfer Income	4024.72	4352.64

9-22 按收入高低五等份分组农村居民家庭基本情况(2022年)
Per Capita Disposable Income of Rural Households by Income Quintile (2022)

指　标	Item	低收入组 Low Income Households	中低收入组 Lower Middle Income Households	中等收入组 Middle Income Households	中高收入组 Upper Middle Income Households	高收入组 High Income Households
占调查总户数比重(%)	Percentage of Households (%)	20	20	20	20	20
平均每户家庭人口(人)	Family Members Per Household (person)	4.92	4.57	4.31	3.84	3.52
平均每户劳动力人口数(人)	Labourer per Household (person)	2.09	2.10	2.08	2.09	2.04
平均每一劳动力负担人口(人)	Average Number of Persons Supported by A Laborer (person)	2.35	2.17	2.07	1.83	1.73
平均每人可支配收入(元)	per capita Disposable Income (yuan)	6728.05	12656.80	17146.31	23177.01	48612.90
工资性收入	Income of Wage	3989.52	6781.47	9079.11	12790.80	13984.91
经营净收入	Net Income from Operations	-286.86	1769.71	3041.36	5512.63	27133.12
第一产业	Primary Industry	430.74	1147.02	1787.77	2548.27	17433.12
第二产业	Secondary Industry	32.38	70.40	189.41	452.95	1880.35
第三产业	Tertiary Industry	-749.98	552.29	1064.17	2511.41	7819.66
财产净收入	Net Property Income	77.32	48.72	217.78	260.37	1593.12
转移净收入	Net Transfer Income	2948.08	4056.91	4808.06	4613.20	5901.75
平均每人消费支出(元)	Per Capita Living Expenditure (yuan)	13579.24	14350.10	16561.70	18213.94	24573.79
食品烟酒	Food Expenditure	4523.56	5069.03	5519.04	6245.97	7637.79
衣着	Clothing Expenditure	585.69	641.38	694.87	853.11	1004.80
居住	Residence Expenditure	3523.26	3571.48	3957.80	4502.16	6009.89
生活用品及服务	Articles and Service of Daily Use	641.38	697.88	817.58	1032.67	1423.81
交通通信	Transport and Communication	1235.93	1256.85	2001.53	2029.69	3169.86
教育、文化娱乐	Education, Culture and Entertainment	1791.77	2008.38	1896.36	1998.71	2024.69
医疗保健	Medicines and Health Care	1127.58	948.31	1481.20	1350.32	2930.78
其他用品和服务	Other Commodities and Services	150.07	156.78	193.31	201.31	372.18

9-23 各地区城乡居民人均可支配收入和消费支出(2022年)
Per Capita Annual Income and Consumption Expenditure of Urban and Rural Households by Region (2022)

单位：元 (yuan)

地　区	Region	城镇居民可支配收入 Per Capita Annual Disposable Income of Urban Households	农村居民可支配收入 Per Capita Net Income of Rural Households	城镇居民消费支出 Per Capita Consumption Expenditure of Urban Households	农村居民消费支出 Per Capita Consumption Expenditure of Rural Households
全　省	**Provincial Total**	**43697**	**19936**	**25976**	**16984**
南昌市	Nanchang	52622	24218	32515	17706
景德镇市	Jingdezhen	47732	22331	28083	18064
萍乡市	Pingxiang	45278	24279	28144	18717
九江市	Jiujiang	45685	20108	27205	17062
新余市	Xinyu	47574	23859	28735	19050
鹰潭市	Yingtan	43836	21892	27304	18808
赣州市	Ganzhou	42231	15900	25824	14880
吉安市	Ji'an	44965	19588	25374	16447
宜春市	Yichun	42038	20366	25067	17370
抚州市	Fuzhou	41360	20436	22769	14886
上饶市	Shangrao	45037	18736	23580	15054

9-24 居民人均收入和消费支出
Per Capita Annual Disposable Income and Consumption Expenditure

单位：元 (yuan)

指　标	Item	2021	2022
全省居民人均可支配收入	**Per Capita Annual Disposable Income of Total Residents**	**30609.86**	**32418.67**
工资性收入	Income of Wages and Salaries	17015.88	17976.31
经营净收入	Net Business Income	4976.14	5166.41
财产净收入	Net Income from Property	2306.56	2557.34
转移净收入	Net Income from Transfers	6311.29	6718.62
全省居民人均消费支出	**Per Capita Consumption Expenditure of Total Residents**	**20289.90**	**21707.93**
食品烟酒	Foods,Tobacco and Beverages	6518.49	6946.23
衣着	Clothing	1079.66	1106.96
居住	Residence	4721.18	5057.36
生活用品及服务	Household Supplies and Services	1141.89	1252.00
交通通信	Transport and Communications	2342.48	2624.07
教育文化娱乐	Education, Culture and Recreation	2381.82	2447.47
医疗保健	Medical Care	1693.79	1855.97
其他用品和服务	Other Goods and Services	410.59	417.87

9-25 各县(市、区)城乡居民人均可支配收入
Per Capita Disposable Income of Urban and Rural Households by Region and County

单位：元 (yuan)

地区	Region	城镇居民人均可支配收入 Per Capita Disposable Income of Urban Households		农村居民人均可支配收入 Per Capita Disposable Income of Rural Households	
		2021	2022	2021	2022
全省	**Provincial Total**	**41684**	**43697**	**18684**	**19936**
南昌市	**Nanchang**	**50447**	**52622**	**22913**	**24218**
东湖区	Donghu	51816	53813		
西湖区	Xihu	51409	53719		
青云谱区	Qingyunpu	50508	52547		
湾里区	Wanli	45086	46712	17575	18481
青山湖区	Qingshanhu	50887	53297	25935	27455
南昌县	Nanchang	46349	48631	25444	27080
新建区	Xinjian	45705	47198	23163	24413
安义县	Anyi	40947	42986	20881	22178
进贤县	Jinxian	43131	45099	23501	24858
景德镇市	**Jingdezhen**	**45648**	**47732**	**20996**	**22331**
昌江区	Changjiang	47155	49368	21777	23026
珠山区	Zhushan	47836	49916		
浮梁县	Fuliang	37172	38885	21580	23100
乐平市	Leping	42390	44380	20644	21957
萍乡市	**Pingxiang**	**43395**	**45278**	**22862**	**24279**
安源区	Anyuan	46009	47899	26059	27461
湘东区	Xiangdong	43606	45610	23149	24492
*莲花县	Lianhua	30467	31643	14461	15742
上栗县	Shangli	40539	42299	22564	23986
芦溪县	Luxi	40354	42471	23050	24752
九江市	**Jiujiang**	**43658**	**45685**	**18838**	**20108**
濂溪区	Lianxi	46418	48490	23425	25002
浔阳区	Xunyang	47050	48891		
柴桑区	Caisang	41502	43345	20544	21803
武宁县	Wuning	41193	43167	20022	21311
*修水县	Xiushui	36001	37727	14320	15670
永修县	Yongxiu	41721	43895	21011	22478
德安县	De'an	42885	45218	21443	22824
庐山市	Lushan	39934	41577	19482	20604
都昌县	Duchang	32104	33329	11803	12916
湖口县	Hukou	42890	45275	20362	21676
彭泽县	Pengze	39723	41399	20065	21514
瑞昌市	Ruichang	41340	43432	20207	21511
共青城市	Gongqingcheng	43537	45623	21072	22639

注：*号为脱贫县。下同。

a) Counties marked "*"are nationally designated poor counties.The same applies to the pollowing tables.

9-25 续表1 continued

单位：元 (yuan)

地 区	Region	城镇居民人均可支配收入 Per Capita Disposable Income of Urban Households		农村居民人均可支配收入 Per Capita Disposable Income of Rural Households	
		2021	2022	2021	2022
新余市	**Xinyu**	**45679**	**47574**	**22604**	**23859**
渝水区	Yushui	47093	49007	22936	24250
分宜县	Fenyi	38832	40502	22067	23278
鹰潭市	**Yingtan**	**42048**	**43836**	**20686**	**21892**
月湖区	Yuehu	45714	47636	21903	23174
余江区	Yujiang	39586	41387	21582	23033
贵溪市	Guixi	43006	44814	20645	21830
赣州市	**Ganzhou**	**40160**	**42231**	**14675**	**15900**
章贡区	Zhanggong	48663	51652	20936	22626
*赣县区	Ganxian	36368	38508	14410	15856
信丰县	Xinfeng	37758	39756	17597	19018
大余县	Dayu	34533	36030	15539	16648
*上犹县	Shangyou	32987	34844	14055	15421
崇义县	Chongyi	34158	35806	13832	14863
*安远县	Anyuan	30270	31914	13544	14792
龙南县	Longnan	37577	39311	15395	16612
定南县	Dingnan	34941	36493	13389	14811
全南县	Quannan	32748	34557	11912	13132
*宁都县	Ningdu	30275	31862	14265	15479
*于都县	Yudu	35950	37723	14483	15622
*兴国县	Xingguo	34227	36011	14525	15719
*会昌县	Huichang	33165	34908	14716	15905
*寻乌县	Xunwu	32688	34065	14834	16405
*石城县	Shicheng	31142	32812	13731	15137
*瑞金市	Ruijin	37388	39140	15360	16573
*南康区	Nankang	38851	41067	14983	16191
吉安市	**Ji'an**	**42880**	**44965**	**18298**	**19588**
吉州区	Jizhou	45924	48335	22048	23516
青原区	Qingyuan	45343	47164	17972	19267
*吉安县	Ji'an	39767	41506	15482	16915
吉水县	Jishui	36637	38710	21414	22839
峡江县	Xiajiang	34184	35973	16435	17594
新干县	Xingan	40084	42141	20274	21752
永丰县	Yongfeng	38796	40714	21512	22897
泰和县	Taihe	36335	38364	19503	20878
*遂川县	Suichuan	33780	35202	14536	16036
*万安县	Wan'an	33401	35036	14605	15896
安福县	Anfu	35877	37677	19333	20591
*永新县	Yongxin	30607	32283	14166	15422
*井冈山市	Jinggangshan	42495	44509	14551	15974

9-25 续表2 continued

单位：元 (yuan)

地　区	Region	城镇居民人均可支配收入 Per Capita Disposable Income of Urban Households		农村居民人均可支配收入 Per Capita Disposable Income of Rural Households	
		2021	2022	2021	2022
宜春市	**Yichun**	**39930**	**42038**	**19135**	**20366**
袁州区	Yuanzhou	44054	46522	18647	19833
奉新县	Fengxin	40171	42330	21428	22877
万载县	Wanzai	35040	37043	15472	16387
上高县	Shanggao	40061	42172	22169	23480
宜丰县	Yifeng	39364	41631	19787	21125
靖安县	Jing'an	37288	39101	18429	19519
铜鼓县	Tonggu	31505	32965	13176	13903
丰城市	Fengcheng	42541	44749	22099	23501
樟树市	Zhangshu	43288	45687	21454	22961
高安市	Gaoan	40417	42515	21207	22612
抚州市	**Fuzhou**	**39484**	**41360**	**19141**	**20436**
临川区	Linchuan	49115	51634	23652	25251
南城县	Nancheng	41989	44071	21552	22990
黎川县	Lichuan	34597	36008	17736	18872
南丰县	Nanfeng	39448	41369	27478	29146
崇仁县	Chongren	36087	37780	22661	24165
*乐安县	Le'an	29663	30924	13290	14495
宜黄县	Yihuang	33404	35226	18072	19348
金溪县	Jinxi	37152	39112	19192	20421
资溪县	Zixi	32545	34404	17883	19200
东乡区	Dongxiang	43566	45610	22180	23601
*广昌县	Guangchang	32207	33746	14056	15319
上饶市	**Shangrao**	**42851**	**45037**	**17492**	**18736**
信州区	Xinzhou	45699	48000	21830	23306
*广信区	GuangXin	35526	37417	14292	15601
广丰区	Guangfeng	45637	48216	21200	22737
玉山县	Yushan	39913	41757	20292	21577
铅山县	Qianshan	32473	34105	16762	17823
*横峰县	Hengfeng	30748	32169	14176	15602
弋阳县	Yiyang	39075	41055	17819	19077
*余干县	Yugan	30533	32351	14400	15668
*鄱阳县	Poyang	29850	31504	14357	15645
万年县	Wannian	39669	41407	17843	18919
婺源县	Wuyaun	32473	33882	16952	18008
德兴市	Dexing	42068	44320	19782	21037

主要统计指标解释

一、城镇住户

城镇家庭人口 指居住在一起,经济上合在一起共同生活的家庭成员。凡计算为家庭人口的成员其全部收支都包括在本家庭中。

城镇就业面 指就业人口占家庭人口的百分比。

城镇就业者负担人数 指家庭人口与就业人口之比。

城镇家庭总收入 指家庭成员在调查期得到的工资性收入、经营净收入、财产性收入、转移性收入之和,不包括出售财物收入和借贷收入。

城镇家庭可支配收入 指家庭成员可用于最终消费支出和其他非义务性支出以及储蓄的总和,即居民家庭可以用来自由支配的收入。它是家庭总收入扣除交纳的所得税、个人交纳的社会保障支出以及记账补贴后的收入。计算公式为:

可支配收入=家庭总收入-交纳所得税-个人交纳的社会保障支出-记账补贴

城镇家庭总支出 指除借贷支出以外的全部家庭支出。包括消费性支出、购房建房支出、转移性支出、财产性支出、社会保障支出。

城镇家庭消费性支出 指家庭用于日常生活的支出,包括食品、衣着、家庭设备用品及服务、医疗保健、交通和通信、娱乐教育文化服务、居住、其他商品和服务等八大类支出。

城镇家庭服务性消费支出 指家庭用于支付社会提供的各种文化和生活方面的非商品性服务费用。

二、农村住户

农村住户 指农村常住户。农村常住户指长期(一年以上)居住在乡镇(不包括城关镇)行政管理区域内的住户,以及长期居住在城关镇所辖行政村范围内的农村住户。户口不在本地而在本地居住一年及以上的住户也包括在本地农村常住户范围内;有本地户口,但举家外出谋生一年以上的住户,无论是否保留承包耕地都不包括在本地农村住户范围内。

常住人口 指全年经常在家或在家居住6个月以上,而且经济和生活与本户连成一体的人口。外出从业人员在外居住时间虽然在6个月以上,但收入主要带回家中,经济与本户连为一体,仍视为家庭常住人口;在家居住,生活和本户连成一体的国家职工、退休人员也为家庭常住人口。但是现役军人、中专及以上(走读生除外)的在校学生、以及常年在外(不包括探亲、看病等)且已有稳定的职业与居住场所的外出从业人员,不算家庭常住人口。家庭常住人口主要作为计算农村住户平均每人收入、消费和积累水平及分析家庭人口状况的依据。

整、半劳动力 整劳动力指男子18周岁到50周岁,女子18周岁到45周岁;半劳动力指男子16周岁到17周岁,51周岁到60周岁;女子16周岁到17周岁,46周岁到55周岁,同时具有劳动能力的人。虽然在劳动年龄之内,但已丧失劳动能力的人,不应算为劳动力;超过劳动年龄,但能经常参加劳动,计入半劳动力数内。常住人口中的职工,若这些职工为劳动力,就包括在本户的整半劳动力中。

总收入 指调查期内农村住户和住户成员从各种来源渠道得到的收入总和。按收入的性质划分为工资性收入、家庭经营收入、财产性收入和转移性收入。

工资性收入 指农村住户成员受雇于单位或个人,靠出卖劳动而获得的收入。

家庭经营收入 指农村住户以家庭为生产经营单位进行生产筹划和管理而获得的收入。农村住户家庭经营活动按行业划分为农业、林业、牧业、渔业、工业、建筑业、交通运输业邮电业、批发和零售贸易餐饮业、社会服务业、文教卫生业和其他家庭经营。

财产性收入 指金融资产或有形非生产性资产的所有者向其他机构单位提供资金或将有形非生产性资产供其支配,作为回报而从中获得的收入。

转移性收入 指农村住户和住户成员无须付出任何对应物而获得的货物、服务、资金或资产所有权等,不包括无偿提供的用于固定资本形成的资金。一般情况下,是指农村住户在二次分配中的所有收入。

现金收入 指农村住户和住户成员在调查期内得到以现金形态表现的收入。按来源分成工资性收入、家庭经营现金收入、财产性收入、转移性收入。

纯收入 指农村住户当年从各个来源得到的总收入相应地扣除所发生的费用后的收入总和。计算方法:

纯收入=总收入-税费支出-家庭经营费用支出-生产性固定资产折旧-赠送农村亲友支出

纯收入主要用于再生产投入和当年生活消费支出,也可用于储蓄和各种非义务性支出。“农民人均纯收入”按人口平均的纯收入水平,反映的是一个地区或一个农户农村居民的平均收入水平。

总支出 指农村住户用于生产、生活和再分配的全部支出。家庭经营费用支出、购置生产性固定资产支出、生产性固定资产折旧、税费支出、生活消费支出、财产性支出和转移性支出。

可支配收入(新口径) 指调查户在调查期内获得的、可用于最终消费支出和储蓄的总和,即调查户可以用来自由支配的收入。可支配收入既包括现金,也包括实物收入。按照收入的来源,可支配收入包含五项,分别为:工资性收入、经营净收入、财产净收入、转移净收入和自有住房折算净租金。计算公式为:可支配收入=工资性收入+经营净收入+财产净收入+转移净收入+自有住房折算净租金。

Explanatory Notes on Main Statistical Indicators

I. Urban Households

Population of Urban Households refer to members of households living and sharing economically together in the urban areas. All the income and expenditure of all the members of such households are included in the income and expenditure of the household.

Proportion of Urban Employment refers to the proportion of employed population to the population of urban households.

Number of Dependents per Urban Employee refers to the ratio between number of persons in an urban household and the number of employed persons.

Total Income of Urban Households refers to the sum of wage and salary; net business income; income from properties; and income from transfers of members of the households. Income from selling of properties and income from borrowing are not included..

Disposable Income of Urban Households refers to the actual income at the disposal of members of the households which can be used for final consumption, other non-compulsory expenditure and savings. This equals to total income minus income tax, personal contribution to social security and subsidy for keeping diaries in being a sample household. The following formula is used:

Disposable income = total household income - income tax - personal contribution to social security - subsidy for keeping diaries for a sampled household

Total Expenditure of Urban Households refers to all expenditure of households except expenditure on lending. It includes expenditure on consumption; on purchasing or building houses; on transfers; on properties; and on social security.

Consumption Expenditure of Urban Households refers to total expenditure of households for consumption in daily life, including expenditure on the eight categories of food; clothing; household appliances and services; health care and medical services; transport and communications; recreation, education and cultural services; housing; and miscellaneous goods and services.

Expenditure of Urban Households on Consumption of Services refers to expenditure of households on various kinds of non-commercial services provided in life and culture by society.

II. Rural Household

Rural Households refer to usual resident households in rural areas. Usual resident households in rural areas are households residing on a long term basis(for more than one year) in the areas under the administration of township governments (not including county towns), and in the areas under the administration of villages in county towns. Households residing in the current addresses for over one year with their household registration in other places are still considered as resident households of the locality. For households with their household registration in one place but all members of the households having moved away to make a living in another place for over one year, they will not be included in the rural households of the area where they are registered, irrespective of whether they still keep their contracted land.

Usual Resident Population refers to persons staying at home regularly or for over 6 months during a year and integrated with the household economically and in terms of living.. Members of the household staying away from the household for over 6 months but keeping a close economic relation with the household by sending the majority of income to the household are regarded as usual resident of the household. Government staff and workers or retirees living as close members of the household are also considered as usual resident. However, servicemen, students of secondary technical schools or schools of higher education and persons with stable jobs and residence outside the household (excluding those visiting relatives or seeking medical service) are not included as resident population of the household. Resident population is used in calculating income, consumption, accumulation on per capita basis of rural households and in analyzing composition of rural households.

Full/Semi Labour Force Full labour force refers to persons capable of work, aged 18-50 for males and 18-45 for females. Semi labour force refers to persons capable of work, aged 16-17 and 51-60 for males and 16-17 and 46-55 for females. Persons at their working ages but not capable of work are not to be included as labour force. Persons not at working ages but participating regularly in work are included in semi labour force. For staff and workers who are usual residents, are included as full or semi labour force of the household if they are in the labour force.

Total Income refers to the sum of income earned from various sources by the rural households and their members during the reference period, and is classified as income from wages and salaries, income from household operations, income from properties and income from transfers.

Income from Wages and Salaries refers to income from labour earned by the members of rural households employed by other units or individuals.

Income from Household Operations refers to income by the rural households as units of production and operation. Operations by rural households are classified according to their economic activities namely agriculture, forestry, animal husbandry, fishery, manufacturing, construction, transportation, post and telecommunications, wholesale, retail and catering, social service, culture, education, health, and other household operations.

Income from Properties refers to the income received as returns by owners of financial assets or tangible non-productive assets by providing capitals or tangible non-productive assets to other institutional units.

Income from Transfers refers to the receipt by rural households and their members of goods, services, capital or rights of assets without giving or repaying accordingly, excluding capital provided to them for the formation of fixed assets. In general, it refers to all income received by rural households through redistribution.

Cash Income refers to income received by rural households and their members in the form of cash during the reference period. It is classified, by source of income, into income from wages and salaries, cash income from household operations, income from properties and income from transfers.

Net Income refers to the total income of rural households from all sources minus all corresponding expenses. The formula for calculation is as follows:

Net income = total income - taxes and fees paid - household operation expenses - taxes and fees depreciation of fixed assets for production - gifts to non-rural relatives

Net income is mainly used as input for reinvestment in production and as consumption expenditure of the year, and also used for savings and non-compulsory expenses of various forms. "Per capita net income of farmers" is the level of net income averaged by population, reflecting the average income level of rural households in a given area.

Total Expenditure refers to total expenses of rural households on production, consumption and redistribution, including expenditure on household operations,; purchase of productive fixed assets; depreciation of productive fixed assets; taxes and fees; expenses on household consumption; expenses on properties; and expenses on transfers.

Disposable Income（New Statistic Scope) refers to actual income at the disposal of member of the households which can be used for final consumption and savings. It includes both cash and income-in-kind. It includes five items: wage and salary; net business income; net income from properties; net income from transfers and net rent of private housing equivalent.

Disposable Income= wage and salary + net business income + net income from properties + net income from transfers + net rent of private housing equivalent.

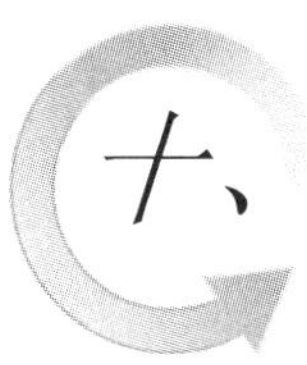

十、城市建设

MUNICIPAL CONSTRUCTION

◆ 215/236

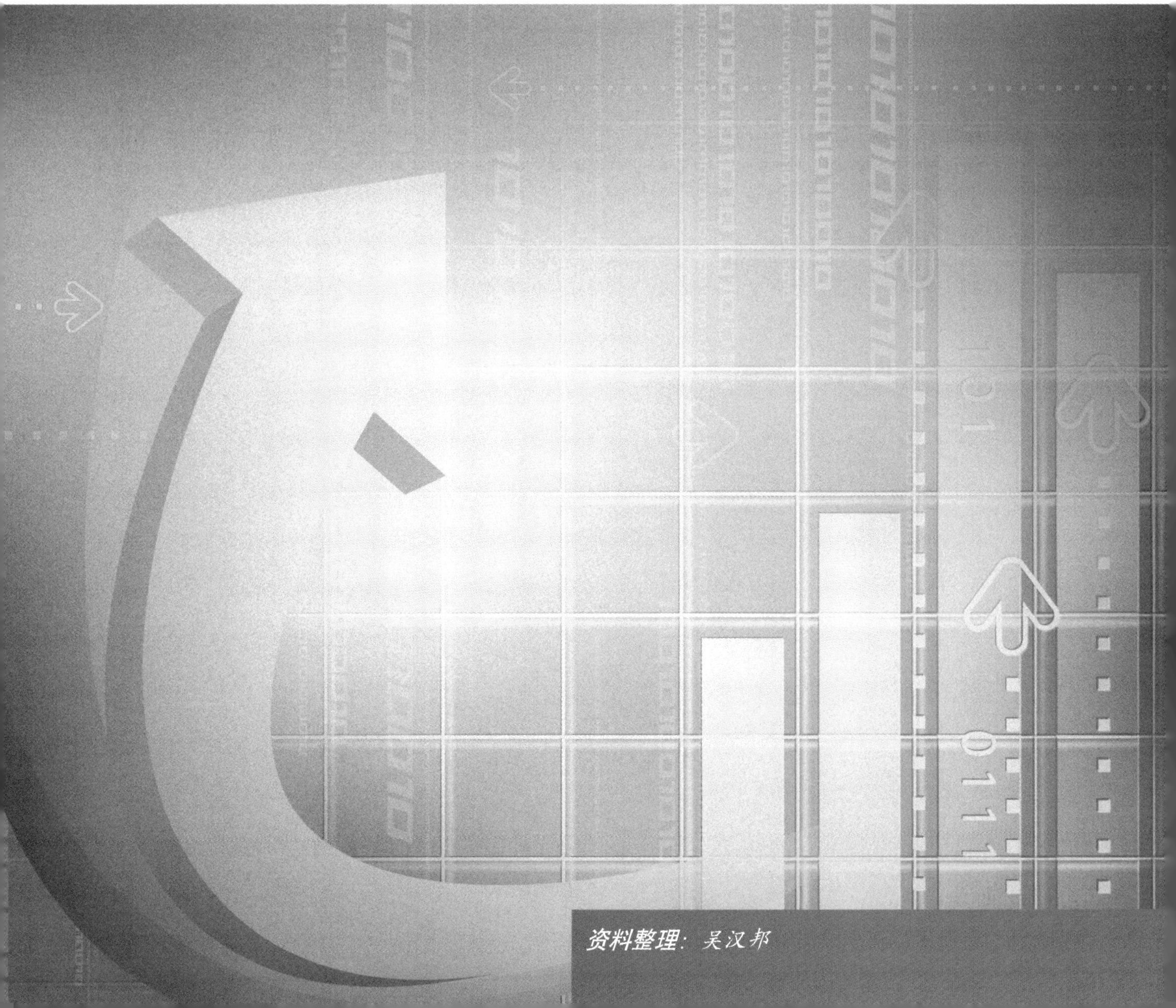

资料整理：吴汉邦

简要介绍

一、主要内容

本篇反映江西省城市公用事业概况，主要包括：城市建设、供水、供气、市政设施、公共交通、城市绿化、环境卫生等资料。

二、统计范围

包括全省所有设市城市在建成区范围内所有的城市规划管理、建设或经营管理相关设施的单位。

三、资料来源

设区市和县级市城市公用事业基本情况资料由省住建厅和省交通厅提供，由省统计局固定资产投资处编辑整理。

Brief Introduction

I. Main Contents

Data in this chapter present the basic conditions of public facilities of Jiangxi provincial cities, mainly include urban construction, supply of water and gas, municipal infrastructure, public transportation, urban greenery and environmental, sanitation.

II. Scope of Statistics

Data in this chapter cover all units under the jurisdiction of cities which are engaged in urban planning and management, inv estment, construction and operation of relevant facilities.

III. Sources of Data

Data on basic conditions and overall level of urban public facilities are collected by the Jiangxi Provincial Bureau of Housing and Urban-Rural Development and Provincial Bureau of Transport, provided by the Department of Investment ＆Construction Statistics of Jiangxi Provincial Bureau of Statistics.

10-1 城市公用事业和建设基本情况
Basic Statistics on City Public Utilities and Construction

指　标	Item	2005	2010	2015	2020	2022
用水普及率(%)	Coverage Rate of Population with Access to Tap Water (%)	92.6	97.4	97.6	98.6	99.4
供水管道长度(公里)	Length of Gas Supply Pipelines (km)	6079	9527	15630	25958	31992.3
排水管道长度(公里)	Length of Drainpipes (km)	3564	7340	11983	20023	23119.6
公共车辆(汽、电车)运营数(辆)	Operating Public Buses (Buses and Trolley Buses) (unit)	5818	7048	10385	15401	15863
道路长度(公里)	Length of Roads (km)	3916	5742	8185	12656	14796.8
道路面积(万平方米)	Area of Roads (10 000 sq.m)	6667	11330	17436	26279	31551.6
天然气供应量(万立方米)	Natural Gas Supply (10 000 cu.m)		11263	73570	194417	251369.0
#家庭用量	Used by Residential Households		3384	22196	66119	74400.3
液化石油气供应量(吨)	Total Liquefied Petroleum Gas Supply (ton)	174521	188847	228912	212089	173056.2
#家庭用量	Used by Residential Households	154998	151656	192294	165542	137042.6
燃气普及率(%)	Rate of Population with Access to Gas (%)	80.6	92.4	94.8	97.6	98.8
绿化覆盖面积(公顷)	Coverage Area of Afforestation (hectare)	27381	48924	58510	84260	88242.4
公园数(个)	Number of Parks (unit)	125	238	356	714	902.0
公园面积(公顷)	Area of Parks and Zoos (hectare)	2259	6442	8764	14856	16929.8
污水处理率(%)	Rate of Sewage Disposal (%)	34.92	80.83	87.74	97.48	97.6
生活垃圾清运量(万吨)	Volume of Garbage Disposal (10 000 tons)	264.00	284.00	329.27	527.53	527.7
生活垃圾无害化处理率(%)	Rate of Garbages innocuously Treated (%)	48.87	85.89	94.46	100	100.0

10-2 城市人口和面积（2022年）
Basic Statistics on City Population and Area (2022)

单位：平方公里、万人 (sq.km,10 000 persons)

城市	City	市区面积 City Area	城区面积 Urban Area	城区人口 Population of Urban Area	建成区面积 Area of Built Districts	城市建设用地面积 Area of Land for Urban Construction	#居住用地 Land for Residence
合　计	**Total**	**46475.31**	**3337.68**	**1088.28**	**1789.49**	**2439.95**	**540.04**
南昌市	Nanchang	2887.98	691.42	291.97	376.74	450.00	102.53
景德镇市	Jingdezhen	580.00	198.50	36.71	101.00	110.00	33.51
乐平市	Leping	1974.00	49.20	17.12	26.12	40.31	6.40
萍乡市	Pingxiang	1065.00	128.00	46.62	53.41	82.00	16.95
九江市	Jiujiang	1366.05	554.00	74.43	167.57	180.00	45.11
瑞昌市	Ruichang	1423.10	23.67	19.45	22.88	24.84	10.02
共青城市	Gongqingcheng	310.00	23.12	7.35	23.12	27.25	5.52
庐山市	Lushan	764.20	21.04	5.91	12.80	18.40	6.25
新余市	Xinyu	1789.00	230.00	47.86	85.00	106.00	21.71
鹰潭市	Yingtan	1077.50	101.00	27.54	57.60	78.96	15.79
贵溪市	Guixi	2480.00	90.00	9.28	40.76	51.62	10.18
赣州市	Ganzhou	5366.24	328.24	123.56	222.22	359.00	84.15
瑞金市	Ruijin	2441.40	52.12	24.79	36.19	56.38	15.05
龙南市	Longnan	1642.00	53.40	13.62	23.72	36.75	5.42
吉安市	Ji'an	1381.53	230.00	47.01	69.39	142.00	14.95
井冈山市	Jinggangshan	1462.40	8.90	0.75	8.90	12.94	2.30
宜春市	Yichun	2532.36	115.00	60.94	90.89	90.90	33.03
丰城市	Fengcheng	2845.00	62.60	34.23	57.10	82.45	11.44
樟树市	Zhangshu	1290.99	46.34	20.10	38.33	41.93	9.43
高安市	Gaoan	2429.72	52.00	21.08	41.76	52.00	12.76
抚州市	Fuzhou	3420.96	142.02	79.91	114.56	123.48	36.60
上饶市	Shangrao	3863.88	116.11	69.88	105.51	248.71	36.23
德兴市	Dexing	2082.00	21.00	8.17	13.92	24.03	4.71

10-2 续表 continued

单位：平方公里、万人 (sq.km,10 000 persons)

城 市 City		#公共管理与公共服务用地 Land for Public Management and Service	#商业服务业设施用地 Land for Commercial Management and Service	#工业用地 Land for Industry	#物流仓储用地 Land for logistics and warehousing	#道路和交通设施用地 Land for External Transportation and Roads	#公用设施用地 Land for Public Facilities	#绿地与广场用地 Land for Afforestation and Squares
合 计	**Total**	**164.21**	**100.95**	**304.47**	**27.34**	**291.71**	**30.63**	**215.01**
南 昌 市	Nanchang	40.16	28.45	40.99	4.97	56.77	3.62	32.25
景德镇市	Jingdezhen	9.20	2.77	12.08	0.40	7.67	0.63	30.76
乐 平 市	Leping	3.28	3.37	5.64	1.01	2.37	1.03	2.99
萍 乡 市	Pingxiang	5.05	1.88	7.90	0.88	11.85	0.55	8.35
九 江 市	Jiujiang	10.07	9.29	33.59	2.53	22.08	5.99	16.05
瑞 昌 市	Ruichang	2.34	0.91	3.48	0.69	2.12	1.57	1.75
共青城市	Gongqingcheng	1.48	1.20	2.00	0.30	3.25	0.90	5.97
庐 山 市	Lushan	0.98	0.23	2.37	0.01	1.79	0.16	0.51
新 余 市	Xinyu	8.34	3.63	16.07	0.45	18.36	0.63	15.81
鹰 潭 市	Yingtan	4.81	3.32	10.63	1.70	9.36	0.86	9.22
贵 溪 市	Guixi	2.63	0.95	15.67	0.15	4.55	0.32	4.43
赣 州 市	Ganzhou	18.95	10.82	36.65	4.24	45.25	2.74	19.42
瑞 金 市	Ruijin	3.15	1.51	5.95	0.23	6.65	0.17	0.82
龙 南 市	Longnan	1.03	0.91	6.32	0.14	4.54	0.32	5.04
吉 安 市	Ji'an	9.30	3.10	13.50	1.60	13.26	0.80	12.72
井冈山市	Jinggangshan	0.99	1.65	0.94	0.17	1.22	0.10	1.12
宜 春 市	Yichun	9.76	3.44	22.06	0.58	17.23	0.50	4.29
丰 城 市	Fengcheng	4.03	3.35	22.28	1.25	7.11	1.82	4.87
樟 树 市	Zhangshu	4.72	4.89	5.02	1.63	8.13	1.07	3.03
高 安 市	Gaoan	3.23	1.30	7.93	0.15	8.51	0.21	1.27
抚 州 市	Fuzhou	9.84	6.59	24.58	2.20	16.28	2.38	12.66
上 饶 市	Shangrao	9.51	6.08	7.40	1.70	21.72	3.82	19.00
德 兴 市	Dexing	1.36	1.31	1.42	0.36	1.64	0.44	2.68

10-3 市政设施水平（2022年）
Basic Statistics on Municipal Infrastructure in Cities (2022)

城市	City	人口密度（人/平方公里） Population Density (person/sq.km)	人均日生活用水量(升) Per Capita Daily Consumption of Tap Water for Residential Use (liter)	用水普及率(%) Coverage Rate of Population with Access to Tap Water (%)	燃气普及率(%) Coverage Rate of Population with Access to Gas (%)	人均城市道路面积(平方米) Per Capita Area of Roads (sq.m)	排水管道密度(公里/平方公里) Density of drainpipe (km/sq.km)
合计	**Total**	**3647.17**	**222.48**	**99.37**	**98.82**	**25.92**	**12.67**
南昌市	Nanchang	4807.06	254.55	99.59	99.29	19.38	10.51
景德镇市	Jingdezhen	2331.49	286.87	99.29	99.59	32.90	10.51
乐平市	Leping	3542.68	156.89	97.25	97.88	13.22	5.10
萍乡市	Pingxiang	3725.00	237.45	99.43	97.69	24.86	6.99
九江市	Jiujiang	1375.09	260.67	100.00	99.76	33.67	14.04
瑞昌市	Ruichang	8474.86	181.08	96.81	96.41	23.93	11.99
共青城市	Gongqingcheng	5454.15	138.18	100.00	98.73	25.73	10.90
庐山市	Lushan	2903.99	265.68	100.00	100.00	20.75	11.65
新余市	Xinyu	2195.65	223.90	100.00	99.76	26.65	12.77
鹰潭市	Yingtan	2903.96	236.19	99.97	99.97	33.23	15.49
贵溪市	Guixi	1314.44	277.91	100.00	100.00	29.99	8.61
赣州市	Ganzhou	4975.02	225.92	99.65	99.52	27.67	13.31
瑞金市	Ruijin	5001.92	144.03	95.09	99.16	17.25	8.46
龙南市	Longnan	3110.49	128.80	98.01	99.52	28.55	19.04
吉安市	Ji'an	2174.35	151.20	98.88	89.24	26.44	13.99
井冈山市	Jinggangshan	3494.38	138.73	100.00	100.00	34.32	7.89
宜春市	Yichun	5533.04	186.91	99.15	98.76	29.86	18.22
丰城市	Fengcheng	5947.28	141.73	99.38	100.00	19.14	6.78
樟树市	Zhangshu	4488.56	188.90	99.28	97.64	37.10	14.62
高安市	Gaoan	4303.85	204.25	99.91	98.30	33.63	14.69
抚州市	Fuzhou	5679.48	189.96	99.26	99.12	30.81	17.36
上饶市	Shangrao	6432.69	231.04	99.85	99.53	31.35	15.22
德兴市	Dexing	4019.05	148.36	97.63	99.76	19.42	15.32

10-3 续表 continued

城　市　City	污水处理率(%) Waste water Treatment Rate (%)	#污水处理厂集中处理率 Intensive Treatment Rate of Polluted Water by Sewage Factories	人均公园绿地面积(平方米) Public Recreational Recreational Green Space Per Capita (sq.m)	建成区绿化覆盖率(%) Green Coverage Rate of Built District Developed (%)	建成区绿地率(%) Green Space Rate of Built District Area (%)	生活垃圾处理率(%) Treatment Rate of Garbage Disposal (%)	#生活垃圾无害化处理率 Harmless-Treatment Rate
合　计　Total	**97.61**	**96.91**	**17.01**	**46.63**	**43.28**	**100.00**	**100.00**
南昌市 Nanchang	96.30	96.30	13.18	43.15	40.20	100.00	100.00
景德镇市 Jingdezhen	97.70	96.67	17.07	51.90	51.57	100.00	100.00
乐平市 Leping	95.82	95.82	18.25	39.52	37.81	100.00	100.00
萍乡市 Pingxiang	99.49	99.49	16.02	49.14	45.29	100.00	100.00
九江市 Jiujiang	99.35	99.35	17.96	49.22	45.25	100.00	100.00
瑞昌市 Ruichang	93.20	93.20	16.67	46.41	43.38	100.00	100.00
共青城市 Gongqingcheng	96.76	96.76	15.13	39.71	36.68	100.00	100.00
庐山市 Lushan	95.42	95.42	19.58	44.94	38.84	100.00	100.00
新余市 Xinyu	98.50	98.50	19.50	49.96	46.90	100.00	100.00
鹰潭市 Yingtan	99.26	99.26	20.66	47.57	41.71	100.00	100.00
贵溪市 Guixi	95.20	95.20	24.19	41.18	38.15	100.00	100.00
赣州市 Ganzhou	99.22	95.32	17.84	49.83	47.42	100.00	100.00
瑞金市 Ruijin	95.62	95.62	15.27	42.58	38.40	100.00	100.00
龙南市 Longnan	96.00	96.00	21.01	44.28	41.25	100.00	100.00
吉安市 Ji'an	98.72	93.77	20.25	47.37	42.80	100.00	100.00
井冈山市 Jinggangshan	95.00	95.00	39.66	41.38	31.93	100.00	100.00
宜春市 Yichun	99.13	99.13	19.01	48.59	45.40	100.00	100.00
丰城市 Fengcheng	96.50	96.50	13.69	42.83	38.46	100.00	100.00
樟树市 Zhangshu	99.20	99.20	13.22	39.50	35.79	100.00	100.00
高安市 Gaoan	99.45	99.45	13.62	33.01	29.22	100.00	100.00
抚州市 Fuzhou	97.43	96.68	19.64	50.40	46.23	100.00	100.00
上饶市 Shangrao	97.33	97.33	23.43	50.36	46.12	100.00	100.00
德兴市 Dexing	96.81	96.81	15.28	47.47	42.67	100.00	100.00

10-4 城市天然气供应和使用情况（2022年）

Basic Statistics on Supply and Use of Natural Gas in Cities (2022)

城市	City	储气能力（万立方米） Capacity of Gas Storage (10 000 cu.m)	供气管道长度(公里) Length of Gas Supply Pipelines (km)	供气总量（万立方米） Volume of Gas Supply (10 000 cu.m)	销售气量 Volume of Gas Sale
合计	**Total**	**1017.17**	**21979.54**	**251368.98**	**248496.72**
南昌市	Nanchang	94.00	5796.56	58017.08	57134.48
景德镇市	Jingdezhen	42.60	1471.66	16460.51	16201.07
乐平市	Leping	3.60	147.33	300.40	294.40
萍乡市	Pingxiang	69.00	2208.60	29570.00	29559.00
九江市	Jiujiang	30.00	1883.11	33661.31	33348.91
瑞昌市	Ruichang	62.50	317.60	3205.00	3188.00
共青城市	Gongqingcheng	37.50	26.12	609.00	607.00
庐山市	Lushan		112.30	718.00	716.00
新余市	Xinyu	11.00	899.89	12892.94	12523.26
鹰潭市	Yingtan	30.00	344.61	10104.31	10049.41
贵溪市	Guixi	27.00	270.37	5172.57	5163.24
赣州市	Ganzhou	106.00	1913.91	19353.72	19153.06
瑞金市	Ruijin	18.00	236.28	1314.43	1304.43
龙南市	Longnan	12.00	103.00	2030.00	2029.97
吉安市	Ji'an	36.00	1539.56	4921.64	4860.58
井冈山市	Jinggangshan	2.00	11.50	76.14	75.24
宜春市	Yichun	15.00	1480.96	18566.60	18477.06
丰城市	Fengcheng		454.66	988.00	963.30
樟树市	Zhangshu	58.00	323.04	1743.00	1721.00
高安市	Gaoan	71.01	200.21	7771.00	7700.00
抚州市	Fuzhou	86.50	1116.84	11090.82	10924.11
上饶市	Shangrao	195.20	1037.80	11644.40	11345.19
德兴市	Dexing	10.26	83.63	1158.11	1158.01

10-4 续表 continued

城 市 City	#居民家庭 Households	燃气损失量 Volume of Gas Loss	用气户数(户) Households with Access to Gas (household)	#家庭用户 Residential Households	用气人口(万人) Population with Access to Gas (10 000 persons)
合 计 Total	**74400.25**	**2872.26**	**3967849.00**	**3914459.00**	**963.60**
南昌市 Nanchang	20931.48	882.60	1336084.00	1329051.00	312.20
景德镇市 Jingdezhen	2099.90	259.44	159369.00	157950.00	40.27
乐平市 Leping	128.63	6.00	9391.00	9310.00	2.82
萍乡市 Pingxiang	15876.00	11.00	188938.00	188422.00	42.50
九江市 Jiujiang	6328.53	312.40	378161.00	375840.00	67.20
瑞昌市 Ruichang	712.00	17.00	41689.00	41440.00	15.08
共青城市 Gongqingcheng	8.00	2.00	3500.00	1170.00	4.83
庐山市 Lushan	190.59	2.00	12506.00	12369.00	4.33
新余市 Xinyu	3795.03	369.68	291443.00	290028.00	47.08
鹰潭市 Yingtan	1462.92	54.90	91717.00	90690.00	22.82
贵溪市 Guixi	568.51	9.33	36488.00	36217.00	8.62
赣州市 Ganzhou	6220.02	200.66	404255.00	400396.00	114.03
瑞金市 Ruijin	621.26	10.00	42809.00	42440.00	9.84
龙南市 Longnan	110.00	0.03	8902.00	8800.00	3.52
吉安市 Ji'an	2521.28	61.06	185130.00	167058.00	41.61
井冈山市 Jinggangshan	34.85	0.90	4985.00	4979.00	2.05
宜春市 Yichun	3577.49	89.54	211153.00	208575.00	53.47
丰城市 Fengcheng	758.30	24.70	72335.00	72096.00	31.61
樟树市 Zhangshu	964.00	22.00	42785.00	41756.00	14.26
高安市 Gaoan	1700.30	71.00	47819.00	47619.00	14.00
抚州市 Fuzhou	2582.93	166.71	196686.00	195052.00	61.58
上饶市 Shangrao	3051.71	299.21	188399.00	179900.00	45.94
德兴市 Dexing	156.52	0.10	13305.00	13301.00	3.94

10-5 城市液化石油气供应和使用情况（2022年）
Basic Statistics on Supply and Use of Liquefied Petroleum Gas in Cities (2022)

城市	City	储气能力（吨）Capacity of Gas Storage (ton)	供气总量（吨）Volume of Gas Supply (ton)	销售气量 Volume of Gas Sale
合计	**Total**	**19727.10**	**173056.20**	**171511.98**
南昌市	Nanchang	2163.00	19238.00	19215.04
景德镇市	Jingdezhen	500.00	4600.00	4597.00
乐平市	Leping	341.00	2256.00	2254.00
萍乡市	Pingxiang	2500.00	11828.00	11821.30
九江市	Jiujiang	612.00	10498.00	10467.31
瑞昌市	Ruichang	328.00	7651.00	7636.00
共青城市	Gongqingcheng	46.00	910.20	904.00
庐山市	Lushan	120.00	750.00	710.00
新余市	Xinyu	390.00	2308.00	2308.00
鹰潭市	Yingtan	555.00	5000.00	4885.00
贵溪市	Guixi	625.00	4673.00	4645.00
赣州市	Ganzhou	898.00	16962.00	16762.50
瑞金市	Ruijin	360.00	8201.00	8011.00
龙南市	Longnan	1610.00	4090.00	4087.99
吉安市	Ji'an	880.00	7412.00	7412.00
井冈山市	Jinggangshan	85.00	409.00	409.00
宜春市	Yichun	568.00	8506.00	8420.94
丰城市	Fengcheng	1915.00	4230.00	4230.00
樟树市	Zhangshu	100.10	4260.00	4240.00
高安市	Gaoan	1482.00	7203.00	7150.00
抚州市	Fuzhou	1785.00	20737.00	20667.00
上饶市	Shangrao	1424.00	17256.00	16603.00
德兴市	Dexing	440.00	4078.00	4075.90

10-5 续表 continued

城 市	City	#居民家庭 Households	燃气损失量 Volume of Gas Loss	用气户数（户）Households with Access to Gas (household)	#家庭用户 Residential Households	用气人口（万人）Population with Access to Gas(10 000 persons)
合 计	**Total**	**137042.63**	**1544.22**	**1017530.00**	**947343.00**	**238.38**
南昌市	Nanchang	19215.04	22.96	124508.00	124508.00	17.81
景德镇市	Jingdezhen	2410.00	3.00	26000.00	24000.00	5.80
乐平市	Leping	2215.00	2.00	36021.00	35568.00	14.24
萍乡市	Pingxiang	5840.00	6.70	26532.00	26030.00	4.08
九江市	Jiujiang	2672.31	30.69	29396.00	27616.00	8.80
瑞昌市	Ruichang	7636.00	15.00	21860.00	21860.00	4.26
共青城市	Gongqingcheng	904.00	6.20	14920.00	14920.00	7.62
庐山市	Lushan	710.00	40.00	7120.00	7120.00	1.78
新余市	Xinyu	2008.00		21000.00	20400.00	2.40
鹰潭市	Yingtan	4885.00	115.00	33928.00	33928.00	6.50
贵溪市	Guixi	3159.00	28.00	26077.00	26077.00	3.21
赣州市	Ganzhou	15690.50	199.50	191721.00	189309.00	48.49
瑞金市	Ruijin	8011.00	190.00	52142.00	52142.00	16.01
龙南市	Longnan	3147.00	2.01	54894.00	52496.00	13.01
吉安市	Ji'an	5115.00		16980.00	16868.00	3.02
井冈山市	Jinggangshan	409.00		3500.00	3500.00	1.06
宜春市	Yichun	8241.00	85.06	52380.00	49865.00	9.37
丰城市	Fengcheng	430.00		16200.00	16200.00	5.62
樟树市	Zhangshu	4139.78	20.00	33425.00	14102.00	6.05
高安市	Gaoan	5200.00	53.00	27211.00	27211.00	8.00
抚州市	Fuzhou	20667.00	70.00	72205.00	72205.00	18.37
上饶市	Shangrao	10937.00	653.00	114667.00	80175.00	28.40
德兴市	Dexing	3401.00	2.10	14843.00	11243.00	4.48

10-6 城市公共交通和出租车情况（2022年）
Basic Statistics on Public Transportation and Taxi in Cities (2022)

城 市	City	公共交通 Public Transportation			
		运营车数（辆）Number of Public Vehicles Under Operation (unit)	标准运营车数（标台）Number of Standard Vehicles Under Operation (standardized)	运营线路总长度（公里）Length under Operation (km)	客运总量（万人次）Number of Passengers Carried by Bus (10 000 person-times)
合 计	**Total**	**15863**	**17113.1**	**57690.7**	**65499.6**
南昌市	Nanchang	3998	4593.6	10881.3	13555.44
景德镇市	Jingdezhen	678	708.9	2889.7	2644.2
萍乡市	Pingxiang	901	965.2	2097.3	7937.11
九江市	Jiujiang	1478	1631	4488	6988.21
新余市	Xinyu	644	726.5	1801.8	2254.2
鹰潭市	Yingtan	315	325.5	512.4	1147.56
赣州市	Ganzhou	1906	2018.3	8899.8	7167.38
吉安市	Ji'an	1344	1425	5758.4	6958.93
宜春市	Yichun	1699	1850.6	7824.8	5772.83
抚州市	Fuzhou	1577	1645.2	8618.2	7076.93
上饶市	Shangrao	1323	1223.3	3919	3996.81

10-6 续表 continued

城 市	City	轨道交通 metro		出租车 Taxi	
		运营车数（辆）Number of metro under Operation (unit)	运营线路总长度（公里）Length under Operation (km)	运营车数（辆）Number of Taxi under Operation (unit)	客运总量（万人次）Number of Passengers Carried by Taxi (10 000 person-times)
合 计	**Total**			**17174**	**35410.39**
南昌市	Nanchang	864	128.5	5649	7274.7
景德镇市	Jingdezhen			892	2203.74
萍乡市	Pingxiang			721	2095.5
九江市	Jiujiang			2697	8251.26
新余市	Xinyu			592	1934.11
鹰潭市	Yingtan			450	526.6
赣州市	Ganzhou			1531	3510.6
吉安市	Ji'an			945	1373.41
宜春市	Yichun			1348	3075.2
抚州市	Fuzhou			982	2338.87
上饶市	Shangrao			1367	2826.4

10-7 城市道路和桥梁情况（2022年）
Basic Statistics on Urban Roads and Bridges (2022)

城市	City	道路长度（公里） Length of Roads(km)	道路面积（万平方米） Area of Roads (10 000 sq.m)	#人行道 Sidewalk
合计	**Total**	**14796.84**	**31551.56**	**6658.69**
南昌市	Nanchang	2739.29	6441.74	1089.36
景德镇市	Jingdezhen	918.02	1522.57	232.76
乐平市	Leping	216.56	230.50	60.11
萍乡市	Pingxiang	433.70	1185.19	296.77
九江市	Jiujiang	1388.36	2565.06	522.49
瑞昌市	Ruichang	323.54	479.97	94.93
共青城市	Gongqingcheng	193.15	324.44	101.86
庐山市	Lushan	63.88	126.77	29.11
新余市	Xinyu	556.23	1345.83	412.57
鹰潭市	Yingtan	478.07	974.60	246.07
贵溪市	Guixi	239.56	354.78	79.32
赣州市	Ganzhou	2063.06	4519.27	1063.26
瑞金市	Ruijin	343.38	449.58	83.37
龙南市	Longnan	262.62	474.23	89.61
吉安市	Ji'an	589.46	1322.50	334.82
井冈山市	Jinggangshan	70.30	106.75	42.65
宜春市	Yichun	763.64	1900.16	311.14
丰城市	Fengcheng	372.49	712.50	141.83
樟树市	Zhangshu	324.96	771.71	201.97
高安市	Gaoan	345.76	752.62	181.67
抚州市	Fuzhou	961.69	2485.24	668.41
上饶市	Shangrao	1064.35	2341.63	349.92
德兴市	Dexing	84.77	163.92	24.69

10-7 续表 continued

城　市	City	道路照明灯盏数（盏）Number of Street Lights (units)	安装路灯的道路长度（公里）Length of Roads with Lights (km)	桥梁数（座）Number of Bridges(unit)	#立交桥 Overpass
合　计	**Total**	**1024366**	**11770**	**1276**	**100**
南昌市	Nanchang	229181	2470	447	45
景德镇市	Jingdezhen	74615	482	31	2
乐平市	Leping	19448	190	3	1
萍乡市	Pingxiang	54685	434	35	1
九江市	Jiujiang	51897	1377	135	24
瑞昌市	Ruichang	11454	240	44	
共青城市	Gongqingcheng	5098	52		
庐山市	Lushan	5120	64	16	
新余市	Xinyu	24961	553	36	8
鹰潭市	Yingtan	37804	424	39	
贵溪市	Guixi	13820	141	14	
赣州市	Ganzhou	96496	1383	124	4
瑞金市	Ruijin	20835	153	24	
龙南市	Longnan	29713	235	28	
吉安市	Ji'an	32117	452	18	
井冈山市	Jinggangshan	13262	67	18	
宜春市	Yichun	68006	600	37	4
丰城市	Fengcheng	14180	260	15	2
樟树市	Zhangshu	14421	249	39	2
高安市	Gaoan	22941	336	17	3
抚州市	Fuzhou	108788	930	91	3
上饶市	Shangrao	63955	605	53	1
德兴市	Dexing	11569	74	12	

10-8 城市排水和污水处理情况（2022年）
Basic Statistics on Urban Drainage and Sewage Disposal (2022)

城市	City	污水排放量(万立方米) Discharged Volume of Sewage (10 000 cu.m)	排水管道长度(公里) Length of Drainpipes (km)	#污水管道 Sewage Pipes	污水处理厂 Sewage Treatment Plant 座数(座) Units (unit)	#二、三级 Second or Third Grade	日处理能力(万立方米) Daily Disposal Capacity (10 000 cu.m)	#二、三级 Second or Third Grade
合计	**Total**	**134536.65**	**23119.56**	**10253.75**	**79.00**	**68.00**	**456.80**	**404.80**
南昌市	Nanchang	45015.00	4089.67	1373.89	9.00	7.00	154.50	151.00
景德镇市	Jingdezhen	5474.87	1061.93	645.97	2.00	2.00	16.00	16.00
乐平市	Leping	1914.00	282.95	118.67	1.00		5.00	
萍乡市	Pingxiang	5540.00	373.20	315.20	3.00	1.00	16.00	4.00
九江市	Jiujiang	11198.13	2361.36	1135.58	13.00	13.00	47.20	47.20
瑞昌市	Ruichang	1632.00	280.74	67.44	1.00	1.00	5.00	5.00
共青城市	Gongqingcheng	926.00	256.50	118.50	2.00	2.00	2.60	2.60
庐山市	Lushan	524.00	150.98	92.86	2.00	2.00	1.50	1.50
新余市	Xinyu	5172.69	1086.29	392.39	1.00	1.00	12.00	12.00
鹰潭市	Yingtan	3490.00	892.30	318.34	3.00	3.00	13.50	13.50
贵溪市	Guixi	1528.00	351.20	197.29	2.00	1.00	5.50	2.00
赣州市	Ganzhou	15540.93	2958.06	1159.10	14.00	14.00	49.09	49.09
瑞金市	Ruijin	1602.30	322.40	177.53	1.00	1.00	4.00	4.00
龙南市	Longnan	1693.85	451.73	255.75	3.00	3.00	7.81	7.81
吉安市	Ji'an	4792.72	970.89	578.64	2.00	2.00	14.00	14.00
井冈山市	Jinggangshan	221.06	70.24	59.88	1.00	1.00	0.60	0.60
宜春市	Yichun	7138.00	1656.10	762.90	4.00	4.00	24.50	24.50
丰城市	Fengcheng	2764.60	436.49	220.59	2.00	2.00	8.00	8.00
樟树市	Zhangshu	2128.00	571.84	247.44	2.00	2.00	9.00	9.00
高安市	Gaoan	1958.53	635.17	231.11	3.00	1.00	8.00	4.00
抚州市	Fuzhou	6587.06	1988.95	904.62	3.00		24.00	
上饶市	Shangrao	7084.61	1606.27	689.66	3.00	3.00	27.50	27.50
德兴市	Dexing	610.30	264.30	190.40	2.00	2.00	1.50	1.50

10-8 续表 continued

城 市	City	处理量 (万立方米) Treated Volume (10 000 cu.m)	#二、三级 Second or Third Grade	污水处理厂干污泥产生量 (吨) Output of Dewatered Sludge (ton)	污水处理厂干污泥处置量 (吨) Treated Volume of Dewatered Sludge (ton)
合 计	**Total**	**130377.91**	**114936.40**	**163080.03**	**163048.20**
南昌市	Nanchang	43349.84	42277.78	47739.41	47739.41
景德镇市	Jingdezhen	5292.80	5292.80	5500.00	5500.00
乐平市	Leping	1834.00		1000.29	1000.29
萍乡市	Pingxiang	5512.00	1204.00	9912.00	9912.00
九江市	Jiujiang	11125.15	11125.15	13329.92	13319.09
瑞昌市	Ruichang	1521.00	1521.00	1075.00	1075.00
共青城市	Gongqingcheng	896.00	896.00	876.40	876.40
庐山市	Lushan	500.00	500.00	441.87	441.87
新余市	Xinyu	5095.00	5095.00	7721.69	7721.69
鹰潭市	Yingtan	3464.00	3464.00	2800.03	2800.03
贵溪市	Guixi	1454.72	345.00	1006.48	1006.48
赣州市	Ganzhou	14813.93	14813.93	25537.18	25537.18
瑞金市	Ruijin	1532.18	1532.18	2415.00	2415.00
龙南市	Longnan	1626.09	1626.09	1061.38	1061.38
吉安市	Ji'an	4493.91	4493.91	5839.57	5839.57
井冈山市	Jinggangshan	210.01	210.01	300.00	300.00
宜春市	Yichun	7075.70	7075.70	7539.50	7518.50
丰城市	Fengcheng	2667.84	2667.84	3132.68	3132.68
樟树市	Zhangshu	2110.90	2110.90	3668.46	3668.46
高安市	Gaoan	1947.75	1198.56	6202.25	6202.25
抚州市	Fuzhou	6368.54		8502.25	8502.25
上饶市	Shangrao	6895.72	6895.72	7137.67	7137.67
德兴市	Dexing	590.83	590.83	341.00	341.00

10-9 城市园林绿化情况（2022年）
Basic Statistics on Urban Parks, Gardens and Green Areas (2022)

单位：公顷 (hectare)

城市	City	绿化覆盖面积 Area of Green Coverage	#建成区 Built Districts	绿地面积 Area of Green Areas	#建成区 Built Districts
合计	**Total**	**88242.42**	**83443.96**	**80560.13**	**77453.98**
南昌市	Nanchang	16738.00	16256.33	15604.23	15144.95
景德镇市	Jingdezhen	5981.80	5241.63	5314.83	5208.70
乐平市	Leping	1042.37	1032.28	1039.59	987.52
萍乡市	Pingxiang	2624.57	2624.57	2418.88	2418.88
九江市	Jiujiang	8356.18	8247.78	7689.10	7582.10
瑞昌市	Ruichang	1077.96	1061.86	1001.43	992.55
共青城市	Gongqingcheng	921.15	918.00	850.95	847.95
庐山市	Lushan	643.17	575.26	522.07	497.17
新余市	Xinyu	4697.18	4246.82	4017.63	3986.63
鹰潭市	Yingtan	2739.75	2739.75	2402.59	2402.59
贵溪市	Guixi	1966.50	1678.50	1695.92	1554.99
赣州市	Ganzhou	12434.39	11072.23	11897.48	10537.06
瑞金市	Ruijin	1644.51	1540.85	1446.08	1389.86
龙南市	Longnan	1104.34	1050.25	1025.29	978.45
吉安市	Ji'an	3832.16	3287.31	3124.04	2969.89
井冈山市	Jinggangshan	385.43	368.31	343.37	284.20
宜春市	Yichun	4415.94	4415.94	4126.29	4126.29
丰城市	Fengcheng	2445.59	2445.59	2196.04	2196.04
樟树市	Zhangshu	1534.96	1514.12	1381.06	1371.81
高安市	Gaoan	1755.14	1378.55	1553.33	1220.04
抚州市	Fuzhou	5776.52	5773.52	5305.11	5296.11
上饶市	Shangrao	5422.72	5313.72	4980.51	4866.19
德兴市	Dexing	702.09	660.79	624.31	594.01

10-9 续表 continued

单位：公顷 (hectare)

城　市	City	公园绿地面积 Area of Park Green Areas	公园个数(个) Number of Parks(unit)	公园面积 Area of Parks
合　计	**Total**	**20700.92**	**902.00**	**16929.84**
南昌市	Nanchang	4380.64	135.00	2730.60
景德镇市	Jingdezhen	790.09	22.00	738.02
乐平市	Leping	318.12	21.00	213.56
萍乡市	Pingxiang	763.85	49.00	893.52
九江市	Jiujiang	1368.51	74.00	906.42
瑞昌市	Ruichang	334.49	10.00	186.08
共青城市	Gongqingcheng	190.80	4.00	195.43
庐山市	Lushan	119.63	25.00	138.15
新余市	Xinyu	984.55	42.00	1009.27
鹰潭市	Yingtan	605.90	38.00	610.17
贵溪市	Guixi	286.22	18.00	280.55
赣州市	Ganzhou	2913.35	97.00	2679.47
瑞金市	Ruijin	398.19	30.00	421.98
龙南市	Longnan	348.90	15.00	348.90
吉安市	Ji'an	1012.85	12.00	676.93
井冈山市	Jinggangshan	123.34	3.00	131.04
宜春市	Yichun	1209.44	74.00	1209.44
丰城市	Fengcheng	509.69	23.00	318.78
樟树市	Zhangshu	274.89	27.00	262.95
高安市	Gaoan	304.82	37.00	304.82
抚州市	Fuzhou	1583.94	47.00	1347.51
上饶市	Shangrao	1749.74	83.00	1197.28
德兴市	Dexing	128.97	16.00	128.97

10-10 城市市容环境卫生情况（2022年）
Basic Statistics on Urban Sanitation in Cities (2022)

城市	City	道路清扫保洁面积（万平方米）Area under Cleaning Program (10 000 sq.m)	#机械化 Mechanisation	生活垃圾 Residential Garbage 清运量（万吨）Collection & Transport Volume (10 000 tons)	处理量（万吨）Disposal Volume (10 000 tons)	无害化处理厂(场)数（座）Number of Harmless Treatment Plants (unit)
合　计	**Total**	**30285.45**	**28174.99**	**527.70**	**527.70**	**30.00**
南 昌 市	Nanchang	6195.42	6054.76	135.64	135.64	4.00
景德镇市	Jingdezhen	2222.00	2060.00	23.16	23.16	2.00
乐 平 市	Leping	441.00	367.00	8.05	8.05	1.00
萍 乡 市	Pingxiang	1193.17	1082.50	22.66	22.66	1.00
九 江 市	Jiujiang	2083.00	2033.49	31.96	31.96	1.00
瑞 昌 市	Ruichang	640.00	610.00	8.56	8.56	
共青城市	Gongqingcheng	486.66	469.00	4.84	4.84	1.00
庐 山 市	Lushan	220.00	209.00	4.55	4.55	
新 余 市	Xinyu	800.00	761.00	23.01	23.01	2.00
鹰 潭 市	Yingtan	1079.00	879.25	13.09	13.09	1.00
贵 溪 市	Guixi	300.00	275.00	6.02	6.02	
赣 州 市	Ganzhou	4345.66	4086.91	68.46	68.46	3.00
瑞 金 市	Ruijin	912.88	816.00	11.25	11.25	1.00
龙 南 市	Longnan	478.00	455.00	7.15	7.15	1.00
吉 安 市	Ji'an	1379.00	1312.00	18.54	18.54	2.00
井冈山市	Jinggangshan	153.00	139.00	0.91	0.91	
宜 春 市	Yichun	1202.00	1146.00	30.05	30.05	2.00
丰 城 市	Fengcheng	593.00	535.00	22.84	22.84	1.00
樟 树 市	Zhangshu	437.00	403.00	6.29	6.29	1.00
高 安 市	Gaoan	684.02	660.08	6.26	6.26	1.00
抚 州 市	Fuzhou	2461.64	2076.00	35.12	35.12	2.00
上 饶 市	Shangrao	1807.00	1582.00	35.41	35.41	2.00
德 兴 市	Dexing	172.00	163.00	3.88	3.88	1.00

10-10 续表 continued

城　市	City	日无害化处理能力(吨) Daily Harmless Treatment Capacity (ton)	无害化处理量(万吨) Volume of Harmless Treatment (10 000 tons)	公共厕所(座) Number of Public Lavatories (unit)	市容环卫专用车辆设备总数(辆) Number of Special Vehicles for Environmental Sanitation (unit)
合　计	**Total**	**23289**	**528**	**6049**	**12168**
南昌市	Nanchang	5115	136	896	3679
景德镇市	Jingdezhen	1009	23	460	1183
乐平市	Leping	300	8	119	137
萍乡市	Pingxiang	1300	23	217	735
九江市	Jiujiang	2250	32	667	473
瑞昌市	Ruichang		9	69	73
共青城市	Gongqingcheng	20	5	21	55
庐山市	Lushan		5	46	161
新余市	Xinyu	1020	23	160	132
鹰潭市	Yingtan	1000	13	220	202
贵溪市	Guixi		6	141	46
赣州市	Ganzhou	2300	68	953	2361
瑞金市	Ruijin	400	11	57	111
龙南市	Longnan	250	7	101	85
吉安市	Ji'an	1310	19	269	157
井冈山市	Jinggangshan		1	25	27
宜春市	Yichun	1300	30	376	280
丰城市	Fengcheng	800	23	62	84
樟树市	Zhangshu	1000	6	156	109
高安市	Gaoan	600	6	148	117
抚州市	Fuzhou	1308	35	393	1288
上饶市	Shangrao	1608	35	432	645
德兴市	Dexing	400	4	61	28

主要统计指标解释

供水综合生产能力 指按供水设施取水、净化、送水、出厂输水干管等环节设计能力计算的综合生产能力。包括在原设计能力的基础上，经挖、革、改增加的生产能力。计算时，以四个环节中最薄弱的环节为主确定能力。

年末供水管道长度 指从送水泵至用户水表之间所有管道的长度。不包括新安装尚未使用、水厂内以及用户建筑物内的管道。

全年供水总量 指报告期供水企业(单位)供出的全部水量。包括有效供水量和漏损水量。

生活用水量 包括公共服务用水和居民家庭用水。公共服务用水指为城市社会公共生活服务的用水。包括行政事业单位、部队营区和公共设施服务、社会服务业、批发零售贸易业、旅馆饮食业以及其他公共服务业等单位的用水。居民家庭用水指城市范围内所有居民家庭的日常生活用水。包括城市居民、农民家庭、公共供水站用水。

用水普及率 指城市用水人口数与城市人口总数的比率。计算公式:

$$\text{用水普及率}=\frac{\text{城市用水人口数}}{\text{城市人口总数}}\times 100\%$$

供气管道长度 指报告期末从气源厂压缩机的出口或门站出口至各类用户引入管之间的全部已经通气投入使用的管道长度。不包括煤气生产厂、输配站、液化气储存站、灌瓶站、储配站、气化站、混气站、供应站等厂(站)内的管道。

全年供气总量 指全年燃气企业(单位)向用户供应的燃气数量。包括销售量和损失量。

燃气普及率 指报告期末使用燃气的城市人口数与城市人口总数的比率。计算公式为:

$$\text{燃气普及率}=\frac{\text{城市用气人口数}}{\text{城市人口总数}}\times 100\%$$

年末道路长度 指年末道路长度和与道路相通的桥梁、隧道的长度，按车行道中心线计算。在统计时只统计路面宽度在3.5米(含3.5米)以上的各种铺装道路，包括开放型工业区和住宅区道路在内。

城市桥梁 指为跨越天然或人工障碍物而修建的构筑物。包括跨河桥、立交桥、人行天桥以及人行地下通道等。按使用年限分为永久性桥和半永久性桥。

城市排水管道长度 指所有排水总管、干管、支管、检查井及连接井进出口等长度之和。

城市污水日处理能力 指污水处理厂(或污水处理装置)每昼夜处理污水量的设计能力。

年末运营车数 指年末城市用于公共交通运营业务的全部车辆数。新购、新制和调入的运营车辆，自投入之日起开始计算；调出、报废和调作他用的运营车辆，自上级主管机关批准之日起不再计入。

城市绿地面积 指报告期末用作园林和绿化的各种绿地面积。包括公园绿地、生产绿地、防护绿地、附属绿地和其他绿地的面积。

公园绿地 城市中向公众开放的以游憩为主要功能，有一定的游憩设施和服务设施，同时兼有健全生态、美化景观，防灾减灾等综合作用的绿化用地。包括综合公园，社区公园、专类公园、带状公园和街旁绿地。其中综合公园、专类公园和带状公园面积之和为公园面积。

清扫保洁面积 指报告期末对城市道路和公共场所（主要包括城市行车道、人行道、车行隧道、人行过街地下通道、道路附属绿地、地铁站、高架路、人行过街天桥、立交桥、广场、停车场及其他设施等）进行清扫保洁的面积。一天清扫多次的，按清扫保洁面积最大的一次计算。

市容环卫专用车辆 指用于环境卫生作业、监察的专用车辆和设备，包括用于道路清扫、冲洗、洒水、除雪、垃圾粪便清运、市容监察以及与其配套使用的车辆和设备。

生活垃圾清运量 指报告期内收集和运送到垃圾处理厂(场)的生活垃圾数量。生活垃圾指城市日常生活或为城市日常生活提供服务的活动中产生的固体废物以及法律行政规定的视为城市生活垃圾的固体废物。包括：居民生活垃圾、商业垃圾、集市贸易市场垃圾、街道清扫垃圾、公共场所垃圾和机关、学校、厂矿等单位的生活垃圾。

Explanatory Notes on Main Statistical Indicators

Production Capacity of Water Supply refers to the designed overall production capacity of water facilities, covering the four segments of water collection, purification, conveyance, and outflow through trunk pipelines. Increased capacity through transformation and innovation projects is included as well. The capacity is determined mainly on the weakest of the above-mentioned four segments.

Length of Water Supply Pipelines at the Year-end refers to the total length of all the pipelines between the water pumps and the user water meters, excluding pipelines newly installed but not used yet, pipeline in the water factory, and pipeline in the user's buildings.

Annual Volume of Water Supply refers to the total volume of water supplied by water-works (units) during the reference period, including both the effective water supply and loss during the water supply.

Consumption of Water for Residential Use refers to water consumption of households for daily life and water consumption of public service facilities. The latter refers to water consumption for urban public services, including the consumption of government agencies and public institutions, military barracks, public facilities, wholesale and retail outlets, restaurants, hotels, and other units providing public services. Household water consumption refers to consumption of water for daily life of all households within the boundary of cities, including households of urban residents and farmers, and public water supply stations.

Coverage Rate of Urban Population with Access to Tap Water refers to the ratio of the urban population with access to tap water to the total urban population. The formula is:

$$\text{Coverage of Urban Population with Access to Tap Water}=\frac{\text{Urban Population with Access to Tap Water}}{\text{Urban Population}}\times 100\%$$

Length of Gas Pipelines refers to the total length of pipelines in use between the outlet of the compressor of gas-work or outlet of gas stations and the leading pipe of users, excluding pipelines within gasworks, delivery stations, LPG storage stations, refilling stations, gas-mixing stations and supply stations.

Volume of Gas Supply refers to the total volume of gas provided to users by gas-producing enterprises (units) in a year, including the volume sold and the volume lost.

Coverage Rate of Urban Population with Access to Gas refers to the ratio of the urban population with access to gas to the total urban population at the end of the reference period. The formula is:

$$\text{Coverage Rate of Urban Population with Access to Gas} = \frac{\text{Urban Population with Access to Gas}}{\text{Urban Population}} \times 100\%$$

Length of Paved Roads at Year-end refers to the length of roads with paved surface including bridges and tunnels connected with roads by the end of the year. Length of the roads is measured by the central lines for vehicles for paved roads with a width of 3.5 meters and over, including roads in open-ended factory compounds and residential quarters.

Urban Bridges refer to bridges built to cross over natural or man-made barriers, including bridges over rivers, overpasses for traffic and for pedestrians, underpasses for pedestrians, etc. Both permanent and semi-permanent bridges are included.

Length of Urban Sewage Pipes refers to the total length of general drainage, trunks, branch and inspection wells, connection wells, inlets and outlets, etc.

Daily Disposal Capacity of Urban Sewage refers to the designed 24-hour capacity of sewage disposal by the sewage treatment works or facilities.

Number of Vehicles under Operation at Year-end refers to the total number of vehicles under operation by public transport enterprises (units) at the end of the year, based on the records of operational vehicles by the enterprises (units).

Area of Urban Green Areas refers to the total area occupied for green projects at the end of the reference period, including park green land, production green land, protection green land, green land attached to institutions, and other green areas.

Park Green Area refers to green areas open to the public for amusement and rest with the facilities of amusement, rest and services. Its function includes perfecting ecology, beautifying landscape, and preventing and reducing disaster. Park green areas include comprehensive park, community park, topic park, belt-shaped park and green area nearby street. Total areas of comprehensive park, topic park and belt-shaped is the area of park.

Area Cleaned refers to the area which are regularly cleaned, as at the end of the reference period, at urban roads and public places (mainly including urban roadways, pedestrian walkways, vehicular tunnels, pedestrian underpasses, underground railway stations, lifted roads, pedestrians walk bridges, overpasses, plazas, carparks and other facilities). If there are several times of cleaning in a day at a location, the area of that time of cleaning with the largest area cleaned will be taken.

Vehicles Dedicated to Urban Cleanliness and Environmental Sanitation refer to vehicles and facilities dedicated for use in the operation, management and monitoring of environmental hygiene work. They include vehicles for road cleaning, washing, showering, ice removal, disposal of garbage and human wastes, cleanliness monitoring and related activities.

Volume of Garbage Disposal refers to volume of consumption wastes collected and transported to disposal factories or sites. Consumption wastes are solid wastes produced from urban households or from service activities for urban households, and solid wastes regarded by laws and regulations as urban consumption wastes, including those from households, commercial activities, markets, cleaning of streets, public sites, offices, schools, factories, mining units and other sources。

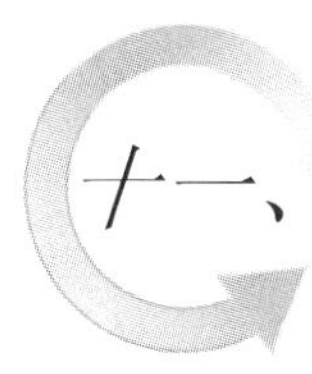

生态环境

ECOLOGICAL ENVIRONMENT

◆ 237/254

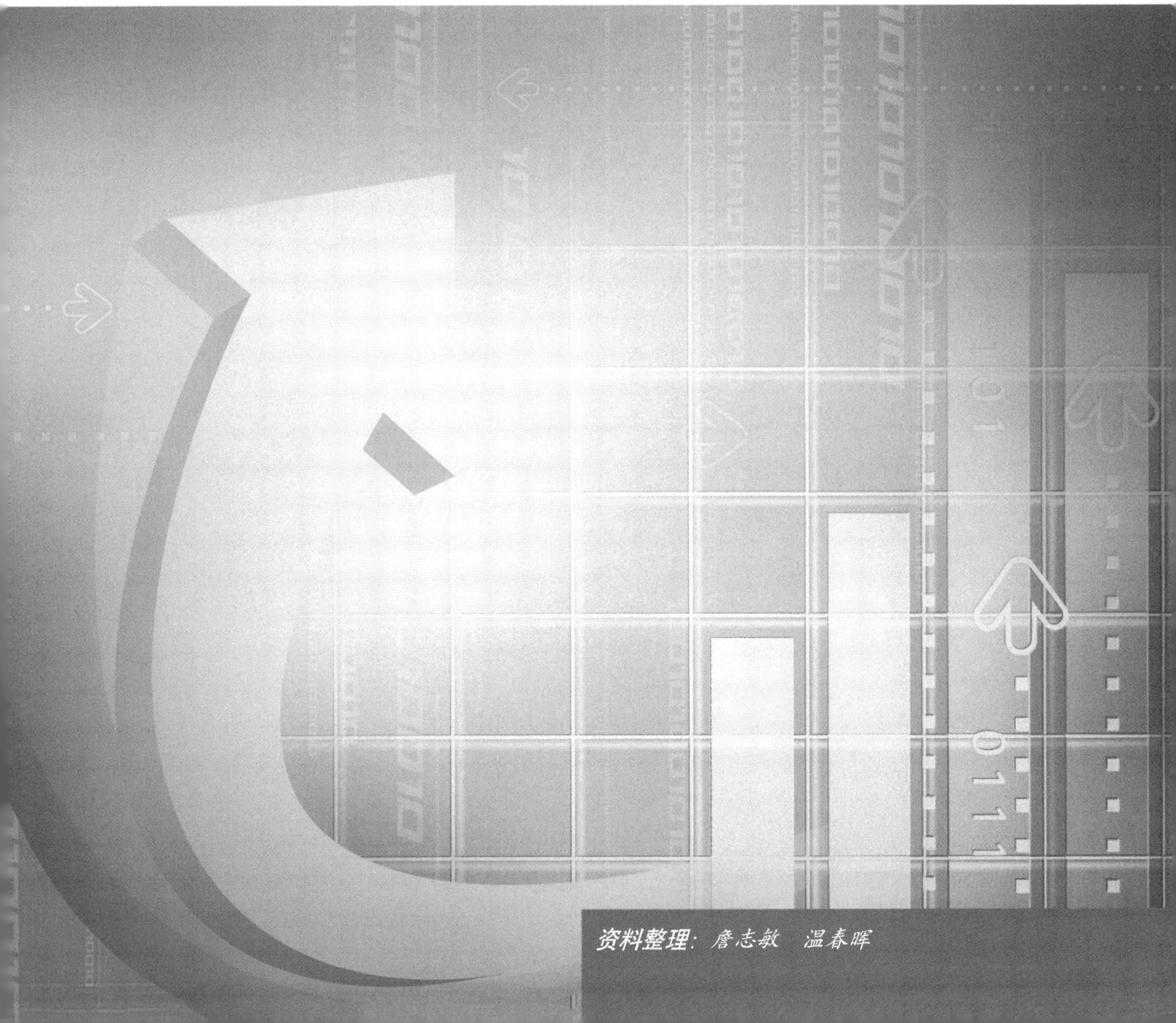

资料整理：詹志敏　温春晖

简要介绍

本篇资料由环境保护、水资源和气象三个部分组成。

环境保护统计资料包括工业废水、生活污水排放及治理情况；工业废气处理情况；一般工业固体废物的产生、处理及利用情况；城镇生活污染情况；烟（粉）尘排放情况。资料来源于省生态环境厅，由省统计局能源处整理提供。

水资源资料主要包括水资源总量、供水量及用水量，资料来源于省水文局；气象资料主要包括各设区市平均气温、降水量、日照等方面的资料，资料来源于省气象局，由省统计局综合处整理提供。

Brief Introduction

This chapter includes three parts: environment protection, water resources and meteorological phenomena.

Data on environment protection include discharge and treatment of industrial and domestic waste water; emission and treatment of industrial waste gas; generation、treatment and utilization of common industrial solid wastes; urban household pollution; emission of industrial smoke dust. Data are obtained from Department of Ecology and Environment of Jiangxi Province. Data are provided by Energy Division of Jiangxi Statistics Bureau.

Data on water resources include total amount of water resources, supply and use. Data are obtained from Jiangxi Hydrological Bureau. Data on meteorological phenomena include annual average temperature, precipitation and sunshine hours by region. Data are obtained from Jiangxi Meteorological Bureau. Data are provided by Comprehensive Division of Jiangxi Statistics Bureau.

11-1 工业“三废”排放及处理利用情况
Discharge and Treatment of Key-point Sampling Industrial Waste Gas, Waste Water and Solid Wastes

指 标	Item	2000	2010	2020	2021	2022
工业废水	**Industrial Waste Water**					
工业废水排放总量(万吨)	Total Industrial Waste Water Discharged (10 000 tons)	42083	72526	36487.94	39593.17	39725.34
工业化学需氧量排放量(万吨)	Emission of industrial chemical oxygen demand(10000 tons)		11.78	2.07	1.88	1.59
工业氨氮排放量(万吨)	Industrial Ammonia Nitrogen Emission(10000 tons)		0.87	0.16	0.14	0.11
工业废气	**Industrial Waste Gas**					
工业二氧化硫排放量(万吨)	Volume of Industrial Sulphur Dioxide Emission (10 000 tons)	29	47	8.64	7.14	5.96
工业氮氧化物排放量(万吨)	Volume of Industrial Nitrogen Oxides Emission (10 000 tons)			14.51	14.22	12.31
工业烟(粉)尘排放量(万吨)	Volume of Industrial Smoke and Dust Emission (10 000 tons)			11.09	7.52	7.26
工业固体废物	**Industrial Solid Wastes**					
一般工业固体废物产生量(万吨)	Common Industrial Solid Wastes Produced (10 000 tons)	4814.97	9407.30	12083.48	11532.74	12714.12
#危险废物	Hazardous Wastes	1.71	8.98	147.66	187.06	203.78
一般工业固体废物综合利用量(万吨)	Common Industrial Solid Wastes Comprehensively Utilized (10 000 tons)	702.24	4379.14	5497.56	5586.09	6286.17
一般工业固体废物综合利用率(%)	Ratio of Common Industrial Solid Wastes Comprehensively Utilized (%)	14.64	46.54	44.98	47.96	48.90
一般工业固体废物贮存量(万吨)	Stock of Common Industrial Solid Wastes in Stocks (10 000 tons)	3861.40	557.14	6017.85	5444.68	5900.08
#危险废物本年末贮存量	Stock of Hazardous Wastes	0.86	0.04	30.92	30.24	19.17
一般工业固体废物处置量(万吨)	Common Industrial Solid Wastes Disposed (10 000 tons)	98.71	4486.55	816.16	657.00	675.16
#危险废物利用处置量	Hazardous Wastes Disposed	0.01	1.25	178.97	184.74	207.91
一般工业固体废物倾倒丢弃量(万吨)	Common Industrial Solid Wastes Discharged (10 000 tons)	28.70	13.23	0.74	0.28	0.07

注：工业固体废物产生量、工业固体废物综合利用量、工业固体废物综合利用率、工业固体废物贮存量、工业固体废物处置量、工业固体废物丢弃量2011年统一改为一般工业固体废物产生量、一般工业固体废物综合利用量、一般工业固体废物综合利用率、一般工业固体废物贮存量、一般工业固体废物处置量和一般工业固体废物倾倒丢弃量，且口径发生变化，后同。

a) Industrial solid wastes produced, industrial solid wastes comprehensively utilized, ratio of industrial soild wastes comprehensively, stock of industrial soild wastes, industrial soild wastes disposed, industrial soild wastes discharged changed into common industrial solid wastes produced,common industrial solid wastes comprehensively utilized, ratio of common industrial solid wastes comprehensively utilized, stock of common industrial soild,common industrial solid wastes disposed, common industrial solid wastes disposed in 2011 . Statistical range changed accordingly, the same as following tables.

11-2 重点调查工业企业"三废"排放及处理利用情况(2022年)

行业	Sector	工业废水排放量(万吨) Industry Waste Water Discharged (10 000tons)	废水治理设施数(套) Number of Facilities for Treatment of Waste Water (set)
总计	**Total**	**39725.34**	**3324**
农、林、牧、渔专业及辅助性活动	Agriculture, Forestry, Animal Husbandry and Fishery Professional and Auxiliary Activities	9.78	5
煤炭开采和洗选业	Mining and Washing of Coal	197.55	19
黑色金属矿采选业	Mining and Processing of Ferrous Metal Ores	75.50	14
有色金属矿采选业	Mining and Processing of Non-Ferrous metal Ores	6328.71	82
非金属矿采选业	Mining and Processing of Non-metal Ores	98.38	51
开采辅助活动	Support Activities for Mining	0.00	
其他采矿业	Mining of Other Ores	8.76	
农副食品加工业	Processing of Food from Agricultural Products	1092.48	286
食品制造业	Manufacture of Foods	868.57	131
酒、饮料和精制茶制造业	Manufacture of Liquor, Beverages and Refined Tea	538.40	72
烟草制品业	Manufacture of Tobacco	25.40	5
纺织业	Manufacture of Textile	1420.77	136
纺织服装、服饰业	Manufacture of Textile,Wearing Apparel and Accessories	131.75	14
皮革、毛皮、羽毛及其制品和制鞋业	Manufacture of Leather, Fur, Feather and Related Products and Footwear	96.92	36
木材加工和木、竹、藤、棕、草制品业	Processing of Timber, Manufacture of Wood, Bamboo, Rattan, Palm and Straw Products	39.07	40
家具制造业	Manufacture of Furniture	17.36	26
造纸和纸制品业	Manufacture of Paper and Paper Products	5033.37	87
印刷和记录媒介复制业	Printing and Reproduction of Recording Media	15.90	24
文教、工美、体育和娱乐用品制造业	Manufacture of Articles for Culture, Education, Arts and Crafts Sport and Entertainment Activities	27.03	20
石油、煤炭及其他燃料加工业	Processing of Petroleum, Coal, and Other Fuels	834.78	14
化学原料和化学制品制造业	Manufacture of Raw Chemical Materials and Chemical Products	4239.44	454
医药制造业	Manufacture of Medicines	1302.59	242
化学纤维制造业	Manufacture of Chemical Fibres	3768.63	9
橡胶和塑料制品业	Manufacture of Rubber and Plastics Products	469.40	97
非金属矿物制品业	Manufacture of Non-metallic Mineral Products	552.26	286
黑色金属冶炼和压延加工业	Smelting and Pressing of Ferrous Metals	1511.04	68
有色金属冶炼和压延加工业	Smelting and Pressing of Non-ferrous Metals	2434.28	234
金属制品业	Manufacture of Metal Products	404.11	138
通用设备制造业	Manufacture of General Purpose Machinery	97.27	47
专用设备制造业	Manufacture of Special Purpose Machinery	49.15	32
汽车制造业	Manufacture of Automobiles	264.10	56
铁路、船舶、航空航天和其他运输设备制造业	Manufacture of Railway, Ship, Aerospace, and Other Transport Equipments	151.91	14
电气机械和器材制造业	Manufacture of Electrical Machinery and Apparatus	907.97	95
计算机、通信和其他电子设备制造业	Manufacture of Computers, Communication and Other Electronic Equipment	4016.36	263
仪器仪表制造业	Manufacture of Measuring Instruments and Machinery	45.16	12
其他制造业	Other Manufacture	45.43	16
废弃资源综合利用业	Utilization of Waste Resources	276.48	101
金属制品、机械和设备修理业	Repair Service of Metal Products, Machinery and Equipment	3.50	4
电力、热力生产和供应业	Production and Supply of Electric Power and Heat Power	335.86	55
燃气生产和供应业	Production and Supply of Gas	141.03	2
水的生产和供应业	Water Production and Distribution	1848.92	37

Discharge and Treatment of Industrial Waste Gas, Waste Water & Solid Wastes of Focused-Investigated Industrial Enterprises (2022)

废水治理设施处理能力(万吨/日) Waste Water Treatment Facilities Capacity (10 000 tons/day)	化学需氧量排放量(吨) Chemical Oxygen Demand Emission (ton)	氨氮排放量(吨) Ammonia Nitrogen Emission (ton)	废气治理设施数(套) Facilities for Treatment of Waste Gas (set)	#脱硫设施数(套) Desulfu-rization Facilities (set)	#脱硝设施数(套) Denitration Facilities (set)	#除尘设施数(套) Dedusting Facilities (set)	#挥发性有机物(VOCs)设施数(套) Facilites to Remove VOCs (set)
690.44	**14863.38**	**991.59**	**13042**	**1379**	**364**	**6503**	**3508**
0.20	8.30	0.33	10	1		5	
2.84	14.73		4			4	
8.57	36.10	2.88	4			4	
159.93	1106.77	133.81	55	2		52	
3.93	68.97	12.76	76	8	3	61	
	1.29	0.03					
9.24	740.43	49.41	284	17	3	204	7
9.51	488.36	36.53	100	8	3	60	6
5.76	560.59	37.39	52	9	1	34	
0.33	4.88	0.42	10			10	
17.14	752.22	35.51	94	5	4	49	22
1.35	41.47	2.06	13		2	5	4
1.56	97.40	4.95	137	3	2	46	68
0.10	33.63	0.10	296	4	1	225	57
0.07	24.53	0.39	2230	1		826	1395
42.67	2464.52	39.02	145	31	9	75	21
0.05	9.02	0.47	88	1		8	69
0.18	4.85	1.05	72	1	1	24	41
5.13	115.52	10.33	54	10	7	24	8
26.21	2206.13	257.50	1208	151	32	511	314
9.92	971.57	57.90	344	14	3	141	143
17.92	747.54	17.98	22	5	4	9	4
3.28	416.72	21.89	432	12	4	100	279
5.94	165.81	18.44	3163	689	161	2113	72
264.38	276.91	35.13	331	25	5	283	2
16.12	839.79	63.93	776	145	11	479	17
5.27	112.58	5.70	631	40	5	358	150
0.49	28.88	4.47	157	8	1	82	54
0.28	6.94	0.14	88	2		36	39
1.86	125.65	1.78	185	1		100	77
0.98	19.42	3.57	43			18	17
9.63	242.06	21.29	323	7	8	91	165
35.76	1242.67	83.51	910	53	2	167	325
0.39	8.70	0.52	16			5	10
0.47	25.72	1.12	36	1		8	25
4.34	134.64	5.29	356	25	8	186	113
0.02	0.20	0.00	5	1		1	3
8.49	75.60	2.05	288	98	83	98	
0.50	7	0	3	1	1	1	
9.60	636	22	1				1

11-2 续表

行 业	Sector	废气治理设施处理能力(万立方米/时) Emission Control Facilities Treatment Capacity (10 000 cu.m/hour)	废气治理设施运行费用(万元) Waste Gas Treatment Facilities Operating Cost (10 000 yuan)	二氧化硫排放量(吨) Volume of Sulphur Dioxide Emission (ton)
总 计	**Total**	**86847.18**	**600803.52**	**59633.91**
农、林、牧、渔专业及辅助性活动	Agriculture, Forestry, Animal Husbandry and Fishery Professional and Auxiliary Activities	12.76	52.00	2.89
煤炭开采和洗选业	Mining and Washing of Coal	0.76	7.10	
黑色金属矿采选业	Mining and Processing of Ferrous Metal Ores	26.25	169.40	
有色金属矿采选业	Mining and Processing of Non-Ferrous Ores	286.92	4225.97	12.74
非金属矿采选业	Mining and Processing of Non-metal Ores	244.89	979.87	222.18
开采辅助活动	Support Activities for Mining			
其他采矿业	Mining of Other Mineral			4.56
农副食品加工业	Processing of Food from Agricultural Products	258.91	1617.38	220.69
食品制造业	Manufacture of Foods	124.97	1470.53	511.78
酒、饮料和精制茶制造业	Manufacture of Liquor, Beverages & Refined Tea	270.52	514.03	86.52
烟草制品业	Manufacture of Tobacco	49.78	136.90	0.23
纺织业	Manufacture of Textile	187.88	749.42	161.32
纺织服装、服饰业	Manufacture of Textile,Wearing Apparel and Accessories	12.12	58.76	10.75
皮革、毛皮、羽毛及其制品和制鞋业	Manufacture of Leather, Fur, Feather and Related Products and Footwear	351.56	815.34	16.18
木材加工和木、竹、藤、棕、草制品业	Processing of Timber, Manufacture of Wood, Bamboo, Rattan, Palm and Straw Products	383.45	1521.82	326.70
家具制造业	Manufacture of Furniture	5633.20	6144.82	8.41
造纸和纸制品业	Manufacture of Paper and Paper Products	885.72	7155.06	656.84
印刷和记录媒介复制业	Printing and Reproduction of Recording Media	75.76	488.77	5.27
文教、工美、体育和娱乐用品制造业	Manufacture of Articles for Culture, Education, Arts and Crsfts Sport and Entertainment Activities	89.02	424.68	10.78
石油、煤炭及其他燃料加工业	Processing of Petroleum, Coal, and Other Fuels	471.41	16668.62	474.85
化学原料和化学制品制造业	Manufacture of Raw Chemical Materials and Chemical Products	2952.76	37785.03	3023.85
医药制造业	Manufacture of Medicines	888.89	8292.87	188.60
化学纤维制造业	Manufacture of Chemical Fibers	538.85	3827.00	136.47
橡胶和塑料制品业	Manufacture of Rubber & Products	849.07	4397.61	331.92
非金属矿物制品业	Manufacture of Non-metallic Mineral Products	23789.87	73109.30	24106.07
黑色金属冶炼和压延加工业	Smelting and Pressing of Ferrous Metals	12345.48	181822.68	14162.45
有色金属冶炼和压延加工业	Smelting and Pressing of Non-ferrous Metals	2602.72	65414.11	4103.09
金属制品业	Manufacture of Metal Products	1116.17	3538.66	27.20
通用设备制造业	Manufacture of General Purpose Machinery	284.33	713.24	5.12
专用设备制造业	Manufacture of Special Purpose Machinery	66.95	286.57	0.65
汽车制造业	Manufacture of Automobiles	581.60	2292.51	8.80
铁路、船舶、航空航天和其他运输设备制造业	Manufacture of Railway，Ship, Aerospace, and Other Transport Equipments	147.19	156.79	0.18
电气机械和器材制造业	Manufacture of Electrical Machinery and Apparatus	932.30	4565.08	12.39
计算机、通信和其他电子设备制造业	Manufacture of Computers communication and other Electronic Equipment	2934.10	15479.47	52.20
仪器仪表制造业	Manufacture of Measuring Instruments and Machinery	4.30	35.40	0.03
其他制造业	Other Manufacture	39.47	197.41	3.94
废弃资源综合利用业	Utilization of Waste Resources	845.55	12214.82	826.21
金属制品、机械和设备修理业	Repair Service Products, Machinery & Equipment	5.95	38.14	
电力、热力生产和供应业	Production and Supply of Electric Power and Heat Power	26477.95	143066.36	9890.99
燃气生产和供应业	Production and Supply of Gas	77.70	360.00	21.08
水的生产和供应业	Water Production and Distribution	0.11	10.00	

continued

氮氧化物排放量(吨) Volume of Nitrogen Oxides Emission (ton)	烟(粉)尘排放量(吨) Volume of Smoke and Dust Emission (ton)	挥发性有机物(VOCs)排放量(吨) VOCs Emissions	一般工业固体废物产生量(万吨) Common Industrial Solid Wastes Produced (10 000 tons)	一般工业固体废物综合利用量(万吨) Common Industrial Solid Wastes Comprehensively Utilized (10 000 tons)	一般工业固体废物处置量(万吨) Common Industrial Solid Wastes Disposed (10 000 tons)	一般工业固体废物贮存量(万吨) Common Industrial Solid Wastes (10 000 tons)	一般工业固体废物倾倒丢弃量(万吨) Common Industrial Solid Wastes Discharged (10 000 tons)	危险废物产生量(万吨) Volume of Hazardous Wastes Generated (10 000 tons)	危险废物利用处置量(万吨) Volume of Hazardous Wastes Utilized or Disposed (10 000 tons)
123105.85	**72563.77**	**58089.61**	**12714.12**	**6286.17**	**675.16**	**5900.08**	**0.07**	**203.78**	**207.91**
3.98	1.53	0.08	0.37	0.37					
	363.12		34.23	32.38	1.85				
	184.12	1.63	215.87	138.64	3.50	87.97			
4.15	20185.08	0.63	8020.84	2110.17	275.11	5751.16		0.10	0.10
226.22	3955.18	29.25	247.67	236.25	4.84	6.68	0.01		
		146.87							
10.99	13.58		0.50	0.50					
187.10	161.46	493.30	17.95	14.84	3.12	0.02			
832.72	245.70	168.63	39.37	38.17	0.95	0.40	0.02	0.05	0.05
92.05	18.46	6.98	13.16	12.20	0.96	0.01			
7.39	44.55	1.01	0.40	0.40					
246.64	87.51	41.07	5.05	3.07	1.98	0.01		0.38	0.38
12.57	0.56	4.79	0.08	0.04	0.04				
16.04	218.68	1873.04	1.14	1.03	0.10	0.01		0.56	0.56
218.78	945.26	1605.11	11.45	11.05	0.40			0.03	0.03
9.14	906.39	4905.26	4.68	4.29	0.38	0.01		0.14	0.11
952.27	300.31	218.31	80.47	55.83	24.68	0.85		0.03	0.03
7.47	3.22	335.71	0.90	0.68	0.22	0.03		0.06	0.06
11.30	8.08	281.14	0.48	0.43	0.05			0.04	0.04
1450.31	586.96	3135.69	15.47	14.92	0.45	0.10		7.41	7.36
3297.21	3006.73	11118.56	480.16	346.77	133.78	3.33		22.10	22.54
254.30	62.02	6473.22	8.89	5.80	3.08	0.02		5.55	5.65
271.43	37.85	11555.79	51.06	51.16	0.44			0.09	0.09
296.02	296.06	2627.07	13.20	2.64	10.59	0.02		1.64	1.64
64761.22	25789.85	2442.58	248.42	232.02	16.62	5.04	0.03	22.42	22.37
24929.61	9432.14	2565.48	1310.36	1309.11	1.33	0.07		20.43	20.41
2588.30	2071.49	99.49	367.52	231.10	105.11	36.92		35.66	39.24
71.39	388.35	982.03	13.70	6.07	3.74	3.93		2.87	3.00
14.84	66.67	185.82	6.73	6.25	0.48			0.77	0.78
2.74	69.22	182.17	0.76	0.44	0.33	0.01		0.25	0.27
63.22	124.58	437.31	12.64	11.40	1.25			0.66	0.66
5.00	4.22	113.45	0.21	0.18	0.03			0.08	0.09
150.72	10.74	1247.99	6.16	5.56	0.60	0.02		9.41	9.33
111.59	143.71	3861.76	16.70	15.41	1.34	0.08		24.09	24.11
0.57	0.42	57.52	0.19	0.11	0.07			0.01	0.01
8.57	2.17	232.80	1.86	1.86				0.09	0.09
519.61	340.39	145.97	99.68	73.48	23.51	3.33		18.47	18.73
0.02	0.00	0.09	0.19	0.19	0.01			0.01	0.01
21439.26	2447.97	511.16	1342.12	1310.56	31.54	0.07		30.32	30.09
31.17	39.43	0.84	21.09	0.09	21.00				
			2.40	0.72	1.68			0.08	0.07

11-3 各地区工业“三废”排放及处理情况(2022年)

指 标	Item	全 省 Total	南昌市 Nanchang
工业废水	**Industrial Waste Water**		
工业废水排放量(万吨)	Industrial Waste Water Discharged (10 000 tons)	39725.34	3355.40
废水治理设施数(套)	Facilities for Treatment of Waste Water (set)	3324	276
废水治理设施处理能力(万吨/日)	Waste Water Treatment Facilities Capacity (10 000 tons/day)	690.44	66.55
工业化学需氧量排放量(吨)	Emission of industrial chemical oxygen demand(10000 tons)□	15888.16	2358.50
工业氨氮排放量(吨)	Industrial Ammonia Nitrogen Emission(10000 tons)	1056.00	82.20
工业废气	**Industrial Waste Gas**		
废气治理设施数(套)	Facilities for Treatment of Waste Gas (set)	13042	1173
#脱硫设施数(套)	Desulfurization Facilities (set)	1379	40
#脱硝设施数(套)	Desulfurization Facilities (set)	364	10
#除尘设施数(套)	Dedusting Facilities (set)	6503	678
废气治理设施处理能力(万立方米/时)	Emission Control Facilities Treatment Capacity (10 000 cu.m/hour)	86847.18	5081.51
工业二氧化硫排放量(吨)	Volume of Industrial Sulphur Dioxide Emission (ton)	59633.91	3018.30
工业氮氧化物排放量(吨)	Volume of Industrial Nitrogen Oxides Emission (ton)	123105.85	6579.45
工业烟(粉)尘排放量(吨)	Volume of Industrial Smoke and Dust Emission (ton)	72563.77	2740.24
工业挥发性有机物(VOCs)排放量(吨)	Industrial Volatile Organic Compounds(VOCS)Emission(ton)	58089.61	2800.30
工业固体废物	**Industrial Solid Wastes**		
一般工业固体废物产生量(万吨)	Common Industrial Solid Wastes Produced (10 000 tons)	12714.12	238.20
危险废物产生量(万吨)	Hazardous Wastes	203.78	21.46
一般工业固体废物综合利用量(万吨)	Common Industrial Solid Wastes Comprehensively Utilized (10 000 tons)	6286.17	230.07
一般工业固体废物综合利用率(%)	Ratio of Common Industrial Solid Wastes Comprehensively Utilized (%)	48.90	96.48
一般工业固体废物贮存量(万吨)	Stock of Common Industrial Solid Wastes (10 000 tons)	5900.08	0.49
危险废物本年末贮存量(万吨)	Volume of Hazardous Wastes Stocked(10 000 tons)	19.17	0.07
一般工业固体废物处置量(万吨)	Common Industrial Solid Wastes Disposed (10 000 tons)	675.16	7.97
危险废物利用处置量(万吨)	Volume of Hazardous Wastes Utilized or Disposed(10 000 tons)	207.91	21.47
一般工业固体废物倾倒丢弃量(万吨)	Common Industrial Solid Wastes Discharged (10 000 tons)	0.07	0.01

Discharge and Treatment of Industrial Waste Gas, Waste Water & Solid Wastes by Region (2022)

景德镇市 Jingdezhen	萍乡市 Pingxiang	九江市 Jiujiang	新余市 Xinyu	鹰潭市 Yingtan	赣州市 Ganzhou	吉安市 Ji'an	宜春市 Yichun	抚州市 Fuzhou	上饶市 Shangrao	赣江新区 Ganjiang New District
2445.37	421.15	10357.79	1821.74	960.77	6265.57	2947.48	3055.35	2172.75	5768.35	153.63
134	107	338	125	87	575	372	434	465	393	18
10.57	77.15	76.77	165.49	7.78	76.46	25.29	29.03	26.13	128.28	0.95
867.88	163.25	2974.20	583.94	289.21	2067.72	1479.73	1991.84	1481.42	1604.05	26.43
114.58	5.25	101.55	43.87	20.67	225.61	174.40	155.07	69.38	61.55	1.88
306	482	1506	611	228	3811	1303	1654	781	1087	100
31	69	178	67	33	243	157	311	61	187	2
12	19	46	14	7	88	19	100	23	26	
136	319	732	404	139	1580	596	860	393	590	76
2749.32	5494.41	12717.62	9059.38	3483.67	19091.56	5865.60	13954.57	2845.29	6418.56	85.68
2111.57	4545.98	5443.85	10703.19	2225.62	7819.59	6206.68	8748.15	3075.00	5732.65	3.33
4757.91	10079.15	17230.07	17213.02	2455.91	13253.11	7689.55	27966.09	3913.81	11942.01	25.78
1327.09	5273.15	8595.85	4829.63	798.39	10059.63	5429.91	6203.73	1856.04	25437.75	12.36
4441.11	366.67	21189.99	2572.51	484.02	7116.99	6457.26	6913.16	2771.43	2954.39	21.78
111.83	477.33	2187.31	995.70	323.97	840.68	322.58	721.41	236.02	6257.42	1.67
12.24	4.06	21.51	19.81	8.13	17.54	20.59	38.15	14.77	25.47	0.04
110.19	442.77	1448.03	883.60	261.24	763.64	313.84	616.43	174.53	1041.70	0.14
98.38	92.74	66.15	88.74	80.56	89.19	93.56	74.95	73.26	16.63	8.49
0.53	2.46	673.72	74.83	47.84	38.07	14.09	72.69	14.43	4960.91	0.01
0.33	0.11	1.80	0.10	2.48	2.81	1.04	3.03	3.14	4.26	
1.29	32.35	67.81	37.40	15.27	55.10	9.08	137.00	49.29	261.08	1.52
12.36	4.31	23.10	19.87	7.67	17.36	20.13	38.18	15.11	28.29	0.05
0.01					0.02		0.03			

11-4 各地区生活污染情况(2022年)

地 区	Region	生活污水排放量(万吨) Domestic Sewage Discharged (10 000 tons)	城镇生活污水排放量(万吨) Urban Domestic Sewage Discharged (10 000 tons)	农村生活污水排放量(万吨) Rural Domestic Sewage Discharged (10 000 tons)	生活污水中COD产生量(吨) COD Produced from Domestic Sewage (ton)
全 省	**Provincial Total**	**145300**	**118944**	**26356**	**570350**
南昌市	Nanchang	22292	19846	2447	82121
景德镇市	Jingdezhen	5781	4998	784	22936
萍乡市	Pingxiang	4438	3399	1039	17755
九江市	Jiujiang	17030	14520	2509	66700
新余市	Xinyu	3781	3243	537	14146
鹰潭市	Yingtan	3540	2956	584	13750
赣州市	Ganzhou	28291	22307	5984	112910
吉安市	Ji'an	12624	9551	3074	51682
宜春市	Yichun	12970	9927	3044	52376
抚州市	Fuzhou	17942	15799	2143	67813
上饶市	Shangrao	16258	12047	4211	66964
赣江新区	Ganjiang New District	352	352		1198

注：由于生态环境统计报表制度对指标进行了调整，现行的生活源废气污染物(含二氧化硫、氮氧化物、VOC)排放量包含部分未单独调查的工业源排放量。

11-4 续表

地 区	Region	生活污水中氨氮产生量(吨) Ammonia Nitrogen Produced from Domestic Sewage Water(ton)	城镇生活污水中氨氮产生量(吨) Ammonia Nitrogen Produced from Urban Domestic Sewage (ton)	农村生活污水中氨氮产生量(吨) Ammonia Nitrogen Produced from Rural Domestic Sewage (ton)	生活污水中氨氮排放量(吨) Ammonia Nitrogen Discharged from Urban Living Waste Water(ton)
全 省	**Provincial Total**	**52147**	**39096**	**13051**	**26222**
南昌市	Nanchang	7458	6479	979	1157
景德镇市	Jingdezhen	2111	1738	373	1308
萍乡市	Pingxiang	1573	1108	465	929
九江市	Jiujiang	6074	4821	1253	2937
新余市	Xinyu	1255	1057	198	191
鹰潭市	Yingtan	1267	971	297	537
赣州市	Ganzhou	10556	7276	3280	5233
吉安市	Ji'an	4722	3114	1609	2783
宜春市	Yichun	4692	3253	1438	2171
抚州市	Fuzhou	6261	5233	1028	4574
上饶市	Shangrao	6063	3931	2132	4306
赣江新区	Ganjiang New District	115	115		95

Domestic Pollutant Contents by Region (2022)

城镇生活污水中COD产生量(吨) COD Produced from Urban Domestic Sewage (ton)	农村生活污水中COD产生量(吨) COD Produced from Rural Domestic Sewage (ton)	生活污水中COD排放量(吨) COD Discharged from Urban Living Waste Water (ton)	城镇生活污水中COD排放量(吨) COD Discharged from Urban Living Waste Water (ton)	农村生活污水中COD排放量(吨) COD Discharged from Rural Living Waste Water (ton)
407751	**162599**	**341052**	**209605**	**131447**
67576	14545	17277	6026	11251
18122	4814	15833	12543	3290
11556	6199	13331	8587	4745
50283	16417	42430	28158	14272
11027	3119	7008	4793	2215
10123	3627	7381	4866	2514
75888	37022	70446	44443	26002
32473	19209	36143	19135	17008
33932	18444	28851	12102	16749
54573	13239	54069	43395	10674
41000	25963	47293	24566	22727
1198		991	991	

a) Due to the adjustment on Statistic Report System of Ecological Environment, the current emissions of domestic exhaust pollutants, including sulphur dioxide and nitrogen oxide VOC, include some emissions from industrial sources that have not been surveyed separately. □

continued

城镇生活污水中氨氮排放量(吨) Ammonia Nitrogen Produced from Rural Living Waste Water(ton)	农村生活污水中氨氮排放量(吨) Ammonia Nitrogen Produced from Urban Living Waste Water(ton)	生活及其他二氧化硫排放量(吨) Domestic and Other Sulphur Dioxide Emission (ton)	生活及其他氮氧化物排放量(吨) Domestic and Other Nitrogen Oxides Emission (ton)	生活及其他烟(粉)尘排放量(吨) Domestic and Other Volume of Industrial Smoke and Dust Emission (ton)	生活及其他挥发性有机物(VOCs)排放量(吨) Domestic and Other Volume of Industrial Smoke and Dust Emission (ton)
15257	**10965**	**16289**	**5489**	**32751**	**53634**
362	795.09	6735	2031	13519	9432
1033	275.27	2411	664	4833	2491
554	374.92	4394	1267	8816	3297
1820	1117.26	216	286	454	5008
41	150.11	165	131	338	1378
316	221.18	66	44	134	1251
2762	2471.43	596	210	1198	9711
1327	1456.13	473	188	953	4818
842	1328.93	64	164	142	5384
3711	863.02	698	248	1404	3956
2394	1911.66	474	236	959	6883
95		0	20	2	26

11-5 水资源总量(2022年)
Water Resources (2022)

地区	Region	水资源总量(亿立方米) Total Amount of Water Resources (100 million cu.m)	年降水量 Annual Precipitation		地表水资源量 Surface Water Resources		地下水资源量(亿立方米) Groundwater Resources (100 million cu.m)
			年降水深(毫米) Annual Precipitation Depth (mm)	年降水量(亿立方米) Annual Precipitation (100 millioncu.m)	年径流深(毫米) Annual Flow Depth(mm)	年径流量(亿立方米) Annual Flow (100 million cu.m)	
全　省	**Provincial Total**	**1556.19**	**1599.3**	**2669.98**	**918.6**	**1533.60**	**363.65**
南昌市	Nanchang	75.80	1388.2	102.77	965.6	71.48	14.01
景德镇市	Jingdezhen	54.13	1787.9	93.83	1031.4	54.13	10.67
萍乡市	Pingxiang	47.16	1755.9	67.20	1232.3	47.16	9.07
九江市	Jiujiang	124.26	1251.0	235.48	618.6	116.43	29.67
新余市	Xinyu	33.68	1702.9	53.88	1064.5	33.68	7.11
鹰潭市	Yingtan	35.88	1714.4	60.93	1006.5	35.77	9.52
赣州市	Ganzhou	313.14	1565.3	616.42	795.2	313.14	67.26
吉安市	Ji'an	211.66	1520.8	384.33	837.6	211.66	65.07
宜春市	Yichun	198.52	1689.1	315.36	1043.8	194.88	45.43
抚州市	Fuzhou	187.75	1681.8	316.47	997.7	187.73	49.11
上饶市	Shangrao	274.21	1857.4	423.31	1173.9	267.54	56.73

11-6 供水量(2022年)
Water Supply (2022)

单位：亿立方米 (100 million cu.m)

地区	Region	总供水量 Total Water Supply	地表水源供水量 Surface Water	蓄水 Storage	引水 Diversion	提水 Carry	跨流域调水 Cross-Basin Water Diversion	地下水源供水量 Groundwater	其他水源供水量 Others
全　省	**Provincial Total**	**269.77**	**260.64**	**130.56**	**52.42**	**77.38**	**0.28**	**6.08**	**3.05**
南昌市	Nanchang	33.98	32.82	5.59	17.28	9.95		0.96	0.20
景德镇市	Jingdezhen	7.92	7.76	4.91	0.71	2.14		0.12	0.04
萍乡市	Pingxiang	6.73	6.31	2.51	2.78	0.74	0.28	0.22	0.20
九江市	Jiujiang	25.63	25.23	12.60	1.81	10.82		0.23	0.17
新余市	Xinyu	8.61	8.21	5.09	1.93	1.19		0.29	0.11
鹰潭市	Yingtan	6.57	6.24	1.99	1.42	2.83		0.22	0.11
赣州市	Ganzhou	36.23	33.75	19.74	7.74	6.27		1.36	1.12
吉安市	Ji'an	35.34	34.60	23.94	4.46	6.20		0.58	0.16
宜春市	Yichun	50.00	48.98	26.88	2.97	19.13		0.80	0.22
抚州市	Fuzhou	26.22	25.33	10.51	6.25	8.57		0.30	0.59
上饶市	Shangrao	32.54	31.41	16.80	5.07	9.54		1.00	0.13

11-7 用 水 量(2022年)
Water Use (2022)

单位：亿立方米 (100 million cu.m)

地 区	Region	总用水量 Total	农田灌溉 Farm Irrigated	林牧渔畜 Forestry, Animal Husbanray Fishery and Livestocks	工业 Industry 小计 total	工业 Industry 火(核)电 Thermal (Nuclear) Power Generation	工业 Industry 非(火)核电 Non-Thermal (Nuclear) Power Generation	城镇公共 Urban Publical	城镇居民生活 Urban Residential	农村居民生活 Rural Residential	生态环境 Ecological Protection
全 省	**Provincial Total**	**269.77**	**186.12**	**8.36**	**42.25**	**22.72**	**19.53**	**7.49**	**15.49**	**6.24**	**3.82**
南昌市	Nanchang	33.98	21.15	0.45	5.04	0.15	4.89	1.81	3.00	0.47	2.06
景德镇市	Jingdezhen	7.92	5.22	0.06	1.22	0.21	1.01	0.51	0.65	0.20	0.06
萍乡市	Pingxiang	6.73	3.94	0.25	1.31	0.12	1.19	0.29	0.65	0.20	0.09
九江市	Jiujiang	25.63	15.23	0.35	6.74	4.09	2.65	0.70	1.65	0.65	0.31
新余市	Xinyu	8.61	5.62	0.33	1.78	0.60	1.18	0.21	0.44	0.13	0.10
鹰潭市	Yingtan	6.57	4.71	0.25	0.65	0.19	0.46	0.31	0.41	0.15	0.09
赣州市	Ganzhou	36.23	26.75	2.41	1.95	0.36	1.59	0.91	2.73	1.26	0.22
吉安市	Ji'an	35.34	27.93	1.20	3.54	2.65	0.89	0.58	1.16	0.76	0.17
宜春市	Yichun	50.00	29.07	0.75	16.72	14.01	2.71	0.72	1.77	0.81	0.16
抚州市	Fuzhou	26.22	20.98	1.61	1.31	0.18	1.13	0.61	0.99	0.58	0.14
上饶市	Shangrao	32.54	25.52	0.70	1.99	0.16	1.83	0.84	2.04	1.03	0.42

注：1. 城镇公共用水指建筑业用水和服务业用水。
2. 生态环境用水指城镇环境用水和农村环境用水。

a) Urban publical water use refers to water use of construction and services.

b) Ecological water use refers to water use of urban and rural areas.

11-8 耗 水 量(2022年)
Total Water Consumption (2022)

单位：亿立方米 (100 million cu.m)

地 区	Region	总耗水量 Water Consumption	农田灌溉 Farm Irrigated	林牧渔畜 Forestry, Animal Husbanray Fishery and Livestocks	工业 Industry 火(核)电 Thermal (Nuclear) Power Generation	工业 Industry 非火(核)电 Non-Thermal (Nuclear) Power Generation	城镇公共 Urban Publical	城镇居民生活 Urban Residential	农村居民生活 Rural Residential	生态环境 Ecological Protection
全 省	**Provincial Total**	**116.86**	**98.72**	**7.64**	**3.10**	**6.84**	**2.89**	**3.94**	**4.55**	**1.93**
南昌市	Nanchang	14.70	11.20	0.42	0.14	1.76	0.82	0.78	0.35	0.64
景德镇市	Jingdezhen	3.74	2.80	0.06	0.16	0.44	0.13	0.17	0.12	0.05
萍乡市	Pingxiang	3.30	2.02	0.24	0.11	0.44	0.10	0.17	0.14	0.08
九江市	Jiujiang	10.24	8.62	0.32	0.33	0.87	0.19	0.41	0.52	0.17
新余市	Xinyu	3.87	2.89	0.31	0.41	0.42	0.09	0.12	0.10	0.08
鹰潭市	Yingtan	3.25	2.46	0.23	0.18	0.15	0.10	0.10	0.12	0.07
赣州市	Ganzhou	18.78	14.70	2.19	0.35	0.56	0.38	0.68	0.82	0.18
吉安市	Ji'an	14.81	14.61	1.08	0.12	0.30	0.21	0.29	0.52	0.14
宜春市	Yichun	16.72	14.75	0.69	1.00	0.93	0.28	0.46	0.57	0.10
抚州市	Fuzhou	12.21	10.99	1.46	0.17	0.37	0.24	0.25	0.47	0.09
上饶市	Shangrao	15.24	13.68	0.64	0.13	0.60	0.35	0.51	0.82	0.33

11-9 各地区气象台站及主要技术装备情况(2022年)
Weather Stations and Machinery in Cities by Region (2022)

地区	Region	国家气候观象台(个) National Climate Observatory (unit)	国家基准气候站(个) National Reference (unit)	国家基本气象站(个) National Basic Climatological Station (unit)	国家气象观测站(个) National General Synoptic Station (unit)	省级气象观测站(个) Regional Observatory (unit)	农业气象观测站(个) Agrometeorological Observatory (unit)
全省	**Provincial Total**	**1**	**5**	**86**	**288**	**2177**	**18**
南昌市	Nanchang	1		4	13	97	1
景德镇市	Jingdezhen			3	7	51	1
萍乡市	Pingxiang			4	8	84	1
九江市	Jiujiang		1	12	27	264	2
新余市	Xinyu			2	7	47	1
鹰潭市	Yingtan			3	5	44	1
赣州市	Ganzhou			16	69	493	3
吉安市	Ji'an		1	11	38	333	2
宜春市	Yichun		1	9	39	218	2
抚州市	Fuzhou		1	10	31	205	1
上饶市	Shangrao		1	12	44	341	3

11-9 续表 continued

地区	Region	生态气象观测站(个) Ecometeorological Observatory (unit)	紫外线观测站(个) Ultraviolet Radiation Observatory (unit)	移动雷达(部) Mobile Radar (unit)	风廓线雷达(部) Wind Profile Radar (unit)	天气雷达(部) Weather Radar (unit)	闪电定位仪(个) Lightning Orientation (unit)
全省	**Provincial Total**	**14**	**12**	**4**	**3**	**11**	**28**
南昌市	Nanchang	1	1	1		1	2
景德镇市	Jingdezhen	1	1		1	1	2
萍乡市	Pingxiang	1	1				1
九江市	Jiujiang	4	2			1	4
新余市	Xinyu	1	1	1		1	1
鹰潭市	Yingtan	1	1				2
赣州市	Ganzhou	1	1	1		3	6
吉安市	Ji'an	1	1	1		1	3
宜春市	Yichun	1	1		1	1	1
抚州市	Fuzhou	1	1			1	4
上饶市	Shangrao	1	1		1	1	2

11-10 各地区气候基本情况(2022年)
Climate by Region (2022)

地 区	Region	年平均气温 Annual Average Temperature (0.1℃)/△T	年降水量 Annual Precipitation (0.1mm)/△R	年日照时数 Annual Sunshine Hours (0.1h)/△S	年平均相对湿度 Annual Average Relative Humidity (%)/△U
全省平均	**Provincial Average**	**19.3**	**1567.7**	**1721.4**	**73**
南昌市	Nanchang	19.4	1568.3	1816.5	70
景德镇市	Jingdezhen	19	1696.2	1823.4	74
萍乡市	Pingxiang	19.4	1769.9	1595.1	72
九江市	Jiujiang	18	1106.1	1810.3	73
新余市	Xinyu	18.9	1630.5	1583	70
鹰潭市	Yingtan	19.6	1532.4	1928.9	74
赣州市	Ganzhou	20.5	1233.7	1636.8	73
吉安市	Ji'an	20.1	1421.8	1551.1	72
宜春市	Yichun	19	1704	1656.3	73
抚州市	Fuzhou	19	1635.1	1840.4	77
上饶市	Shangrao	19.1	1946.8	1693.6	73

注：△T、△R、△S、△U分别表示本年度平均气温、降水量、日照时数、平均相对湿度与1981-2010年三十年平均值比较的偏差值。
a) △T,△R,△S and △U indicate comparative differences of annual average temperature, precipitation, sunshine hours and annual average relative humidity between 30 year average value from 1981 to 2010.

11-10 续表 continued

地 区	Region	重大灾害性天气(站次) Great calamity weather(time)					
		暴雨 Storm	大风 Gale	冰雹 Hail	大雾 Fog	大雪 Heavy snow	雷暴 Thunder-storm
合 计	**Total**	**363**	**259**		**1607**	**44**	
全省平均	**Provincial Average**	**33**	**2.78**		**17.28**	**6.3**	
南昌市	Nanchang	20	21		131		
景德镇市	Jingdezhen	19	3		72		
萍乡市	Pingxiang	20	4		54	2	
九江市	Jiujiang	29	126		157	33	
新余市	Xinyu	6	5		86		
鹰潭市	Yingtan	9	5		53		
赣州市	Ganzhou	59	23		183		
吉安市	Ji'an	28	14		188	1	
宜春市	Yichun	51	6		178	7	
抚州市	Fuzhou	37	23		201		
上饶市	Shangrao	85	29		304	1	

主要统计指标解释

工业废水排放量 指经过企业厂区所有排放口排到企业外部的工业废水量。包括生产废水、外排的直接冷却水、超标排放的矿井地下水和与工业废水混排的厂区生活污水，不包括外排的间接冷却水(清污不分流的间接冷却水应计算在内)。

工业烟（粉）尘排放量 指报告期内企业在燃料燃烧和生产工艺过程中排入大气的烟尘及工业粉尘的总质量之和。烟尘或工业粉尘排放量可以通过除尘系统的排风量和除尘设备出口烟尘浓度相乘求得。

一般工业固体废物综合利用量 指报告期内企业通过回收、加工、循环、交换等方式，从固体废物中提取或者使其转化为可以利用的资源、能源和其他原材料的固体废物量(包括当年利用往年的工业固体废物贮存量)，如用作农业肥料、生产建筑材料、筑路等。综合利用量由原产生固体废物的单位统计。

供水总量 指各种水源工程为用户提供的包括输水损失在内的毛供水量之和，不包括海水直接利用量。

地表水源供水量 指地表水体工程的取水量，按蓄、引、提、调四种形式统计。从水库、塘坝中引水或提水，均属蓄水工程供水量；从河道或湖泊中自流引水的，无论有闸或无闸，均属引水工程供水量；利用扬水站从河道或湖泊中直接取水的，属提水工程供水量；跨流域调水指水资源一级区或独立流域之间的跨流域调配水量，不包括在蓄、引、提水量中。

地下水源供水量 指水井工程的开采量，按浅层淡水、深层承压水和微咸水分别统计。城市地下水源供水量包括自来水厂的开采量和工矿企业自备井的开采量。

用水量 指各类用水户取用的包括输水损失在内的毛用水量，按农田灌溉、林牧渔畜、工业、城镇公共、居民生活、生态环境六大类统计。工业用水为取用的新水量，不包括企业内部的重复利用水。

耗水量 指在输、用水过程中，通过蒸腾、蒸发、土壤吸收、产品吸附、居民和牲畜饮用等多种途径与形式消耗，不能回归到地表水体或地下含水层的水量。

Explanatory Notes on Main Statistical Indicators

Waste Water Discharged by Industry refers to the volume of waste water discharged by industrial enterprises through all their outlets, including waste water from production process, directly cooled water, groundwater from mining wells which does not meet discharge standards and sewage from households mixed with waste water produced by industrial activities, but excluding indirectly cooled water discharged (It should be included if the discharge is not separated from waste water).

Volume of Smoke and Dust Emission refers to volume of smoke and industrial dust emitted by burning and production process of enterprises and suspended in the air. Volume of smoke and industrial dust is calculated by volume of air flow timing thickness of dust from dedusting equipment exits.

Common Industrial Solid Wastes Comprehensively Utilized refers to volume of solid wastes from which useful materials can be extracted or which can be converted into usable resources, energy or other materials by means of reclamation, processing, recycling and exchange (including utilizing in the year the stocks of industrial solid wastes of the previous year). Examples of such utilizations include fertilizers, building materials and road materials. The information shall be collected by the producing units of the wastes.

Water Supply refers to gross water supply by supply systems from sources to consumers, including losses during distribution, not including direct utilization of seawater.

Surface Water Supply refers to withdrawals by surface water supply system, broken down with storage, flow, pumping and transfer. Supply from storage projects includes withdrawals from reservoirs; supply from flow includes withdrawals from rivers and lakes with natural flows no matter if there are locks or not; supply from pumping projects includes withdrawals from rivers or lakes with pumping stations; and supply from transfer refers to water supplies transferred from first-level regions of water resources or independent river drainage areas to others, and should not be covered under supplies of storage, flow and pumping.

Groundwater Supply refers to withdrawals from supplying wells, which can be divided into three categories: shallow layer freshwater, deep layer freshwater and slightly brackish water. Groundwater supply for urban areas includes water mining by both waterworks and own wells of enterprises.

Water Use refers to water used including lose during transportation. Water consumption is divided into farmland irrigation, forestry husbandry fishing and farming, industry, public affair, livelihoods, ecological environment. Industry water consumption refers to newly using, do not include reusing.

Water consumption is the amount of water consumed through evaporation, interception, adsorption, inhabitant and livestock drinking during water use and cannot recycled into surface waters and aquifers.

十二、农业

AGRICULTURE

◆ 255/288

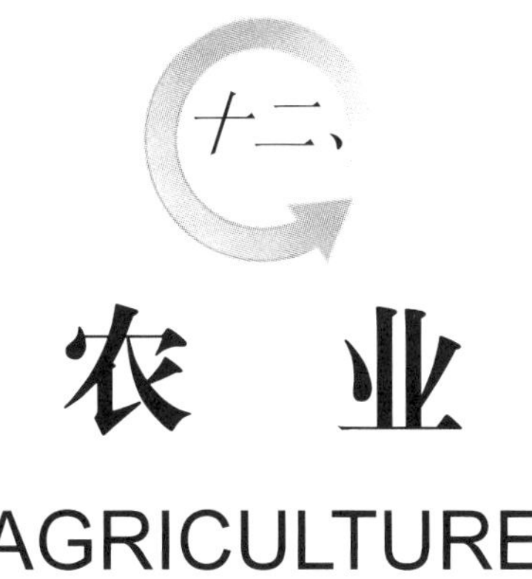

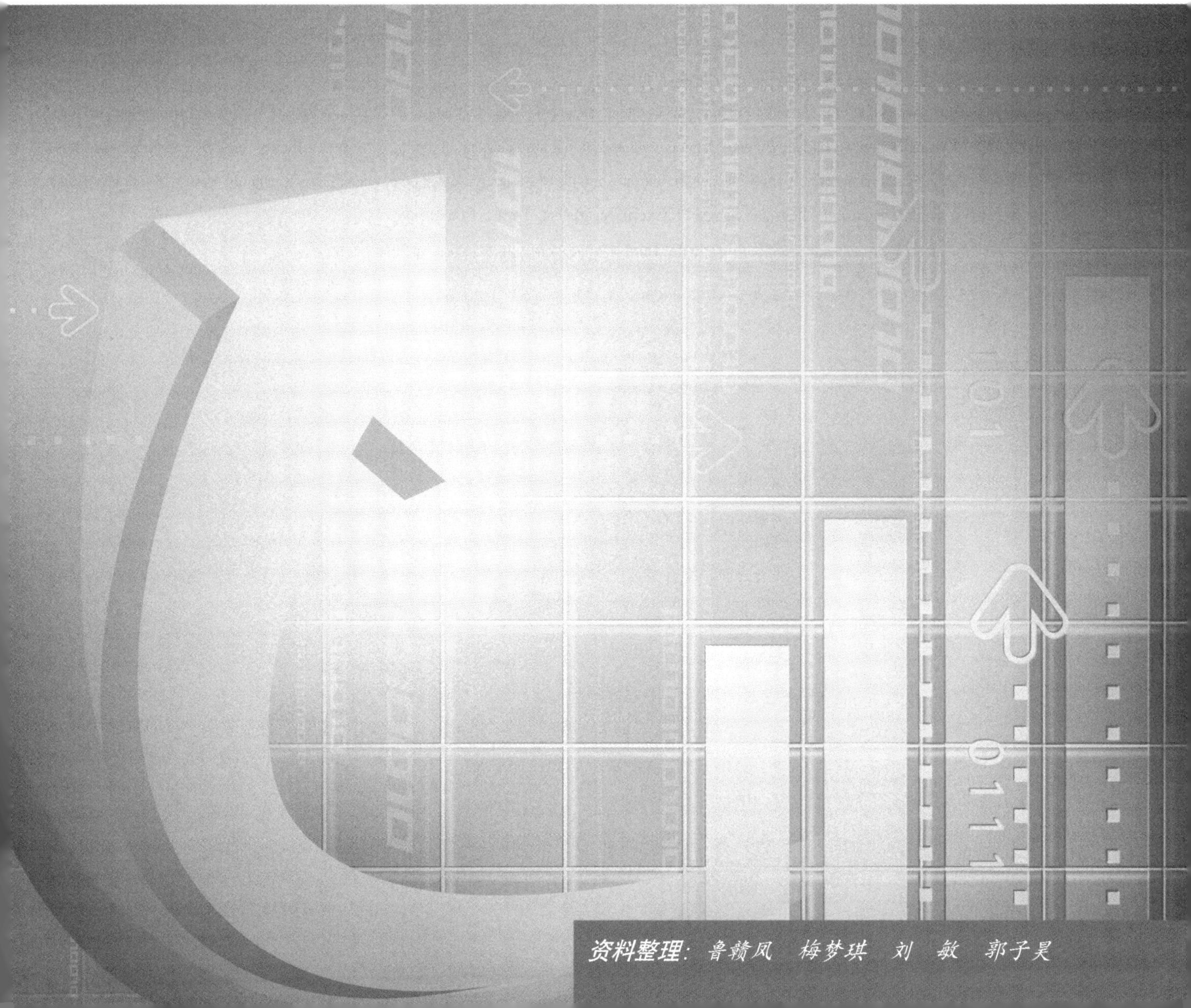

资料整理：鲁赣风　梅梦琪　刘　敏　郭子昊

简要介绍

一、本篇资料反映全省农业生产和农村经济的基本情况。主要包括主要农产品面积和产量、农村基础设施以及农林牧渔综合计算等方面的统计资料。

二、本篇资料主要来源于《江西农村统计报表制度》，其统计范围包括各市、县(区)各种经济类型的全部农林牧渔业以及各非农行业附属的农林牧渔业生产单位。

三、本篇资料中的主要经济作物面积和产量、农林牧渔业总产值等由省统计局农业统计处提供；粮食、牧业情况由国家统计局江西调查总队提供；林业、渔业、农机和水利情况则分别由省林业局、省农业农村厅和省水利厅等部门提供。

四、部分指标依据2016年全国第三次农业普查资料进行了修正。

Brief Introduction

Ⅰ. The data in this chapter show comprehensively the basic condition of agricultural production and rural economy of Jiangxi province, including area and output of major agricultural products, rural infrastructure, and integrated computation of agriculture, forestry, an imal husbandry and fishery.

Ⅱ. Data in this chapter mainly come from Jiang xi Rural Statistics Report System Statistics on agriculture includes all productive units of agriculture, forestry, animal husbandry and fishery and units engaged in agriculture, forestry, animal husbandry and fishery in non-agricultural sectors with various types of ownership in cities, counties and districts of Jiangxi Province.

Ⅲ. Data on area and output of major agricultural products, and gross output value of agriculture, forestry, animal husbandry and fishery are provided by Agriculture Division of Jiangxi Statistic Bureau. Data on grain and animal husbandry are provided by Survey Office of Jiangxi Statistic Bureau. Data on forestry, fishery, agricultural machinery and water conservancy are provide respectively by Jiangxi provincial Department of Forestry,Jiangxi Provincial Department of Agriculture and Rural Affairs and Jiangxi Provincial Department of Water Conservancy.

Ⅳ. Some Indicators have been adjusted according to the Third National Agricultural Census in 2016.

12-1 农、林、牧、渔业总产值
Gross Output Value of Farming, Forestry, Animal Husbandry and Fishery

本表按当年价格计算。
Data in this table are calculated at current prices.

单位：万元 (10 000 yuan)

年份 地区 Year Region	农林牧渔业总产值 Gross Output Value of Farming,Forestry, Animal Husbandry and Fishery	农业产值 Output Value of Farming	林业产值 Output Value of Forestry	牧业产值 Output Value of Animal Husbandry	渔业产值 Output Value of Fishery	服务业产值 Output Value of Services
1978	492900	364752	58723	63025	6400	
1980	681508	482402	96038	95168	7900	
1985	1145040	740353	141190	228397	35100	
1990	2552437	1534586	239624	674764	103463	
1991	2715836	1612274	288951	688523	126088	
1992	2983528	1683513	315804	830611	153600	
1993	3601064	1961358	314875	1095139	229692	
1994	5278602	2762704	375230	1776561	364107	
1995	6317137	3316376	414590	2095348	490823	
1996	7334888	3863193	463328	2311829	696538	
1997	7855119	3946088	468592	2558551	881888	
1998	7348844	3615365	476187	2383146	874146	
1999	7502895	3881699	495903	2239960	885333	
2000	7413543	3446961	579735	2217976	1000871	168000
2001	7674396	3583299	605300	2261129	1042668	182000
2002	7918643	3664496	649332	2339367	1099548	165900
2003	8416300	3837127	704801	2540056	1185493	148823
2004	10549211	4910558	790778	3249823	1431346	166706
2005	11429925	5104715	873713	3650964	1625621	174912
2006	12252714	5571936	1046051	3440455	1643115	551157
2007	14232763	6230568	1253166	4310098	1819696	619236
2008	16707526	6983471	1480574	5444099	2110607	688776
2009	17197613	7360732	1574457	5246315	2303010	713098
2010	18801649	8106770	1801451	5599251	2542855	751322

注：2007年后的产值数据按照第三次全国农业普查数据修订。
a) The output value data since 2007 is revised according to the third national agricultural census data.

12-1 续表 continued

单位：万元 (10 000 yuan)

年份 地区 Year Region	农林牧渔业总产值 Gross Output Value of Farming,Forestry, Animal Husbandry and Fishery	农业产值 Output Value of Farming	林业产值 Output Value of Forestry	牧业产值 Output Value of Animal Husbandry	渔业产值 Output Value of Fishery	服务业产值 Output Value of Services
2011	21751409	9311733	1969743	6966210	2704788	798935
2012	23599561	10207446	2167966	7065268	3305289	853591
2013	25296890	10947155	2371398	7397614	3668736	911986
2014	26701795	11708268	2550057	7489530	3966009	987930
2015	28083704	13618493	2706821	6546549	4152149	1059692
2016	30198718	14353075	2946136	7705092	4081116	1113299
2017	30690051	14892890	2964890	7096764	4530639	1204867
2018	31485736	15492192	3195550	6721756	4739156	1337081
2019	34812926	16242516	3428054	8889402	4765249	1487705
2020	38207354	16898824	3678079	11254054	4734952	1641445
2021	39980936	17963126	3989131	10513591	5483115	2031972
2022	42238130	19166808	4168899	10943925	5531558	2426940
南昌市 Nanchang	4317898	1769073	68491	1326734	874845	278755
景德镇市 Jingdezhen	1303093	773649	121283	199133	61926	147102
萍乡市 Pingxiang	1305761	535367	129835	530629	82092	27838
九江市 Jiujiang	4377690	1819900	384700	847327	1002079	323685
新余市 Xinyu	1322649	482103	253050	370619	103939	112938
鹰潭市 Yingtan	1288892	513185	188495	441376	98949	46887
赣州市 Ganzhou	7368540	3690180	778103	1912070	652815	335371
吉安市 Ji'an	5193944	2195434	622262	1551338	459038	365872
宜春市 Yichun	6132225	2770964	686778	1860762	629770	183950
抚州市 Fuzhou	4220600	2307215	325232	962875	340807	284471
上饶市 Shangrao	5406837	2309737	610670	941061	1225298	320071

12-2 农、林、牧、渔业总产值构成
Gross Output Value Composition of Farming, Forestry, Animal Husbandry and Fishery

本表按当年价格计算。

Data in this table are calculated at current prices.

单位：%　　　　　　　　　　　　　　　　　　　　　　　　　　　　　　　(%)

年 份 地 区 Year Region	农林牧渔业总产值 Gross Output Value of Farming,Forestry, Animal Husbandry and Fishery	农业产值 Output Value of Farming	林业产值 Output Value of Forestry	牧业产值 Output Value of Animal Husbandry	渔业产值 Output Value of Fishery	服务业产值 Output Value of Services
1978	100.0	74.0	11.9	12.8	1.3	
1980	100.0	70.7	14.1	14.0	1.2	
1985	100.0	64.7	12.3	19.9	3.1	
1990	100.0	60.1	9.4	26.4	4.1	
1991	100.0	59.4	10.6	25.4	4.6	
1992	100.0	56.5	10.6	27.8	5.1	
1993	100.0	54.5	8.7	30.4	6.4	
1994	100.0	52.3	7.1	33.7	6.9	
1995	100.0	52.4	6.6	33.2	7.8	
1996	100.0	52.7	6.3	31.5	9.5	
1997	100.0	50.2	6.0	32.6	11.2	
1998	100.0	49.2	6.5	32.4	11.9	
1999	100.0	51.7	6.6	29.9	11.8	
2000	100.0	46.5	7.8	29.9	13.5	2.3
2001	100.0	46.7	7.9	29.5	13.6	2.3
2002	100.0	46.3	8.2	29.5	13.9	2.1
2003	100.0	45.6	8.4	30.2	14.1	1.7
2004	100.0	46.5	7.5	30.8	13.6	1.6
2005	100.0	44.7	7.7	31.9	14.2	1.5
2006	100.0	45.5	8.5	28.1	13.4	4.5
2007	100.0	43.8	8.8	30.3	12.8	4.4
2008	100.0	41.8	8.9	32.6	12.6	4.1
2009	100.0	42.8	9.2	30.5	13.4	4.1
2010	100.0	43.1	9.6	29.8	13.5	4.0
2011	100.0	42.8	9.1	32.0	12.4	3.7
2012	100.0	43.3	9.2	29.9	14.0	3.6
2013	100.0	43.3	9.4	29.2	14.5	3.6
2014	100.0	43.8	9.6	28.0	14.9	3.7
2015	100.0	48.5	9.6	23.3	14.8	3.8
2016	100.0	47.5	9.8	25.5	13.5	3.7
2017	100.0	48.5	9.7	23.1	14.8	3.9
2018	100.0	49.2	10.1	21.3	15.1	4.2
2019	100.0	46.7	9.8	25.5	13.7	4.3
2020	100.0	44.2	9.6	29.5	12.4	4.3
2021	100.0	44.9	10.0	26.3	13.7	5.1
2022	100.0	45.4	9.9	25.9	13.1	5.7
南 昌 市 Nanchang	100.0	41.0	1.6	30.7	20.3	6.5
景德镇市 Jingdezhen	100.0	59.4	9.3	15.3	4.8	11.3
萍 乡 市 Pingxiang	100.0	41.0	9.9	40.6	6.3	2.1
九 江 市 Jiujiang	100.0	41.6	8.8	19.4	22.9	7.4
新 余 市 Xinyu	100.0	36.4	19.1	28.0	7.9	8.5
鹰 潭 市 Yingtan	100.0	39.8	14.6	34.2	7.7	3.6
赣 州 市 Ganzhou	100.0	50.1	10.6	25.9	8.9	4.6
吉 安 市 Ji'an	100.0	42.3	12.0	29.9	8.8	7.0
宜 春 市 Yichun	100.0	45.2	11.2	30.3	10.3	3.0
抚 州 市 Fuzhou	100.0	54.7	7.7	22.8	8.1	6.7
上 饶 市 Shangrao	100.0	42.7	11.3	17.4	22.7	5.9

12-3 农、林、牧、渔业总产值指数
Indices of Gross Output Value of Farming, Forestry, Animal Husbandry and Fishery

本表按可比价格计算。

Data in this table are calculated at constant prices.

年份 Year	以1978年为100 (year of 1978=100) 农林牧渔业总产值 Gross Output Value of Farming, Forestry, Animal Husbandry and Fishery	农业产值 Output Value of Farming	林业产值 Output Value of Forestry	牧业产值 Output Value of Animal Husbandry	渔业产值 Output Value of Fishery	服务业产值 Output Value of Services	以上年为100 (preceding year=100) 农林牧渔业总产值 Gross Output Value of Farming, Forestry, Animal Husbandry and Fishery	农业产值 Output Value of Farming	林业产值 Output Value of Forestry	牧业产值 Output Value of Animal Husbandry	渔业产值 Output Value of Fishery	服务业产值 Output Value of Services
1978	100	100	100	100	100	100	102.8	101.6	105.7	107.2	98.9	
1979	114.8	115.0	112.4	116.5	113.6		114.8	115.0	112.4	116.5	113.6	
1980	111.2	109.3	108.7	120.6	127.4		96.9	95.1	96.8	103.6	112.2	
1981	115.6	111.2	127.3	122.6	150.7		103.9	101.7	117.1	101.8	118.3	
1982	127.4	122.4	124.8	148.7	170.0		110.2	110.1	98.0	121.1	112.8	
1983	129.4	122.7	128.2	152.7	213.2		101.5	100.2	102.7	102.7	125.4	
1984	143.3	135.4	144.5	169.0	240.9		110.8	110.3	112.7	110.7	112.9	
1985	153.6	140.4	153.7	200.8	291.5		107.2	103.7	106.4	118.8	121.0	
1986	157.7	138.0	154.9	232.9	337.4		102.6	98.3	100.8	116.0	115.7	
1987	171.6	150.8	169.3	247.9	387.9		108.8	109.3	109.3	106.4	115.0	
1988	176.3	147.5	176.9	282.1	445.1		102.7	97.8	104.5	113.8	114.8	
1989	185.8	156.8	177.6	296.5	485.3		105.4	106.3	100.4	105.1	109.0	
1990	198.0	167.7	184.0	315.5	532.0		106.5	106.9	103.6	106.4	109.6	
1991	210.0	176.0	199.4	337.6	584.6		106.1	105.0	108.3	107.0	109.9	
1992	223.8	181.4	212.9	378.7	712.1		106.6	103.0	106.8	112.2	121.8	
1993	240.1	185.2	194.2	456.3	972.1		107.3	102.1	91.2	120.5	136.5	
1994	264.7	193.4	209.7	537.7	1243.1		110.2	104.5	108.0	117.8	127.9	
1995	278.4	193.9	210.3	590.9	1562.5		105.2	100.2	100.3	109.9	125.7	
1996	301.8	208.4	221.5	609.2	2087.5		108.4	107.5	105.3	103.1	133.6	
1997	322.9	221.3	218.1	644.1	2510.9		107.0	106.2	98.5	105.7	120.3	
1998	310.2	203.8	220.4	623.6	2656.1		96.1	92.1	101.1	96.8	105.8	
1999	325.4	226.2	216.8	600.3	2847.3		104.9	111.0	98.4	96.3	107.2	
2000	334.5	230.3	234.4	599.1	3103.6	335.0	102.8	101.8	108.1	99.8	109.0	100.6
2001	344.5	238.1	237.2	608.7	3261.9	364.8	103.0	103.4	101.2	101.6	105.1	108.9
2002	358.3	244.5	251.2	628.8	3539.2	332.3	104.0	102.7	105.9	103.3	108.5	91.1
2003	368.1	243.3	268.7	651.4	3819.9	296.1	102.7	99.5	107.0	103.6	107.9	89.1
2004	397.6	269.3	280.8	685.9	4125.4	307.9	108.0	110.7	104.5	105.3	108.0	104.0
2005	424.6	278.5	293.2	770.3	4451.3	316.8	106.8	103.4	104.4	112.3	107.9	102.9
2006	450.5	293.5	346.8	794.2	4780.5	356.4	106.1	105.4	118.3	103.1	107.4	112.5
2007	469.4	303.5	377.0	818.0	5067.3	383.8	104.2	103.4	108.7	103.0	106.0	107.7
2008	491.9	315.3	406.8	859.7	5340.9	399.5	104.8	103.9	107.9	105.1	105.4	104.1
2009	514.5	323.5	430.8	909.6	5725.4	413.1	104.6	102.6	105.9	105.8	107.2	103.4
2010	535.1	327.1	458.8	962.4	6137.6	434.2	104.0	101.1	106.5	105.8	107.2	105.1
2011	557.6	346.7	484.0	985.5	6211.3	458.0	104.2	106.0	105.5	102.4	101.2	105.5
2012	583.2	356.0	515.0	1034.7	6726.8	485.5	104.6	102.7	106.4	105.0	108.3	106.0
2013	609.3	374.6	548.0	1070.0	6928.6	514.7	104.5	105.2	106.4	103.4	103.0	106.0
2014	638.6	388.9	583.6	1129.9	7247.3	546.6	104.8	103.8	106.5	105.6	104.6	106.2
2015	664.1	427.5	624.0	1106.0	7544.8	579.9	104.0	109.9	106.9	97.9	104.1	106.1
2016	691.3	448.2	671.1	1129.3	7740.4	607.8	104.1	104.8	107.6	102.1	102.6	104.8
2017	721.4	473.3	717.2	1141.9	8036.7	644.6	104.4	105.6	106.9	101.1	103.8	106.1
2018	746.6	493.0	760.6	1151.1	8229.8	708.0	103.5	104.2	106.0	100.8	102.4	109.8
2019	769.7	512.9	798.6	1157.3	8324.0	747.4	103.1	104.0	105.0	100.5	101.1	105.6
2020	790.2	533.1	842.0	1155.6	8352.5	797.0	102.7	103.9	105.4	99.9	100.3	106.6
2021	861.6	554.3	884.1	1395.4	8716.4	841.3	109.0	104.0	105.0	120.8	104.4	105.5
2022	898.7	569.9	943.3	1459.6	9099.9	942.2	104.3	102.8	106.7	104.6	104.4	112.0

12-4 农、林、牧、渔业总产值增速

Growth Rate of Gross Output Value of Farming, Forestry, Animal Husbandry and Fishery

单位：万元 (10 000 yuan)

行 业	Sector	2021	2022	2022年比2021年增长(%) Growth Rate in 2022 over 2021 (%)
农林牧渔业总产值	**Gross Output Value of Farming,Foretry, Animal Husbands and Fishery**	**39980936**	**42238130**	**4.3**
农业产值	**Output Value of Farming**	**17963126**	**19166808**	**2.8**
谷物及其他作物	Cereal and Other Cereal	7611724	7703455	0.3
谷物	Cereal	5733064	5636823	-1.9
薯类	Tubers	148909	149107	-4.8
油料	Oil-bearing Crops	849098	960268	4.7
豆类	Soybeans	230152	237266	-0.5
棉花	Cotton	12069	15752	26.3
麻类	Fiber Crops	7772	8100	-0.5
糖料	Sugar Crops	206002	215809	4.0
烟草	Tobacco	74019	79971	4.7
其他农作物	Other Cereal	350639	400358	23.9
蔬菜、食用菌及花卉、盆景园艺产品	Vegetable, Edible Fungi and Gardening Cereal	6559011	6908893	2.8
水果、坚果、茶、饮料和香料作物	Fruit, Nut, Tea, Drink and Spicery Cereal	3471107	4207883	8.2
中药材	Chinese Traditional Medicinal Materials	321283	346578	2.7
林业产值	**Output Value of Forestry**	**3989131**	**4168899**	**6.7**
林木的培育和种植	Forest Cultivated and Planted	875160	501800	-52.6
竹木采运	Bamboo and timber's Cutting and Transport	1125490	1379098	10.3
林产品	Forestry Products	1988481	2288001	30.8
牧业产值	**Output Value of Animal Husbandry**	**10513591**	**10943925**	**4.6**
牲畜饲养	Livestock Raised	864884	1142553	2.1
猪的饲养	Hogs Raised	5851731	5915399	5.3
家禽饲养	Poultry Raised	3503409	3725921	5.0
狩猎和捕捉动物	Animal Hutted and Caught	33516		
其他畜牧业	Other Animal Husbandry	260052	160052	6.7
渔业产值	**Output Value of Fishery**	**5483115**	**5531558**	**4.4**
鱼类	Fish	3861228	3898541	4.7
甲壳类	Carapace	943451	955696	4.4
贝类	Shell-fish	46979	45863	0.6
其他渔业	Other Fishery	631458	631458	3.1
农林牧渔服务业产值	**Services Output Value of Farming, Forestry, Animal Husbandry and Fishery**	**2031972**	**2426940**	**12.0**

注：增长速度由当年可比价格产值除以上年现行价格产值所得。

a) The growth is equal to the output value that is caculated at current year's constant prices divided by the output value that was caculated at last year's current prices.

12-5 各地区粮食作物和多种经营产值(2022年)

Output Value of Grain Crops and Multi dealing by Region (2022)

本表按当年价格计算。

Data in this table are calculated at current prices.

地 区	Region	农林牧渔业总产值（万元）Gross Output Value of Farming, Forestry, Animal Husbandry and Fishery(10 000yuan)			构 成 (%) Composition (%)	
			粮食作物 Grain Crops	多种经营 Multi-dealing	粮食作物 Grain Crops	多种经营 Multi-dealing
全 省	**Provincial Total**	**42238130**	**6023196**	**36214934**	**14.3**	**85.7**
南昌市	Nanchang	4317898	726329	3591569	16.8	83.2
景德镇市	Jingdezhen	1303093	153521	1149573	11.8	88.2
萍乡市	Pingxiang	1305761	134779	1170982	10.3	89.7
九江市	Jiujiang	4377690	574860	3802830	13.1	86.9
新余市	Xinyu	1322649	239589	1083060	18.1	81.9
鹰潭市	Yingtan	1288892	279668	1009224	21.7	78.3
赣州市	Ganzhou	7368540	1064723	6303817	14.4	85.6
吉安市	Ji'an	5193944	938958	4254986	18.1	81.9
宜春市	Yichun	6132225	1247620	4884605	20.3	79.7
抚州市	Fuzhou	4220600	744956	3475644	17.7	82.3
上饶市	Shangrao	5406837	989609	4417228	18.3	81.7

12-6 主要农业机械年末拥有量和机耕情况
Major Agricultural Machinery at Year-end and Condition of Tractor-ploughing

指 标	Item	1990	2000	2010	2015	2020	2022
农业机械总动力(万瓦特)	**Total Power of Agricultural Machinery (10 000 watts)**	**667717**	**902307**	**3805000**	**2260816**	**2591430**	**2838160**
柴油发动机动力	Power of Diesel Motor	410637	620228	2978000	1763877	2015693	2215188
汽油发动机动力	Power of Petrol Motor	80651	63401	161000	100942	123762	138393
电动机动力	Power of Electromotor	176429	211399	666000	395120	450758	482930
其他机械动力	Power of Other Engines		7279		876	833	1646
农业机械与设备	**Agricultural Machinery and Equiment**						
大中型拖拉机(台)	Large and Medium-sized Tractors (unit)	19324	22725	16700	19624	51334	65799
大中型拖拉机(万瓦特)	Large and Medium-sized Tractors (10 000 watts)	49449	54001	38490	85114	267268	358415
小型拖拉机(台)	Small Tractors (unit)	91682	78634	390300	331997	324394	305310
小型拖拉机(万瓦特)	Small Tractors (10 000 watts)	76492	65329	469800	375940	359311	340588
拖拉机配套农具(部)	Tractor Towing Farm Machinery	77509	108850	306600	361782	404472	419780
农用水泵(台)	Agricultural Water Pumps (unit)	118122	223295	731000	446701	487581	510985
节水灌溉机械(套)	Water-saving Irrigation Machinry (set)	4816	7033	50900	132240	140386	141726
机动脱粒机(台)	Motorized Thrashing Machine (unit)	42047	253864	931400	292381	262765	200043
机动植保机械(台)	Motorized plant protection Machinery	6942	24589	158800	148270	151130	149687
农业机耕情况	**Condition of Agricultural Tractor-ploughing**						
当年实际机耕面积(千公顷)	Actual Tractor-ploughing Areas in Current Year (1000 hectares)	641	1029	2899	4206	4523	4660

12-7 水利灌溉设施年末建成达到情况

Construction Condition of Water Conservancy for Irrigation at Year-end

指　标	Item	2017	2018	2019	2020	2021	2022
工程座数	**Number of Projects**						
蓄水工程(座)	Water Storage Project (unit)	240868	233232	233082	233054	231357	232433
大型水库	Large-scale Reservoir	30	30	31	32	33	36
中型水库	Medium-scale Reservoir	260	262	261	262	264	265
小(1)型水库	Small (1)-scale Reservoir	1497	1501	1468	1468	1486	1486
小(2)型水库	Small (2)-scale Reservoir	9025	9016	8925	8838	8877	8837
塘　坝	Embankment	230056	222423	222397	222454	220697	221809
泵站(处)	Pump Station (set)	19970	19974	19973	19973	15700	15594
大型	Large	3	3	3	3	12	12
中型	Medium	112	112	112	114	187	187
小型	Small	19855	19859	19858	19856	15501	15395
机电井(眼)	Mechanical and Electrical Well (unit)	1549386	1549386	1550136	1528630	1514876	1514715
规模以上机电井	above Designated Size	7357	7357	7372	7372	7272	7236
规模以下机电井	below Designated Size	1542029	1542029	1542764	1521258	1507604	1507479
有效灌溉面积(千公顷)	Irrigated Areas (1 000 hectares)	2039	2032	2036	2038	2056	2166
灌区数量(处)	Irrigated Places (unit)						
50万亩以上	500 000 mu and above	5	5	5	5	3	4
30-50万亩	300 000-500 000 mu	13	13	13	13	10	10
5-30万亩	50 000-300 000 mu	91	91	92	92	111	111
1-5万亩	10 000-50 000 mu	204	204	202	202	192	189
0.2-1万亩	2 000-10 000 mu	842	843	844	844	839	841

12-8 各地区农业电气化、化学化、水利化情况(2022年)
Agricultural Electrization, Chemization, Adequate Irrigation by Region (2022)

指 标	Item	全 省 Provincial Total	南 昌 市 Nanchang	景德镇市 Jingdezhen	萍 乡 市 Pingxiang	九 江 市 Jiujiang
农业电气化情况	**Agricultural Electrization**					
农村用电量(万千瓦小时)	Electricity Consumed in Rural Areas (10 000 kW per hour)	2017982	179512	71492	111472	195393
农业化学化情况	**Agricultural Chemization**					
农用化肥施用量(折纯)(吨)	Quantity of Chemical Fertilizers Used for Farming (net) (ton)	1077051	127946	30515	29435	104700
氮 肥	Nitrogenous Fertilizer	276916	25971	7906	8278	29600
磷 肥	Phosphate Fertilizer	135704	16510	2686	4205	13858
钾 肥	Potash Fertilizer	147531	16082	4061	2439	11999
复 合 肥	Compound Fertilizer	516900	69383	15862	14514	49243
农用塑料薄膜使用量(吨)	Quantity of Plastic Film for Farming Consumed (ton)	53892	1893	1851	1037	3536
农药使用量(吨)	Quantity of Pesticide Consumed (ton)	50565	2950	1234	1439	4754
农业水利化情况	**Agricultural Adequate Irrigation**					
有效灌溉面积(千公顷)	Irrigated Areas (1 000 hectares)	2166	208	52	45	202

注：从2021年起，农村用电量指标口径调整为农林牧渔业用电量与乡村居民生活用电量之和，数据来自电力部门。

12-8 续表 continued

指 标	Item	新 余 市 Xinyu	鹰 潭 市 Yingtan	赣 州 市 Ganzhou	吉 安 市 Ji'an	宜 春 市 Yichun	抚 州 市 Fuzhou	上 饶 市 Shangrao
农业电气化情况	**Agricultural Electrization**							
农村用电量(万千瓦小时)	Electricity Consumed in Rural Areas (10 000 kW per hour)	40936	53340	395697	197684	275250	149763	347441
农业化学化情况	**Agricultural Chemization**							
农用化肥施用量(折纯)(吨)	Quantity of Chemical Fertilizers Used for Farming (net) (ton)	32995	29304	152680	150587	163179	128142	127569
氮 肥	Nitrogenous Fertilizer	9866	6959	40240	35372	48989	32471	31262
磷 肥	Phosphate Fertilizer	5665	4976	18046	15725	17238	20301	16495
钾 肥	Potash Fertilizer	5295	2825	21873	19698	29163	19826	14272
复 合 肥	Compound Fertilizer	12169	14545	72521	79792	67788	55545	65540
农用塑料薄膜使用量(吨)	Quantity of Plastic Film for Farming Consumed (ton)	1548	1577	14897	7461	7583	6991	5518
农药使用量(吨)	Quantity of Pesticide Consumed (ton)	1381	1258	7539	5748	7778	8430	8053
农业水利化情况	**Agricultural Adequate Irrigation**							
有效灌溉面积(千公顷)	Irrigated Areas (1 000 hectares)	58	53	294	322	339	267	326

a) From 2021, the caliber of rural electricity consumption has been adjusted to the sum of electricity consumption of agriculture, forestry, animal husbandry and fishery and the electricity consumption of rural residents. The data comes from the power sector.

12-9 堤防、水闸、除涝、水土保持及解决饮水困难情况
Condition of Dike, Sluice, Waterlogging Control, Water and Soil Conversation and Easing the Shortage of Drinking Water

指 标	Item	2016	2017	2018	2019	2020	2021	2022
堤防长度(公里)	Dike Projects (km)	13578	13788	13934	14087	12930	12930	12568
1级堤防	First-grade Dike	67	67	67	67	77	77	70
2级堤防	Second-grade Dike	293	293	293	293	391	391	376
3级堤防	Third-grade Dike	242	264	264	260	183	183	210
4、5级堤防	Fourth-grade and Fifth-grade Dike	7159	7337	7634	7801	9669	9689	10464
5级以下堤防	Dike below Fifth-grade	5817	5827	5676	5666	2610	2590	1448
达标堤防长度(公里)	Dike up to Standard (km)	4081	4278	4594	4854	8546	8604	9536
水闸工程设施(座)	Sluice Projects (set)	11332	11335	11335	11337	11339	9374	8880
大型水闸	Large-scale Sluice	25	25	25	26	26	28	25
中型水闸	Medium-scale Sluice	245	245	246	245	245	233	225
小型水闸	Small-scale Sluice	11062	11065	11064	11066	11068	9113	8630
除涝面积(千公顷)	Area of Waterlogging Control (1 000 hectares)	411	422	431	435	441	456	487
除涝标准3-5年一遇	Once 3-5 Years	200	204	211	213	216	217	218
除涝标准5年以上一遇	Once over 5 Years	211	218	220	222	225	239	269
水土流失综合治理面积(千公顷)	Area of Soil Erosion under Control (1 000 hectares)	5675	5787	5918	6070	6196	6333	6468
农村集中式供水工程(处)	Centralized Water Supply Project in Rural Areas (unit)							
千吨万人以上	above Kiloton 10 000 persons	792	865	884	858	851	799	797

12-10 农作物播种面积和产量(2022年)
Sown Areas and Output of Farm Crops (2022)

类 别	Type	播种面积 (千公顷) Sown Area (1000 hectares)	单 产 (千克/公顷) Yield per Unit (kg/hectare)	总产量(粮食: 万吨; 其他: 吨) Total Output (Grain:10 000 tons; Others:ton)	总产量比上 年增长(%) Total Output Growth Rate Over Preceding Year (%)
总　　计	**Total**	**5730.55**			
粮　　食	Grain Crops	3776.36	5698.4	2151.91	-1.8
谷　　物	Cereal	3477.56	5931.7	2062.77	-1.8
稻　　谷	Rice	3403.00	5984.4	2036.50	-1.8
早　　稻	Early Rice	1220.13	5550.2	677.20	0.6
中稻及一季晚稻	Middle-season and Single-cropping Late Rice	936.00	6585.5	616.40	-2.9
二季晚稻	Double cropping Late Rice	1246.87	5958.1	742.90	-3.0
小　　麦	Wheat	12.00	2583.3	3.10	-4.0
玉　　米	Corn	55.60	3974.8	22.10	1.4
豆　　类	Total Beans	147.34	2235.6	32.94	-0.6
大　　豆	Soybean	109.20	2413.9	26.36	-3.6
杂　　豆	Mixed bean	33.64	1771.7	5.96	14.9
薯类(按折粮计算)	Tubers (converted into grain)	151.46	3710.6	56.20	-4.9
油　　料	Total Oil-bearing Crops	737.48	1864	1374628	5.0
#花　　生	Peanuts	180.97	3015	545590	1.9
油 菜 籽	Rapeseeds	524.60	1507	790633	7.8
芝　　麻	Sesame	31.53	1195	37673	-3.4
棉　　花	Cotton	19.72	1102	21721	26.4
生　　麻	Raw hemp	2.59	1662	4302	-0.5
#生苎麻	Raw Ramie	2.58	1660	4291	-0.2
甘　　蔗	Sugarcane	13.66	45738	624797	3.0
烟　　叶	Tabacco	13.37	2030	27141	4.7
#烤　烟	Flue-cured Tobacco	13.25	2031	26909	4.7
中 药 材	Traditional Chinese Medicinal Materials	114.57			
蔬菜及食用菌	Vegetables an edible Mushrooms	704.36	25369	17868599	3.3
#蔬　菜	Vegetables	704.36	25109	17686076	3.2
瓜果类	Melons and Fruits	86.69	24283	2105011	-7.0
其他作物	Other Crops	261.75			
#莲　　子	Lotus Seeds	29.54			
青 饲 料	Succulence	64.68			

注：本表粮食作物均为农产量抽样调查数，数据来自国家统计局江西调查总队，后同。

a) Data of Grain Crops in this table are estimated from sample surveys, which come from survey office of National Bureau of Statistic in Jiangxi. The same applies to the tables following.

12-11 农作物播种面积

单位：千公顷

年 份 Year	合 计 Total	粮 食 Grain Crops	#稻 谷 Cereal	#小 麦 Wheat	棉 花 Cotton	油 料 Oil-bearing Crops	#花 生 Peanuts
1978	5701.1	3820.8	3380.3	121.2	114.3	270.8	46.2
1979	5699.5	3844.0	3386.8	136.1	98.9	329.7	46.4
1980	5553.7	3775.3	3383.7	121.3	108.5	324.0	47.7
1981	5542.8	3758.3	3362.7	116.3	104.7	360.5	48.7
1982	5578.3	3743.9	3339.5	104.0	100.9	370.3	49.6
1983	5465.3	3714.1	3323.7	98.4	82.6	351.7	48.6
1984	5456.7	3714.1	3326.9	98.7	81.1	348.0	52.3
1985	5419.1	3650.9	3264.9	94.2	66.3	372.0	64.2
1986	5438.7	3629.8	3250.7	86.8	61.5	414.5	80.3
1987	5482.7	3647.9	3268.7	83.7	62.2	449.8	89.7
1988	5396.3	3588.7	3210.5	80.1	65.2	440.9	93.3
1989	5555.3	3693.9	3297.7	78.2	66.1	507.1	91.9
1990	5759.7	3700.9	3286.6	74.9	70.3	686.5	91.7
1991	5829.7	3589.7	3146.1	71.9	114.6	800.7	92.0
1992	5844.9	3446.2	2981.5	72.5	135.1	913.9	117.9
1993	5721.0	3360.1	2865.1	74.0	151.3	840.9	131.1
1994	5753.4	3434.4	2939.5	73.1	163.3	853.8	138.5
1995	5949.5	3510.0	3019.4	59.1	131.8	1057.0	130.3
1996	6105.3	3570.6	3055.4	72.3	107.4	1055.3	140.0
1997	6037.6	3586.5	3087.4	72.5	102.2	1003.3	142.6
1998	5804.0	3421.1	3034.6	63.3	108.4	947.7	151.8
1999	5871.0	3548.2	3050.0	61.5	69.2	900.4	163.5
2000	5650.8	3322.0	2832.0	51.4	69.0	858.1	179.9
2001	5534.7	3265.2	2808.3	38.3	70.5	778.7	183.4
2002	5355.1	3188.0	2786.7	28.5	55.0	704.2	176.7
2003	4997.4	3051.1	2685.3	20.6	65.5	632.7	166.8
2004	5258.1	3425.4	3095.9	19.1	62.5	566.2	134.5
2005	5328.9	3519.0	3187.7	15.9	63.9	577.0	135.1
2006	5255.6	3547.1	3271.1	12.4	65.7	585.8	132.6
2007	5226.4	3536.7	3245.6	11.0	68.3	583.5	132.1
2008	5354.1	3601.3	3313.1	10.2	66.6	658.8	142.0
2009	5411.5	3639.7	3344.2	10.0	75.5	716.4	146.4
2010	5505.0	3686.4	3410.4	10.8	79.7	731.7	152.4
2011	5546.4	3709.7	3441.3	11.5	82.0	732.4	157.9
2012	5597.8	3747.8	3476.5	12.7	85.0	744.2	160.7
2013	5637.4	3775.3	3501.9	12.6	84.7	743.1	163.7
2014	5667.3	3794.1	3522.6	12.7	84.9	741.5	162.6
2015	5688.4	3814.9	3541.3	12.9	81.1	739.9	164.2
2016	5602.1	3807.2	3527.1	14.4	49.3	682.4	160.4
2017	5596.9	3786.3	3504.7	14.5	50.5	676.3	162.5
2018	5555.9	3721.3	3436.2	14.6	46.7	680.1	167.3
2019	5521.2	3665.1	3346.2	14.4	42.7	677.1	165.1
2020	5644.4	3772.4	3441.8	14.4	35.0	678.4	171.4
2021	5672.9	3772.8	3419.2	13.6	11.0	713.4	177.2
2022	5730.6	3776.4	3403.0	12.0	19.7	737.5	181.0

注：1. 本表2007-2017年粮食作物播种面积为第三次农业普查修正数。
2. 本表粮食作物播种面积数据自2018年以后来自国家统计局江西调查总队。

Sown Areas of Farm Crops

(1 000 hectares)

#油菜籽 Rapeseeds	#芝 麻 Sesame	生黄红麻 Raw Jute and Ambary Hemp	生苎麻 Raw Ramie	甘 蔗 Sugarcane	烤 烟 Flue-cured Tobacco	晒 烟 Sun-cured Tobacco	蔬 菜 Vegetables
174.3	50.3	5.2	1.3	19.5	3.8	4.1	69.9
214.1	69.3	5.1	1.4	18.8	2.1	3.8	65.1
217.7	58.7	6.4	2.1	19.1	1.1	3.1	70.2
252.2	59.6	10.1	2.7	24.1	2.3	3.3	71.1
255.9	64.7	7.9	2.5	23.7	2.8	3.7	128.7
246.1	57.1	4.7	2.3	21.1	1.8	3.0	159.5
238.3	57.4	5.4	2.6	30.1	2.1	3.8	185.9
245.9	61.9	16.3	9.5	37.7	2.3	4.8	207.1
273.0	61.1	9.7	28.9	38.9	1.7	4.3	211.3
302.9	57.2	7.7	37.3	36.7	3.2	4.9	222.3
300.1	47.5	6.9	21.1	36.1	11.7	6.5	238.3
358.9	56.3	7.7	12.0	31.8	10.5	6.7	243.5
540.9	54.0	8.3	6.6	35.6	14.8	5.9	269.2
657.2	51.3	8.3	5.3	41.8	28.1	6.5	272.3
741.5	54.5	6.9	6.4	50.4	31.1	6.9	317.9
648.8	61.1	6.9	5.0	43.4	37.4	6.5	371.6
653.8	61.4	5.9	7.0	38.5	16.0	5.5	399.1
864.1	62.4	4.4	8.6	40.2	9.8	5.1	436.1
853.6	61.8	3.9	9.1	37.0	11.8	4.9	484.7
801.1	59.7	3.0	8.5	41.8	23.7	4.9	508.1
745.3	50.6	2.8	7.5	38.6	13.9	3.2	491.6
685.4	51.4	1.8	7.3	33.6	11.8	3.1	525.9
629.2	49.0	1.7	9.0	28.4	11.5	2.7	560.1
547.7	47.0	1.3	9.9	25.9	12.1	2.6	605.0
482.9	42.4	1.0	8.9	26.0	11.3	2.1	625.0
428.1	36.1	0.6	8.3	24.4	9.7	1.8	548.3
400.5	29.1	1.1	7.3	18.6	7.8	1.0	552.9
409.7	30.6	0.5	7.3	17.7	10.6	1.0	543.6
418.7	31.7	0.5	7.3	15.1	14.7	0.9	505.5
414.3	35.8	0.3	7.4	14.1	14.7	0.8	500.5
482.3	29.8	0.4	7.8	14.0	19.8	0.7	512.9
538.5	30.8	0.2	7.2	13.6	17.5	0.7	509.7
547.0	31.6	0.2	6.2	13.6	17.0	0.7	521.2
542.6	31.8	0.2	6.0	14.0	19.4	0.6	535.5
551.9	31.2	0.2	5.5	13.8	22.9	0.9	548.4
548.0	31.5	0.1	5.2	14.5	22.4	1.3	563.7
547.9	31.0	0.1	4.6	14.3	27.0	0.8	572.3
545.0	30.7	0.1	3.9	14.5	26.9	0.7	585.4
494.9	27.1	0.1	3.7	14.5	30.2	1.1	607.4
486.3	27.5	0.0	3.6	14.3	25.1	0.6	619.3
483.0	29.8	0.0	3.6	14.3	16.8	0.6	633.0
482.3	29.1	0.0	3.6	14.0	11.9	0.4	644.4
475.4	31.3	0.0	3.4	13.6	12.8	0.4	661.0
504.5	31.5	0.0	2.3	13.4	12.6	0.1	686.3
524.6	31.5	0.0	2.6	13.7	13.3	0.1	704.4

a) Sown area of grain crops from 2007 to 2017 were revised according to the results of the Third National Agricultural Census.

b) Sown area of grain crops after 2018 in this table are provided by Survey Office of Jiangxi Statistic Bureau.

12-12 主要农产品产量

年 份 Year	粮 食 (万吨) Grain (10 000 tons)	棉 花 (吨) Cotton (ton)	油料折油 (吨) Oil folding (ton)	油料合计 (吨) Total Oil-bearing Crops (ton)	#花 生 Peanuts	#油菜籽 Rapeseeds	#芝 麻 Sesame	生黄红麻 (吨) Raw Jute and Ambary Hemp (ton)
1978	1125.74	34796	66271	134940	51686	68399	14855	4793
1979	1296.50	43542	103540	199216	60588	100639	37989	7529
1980	1240.04	43039	67804	137605	50502	71999	15104	10775
1981	1268.71	46909	104690	198344	56713	116275	25356	14993
1982	1408.74	65621	105360	259958	62974	159804	37180	11567
1983	1460.45	47932	93031	228752	62424	141353	24975	6427
1984	1549.18	69141	104260	245317	74155	144974	26188	8257
1985	1533.54	62199	122268	288842	103050	156691	29101	29875
1986	1453.77	54558	115323	315869	135578	156664	23627	18301
1987	1562.77	59187	135282	356974	157779	171632	27563	14080
1988	1535.43	32495	122547	328348	138059	174773	15516	10456
1989	1589.62	50050	148379	376519	150739	198755	27025	13423
1990	1658.20	56995	196114	548851	151909	371383	25559	18846
1991	1625.70	108998	226176	621726	149377	444558	27791	20472
1992	1566.00	148368	257389	741627	215142	490178	36307	17984
1993	1517.10	156222	260851	778140	257203	480746	40191	18327
1994	1603.50	174714	282747	836078	309554	483500	42966	17547
1995	1607.40	118547	346693	1035823	302510	690239	42971	13597
1996	1766.30	123071	339313	1010393	331169	634898	44277	9017
1997	1767.70	132390	365379	1056276	332669	681332	42244	7984
1998	1555.50	76092	282503	843455	334317	477853	31165	6555
1999	1732.70	63417	318638	943803	365179	546651	31907	4254
2000	1614.60	68025	325212	967297	403832	529998	33407	4437
2001	1600.00	80510	300390	905295	408616	463306	32333	4142
2002	1549.50	66891	277100	824182	407900	383506	30824	2882
2003	1450.30	76148	252998	759765	368282	364761	24603	1552
2004	1803.40	84812	257237	745278	317971	400887	23035	1793
2005	1853.86	87196	262238	761229	316617	416814	25318	909
2006	1896.52	95015	276246	779766	321554	428286	27094	898
2007	1912.41	107641	285360	841699	332692	429588	26885	1108
2008	1975.43	111915	317434	911919	367891	516281	26398	1404
2009	2029.24	125104	370794	1020240	381959	609619	27626	901
2010	1989.45	130773	364717	1075715	407959	638423	28434	1123
2011	2098.52	142853	444396	1149896	437498	666568	31723	988
2012	2140.64	152203	460395	1170753	448133	687541	34476	804
2013	2182.37	130860	458432	1192243	452003	703654	36547	720
2014	2220.39	133682	471713	1217081	456514	723497	37032	628
2015	2235.61	115221	475675	1239636	464130	739408	36047	610
2016	2234.40	73296	433513	1153338	455993	665140	32205	588
2017	2221.73	77709	461132	1173202	467718	672628	32856	157
2018	2190.70	72115	472262	1208015	480606	690819	36563	97
2019	2157.45	65724	463289	1207812	482183	688661	36065	68
2020	2163.88	52885	483163	1227023	508995	678085	38929	38
2021	2192.33	17182	561488	1309063	535559	733565	38998	22
2022	2151.91	21721	553095	1374628	545590	790633	37673	11

注：1. 本表2007-2017年粮食产量和畜牧产品产量为第三次农业普查修正数。
2. 本表粮食产量和畜牧产品产量数据自2018年以后均来自国家统计局江西调查总队。

Output of Major Farm Products

生苎麻(吨) Raw Ramie (ton)	甘蔗(吨) Sugarcane (ton)	烤烟(吨) Flue-cured Tobacco (ton)	晒烟(吨) Sun-cured Tobacco (ton)	园林水果(吨) Fruits (ton)	肉类总产量(吨) Output of Meat (ton)	生猪年末存栏(万头) Hogs on Hand at Year-end (10 000 heads)	水产品总产量(万吨) Gross Output of Aquatic Products (10 000 tons)
773	682908	2601	3540	29229	262704	944.3	5.93
1212	790784	1726	3266	60190	313749	1004.7	6.73
1252	857362	950	2758	56126	380490	1018.0	7.55
1627	1167281	2542	3265	70870	411140	1006.6	8.58
2050	1204245	3439	4184	73356	441368	1023.3	9.40
1732	1021939	2033	2777	89348	458122	1079.4	11.55
2495	1499874	2758	4046	89485	547967	1138.8	13.01
5106	1971006	2914	5880	107543	642514	1232.5	16.02
13211	1720310	1664	4287	161274	777126	1344.1	19.28
33475	1907887	3525	5928	172879	838692	1387.6	22.59
19212	1735822	7699	5890	146135	978268	1454.5	25.59
10581	1494895	9155	6173	229708	1040340	1486.5	28.12
6039	1942913	17175	5942	232983	1117438	1547.3	30.68
5166	2299461	31454	6686	334161	1239667	1589.6	33.93
6592	2561426	38246	7867	140914	1410488	1656.6	41.32
5727	2311395	46106	7980	208141	1676110	1781.0	55.49
8644	2041521	15186	6433	303658	1976564	1867.1	69.48
11141	2000272	10179	5730	427637	2193984	1951.0	84.04
12224	1857833	14870	6422	503928	2219302	1978.7	100.10
11288	2205930	31444	7527	676384	2275735	1979.8	115.08
9921	1863799	15906	3660	454628	2147125	1799.6	118.35
9692	1720059	14156	3304	703877	1982708	1554.3	122.12
11397	1368109	15092	3065	423403	1923111	1473.5	127.12
13034	1237046	16635	3095	577314	1931396	1406.5	132.26
12729	1308464	17232	2555	652276	1967198	1309.4	138.20
10165	1182490	15470	2434	777691	2013931	1362.7	146.06
10774	857182	15442	1387	1023742	2200265	1421.3	156.34
10944	783147	19761	1469	1302821	2448110	1485.4	168.66
10992	701340	29955	1321	1609336	2402215	1344.1	179.95
11149	660864	32751	1111	2181603	2459720	1421.3	196.06
11416	642066	46724	1070	2753566	2568921	1511.3	190.39
9837	622022	41411	1922	3270764	2742976	1573.2	205.30
9071	590981	36198	1393	2971285	2875568	1546.1	215.34
8938	628475	44497	1008	3876539	2925153	1577.4	222.81
8267	615764	50338	2134	3702788	3073507	1654.5	237.00
7429	646598	47563	2975	4413431	3156502	1718.5	242.65
6601	645242	57501	1388	4147641	3345035	1750.7	253.76
6044	658244	53402	1188	4503190	3301953	1706.7	264.25
5682	657504	61981	2108	4053727	3232491	1631.3	241.76
5608	655073	54131	1600	4552342	3260579	1621.3	250.55
5590	645714	34229	1919	4702071	3256758	1587.3	255.95
5388	624425	21949	628	4742626	2997880	1006.3	258.81
5567	611768	26143	625	4932102	2851792	1569.9	262.69
4299	606752	25698	234	5183578	3449551	1683.2	269.51
4291	624797	26909	233	5388771	3598872	1730.1	283.24

a) Output of grain production and livestock production from 2007 to 2017 were revised according to the results of the Third National Agricultural Census.

b) Output of grain production and livestock production after 2018 in this table are provided by Survey Office of Jiangxi Statistic Bureau.

12-13 各地区农作物播种面积(2022年)

单位：公顷

类别	Type	全省 Provincial Total	南昌市 Nanchang	景德镇市 Jingdezhen	萍乡市 Pingxiang
粮食		3776360	345 216	95 634	74 831
油料	Total Oil-bearing Crops	737484	76976	26778	32025
#花生	Peanuts	180969	15106	2968	1532
油菜籽	Rapeseeds	524595	55770	21296	30449
芝麻	Sesame	31527	6100	2514	40
棉花	Cotton	19718	68	554	
生麻	Raw Hemp	2588			
#生苎麻	Raw Ramie	2585			
甘蔗	Sugarcane	13660	979	1240	19
烟叶	Tabacco	13371			1
#烤烟	Flue-cured Tobacco	13247			
中药材	Traditional Chinese Medicinal Materials	114570	1174	558	1621
蔬菜及食用菌	Vegetables and Edible Mushrooms	704357	43692	36336	28338
#叶菜类	Leaf Vegetable	123323	8840	4805	5880
白菜类	Chinese Cabbage Vegetable	118372	8843	5891	5114
甘蓝类	Kale Vegetable	30942	2845	1084	874
根茎类	Root Vegetable	115172	7031	6479	4123
瓜菜类	Melons Vegetable	66481	4160	3069	3002
豆类(菜用)	Legumes	46970	2509	3455	2152
茄果菜类	Solanaceous Fruit Vegetable	92926	3216	5072	2500
葱蒜类	Bulb Vegetable	39815	3181	2001	1638
水生菜类	Aquatic Vegetable	15356	1181	493	534
其他蔬菜类	Others	54999	1886	3987	2521
瓜果类	Melons and Fruits	86686	3817	3588	3401
其他作物	Other Crops	261752	17607	8259	9503
#莲子	Lotus Seeds	29537	262	106	436

Sown Areas of Cash Crops by Region (2022)

(hectare)

九江市 Jiujiang	新余市 Xinyu	鹰潭市 Yingtan	赣州市 Ganzhou	吉安市 Ji'an	宜春市 Yichun	抚州市 Fuzhou	上饶市 Shangrao
274 082	102 249	125 010	503 857	640 537	614 385	419 447	581 112
111805	12846	13735	61419	120600	135804	31746	113751
7866	3851	5187	40894	24846	48143	14560	16017
100323	8659	7558	20231	94137	79889	16676	89607
3616	333	615	293	1617	7769	510	8120
16714	367		1	121	1476	132	286
299	1889	9			391		
299	1889	6			391		
557	71	698	286	799	2105	3236	3671
			7255	2667	559	2879	10
			7255	2661	508	2813	10
6851	1491	570	2328	9664	71532	10773	8007
56130	13423	14503	148508	111677	97311	75931	78509
8347	1529	2623	26018	21379	18577	12290	13036
10326	1232	1538	22435	18350	14023	15567	15053
2278	459	399	9272	4032	3676	2970	3054
9471	2541	2016	21813	17817	17643	13779	12459
4822	1721	1866	15962	11296	8134	6019	6428
4352	1214	896	10841	7077	6353	4283	3840
7653	2461	2439	22035	16483	13256	9068	8742
2019	996	703	8936	6704	5845	4052	3740
1765	424	1343	1431	1775	1920	2334	2158
5096	846	681	9765	6765	7884	5569	10000
6178	4078	2464	11724	11356	14271	17720	8089
18411	5967	5943	55498	14553	54542	48847	22621
534	88	155	13452	2351	254	11583	317

12-14 各地区主要农作物单位播种面积产量(2022年)

单位：千克/公顷

类 别	Type	全 省 Provincial Total	南昌市 Nanchang	景德镇市 Jingdezhen	萍乡市 Pingxiang
粮 食		5 698	6 100	5 710	6 504
油 料	Total Oil-bearing Crops	1864	1550	1552	1781
#花 生	Peanuts	3015	3174	3595	2137
油菜籽	Rapeseeds	1507	1187	1292	1764
芝 麻	Sesame	1195	847	1341	1516
棉 花	Cotton	1102	1395	1587	
生 麻	Raw Hemp	1662			
#生苎麻	Raw Ramie	1660			
甘 蔗	Sugarcane	45738	41854	41565	28004
烟 叶	Tabacco	2030			5556
#烤 烟	Flue-cured Tobacco	2031			
蔬菜及食用菌	Vegetables and Edible Mushrooms	25369	31540	31986	25099
#叶菜类	Leaf Vegetable	21005	25046	21529	26487
白菜类	Chinese Cabbage Vegetable	28332	39224	39152	27194
甘蓝类	Kale Vegetable	24438	24230	35763	20332
根茎类	Root Vegetable	28722	43840	39744	29470
瓜菜类	Melons Vegetable	28208	37483	36680	26375
豆类(菜用)	Legumes	21547	17908	26426	20062
茄果菜类	Solanaceous Fruit Vegetable	22225	23331	29091	20534
葱蒜类	Bulb Vegetable	21610	21715	27810	24903
水生菜类	Aquatic Vegetable	24225	29944	31166	23577
其他蔬菜类	Others	27143	27273	25037	18400
瓜果类	Melons and Fruits	24283	23864	24575	19277

Output of Unit of Major Cash Crops Sown Area by Region (2022)

(kg/hectare)

九江市 Jiujiang	新余市 Xinyu	鹰潭市 Yingtan	赣州市 Ganzhou	吉安市 Ji'an	宜春市 Yichun	抚州市 Fuzhou	上饶市 Shangrao
5 226	5 440	5 280	5 110	5 705	5 999	6 163	5 563
1862	2048	1942	2459	1562	1990	2333	1862
2222	3116	2972	3046	2821	3002	3166	3341
1851	1587	1313	1287	1236	1445	1636	1660
1384	1694	1032	1373	1219	1326	1363	1169
1042	1692		2507	1305	1409	1356	1042
2129	1577	1500			1720		
2129	1577	500			1720		
24268	19707	43067	46596	48750	53722	57741	36659
			1879	2046	2735	2257	2400
			1879	2047	2880	2256	2400
19602	21107	21552	28906	25381	21882	22232	25171
16207	17408	13789	24810	21566	19494	19199	15883
24039	24455	31184	29278	24372	25105	23763	32203
20393	22207	19221	24288	23774	22641	23246	30475
22732	21571	26518	31866	30193	21187	24294	28543
22880	21300	19266	32487	29603	27272	22436	20968
16376	17330	13270	26874	20408	22913	20008	16004
16107	17223	16119	27940	24795	17896	20121	16285
14953	16326	19181	26865	21438	18144	18251	19021
19496	17826	30514	23712	26013	25724	22614	20165
16217	17464	36830	33696	25604	24440	19171	37100
20143	23585	21965	28028	26200	26075	24012	19991

12-15 各地区主要农作物总产量(2022年)

单位：吨

类 别	Type	全 省 Provincial Total	南 昌 市 Nanchang	景德镇市 Jingdezhen	萍 乡 市 Pingxiang
粮 食		21 519 100	2 105 668	546 065	486 778
油 料	Total Oil-bearing Crops	1374628	119326	41555	57050
#花 生	Peanuts	545590	47950	10669	3273
油菜籽	Rapeseeds	790633	66210	27514	53713
芝 麻	Sesame	37673	5166	3372	61
棉 花	Cotton	21721	94	879	
生 麻	Raw Hemp	4302			
#生苎麻	Raw Ramie	4291			
甘 蔗	Sugarcane	624797	40994	51557	519
烟 叶	Tabacco	27141			5
#烤 烟	Flue-cured Tobacco	26909			
蔬菜及食用菌	Vegetables	17868599	1378050	1162242	711271
#叶菜类	Leaf Vegetable	2590348	221398	103453	155742
白菜类	Chinese Cabbage Vegetable	3353684	346874	230653	139080
甘蓝类	Kale Vegetable	756164	68923	38765	17773
根茎类	Root Vegetable	3307998	308218	257502	121501
瓜菜类	Melons Vegetable	1875301	155947	112574	79180
豆类(菜用)	Legumes	1012049	44923	91293	43168
茄果菜类	Solanaceous Fruit Vegetable	2065301	75037	147559	51337
葱蒜类	Bulb Vegetable	860384	69085	55641	40802
水生菜类	Aquatic Vegetable	372013	35350	15361	12599
其他蔬菜类	Others	1492833	51447	99815	46378
瓜果类	Melons and Fruits	2105011	91093	88175	65565

Output of Major Cash Crops by Region (2022)

(ton)

九江市 Jiujiang	新余市 Xinyu	鹰潭市 Yingtan	赣州市 Ganzhou	吉安市 Ji'an	宜春市 Yichun	抚州市 Fuzhou	上饶市 Shangrao
1 432 350	556 259	660 049	2 574 767	3 653 975	3 685 569	2 584 902	3 232 720
208150	26308	26671	151006	188403	270257	74077	211824
17479	11999	15416	124572	70098	144523	46091	53520
185665	13742	9925	26031	116334	115420	27291	148788
5006	564	635	403	1970	10305	694	9496
17410	622		2	157	2080	179	299
636	2979	14			673		
636	2979	3			673		
13522	1390	30075	13311	38948	113076	186843	134563
			13629	5456	1530	6498	24
			13629	5447	1463	6346	24
1100280	283309	312566	4292829	2834499	2129326	1688064	1976163
135278	26615	36163	645490	461050	362148	235962	207048
248228	30137	47955	656841	447223	352034	369915	484744
46451	10193	7670	225207	95850	83226	69048	93058
215303	54806	53456	695076	537963	373802	334747	355624
110337	36662	35948	518572	334413	221834	135042	134793
71274	21033	11888	291344	144424	145561	85693	61448
123263	42392	39316	615668	408693	237233	182449	142354
30185	16260	13487	240072	143718	106051	73952	71133
34416	7551	40968	33932	46167	49389	52771	43510
82641	14772	25078	329035	173203	192694	106773	370999
124439	96177	54120	328609	297531	372105	425492	161705

12-16 茶叶、园林水果生产情况
Production Conditions of Tea, Fruits

指 标	Item	2021	2022	2022年比2021年增长(%) Growth Rate in2022 over 2021 (%)
产 量(吨)	**Output (ton)**			
茶 叶	Tea	73839	77155	4.5
#红茶	Black Tea	12454	12680	1.8
绿茶	Green Tea	57320	60146	4.9
园林水果	Fruits	5183578	5388771	4.0
柑橘类	Citrus Fruit	4445380	4598203	3.4
#柑	Hesperidium	414895	415497	0.1
橘	Tangerine	2095684	2120075	1.2
橙	Orange	1642165	1734964	5.7
柚	Grapefruit	292219	327379	12.0
梨	Pear	166080	162021	-2.4
桃	Peach	96108	105420	9.7
其他水果	Other Fruits	476010	523128	9.9
面 积(公顷)	**Area (hectare)**			
年末茶园面积	Area of Tea Plantations at Year-end	117130	120024	2.5
#当年采摘	Picked in Current Year	89084	91484	2.7
当年新增	Newly Added in Current Year	4391	3595	-18.1
年末果园面积	Area of Orchard at Year-end	427318	438702	2.7
柑橘园	Citrus Fruit Plantation	336178	348941	3.8
梨园	Pear Plantation	20010	19406	-3.0
桃园	Peach Plantation	14128	13519	-4.3
其他果园	Other Plantation	57003	56836	-0.3
当年新增	Newly Added in Current Year	13738	17219	25.3

12-17 各地区茶叶、园林水果产量(2022年)
Output of Tea, Fruits by Region (2022)

单位：吨 (ton)

地 区	Region	茶 叶 Tea	#红 茶 Black Tea	#绿 茶 Green Tea	园林水果 Fruits	#柑 橘 Citrus Fruit	#梨 Pear
全 省	**Provincial Total**	**77155**	**12680**	**60146**	**5388771**	**4598203**	**162021**
南昌市	Nanchang	2044	17	2026	47882	27046	2399
景德镇市	Jingdezhen	13776	4524	9225	24869	5412	3142
萍乡市	Pingxiang	637	16	588	26551	14219	1681
九江市	Jiujiang	11529	3109	6618	142799	86647	19946
新余市	Xinyu	313		288	146455	124987	4313
鹰潭市	Yingtan	1018	2	1013	78328	55407	10727
赣州市	Ganzhou	5415	358	4953	2135953	1874765	18359
吉安市	Ji'an	9595	2558	6309	782892	662877	20672
宜春市	Yichun	6166	357	4926	213003	104225	13698
抚州市	Fuzhou	2479	138	2115	1583586	1497115	52216
上饶市	Shangrao	24184	1600	22085	206455	145504	14867

12-18 各地区茶园、果园面积(2022年)
Area of Tea Plantations, Orchard by Region (2022)

单位：公顷 (hectare)

地 区	Region	年末茶园面积 Area of Tea Plantations at Year-end	年末果园面积 Area of Orchards at Year-end	#柑 橘 Citrus Fruit	#当年新增面积 Areas Newly-added in Current Year
全 省	**Provincial Total**	**120024**	**438702**	**348941**	**17219**
南昌市	Nanchang	1436	7100	4001	283
景德镇市	Jingdezhen	13952	5022	1598	169
萍乡市	Pingxiang	1023	3362	1916	245
九江市	Jiujiang	21627	17231	8100	417
新余市	Xinyu	351	10116	8914	1814
鹰潭市	Yingtan	1019	6588	3664	56
赣州市	Ganzhou	13672	183688	156542	8133
吉安市	Ji'an	22942	65947	53241	1919
宜春市	Yichun	12195	19498	10142	982
抚州市	Fuzhou	4654	80746	74567	2022
上饶市	Shangrao	27152	39405	26257	1179

12-19 造林面积和营林情况

Condition of Afforested Area and Silviculture

单位：千公顷 (1000 hectares)

年份 地区 Year Region	造林总面积 Total Afforested Area	更新造林面积 Area of Slash Reforestation	低产低效林改造面积 Reconstructed Area of Forest of Poor Output
1978	241.73	18.08	
1980	225.85	17.94	41.28
1985	409.05	30.47	38.60
1990	276.19	31.85	28.13
1991	506.00	33.40	48.73
1992	435.00	34.53	60.27
1993	243.27	31.87	117.33
1994	251.93	35.24	183.00
1995	250.09	29.82	187.03
1996	191.43	33.42	168.41
1997	81.00	39.80	246.03
1998	53.07	32.85	257.93
1999	36.72	25.00	220.11
2000	35.23	22.60	247.06
2001	37.15	17.10	180.16
2002	162.28	11.70	62.77
2003	219.75	1.11	5.90
2004	58.10	1.40	43.13
2005	47.59	7.20	26.50
2006	63.60	8.50	11.43
2007	157.42	17.82	6.90
2008	267.03	28.25	55.91
2009	228.63	24.35	44.53
2010	200.78	39.01	37.48
2011	164.52	26.75	66.20
2012	138.65	18.14	30.76
2013	153.39	9.66	46.93
2014	131.97	13.09	38.57
2015	141.68	5.52	27.13
2016	94.93	6.61	109.67
2017	89.40	6.34	118.07
2018	88.56	4.56	144.84
2019	84.18	5.39	122.70
2020	106.69	3.63	119.31
2021	109.16	6.61	122.02
2022	71.51	64.93	141.32
南昌市 Nanchang	0.28	0.15	1.68
景德镇市 Jingdezhen	2.13	1.73	1.11
萍乡市 Pingxiang	1.80	1.51	5.91
九江市 Jiujiang	4.18	2.98	13.87
新余市 Xinyu	2.69	2.63	2.44
鹰潭市 Yingtan	0.84	0.82	2.59
赣州市 Ganzhou	12.98	11.84	35.94
吉安市 Ji'an	22.72	22.48	26.72
宜春市 Yichun	9.70	9.57	18.86
抚州市 Fuzhou	6.28	5.38	11.21
上饶市 Shangrao	7.91	5.84	20.99

注：1. 2002年以前年末实有封山育林面积含封山护林面积。
2. 全省数据含省直单位数据。

a)Before the 2002,the areas of Fenced off for afforest include the protection at the end of year.

b)The data of provincial total include the provincial unit's data.

12-20 主要林产品产量
Output of Major Forest Products

年 份 Year	木 材 (万立方米) Output of Timber (10000 cu.m)	#原 木 Logs	竹材产品 (万根) Output of Bamboo (10000 units)	#毛 竹 Mao Bamboo	竹笋干 (吨) Dried Bamboo Shoots (ton)	油茶籽 (吨) Tea-oil Seeds (ton)	油桐籽 (吨) Tung-oil Seeds (ton)	松 脂 (吨) Rosin (ton)
1978	192.21		1532.76		440	122398	4940	38600
1979	243.88		1482.43		1035	191660	5620	46900
1980	280.29		1826.30		725	125205	3800	37850
1981	257.12		1739.24		1305	206955	6100	45700
1982	262.95		1821.23		1544	105021	6500	44450
1983	256.43		1822.21		10770	102272	7400	53450
1984	312.74		1728.02		2000	135115	8800	50650
1985	276.34		1583.38		3290	163441	7682	30257
1986	285.05		2051.70		3458	100958	7600	36671
1987	245.41		2147.10		6173	139804	5507	41357
1988	236.82		2519.37		3917	124063	6562	37208
1989	253.22		2622.09		5077	172038	5916	38821
1990	296.91		2014.50		5451	136402	6295	43370
1991	247.34	243.50	2911.20	2686.11	7474	167556	7151	39347
1992	278.33	275.88	3582.41	3180.79	4585	148410	9210	28771
1993	263.42	253.67	2179.05	1982.94	6190	119108	9206	37788
1994	268.73	254.70	3199.84	2856.53	7025	152144	10328	28461
1995	269.11	265.14	2706.20	961.65	6834	149655	13048	31819
1996	276.48	265.78	3613.84	3469.55	8355	162715	11339	29945
1997	268.65	263.27	4103.37	3817.88	13256	221622	13046	40475
1998	249.68	236.60	3062.41	2849.34	13842	156819	13829	35254
1999	254.99	250.66	3302.52	3008.67	19317	187094	15344	40718
2000	237.93	232.42	3698.72	3096.87	11041	194763	13973	41638
2001	319.76	309.46	4024.18	3722.37	10492	171726	15448	46387
2002	279.87	263.72	4086.50	3287.80	10019	189586	14252	48801
2003	354.24	301.51	4472.37	3646.23	8600	163191	12681	54758
2004	459.07	363.60	4953.37	4379.40	6815	193170	10252	75892
2005	503.17	396.48	6043.19	5299.23	6921	189020	16160	93164
2006	483.03	424.51	6750.90	6021.59	7624	230365	12526	97098
2007	491.56	434.22	11406.81	10771.52	18013	208332	18778	80722
2008	610.23	578.02	10755.45	9835.83	7536	191377	7848	48214
2009	339.79	314.81	7423.01	6732.78	9979	268966	12433	57306
2010	340.74	321.95	6198.69	5691.07	8659	179697	12663	71982
2011	290.28	270.60	7077.40	6121.49	10909	427212	12562	79864
2012	286.63	269.50	7813.43	7285.92	12196	448189	8189	90607
2013	266.91	248.26	16169.80	13478.34	18569	412339	8012	101314
2014	259.61	240.24	19683.94	18201.00	33601	434640	8640	108391
2015	232.16	217.73	18550.57	17079.07	45588	425108	18267	110432
2016	228.00	215.51	18436.11	16406.90	43547	366135	22299	110392
2017	233.00	228.00	19077.00	17046.00	54374	454077	12644	215713
2018	257.00	251.84	21365.64	18213.55	49482	455454	13563	119760
2019	277.00	257.00	22036.00	19869.00	60796	421686		513563
2020	302.00	284.00	23652.00	22281.00	44161	482520		151461
2021	408.04	386.24	22083.00	20580.34	41030	698116		179141
2022	414.06	385.89	37051.78	30104.23	86069	583956		120339

注：2019年之后，松脂包括松香类全部产品。

a)After 2019,rosin includ all rosin products.

12-21 各地区主要林产品产量(2022年)
Output of Major Forest Products by Region(2022)

地区	Region	木材(万立方米) Output of Timber (10000 cu.m)	#原木 Logs	竹材产品(万根) Output of Bamboo (10000 units)	#毛竹 Mao Bamboo	竹笋干(吨) Dried Bamboo Shoots(ton)	油茶籽(吨) Tea-oil Seeds (ton)	松脂(吨) Rosin (ton)
全省	**Provincial Total**	**414.06**	**385.89**	**37,051.78**	**30,104.23**	**86,069.38**	**583,956.15**	**120,338.80**
南昌市	Nanchang	1.02	0.97	22.80	22.80	2.60	14,871.00	
景德镇市	Jingdezhen	7.07	6.96	20.04	20.04		7,274.00	4,646.00
萍乡市	Pingxiang	1.90	1.91	890.76	890.76	1,461.80	40,840.00	187.00
九江市	Jiujiang	12.22	12.20	1,523.20	1,403.20	8,240.00	27,934.03	913.00
新余市	Xinyu	9.14	7.10	1,257.82	36.82	1,054.38	10,838.00	459.00
鹰潭市	Yingtan	10.60	4.13	824.60	819.60	9,420.00	6,590.00	200.00
赣州市	Ganzhou	101.35	96.70	11,140.00	10,940.00	4,669.00	143,497.81	23,697.60
吉安市	Ji'an	135.27	126.83	3,068.29	2,906.74	5,791.00	107,827.00	50,263.20
宜春市	Yichun	60.31	59.99	3,643.70	3,263.70	4,461.60	79,533.00	4,603.00
抚州市	Fuzhou	55.71	53.68	5,277.57	4,737.57	44,984.00	41,235.31	15,672.00
上饶市	Shangrao	19.47	15.42	9,383.00	5,063.00	5,985.00	103,516.00	19,698.00

注：全省数据含省直单位数据。
a)The data of provincial total include the provincial unit's data.

12-22 牧 业 生 产 情 况
Production Condition of Animal Husbandry

指 标	Item	2021	2022	2022年比2021年增长(%) Increase Rate in 2022 over 20201(%)
当年出栏肉猪头数(头)	Number of Slaughtering Hogs in Current Year (head)	29103814	30646316	5.3
当年出售和自宰肉用牛(头)	Cattle for Sale and Butchering in Current Year (head)	1465200	1472800	0.5
当年出售和自宰肉用羊(只)	Sheep for Sale and Butchering in Current Year (head)	1715500	1868180	8.9
当年出售和自宰肉用兔(只)	Rabbits for Sale and Butchering in Current Year (head)	3754308	4830900	28.7
当年出售和自宰肉用禽(万只)	Poultry for Sale and Butchering in Current Year (10 000 heads)	57685	59264	2.7
肉类总产量(吨)	Total Output of Meat (ton)	3449551	3598872	4.3
#猪 肉	Pork	2385233	2498900	4.8
牛 肉	Beef	167100	171278	2.5
羊 肉	Mutton	28741	31270	8.8
兔 肉	Rabbit Meat	6094	8346	36.9
禽 肉	Meat of Poultry	858622	884380	3.0
牛奶产量(吨)	Output of Milk (ton)	83200	78950	-5.1
禽蛋总产量(吨)	Output of Poultry Eggs (ton)	636012	698973	9.9
蜂蜜产量(吨)	Output of Honey (ton)	15458	17114	10.7
牛年末存栏头数(头)	Number of Cattle at Year-end (head)	2696753	2702700	0.2
#奶牛	Number of Cow	25600	15131	-40.9
生猪年末存栏头数(头)	Number of Hogs at Year-end (head)	16832300	17301000	2.8
#能繁殖母猪	Number of Female Hogs with Fertility	1617242	1699721	5.1
羊年末存栏只数(只)	Number of Sheep and goats at Year-end (head)	1323000	1436778	8.6
兔年末存栏只数(只)	Number of Rabbits at the End of Year (head)	3754308	1936418	-48.4
家禽年末只数(万只)	Number of Poultry at Year-end (10 000 heads)	23193	24167	4.2
蚕 茧(吨)	Silkworm cocoon (ton)	1180	5003	323.9

注：本表主要畜禽（猪牛羊禽）指标为国家统计局核定全省抽样监测调查推算数据，非主要畜禽指标数据通过全面统计获取，数据来自国家统计局江西调查总队。

a) The main data of livestock, including pork, beef, mutton and poultry, are calculated results of provincial sampling and monitoring survey. Data are provided by Survey Office of the National Bureau of Statistics of Jiangxi.

12-23 渔业生产情况
Production Condition of Fishery

指　标	Item	2021	2022	2022年比2021年增长(%) Increase Rate in 2022 over 2021(%)
渔业乡(个)	Number of Fishery Townships (unit)	6	4	-33.3
渔业村(个)	Number of Fishery Villages (unit)	108	89	-17.6
渔业户(户)	Number of Fishery Households (household)	221757	217747	-1.8
渔业人口(万人)	Population of Fishery (10 000 persons)	102.33	99.48	-2.8
渔业从业人员(万人)	Laborers of Fishery (10 000 persons)	78.84	77.59	-1.6
专业从业人员	Professional Laborers	35.69	35.34	-1.0
捕捞专业从业人员	Laborers of Catch	1.07	0.96	-10.3
养殖专业从业人员	Laborers of Cultivation	29.07	28.84	-0.8
其他专业从业人员	Other Laborers	5.55	5.54	-0.2
兼业从业人员	Sideline Laborers	32.94	31.98	-2.9
己养殖面积(千公顷)	Cultured Area (1 000 hectares)	404.78	406.22	0.4
#池　塘	Pond	162.80	163.86	0.7
水　库	Reservoir	144.83	145.92	0.8
湖　泊	Lake	84.95	85.11	0.2
养殖亩产(千克/公顷)	Per Unit Area Yield of Cultivation (kg/hectare)	6574	6894	4.9
#池　塘	Pond	10582	11033	4.3
水　库	Reservoir	3065	2651	-13.5
湖　泊	Lake	2570	3143	22.3
水产品总产量(吨)	Total Output of Aquatic Products (ton)	2695115	2832383	5.1
#养殖产量	Cultured Output	2661004	2800506	5.2
#池　塘	Pond	1722684	1807860	4.9
水　库	Reseroir	372274	386773	3.9
湖　泊	Lake	260380	267434	2.7
水产品总产量中: 鱼　类	Fish	2314885	2404592	3.9
甲壳类	Carapace	248898	256657	3.1
贝　类	Shellfish	37693	35931	-4.7
珍珠产量(千克)	Output of Pearls (kg)	224000	253000	12.9
鱼苗产量(亿尾)	Output of Fries (100 millon fries)	383	391	2.1
鱼种产量(吨)	Output of Fingerling (ton)	309374	443028	43.2

12-24 各地区渔业生产情况(2022年)
Production Condition of Fishery by Region (2022)

地 区	Region	渔业从业人员(万人) Laborers of Fishery (10 000person)	专业从业人员 Professional Laborers	捕捞从业人员 Laborers of Catch	养殖从业人员 Laborers of Cultivation	其他从业人员 Other Laborers	兼业从业人员 Sideline Laborers	养殖面积(公顷) Cultured Area (hectare)	养殖单产(千克/公顷) Per Unit Area Yield of Cultivation (kg/hectare)
全 省	**Provincial Total**	**77.59**	**35.34**	**0.96**	**28.84**	**5.54**	**31.98**	**406226**	**6894**
南 昌 市	Nanchang	6.51	3.16		2.65	0.52	2.20	50869	8791
景德镇市	Jingdezhen	0.33	0.22	0.03	0.14	0.04	0.09	5212	5257
萍 乡 市	Pingxiang	2.15	0.79		0.74	0.05	1.33	5532	7702
九 江 市	Jiujiang	3.45	2.20	0.03	1.88	0.28	0.86	98098	5087
新 余 市	Xinyu	1.37	0.50	0.05	0.38	0.07	0.73	11360	5131
鹰 潭 市	Yingtan	0.80	0.43	0.07	0.26	0.09	0.15	7880	7118
赣 州 市	Ganzhou	24.13	11.01	0.19	9.30	1.53	11.70	42318	7696
吉 安 市	Ji'an	8.18	2.82	0.20	2.29	0.33	4.39	38814	6069
宜 春 市	Yichun	10.42	4.47	0.38	3.64	0.45	2.98	44079	8172
抚 州 市	Fuzhou	5.42	1.82	0.20	1.34	0.47	2.81	32826	5723
上 饶 市	Shangrao	14.84	7.92		6.23	1.70	4.73	69237	8096

12-24 续表 continued

地 区	Region	水产品总产量(吨) Total Output of Aquatic Products (ton)	#养殖产量 Cultured Output	水产品产量中 Among Output of Aquatic Products: 鱼 类 Fish	甲 壳 类 Carapace	贝 类 Shellfish	珍珠产量(千克) Output of Pearl (kg)	鱼苗产量(亿尾) Output of Fry (One hundred million)	鱼种产量(吨) Output of Fingerling (ton)
全 省	**Provincial Total**	**2832383**	**2800506**	**2404592**	**256657**	**35931**	**253**	**391.37**	**443028**
南 昌 市	Nanchang	447209	447209	391720	42709	7923		35.23	56478
景德镇市	Jingdezhen	30901	27400	24867	1502	483		13.63	4257
萍 乡 市	Pingxiang	42610	42610	38874	1636	1316		10.65	6058
九 江 市	Jiujiang	499071	499071	394121	98390	1376	184	53.58	80007
新 余 市	Xinyu	59226	58292	52239	1513	394		6.98	7618
鹰 潭 市	Yingtan	57019	56090	45902	6455	1361		19.60	9277
赣 州 市	Ganzhou	328960	325700	299594	10535	5414		88.31	47794
吉 安 市	Ji'an	239355	235554	213076	12797	2314		32.92	30855
宜 春 市	Yichun	379676	360224	308836	24433	7848		48.67	65932
抚 州 市	Fuzhou	187846	187846	147359	4572	2235	1	36.29	43679
上 饶 市	Shangrao	560510	560510	488004	52115	5267	68	45.51	91073

12-25 各地区按人口平均的主要农产品产量(2022年)
Per Capita Output of Major Farm Products by Region (2022)

指 标	Item	全 省 Provincial Total	南昌市 Nanchang	景德镇市 Jingdezhen	萍乡市 Pingxiang	九江市 Jiujiang	新余市 Xinyu
粮 食(千克/人)	Grain (kg/person)	475.25	322.06	336.70	269.12	314.27	462.47
棉 花(千克/人)	Cotton (kg/person)	0.48	0.01	0.54		3.82	0.52
花 生(千克/人)	Peanut (kg/person)	12.05	7.33	6.58	1.81	3.84	9.98
油菜籽(千克/人)	Rapeseeds (kg/person)	17.46	10.13	16.97	29.70	40.74	11.42
芝 麻(千克/人)	Sesame (kg/person)	0.83	0.79	2.08	0.03	1.10	0.47
水产品产量(千克/人)	Output of Aquatic Products (kg/person)	62.55	68.40	19.05	23.56	109.50	49.24
园林水果产量(千克/人)	Output of Fruits (kg/person)	119.01	7.32	15.33	14.68	31.33	121.76
#柑 桔	Citrus Fruits	101.55	4.14	3.34	7.86	19.01	103.91

12-25 续表 continued

指 标	Item	鹰潭市 Yingtan	赣州市 Ganzhou	吉安市 Ji'an	宜春市 Yichun	抚州市 Fuzhou	上饶市 Shangrao
粮 食(千克/人)	Grain (kg/person)	571.08	286.46	826.21	741.61	722.24	502.34
棉 花(千克/人)	Cotton (kg/person)		0.00	0.04	0.42	0.05	0.05
花 生(千克/人)	Peanut (kg/person)	13.34	13.86	15.85	29.08	12.88	8.32
油菜籽(千克/人)	Rapeseeds (kg/person)	8.59	2.90	26.30	23.22	7.63	23.12
芝 麻(千克/人)	Sesame (kg/person)	0.55	0.04	0.45	2.07	0.19	1.48
水产品产量(千克/人)	Output of Aquatic Products (kg/person)	49.33	36.60	54.12	76.40	52.49	87.10
园林水果产量(千克/人)	Output of Fruits (kg/person)	67.77	237.64	177.02	42.86	442.47	32.08
#柑 桔	Citrus Fruits	47.94	208.58	149.88	20.97	418.31	22.61

主要统计指标解释

农林牧渔总产值 以货币表现的农林牧渔业的全部产品总量和对农林牧渔业生产活动进行的各种支持性服务活动的价值。它反映一定时期内农林牧渔业生产总规模和总成果，是观察农林牧渔业生产水平和发展速度的重要指标，同时也是计算农林牧渔业劳动生产率和农林牧渔业增加值的基础资料。

农林牧渔业总产值的计算，一般采用“产品法”，即凡有产品产量的，都按产品价格乘产量的办法求得每种产品产量的产值，然后相加求得各业的产值，最后各业相加求出农林牧渔业总产值。

农林牧渔业增加值 指农、林、牧、渔及农林牧渔服务业在一定时期内生产货物或提供服务活动而增加的价值。它反映了农业生产经营活动的最终成果和对社会的贡献。

农业增加值的计算方法有两种:（1）生产法，是从生产角度进行计算的一种方法。即用农业总产出减去农业中间消耗求得。（2）分配法，是从分配角度进行计算的一种方法。即通过农业生产单位在生产经营和劳务活动过程中形成的不含中间消耗的各种收入来计算。具体包括农业劳动者收入、福利基金、利税、固定资产折旧及大修理和其他。一般采用生产法计算。

农作物播种面积 指实际播种或移植有农作物的面积。凡是实际种植有农作物的面积，不论种植在耕地上还是种植在非耕地上，均包括在农作物播种面积中，在播种季节基本结束后，因遭灾而重新改种和补种的农作物面积，也包括在内。播种面积的大小，反映农作物的生产规模和耕地的利用程度。

农作物总产量 指在一定时期内（通常是一年）生产的各种农作物产品总产量。无论是种植在耕地上或非耕地上的农作物产量，都包括在内。有的农作物收割期较长，虽在当年冬季就开始收割，但需跨年延到来年春季才能收完的，仍计算为本年农作物总产量。它是衡量农业生产成果，统筹安排城乡人民生活，研究生产、积累和消费比例关系及编制国民经济计划的基本数据。

粮食产量 指全社会的产量。包括国有经济经营的、集体统一经营的和农民家庭经营的粮食产量，还包括工矿企业办的农场和其他生产单位的产量。粮食除包括稻谷、小麦、玉米、高粱、谷子及其他杂粮外，还包括薯类和豆类。

猪、牛、羊肉产量 指当年出栏并已屠宰、除去头蹄下水后带骨肉（即胴体重）的重量。

期初（末）畜禽存栏头（只）数 指报告期初（末）农村各种合作经济组织和国有农场、农民个人、机关、团体、学校、工矿企业、部队等单位以及城镇居民饲养的大牲畜、猪、羊、家禽等畜禽的存栏数。

农用化肥施用量 指本年内实际用于农业生产的化肥数量，包括氮肥、磷肥、钾肥和复合肥。化肥施用量要求按折纯量计算数量。折纯量是指把氮肥、磷肥、钾肥分别按含氮、含五氧化二磷、含氧化钾的百分之一百成分进行折算后的数量。复合肥按其所含主要成分折算。

有效灌溉面积 指具有一定的水源，地块比较平整，灌溉工程或设备已经配套，在一般年景下当年能够进行正常灌溉的耕地面积。

农业机械总动力 指主要用于农、林、牧、渔业的各种动力机械的动力总和。包括耕作机械、排灌机械。收获机械、农用运输机械、植物保护机械、牧业机械、林业机械、渔业机械和其他农业机械〔内燃机按引擎马力折成瓦（特）计算、电动机按功率折成瓦（特）计算〕。不包括专门用于乡、镇、村、组办工业、基本建设、非农业运输、科学试验和教学等非农业生产方面用的动力机械与作业机械。

Explanatory Notes on Main Statistical Indicators

Gross Out Value of Agriculture, Forestry, Animal, Husbandry and Fishery refers to the total value of products of farming, forestry, animal husbandry and fishery and the value of various services supporting the production of farming, forestry, animal husbandry and fishery in monetary terms, which reflects the total scale and total results of farming, forestry, animal husbandry and fishery production during a given period of time. It is an important indicator to observe the production level and development speed of farming, forestry, animal husbandry and fishery. It is also the foundation for calculating the labor productivity and value-added of farming, forestry, animal husbandry and fishery.

Generally, the gross output value of farming, forestry, animal husbandry, and fishery is calculated with the production approach. Where applicable, the gross output value of each single product is obtained by multiplying the output of each product by its price. These values are then summed up to obtain the output value of each sector. The sum of output values of all sectors is the gross output value of farming, forestry, animal husbandry, and fishery.

Value-added of Agriculture, Forestry, Animal Husbandry and Fishery refers to the value-added of goods produced or services provided by farming, forestry, animal husbandry and fishery in a given period of time. It shows the final results of the activities of production and management of agriculture and its contributions to the society.

The value-added of agriculture is calculated with two approaches:

(1) Production of approach is a method from the production angle, i.e. total output of agriculture minus intermediate consumption of agriculture. The value-added of agriculture is usually calculated with the production approach as no complete accounting records of the rural households are available;

(2) Distribution approach is a method from the distribution angle, i.e. various incomes from the activities of production and management of the productive units of agriculture without intermediate consumption, including incomes of the rural laborers, welfare funds, profit and tax, depreciation of fixed assets and major overhaul and others.

Sown Area of Crops refers to area of land sown or transplanted with crops regardless of being in cultivated area or non cultivated area. Area of land re-sown due to natural disasters is also included. It refers the scale of crops and the use of cultivated area.

Total Output of Crops refers to the total output of farm crops of various kinds during a given period of time (usually a year). It covers the output of crops in both cultivated and non cultivated area. Crops with an extensive reaping period beginning in the winter of the current year are included in the total output of crops of the current year, even if harvest is extended until the spring of the following year. It is the basic figure to examine the production results of agriculture, make overall arrangements in the life of urban and rural households, study the proportionate relationships between production, accumulation and consumption and work out a plan of national economy.

Grain Yield refers to the yield in the whole country including grains produced by state farm, collective units, industrial enterprises and mines. Grain includes rice, wheat, corn, sorghum, millet and other miscellaneous grains as well as tubers and beans.

Output of Pork, Beef, and Mutton refers to the meat of slaughtered hogs, cattle, sheep and goats with head, feet, and offal taken away.

Number of Livestock or Poultry in Stock at Beginning (or End) refers to the total number of large animals, pigs, sheep, fowls, etc. raised by rural cooperative organizations, state farms, rural individuals, government agencies, schools, Industrial and mining enterprises, army, and urban residents at the beginning (or end) of the reference period.

Consumption of Chemical Fertilizers in Agriculture refers to the quantity of chemical fertilizers applied in agriculture in the year, including nitrogenous fertilizer, phosphate fertilizer, potash fertilizer, and compound fertilizer. The consumption of chemical fertilizers is required in calculation to convert the gross weight into weight containing 100% effective component (e.g.100% nitrogen content in nitrogenous fertilizer,100% phosphorous pentoxide contents in phosphate fertilizer,100% potassium oxide contents in potash fertilizer). Compound fertilizer is converted with its major component.

Irrigated Area refers to areas that are effectively irrigated, i.e. level land which has water source and complete sets of irrigation facilities to lift and move adequate water for irrigation purpose under normal conditions.

Total Power of Agricultural Machinery refers to total mechanical power of machinery used in farming, forestry, animal husbandry, and fishery, including ploughing, irrigation and drainage, harvesting, transport, plant protection, stock breeding, forestry and fishery. The power of internal combustion engines is required to convert horsepower into watts and the power of electric motors is required to be converted into watts. Machinery employed for non agricultural purposes, such as the machines used in township run and village-run Industry, construction, non agricultural transport, scientific experiments and teaching, is excluded.

工　业

INDUSTRY

◆ 289/336

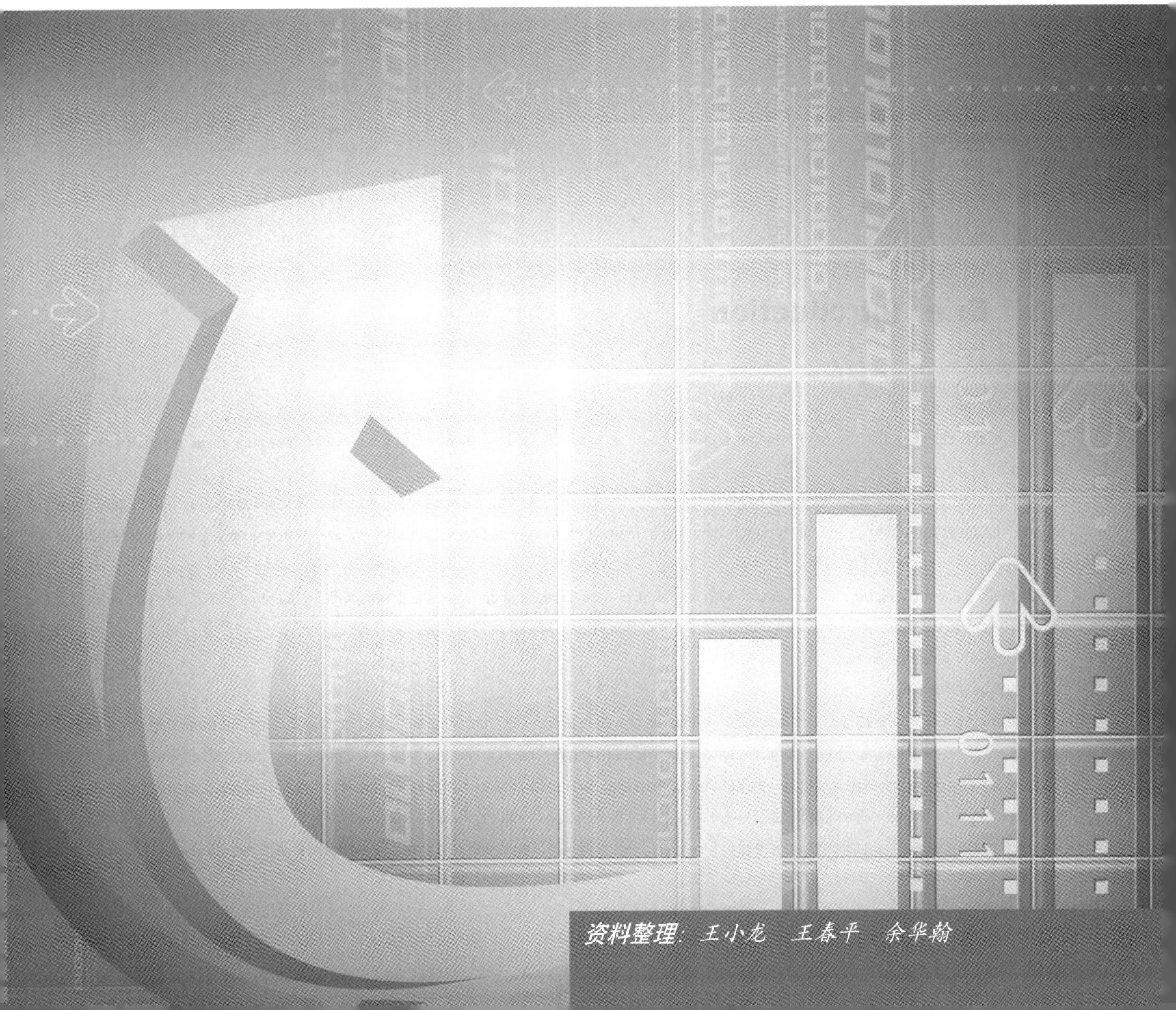

资料整理：王小龙　王春平　余华翰

简要介绍

一、本篇资料的主要内容

本篇资料反映全省规模以上工业经济方面的基本情况，包括11个设区市的主要工业经济统计数据:

1.规模以上工业企业单位数和总产值，以及按企业登记注册类型、轻重工业、企业规模、工业行业大类和按地区分组的主要经济指标和经济效益指标;

2.规模以上国有及国有控股、外商投资、港澳台商投资和私营工业企业主要经济指标和经济效益指标;

3.规模以上主要工业产品产量。

二、本篇资料的统计范围

工业统计调查范围为全省境内的全部工业企业。1997年以前，工业的统计范围按隶属关系划分，分为乡及乡以上独立核算工业企业和非独立核算生产单位、村办工业、城镇合作工业、农村合作工业、城镇个体工业、农村个体工业六大部分。(1984年以前村办工业不在工业统计范围内)。

1998年及以后年份，工业统计调查范围由按隶属关系划分，改变为按企业规模划分，分为全部国有及年主营业务收入在500万元以上非国有工业企业和年主营业务收入在500万元以下非国有工业企业两部分。2011年，规模以上工业划分标准提高到年主营业务收入2000万元及以上。本篇资料中的统计范围为年主营业务收入在2000万元以上工业企业。

本篇资料中工业行业分类按2017年《国民经济行业分类标准》划分；企业大中小微型划分按2017年《统计上大中小微型企业划分办法(暂行)》标准执行。

三、本篇的资料来源和统计调查方法

本篇工业企业统计数据主要是根据工业统计快报有关资料整理汇总的。

Brief Introduction

I. Main Contents

Data in this chapter reflect the basic conditions of the industrial sector above designated size of the province, presenting main industrial economic indicators of 11 cities.

(1) The number and the gross industrial output value of all State-owned industrial enterprises that are above designated size; as well as their main economic indicators and efficiency indicators classified by type of registration, by light and heavy industries, by size of the enterprises, by branch of industry and by region.

(2) Main economic indicators and efficiency indicators of State-owned industrial enterprises and State-holding industrial enterprises; foreign-funded industrial enterprises and enterprises funded by entrepreneurs from Hong Kong, Macao and Taiwan; and private enterprises.

(3) Output of Industrial products.

II. Scopes of Statistics

Industrial statistics cover all industrial enterprises within the province. Before 1997, industrial statistics were based on type of ownership, consisting of following six parts: corporate industrial enterprises above county level with independent accounting system and production units with dependent accounting system, village industrial enterprises; urban joint industrial enterprises, rural joint industrial enterprises, urban individual industrial enterprises, and rural industrial enterprises (village industrial enterprises were not included in the scope of industrial statistics before 1984).

Since 1998, scope of industrial statistics changed from the basis of type of ownership to the size of enterprises, they are: all state-owned industrial enterprises and those non-state industrial enterprises with revenue from principal business over 5 million yuan, and non-state industrial enterprises with revenue from principle business below 5 million yuan. Since 2011, the standard of industrial enterprises above designated size are raised, which the revenue from principle business were 20 million yuan and above.

Data by branch of industry in this chapter are based on the 2017 National Industrial Classification of all Economic Activities, and data by size of enterprises are based on the Preliminary Standards of Enterprises by Size in 2017.

III. Sources of Data and Methods of Survey

The data on industrial enterprises statistics in this chapter are collected from the relevant data on preliminary industrial statistics reporting forms.

13-1 规模以上工业企业增加值增速（2022年）

Growth Rate of Value-added of Industrial Enterprises above Designated Size (2022)

类 别	Type	2021年比2020年增长（%）Growth Rate of 2021 to 2020 (%)	2022年比2021年增长（%）Growth Rate of 2022 to 2021 (%)
总　计	**Total**	**11.4**	**7.1**
按登记注册类型及隶属关系分	**By Registration Status and Jurisdiction of Management**		
国有企业	State-owned Enterprises	6.7	3.9
中央企业	Central Enterprises	3.8	-13.8
地方企业	Local Enterprises	7.1	7.0
集体企业	Collective-owned Enterprises	-0.9	-4.6
股份合作企业	Cooperative Enterprises	13.4	12.1
联营企业	Joint Ownership Enterprises		
有限责任公司	Limited Liability Corporations	15.7	15.9
股份有限公司	Share-holding Corporations Limited	2.9	11.3
私营企业	Private Enterprises	11.4	2.4
港、澳、台商投资企业	Enterprises with Funds from Hong Kong, Macao and Taiwan	8.7	4.2
外商投资企业	Foreign Funded Enterprises	9.1	10.0
其他经济类型	Other Economic Types		
#国有控股企业	State-holding Enterprises	8.8	8.3
按轻、重工业分	**Grouped by Light & Heavy Industries**		
轻工业	Light Industry	9.5	-3.1
重工业	Heavy Industry	12.3	11.2
按企业规模分	**Grouped by Size of Enterprises**		
大型企业	Large Enterprises	11.1	12.1
中型企业	Medium-sized Enterprises	9.3	8.0
小型企业	Small Enterprises	12.3	4.7
微型企业	Miniature Enterprises	31.0	-0.3
按工业行业分	**Grouped by Sector**		
煤炭开采和洗选业	Mining and Washing of Coal	13.6	-24.6
黑色金属矿采选业	Mining and Processing of Ferrous Metal Ores	-6.4	-21.2
有色金属矿采选业	Mining and Processing of Non-Ferrous Ores	-8.6	-14.6
非金属矿采选业	Mining and Processing of Non-metal Ores	10.9	-8.1
农副食品加工业	Processing of Food from Agricultural Products	7.7	2.7
食品制造业	Manufacture of Foods	12.1	-4.3
酒、饮料和精制茶制造业	Manufacture of Liquor, Beverages & Refined Tea	6.5	-9.9
烟草制品业	Manufacture of Tobacco	7.3	-0.3
纺织业	Manufacture of Textile	-3.9	-6.1
纺织服装、服饰业	Manufacture of Textile,Wearing Apparel and Accessories	12.9	-20.4
皮革、毛皮、羽毛及其制品和制鞋业	Manufacture of Leather, Fur, Feather and Related Products and Footwear	18.4	-10.6

13-1 续表 continued

类 别	Type	2021年比2020年增长（%）Growth Rate of 2021 to 2020 (%)	2022年比2021年增长（%）Growth Rate of 2022 to 2021 (%)
木材加工和木、竹、藤、棕、草制品业	Processing of Timber, Manufacture of Wood, Bamboo, Rattan, Palm and Straw Products	16.9	1.0
家具制造业	Manufacture of Furniture	9.9	-16.1
造纸和纸制品业	Manufacture of Paper and Paper Products	8.4	16.6
印刷和记录媒介复制业	Printing and Reproduction of Recording Media	24.9	-11.2
文教、工美、体育和娱乐用品制造业	Manufacture of Articles for Culture, Education, Arts and Crafts Sport and Entertainment Activities	5.1	-2.6
石油、煤炭及其他燃料加工业	Processing of Petroleum, Coal, and Other Fuels	-1.5	7.7
化学原料和化学制品制造业	Manufacture of Raw Chemical Materials and Chemical Products	2.9	17.2
医药制造业	Manufacture of Medicines	5.7	5.0
化学纤维制造业	Manufacture of Chemical Fibers	35.7	13.3
橡胶和塑料制品业	Manufacture of Rubber and Plastics Products	13.8	-8.0
非金属矿物制品业	Manufacture of Non-metallic Mineral Products	6.7	-7.3
黑色金属冶炼和压延加工业	Smelting and Pressing of Ferrous Metals	8.1	13.2
有色金属冶炼和压延加工业	Smelting and Pressing of Non-ferrous Metals	5.4	7.3
金属制品业	Manufacture of Metal Products	17.1	-2.6
通用设备制造业	Manufacture of General Purpose Machinery	9.5	-4.1
专用设备制造业	Manufacture of Special Purpose Machinery	20.6	14.9
汽车制造业	Manufacture of Automobiles	6.7	2.3
铁路、船舶、航空航天和其他运输设备制造业	Manufacture of Railway，Ship, Aerospace, and Other Transport Equipments	20.9	-17.9
电气机械和器材制造业	Manufacture of Electrical Machinery and Apparatus	14.8	17.1
计算机、通信和其他电子设备制造业	Manufacture of Computers communication and other Electronic Equipment	23.4	32.1
仪器仪表制造业	Manufacture of Measuring Instruments and Machinery	29.9	0.9
其他制造业	Other Manufacture	29.3	-20.8
废弃资源综合利用业	Utilization of Waste Resources	75.7	24.8
金属制品、机械和设备修理业	Repair Service of Products, Machinery & Equipment	24.1	6.0
电力、热力生产和供应业	Production and Supply of Electric Power and Heat Power	13.7	14.9
燃气生产和供应业	Production and Supply of Gas	36.2	18.0
水的生产和供应业	Production and Supply of Water	22.5	-2.2
按地区分	**By Region**		
南 昌 市	Nanchang	11.4	6.0
景德镇市	Jingdezhen	10.9	8.4
萍 乡 市	Pingxiang	10.8	-9.9
九 江 市	Jiujiang	11.3	5.6
新 余 市	Xinyu	11.1	8.3
鹰 潭 市	Yingtan	12.2	8.3
赣 州 市	Ganzhou	11.6	8.8
吉 安 市	Ji'an	11.6	8.8
宜 春 市	Yichun	11.7	9.0
抚 州 市	Fuzhou	9.7	8.5
上 饶 市	Shangrao	12.0	9.1

13-2 各地区规模以上工业企业单位数(2022年)

单位：个

分 类	Item	全 省 Provincial	南昌市 Nanchang	景德镇市 Jingdezhen
总 计	**Total**	**16362**	**1921**	**554**
按登记注册类型及隶属关系分	**By Registration Status and Jurisdiction of Management**			
国有企业	State-owned Enterprises	109	17	5
中央企业	Central Enterprises	19		
地方企业	Local Enterprises	90	17	5
集体企业	Collective-owned Enterprises	18	2	3
股份合作企业	Cooperative Enterprises	40	11	1
有限责任公司	Limited Liability Corporations	2496	329	166
股份有限公司	Share-holding Corporations Limited	213	33	12
私营企业	Private Enterprises	12744	1400	345
港、澳、台商投资企业	Enterprises with Funds from Hong Kong, Macao and Taiwan	421	60	6
外商投资企业	Foreign Funded Enterprises	311	69	14
其他经济类型	Other Economic Types	7		2
#国有控股企业	State-holding Enterprises	732	149	45
按轻、重工业分	**Grouped by Light & Heavy Industries**			
轻工业	Light Industry	6660	837	185
重工业	Heavy Industry	9702	1084	369
按企业规模分	**Grouped by Size of Enterprises**			
大型企业	Large Enterprises	202	45	8
中型企业	Medium-sized Enterprises	1167	156	29
小型企业	Small Enterprises	13026	1431	439
微型企业	Miniature Enterprises	1967	289	78

Number of Industrial Enterprises above Designated Size by Region (2022)

(unit)

萍乡市 Pingxiang	九江市 Jiujiang	新余市 Xinyu	鹰潭市 Yingtan	赣州市 Ganzhou	吉安市 Ji'an	宜春市 Yichun	抚州市 Fuzhou	上饶市 Shangrao
706	**2065**	**594**	**459**	**2680**	**1824**	**2166**	**1199**	**2194**
7	9	5	6	12	12	9	7	20
1	5			2	4	1	1	5
6	4	5	6	10	8	8	6	15
2		4		1	1	3	1	1
14	3				1	1	3	6
84	420	83	81	366	188	215	227	337
8	31	9	8	25	17	22	18	30
569	1489	478	345	2082	1522	1832	918	1764
14	58	10	10	134	48	46	14	21
7	55	3	9	59	32	38	11	14
		1		1	2			1
22	78	39	22	140	58	62	37	80
122	863	202	87	1289	765	847	588	875
584	1202	392	372	1391	1059	1319	611	1319
9	26	10	2	23	26	34	9	10
66	168	37	23	190	160	171	67	100
585	1699	438	346	2151	1445	1805	978	1709
46	172	109	88	316	193	156	145	375

13-3 工业产品产量
Output of Industrial Products

品　名	Item	2022年	2022年比2021年增长（%）Growth Rate of 2022 to 2021 (%)
硫铁矿生产量（折含硫 35%）（万吨）	Pyrite Ore (converted into 35% sulphur) (10 000 tons)	24.69	200.9
钨精矿折含量（万吨）	Scheelite Presentation of Content (10 000 tons)	3.88	-31.9
原　盐（万吨）	Salt (10 000 tons)	109.41	6.0
配混合饲料（万吨）	Mixed Feed (10 000 tons)		
乳 制 品（万吨）	Milk Products (10 000 tons)	8.22	-59.7
罐　头（万吨）	Canned Food (10 000 tons)	5.30	-44.0
饮 料（万吨）	Soft Drinks (10 000 tons)	492.91	2.0
白　酒（万千升）	White Spirit (10 000 kiloliter)	4.18	-10.0
啤　酒（万千升）	Beer (10 000 kiloliter)	59.70	-4.3
精 制 茶（吨）	Refined Tea (ton)	119251.80	19.0
卷　烟（亿支）	Cigarettes (100 million pieces)	642.04	0.0
纱（万吨）	Yarn (10 000 tons)	146.62	-7.2
布（万米）	Cloth (10 000 m)	72013.10	-26.7
纯棉布	Cotton Cloth	37339.50	-45.7
棉混纺交织布	Cotton Blended Cloth	11088.20	-10.6
印 染 布（万米）	Dyeing Cloth (10 000 m)	25271.70	4.2
服　装（万件）	Garments (10 000 pieces)	125384.80	-9.6
皮　鞋（万双）	Shoes (10 000 pairs)	5389.50	32.2
人 造 板（万立方米）	Manmade Plates (10 000 cu.m)	1168.61	-8.5
机制纸及纸板（万吨）	Machine-made Paper and Paperboard (10 000 tons)	390.77	31.1
家　具（万件）	Furniture (10 000 pieces)	5929.85	-7.2
硫　酸（万吨）	Sulfuric Acid (10 000 tons)	342.36	16.9
烧　碱（万吨）	Caustic Soda (10 000 tons)	115.91	-42.7
电石（折300升/千克）（万吨）	Calcium Carbide (convert to 300 L/kg) (10 000 tons)	5.99	480.7
化学肥料（折有效成分100%）（万吨）	Chemical Fertilizers (10 000 tons)	111.25	14.2
氮　肥	Nitrogen Fertilizers	83.78	6.9
磷　肥	Phosphate Fertilizers	14.96	37.6
化学农药（吨）	Chemical Pesticide (ton)	59696.00	-29.4
纯　苯（吨）	Benzene (ton)	86265.00	126.1
涂　料（吨）	Paint (ton)	493681.7	22.1
合成洗涤剂（吨）	Synthetic Detergents (ton)	124515.80	1.2
化学药品原药（吨）	Chemical Medicines (ton)	344496.60	171.7
中 成 药（吨）	Traditional Chinese Medicine (ton)	111790.30	18.6
化学纤维（万吨）	Chemical Fiber (10 000 tons)	125.00	-1.6
合成纤维	Synthetic Fiber	30.84	-11.1
橡胶轮胎外胎（万条）	Rubber Tire Casing (10 000 tires)	224.66	-8.6
塑料制品（吨）	Plastic Articles (ton)	1977478.50	15.1
水　泥（万吨）	Cement (10 000 tons)	8768.64	-14.1
日用玻璃制品（万吨）	Glass Products for Daily Use (10 000 tons)	8.68	-21.3
玻璃保温容器（万个）	Glass Proof Containers (10 000 units)	241.8	17.0

13-3 续表 continued

品 名	Item	2022	2022年比2021年增长(%) Growth Rate of 2022 to 2021 (%)
耐火材料制品(万吨)	Fire-resistant Products (10 000 tons)	46.12	-18.4
生 铁(万吨)	Pig Iron (10 000 tons)	2384.69	3.0
粗钢(万吨)	Crude Steel (10 000 tons)	2689.93	-0.8
钢材(万吨)	Rolled Steel (10 000 tons)	3457.01	-1.3
#中小型型材	Rolled Steel, Medium and Small	2.62	50.3
棒 材	Steel Bar	50.70	-28.2
钢 筋	Corrugated Steel Bar	1391.10	-5.9
线 材	Wire Rod	519.95	3.3
厚钢板	Thick Steel Plate	199.73	-1.2
中 板	Medium Steel Plate	212.77	0.7
冷轧窄钢带	Non Hot Roll Narrow Steel Belt	28.09	-1.7
电工钢板	Electrical Sheet Steel	94.32	2.6
无缝钢管	Seamless Steel Pipe	8.26	12.1
十种有色金属(万吨)	Ten Kinds of Non-ferrous Metals (10 000 tons)	248.27	3.5
#精炼铜	Refined Copper	187.54	7.7
铁合金(万吨)	Ferroalloy (10 000 tons)	0.35	1.9
工业锅炉(蒸发量吨)	Industrial Boilers (evaporation ton)	2561.20	-13.8
金属切削机床(台)	Metal-Cutting Machine Tools (unit)	6388	-4.7
#数控机床	CNC Machine Tools	7	-61.1
泵(万台)	Pumps (10 000 units)	71.19	-10.8
风 机(万台)	Fans (10 000 units)	65.46	-2.4
气体压缩机(台)	Gas Compressor (unit)	36385886	1.4
滚动轴承(万套)	Rolling Bearings (10 000 units)	25778.40	-28.0
小型拖拉机(万台)	Small Tractors (10 000 units)	0.68	-10.4
汽 车(万辆)	Motor Vehicles (10 000 units)	42.74	-2.0
#载货汽车	Trucks	21.14	-18.5
民用钢质船舶(万载重吨)	Civil Steel Vessels (10 000 DWT)	1.62	-48.2
发电设备(万千瓦)	Power Generation Equipment (10 000 kW)	32.77	20.5
交流电动机(万千瓦)	AC Motors (10 000 kW)	534.48	-21.4
变压器(万千伏安)	Transformers (10 000 kva pm)	2890.74	0.5
家用电冰箱(万台)	Home Refrigerators (10 000 units)	70.76	-2.1
房间空气调节器(万台)	Room Air Conditioners (10 000 units)	309.82	-12.0
家用电风扇(万台)	Household Electric Fans (10 000 units)	387.00	61.2
电光源(万只)	Electric Light (10 000 units)	292978.80	-29.9
电话单机(万部)	Telephone Sets (10 000 units)	22.02	-1.9
彩色电视机(万台)	Color Television Sets (10 000 units)	3.89	-30.2
照相机(万台)	Cameras (10 000 units)	33.68	5.4

13-4 主要工业产品产量

年份 地区 Year Region	化学纤维 (万吨) Chemical Fiber (10 000 tons)	纱 (吨) Yarn (ton)	布 (万米) Cloth (10 000 m)	机制纸及纸板 (万吨) Machine-made Paper and Paperboard (10 000 tons)	日用瓷 (万件) Ceramics for Daily Use (10 000 units)
1978	0.42	42373	20173	9.26	32095
1980	1.33	61791	30011	12.69	33087
1985	1.30	72161	26009	22.17	35041
1990	2.00	80749	30566	25.59	44969
1991	2.37	86729	27897	26.36	53083
1992	2.54	96433	29194	31.03	55837
1993	4.13	90595	29670	36.54	53063
1994	5.33	101349	34041	36.29	54702
1995	5.11	109652	35784	41.07	48652
1996	4.80	105556	33256	38.24	60053
1997	6.33	110362	36086	35.49	57016
1998	6.42	107994	25088	23.39	38213
1999	7.65	109102	26315	27.96	52391
2000	7.08	99512	21710	24.02	57470
2001	7.74	79652	17948	26.04	55737
2002	8.59	112105	20491	28.18	56791
2003	10.02	148731	22095	24.66	44588
2004	14.59	186303	32187	35.51	58966
2005	18.07	204424	28057	67.00	61893
2006	20.76	255128	34137	91.35	54902
2007	27.63	390421	46424	106.21	116774
2008	16.87	445644	47026	113.73	160380
2009	13.50	620191	67651	139.64	259118
2010	17.92	746779	80517	186.59	406806
2011	31.47	968465	80754	219.39	296558
2012	37.89	1372942	92650	161.39	
2013	42.00	1607922	77615	181.90	
2014	45.94	1574045	96761	154.52	
2015	46.88	1669100	114447	173.60	
2016	45.82	1627002	134572	200.34	
2017	46.33	1704184	127379	211.04	
2018	54.62	1402835	77928	214.50	
2019	62.92	1606849	103052	276.24	
2020	86.90	1434731	77103	291.06	
2021	107.66	1543344	95519	280.24	
2022	125.00	1466201	72013	390.77	
南昌市 Nanchang	1.24	176218	1805	0.17	
景德镇市 Jingdezhen					
萍乡市 Pingxiang		1473		40.42	
九江市 Jiujiang	94.00	343023	33453	127.56	
新余市 Xinyu		43541	1030	1.75	
鹰潭市 Yingtan	0.08	692	1054		
赣州市 Ganzhou	1.91	38899	6283	49.35	
吉安市 Ji'an		17681	9044	28.41	
宜春市 Yichun	13.30	620584	995	23.59	
抚州市 Fuzhou	7.16	122135	14066	55.54	
上饶市 Shangrao	7.30	101955	4283	63.99	

Output of Major Industrial Products

合成洗涤剂 (吨) Synthetic Detergents (ton)	卷　烟 (亿支) Cigarettes (100 million pieces)	粗　钢 (万吨) Crude Steel (10 000 tons)	生　铁 (万吨) Pig Iron (10 000 tons)	钢　材 (万吨) Rolled Steel (10 000 tons)
5098	19.14	25.64	35.84	24.50
6298	22.32	38.76	31.45	46.65
12778	32.11	77.42	57.43	60.98
17083	47.02	112.09	89.03	92.32
21700	49.58	109.68	84.05	95.27
25100	49.49	133.06	97.83	109.76
29984	50.09	148.68	120.72	119.61
34600	46.42	150.94	150.16	129.84
45194	43.76	149.73	136.63	126.36
42063	38.63	173.02	133.86	139.87
38626	35.54	173.80	149.48	154.79
38267	38.31	222.94	192.43	179.23
24696	41.20	267.03	248.24	228.60
34257	50.99	319.86	304.69	282.90
24400	54.57	399.83	338.26	375.63
14563	55.95	548.21	453.04	531.64
17141	60.44	599.53	496.40	655.37
6377	64.46	748.00	638.16	774.90
11210	81.81	963.20	819.84	1017.82
20453	89.80	1162.97	949.60	1235.77
18385	95.80	1306.15	1045.30	1349.50
20130	100.80	1240.94	1036.30	1277.21
24123	105.80	1620.88	1446.96	1647.40
24449	111.80	1834.03	1673.94	1951.55
7372	116.80	2067.41	1917.07	2247.36
5726	119.80	2140.85	2027.05	2368.89
5287	127.80	2156.63	2012.17	2463.82
5013	135.30	2235.28	2075.31	2611.06
5998	135.60	2210.95	2083.25	2577.57
7117	129.22	2241.53	2081.97	2584.99
8399	131.65	2412.69	2143.19	2524.44
2826	127.60	2499.18	2204.17	2571.34
203465	127.60	2524.48	2217.98	2795.71
352571	630.71	2682.07	2332.07	3093.92
139451	642.05	2710.96	2315.59	3480.92
124516	642.04	2689.93	2384.69	3457.01
32079	642.04	421.77	360.97	616.19
2417				
		606.04	496.95	600.25
		654.52	534.93	696.39
		1007.59	991.85	1279.21
81868				117.40
2190				
5961				0.04
				147.53

13-4 续表

年 份 地 区 Year Region	硫 酸 (万吨) Sulfuric Acid (10 000 tons)	烧 碱 (万吨) Caustic Soda (10 000 tons)	化学肥料 (万吨) Chemical Fertilizers (10 000 tons)	化学农药 (吨) Chemical Pesticides (ton)
1978	2.68	2.32	15.97	13539
1980	4.00	3.07	25.73	17405
1985	3.81	3.74	19.41	2753
1990	43.59	5.88	31.07	5146
1991	46.93	6.12	32.49	5819
1992	47.49	6.59	33.04	5151
1993	49.40	7.24	29.44	4100
1994	52.00	8.53	31.78	4589
1995	57.10	9.97	38.44	5997
1996	54.27	9.74	37.86	5793
1997	59.72	9.57	44.73	6257
1998	61.43	10.51	52.22	7495
1999	62.77	12.76	54.55	12810
2000	79.92	16.24	43.43	13796
2001	87.75	18.65	46.88	14428
2002	78.95	18.87	55.96	12710
2003	103.29	19.91	47.90	9657
2004	110.13	25.60	50.67	15177
2005	113.19	24.62	47.61	14425
2006	134.53	30.03	55.80	17173
2007	139.97	33.36	53.80	16126
2008	185.15	34.03	54.20	21212
2009	213.56	24.49	48.71	21612
2010	227.00	27.28	113.42	21213
2011	239.97	27.80	29.46	34210
2012	289.81	44.70	93.71	38866
2013	323.31	52.57	106.29	42057
2014	333.74	41.67	134.72	46452
2015	334.09	32.35	140.81	50881
2016	323.18	33.50	148.18	55743
2017	272.60	34.77	22.66	35399
2018	272.58	43.47	10.98	49306
2019	288.73	63.64	29.18	36829
2020	287.52	179.99	19.63	13553
2021	290.95	202.18	97.45	85862
2022	342.36	115.91	111.25	59696
南昌市 Nanchang	0.39			632
景德镇市 Jingdezhen		29.39		297
萍乡市 Pingxiang				
九江市 Jiujiang	41.58	22.29	98.34	48303
新余市 Xinyu				
鹰潭市 Yingtan	200.46		8.69	7536
赣州市 Ganzhou	59.10	48.43		90
吉安市 Ji'an			3.80	1090
宜春市 Yichun		15.81		
抚州市 Fuzhou			0.42	1748
上饶市 Shangrao	40.82			

continued

化学原料药 (吨) Chemical Medicines (ton)	交流电动机 (万千瓦) AC Motors (10 000 kW)	金属切削机床 (台) Metal-cutting Machine Tools (unit)	汽 车 (辆) Motor Vehicles (unit)	彩色电视机 (万台) Color Television Sets (10 000 units)	照相机 (万台) Cameras (10 000 units)	水 泥 (万吨) Cement (10 000 tons)
847	52.74	2619	991	0.25	1.00	155.56
860	36.02	4012	1463	2.51	1.40	201.00
8472	81.20	4365	7060	31.40	10.55	354.19
10140	88.45	4727	9711	43.88	9.00	469.13
12750	97.48	4686	14443	48.90	16.17	566.91
15442	118.09	6055	25301	61.90	14.20	689.25
13910	136.07	7043	38678	59.16	13.15	811.63
14799	127.51	4905	45321	63.64	17.97	905.80
24318	106.33	5646	52479	52.56	21.75	1005.59
7697	78.79	4014	63166	32.16	21.78	1062.16
5487	64.31	3073	90943	17.31	17.32	1105.39
4389	46.35	2163	121987	6.50	29.34	1133.38
1631	48.51	2693	119915	31.27	18.87	1315.02
1842	61.73	3559	133562	19.80	17.84	1382.00
1182	70.52	3047	159407	30.16	28.81	1574.00
2327	93.06	3281	207453	44.86	34.87	1966.00
2457	119.82	4023	185199	64.10	41.47	2172.00
1832	160.72	5087	183962	72.62	15.49	2976.00
5801	157.81	4272	207112	89.11	6.73	3477.01
8009	205.84	5020	233893	64.22	4.38	4206.31
13133	274.75	3774	221832	39.06	1.99	4956.97
16108	301.81	1548	211942	44.62	1.93	5271.59
28306	343.99	959	284659	90.97	2.69	6153.20
42822	447.50	3103	372776	67.66	0.58	6220.54
31238	457.30	3829	343457	102.56	1.02	6782.24
41593	377.40	4812	343615	132.87	1505.22	7420.94
51597	434.16	5452	368086	46.75	374.38	9204.20
49099	380.31	5775	461529	19.57	244.50	9803.57
55570	358.83	6091	421470	23.56	337.39	9438.01
73138	331.27	6346	537361	20.05	126.76	9513.03
63936	373.06	5470	610193	30.30	130.98	8934.13
29484	485.81	4713	550421	23.21	64.50	8813.55
77132	539.45	5208	491120	22.68	74.38	9625.05
72208	622.21	3509	451284	84.24	30.66	9769.74
123204	680.24	6932	435974	5.57	31.95	10130.68
344497	534.48	6388	427442	3.89	33.68	8768.64
14434	127.13	48	358488			636.23
58947			20632			309.65
2475						440.10
4469	5.58		7185			1847.11
1655	38.13					262.34
516					33.68	50.00
188161	142.80	508	23383	3.89		1739.37
15660		3808				583.89
25848	220.84	73				1041.32
3761						262.60
28572		1 951	17754			1596.06

13-5 规模以上工业企业经济指标

指 标	Item	2000	2005	2006	2007	2010
企业单位数(个)	Number of Enterprises (unit)	3548	4403	5333	6028	7976
#亏损企业(个)	Deficit Enterprises (unit)	1250	859	888	748	378
资产总计(万元)	Total Assets (10 000 yuan)	18358562	30583375	36714081	46887884	84248635
流动资产合计(万元)	Total current Assets (10 000 yuan)	7302030	12656554	16213919	20587012	35674934
负债总计(万元)	Total Liabilities (10 000 yuan)	12538729	19322205	22388278	27793878	47004353
所有者权益(万元)	Owners' Equity (10 000 yuan)	5749725	10961595	14036300	19092849	37244282
营业收入(万元)	Business Revenue (10 000 yuan)	8970030	29091272	41737387	62411363	141966804
销售费用(万元)	Selling Expenses (10 000 yuan)	348333	860647	1091098	1296073	2511101
利润总额(万元)	Total Profits (10 000 yuan)	125262	1124119	1941917	3077476	8568128
全部从业人员年平均人数(人)	Annual Average Employee (person)	1088214	1121126	1257972	1407253	1971755
资本保值增值率(%)	Changing Rate of Net Assets (%)	108.93	119.55	128.05	136.02	125.74
资产负债率(%)	Assets-Liability Ratio (%)	68.30	63.18	60.98	59.28	55.79
流动资产周转率(次)	Ratio of Turnover Working Capitals (time)	1.27	2.36	2.79	3.36	4.51
成本费用利润率(%)	Ratio of Profits to Cost (%)	1.44	4.14	5.04	5.40	6.69
全员劳动生产率(元／人)	Overall Labor Productivity (yuan/person)	24794	78698	102394	129489	206437
产品销售率(%)	Sales Ratio of Products (%)	97.27	98.48	98.46	98.58	98.98

Economic Indicators of Industrial Enterprises above Designated Size

2011	2012	2013	2014	2015	2016	2017	2018	2019	2020	2021	2022
6251	6773	7601	8271	9226	10106	11734	11630	12727	13710	15142	16362
294	403	429	448	632	563	841	1087	1151	1223	1209	1578
99640588	114741203	136401179	155356630	189715620	214326626	229092933	240854766	262008008	283921393	303579330	339339704
46148463	54079089	62332378	69060974	79390445	89690889	105346324	113914249	130289033	142666763	154728853	179386569
55512183	64032206	74021408	80419911	94007411	103660746	114721288	124542579	137718963	152415402	162345963	187305156
44128405	50708997	62379770	74936719	95708209	110665880	114371646	116312187	124289045	131505991	141233366	152034548
184668214	222676403	267002175	305971151	324594081	355186535	355851135	320773676	345906480	379091711	439767304	482954607
2738042	3436269	4211075	5057432	5513344	6040173	6889145	6604230	7097696	7334101	7418252	7135542
11138553	12851090	17566628	20439279	21279702	23994185	24756903	21578377	21588255	24381473	31224143	34561483
1922534	2090307	2201132	2448000	2563214	2675341	2634854	2338032	2337990	2301362	2244724	2248029
123.17	113.25	119.40	118.66	121.67	114.42	108.04	116.15	107.45	105.81	108.35	107.65
55.71	55.81	54.27	51.76	49.55	48.37	50.08	51.71	52.56	53.68	53.48	55.20
4.53	4.45	4.60	4.77	4.44	4.28	3.81	2.82	2.65	2.66	3.10	2.94
6.65	6.33	7.19	7.23	7.07	7.31	7.54	7.27	6.70	6.93	7.69	7.75
231445	247387	278594	292275	298393	291684	303326	298341	330552	349036	420171	474098
98.94	99.25	99.07	98.86	99.00	98.80	99.36	99.19	99.40	98.96	99.10	98.00

13-6 规模以上工业企业主要经济指标(2022年)

单位：万元

项　目	Item	企业单位数（个） Number of Enterprises (unit)	#亏损企业 Deficit Enterprises
总　计	**Total**	**16362**	**1578**
按登记注册类型及隶属关系分	**By Registration Status and Jurisdiction of Management**		
国有企业	State-owned Enterprises	109	20
中央企业	Central Enterprises	19	2
地方企业	Local Enterprises	90	18
集体企业	Collective-owned Enterprises	18	2
股份合作企业	Cooperative Enterprises	40	1
有限责任公司	Limited Liability Corporations	2496	383
股份有限公司	Share-holding Corporations Limited	213	29
私营企业	Private Enterprises	12744	1012
港、澳、台商投资企业	Enterprises with Funds from Hong Kong,Macao and Taiwan	421	72
外商投资企业	Foreign Funded Enterprises	311	59
其他经济类型	Other Economic Types	7	
#国有控股企业	State-holding Enterprises	732	131
按轻、重工业分	**Grouped by Light & Heavy Industries**		
轻工业	Light Industry	6660	509
重工业	Heavy Industry	9702	1069
按企业规模分	**Grouped by Size of Enterprises**		
大型企业	Large Enterprises	202	27
中型企业	Medium-sized Enterprises	1167	140
小型企业	Small Enterprises	13026	1196
微型企业	Miniature Enterprises	1967	215
按工业行业分	**Grouped by Sector**		
煤炭开采和洗选业	Mining and Washing of Coal	24	1
黑色金属矿采选业	Mining and Processing of Ferrous Metal Ores	33	5
有色金属矿采选业	Mining and Processing of Non-Ferrous Metal Ores	110	17
非金属矿采选业	Mining and Processing of Non-metal Ores	345	27
农副食品加工业	Processing of Food from Agricultural Products	663	61
食品制造业	Manufacture of Foods	279	21
酒、饮料和精制茶制造业	Manufacture of Liquor, Beverages & Refined Tea	146	7
烟草制品业	Manufacture of Tobacco	2	1
纺织业	Manufacture of Textile	633	65
纺织服装、服饰业	Manufacture of Textile,Wearing Apparel and Accessories	892	45
皮革、毛皮、羽毛及其制品和制鞋业	Manufacture of Leather, Fur, Feather and Related Products, and Footwear	352	22
木材加工和木、竹、藤、棕、草制品业	Processing of Timber, Manufacture of Wood, Bamboo, Rattan, Palm and Straw Products	480	34
家具制造业	Manufacture of Furniture	742	13

Main Economic Indicators of Industrial Enterprises above Designated Size (2022)

(10 000 yuan)

营业收入 Business Revenue	营业成本 Business Cost	销售费用 Selling Expenses	资产总计 Total Assets	流动资产合计 Total Current Assets	#产成品 Finished Goods	负债合计 Total Liabilities	所有者权益合计 Total Owners' Equities
482954607	**418483727**	**7135542**	**339339704**	**179386569**	**14675957**	**187305156**	**152034548**
14147504	12660389	86651	14406871	4887206	236874	6060823	8346048
1649902	1479542	2285	1998182	480251	32279	1333360	664822
12497603	11180848	84366	12408689	4406955	204596	4727463	7681226
196054	165214	1543	78325	50182	6350	38195	40130
861578	757387	11819	276860	118474	13124	109494	167366
119086262	104130194	1218481	104337857	52050684	3946860	65652918	38684939
39601095	33708814	466548	42016002	21423599	861467	20571227	21444775
261589212	226160972	4489060	135013565	77291127	7943507	71024045	63989520
23689268	20205193	467172	21435893	11411989	712931	12090294	9345599
23726103	20644917	392857	21729144	12140036	952363	11733529	9995615
38568	34657	1334	10668	6922	890	8449	2219
81133297	71278243	700702	84802247	34503376	1713742	47384737	37417510
107922011	87522562	2809971	82897544	46280196	4605235	40860966	42036578
375032597	330961165	4325571	256442159	133106373	10070723	146444189	109997970
119012050	102855588	1237703	110128952	53400414	3041004	59216589	50912363
103530922	88131693	1645094	82536845	46333699	3603729	45160715	37376130
244067364	212668399	4053426	134896950	73954774	7698738	75264930	59632020
16344272	14828047	199318	11776957	5697682	332487	7662922	4114035
408009	340050	7115	531356	313696	7527	331629	199727
414743	353556	4399	497815	113285	8338	346476	151339
3856415	2982675	22004	3148811	1568708	163553	1514375	1634436
3985800	3057743	124947	5907731	2245504	100361	3171367	2736364
15423902	13758519	252944	12866269	7407199	687946	7089733	5776537
3986728	3243441	146300	2985635	1589663	182119	1212109	1773526
2363988	1686008	151955	2669077	1238312	171181	1472281	1196796
2554696	652332	28910	1631351	1141146	29917	180869	1450483
7616033	6644063	158755	4167197	2018582	338486	2177630	1989566
7805596	6796404	134221	3305992	1781838	184994	1607799	1698193
5385182	4480959	103635	2655796	1515866	116743	1248656	1407140
3726116	3241780	74887	1857437	1061806	120931	867104	990333
5325096	4457029	126088	3088457	1937305	236280	1625705	1462752

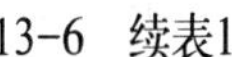
13-6 续表1

单位：万元

项 目	Item	企业单位数(个) Number of Enterprises (unit)	#亏损企业 Deficit Enterprises
造纸和纸制品业	Manufacture of Paper and Paper Products	196	21
印刷和记录媒介复制业	Printing and Reproduction of Recording Media	215	20
文教、工美、体育和娱乐用品制造业	Manufacture of Articles for Culture, Education, Arts and Crafts, Sports and Entertainment Activities	436	24
石油、煤炭及其他燃料加工业	Processing of Petroleum, Coal, and Other Fuels	114	3
化学原料和化学制品制造业	Manufacture of Raw Chemical Materials and Chemical Products	1107	108
医药制造业	Manufacture of Medicines	524	59
化学纤维制造业	Manufacture of Chemical Fibers	36	3
橡胶和塑料制品业	Manufacture of Rubber & Products	538	50
非金属矿物制品业	Manufacture of Non-metallic Mineral Products	2116	199
黑色金属冶炼和压延加工业	Smelting and Pressing of Ferrous Metals	130	22
有色金属冶炼和压延加工业	Smelting and Pressing of Non-ferrous Metals	666	64
金属制品业	Manufacture of Metal Products	713	51
通用设备制造业	Manufacture of General Purpose Machinery	517	56
专用设备制造业	Manufacture of Special Purpose Machinery	512	45
汽车制造业	Manufacture of Automobiles	395	73
铁路、船舶、航空航天和其他运输设备制造业	Manufacture of Railway,Ship, Aerospace, and Other Transport Equipments	81	9
电气机械和器材制造业	Manufacture of Electrical Machinery and Apparatus	960	107
计算机、通信和其他电子设备制造业	Manufacture of Computers communication and other Electronic Equipment	1387	235
仪器仪表制造业	Manufacture of Measuring Instruments and Machinery	137	15
其他制造业	Other Manufacture	82	10
废弃资源综合利用业	Utilization of Waste Resources	318	35
金属制品、机械和设备修理业	Repair Service Products, Machinery & Equipment	6	1
电力、热力生产和供应业	Production and Supply of Electric Power and Heat Power	269	26
燃气生产和供应业	Production and Supply of Gas	89	11
水的生产和供应业	Production and Supply of Water	117	12
按地区分	**By Region**		
南 昌 市	Nanchang	1921	303
景德镇市	Jingdezhen	554	40
萍 乡 市	Pingxiang	706	55
九 江 市	Jiujiang	2065	126
新 余 市	Xinyu	594	92
鹰 潭 市	Yingtan	459	52
赣 州 市	Ganzhou	2680	342
吉 安 市	Ji'an	1824	100
宜 春 市	Yichun	2166	137
抚 州 市	Fuzhou	1199	142
上 饶 市	Shangrao	2194	189

continued

(10 000 yuan)

营业收入 Business Revenue	营业成本 Business Cost	销售费用 Selling Expenses	资产总计 Total Assets	流动资产合计 Total Current Assets	#产成品 Finished Goods	负 债 合 计 Total Liabilities	所有者权益合 计 Total Owners' Equities
5108999	4419095	57003	3857562	1685820	171735	2363730	1493832
2574405	2153625	57504	1567293	829370	72192	629858	937435
6059441	5053831	95641	3249224	1860177	226507	1586901	1662323
8388020	7038437	29012	3720707	1866919	104618	2501777	1218930
24644886	20501379	550901	16060572	7872416	838415	7625717	8434855
11982852	8938370	800027	12229846	7104503	628875	5080082	7149764
1800426	1608035	44589	1425683	714939	96771	1063730	361953
7744945	6618144	147512	4704507	2685255	256397	2237258	2467249
31712365	26333543	772153	25910161	14100901	1502068	12800817	13109344
18360552	17338976	46273	13031591	6706884	274857	7090177	5941414
78104324	71380272	480402	29762551	18054057	2084274	15518868	14243683
12788827	10841600	278902	6823212	3800245	439368	3109039	3714173
9155897	7705143	168810	5986229	3651553	359018	3305790	2680438
10053603	8240125	278925	8006372	4500554	473890	3777903	4228470
12556295	11015134	304962	13371430	7884022	433239	9680248	3691182
1021384	830503	14804	1434116	617202	42623	1043009	391108
55806529	48209145	572395	41008066	24724615	1502552	24173224	16834842
72409861	62811126	774408	53095914	31713462	2187321	30024530	23071384
1680400	1315119	66337	1784262	1114929	83406	649466	1134796
600883	498606	14851	416824	212200	19038	197247	219578
22953354	21695727	102517	5669577	4009091	469215	3991096	1678482
120997	106635	1368	80167	56349	5167	56541	23626
19326503	17885734	20251	32659685	7267299	7537	21074369	11585316
3697666	3261454	69091	2210917	681690	28680	1298710	912208
1448894	989415	50747	5960310	1739207	19822	3579338	2380972
78726551	69290619	1133381	69126734	35181327	2067797	39868059	29258675
13589075	11856633	216376	11379178	6122185	510243	6517466	4861712
11055026.7	9513457	248172.4	9928762.6	5118071.1	443575	5163550	4765213
78470788	65924823	1351897	43883247	18363628	1797686	21764081	22119166
20571157	17227405	158332	19020962	10147525	785234	9756209	9264754
41632409	39009292	167977	18591715	8970334	887010	9021141	9570574
53891832	47253129	858863	44295102	25819693	2464337	25565507	18729595
48011223	39852439	1123919	30567963	14060944	1237421	15719367	14848596
50946375	42298505	747966	35986782	21830283	2170303	18643932	17342850
25413174	21990900	530283	17996225	9617182	776222	10406053	7590172
60646997	54266527	598375	38563034	24155398	1536130	24879792	13683242

13-6 续表2

项 目	Item	利润总额(万元) Total Profits (10 000 yuan)	#盈利企业的利润额 Profits of Profit-making Enterprises
总 计	**Total**	**34561483**	**36914245**
按登记注册类型及隶属关系分	**By Registration Status and Jurisdiction of Management**		
国有企业	State-owned Enterprises	1044335	1074621
中央企业	Central Enterprises	94468	112085
地方企业	Local Enterprises	949867	962536
集体企业	Collective-owned Enterprises	12431	12757
股份合作企业	Cooperative Enterprises	68697	71302
有限责任公司	Limited Liability Corporations	7137727	8100080
股份有限公司	Share-holding Corporations Limited	2564766	3071182
私营企业	Private Enterprises	20138406	20723770
港、澳、台商投资企业	Enterprises with Funds from Hong Kong,Macao and Taiwan	2036717	2127437
外商投资企业	Foreign Funded Enterprises	1554708	1729400
其他经济类型	Other economic types	2474	2474
#国有控股企业	State-holding Enterprises	3435069	4171478
按轻、重工业分	**Grouped by Light & Heavy Industries**		
轻工业	Light Industry	10118002	10971572
重工业	Heavy Industry	24443482	25942672
按企业规模分	**Grouped by Size of Enterprises**		
大型企业	Large Enterprises	7342851	8369128
中型企业	Medium-sized Enterprises	9193947	9877462
小型企业	Small Enterprises	17086070	17688342
微型企业	Miniature Enterprises	938615	979313
按工业行业分	**Grouped by Sector**		
煤炭开采和洗选业	Mining and Washing of Coal	22886	25962
黑色金属矿采选业	Mining and Processing of Ferrous Metal Ores	16383	17940
有色金属矿采选业	Mining and Processing of Non-Ferrous Metal Ores	633088	650369
非金属矿采选业	Mining and Processing of Non-metal Ores	478493	492329
农副食品加工业	Processing of Food from Agricultural Products	624539	1136686
食品制造业	Manufacture of Foods	336064	346087
酒、饮料和精制茶制造业	Manufacture of Liquor, Beverages & Refined Tea	356073	357155
烟草制品业	Manufacture of Tobacco	212427	215487
纺织业	Manufacture of Textile	436699	465493
纺织服装、服饰业	Manufacture of Textile,Wearing Apparel and Accessories	542159	555979
皮革、毛皮、羽毛及其制品和制鞋业	Manufacture of Leather, Fur, Feather and Related Products and Footwear	546822	552632
木材加工和木、竹、藤、棕、草制品业	Processing of Timber, Manufacture of Wood, Bamboo, Rattan, Palm and Straw Products	272308	279381
家具制造业	Manufacture of Furniture	458190	461806

continued

#亏损企业的亏损额 Losses of Deficit Enterprises	企业亏损面 (%) Ratio to Deficit Enterprises (%)	资产负债率 (%) Assets-Liability Ratio (%)	产品销售率 (%) Sales Ratio of Products (%)	全部从业人员年平均人数 (人) Annual Average Employed persons (person)	人均实现利润 (元) Profits Per Capita (yuan)
2352761	**9.6**	**55.2**	**98.0**	**2248029**	**153741**
30286	18.3	42.1	98.9	31769	328728
17617	10.5	66.7	100.4	4817	196114
12669	20.0	38.1	98.7	26952	352429
325	11.1	48.8	98.4	1959	63457
2605	2.5	39.5	99.2	4540	151315
962353	15.3	62.9	98.2	514373	138766
506415	13.6	49.0	97.9	101122	253631
585364	7.9	52.6	97.7	1322227	152307
90720	17.1	56.4	99.2	156394	130230
174692	19.0	54.0	99.0	115052	135131
		79.2	98.2	314	78777
736409	17.9	55.9	99.0	244464	140514
853570	7.6	49.3	97.9	814597	124209
1499191	11.0	57.1	98.1	1433432	170524
1026276	13.4	53.8	98.1	496851	147788
683515	12.0	54.7	97.4	563923	163036
602272	9.2	55.8	98.1	1152165	148295
40698	10.9	65.1	99.4	35090	267488
3076	4.2	62.4	97.8	8661	26424
1556	15.2	69.6	98.3	3138	52210
17281	15.5	48.1	98.0	19703	321315
13836	7.8	53.7	97.4	22765	210188
512147	9.2	55.1	98.8	58535	106695
10023	7.5	40.6	97.4	35555	94519
1082	4.8	55.2	97.0	19217	185291
3060	50.0	11.1	100.5	4679	454002
28794	10.3	52.3	98.1	59677	73177
13820	5.0	48.6	99.4	124463	43560
5810	6.3	47.0	98.8	81724	66911
7072	7.1	46.7	97.4	27357	99539
3616	1.8	52.6	95.5	52448	87361

13-6 续表3

项　目	Item	利润总额（万元）Total Profits (10 000 yuan)	#盈利企业的利润额 Profits of Profit-making Enterprises
造纸和纸制品业	Manufacture of Paper and Paper Products	411689	448903
印刷和记录媒介复制业	Printing and Reproduction of Recording Media	211152	215625
文教、工美、体育和娱乐用品制造业	Manufacture of Articles for Culture, Education, Arts and Crafts Sports and Entertainment Activities	631976	636880
石油、煤炭及其他燃料加工业	Processing of Petroleum, Coal, and Other Fuels	276073	283095
化学原料和化学制品制造业	Manufacture of Raw Chemical Materials and Chemical Products	2294557	2361163
医药制造业	Manufacture of Medicines	1364114	1407970
化学纤维制造业	Manufacture of Chemical Fibers	18336	46639
橡胶和塑料制品业	Manufacture of Rubber & Products	654033	676181
非金属矿物制品业	Manufacture of Non-metallic Mineral Products	2920627	3014188
黑色金属冶炼和压延加工业	Smelting and Pressing of Ferrous Metals	578078	588689
有色金属冶炼和压延加工业	Smelting and Pressing of Non-ferrous Metals	4445341	4520366
金属制品业	Manufacture of Metal Products	971809	987313
通用设备制造业	Manufacture of General Purpose Machinery	766841	792732
专用设备制造业	Manufacture of Special Purpose Machinery	920899	959285
汽车制造业	Manufacture of Automobiles	373586	685752
铁路、船舶、航空航天和其他运输设备制造业	Manufacture of Railway,Ship, Aerospace, and Other Transport Equipments	83301	85896
电气机械和器材制造业	Manufacture of Electrical Machinery and Apparatus	4916416	5065915
计算机、通信和其他电子设备制造业	Manufacture of Computers communication and other Electronic Equipment	5363484	5846932
仪器仪表制造业	Manufacture of Measuring Instruments and Machinery	190509	194925
其他制造业	Other Manufacture	49436	51626
废弃资源综合利用业	Utilization of Waste Resources	936539	961391
金属制品、机械和设备修理业	Repair Service Products, Machinery & Equipment	4209	4212
电力、热力生产和供应业	Production and Supply of Electric Power and Heat Power	636893	893817
燃气生产和供应业	Production and Supply of Gas	251388	257696
水的生产和供应业	Production and Supply of Water	354068	369751
按地区分	**By Region**		
南 昌 市	Nanchang	3440030	4590235
景德镇市	Jingdezhen	699300	818382
萍 乡 市	Pingxiang	686886	732654
九 江 市	Jiujiang	7044025	7181145
新 余 市	Xinyu	2273129	2371648
鹰 潭 市	Yingtan	1594376	1695518
赣 州 市	Ganzhou	3321779	3568812
吉 安 市	Ji'an	4514562	4643859
宜 春 市	Yichun	5551883	5661931
抚 州 市	Fuzhou	1762844	1848095
上 饶 市	Shangrao	3672670	3801965

continued

#亏损企业的亏损额 Losses of Deficit Enterprises	企业亏损面 (%) Ratio to Deficit Enterprises (%)	资产负债率 (%) Assets-Liability Ratio (%)	产品销售率 (%) Sales Ratio of Products (%)	全部从业人员年平均人数 (人) Annual Average Employees persons (person)	人均实现利润 (元) Profits Per Capita (yuan)
37214	10.7	61.3	97.8	23830	172761
4472	9.3	40.2	98.2	21763	97024
4904	5.5	48.8	99.0	56950	110970
7022	2.6	67.2	98.7	9021	306034
66606	9.8	47.5	98.3	122487	187331
43857	11.3	41.5	96.0	71979	189515
28303	8.3	74.6	99.5	6419	28566
22148	9.3	47.6	97.0	48401	135128
93560	9.4	49.4	97.6	205671	142005
10612	16.9	54.4	96.8	41094	140672
75025	9.6	52.1	97.6	107376	413998
15504	7.2	45.6	97.6	67270	144464
25891	10.8	55.2	98.4	60703	126327
38386	8.8	47.2	97.7	71850	128170
312166	18.5	72.4	99.4	83891	44532
2595	11.1	72.7	97.2	7824	106469
149499	11.1	58.9	98.4	169744	289637
483448	16.9	56.5	97.8	420452	127565
4416	10.9	36.4	98.8	15043	126643
2190	12.2	47.3	99.5	6253	79060
24852	11.0	70.4	98.4	26519	353158
3	16.7	70.5	98.6	2907	14479
256924	9.7	64.5	100.0	56593	112539
6308	12.4	58.7	97.9	8214	306049
15683	10.3	60.1	98.7	17853	198324
1150205	15.8	57.7	98.1	365526	94112
119082	7.2	57.3	93.5	65631	106550
45768	7.8	52.0	96.1	99008	69377
137120	6.1	49.6	99.1	277826	253541
98519	15.5	51.3	98.9	73276	310215
101142	11.3	48.5	99.3	56894	280236
247033	12.8	57.7	98.1	354467	93712
129297	5.5	51.4	97.7	299220	150878
110049	6.3	51.8	96.5	304576	182282
85251	11.8	57.8	96.3	140071	125854
129296	8.6	64.5	99.0	211534	173621

13-7 规模以上国有控股工业企业经济指标

指 标	Item	2000	2005	2006	2007	2008
企业单位数(个)	Number of Enterprises (unit)	2506	804	706	563	558
#亏损企业(个)	Deficit Enterprises (unit)	1053	275	211	132	167
资产总计(万元)	Total Assets (10 000 yuan)	16329797	19449500	22034893	25536051	27779963
流动资产合计(万元)	Total current Assets (10 000 yuan)	6429562	7746481	9484535	10740181	11648204
负债合计(万元)	Total Liabilities (10 000 yuan)	11278672	13494055	14642855	16628458	17686025
所有者权益(万元)	Owners' Equity (10 000 yuan)	4981017	5655984	7106514	8907593	10093937
营业收入(万元)	Business Revenue (10 000 yuan)	7221113	15262090	19498190	24560686	27229935
销售费用(万元)	Selling Expenses (10 000 yuan)	221515	340005	395913	456021	481064
利润总额(万元)	Total Profits (10 000 yuan)	84322	571611	1066988	1267392	376295
全部从业人员年平均人数(人)	Annual Average Employees (person)	889644	470614	461026	423776	407662
资本保值增值率(%)	Changing Rate of Net Assets (%)	106.21	100.54	97.20	125.34	114.57
资产负债率(%)	Assets-Liability Ratio (%)	69.07	69.38	66.45	65.12	63.66
流动资产周转率(次)	Ratio of Turnover Working Capitals (time)	1.15	2.01	2.24	2.51	2.32
成本费用利润率(%)	Ratio of Profits to Cost (%)	1.20	4.00	5.98	5.60	1.43
全员劳动生产率(元／人)	Overall Labor Productivity (yuan/person)	24146	88551	115532	147089	186782
产品销售率(%)	Sales Ratio of Products (%)	97.67	99.49	99.10	98.69	99.24

Economic Indicators of State-holding Industrial Enterprises above Designated Size

2011	2012	2013	2014	2015	2016	2017	2018	2019	2020	2021	2022
416	448	475	466	486	421	455	464	499	526	643	732
74	77	86	80	101	87	78	90	74	79	104	131
42925158	46411368	51624131	51602447	57037997	59738603	66328592	70845510	77287432	81194578	76583064	84802247
21066012	22800469	25208417	24000489	25757038	26049692	30595932	33389432	37777853	36139063	30984724	34503376
27614627	30047050	33301256	32519237	35403893	36367168	40246779	43481787	46517330	48406402	42809241	47384737
15310531	16364318	18322875	19083210	21634104	23371435	26081813	27363723	30770102	32788175	33773823	37417510
47141803	53286792	59896645	61989296	60080696	61202948	68492547	74620742	77572342	83208407	70522613	81133297
690800	740713	774010	920967	878485	991333	1164790	1032282	1063276	1041003	714451	700702
1898016	1731126	2290144	2406749	2123168	2068162	2783185	3307917	2726672	3001854	3456381	3435069
388639	379236	366618	360816	352047	344294	319609	317679	308113	295776	249619	244464
108.81	106.93	111.59	108.16	112.56	108.81	110.73	108.13	111.49	106.56	106.96	110.79
64.33	64.74	64.51	63.02	62.07	60.88	60.68	61.40	60.19	59.62	55.90	55.88
2.48	2.43	2.48	2.62	2.43	5.89	2.45	2.23	2.05	2.30	2.48	2.57
4.29	3.44	4.09	4.14	3.76	3.62	4.34	4.78	3.76	3.88	5.34	4.56
267481	277280	312980	317575	317016	316550	393133	430459	459779	483425	680477	792378
98.61	99.18	98.35	98.39	99.49	99.20	99.54	99.54	98.43	98.97	99.60	99.00

13-8 规模以上国有控股工业企业主要经济指标(2022年)

单位：万元

项 目	Item	企业单位数(个) Number of Enterprises (unit)	#亏损企业(个) Deficit Enterprises(unit)
总 计	**Total**	**732**	**131**
按登记注册类型及隶属关系分	**By Registration Status and Jurisdiction of Management**		
国有企业	State-owned Enterprises	108	20
中央企业	Central Enterprises	19	2
地方企业	Local Enterprises	89	18
有限责任公司	Limited Liability Corporations	555	102
股份有限公司	Share-holding Corporations Limited	44	3
港、澳、台商投资企业	Enterprises with Funds from Hong Kong, Macao and Taiwan	10	3
外商投资企业	Foreign Funded Enterprises	9	2
按轻、重工业分	**Grouped by Light & Heavy Industries**		
轻工业	Light Industry	91	20
重工业	Heavy Industry	641	111
按企业规模分	**Grouped by Size of Enterprises**		
大型企业	Large Enterprises	34	5
中型企业	Medium-sized Enterprises	117	27
小型企业	Small Enterprises	485	83
微型企业	Miniature Enterprises	96	16
按工业行业分	**Grouped by Sector**		
煤炭开采和洗选业	Mining and Washing of Coal	11	1
黑色金属矿采选业	Mining and Processing of Ferrous Metal Ores	4	1
有色金属矿采选业	Mining and Processing of Non-Ferrous Metal Ores	21	6
非金属矿采选业	Mining and Processing of Nonmetal Ores	33	5
农副食品加工业	Processing of Food from Agricultural Products	15	2
食品制造业	Manufacture of Foods	6	
酒、饮料和精制茶制造业	Manufacture of Liquor, Beverages & Refined Tea	7	2
烟草制品业	Manufacture of Tobacco	2	1
纺织业	Manufacture of Textile	2	1
纺织服装、服饰业	Manufacture of Textile, Wearing Apparel and Accessories	11	5
皮革、毛皮、羽毛及其制品和制鞋业	Manufacture of Leather, Fur, Feather and Related Products, and Footwear	1	
木材加工和木、竹、藤、棕、草制品业	Processing of Timber, Manufacture of Wood, Bamboo, Rattan, Palm and Straw Products	2	

Main Economic Indicators of State-holding Industrial Enterprises above Designated Size (2022)

(10 000 yuan)

营业收入 Business Revenue	营业成本 Business Cost	销售费用 Selling Expenses	资产总计 Total Assets	流动资产合计 Total Current Assets	#产成品 Finished Goods
81133297	**71278243**	**700702**	**84802247**	**34503376**	**1713742**
14138054	12656716	86651	14368419	4878837	236874
1649902	1479542	2285	1998182	480251	32279
12488153	11177174	84366	12370237	4398586	204596
43615414	38143875	278390	50708598	19927657	968597
20658829	18041211	282726	17703494	8894380	449452
803700	742807	9108	603535	258662	13647
1729274	1507926	43441	1253333	410445	41247
5072335	2482743	170702	6080244	3868567	117788
76060962	68795500	530000	78722002	30634808	1595955
48886873	42602282	365753	45471419	17102377	760720
13014980	11689546	162513	14974199	7365186	390785
18051806	16069874	166514	21234592	9093361	545919
1179637	916540	5923	3122037	942452	16318
297084	244187	2577	483314	292869	4486
60208	46088	282	200065	42094	2121
945922	565500	6444	1527342	479789	64262
705693	485931	15210	3216430	1016500	12803
188547	168115	3347	504688	461281	2707
88117	62696	3585	101782	46778	4204
180252	114062	27662	283736	104374	6776
2554696	652332	28910	1631351	1141146	29917
12524	9880	402	15417	12521	580
129480	98533	616	239876	176091	1972
8086	5232		12844	10365	
28282	26637	165	15414	8464	582

13-8 续表1

单位：万元

项　目	Item	企业单位数(个) Number of Enterprises (unit)	#亏损企业(个) Deficit Enterprises(unit)
家具制造业	Manufacture of Furniture	5	
造纸和纸制品业	Manufacture of Paper and Paper Products	2	
印刷和记录媒介复制业	Printing and Reproduction of Recording Media	10	2
文教、工美、体育和娱乐用品制造业	Manufacture of Articles for Culture, Education, Arts and Crafts Sports and Entertainment Activities	2	
石油、煤炭及其他燃料加工业	Processing of Petroleum, Coal, and Other Fuels	6	
化学原料和化学制品制造业	Manufacture of Raw Chemical Materials and Chemical Products	25	4
医药制造业	Manufacture of Medicines	12	2
橡胶和塑料制品业	Manufacture of Rubber & Plastics Products	4	
非金属矿物制品业	Manufacture of Non-metallic Mineral Products	136	26
黑色金属冶炼和压延加工业	Smelting and Pressing of Ferrous Metals	9	3
有色金属冶炼和压延加工业	Smelting and Pressing of Non-ferrous Metals	39	8
金属制品业	Manufacture of Metal Products	14	3
通用设备制造业	Manufacture of General Purpose Machinery	12	2
专用设备制造业	Manufacture of Special Purpose Machinery	13	3
汽车制造业	Manufacture of Automobiles	36	9
铁路、船舶、航空航天和其他运输设备制造业	Manufacture of Railway，Ship, Aerospace, and Other Transport Equipments	7	1
电气机械和器材制造业	Manufacture of Electrical Machinery and Apparatus	14	5
计算机、通信和其他电子设备制造业	Manufacture of Computers communication and other Electronic Equipment	25	10
仪器仪表制造业	Manufacture of Measuring Instruments and Machinery	5	1
其他制造业	Other Manufacture	1	
废弃资源综合利用业	Utilization of Waste Resources	16	2
金属制品、机械和设备修理业	Repair Service Products, Machinery & Equipment	1	
电力、热力生产和供应业	Production and Supply of Electric Power and Heat Power	123	15
燃气生产和供应业	Production and Supply of Gas	35	4
水的生产和供应业	Production and Supply of Water	65	7
按地区分	**By Region**		
南 昌 市	Nanchang	149	39
景德镇市	Jingdezhen	45	6
萍 乡 市	Pingxiang	22	5
九 江 市	Jiujiang	78	6
新 余 市	Xinyu	39	9
鹰 潭 市	Yingtan	22	3
赣 州 市	Ganzhou	140	29
吉 安 市	Ji'an	58	9
宜 春 市	Yichun	62	7
抚 州 市	Fuzhou	37	5
上 饶 市	Shangrao	80	13

continued

(10 000 yuan)

营业收入 Business Revenue	营业成本 Business Cost	销售费用 Selling Expenses	资产总计 Total Assets	流动资产合计 Total Current Assets	#产成品 Finished Goods
307035	251957	958	325010	166439	3839
35194	28806	70	43841	18609	828
270566	209536	1766	460464	291769	10539
298142	260505	763	29778	22427	15
7210734	6032444	14561	3177425	1596246	67853
964631	770481	30534	895775	587608	33590
514948	252616	88594	1833293	1219649	24419
49341	40555	1324	65920	38573	5595
3707490	3045924	73477	4892797	2617925	111627
7524156	7166565	13759	5097953	2497713	145493
19663909	18155919	45326	11774101	5293170	522444
765226	708104	6191	721184	509334	30516
797981	637785	8149	780909	462220	32772
667504	588126	10256	901522	493815	48094
5089553	4534772	169995	5874836	3586242	189907
119169	97557	2766	155838	95221	5096
1040369	986294	10165	583550	464158	26504
5385434	4930645	49247	7280126	4409252	246572
133371	107423	5691	419185	317696	23558
72453	59490		87210	28492	
1873447	1803262	11375	557960	363626	25610
54701	50558	174	26020	7424	825
16750069	15868966	1578	24731866	3958723	2486
1926532	1743047	30312	1171771	319404	13820
712454	467716	34473	4681654	1345369	11333
26576936	22651527	344600	29551267	9871976	423305
3360283	3137598	32708	5210081	3098272	107969
805820	740421	6834	1084123	305142	18362
10552368	8781913	46884	6590753	1920691	113222
8402762	7950693	24383	6479764	2920507	170667
12618740	11644953	46749	9889333	3698419	226012
6732335	6007948	48752	8869894	3934116	301276
3924567	3476922	57829	5883175	3762061	182089
2543804	1991652	24227	3967394	1602504	69369
1071752	890795	43470	2809403	1136991	20620
4543930	4003821	24266	4467060	2252697	80850

13-8 续表2

项 目	Item	负债合计 Total Liabilities	所有者权益合计 Total Owners' Equities
总 计	**Total**	**47384737**	**37417510**
按登记注册类型及隶属关系分	**By Registration Status and Jurisdiction of Management**		
国有企业	State-owned Enterprises	6040448	8327970
中央企业	Central Enterprises	1333360	664822
地方企业	Local Enterprises	4707088	7663149
有限责任公司	Limited Liability Corporations	32254904	18453694
股份有限公司	Share-holding Corporations Limited	7897413	9806081
港、澳、台商投资企业	Enterprises with Funds from Hong Kong, Macao and Taiwan	329468	274067
外商投资企业	Foreign Funded Enterprises	814868	438465
按轻、重工业分	**Grouped by Light & Heavy Industries**		
轻工业	Light Industry	1958840	4121405
重工业	Heavy Industry	45425897	33296105
按企业规模分	**Grouped by Size of Enterprises**		
大型企业	Large Enterprises	24193854	21277565
中型企业	Medium-sized Enterprises	8074847	6899352
小型企业	Small Enterprises	13108469	8126123
微型企业	Miniature Enterprises	2007566	1114471
按工业行业分	**Grouped by Sector**		
煤炭开采和洗选业	Mining and Washing of Coal	313962	169352
黑色金属矿采选业	Mining and Processing of Ferrous Metal Ores	147874	52191
有色金属矿采选业	Mining and Processing of Non-Ferrous Metal Ores	622717	904625
非金属矿采选业	Mining and Processing of Non-metal Ores	1725971	1490459
农副食品加工业	Processing of Food from Agricultural Products	388286	116402
食品制造业	Manufacture of Foods	47878	53904
酒、饮料和精制茶制造业	Manufacture of Liquor, Beverages & Refined Tea	123120	160616
烟草制品业	Manufacture of Tobacco	180869	1450483
纺织业	Manufacture of Textile	2918	12499
纺织服装、服饰业	Manufacture of Textile,Wearing Apparel and Accessories	100049	139828
皮革、毛皮、羽毛及其制品和制鞋业	Manufacture of Leather, Fur, Feather and Related Products, and Footwear	6183	6661
木材加工和木、竹、藤、棕、草制品业	Processing of Timber, Manufacture of Wood, Bamboo, Rattan, Palm and Straw Products	4249	11165

continued

利润总额 Total Profits	#盈利企业的利润额 Profits of Profit-making Enterprises	#亏损企业的亏损额 Losses of Deficit Enterprises	企业亏损面 (%) Ratio to Deficit Enterprises (%)	资产负债率 (%) Assets-Liability Ratio (%)	产品销售率 (%) Sales Ratio of Products (%)	全部从业人员年平均人数 (人) Annual Average Employed Persons (person)	人均实现利润 (元) Profits Per Capita (yuan)
3435069	**4171478**	**736409**	**17.9**	**55.9**	**98.0**	**244464**	**140514**
1040279	1070565	30286	18.5	42.0	98.9	31725	327905
94468	112085	17617	10.5	66.7	100.4	4817	196114
945811	958481	12669	20.2	38.1	98.7	26908	351498
1649327	2316661	667333	18.4	63.6	98.2	158885	103806
663947	664694	747	6.8	44.6	97.9	45456	146064
19380	33702	14322	30.0	54.6	99.2	2532	76540
61286	84245	22959	22.2	65.0	99.0	5425	112969
568781	590594	21813	22.0	32.2	97.9	30834	184465
2866288	3580884	714596	17.3	57.7	98.1	213630	134171
1757967	1911671	153704	14.7	53.2	98.1	128046	137292
468146	872238	404093	23.1	53.9	97.4	63106	74184
1017784	1186003	168219	17.1	61.7	98.1	51175	198883
191172	201565	10393	16.7	64.3	99.4	2137	894580
17279	20356	3076	9.1	65.0	97.8	7894	21889
2785	4150	1365	25.0	73.9	98.3	751	37084
219783	235241	15458	28.6	40.8	98.0	9987	220069
125501	130933	5432	15.2	53.7	97.4	3456	363139
10062	10257	195	13.3	76.9	98.8	1262	79730
9043	9043			47.0	97.4	1097	82435
24299	24876	577	28.6	43.4	97.0	2786	87218
212427	215487	3060	50.0	11.1	100.5	4679	454002
-1038	160	1198	50.0	18.9	98.1	194	-53515
-9050	1623	10673	45.5	41.7	99.4	7148	-12661
19	19			48.1	98.8	126	1468
1115	1115			27.6	97.4	160	69688

13-8 续表3

项 目	Item	负债合计(万元) Total Liabilities (10 000 yuan)	所有者权益合计(万元) Total Owners' Equities (10 000 yuan)
家具制造业	Manufacture of Furniture	270678	54332
造纸和纸制品业	Manufacture of Paper and Paper Products	18554	25287
印刷和记录媒介复制业	Printing and Reproduction of Recording Media	121000	339465
文教、工美、体育和娱乐用品制造业	Manufacture of Articles for Culture, Education, Arts and Crafts Sports and Entertainment Activities	2802	26976
石油、煤炭及其他燃料加工业	Processing of Petroleum, Coal, and Other Fuels	2154482	1022944
化学原料和化学制品制造业	Manufacture of Raw Chemical Materials and Chemical Products	392863	502912
医药制造业	Manufacture of Medicines	429123	1404171
橡胶和塑料制品业	Manufacture of Rubber & Plastics Products	21165	44754
非金属矿物制品业	Manufacture of Non-metallic Mineral Products	2587406	2305391
黑色金属冶炼和压延加工业	Smelting and Pressing of Ferrous Metals	2513409	2584545
有色金属冶炼和压延加工业	Smelting and Pressing of Non-ferrous Metals	4749476	7024625
金属制品业	Manufacture of Metal Products	451494	269689
通用设备制造业	Manufacture of General Purpose Machinery	399996	380913
专用设备制造业	Manufacture of Special Purpose Machinery	412296	489227
汽车制造业	Manufacture of Automobiles	4393110	1481726
铁路、船舶、航空航天和其他运输设备制造业	Manufacture of Railway，Ship,Aerospace, and Other Transport Equipments	94972	60866
电气机械和器材制造业	Manufacture of Electrical Machinery and Apparatus	418922	164629
计算机、通信和其他电子设备制造业	Manufacture of Computers communication and other Electronic Equipment	4325140	2954986
仪器仪表制造业	Manufacture of Measuring Instruments and Machinery	158152	261033
其他制造业	Other Manufacture	54313	32896
废弃资源综合利用业	Utilization of Waste Resources	344024	213936
金属制品、机械和设备修理业	Repair Service Products, Machinery & Equipment	23103	2917
电力、热力生产和供应业	Production and Supply of Electric Power and Heat Power	15879783	8852083
燃气生产和供应业	Production and Supply of Gas	708341	463430
水的生产和供应业	Production and Supply of Water	2796058	1885596
按地区分	**By Region**		
南 昌 市	Nanchang	16356638	13194629
景德镇市	Jingdezhen	3843234	1366847
萍 乡 市	Pingxiang	703859	380264
九 江 市	Jiujiang	4136288	2454465
新 余 市	Xinyu	3244881	3234882
鹰 潭 市	Yingtan	3463179	6426155
赣 州 市	Ganzhou	5441435	3428459
吉 安 市	Ji'an	4432267	1450908
宜 春 市	Yichun	1731021	2236374
抚 州 市	Fuzhou	1513044	1296359
上 饶 市	Shangrao	2518891	1948169

continued

利润总额 (万元) Total Profits (10 000 yuan)	#盈利企业的利润额 Profits of Profit-making Enterprises	#亏损企业的亏损额 Losses of Deficit Enterprises	企业亏损面 (%) Ratio to Deficit Enterprises (%)	资产负债率 (%) Assets-Liability Ratio (%)	产品销售率 (%) Sales Ratio of Products (%)	全部从业人员年平均人数 (人) Annual Average Employed Persons (person)	人均实现利润 (元) Profits Per Capita (yuan)
40 030	40030			83.3	95.5	961	416541
4284	4284			42.3	97.8	392	109293
26969	27921	953	20.0	26.3	98.2	2574	104773
34007	34007			9.4	99	350	971629
171488	171488			67.8	98.7	5162	332211
96266	98675	2409	16.0	43.9	98.3	4461	215796
161835	163584	1749	16.7	23.4	96.0	5031	321676
3891	3891			32.1	97.0	591	65843
372957	406670	33714	19.1	52.9	97.6	16745	222727
110182	116039	5857	33.3	49.3	96.8	12206	90269
989905	1041804	51900	20.5	40.3	97.6	23665	418299
13956	15578	1622	21.4	62.6	97.6	3916	35639
117171	118526	1356	16.7	51.2	98.4	4883	239956
35108	45822	10714	23.1	45.7	97.7	5246	66923
-94119	141191	235310	25.0	74.8	99.4	26640	-35330
9264	11195	1931	14.3	60.9	97.2	981	94436
9888	14994	5106	35.7	71.8	98.4	2886	34263
34995	129116	94121	40.0	59.4	97.8	17641	19838
9689	10983	1294	20.0	37.7	98.8	1048	92452
11164	11164			62.3	99.5	130	858769
51669	52349	680	12.5	61.7	98.4	2261	228523
1117	1117			88.8	98.6	1358	8225
321613	555942	234329	12.2	64.2	100.0	49659	64764
104911	108597	3686	11.4	60.5	97.9	3666	286173
184605	193254	8649	10.8	59.7	98.7	12471	148028
915782	1183986	268204	26.2	55.4	98.1	104070	87997
9375	116047	106673	13.3	73.8	93.5	11993	7817
15192	31770	16578	22.7	64.9	96.1	7478	20316
532295	541529	9234	7.7	62.8	99.1	16374	325085
130828	154962	24133	23.1	50.1	98.9	18857	69379
636414	723333	86919	13.6	35.0	99.3	16097	395362
351538	460859	109322	20.7	61.3	98.1	19231	182797
118747	189936	71189	15.5	75.3	97.7	16418	72327
324400	332065	7665	11.3	43.6	96.5	13900	233381
107828	125542	17714	13.5	53.9	96.3	4667	231044
292671	311450	18779	16.3	56.4	99.0	15379	190306

13-9 规模以上集体工业企业经济指标
Economic Indicators of Collective-owned Industrial Enterprises above Designated Size

指 标	Item	2017	2018	2019	2020	2021	2022
企业单位数(个)	Number of Enterprises (unit)	48	31	26	21	18	18
#亏损企业(个)	Deficit Enterprises (unit)	4	1	4	3	1	2
资产总计(万元)	Total Assets (10 000 yuan)	174614	545992	526847	431870	138921	78325
流动资产合计(万元)	Total current Assents (10 000 yuan)	75509	410807	377136	334836	70016	50182
负债合计(万元)	Total Liabilities (10 000 yuan)	70645	348808	292846	246687	67891	38195
所有者权益(万元)	Owners' Equity (10 000 yuan)	103969	197184	234001	185184	71030	40130
营业收入(万元)	Business Revenue (10 000 yuan)	397945	462432	470918	515472	202579	196054
销售费用(万元)	Selling Expenses (10 000 yuan)	9694	6757	5094	3385	2585	1543
利润总额(万元)	Total Profits (10 000 yuan)	22388	44660	33818	48011	11359	12431
全部从业人员年平均人数(人)	Annual Average Empolyees (person)	6759	9208	8299	6879	2539	1959
资本保值增值率(%)	Changing Rate of Net Assets (%)	86.26	136.09	99.29	79.14	105.56	56.50
资产负债率(%)	Assets-Liability Ratio (%)	40.46	63.89	55.58	57.12	48.90	48.76
流动资产周转率(次)	Ratio of Turnover Working Capitals (time)	5.23	1.13	1.25	1.60	3.16	4.26
成本费用利润率(%)	Ratio of Profits to Cost (%)	6.39	10.83	7.61	9.86	5.98	6.98
全员劳动生产率(元/人)	Overall Labor Productivity (yuan/person)	150837	122021	161586	195979	250492	308831
产品销售率(%)	Sales Ratio of Products (%)	98.88	99.31	99.89	99.52	96.70	98.40

13-10 规模以上外商及港、澳、台投资工业企业经济指标
Economic Indicators of Industrial Enterprises with Funds from Foreign, Hong Kong, Macao and Taiwan above Designated Size

指 标	Item	2017	2018	2019	2020	2021	2022
企业单位数(个)	Number of Enterprises (unit)	840	744	697	691	746	732
#亏损企业(个)	Deficit Enterprises (unit)	83	95	115	118	105	131
资产总计(万元)	Total Assets (10 000 yuan)	33356051	29650513	28860747	31423541	41969622	43165037
流动资产合计(万元)	Total current Assets (10 000 yuan)	14728486	14431881	14132652	14916909	20888981	23552025
负债合计(万元)	Total Liabilities (10 000 yuan)	17372796	15220794	14443367	16210248	22904205	23823822
所有者权益(万元)	Owners' Equity (10 000 yuan)	15983255	14429719	14417380	15213293	19065416	19341215
营业收入(万元)	Business Revenue (10 000 yuan)	45519451	34502178	31647774	33856885	44816831	47415370
销售费用(万元)	Selling Expenses (10 000 yuan)	835255	758678	752226	762538	881045	860029
利润总额(万元)	Total Profits (10 000 yuan)	3744680	2774009	2463354	2663073	3855303	3591425
全部从业人员年平均人数(人)	Annual Average Employees (person)	440707	334739	286842	275465	288297	271446
资本保值增值率(%)	Changing Rate of Net Assets (%)	105.86	116.53	109.26	105.52	96.32	101.45
资产负债率(%)	Assets-Liability Ratio (%)	52.08	51.33	50.05	51.59	54.60	55.19
流动资产周转率(次)	Ratio of Turnover Working Capitals (time)	3.31	2.39	2.24	2.28	2.34	2.20
成本费用利润率(%)	Ratio of Profits to Cost (%)	9.03	8.75	8.41	8.53	9.41	8.20
全员劳动生产率(元/人)	Overall Labor Productivity (yuan/person)	247069	239663	275538	124577	344214	389974
产品销售率(%)	Sales Ratio of Products (%)	100.02	99.72	99.83	99.80	98.50	99.10

13-11 规模以上股份制工业企业经济指标

指 标	Item	2015	2016
企业单位数(个)	Number of Enterprises (unit)	7876	8790
#亏损企业(个)	Deficit Enterprises (unit)	515	457
资产总计(万元)	Total Assets (10 000 yuan)	136865248	156606094
流动资产合计(万元)	Total current Assets (10 000 yuan)	54178292	62198701
负债合计(万元)	Total Liabilities (10 000 yuan)	66048669	72846434
所有者权益(万元)	Owners' Equity (10 000 yuan)	70816579	83759659
营业收入(万元)	Business Revenue (10 000 yuan)	245092265	272056007
销售费用(万元)	Selling Expenses (10 000 yuan)	4212668	4619656
利润总额(万元)	Total Profits (10 000 yuan)	16667116	19008131
全部从业人员年平均人数(人)	Annual Average Employees (person)	1890660	2014193
资本保值增值率(%)	Changing Rate of Net Assets (%)	125.16	116.21
资产负债率(%)	Assets-Liability Ratio (%)	48.26	46.52
流动资产周转率(次)	Ratio of Turnover Working Capitals (time)	4.96	4.86
成本费用利润率(%)	Ratio of Profits to Cost (%)	7.38	7.59
全员劳动生产率(元／人)	Overall Labor Productivity (yuan/person)	301678	271061
产品销售率(%)	Sales Ratio of Products (%)	98.99	98.90

Economic Indicators of Share-holding Industrial Enterprises above Designated Size

2017	2018	2019	2020	2021	2022
10416	10465	11628	12593	13914	15079
717	962	1012	1080	1075	1405
170433558	183993671	229949951	249660650	248153135	279723213
74833168	81999614	114619626	126266877	128169570	149939687
82143352	92240505	121651778	134804196	133968458	156476747
88290206	91753166	108298173	114856454	114184677	123246466
275397003	249923280	310867725	341637398	379158307	417287150
5436321	5388997	6276063	6505507	6403732	6121238
19866908	17857168	18842717	21393919	26394811	29609617
2065808	1870917	2002866	1981434	1896963	1910233
108.45	117.75	107.11	106.06	111.00	107.94
48.20	50.13	52.90	53.99	54.00	55.94
4.21	3.05	2.71	2.71	3.23	3.04
7.86	7.78	6.50	6.73	7.52	7.69
315899	311598	342066	361102	428309	483270
99.26	99.14	99.33	98.87	99.10	97.90

13-12 规模以上私营工业企业经济指标

指 标	Item	2015	2016
企业单位数(个)	Number of Enterprises (unit)	4751	5163
#亏损企业(个)	Loss Enterprises (unit)	226	190
资产总计(万元)	Total Assets (10 000 yuan)	54963359	63881003
流动资产合计(万元)	Total current Assets (10 000 yuan)	20559860	24052851
负债合计(万元)	Total Liabilities (10 000 yuan)	21950995	24911800
所有者权益(万元)	Owners' Equity (10 000 yuan)	33012364	38969203
营业收入(万元)	Business Revenue (10 000 yuan)	128893398	141558836
销售费用(万元)	Selling Expenses (10 000 yuan)	2154706	2320571
利润总额(万元)	Total Profits (10 000 yuan)	9796112	10761466
全部从业人员年平均人数(人)	Annual Average Employees (person)	990348	1028441
资本保值增值率(%)	Changing Rate of Net Assets (%)	126.78	118.27
资产负债率(%)	Assets-Liability Ratio (%)	39.94	39.00
流动资产周转率(次)	Ratio of Turnover Working Capitals (time)	7.05	4.09
成本费用利润率(%)	Ratio of Profits to Cost (%)	8.28	8.28
全员劳动生产率(元/人)	Overall Labor Productivity (yuan/person)	323638	311909
产品销售率(%)	Sales Ratio of Products (%)	99.01	98.70

Economic Indicators of Private Industrial Enterprises above Designated Size

2017	2018	2019	2020	2021	2022
6128	6300	8247	9281	11933	12744
340	481	591	676	767	1012
66147349	68581570	82741510	90180874	120792052	135013565
29011471	30885250	38634550	45219292	64633676	77291127
28568018	31019742	38014871	44298375	61025934	71024045
37579331	37561828	44726639	45882499	59766119	63989520
133950600	113792249	146368293	163655111	248186553	261589212
2626274	2687281	3445510	3679438	4692589	4489060
9777458	7894099	9731690	11277939	18102594	20138406
1047587	937019	1080298	1095281	1323443	1322227
106.56	116.86	106.55	102.58	111.49	107.07
43.19	45.23	45.94	49.12	50.50	52.61
5.33	3.68	3.79	3.62	4.19	3.69
7.91	7.48	7.12	7.39	7.87	8.34
299971	275223	314647	332540	390636	427229
98.91	98.83	99.59	98.90	98.90	97.70

13-13 开发区主要经济指标（2022年）

项　目	Item	投产工业企业数（个）Number of Industrial Enterprises Completed and Put into Use (unit)	招商实际到位资金（亿元）Actually Introduced Funds (100 million yuan)	
			绝对数 Absolute Number	比上年增长(%) Growth Rate over Preceding Year (%)
全省总计	**Provincial Total**	**16817**	**10477.36**	**18.6**
国家级园区	National Park			
南昌小蓝经济技术开发区	Nanchang Xiaolan Economic-Technological Development Zone	472	252.80	17.1
南昌经济技术开发区	Nanchang Economic-Technological Development Zone	419	596.20	9.8
南昌高新技术产业开发区	Nanchang High-tech Industrial Development Zone	324	356.81	6.7
景德镇高新技术产业开发区	Jingdezhen High-tech Industrial Development Zone	163	131.41	-0.4
萍乡经济技术开发区	Pingxiang Economic-Technological Development Zone	172	211.59	38.9
九江共青城高新技术产业开发区	Jiujiang Gongqingcheng High-tech Industrial Development Zone	163	109.63	14.6
九江经济技术开发区	Jiujiang Economic-Technological Development Zone	315	185.31	-4.9
新余高新技术产业开发区	Xinyu High-tech Industrial Development Zone	341	186.10	8.8
鹰潭高新技术产业开发区	Yingtan High-tech Industrial Development Zone	156	72.50	29.1
赣州高新技术产业开发区	Ganzhou High-tech Industrial Development Zone	251	158.80	43.6
龙南经济技术开发区	Longnan Economic-Technological Development Zone	517	204.26	18.8
瑞金经济技术开发区	Ruijin Economic-Technological Development Zone	678	211.32	15.2
赣州经济技术开发区	Ganzhou Economic-Technological Development Zone	411	254.95	11.8
井冈山经济技术开发区	Jinggangshan Economic-Technological Development Zone	348	521.54	27.9
吉安高新技术产业开发区	Ji'an High-tech Industrial Development Zone	142	95.56	44.1
宜春经济技术开发区	Yichun Economic-Technological Development Zone	193	49.39	83.0
江西丰城高新技术产业开发区	Yichun Fengcheng High-tech Industrial Development Zone	230	185.37	7.1
抚州高新技术产业开发区	Fuzhou High-tech Industrial Development Zone	190	130.56	20.6
上饶经济技术开发区	Shangrao Economic-Technological Development Zone	443	338.79	7.7
省级重点园区	Provincial Main Park			
南昌青山湖高新技术产业园区	Nanchang Qingshanhu High-tech Industrial Park	288	88.45	5.3
江西新建经济开发区	Jiangxi Xinjian Industrial Development Zone	211	167.03	14.3
江西乐平工业园区	Jiangxi Leping Industrial Park	103	110.44	69.2
江西芦溪工业园区	Jiangxi Luxi Industrial Park	97	118.32	9.3
江西永修云山经济开发区	Jiangxi Yongxiu Yunshan Economic Development Zone	188	175.49	-9.2
江西德安高新技术产业园区	Jiangxi De'an High-tech Industrial Park	146	96.02	23.1
江西分宜工业园区	Jiangxi Fenyi Industrial Park	125	53.45	79.2
江西余江工业园区	Jiangxi Yujiang Industrial Park	136	138.28	69.0
江西贵溪工业园区	Jiangxi Guixi Industrial Park	220	122.49	10.4
江西章贡高新技术产业园区	Jiangxi Ganzhou Zhanggong High-tech Industrial Park	151	82.12	23.1
江西泰和高新技术产业园区	Jiangxi Taihe High-tech Industrial Park	148	200.52	37.7
江西上高工业园区	Jiangxi Shanggao Industrial Park	242	145.86	20.8
江西樟树工业园区	Jiangxi Zhangshu Industrial Park	241	173.58	1.9
江西崇仁高新技术产业园区	Jiangxi Chongren Industrial Park	108	52.33	28.7
江西东乡经济开发区	Jiangxi Dongxiang Economic Development Zone	133	78.90	7.1
江西上饶高新技术产业园区	Jiangxi Shangrao High-tech Industrial Park	199	86.20	5.8
江西玉山高新技术产业园区	Jiangxi Yushan High-tech Industrial Park	358	52.66	1.7
江西横峰经济开发区	Jiangxi Hengfeng Economic Development Zone	73	127.95	0.8

Main Economic Indicators of Development Zone (2022)

出口交货值 (亿元) Delivery Value of Industry Export (100 million yuan)		营业收入 (亿元) Business Revenue (100 million yuan)		利润总额 (亿元) Total Profits (100 million yuan)		从业人员 (人) Number of Emp- toyed Persons (person)	
绝对数 Absolute Number	比上年增长(%) Growth Rate over Preceding Year (%)	绝对数 Absolute Number	比上年增长(%) Growth Rate over Preceding Year (%)	绝对数 Absolute Number	比上年增长(%) Growth Rate over Preceding Year (%)	绝对数 Absolute Number	比上年增长(%) Growth Rate over Preceding Year (%)
2608.63	**16.9**	**44745.72**	**11.8**	**3212.01**	**14.9**	**2096982**	**-0.2**
80.29	62.6	1043.71	6.2	37.30	-23.1	60265	-2.3
76.46	-15.9	1718.34	9.2	165.03	6.2	70554	0.9
320.92	7.7	3313.09	8.5	95.24	-21.0	97543	-4.1
14.79	18.8	861.80	19.3	44.34	46.4	31503	12.9
8.98	-73.4	471.33	-42.5	14.49	-73.5	28408	-32.4
17.12	25.7	542.20	8.9	58.71	10.1	19368	-13.1
104.29	55.3	1665.37	13.7	114.19	9.6	48630	-2.3
152.72	178.1	838.24	9.5	190.85	319.8	37633	-12.7
11.58	-4.2	1040.19	16.1	42.68	20.8	13899	-4.1
11.84	-34.4	452.93	24.2	31.62	24.7	22292	35.0
71.54	-8.7	644.93	29.3	41.98	43.7	53814	-0.9
101.82	11.6	913.88	13.0	71.96	11.3	83044	6.1
106.39	27.2	1235.28	16.6	33.69	-27.7	53007	-6.2
166.41	15.3	1509.16	9.5	129.19	22.4	83745	-4.7
380.03	11.5	671.70	10.3	68.72	25.1	61622	0.1
23.09	39.2	469.35	61.0	46.69	154.0	32013	10.9
8.91	-17.2	1055.98	11.5	102.24	11.1	29694	-1.2
13.41	-43.8	743.18	20.3	63.38	12.1	38908	20.3
173.59	35.1	2032.98	35.1	85.27	40.6	53690	5.1
35.40	24.2	409.98	6.5	24.70	-48.8	44792	5.4
3.99	28.3	558.19	17.7	20.11	-15.8	17834	-5.5
23.28	6.5	502.47	23.1	32.18	27.2	15472	-1.2
0.49	82.3	127.55	16.9	5.96	176.4	11419	10.0
23.27	21.6	671.76	9.6	69.27	5.9	23824	6.9
5.96	12.6	579.38	8.0	36.83	7.6	20316	0.8
36.18	134.7	203.89	31.1	17.72	91.9	8525	-14.2
12.03	3.8	365.87	17.5	19.51	26.0	13561	0.8
2.49	-26.3	1618.21	18.1	32.71	18.6	15501	0.2
28.13	46.4	457.50	17.3	25.27	34.6	25296	11.6
15.26	0.3	314.15	5.9	14.18	29.4	16941	-25.5
22.14	0.2	456.12	13.7	33.19	22.9	41646	-1.6
9.32	61.4	363.62	-43.3	34.21	-52.0	24363	-20.2
1.33	67.4	213.75	10.8	12.57	8.2	13617	27.2
26.18	28.9	357.75	9.1	21.77	34.6	14310	-1.6
6.75	43.8	787.02	18.3	78.15	4.0	23347	-1.4
16.78	91.5	572.99	20.0	38.64	8.6	25818	2.7
0	-100.0	344.05	9.9	18.63	-2.9	7190	1.4

主要统计指标解释

工业 指从事自然资源的开采，对采掘品和农产品进行加工和再加工的物质生产部门。具体包括：(1)对自然资源的开采，如采矿、晒盐等(但不包括禽兽捕猎和水产捕捞)；(2)对农副产品的加工、再加工，如粮油加工、食品加工、缫丝、纺织、制革等；(3)对采掘品的加工、再加工，如炼铁、炼钢、化工生产、石油加工、机器制造、木材加工等，以及电力、自来水、煤气的生产和供应等；(4)对工业品的修理、翻新，如机器设备的修理、交通运输工具(如汽车)的修理等。

工业统计调查单位为独立核算法人工业企业。

独立核算法人工业企业指从事工业生产经营活动的单位。独立核算法人工业企业应同时具备以下条件：①依法成立，有自己的名称、组织机构和场所，能够承担民事责任；②独立拥有和使用资产，承担负债，有权与其他单位签订合同；③独立核算盈亏，并能够编制资产负债表。

本年鉴中涉及的企业登记注册类型：

国有及国有控股企业 指国有企业加上国有控股企业。国有企业(即原全民所有制工业或国营工业)指企业全部资产归国家所有，并按《中华人民共和国企业法人登记管理条例》规定登记注册的非公司制的经济组织。包括国有企业、国有独资公司和国有联营企业。1957 年以前的公私合营和私营工业，后均改造为国营工业，1992 年改为国有工业，这部分工业的资料不单独分列时，均包括在国有企业内。国有控股企业是对混合所有制经济的企业进行的“国有控股”分类。它是指这些企业的全部资产中国有资产(股份)相对其他所有者中的任何一个所有者占资(股)最多的企业。该分组反映了国有经济控股情况。

集体企业 指企业资产归集体所有，并按《中华人民共和国企业法人登记管理条例》规定登记注册的经济组织。是社会主义公有制经济的组成部分。包括城乡所有使用集体投资举办的企业，以及部分个人通过集资自愿放弃所有权并依法经工商行政管理机关认定为集体所有制的企业。

股份合作企业 指以合作制为基础，由企业职工共同出资入股，吸收一定比例的社会资产投资组建，实行自主经营，自负盈亏，共同劳动，民主管理，按劳分配与按股分红相结合的一种集体经济组织。

联营企业 指两个及两个以上相同或不同所有制性质的企业法人或事业单位法人，按自愿、平等、互利的原则，共同投资组成的经济组织。联营企业包括：

国有联营企业指国有企业与国有企业间的联营；

集体联营企业指集体企业与集体企业间的联营；

国有与集体联营企业指国有企业与集体企业间的联营。

有限责任公司 指根据《中华人民共和国公司登记管理条例》规定登记注册，由两个以上，五十个以下的股东共同出资，每个股东以其所认缴的出资额对公司承担有限责任，公司以其全部资产对其债务承担责任的经济组织。

有限责任公司包括国有独资公司以及其他有限责任公司。

股份有限公司 指根据《中华人民共和国企业法人登记管理条例》规定登记注册，其全部注册资本由等额股份构成并通过发行股票筹集资本，股东以其认购的股份对公司承担有限责任，公司以其全部资产对其债务承担责任的经济组织。

私营企业 指由自然人投资设立或由自然人控股，以雇佣劳动为基础的营利性经济组织。包括按照《公司法》、《合伙企业法》、《私营企业暂行条例》规定登记注册的私营有限责任公司、私营股份有限公司、私营合伙企业和私营独资企业。

港、澳、台商投资企业 指企业注册登记类型中的港、澳、台资合资、合作、独资经营企业和股份有限公司之和。

外商投资企业 指企业注册登记类型中的中外合资、合作经营企业、外资企业和外商投资股份有限公司之和。

“三资”企业系指港、澳、台商投资企业和外资企业的简称。

轻工业 指主要提供生活消费品和制作手工工具的工业。按其所使用的原料不同，可分为两大类：(1)以农产品为原料的轻工业，是指直接或间接以农产品为基本原料的轻工业。主要包括食品制造、饮料制造、烟草加工、纺织、缝纫、皮革和毛皮制作、造纸以及印刷等工业；(2)以非农产品为原料的轻工业，是指以工业品为原料的轻工业。主要包括文教体育用品、化学药品制造、合成纤维制造、日用化学制品、日用玻璃制品、日用金属制品、手工工具制造、医疗器械制造、文化和办公用机械制造等工业。

重工业 指为国民经济各部门提供物质技术基础的主要生产资料的工业。按其生产性质和产品用途，可以分为下列三类：(1)采掘(伐)工业，是指对自然资源的开采，包括石油开采、煤炭开采、金属矿开采、非金属矿开采等工业；(2)原材料工业，指向国民经济各部门提供基本材料、动力和燃料的工业。包括金属冶炼及加工、炼焦及焦炭、化学、化工原料、水泥、人造板以及电力、石油和煤炭加工等工业；(3)加工工业，是指对工业原材料进行再加工制造的工业。包括装备国民经济各部门的机械设备制造工业、金属结构、水泥制品等工业，以及为农业提供的生产资料如化肥、农药等工业。

根据上述划分原则，修理业中以重工业产品为修理作业对象的划为重工业，反之划为轻工业。

工业总产值

(1)定义：

工业总产值是以货币形式表现的，工业企业在一定时期内生产的工业最终产品或提供工业性劳务活动的总价值量。它反映一定时间内工业生产的总规模和总水平。

(2)计算原则：

工业生产的原则，即凡是企业在报告期生产的经检验合格的产品，不管是否在报告期销售，均包括在内。

最终产品的原则，即凡是计入工业总产值的产品，必须是本企业生产的经检验合格的，不需要再进行任何加工的最终产品。如果企业有中间产品(半成品)对外销售，则对外销售的中间产品应视为企业的最终产品。

工厂法原则，即工业总产值是以工业企业作为基本计算(核算)单位，即按企业的最终产品计算工业总产值。按这种方法计算的工业总产值，不允许同一产品价值在企业内部重复计算，不能把企业内部各个车间(分厂)生产的成果相加，但允许企业间的重复计算。

(3)内容及计算方法：

1995 年全国工业普查对工业总产值(原规定)的内容及计算原则和方法做了某些修订，修订后的工业总产值(新规定)包括三项内容：即本期生产成品价值、对外加工费收入、在制品半成品期末期初差额价值三部分。

本期生产成品价值：指企业本期生产，并在报告期内不再进行加工，经检验、包装入库的全部工业成品(半成品)价值合计，包括企业生产的自制设备及提供给本企业在建工程、其他非工业部门和福利部门等单位使用的成品价值。本期生产成品价值为按自备原材料生产的产品的数量乘以本期不含增值税(销项税额)的产品实际销售平均单价计算；会计核算中按成本价格转账的自制设备和自产自用的成品，按成本价格计算生产成品价值。生产成品价值中不包括用订货者来料加工的成品(半成品)价值。

对外加工费收入：指企业在报告期内完成的对外承接的工业品加工(包括用订货者来料加工产品)的加工费收入和对外工业修理作业所取得的加工费收入。对外加工费收入按不含增值税(销项税额)的价格计算，可根据会计“产品销售收入”科目的有关资料取得。

对于本企业对内非工业部门提供的加工修理、设备安装的劳务收入，如果企业会计核算基础较好，能取得这部分资料，而且这部分价值所占比重较大，应包括在对外加工费收入中。

自制半成品在制品期末期初差额价值：指企业报告期在制品期末减期初的差额价值，本指标一般可以从会计核算资料中取得。如果会计产品成本核算中不计算半成品、在制品的成本，则总产值中也不包括这部分价值，反之则包括。

(4)工业总产值统计范围变化和计算方法修订情况：

1984 年以前工业总产值不包括村办工业，村办工业总产值划归农业。1984 年以后工业总产值包括村办工业。

1995 年工业普查对工业总产值计算方法做了修订，即从 1995 年始按新修订(新规定)方法计算工业总产值。新规定与原规定的区别如下：

全价与加工费的计算原则不同：新规定为凡自备原材料，不论其生产繁简程度如何，一律按全价计算工业总产值；凡来料加工，允许按加工费计算工业总产值。原规定则视生产加工的繁简程度不同，规定哪些行业按全价，哪些行业按加工费计算工业总产值。

自制半成品、在产品期末期初差额价值的计算原则不同：新规定要求，凡会计产品成本核算时计算了成本的差额价值，总产值中就应包括，否则可不包括；原规定则按生产周期六个月的界限区分，凡生产周期六个月以上的企业，总产值计算中应包括这部分差额价值，否则可不包括。

计算价格不同：新规定按不含增值税(销项税额)的价格计算；原规定则按含增值税(销项税额)的价格计算。

工业增加值 指工业企业在报告期内以货币表现的工业生产活动的最终成果。

工业增加值有两种计算方法：一是生产法，即工业总产出减去工业中间投入加上应交增值税；二是收入法，即从收入的角度出发，根据生产要素在生产过程中应得到的收入份额计算，具体构成项目有固定资产折旧、劳动者报酬、生产税净额、营业盈余，这种方法也称要素分配法。本年鉴中的工业增加值是以生产法计算的。

生产法工业增加值的计算方法为：

工业增加值=工业总产出-工业中间投入+应交增值税

(1)工业总产出：指工业企业在一定时期内工业生产活动的总成果。工业总产出包括：成品生产价值，对外加工费收入，自制半成品、在产品期末期初差额价值。1995 年后用新规定计算的工业总产值代替。

(2)工业中间投入：指工业企业在工业生产活动中消耗的外购物质产品和对外支付的服务费用。服务费用包括支付给物质生产部门(工业、农业、批发零售贸易业、建筑业、运输邮电业)的服务费用和支付给非物质生产部门(如保险、金融、文化教育、科学研究、医疗卫生、行政管理等)的服务费用。工业中间投入的确定须遵循以下原则：必须从外部购入的，并已计入工业总产出的产品和服务价值；必须是本期投入生产，并一次性消耗掉(包括本期摊销的低值易耗品等)的产品和服务价值。

工业中间投入包括直接材料费用、制造费用中的工业中间投入、管理费用中的工业中间投入、销售费用中的工业中间投入和利息支出五部分。

资产总计 指企业拥有或控制的能以货币计量的经济资源，包括各种财产、债权和其他权利。资产按流动性分为流动资产、长期投资、固定资产、无形资产、递延资产和其他资产。该指标根据企业会计“资产负债表”中“资产总计”项目的期末数增列。

流动资产 指企业可以在一年内或者超过一年的一个生产周期内变现或者耗用的资产，包括现金及各种存款、短期投资，应收及预付款项、存货等。

流动资产平均余额 指企业在报告期内全部流动资产的平均余额。

固定资产原价 指企业在建造、购置、安装、改建、扩建、技术改造某项固定资产时所支出的全部货币总额。它一般包括买价、包装费、运杂费和安装费等。

固定资产净值年平均余额 指固定资产净值在报告期内余额的平均数。计算公式为：

$$\text{固定资产净值年平均余额}=\frac{\text{1至12月各月月初、月末固定资产净值之和}}{24}$$

该指标根据“资产负债表”中“固定资产原价”“累计折旧”指标的期初、期末数计算填列。

固定资产净值指固定资产原价减去历年已提折旧额后的净额。计算公式为：

固定资产净值=固定资产原价-累计折旧

负债合计 指企业所承担的能以货币计量，将以资产或劳务偿付的债务，偿还形式包括货币、资产或提供劳务。负债一般按偿还期长短分为流动负债和长期负债。根据会计“资产负债表”中“负债合计”的年末数填列。

所有者权益　指企业投资人对企业净资产的所有权。企业净资产等于企业全部资产减去全部负债后的余额，包括企业投资人对企业的最初投入的实际到位的资产及资本公积金、盈余公积金和未分配利润。所有者权益合计数小于零，表示企业资不抵债。

营业收入　指企业销售产品和提供劳务等生产经营业务取得的收入。

营业成本　指企业销售产品和提供劳务等生产经营业务过程中的实际成本。

营业成本税金及附加　指企业销售产品和提供劳务等生产经营业务应负担的城市维护建设税、消费税、资源税和教育费附加。

利润总额　指企业生产经营活动的最终成果，是企业在一定时期内实现的盈亏相抵后的利润总额(亏损以“-”号表示)，它等于营业利润加上补贴收入加上投资收益加上营业外净收入再加上以前年度损益调整。

本年应交增值税　指企业在报告期内应交纳的增值税额。它等于本年销项税额加上出口退税加上进项税额转出数减去本年进项税额。小规模纳税企业直接按全年计税销售额乘以征收率计算取得。

从业人员平均人数　是指报告期内每天拥有的从业人员人数。其计算公式为:

$$季平均人数=\frac{季内各月平均人数之和}{3}$$

$$月平均人数=\frac{报告月内每天实有平均人数之和}{报告月日历日数}$$

$$年平均人数=\frac{年内各月平均人数之和}{12}$$

工业增加值率　指在一定时期内工业增加值占同期工业总产值的比重，反映降低中间消耗的经济效益。计算公式为:

工业增加值率（%）=工业增加值（现价）/工业总产值（现价）×100%

总资产贡献率　反映企业全部资产的获利能力，是企业经营业绩和管理水平的集中体现，是评价和考核企业盈利能力的核心指标。计算公式为:

$$总资产贡献率（\%）=\frac{利润总额+税金总额+利息净支出}{平均资金总额}\times 100\%$$

公式中：税金总额为产品销售税金及附加与应交增值税之和；平均资产总额为期初期末资产之和的算术平均值。

资产负债率　该指标既反映企业经营风险的大小，也反映企业利用债权人提供的资金从事经营活动的能力。计算公式为:

$$资产负债率=\frac{负债总额}{资产总额}\times 100\%$$

公式中：资产与负债均为报告期期末数。

流动资产周转次数　指一定时期内流动资产完成的周转次数，反映投入工业企业流动资金的周转速度。计算公式为:

$$流动资产周转次数=\frac{产品销售收入}{全部流动资产平均余额}$$

公式中：全部流动资产平均余额为期初和期末的流动资产之和的算术平均值。

成本费用利润率　反映企业投入的生产成本及费用的经济效益，同时也反映企业降低成本所取得的经济效益。计算公式为:

$$成本费用利润率（\%）=\frac{利润总额}{成本费用总额}\times 100\%$$

公式中：成本费用总额为产品销售成本、销售费用、管理费用、财务费用之和。

产品销售率　该指标反映工业产品已实现销售的程度，是分析工业产销衔接情况，研究工业产品满足社会需求的指标。计算公式为:

$$产品销售率（\%）=\frac{工业销售产值}{工业总产值}\times 100\%$$

全员劳动生产率　指根据产品的价值量指标计算的平均每一就业人员在单位时间内的产品生产量。是考核企业经济活动的重要指标，是企业生产技术水平、经营管理水平、职工技术熟练程度和劳动积极性的综合表现。目前，我国的全员劳动生产率是将工业企业的增加值除以同一时期全部就业人员的平均人数来计算的。计算公式为:

$$全员劳动生产率=\frac{工业增加值}{全部从业人员平均人数}$$

资本保值增值率　该指标反映企业净资产的变动状况，是企业发展能力的集中体现。计算公式为:

$$资本保值增值率（\%）=\frac{报告期期末所有者权益}{上年同期期末所有者权益}\times 100\%$$

Explanatory Notes on Main Statistical Indicators

Industry refers to the material production sector which is engaged in the extraction of natural resources and processing and reprocessing of minerals and agricultural products, including (1) extraction of natural resources, such as mining, salt production (but not including hunting and fishing); (2) processing and reprocessing of farm and sideline produces, such as rice husking, flour milling, wine making, oil pressing, silk reeling, spinning and weaving, and leather making; (3) processing and reprocessing of mineral products, such as steel making, iron smelting, chemicals manufacturing, petroleum processing, machine building, timber processing; production and supply of electricity, gas and water; (4) repairing and renovating of industrial products such as machinery and means of transport (including cars).

In industrial statistics surveys, the units of enquiry are corporate industrial enterprises with independent accounting systems.

Corporate industrial enterprises with independent accounting systems refer to enterprises engaging in industrial production activities, which meet the following requirements: (1) They are established legally, having their own names, organizations, location and are able to take civil liability; (2)

They possess and use their assets independently, assume liabilities and are entitled to sign contracts with other units; (3) They are financially independent and compile their own balance sheets.

Enterprises covered in the industrial statistics in the Yearbook include the following categories by their registration:

State-owned and State-holding Enterprises refer to state-owned enterprises plus State-holding enterprises. State-owned enterprises (originally known as State-run enterprises with ownership by the whole society) are non-corporate economic entities registered in accordance with the Regulation of the People's Republic of China on the Management of Registration of Legal Enterprises, where all assets are owned by the State. Included in this category are State-owned enterprises, State-funded corporations and State-owned joint-operation enterprises. Joint State-private industries and private industries, which existed before 1957, were transformed into state-run industries since 1957, and into State-owned industries after 1992. Statistics on those enterprises are included in the State-owned industries instead of being grouped them separately. State-holding enterprises are a sub-classification of enterprises with mixed ownership, referring to enterprises where the percentage of State assets (or shares by the State) is larger than any other single share holder of the same enterprise. This sub-classification illustrates the control of the State over a particular industry.

Collective-owned Enterprises refer to economic entities registered in accordance with the Regulation of the People's Republic of China on the Management of Registration of Legal Enterprises, where assets are owned collectively. Collective enterprises constitute an integral part of the socialist economy with public ownership. They include urban and rural enterprises invested collectively, and some enterprises registered in industrial and commercial administration agency as collective units where funds are pooled together by individuals who voluntarily give up their right of ownership.

Share-holding Cooperative Enterprises refer to economic units set up on a cooperative basis, with funding partly from employees of the enterprise and partly from outside investment, where the operation and management is decided by all the members who also participate in the production, and the distribution of income is based both on work (labour input) and on shares (capital input).

Joint-operation Enterprises refer to economic units that are established by joint investment by two or more corporate enterprises or institutions of the same or different types of ownership on voluntary, equal and mutual-beneficial basis. They include:

a) State-owned joint-operation enterprises (joint operation between State-owned enterprises);

b) Collective joint-operation enterprises (joint operation between collective enterprises; and

c) State-collective joint-operation enterprises (joint operation between state and collective enterprises).

Limited Liability Corporations refer to economic units registered in accordance with the Regulation of the People's Republic of China on the Management of Registration of Corporations, with capital from 2 to 49 investors, each investor bears limited liability to the corporation depending on his/her holding of shares, and the corporation bears liability to its debt to the maximum of its total assets.

Share-holding Corporations Ltd. refer to economic units registered in accordance with the Regulation of the People's Republic of China on the Management of Registration of Corporate Enterprises, with total registered capital divided into equal shares and raised through issuing stocks. Each investor bears limited liability to the corporation depending on the holding of shares, and the corporation bears liability to its debt to the maximum of its total assets.

Private Enterprises refer to economic units invested or controlled (by holding the majority of the shares) by natural persons who hire labours for profit-making activities. Included in this category are private limited liability corporations, private share-holding corporations Ltd., private partnership enterprises and private sole investment enterprises registered in accordance with the Corporation Law, Partnership Enterprise Law and Tentative Regulation on Private Enterprises.

Enterprises with Funds from Hong Kong, Macao and Taiwan refers to all industrial enterprises registered as the joint-venture, cooperative, sole (exclusive) investment industrial enterprises and limited liability corporations with funds from Hong Kong, Macao and Taiwan.

Foreign Funded Enterprises refer to all industrial enterprises registered as the joint-venture, cooperative, sole (exclusive) investment industrial enterprises and limited liability corporations with foreign funds.

Enterprises with Hong Kong, Macao, Taiwan and Foreign Fund refer to all the enterprises with funds from Hong Kong, Macao, Taiwan and foreign funded enterprises.

Light Industry refers to the industry that produces consumer goods and hand tools. It consists of two categories, depending on the materials used:

(1) Industries using farm products as raw materials. These are the branches of light industry which directly or indirectly use farm products as basic raw materials, including the manufacture of food and beverages, tobacco processing, textile, clothing, fur and leather manufacturing, paper making, printing, etc.

(2) Industries using non-farm products as raw materials. These are the branches of light industry which use manufactured goods as raw materials, including the manufacture of cultural, educational articles and sports goods, chemicals, synthetic fibre, chemical products for daily use, glass products for daily use, metal products for daily use, hand tools, medical apparatus and instruments, and the manufacture of cultural and office machinery.

Heavy Industry refers to the industry which produces capital goods, and provides various sectors of the national economy with necessary material and technical basis for production. It consists of the following three branches according to the purpose of production or the use of products:

(1) Mining, quarrying and logging industry, which refers to the industry that extracts natural resources, including extraction of petroleum, coal, metal and non-metal ores.

(2) Raw materials industry refers to the industry that provides various sectors of the national economy with raw materials, fuels and power. It includes smelting and processing of metals, coking and coke chemistry, chemical materials and building materials such as cement, plywood, and power, petroleum refining and coal dressing.

(3) Manufacturing industry which refers to the industry that processes raw materials. It includes machine-building industries which equip sectors of the national economy; industries producing metal structure and cement products; and industries producing means of agricultural production, such as chemical fertilizers and pesticides.

In accordance with the above principles of classification, the repairing trades, which are engaged primarily in repairing products of heavy industry, are classified as heavy industry while those which are engaged in repairing products of light industry are classified as light industry.

Gross Industrial Output Value

(1) Definition: Gross industrial output value is the total volume of final industrial products produced and industrial services provided during a given period. It reflects the total achievements and overall scale of industrial production during a given period.

(2) Principles for calculation:

Statistics on industrial production follow the principle that all products produced by the enterprises and accepted through quality check during the reference period are to be included no matter whether they are sold or not during the reference period.

Determination of final products follows the principle that all products that are included in the calculation of gross industrial output value are the final products of the enterprise which have been accepted through quality check and require no further processing. If an enterprise has intermediate (semi-finished) products to sell, these intermediate products are considered as the final products of the enterprise.

Gross industrial output value is calculated following the principle of factory approach, i.e. industrial enterprise is used as the basic accounting unit in calculating the gross industrial output value. By this approach, value of the same product is not to be double-counted, and the output value of different workshops (branch factories) within the enterprise should not be added. However, this approach allows the possibility of double counting between enterprises.

(3) Content and method of calculation: The old definition of gross industrial output value was modified during the 1995 National Industrial Census. The revised (new) definition of gross industrial output value consists of 3 components: value of the finished products during the reference period, income from processing for external parties, and value of change in semi-finished products between the end and the beginning of the reference

period.

Value of finished products during the reference period: refers to the value of all finished (semi-finished) industrial products that are produced during the reference period without the need for further processing, checked for acceptance, packed and put into the warehouse of the enterprise, including the value of own-produced equipment and the value of products provided to the projects under construction of the enterprise, and to other non-industrial or welfare units. Value of finished products during the reference period is calculated by the quantity of products produced using own materials multiplied by the average unit prices at which products are sold (excluding value-added tax). Own-produced equipment and products produced for own use are valued at cost prices as in the case of enterprise accounting. Value of finished products does not include the value of finished products (semi-finished products) that are produced using the materials from the clients who place the orders.

Income from external processing: refers to income from contracted external processing of industrial products (including processing of industrial products using materials from the clients), and the income from industrial repairing work provided to other parties. Income from external processing is calculated using information from the item "products sales income" in the enterprise accounting at the prices with value-added tax excluded.

For income from services such as processing, repairing and installation of equipment provided to non-industrial units within the enterprise, if the accounting work of the enterprise is good enough to separate it from other records, and the share of such services is significant, it should also be included in the income from external processing.

Value of change in semi-finished products between the end and the beginning of the reference period: refers to the value of change in semi-finished products between the end and the beginning of the reference period, which generally can be obtained from accounting records of enterprises. If the enterprise accounting excludes the cost of semi-finished products, then it should not be included in the gross industrial output value, and the reverse if otherwise.

(4) Changes in the scope and method of calculation of the gross industrial output value

Prior to 1984, the value of rural industry run by villages was classified into agriculture instead of industry. Since 1984, it has been included in the gross industrial output value. Method of calculation for the gross industrial output value was modified in the industrial census in 1995. The difference in the new method as compared with the old one is outlined below:

Principle in using full value vs. processing fee: The new method stipulates that all products produced using own materials are to be calculated with full value in reporting the gross industrial output value irrespective of the complexity of production, and for external processing, it allows calculation using processing fee. In the old method, however, the use of full value or processing fee was determined by the degree of complexity of production in different branches of industries.

Principle in determining the value of change in semi-finished products: The new method requires that value of change in semi-finished products should be included in the gross industrial output value if it is included in the accounting record of the enterprise, otherwise it should not be included. In the old method, it is determined by the type of enterprises in terms of production cycle. If the production cycle is over 6 months, the value of change in semi-finished products is included in the gross industrial output value, otherwise it is not.

Difference in prices: The new method uses prices excluding value-added tax in the calculation of gross industrial output value, while the old method used prices including value-added tax.

Value-added of Industry refers to the final results of industrial production of industrial enterprises in money terms during the reference period.

Industrial value-added can be calculated by two approaches: the production approach, i.e. gross industrial output value minus intermediate input plus value-added tax, and the income approach, i.e. income for various factors used in the course of production, including depreciation of fixed assets, remuneration of labourers, net of production tax, and operating surplus. Value-added of industry in the Yearbook is calculated by the production approach as follows:

Value-added of industry = gross industrial output - industrial intermediate input + value-added tax

(1) Gross industrial output: refers to the total achievements of industrial production activities during a given period. Gross industrial output includes value of finished products, income from external processing, and value of change in semi-finished products between the end and the beginning of the reference period. Since 1995, the gross industrial output value obtained by the new method is used in the calculation.

(2) Industrial intermediate input: refers to purchased goods and paid services consumed during the industrial production of enterprises. Fees paid for services include fees paid for the services provided by material production sectors (industry, agriculture, wholesale and retail trade, construction, transport, post and telecommunications) and by non-material production sectors (insurance, banking, culture, education, scientific research, health and medical care, public administration, etc.). The determination of industrial intermediate input follows the principle that the goods and services must be purchased from outside and included in the gross industrial output, and that the goods and services are inputted into production and consumed (include low-value consumables) during the reference period.

Industrial intermediate input includes 5 components, namely direct consumption of materials, industrial intermediate input in manufacturing cost, industrial intermediate input in management cost, industrial intermediate input in marketing cost and expenditure on interest.

Total Assets refer to all economic resources, in monetary term, these are owned or controlled by enterprises, including properties, creditor's equity and other economic rights of all forms. Classified by the degree of liquidity, total assets include working capitals, long-term investment, fixed assets, intangible assets, deferred assets and other assets. Data on this indicator can be obtained by the year-end figures of total assets in the Assets and Liability Table of accounting records of enterprises.

Working Capital refers to capital that an enterprise can cash or use during one year or one production cycle that may exceed one year, including cash and savings deposits of various forms, short-term investment, money receivable and prepaid money, inventories, etc.

Annual Average Value of Working Capital refers to the average value of all working capital of the enterprise during the reference period.

Original Value of Fixed Assets refers to the total value, in monetary terms, that an enterprise spent on fixed assets, through construction, purchase, installation, transformation, expansion or technical upgrading. Generally, it covers cost of purchase, packing, transportation and installation, etc.

Annual Average of Net Value of Fixed Assets refers to the average of the net value of fixed assets during the reference period, calculated with the following formula:

$$\text{Annual Average of Net Value of Fixed Assets} = \frac{\text{Sum of Net Value of Fixed Assets at the Beginning and at the End of Each Month from January to December}}{24}$$

Information on this indicator can be obtained from the beginning and ending figures of the original value of fixed assets and cumulative depreciation from the Assets and Liability Table of enterprises.

Net value of fixed assets refers to the original value of fixed assets minus depreciation over the years, i.e.:

Net value of fixed assets = original value of fixed assets - cumulative depreciation

Total Liabilities refer to payable liabilities of enterprises that have to be repaid in terms of money, assets or labour services. In terms of payment, it can be divided into liquid liabilities and long-term liabilities. Data on this item is obtained from the ending figures on total liabilities from the Assets and Liability Table from the enterprises.

Owner's Equity refers to the ownership of net assets of enterprise by its investors. Net assets equal total assets minus total liabilities of the enterprise, including the actual assets invested into the enterprise by investors, accumulation of capital and operating surplus and non-distributed profits. The enterprise's assets are less than its liabilities if the sum of owner's equity is smaller than zero.

Business Revenue refers to the economic benefits through production and operation activities of enterprises, such as selling commodities and providing labor services.

Business Cost refers to the actual cost incurred by enterprises in such production and operation activities as selling commodities and providing labor services.

Tax and Extra Charges from Business refers to urban maintenance and construction tax, consumption tax, resource tax, and education surcharge incurred by enterprises in production and operation activities.

Total Profits refer to the final achievement of production and operation activities of the enterprises, represented by total profits after deducting losses (loss is expressed by the negative figure). It is the sum of profits from operation, income from subsidies, investment earnings, net income from activities other than operation, and adjustment of profits and losses of previous years.

Value-added Tax Payable in the Current Year refers to the amount of the value-added tax which should be paid by the enterprises during the reference period. It is the sum of tax on sales, export rebate, and transferred tax on purchases of the current year, minus the tax on purchases of the current year. Value-added tax payable of small-size enterprises is determined by the taxable sales of the year multiplied by the tax rate.

Average Annual Number of Employed persons. Employed persons refer to all those who are employed in enterprises and receive remunerations there from, including currently working employees, retirees who are re-employed, teachers of local-run schools, as well as foreigners, staff from Hong Kong, Macao and Taiwan, part-time employees and persons with second job who are employed by the enterprise, and employees of other units temporarily working in the enterprises, but excluding former employees who left the enterprise with their employment records still being kept by the enterprises.

Average number of employed persons refers to the number of employee everyday during the reference period, calculated with the following formula:

$$\text{Monthly Average Number} = \frac{\text{Sum of Actual Employees Everyday in Reference Month}}{\text{Number of Calendar Dates in Reference Month}}$$

$$\text{Quarterly Average Number} = \frac{\text{Sum of Monthly Average Number in Reference Quarter}}{3}$$

$$\text{Annual Average Number} = \frac{\text{Sum of Monthly Average Number in Reference Year}}{12}$$

Ratio of Value-added to Gross Industrial Output Value refers to the ratio of value added of industry in a given period to the gross output value in the same period, which reflects the economic efficiency of cutting down the intermediate input. It is calculated as follows:

Ratio of Value-added to Gross Industrial Output Value (%) =Value Added of Industry (at Current Prices)/Gross Output Value (at Current Prices) ×100%

Ratio of Profits, Taxes and Interests to Average Assets reflects the profit-making capability of all assets of the enterprise and is a key indicator manifesting the performance and management and evaluating the profit-making potential of the enterprise. It is calculated as follows:

$$\text{Ratio of Profits, Taxes and Interests to Average Assets (\%)} = \frac{\text{Total Profits+Net Total Taxes+Interest Expense}}{\text{Average Assets}} \times 100\%$$

In the above formula, total taxes is the sum of tax and extra charges on the sales of products and value-added tax payable; and average assets is the arithmetic mean of the sum of beginning assets and ending assets.

Ratio of Debts to Assets reflects both the operation risk and the capability of the enterprise in making use of the capital from the creditors. It is calculated as follows:

$$\text{Ratio of Debts to Assets (\%)} = \frac{\text{Total Debts}}{\text{Total Assets}} \times 100\%$$

Both assets and debts are figures at the end of the reference period.

Turnover of Working Capital refers to the number of times of turnover of working capital in a given period of time, which reflects the speed of the turnover of working capital of industrial enterprises, and is calculated as follows:

$$\text{Turnover of Working Capital} = \frac{\text{Eales Revenue of Products}}{\text{Average Balance of Total Working Capital}}$$

In the above formula, average balance of total working capital refers to the arithmetic mean of the sum of working capital at the beginning and at the end of the reference period.

Ratio of Profits to Total Industrial Costs refers to the ratio of profits realized in a given period to the total costs in the same period, which reflects the economic efficiency of input cost and is calculated as follows:

$$\text{Ratio of Profits to Total Industrial Cost (\%)} = \frac{\text{Total Profits}}{\text{Total Costs}} \times 100\%$$

Total costs in the above formula are the sum of cost of products sold, marketing cost, management cost and financial cost.

Sales Ratio of Products is an indicator reflecting the actual sale of industrial products, analyzing the production-selling and supply-demand relations. It is calculated as:

$$\text{Sales Ratio of Profits (\%)} = \frac{\text{Value of Industrial Sales}}{\text{Gross Industrial Output Value (Current Prices)}} \times 100\%$$

Overall Labor Productivity refers to the average output per employed person in industrial enterprises in value terms Is is an important indicator for assessing economic activities. Is is the comprehensive performance of production technology, economic management, proficiency of workers and labor enthusiasm of the enterprise. At present, the value added and the average number of staff and workers of an industrial enterprises in a given period are used to calculate the overall labor productivity. It is calculated as:

$$\text{Overall Labor Productivity} = \frac{\text{Value Added of Industry}}{\text{Average Number of Staff and Workers}}$$

Changing Rate of Net Assets refers to the changes of an enterprise's net assets. It epitomizes the growth capability of an enterprise .Its calculating formula is:

$$\text{Changing Rate of Net Assets} = \frac{\text{Ownership Equity at the End of the Reporting Period}}{\text{Ownership Equity at Same Period of the Previous Years}} \times 100\%$$

十四、

建筑业

CONSTRUCTION

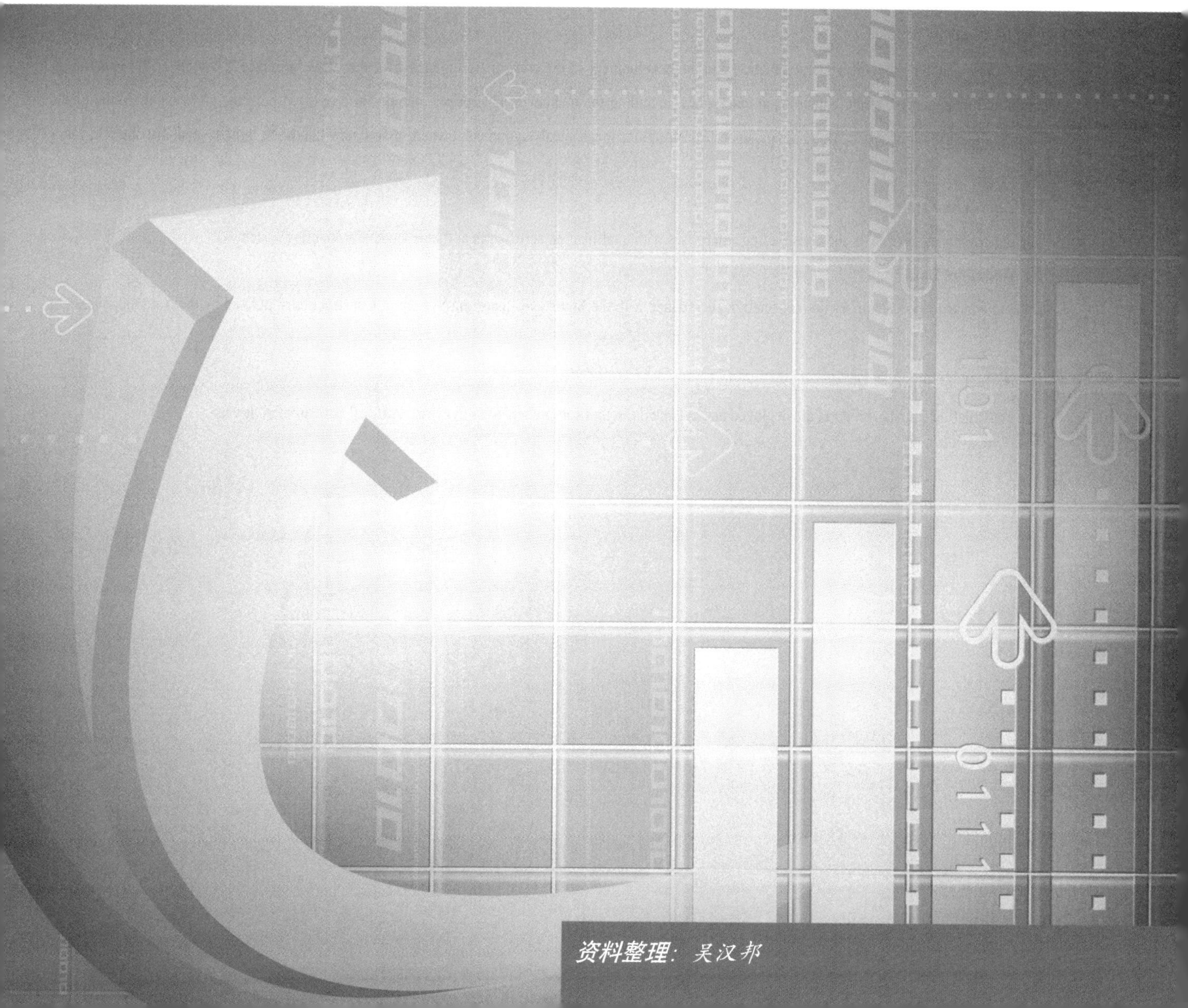

资料整理：吴汉邦

简要介绍

一、本篇资料的主要内容

本篇资料反映全省建筑业概况和发展情况。包括建筑业企业基本情况和生产经营情况。主要指标有企业个数、从业人员数、建筑业总产值、房屋建筑面积、自有机械设备、资产负债、损益及分配、劳动生产率等。

二、本篇的统计范围

具有建筑业资质的独立核算建筑业企业。

三、本篇的资料来源

本篇建筑业企业统计数据是根据国家统计局制定的《建筑业统计报表制度》搜集资料，整理汇总的。

四、本篇的统计调查方法

由各级统计部门采取全面调查的方法布置、收集。

Brief Introduction

I. Main Contents

Data in this chapter show the general situation and the development of the construction industry for the whole province. They cover the situation of production and management of the construction enterprises, including the number of enterprises, number of employed persons, gross output value of the construction industry, floor space of buildings under construction, mechanical equipment owned, assets and liabilities, profits and distribution, labor productivity etc.

II. Scope of Statistics

The data in this chapter cover the construction enterprises with qualification certificates and independent accounting system.

III. Sources of Data

Data on construction enterprises are collected in accordance with the Statistical Reporting System of Construction stipulated by the National Bureau of Statistics.

IV. Methods of Survey

The construction statistical reports are deployed and collected through comprehensive survey by statistical bureaus at all levels.

14-1 建筑业主要经济指标
Main Economic Indicators on Construction

指 标	Item	2021	2022
企业个数(个)	**Number of Enterprises (unit)**	**4663**	**5782**
建筑业合同情况(万元)	**Construction Contract (10 000 yuan)**		
签订的合同额	Contract Value Signed	151749444	172847328
上年结转合同额	Contract Value on Hand last Year	57185991	62751619
本年新签合同额	Contract Value Newly Signed this Year	94563453	110095710
承包工程完成情况(万元)	**Finished Projects of Contracted (10 000 yuan)**		
直接从建设单位承揽工程完成的产值	Completed Output Value of Projects Constracted Directly from Investors	94199311	102943226
自行完成施工产值	Own-completed output Value	93021147	101475858
分包出去工程的产值	Output Value of out-sourced Projects	1178165	1467368
从建设单位以外承揽工程完成的产值	Completed Output Value of Projects Constracted from Non-investors	4608319	5472516
建筑业总产值(万元)	**Gross Output Value (10 000 yuan)**	**97629465**	**106948374**
#装配式建筑工程产值	**Output value of prefabricated construction projects**	**631227**	**971613**
#装饰装修产值	Building Decoration	3656397	4065355
在外省完成的产值	Output in Other Provinces	30577752	32811028
建筑工程产值	Construction	84907290	92581254
安装工程产值	Installation	7016157	7261739
其他产值	Others	5706019	7105382
竣工产值(万元)	**Output Value of Buildings Completed (10 000yuan)**	**42172452**	**44194686**
房屋建筑施工及竣工面积(万平方米)	**Floor Space of Buildings Under Construction and Completed (10 000 sq.m)**		
房屋建筑施工面积	Floor Space of Buildings Under Construction	35525.62	37048.39
#本年新开工面积	Floor Space Started this Year	15796.33	15268.18
房屋建筑竣工面积	Floor Space of Buildings Completed	14475.20	14682.60
住宅房屋	Residential Buildings	8800.72	8324.29
商业及服务用房屋	Buildings for Business and Service	968.54	1050.66
办公用房屋	Office Buildings	946.69	904.22
科研、教育、医疗用房屋	Buildings for Scientific Research,Education and Medical Sevice	687.40	812.03
文化、体育、娱乐用房屋	Buildings for Culture,Sports and Entertainment	154.40	178.92
厂房及建筑物	Factory Buildings	2337.52	2564.05
仓库	Warehouses	102.77	171.36
其他未列明的房屋建筑物	Other Buildings	477.17	677.07

注：建筑业统计范围为具有建筑业资质等级的独立核算建筑业企业。

a) Statistics of Construction refers to enterprises with qualification and with independent accounting.

14-1 续表1 continued

指 标	Item	2021	2022
竣工房屋价值(万元)	**Value of Completed Buildings (10 000 yuan)**	**24687642**	**26264985**
住宅房屋	Residential Buildings	14405461	14343431
商业及服务用房屋	Buildings for Business and Service	1535157	1812353
办公用房屋	Office Buildings	2334487	2394536
科研、教育、医疗用房屋	Buildings for Scientific Research,Education and Medical Sevice	1300555	1735218
文化、体育、娱乐用房屋	Buildings for Culture,Sports and Entertainment	348393	361603
厂房及建筑物	Factory Buildings	3805376	4271838
仓库	Warehouses	182481	291754
其他未列明的房屋建筑物	Other Buildings	775732	1054253
年末自有机械设备	**Year-end Self-own Machinery and Equipment**		
净 值(万元)	Net Value of Machinery and Equipment Owned (10 000 yuan)	1159371	1521667
总台数(台)	Number of Machinery and Equipment Owned (set)	197747	291361
总功率(万千瓦)	Total Power of Machinery and Equipment Owned (10 000 kw)	462.32	501.97
劳动人员情况(万人)	**Labourers (10 000 persons)**		
计算劳动生产率的平均人数	Staff and Workers Annual Average	181.74	199.83
期末从业人数	Number of Persons Engaged	164.48	173.37
#工程技术人员	Technologist in Employed Persons at the Year-end	24.32	24.28
年末资产负债(万元)	**Year-end Assets and Liabilities (10 000 yuan)**		
流动资产合计	Total Circulating Funds	56553008	70307433
#存 货	Stock	10878949	10756417
固定资产原值	Original Value of Fixed Assets	5044647	5632672
累计折旧	Total Depreciation	2258686	2393890
#本年折旧	Depreciation This Year	349723	380765
在建工程	Under Construction Project	1163484	1846851
资产合计	Total Assets	68032806	84836422
流动负债合计	Liquid Liabilities	40177672	52847983
#应付账款	Payable Accounts	15029209	18012970
非流动负债合计	Non-current Liabilities	3057684	4461390
负债合计	Total Liabilities	45620592	59537897
所有者权益合计	Total Creditors Equity	22412214	25298525
#实收资本	Capitals Hold	13009161	14273852
个人资本	Individuals	3187015	3234408
损益及分配(万元)	**Loss-profit and Allocation (10 000 yuan)**		
营业收入	Operational Revenue	70773433	72408274
主营业务收入	Revenue of Project Settlement Accounts	68598459	68782336

14-1 续表2 continued

指 标	Item	2021	2022
营业成本	Operational Cost	65305703	66688485
主营业务成本	Costs of Project Settlement Accounts	62866749	63032514
税金及附加	Taxes and Other Charges	693598	617293
主营业务税金及附加	Taxes and Extra Charges on Project Settle Accounts	618422	526686
其他业务利润	Other Profit from Business	55240	63702
销售费用	Selling Expenses	219589	207829
管理费用	Management Fee	2115903	2357346
财务费用	Financial Expenses	436574	449447
#利息收入	Revenue of Interest	46476	66254
#利息支出	Expenses of Interest	289088	317096
营业利润	Profits of Business	2507479	2602639
营业外收入	Nonoperating Income	89568	87421
营业外支出	Nonoperating Expense	90363	75178
利润总额	Total Profits	2485013	2609014
#所得税费用	Income Tax Payable	514918	514713
工资、福利费(万元)	**Wages,Welfare (10 000 yuan)**		
应付职工薪酬	Payable Total Wages	8835787	8948534
其他	**Others**		
劳动生产率(按总产值计算)(元/人)	Overall Labor Productivity (In Terms of Gross Output Value) (yuan/person)	537197	535204
产值利润率(%)	Ratio of Profit to Gross Output Vaiue (%)	2.5	2.4
资产负债率(%)	Assets-Liability Ratio (%)	67.1	70.2
房屋建筑面积竣工率(%)	Rate of Floor Space of Buildings Completed (%)	40.7	39.6

14-2 按登记注册类型分的建筑业企业主要经济指标（2022年）

指 标	Item	合 计 Total	内资企业 Domestic Funded
企业个数(个)	**Number of Enterprises (unit)**	**5782**	**5777**
建筑业合同情况(万元)	**Construction Contract (10 000 yuan)**		
签订的合同额	Contract Value Signed	172847328	170930973
上年结转合同额	Contract Value on Hand last Year	62751619	61779009
本年新签合同额	Contract Value Newly Signed this Year	110095710	109151964
承包工程完成情况(万元)	**Conditions Finished of Contracted Projects (10 000 yuan)**		
直接从建设单位承揽工程完成的产值	Contracted Directly from Fabricative Units Output Value Finished of Projects	102943226	101907280
自行完成施工产值	Output Value Self-Finished of Buildings Under Construction	101475858	100439912
分包出去工程的产值	Output Value of Projects Subcontracted	1467368	1467368
从建设单位以外承揽工程完成的产值	Contracted Directly Exceptant Fabricative Units Output Value Finished of Projects	5472516	5472516
建筑业总产值(万元)	**Gross Output Value (10 000 yuan)**	**106948374**	**105912428**
#装饰装修产值	Building Decoration	4065355	4060378
在外省完成的产值	Output in Other Provinces	32811028	32620151
建筑工程产值	Construction	92581254	91551229
安装工程产值	Installation	7261739	7260794
其他产值	Others	7105382	7100405
竣工产值(万元)	**Output Value of Buildings Completed (10 000yuan)**	**44194686**	**43658098**
房屋建筑施工及竣工面积(万平方米)	**Floor Space of Buildings Under Construction and Completed (10 000 sq.m)**		
房屋建筑施工面积	Floor Space of Buildings Under Construction	37048.39	36338.18
#本年新开工面积	Floor Space Started this Year	15268.18	15135.65
房屋建筑竣工面积	Floor Space of Buildings Completed	14682.60	14504.40
住宅房屋	Residential Buildings	8324.29	8254.29
商业及服务用房屋	Buildings for Business and Service	1050.66	1050.66
办公用房屋	Office Buildings	904.22	846.10
科研、教育、医疗用房屋	Buildings for Scientific Research,Education and Medical Sevice	812.03	765.91
文化、体育、娱乐用房屋	Buildings for Culture,Sports and Entertainment	178.92	178.92
厂房及建筑物	Factory Buildings	2564.05	2560.10
仓库	Warehouses	171.36	171.36
其他未列明的房屋建筑物	Other Buildings	677.07	677.07

Main Economic Indicators on Construction Enterprises by Registration Status (2022)

国有企业 State-owned	集体企业 Collective-owned	股份合作企业 Cooperative	联营企业 Joint Ownership Units	有限责任公司 Limited liability Enterprises	股份有限公司 Share-holding Corporations Ltd	私营企业 Private Enterprise	其他企业 Others	港澳台商投资企业 Funded from Hong Kong, Macao and Taiwan	外商投资企业 Foreign Funded
114	**104**	**12**	**3**	**973**	**72**	**4499**		**5**	
11244233	3951182	134801	153457	69911996	3809612	81725691		1916356	
5193128	893694	63025	55514	30551120	1473123	23549406		972610	
6051105	3057488	71776	97944	39360876	2336490	58176285		943746	
5388506	3110577	84418	126068	35338850	1559055	56299804		1035946	
5376170	3084689	84418	126068	34867144	1525780	55375643		1035946	
12337	25888			471706	33276	924162			
11940	25826	3915		1548817	161967	3720052			
5388109	**3110516**	**88333**	**126068**	**36415961**	**1687746**	**59095695**		**1035946**	
119104	50213	6979	10657	654603	26294	3192527		4977	
1909225	313074	3262		11393584	936037	18064969		190877	
4778749	2871883	63778	96568	31213947	1452502	51073803		1030025	
171914	114011	24425	28150	3220278	103123	3598895		944	
437447	124622	130	1350	1981737	132122	4422997		4977	
1683686	**1943319**	**55896**	**99018**	**13546995**	**399970**	**25929213**		**536588**	
1945.77	1946.64	94.05	36.42	13158.49	274.97	18881.85		710.21	
594.10	1206.55	11.62	25.00	4628.05	119.40	8550.92		132.53	
479.46	939.17	51.42	25.71	4064.49	163.52	8780.62		178.20	
362.31	617.72	16.42		2177.45	89.84	4990.55		70.00	
22.66	54.70			342.35	26.54	604.40			
8.89	52.95			222.88	8.47	552.91		58.13	
11.10	17.33			259.11	5.99	472.38		46.12	
4.16	4.67			67.40	12.12	90.57			
51.51	169.33	35.00	25.71	832.12	11.37	1435.06		3.95	
7.95	9.29			37.17	0.47	116.49			
10.89	13.18			126.01	8.73	518.26			

14-2 续表1

指 标	Item	合 计 Total	内资企业 Domestic Funded
竣工房屋价值(万元)	**Value of Completed Buildings (10 000 yuan)**	**26264985**	**25732290**
住宅房屋	Residential Buildings	14343431	14170103
商业及服务用房屋	Buildings for Business and Service	1812353	1812353
办公用房屋	Office Buildings	2394536	2215566
科研、教育、医疗用房屋	Buildings for Scientific Research,Education and Medical Sevice	1735218	1564602
文化、体育、娱乐用房屋	Buildings for Culture,Sports and Entertainment	361603	361603
厂房及建筑物	Factory Buildings	4271838	4262055
仓库	Warehouses	291754	291754
其他未列明的房屋建筑物	Other Buildings	1054253	1054253
年末自有机械设备	**Year-end Self-own Machinery and Equipment**		
净 值(万元)	Net Value of Machinery and Equipment Owned (10 000yuan)	1521667	1521667
总台数(台)	Number of Machinery and Equipment Owned (set)	291361	291361
总功率(万千瓦)	Total Power of Machinery and Equipment Owned (10 000kw)	501.97	501.97
劳动人员情况(万人)	**Labourers (10 000 persons)**		
计算劳动生产率的平均人数	Staff and Workers Annual Average	199.83	196.99
期末从业人数	Number of Persons Engaged at the Year-end	173.37	170.57
#工程技术人员	Technologist in Employed Persons at the Year-end	24.28	24.18
年末资产负债(万元)	**Year-end Assets and Liabilities (10 000 yuan)**		
流动资产合计	Total Circulating Funds	70307433	67992689
#存 货	Stock	10756417	10736421
固定资产原值	Original Value of Fixed Assets	5632672	5626682
累计折旧	Total Depreciation	2393890	2390737
#本年折旧	Depreciation this Year	380765	380718
在建工程	Under Construction Project	1846851	1822074
资产合计	Total Assets	84836422	81876626
流动负债合计	Liquid Liabilities	52847983	50406862
#应付账款	Payable Accounts	18012970	16948227
非流动负债合计	Non-current Liabilities	4461390	4400231
负债合计	Total Liabilities	59537897	57035617

continued

国有企业 State-owned	集体企业 Collective-owned	股份合作企业 Cooperative	联营企业 Joint Ownership Units	有限责任公司 Limited liability Enterprises	股份有限公司 Share-holding Corporations Ltd	私营企业 Private Enterprise	其他企业 Others	港澳台商投资企业 Funded from Hong Kong, Macao and Taiwan	外商投资企业 Foreign Funded
995368	**1319339**	**44140**	**59200**	**7990355**	**209131**	**15114757**		**532695**	
793867	870480	19285		3902138	96162	8488171		173328	
27918	73480			630462	21158	1059335			
12677	69624			487576	9013	1636677		178970	
34067	19398			606634	7877	896626		170616	
3106	5100			150274	42414	160709			
88616	251630	24855	59200	1807306	18736	2011714		9782	
15535	10395			135096	572	130157			
19582	19233			270869	13200	731369			
92869	77365	559		755453	26932	568490			
5062	12965	102		157809	3670	111753			
17.22	29.02	0.22		135.98	9.76	309.78			
6.71	8.13	0.29	0.20	55.35	2.99	123.30		2.84	
5.29	5.99	0.30	0.17	46.10	2.86	109.87		2.80	
0.99	0.85	0.06	0.01	6.54	0.44	15.29		0.10	
6158220	1100193	96841	47739	31420997	1548854	27619844		2314744	
802518	228236	62165	3016	3515887	123555	6001046		19996	
834687	223617	9055	2819	1643278	158412	2754816		5990	
259515	72939	3098	742	802102	80316	1172026		3154	
19803	10754	245	211	116694	6932	226080		47	
542132	61474	19		514387	73547	630515		24777	
7800840	1500347	107171	51175	36992103	1836773	33588215		2959796	
5819813	824076	74483	37218	25868164	1280946	16502164		2441121	
1091276	272664	4283	25277	9763782	101788	5689158		1064742	
818248	3701			2668179	32032	878072		61158	
6714722	981092	83159	37218	29212163	1392724	18614539		2502279	

14-2 续表2

指 标	Item	合 计 Total	内资企业 Domestic Funded
所有者权益合计	Total Creditors Equity	25298525	24841009
#实收资本	Capitals Hold	14273852	14144306
个人资本	Individuals	3234408	3234408
损益及分配(万元)	**Loss-profit and Allocation (10 000 yuan)**		
营业收入	Operational Revenue	72408274	71846058.5
主营业务收入	Revenue of Project Settlement Accounts	68782336	68220120
营业成本	Operational Cost	66688485	66127086
主营业务成本	Costs of Project Settlement Accounts	63032514	62505219
税金及附加	Taxes and Other Charges	617293	615641
主营业务税金及附加	Taxes and Extra Charges on Project Settle Accounts	526686	525034
其他业务利润	Other Profit from Business	63702	63702
销售费用	Selling Expenses	207829	207829
管理费用	Management Fee	2357346	2344177
财务费用	Financial Expenses	449447	435081
#利息收入	Expenses of Interest	66254	51636
#利息支出	Expenses of Interest	317096	288963
营业利润	Profits of Business	2602639	2596808
营业外收入	Nonoperating Income	87421	87123
营业外支出	Nonoperating Expense	75178	74749
利润总额	Total Profits	2609014	2603314
#所得税费用	Income Tax Payable	514713	517257
工资、福利费(万元)	**Wages,Welfare (10 000 yuan)**		
应付职工薪酬	Payable Total Wages	8948534	8929823
其他	**Others**		
劳动生产率(按总产值计算)(元/人)	Overall Labor Productivity (In Terms of Gross Output Value) (yuan/person)	535204	537659
产值利润率(%)	Ratio of Profit to Gross Output Value (%)	2.4	2.5
资产负债率(%)	Assets-Liability Ratio (%)	70.2	69.7
房屋建筑面积竣工率(%)	Rate of Floor Space of Buildings Completed (%)	39.6	39.9

continued

国有企业 State-owned	集体企业 Collective-owned	股份合作企业 Cooperative	联营企业 Joint Ownership Units	有限责任公司 Limited liability Enterprises	股份有限公司 Share-holding Corporations Ltd	私营企业 Private Enterprise	其他企业 Others	港澳台商投资企业 Funded from Hong Kong, Macao and Taiwan	外商投资企业 Foreign Funded
1086118	519256	24012	13958	7779941	444049	14973676		457516	
892590	236596	13932	3695	4390986	254394	8352115		129546	
9439	-1290	2640		682146	23199	2518273			
3004054	2101943	64042	75552	26928610	1290485	38381373		562215	
2958945	2050690	62979	75552	25964105	1279584	35828266		562215	
2800168	1913748	59116	67347	25092469	1200792	34993447		561399	
2752616	1861112	58139	67347	24040793	1194800	32530412		527295	
23505	46356	844	575	153382	9203	381777		1652	
16790	39827	842	575	144501	8923	313575		1652	
7949	1364			19690	10	34689			
11318	6033	161	824	40638	1971	146884			
118453	57241	1462	1674	756161	29536	1379651		13169	
31455	12824	113	126	165331	6970	218263		14366	
10506	-478	1	-37	35875	232	5537		14618	
30016	11128	43	186	124430	5435	117726		28133	
65797	76441	2822	4479	799047	33102	1615120		5831	
3771	1509	20	65	36237	1806	43715		297	
11108	2198	2	27	23040	1376	36998		429	
58179	75862	2840	4517	808012	33532	1620372		5700	
17408	16548	492	1003	179656	7381	294768		-2544	
304816	281212	11898	939	3261547	127612	4941799		18711	
802590	382390	300656	640916	657870	564256	479267		364860	
1.1	2.4	3.2	3.6	2.2	2.0	2.7		0.6	
86.1	65.4	77.6	72.7	79.0	75.8	55.4		84.5	
24.6	48.2	54.7	70.6	30.9	59.5	46.5		25.1	

14-3 各地区建筑业企业主要经济指标（2022年）

指 标	Item	全 省 Total	南 昌 市 Nanchang
企业个数(个)	**Number of Enterprises (unit)**	**5782**	**1202**
建筑业合同情况(万元)	**Construction Contract (10 000 yuan)**		
签订的合同额	Contract Value Signed	172847328	99599176
上年结转合同额	Contract Value on Hand last Year	62751619	39469358
本年新签合同额	Contract Value Newly Signed this Year	110095710	60129818
承包工程完成情况(万元)	**Conditions Finished of Contracted Projects (10 000 yuan)**		
直接从建设单位承揽工程完成的产值	Contracted Directly from Fabricative Units Output Value Finished of Projects	102943226	54246970
自行完成施工产值	Output Value Self-Finished of Buildings Under Construction	101475858	53765405
分包出去工程的产值	Output Value of Projects Subcontracted	1467368	481564
从建设单位以外承揽工程完成的产值	Contracted Directly Exceptant Fabricative Units Output Value Finished of Projects	5472516	2129898
建筑业总产值(万元)	**Gross Output Value (10 000 yuan)**	**106948374**	**55895304**
#装饰装修产值	Building Decoration	4065355	2846803
在外省完成的产值	Output in Other Provinces	32811028	19982644
建筑工程产值	Construction	92581254	47758157
安装工程产值	Installation	7261739	3983686
其他产值	Others	7105382	4153461
竣工产值(万元)	**Output Value of Buildings Completed (10 000yuan)**	**44194686**	**18455556**
房屋建筑施工及竣工面积(万平方米)	**Floor Space of Buildings Under Construction and Completed (10 000 sq.m)**		
房屋建筑施工面积	Floor Space of Buildings Under Construction	37048.39	19232.97
#本年新开工面积	Floor Space Started this Year	15268.18	6124.24
房屋建筑竣工面积	Floor Space of Buildings Completed	14682.60	5397.39
住宅房屋	Residential Buildings	8324.29	3144.70
商业及服务用房屋	Buildings for Business and Service	1050.66	421.78
办公用房屋	Office Buildings	904.22	431.19
科研、教育、医疗用房屋	Buildings for Scientific Research,Education and Medical Sevice	812.03	422.86
文化、体育、娱乐用房屋	Buildings for Culture,Sports and Entertainment	178.92	83.61
厂房及建筑物	Factory Buildings	2564.05	740.95
仓库	Warehouses	171.36	36.47
其他未列明的房屋建筑物	Other Buildings	677.07	115.84

Main Economic Indicators on Construction by Region (2022)

景德镇市 Jingdezhen	萍乡市 Pingxiang	九江市 Jiujiang	新余市 Xinyu	鹰潭市 Yingtan	赣州市 Ganzhou	吉安市 Ji'an	宜春市 Yichun	抚州市 Fuzhou	上饶市 Shangrao
98	**219**	**558**	**156**	**77**	**1040**	**431**	**679**	**411**	**911**
948210	3346117	13341982	4285739	2192857	11001933	6043782	7965132	10419855	13702547
340468	724235	3683905	2078523	1280790	4142887	1444632	2637871	3756348	3192604
607741	2621882	9658077	2207216	912067	6859046	4599150	5327261	6663507	10509943
500845	2147982	7723499	2666118	1802100	6682316	5004107	5272163	6706091	10191036
493241	2135534	7609106	2608415	1795673	6432886	4787368	5238244	6640202	9969786
7605	12448	114393	57704	6427	249430	216739	33919	65888	221251
23886	43362	284210	80189	26153	278531	311601	180816	144769	1969100
517127	**2178896**	**7893315**	**2688604**	**1821826**	**6711417**	**5098969**	**5419060**	**6784972**	**11938886**
10176	148659	203332	67857	6051	189388	122936	121587	157302	191266
62422	205784	1908807	737903	861700	258601	1097643	1140260	2485765	4069501
446891	2001629	7011258	2254804	1648052	5969236	4358867	4711100	6250832	10170428
42771	143357	421683	252857	110222	447703	459765	372409	309592	717695
27465	33910	460375	180943	63552	294478	280336	335551	224549	1050763
372968	**1240096**	**3043419**	**1253983**	**715209**	**3196907**	**2824849**	**2990796**	**4099907**	**6000996**
229.36	923.08	2131.67	820.76	784.81	2231.36	1511.04	2124.81	3381.33	3677.21
121.08	691.84	1304.20	396.56	192.34	1024.63	889.20	1090.38	1904.70	1529.01
182.87	475.13	1100.47	557.51	302.18	1086.92	958.56	1361.77	1623.06	1636.75
91.80	214.44	629.47	378.41	98.46	544.23	538.43	841.15	1056.67	786.53
12.86	13.26	79.14	25.72	42.73	74.71	43.57	114.06	105.52	117.29
2.09	57.50	75.42	22.45	1.82	28.82	118.49	22.03	50.55	93.86
1.56	22.80	28.49	34.63	2.55	98.90	25.74	57.60	71.87	45.02
0.89	4.24	5.92		0.05	11.79	11.29	11.21	15.16	34.76
61.95	158.39	233.25	90.17	91.50	216.40	172.69	230.01	223.64	345.09
1.91	0.06	8.42	0.21	0.04	3.84	10.22	2.01	1.45	106.74
9.81	4.44	40.35	5.91	65.02	108.22	38.13	83.70	98.20	107.45

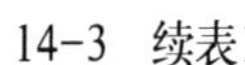
14-3 续表1

指 标	Item	全 省 Total	南 昌 市 Nanchang
竣工房屋价值(万元)	**Value of Completed Buildings (10 000 yuan)**	**26264985**	**11038036**
住宅房屋	Residential Buildings	14343431	6289975
商业及服务用房屋	Buildings for Business and Service	1812353	753795
办公用房屋	Office Buildings	2394536	917900
科研、教育、医疗用房屋	Buildings for Scientific Research,Education and Medical Sevice	1735218	1078766
文化、体育、娱乐用房屋	Buildings for Culture,Sports and Entertainment	361603	212482
厂房及建筑物	Factory Buildings	4271838	1487953
仓库	Warehouses	291754	84857
其他未列明的房屋建筑物	Other Buildings	1054253	212309
年末自有机械设备	**Year-end Self-own Machinery and Equipment**		
净 值(万元)	Net Value of Machinery and Equipment Owned (10 000yuan)	1521667	293618
总台数(台)	Number of Machinery and Equipment Owned (set)	291361	138456
总功率(万千瓦)	Total Power of Machinery and Equipment Owned (10 000kw)	501.97	161.54
劳动人员情况(万人)	**Labourers (10 000 persons)**		
计算劳动生产率的平均人数	Staff and Workers Annual Average	199.83	89.49
期末从业人数	Number of Persons Engaged at the Year-end	173.37	70.35
#工程技术人员	Technologist in Employed Persons at the Year-end	24.28	10.57
年末资产负债(万元)	**Year-end Assets and Liabilities (10 000 yuan)**		
流动资产合计	Total Circulating Funds	70307433	38698665
#存 货	Stock	10756417	5377930
固定资产原值	Original Value of Fixed Assets	5632672	2265523
累计折旧	Total Depreciation	2393890	1182679
#本年折旧	Depreciation this Year	380765	174536
在建工程	Under Construction Project	1846851	375768
资产合计	Total Assets	84836422	46009302
流动负债合计	Liquid Liabilities	52847983	30477413
#应付账款	Payable Accounts	18012970	12409084
非流动负债合计	Non-current Liabilities	4461390	2266974
负债合计	Total Liabilities	59537897	33642774

continued

景德镇市 Jingdezhen	萍乡市 Pingxiang	九江市 Jiujiang	新余市 Xinyu	鹰潭市 Yingtan	赣州市 Ganzhou	吉安市 Ji'an	宜春市 Yichun	抚州市 Fuzhou	上饶市 Shangrao
244887	**690699**	**1585355**	**779816**	**529066**	**1482421**	**2161342**	**2000197**	**2769482**	**2983685**
142463	286976	831097	504312	131517	693648	747880	1258927	1820001	1636636
21140	26661	135212	34492	118306	77408	62284	170051	189755	223249
3079	71572	98424	38833	1324	45915	945885	47801	94739	129064
1939	34953	42992	85402	5838	179979	49592	67896	109036	78826
1464	9440	11357		36	18640	14385	11655	58914	23231
62917	250739	406944	106118	203729	314309	254748	328954	307016	548409
2726	63	9626	380	122	6152	15591	2136	1615	168487
9158	10295	49703	10280	68194	146370	70977	112778	188407	175782
3672	158377	77428	42217	32569	73131	58975	582385	97994	101302
794	27754	18851	29477	622	7049	8984	9279	13523	36572
1.88	93.36	47.07	6.77	0.49	17.96	93.94	19.05	29.89	30.01
1.94	3.88	15.03	5.65	1.70	16.81	10.62	11.74	15.80	27.16
1.40	3.14	12.43	5.18	1.54	14.72	8.51	10.78	14.99	30.32
0.31	0.47	2.07	1.00	0.38	2.14	1.62	1.53	1.92	2.27
806162	1645917	3512593	2832218	1553402	5153415	2063267	4507021	4187291	5347483
175491	213249	484657	387767	379203	916493	309210	990297	762917	759204
72395	294266	437303	183048	64763	683793	226900	322346	364109	718228
22572	120732	192021	92571	25110	134124	78948	132906	150651	261576
4990	25355	31254	13571	2783	32879	12188	24831	17277	41102
11599	11433	248396	28199	7276	526035	290006	38326	66828	242984
994319	2031004	4401637	3101702	1753368	7048842	2746312	5226052	4849119	6674765
593383	1341404	2502516	1878873	1483968	4040263	1421265	3002564	2736607	3369726
129024	485448	434615	500506	119549	997381	275910	702413	697763	1261277
86901	80648	359537	178670	67726	784818	22291	57160	182404	374259
719853	1503849	3036887	2082572	1622177	5042892	1580775	3160166	3148067	3997885

14-3 续表2

指标	Item	全省 Total	南昌市 Nanchang
所有者权益合计	Total Creditors Equity	25298525	12366529
#实收资本	Capitals Hold	14273852	6635768
个人资本	Individuals	3234408	1337952
损益及分配(万元)	**Loss-profit and Allocation (10 000 yuan)**		
营业收入	Operational Revenue	72408274	37251395
工程结算收入	Revenue of Project Settlement Accounts	68782336	34749335
营业成本	Operational Cost	66688485	34714308
工程结算成本	Costs of Project Settlement Accounts	63032514	32170413
税金及附加	Taxes and Other Charges	617293	180409
工程结算税金及附加	Taxes and Extra Charges on Project Settle Accounts	526686	165955
其他业务利润	Other Profit from Business	63702	25269
销售费用	Selling Expenses	207829	60705
管理费用	Management Fee	2357346	1104856
财务费用	Financial Expenses	449447	244257
#利息收入	Expenses of Interest	66254	37039
#利息支出	Expenses of Interest	317096	211410
营业利润	Profits of Business	2602639	1100087
营业外收入	Nonoperating Income	87421	31366
营业外支出	Nonoperating Expense	75178	22694
利润总额	Total Profits	2609014	1104725
#所得税费用	Income Tax Payable	514713	238093
工资、福利费(万元)	**Wages,Welfare (10 000 yuan)**		
应付职工薪酬	Payable Total Wages	8948534	4465532
其他	**Others**		
劳动生产率(按总产值计算)(元/人)	Overall Labor Productivity (In Terms of Gross Output Value)	535204	624592
产值利润率(%)	Ratio of Profit to Gross Output Value (%)	2.4	2.0
资产负债率(%)	Assets-Liability Ratio (%)	70.2	73.1
房屋建筑面积竣工率(%)	Rate of Floor Space of Buildings Completed (%)	39.6	28.1

continued

景德镇市 Jingdezhen	萍乡市 Pingxiang	九江市 Jiujiang	新余市 Xinyu	鹰潭市 Yingtan	赣州市 Ganzhou	吉安市 Ji'an	宜春市 Yichun	抚州市 Fuzhou	上饶市 Shangrao
274466	527154	1364750	1019129	131191	2005950	1165538	2065886	1701052	2676880
185254	290615	909337	592364	190507	1220097	716881	1119153	977379	1436497
17691	63662	155188	151682	38152	206889	129201	354569	399263	380160
636236	1988902	4836348	1961879	836508	5647571	2518859	3950820	5526091	7253665
595061	1890420	4565939	1958344	826801	5484218	2432481	3868948	5418634	6992154
587125	1740223	4401644	1794122	780000	5089724	2241196	3624101	5116301	6599739
545323	1634617	4154948	1783488	763844	4944577	2157599	3532104	5018035	6327567
8894	33872	78317	19201	4113	47935	47942	36722	58122	101767
7861	27836	57270	14804	3838	41117	40298	33269	54759	79679
607	3076	5262		206	546	595	280	264	27598
3344	8902	20113	10538	1899	24112	24648	11231	12270	30067
23770	52670	166502	76919	33589	245590	111264	161280	120895	260012
3701	25109	30663	11426	11250	32711	12209	14664	30929	32529
171	189	8212	467	6797	9940	1988	-132	1294	289
634	15441	15088	5086	15269	15642	5097	6868	12680	13882
26160	133990	183252	100624	13274	233078	121970	130431	215283	344490
987	1816	12165	4061	4632	3680	2476	11806	5712	8721
276	3303	8684	1198	10643	7104	2127	2773	3603	12773
26871	132503	186495	103487	7307	229987	123351	139495	218375	336419
7113	23042	27142	18325	6966	37158	18851	30657	51405	55961
91715	182532	598077	241668	75590	705490	311158	532858	807910	936004
266822	561166	525160	475985	1069147	399145	480120	461448	429554	439591
5.2	6.1	2.4	3.8	0.4	3.4	2.4	2.6	3.2	2.8
72.4	74.0	69.0	67.1	92.5	71.5	57.6	60.5	64.9	59.9
79.7	51.5	51.6	67.9	38.5	48.7	63.4	64.1	48.0	44.5

主要统计指标解释

建筑业统计单位 指从事房屋、构筑物建造和设备安装活动的法人企业。建筑业法人企业应同时具备的条件是：① 依法成立，有自己的名称、组织机构和场所，能够承担民事责任；②独立拥有和使用资产，承担负债，有权与其他单位 签订合同；③独立核算盈亏，能够编制资产负债表。

建筑业总产值 是以货币形式表现的建筑业企业在一定时期内生产的建筑业产品和提供的服务的总和。建筑业总产值包括：

⑴建筑工程产值：指列入建筑工程预算内的各种工程价值。

⑵安装工程产值：指设备安装工程价值，不包括被安装设备本身的价值。

⑶其他产值：建筑业总产值中除建筑工程、安装工程以外的产值。包括房屋构筑物修理产值、非标准设备制造产值、总包企业向分包企业收取的管理费以及不能明确划分的施工活动所完成的产值。

a.房屋构筑物修理产值：指房屋和构筑物修理所完成的产值，但不包括被修理房屋、构筑物本身价值和生产设备的修理产值。

b.非标准设备制造产值：指加工制造没有定型的非标准生产设备的加工费和原材料价值(如化工厂、炼油厂用的各种罐、槽，矿井生产统一使用的各种漏斗、三角槽、阀门等)以及附属加工厂为本企业承建工程制作的非标准设备的价值。

房屋建筑施工面积 指在报告期内施工的全部房屋建筑面积，包括本期新开工的房屋面积、上期施工跨入本期继续施工的房屋面积、上期停缓建在本期恢复施工的房屋面积、本期竣工的房屋面积及本期施工后又停缓建的房屋面积。

房屋建筑竣工面积 指在报告期内房屋建筑按照设计要求全部完工，达到了住人和使用条件，经验收鉴定合格，正式移交使用单位的房屋建筑面积。

自有机械设备年末总台数 指归本企业所有，属于本企业固定资产的生产性机械设备年末总台数。包括施工机械、生产设备、运输设备以及其他设备。

自有机械设备年末总功率 指本企业自有施工机械、生产设备、运输设备以及其他设备等列为在册固定资产的生产性机械设备年末总功率，按设定能力或查定能力计算。包括机械本身的动力和为该机械服务的单独动力设备，如电动机等。计算单位用千瓦，动力换算可按 1 马力＝0.735 千瓦折合成千瓦数。电焊机、变压器、锅炉不计算动力。

工程结算收入 指企业承包工程实现的工程价款结算收入，以及向发包单位收取的除工程价款以外的按规定列作营业收入的各种款项，如临时设施费、劳动保险费、施工机械调迁费等以及向发包单位收取的各种索赔款。

工程结算利润 指已结算工程实现的利润，如亏损以“－”号表示。计算公式为：

工程结算利润＝工程结算收入－工程结算成本－工程结算税金及附加

Explanatory Notes on Main Statistical Indicators

Statistical Unit in Construction refers to corporate enterprise engaged in the construction of buildings and structures and in the installation of equipment. A corporate construction enterprise should meet the following 3 requirements:①being set up in line with relevant legal basis, having its full name, organization and location, and capable of taking civil liabilities;② independently possessing and using its assets and assuming its liabilities, and entitled to sign contracts with other institutions;③ making independent accounts of its profits and losses, and capable of compiling its own balance sheet

Gross Output Value of Construction refers to total of construction products and services, expressed in money terms, produced or rendered by construction and installation enterprises during a given period of time. It includes:

(1) Output value of construction projects: the value of projects covered by the project budgets;

(2) Output value of installation projects: the value of the installation of equipment, (excluding the value of the equipment to be installed);

(3) Other output values: the output value of construction industry apart from that of construction projects and installation projects. It includes: output value of repair of buildings and structures; output value of non-standard equipment manufacturing; overhead expenses received by contracted enterprises from the sub-contracted enterprises and the completed output value of construction activities for which there is no clear definition.

a. Output value of repair of buildings and structures: the value created through the repairs of buildings or structures. It does not include the value of buildings or structures being repaired and the value of the repair of production equipment;

b. Output value of manufactured non-standard equipment: the value of non-standard production equipment, including raw materials and manufacturing cost, made for the construction project (i.e., chemical plant; kettles or tanks used by refineries; various fillers, triangle tanks, valves used by mines). It also includes the output value of equipment manufactured by subsidiary workshops.

Floor Space of Buildings Under Construction refers to floor space of buildings under construction during the reference period, including newly started buildings, buildings started earlier and continued during the reference period, and buildings suspended earlier but restarted during the reference period, buildings completed during the reference period, and buildings under construction and then suspended during the reference period.

Floor Space of Buildings Completed refers to the floor space of buildings that are completed in the reference period in accordance with the requirements of the design, up to the standard for putting them into use, and have been checked and accepted by concerned departments as qualified ones.

Total Number of Machinery and Equipment Owned by the End of Year refers to the number of machines and equipment owned by the enterprises, and listed as the fixed assets of the enterprises by the end of the year, including machinery and equipment for construction, production and transportation.

Total Power of Machinery and Equipment Owned by the End of Year refers to the total power of machinery and equipment owned by the enterprises, and listed as the fixed assets of the enterprises by the end of the year, including machinery and equipment for construction, production and transportation. The power of the machinery is calculated on basis of the designed or verified capacity, covering the power of the machinery/equipment and the separate power equipment serving the machinery/equipment (such as electric motors), but excluding welders, transformers and boilers. The unit used for the calculation of power is kilowatt, with horsepower converted to kilowatt by 1 horsepower=0.735 kilowatt.

Income from Settlement of Projects refers to the income received by the construction enterprise from the contracted project through settlement procedures, and other charges to the contracted as operational costs in addition to the value of the project, such as temporary facility fee, labor insurance premium, moving cost of construction equipment, as well as various types of claims to the contracted.

Profit from Settlement of Projects refers to profit realized through settled projects. It is calculated with the following formula:

Profit from Settlement of Projects=Income from Settlement of Projects−Settled Cost−Settled Taxes and Other Cost.

交通运输、邮电通讯和规上服务业

TRANSPORTATION, POSTAL AND TELECOMMUNICATIONS, AND SERVICE INDUSTRY ABOVE DESIGNATED SIZE

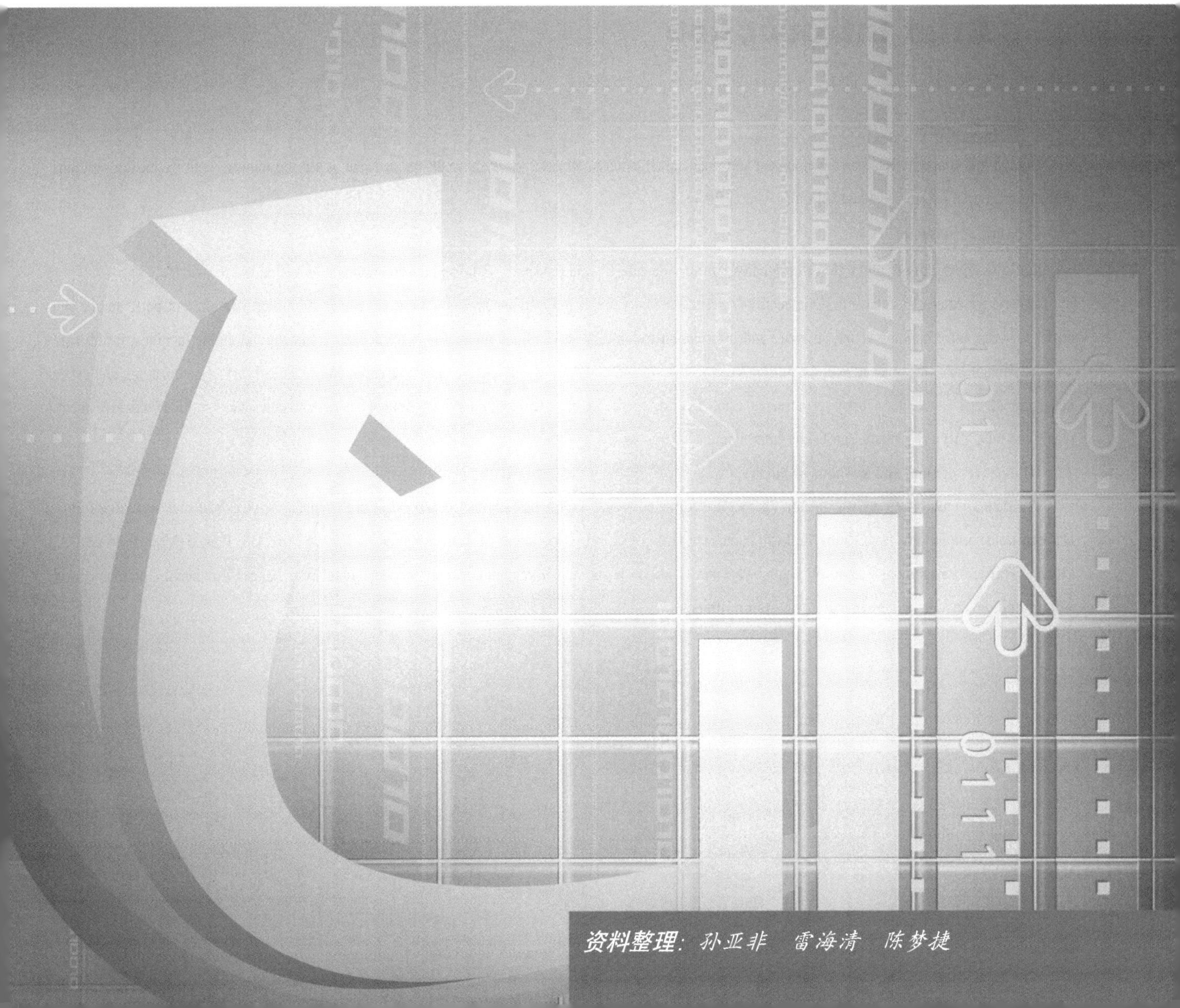

资料整理：孙亚非　雷海清　陈梦捷

简要介绍

一、本篇资料的主要内容

本篇资料反映全省规模以上服务业经营情况及主要财务状况，交通运输业和邮电通讯业发展的基本状况。

二、本篇资料的统计范围

全省境内全部规模以上服务业企业，交通运输业和邮电通讯业。

规模以上服务业企业划分标准为：年营业收入2000万元及以上服务业法人单位，包括：交通运输、仓储和邮政业，信息传输、软件和信息技术服务业，水利、环境和公共设施管理业，卫生等行业。年营业收入1000万元及以上服务业法人单位，包括：租赁和商务服务业，科学研究和技术服务业，教育，以及物业管理、房地产中介服务、房地产租赁经营和其他房地产业等行业。年营业收入500万元及以上服务业法人单位，包括：居民服务、修理和其他服务业，文化、体育和娱乐业，社会工作等行业。

三、本篇的资料来源和统计调查方法

本篇资料中规模以上服务业企业统计数据主要是根据规模以上服务业统计年度报表中有关资料整理汇总的；交通运输资料分别来源于中国铁路南昌局集团有限公司、省交通厅、省机场集团有限公司、省公安厅交通管理局，邮电通信业资料来源于省通信管理局和省邮政管理局。

Brief Introduction

Ⅰ.Main Contents

Data in this chapter reflect the development and financial situation of all enterprises above designated size of service industry, and the basic conditions of transport, postal and telecommunication in Jiangxi Povince.

Ⅱ.Scope of Statistics

Statistics cover all enterprises above designated size service industry and transport, postal and telecommunication within th e province.

Criteria for enterprises above designated size of service industry are as follows: annual business revenue over 20 million yu an in transport, storage and postal services, information transfer, software and information technology services, administration of water, environment and public facilities, health care service. Annual business revenue over 10 million yuan in leasing and commercial services, scientific research and technical services, education, and estate management, real estate intermediary services, real estate Learing operation, other real estate services. Annual business revenue over 5 million yuan in resident, repair and other services, culture, sports and entertainment, social work.

III. Sources of Data and Methods of Survey

The data on enterprises statistics in this chapter are compiled mainly on the basis of the relevant data in the annual services statistics reporting forms. Data on transportation are from China Railway Nanchang Group Co.,Ltd, Department of Transportation of Jiangxi Province, Jiangxi Airport Group Co., Ltd,and Traffic Management Bureau of Jiangxi Province. Data on postal and telecommunication services come from Jiangxi Provincial Communication Administration, and Jiangxi Provincial Postal Administration.

15-1 运输线路长度
Length of Transportation Routes

单位：公里 (km)

指　标	Item	1978	1980	1990	2000	2010	2018	2019	2020	2021	2022
铁路营业里程	Length of Railways in Operation	1184	1335	1581	2197	2734	4134	4535	4546	4822	4822
公路通车里程	Length of Highways	30245	29651	33203	60292	140597	161941	209131	210642	211101	210711
等级公路	Expressway and Class I to IV Highways		12096	18561	34999	101455	135442	195458	205122	205655	206208
#高速公路	Expressway				421	3088	5931	6144	6234	6309	6728
一级公路	Class Ⅰ			15	314	1386	2601	2765	3070	3186	3246
二级公路	Class Ⅱ		169	1105	6471	9340	11613	11862	12320	12612	12700
三级公路	Class Ⅲ		521	2156	5581	6670	14338	15764	17638	18213	19481
等外公路	Highways Below Class IV		17559	14642	25293	39142	26499	13673	5520	5446	4502
内河通航里程	Length of Navigable Inland Waterways	6630	4937	4937	5537	5638	5716	5716	5716	5716	5716
等级航道	Standard Waterways				2343	2349	2427	2427	2427	2427	2427
等外航道	Substandard Waterways				3194	3289	3289	3289	3289	3289	3289

注：铁路营业里程统计口径为中国铁路南昌局集团有限公司在全省境内所管辖铁路营业里程。
a)The statistical caliber of railway operating mileage is the railway operating mileage under the jurisdiction of China Railway Nanchang Group Co., Ltd. in the whole province.

15-2 交通运输工具年末实有数
Possession of Transportation Facilities at Year-end

指　标	Item	1990	2000	2010	2018	2019	2020	2021	2022
民用汽车合计(辆)	Total Civil Motor Vehicles (unit)	110432	247000	1476011	5443919	6074227	6617811	7178384	7608661
#载客汽车	Passenger Vehicles	29473	100794	956480	4614506	5186049	5671390	6171088	6631219
载货汽车	Trucks	74424	131147	401679	731868	794179	911226	968553	937011
专项作业车	Special-operation Vehicles						35195	38743	40431
摩托车(辆)	Motorcycles(unit)	51630	891179	4172862	2324674	2595358	2986723	3638618	4367291
汽车挂车(辆)	Trailers (unit)	5209	1190	39684	109877	117442	128615	141222	138791
运输船舶(艘)	Transport Vessels (unit)	8687	4856	4221	2708	2386	2273	2403	2426
机动船(艘)	Motor Vessels (unit)	8051	4511	4184	2706	2384	2271	2400	2426
(净载重量吨)	(Dead Weight Tonnage)	333989	356441	1962783	2524237	2541705	3474738	5438999	6524132
(客位)	(Number of Seats)	13362	16172	11811	11835	13360	13893	13958	14566
驳　船(艘)	Barges (unit)	636	345	37	2	2	2	3	0
(净载重量吨)	(Dead Weight Tonnage)	76267	74504	17560	1730	1730	1730	3030	0
补充资料:	Supplementary Information:								
汽车驾驶员(人)	Drivers (person)	168842	791545	3911886	13760852	14458165	14905068	15402585	15737891

15-3 全社会运输量
Total Freight Traffic and Passenger Traffic

指 标	Item	1990	2000	2010	2018	2019	2020	2021	2022
货物运输量(万吨)	**Freight Traffic (10 000 tons)**	**17593**	**23601**	**100339**	**174184**	**150860**	**157167**	**198701**	**196931**
民 航	Civil Aviation	0.1	2.0	2.0	9.1	13.0	19	17.9	4.4
铁 路	Railways	2546	3142	5379	5046	4963	4553	4818	5200
公 路	Highways	13814	19276	88445	157646	135554	141899	181023	178367
水 运	Waterways	1233	1181	6513	11483	10331	10697	12843	13360
内 河	Inland Waterways	1226	1132	6081	11131	9967	10200	12034	12469
沿 海	Coastal		7	412	352	363	497	810	891
旅客运输量(万人)	**Passenger Traffic (10 000 persons)**	**24893**	**35821**	**76633**	**62419**	**59704**	**43186**	**25678**	**16891**
民 航	Civil Aviation	12	95	186	1734	1846	1273	1375	673
铁 路	Railways	1827	3332	5588	11131	11728	8157	9167	6386
公 路	Highways	22681	31966	70628	49302	45933	33643	14977	9735
水 运	Waterways	373	428	231	253	198	113	159	97
内 河	Inland Waterways	373	428	231	253	198	113	159	97

注：1.2019年交通运输部开展全国公路货物运输量专项调查，对公路运输统计口径进行了调整，与往年数据不可比。(下表同)
2.2020年起，铁路数据采用国家统计局反馈数据，与往年不可比。(下表同)

a) In 2019, the Ministry of Transport carried out a special survey on the National Highway freight traffic volume, and adjusted the statistical caliber of highway transportation, which was not comparable with the data of previous years. The same applies to the following table .

b) In 2020, data on railway traffic are feedback from the National Bureau of Statistics.Therefore, data of 2020 are not comparable to previous years. The same applies to the following tables.

15-4 全社会运输周转量
Total Freight Ton-kilometers and Passenger-kilometers

指 标	Item	1990	2000	2010	2018	2019	2020	2021	2022
货物周转量(万吨公里)	**Freight Ton-kilometers (10 000 ton-km)**	**2990626**	**7476344**	**27386993**	**45282985**	**38587772**	**40107905**	**48819029**	**51197579**
铁 路	Railways	2042652	5638150	7059000	5302489	5630825	4973003	5675481	6191080
公 路	Highways	628269	1471925	18501965	37599405	30403181	32470914	39601133	40864159
水 运	Waterways	319649	358126	1824105	2381091	2553766	2663988	3542415	4142340
内 河	Inland Waterways	305641	224220	1147431	1952621	2078738	2113641	2493557	2583729
沿 海	Coastal		13764	602711	428470	475028	550347	1048858	1558611
旅客周转量(万人公里)	**Passenger-Kilometers (10 000 passenger-km)**	**1703696**	**4530738**	**9127645**	**9937261**	**9842391**	**6313543**	**6039061**	**4556124**
铁 路	Railways	746506	2719080	5648000	7324229	7397188	4502923	5059589	3941662
公 路	Highways	938802	1713280	3304835	2609677	2442452	1808853	977066	613036
水 运	Waterways	11082	12022	3156	3355	2751	1767	2407	1426
内 河	Inland Waterways	11082	12022	3156	3355	2751	1767	2407	1426

15-5 铁路、港口主要指标
Main Indicators of Railways and Ports

指 标	Item	1990	2000	2010	2020	2021	2022
铁 路	**Railway Transport**						
货车周转时间(天)	Turning Around Time of Freight Cars Locomotives (day)		1.9	2.6	2.2	2.2	2.2
平均每日装车数(辆)	Average Daily Loading Coaches (coach)		1456	2454	2253	2403	2632.0
货车平均静载重(吨)	Average Static Load of Freight Cars Locomotives (ton)		58.9	62.2	57.0	54.9	54.0
货物列车旅行速度(公里/小时)	Running Speed of Freight Trains (km/hour)		38.9	30.7	41.8	42.5	43.6
货运机车平均日产量(万吨公里)	Average Daily Ton-kilometers of Freight Locomotives (10 000 ton-km)		107.0	109.7	115.1	120.2	122.6
内燃机车每万吨公里耗油(公斤)	Oil Consumption of Diesel Locomotives per 10 000 ton-km (kg)		22.8	30.0	39.0	39.5	39.6
南昌直属站	**Nanchang Station**						
货物发送量(万吨)	Volume of Freight Dispatched (10 000 tons)	3.6	1.3	12.4	0.5	0.2	0.1
旅客发送量(万人)	Number of Passenger Dispatched (10 000 persons)	397.6	867.7	1860.7	2551.1	2930.3	2008.0
平均每日装车数(车)	Daily Loading Coach (coach)	4.5	0.7	5.2	0.2	0.1	0.04
平均每日卸车数(车)	Daily Unloading Coach (coach)	11.9	8.5	34.8	2.0	1.7	1.7
向塘直属站	**Xiangtang Station**						
货物发送量(万吨)	Volume of Freight Dispatched (10 000 tons)	14.2	7.5	21.2	98.8	123.4	165.5
旅客发送量(万人)	Number of Passenger Dispatched (10 000 persons)	61.5	82.4	63.4	30.4	37.5	19.8
平均每日装车数(车)	Daily Loading Coach (coach)	7.3	3.6	10.9	105.8	127.0	158.8
平均每日卸车数(车)	Daily Unloading Coach (coach)	20.9	18.0	21.9	87.0	108.5	181.4
#向塘西站平均每日办理车数(车)	Daily Transaction Coach (coach)	4726.0	11769	12495	13744	14998	16001.6
鹰潭直属站	**Yingtan Station**						
货物发送量(万吨)	Volume of Freight Dispatched (10 000 tons)	67.0	222.5	397.5	316.4	282.8	276.3
旅客发送量(万人)	Number of Passenger Dispatched (10 000 persons)	150.6	364.0	459.9	326.6	345.2	192.1
平均每日装车数(车)	Daily Loading Coach (coach)	31.3	109.6	188.9	142.2	129.4	126.9
平均每日卸车数(车)	Daily Unloading Coach (coach)	39.9	174.0	240.4	287.6	294.7	267.9
#鹰潭站平均每日办理车数(车)	Daily Transaction Coach (coach)	5208.0	10473	8773	8088	8568	9167.1
港 口	**Ports**						
九江港货物吞吐量(万吨)	Volume of Freight Handled in Jiujiang Port (10 000 tons)	445.4	92.0		12046.8	15174.9	18061.3
南昌港货物吞吐量(万吨)	Volume of Freight Handled in Nanchang Port (10 000 tons)				4865.9	3700.6	2823.6

注：2020年起，九江港、南昌港统计数据采用省交通部门提供数据，并对往期数据进行了修订。
a)The data on Jiujiang Port and Nanchang Port after 2020 are from Department of Transportation of Jiangxi.The data of previous years are adjusted accordingly.

15-6 邮政电信业务主要指标
Principal Indicators of Postal and Telecommunication Services

指　标	Item	1990	2000	2010	2020	2021	2022
邮政业务总量(亿元)	Business Volume of Postal Services (100 Million yuan)	2.9	5.5	36.9	311.3	210.7	243.6
电信业务总量(亿元)	Business Volume of Telecommunication Services (100 Million yuan)		75.9	661.2	3539.8	416.1	437.7
邮路总长度(公里)	Length of Postal Routes (km)	46591	119905	98020	113000	208135	180241
农村投递路线总长度(公里)	Length of Rural Delivery Routes (km)	121971	118555	97950	90200	89569	87065
邮政汽车(辆)	Postal Cars (unit)	263	1098	2060	2384	2119	2217
函　　件(万件)	Number of Letters (10 000 pcs)	17162	14010	17971	1184	745	706
包　　裹(万件)	Packages (10 000 pcs)		247	121	37	34	37
报刊累计数(万份)	Total Number of Newspapers and Magazines (10 000 copies)	46842	48881	54433	53164	51053	49032
快递业务量(万件)	Pieces of Express Mail Services (10 000 pcs)		283	2351	112004	160092	182265
固定电话用户(万户)	Number of Fixed Telephone Subscribers (10 000 Subscribers)	12.6	354.1	709.6	482.4	474.0	448.2
移动电话用户(万户)	Number of Mobile Telephone Subscribers (10 000 Subscribers)		140	1811	4249	4497	4695
互联网宽带用户数(万户)	Number of Broadband Subscribers of Internet (10 000 Subscribers)		27.0	253.4	1510.5	1700	1958
长途光缆线路长度(公里)	Length of Long-distance Optical Cable Lines (km)			21201	33442	33532	27646
本地中继线光缆线路长度(公里)	Length of Local Optical Cable Lines (km)			247494	757038	789952	722520

注：1. 2022年，“邮政业务总量”按2020年不变单价计算，“电信业务总量”按2021年不变单价计算；“邮路总长度”包含了邮政速递物流的数据；“互联网宽带用户数”包含了中国移动的数据。

2. 2021年起，邮路总长度由单程统计改为全程统计，与往年数据不可比。

a) In 2022, calculation of business volume of postal services is based on the constant price of 2020,calculation of business volume of telecommunication services is based on the constant price of 2021;length of EMS's routes is included in length of postal routes;number of CMCC Subscribers are included in number of Broadband Subscribers of Internet.

b)Since 2021, the total length of postal routes has been changed from one-way statistics to whole process statistics, which is not comparable with the data of previous years.

15-7 各地区公路里程年底到达数（2022年）
Length of Highways at Year-end (2022)

单位：公里 (km)

地　区	Region	合　计 Total	等级公路 Expressway and Class I to IV Highways	高速公路 Expressway	一　级 Class Ⅰ
全　省	**Provincial Total**	**210711**	**206208**	**6728**	**3246**
南昌市	Nanchang	11674	11606	430	239
景德镇市	Jingdezhen	5444	5381	199	150
萍乡市	Pingxiang	9359	9146	197	113
九江市	Jiujiang	23874	23344	690	410
新余市	Xinyu	5013	4919	131	211
鹰潭市	Yingtan	5483	5234	101	88
赣州市	Ganzhou	45428	44507	1728	550
吉安市	Ji'an	30668	29797	916	422
宜春市	Yichun	27349	26933	863	458
抚州市	Fuzhou	19279	18783	757	123
上饶市	Shangrao	27140	26558	718	484

15-7 续表 continued

单位：公里 (km)

地　区	Region	二　级 Class Ⅱ	三　级 Class Ⅲ	四　级 Class Ⅳ	等外公路 Highway Below Class IV
全　省	**Provincial Total**	**12700**	**19481**	**164053**	**4502**
南昌市	Nanchang	659	1181	9098	68
景德镇市	Jingdezhen	523	649	3860	63
萍乡市	Pingxiang	611	816	7409	213
九江市	Jiujiang	1367	2059	18819	530
新余市	Xinyu	311	495	3772	94
鹰潭市	Yingtan	187	647	4212	248
赣州市	Ganzhou	2583	3557	36089	921
吉安市	Ji'an	1853	2346	24260	871
宜春市	Yichun	1744	2598	21270	416
抚州市	Fuzhou	1259	1828	14817	496
上饶市	Shangrao	1602	3306	20448	582

15-8 各地区交通运输工具年末实有数（2022年）
Possession of Transportation Facilities at Year-end by Region (2022)

地　区	Region	民用汽车合计(辆) Total Civil Motor Vehicles (unit)	载客汽车 Passenger Vehicles	载货汽车 Trucks	专项作业车 Special-operation Vehicles	摩托车(辆) Motorcycles (unit)	汽车挂车(辆) Trailers (unit)	运输船舶(艘) Transport Vessels (unit)
全　省	**Provincial Total**	**7608661**	**6631219**	**937011**	**40431**	**4367291**	**138791**	**2426**
南 昌 市	Nanchang	1484688	1383359	93869	7460	13189	7031	125
景德镇市	Jingdezhen	285516	256766	27372	1378	128466	5490	15
萍 乡 市	Pingxiang	311744	279853	30684	1207	272805	4459	
九 江 市	Jiujiang	787941	706359	77712	3870	415573	5984	689
新 余 市	Xinyu	235225	205203	28780	1242	203774	10706	80
鹰 潭 市	Yingtan	177999	155559	20894	1546	76637	8697	53
赣 州 市	Ganzhou	1373792	1179925	184558	9309	1746599	5416	87
吉 安 市	Ji'an	650479	556097	91306	3076	433213	12120	499
宜 春 市	Yichun	958576	743002	210616	4958	378854	56729	508
抚 州 市	Fuzhou	479716	411574	65587	2555	325521	15050	96
上 饶 市	Shangrao	851657	743943	104203	3511	366030	7109	274

15-9 各地区邮政电信业务主要指标（2022年）
Principal Indicators of Postal and Telecommunication Services by Region (2022)

地　区	Region	年末邮政局数(所) Number of Postal Offices at Year-end (unit)	邮政业务总量(亿元) Business Volume of Postal Services (100 million yuan)	电信业务总量(亿元) Business Volume of Telecommunication Services(100 million yuan)	固定电话年末用户数(万户) Fixed Telephone Subscribers at Year-end(10 000 subscribers)	移动电话年末用户数(万户) Number of Mobile Telephone Subscribers at Year-end (10 000 subscribers)	互联网宽带接入用户数(万户) Number of Broadband Subscribers of Internet (10 000 subscribers)
全　省	**Provincial Total**	**1971**	**243.6**	**437.7**	**448.2**	**4694.5**	**1958.3**
南 昌 市	Nanchang	166	83.3	88.4	82.4	803.2	358.3
景德镇市	Jingdezhen	60	9.6	17.3	13.2	179.8	78.4
萍 乡 市	Pingxiang	65	6.5	16.7	21.7	194.6	82.5
九 江 市	Jiujiang	242	20.2	46.7	62.0	491.6	218.2
新 余 市	Xinyu	51	11.6	13.0	10.1	138.7	59.9
鹰 潭 市	Yingtan	55	3.9	12.0	11.9	117.7	51.3
赣 州 市	Ganzhou	379	33.5	80.1	86.5	903.6	346.5
吉 安 市	Ji'an	275	18.7	38.4	36.2	436.6	185.8
宜 春 市	Yichun	210	18.8	43.7	44.6	491.2	196.5
抚 州 市	Fuzhou	216	13.6	31.0	18.2	338.2	148.3
上 饶 市	Shangrao	252	23.9	50.5	61.4	599.3	232.6

注：2022年，“邮政业务总量”按2020年不变单价计算，“电信业务总量”按2021年不变单价计算。

a) In 2022,calculation of business volume of postal services is based on the constant price of 2020,calculation of business volume of telecommunication services is based on the constant price of 2021.

15-10 规模以上服务业单位数及营业收入（2022年）

Number and business Revenus of Enterprises above Designated Size of Service Industry (2022)

类别	Type	企业单位数（个）Number of Enterprises (unit)	营业收入（万元）Business Revenue (10 000yuan)
总计	**Total**	**6514**	**48939424**
按登记注册类型及隶属关系分组	**By Registration Status and Jurisdiction of Management**		
内资企业	Domestic Funded Enterprises	6457	47486980
国有企业	State-owned Enterprises	244	2945252
集体企业	Collective-owned Enterprises	18	90640
股份合作企业	Cooperative Enterprises	14	42880
联营企业	Joint Ownership Enterprises	4	10156
有限责任公司	Limited Liability Corporations	1537	19803442
股份有限公司	Share-holding Corporations Limited	99	3023528
私营企业	Private Enterprises	4377	20964826
其他企业	Other Enterprises	164	606255
港、澳、台商投资企业	Enterprises with Funds from Hong Kong,Macao and Taiwan	30	417165
外商投资企业	Foreign Funded Enterprises	27	1035279
#国有控股企业	State-holding Enterprises	783	16730882
按行业分组	**Grouped by Sector**		
铁路运输业	Railway Transport	11	3828884
道路运输业	Road Transport	1483	11504174
水上运输业	Water Transport	63	498581
航空运输业	Air Transport	8	140468
管道运输业	Pipeline Transport		
多式联运和运输代理业	Multimodal Transport and Transport Agent Industry	35	471816
装卸搬运和仓储业	Loading, Unloading Removel and Storage	114	1559497
邮政业	Postal	68	1840482
电信、广播电视和卫星传输服务	Telecommunications, Broadcasting Television and Satellite Transmission	89	4787691
互联网和相关服务	Internet and Related Services	114	1925678
软件和信息技术服务业	Software and Information Technology Services	269	2262892
物业管理业	Property Management	209	670518
房地产中介服务业	Real Estate Intermediary Services	76	205692
房地产租赁经营	Real Estate Leasing Operation	148	760476
其他房地产业	Other Real Estate		
租赁业	Leasing	288	1423792
商务服务业	Business Services	1193	7832052
研究和试验发展	Research and Experimental Development	23	61568
专业技术服务业	Polytechnic Services	466	2835193
科技推广和应用服务业	Services of Science and Technology Promotion and Application	44	206754
水利管理业	Management of Water Conservancy	1	104846
生态保护和环境治理业	Ecological Protection and Environmental Management	23	116680
公共设施管理业	Management of Public Facilities	164	991316
土地管理业	Land Management Industry	6	77118
居民服务业	Resident Services	190	414670
机动车、电子产品和日用产品修理业	Repair to Motor,Electronic Products and Household Products	194	355658
其他服务业	Other Services	79	172896
教育	Education	301	1067489
卫生	Health Care	228	1426092
社会工作	Social Work	51	61798
新闻和出版业	Journalism and Publishing Activities	28	382888
广播、电视、电影和影视录音制作业	Broadcasting, Television, Movies and Video Recording	148	214361
文化艺术业	Cultural and Art Activities	53	151536
体育	Sports Activities	42	46903
娱乐业	Entertainment	305	538964
按地区分组	**By Region**		
南昌市	Nanchang	1484	14463374
景德镇市	Jingdezhen	248	1559188
萍乡市	Pingxiang	143	859532
九江市	Jiujiang	706	4528031
新余市	Xinyu	130	532288
鹰潭市	Yingtan	272	2245555
赣州市	Ganzhou	728	3810914
吉安市	Ji'an	772	3319052
宜春市	Yichun	809	3851126
抚州市	Fuzhou	413	3078912
上饶市	Shangrao	807	7337854

15-11 规模以上服务业企业主要财务指标（2022年）

单位：万元

类 别	Type	资产总计 Total Assets	流动资产合计 Total Current Assets
总　计	**Total**	**183049214**	**50568271**
按登记注册类型及隶属关系分组	**By Registration Status and Jurisdiction of Management**		
内资企业	**Domestic Funded Enterprises**	**181062168**	**50280722**
国有企业	State-owned Enterprises	8551742	2961147
集体企业	Collective-owned Enterprises	89559	41131
股份合作企业	Cooperative Enterprises	35499	20885
联营企业	Joint Ownership Enterprises	8049	3701
有限责任公司	Limited Liability Corporations	142007462	35935283
股份有限公司	Share-holding Corporations Limited	15282489	2464917
私营企业	Private Enterprises	14289591	8546079
其他企业	Other Enterprises	797778	307578
港、澳、台商投资企业	Enterprises with Funds from Hong Kong,Macao and Taiwan	886365	155319
外商投资企业	Foreign Funded Enterprises	1100681	132231
#国有控股企业	State-holding Enterprises	156954320	36768548
按行业分组	**Grouped by Sector**		
铁路运输业	Railway Transport	39831932	3943252
道路运输业	Road Transport	59350877	8896173
水上运输业	Water Transport	681868	435741
航空运输业	Air Transport	1194376	323131
管道运输业	Pipeline Transport		
多式联运和运输代理业	Multimodal Transport and Transport Agent Industry	242454	155149
装卸搬运和仓储业	Loading, Unloading Removel and Storage	3005400	1475325
邮政业	Postal	708576	384378
电信、广播电视和卫星传输服务	Telecommunications, Broadcasting Television and Satellite Transmission	6529170	1138784
互联网和相关服务	Internet and Related Services	1497352	1106472
软件和信息技术服务业	Software and Information Technology Services	2495622	1791569
物业管理业	Property Management	1229260	876933
房地产中介服务业	Real Estate Intermediary Services	122061	93315
房地产租赁经营	Real Estate Leasing Operation	17588743	5726773
其他房地产业	Other Real Estate		
租赁业	Leasing	983392	659301
商务服务业	Business Services	12875502	7696439
研究和试验发展	Research and Experimental Development	115697	73202
专业技术服务业	Polytechnic Services	14835959	7064923
科技推广和应用服务业	Services of Science and Technology Promotion and Application	850180	344695
水利管理业	Management of Water Conservancy	216799	164375
生态保护和环境治理业	Ecological Protection and Environmental Management	231786	116802
公共设施管理业	Management of Public Facilities	7501544	3646199
土地管理业	Land Management Industry	3084231	543921
居民服务业	Resident Services	534394	309953
机动车、电子产品和日用产品修理业	Repair to Motor,Electronic Products and Househole Products	117850	74281
其他服务业	Other Services	81811	60488
教育	Education	1288493	576646
卫生	Health Care	1651537	809996
社会工作	Social Work	125824	40842
新闻和出版业	Journalism and Publishing Activities	764037	615677
广播、电视、电影和影视录音制作业	Broadcasting, Television, Movies and Video Recording	234457	125020
文化艺术业	Cultural and Art Activities	453353	133521
体育	Sports Activities	1073825	519531
娱乐业	Entertainment	1550850	645466

Main Financial Indicators of Enterprises above Designated Size of Service Industry (2022)

(10 000 yuan)

固定资产原价 Original Value of Fixed Assets	负债合计 Total Liabilities	所有者权益合计 Total Owners` Equities	营业收入 Business Revenue	营业成本 Business Cost	税金及附加 Taxes and Other Charges	营业利润 Business Profits	利润总额 Total Profits	本年应交增值税 Valued-Added Payable
82246588	**95535828**	**87513385**	**48939424**	**40823508**	**250993**	**1637857**	**1743657**	**1201393**
79614845	**94169777**	**86892392**	**47486980**	**39842855**	**240837**	**1372842**	**1474329**	**1140244**
3932247	4906270	3645472	2945252	2436252	13590	127075	139010	67707
25471	63095	26464	90640	78484	388	4306	4601	1185
18699	21249	14249	42880	26485	173	6341	6372	1375
4326	4768	3281	10156	5068	25	3396	3777	40
56981101	71722675	70284787	19803442	16593645	107876	432274	456725	479332
12935786	7071754	8210736	3023528	2395604	9841	12397	2900	69046
5108246	9894259	4395332	20964826	17856902	108494	761770	835796	520885
608969	485707	312071	606255	450417	450	25285	25148	674
970123	507967	378398	417165	333615	3228	-796	-261	14905
1661620	858085	242596	1035279	647038	6928	265810	269589	46244
71408812	78115685	78838635	16730882	14144364	95256	117889	106545	422367
21860888	8852925	30979006	3828884	4139560	5592	-855042	-872001	77881
39201185	35912126	23438752	11504174	9922464	64733	466367	505424	313886
499169	462618	219250	498581	452256	2130	18563	22864	18367
842014	748013	446364	140468	242616	1022	-121005	-121325	3628
95254	162381	80073	471816	446613	755	9326	12515	5271
717520	2567513	437887	1559497	1496508	2062	47898	51959	9012
459852	582175	126401	1840482	1675552	5029	7903	7960	23346
9065372	3716813	2812358	4787691	3337847	8877	729611	726639	167972
121881	1169729	327623	1925678	1284398	4407	10343	15684	36648
179706	1336930	1158692	2262892	1613199	9563	148602	157442	70586
134583	731359	497901	670518	534652	4089	28068	19432	24864
11757	84713	37348	205692	144145	1170	5805	6581	7190
2825222	9502290	8086453	760476	437739	40871	109886	126766	79173
402402	795923	187469	1423792	1227849	14320	77459	82935	66723
808622	7852963	5022539	7832052	7074639	24735	298259	330712	127304
29625	57940	57757	61568	40300	117	3532	4560	1014
709867	9880912	4955047	2835193	2148280	16484	296966	295029	87997
351479	391743	458437	206754	148471	2153	24501	28664	3118
21189	76078	140721	104846	88722	688	3893	3908	2392
79767	95167	136619	116680	81644	524	14791	14840	4638
868048	4418697	3082847	991316	691164	11373	56242	62012	24575
116899	1322253	1761978	77118	52726	1649	15595	15564	617
118424	314763	219632	414670	295577	1293	37927	36712	3201
47231	53892	63958	355658	286206	1574	30597	31351	4160
16388	48689	33122	172896	153823	690	8060	8254	3716
809137	740540	547953	1067489	729286	2615	36020	34659	11018
888025	1172764	478773	1426092	1071096	1152	43302	41485	2613
94132	70466	55358	61798	43983	55	-679	-140	45
108782	321668	442368	382888	270076	2045	59810	58510	7777
72991	168074	66383	214361	148136	1916	19872	19157	4234
164954	374378	78976	151536	112965	4361	-7732	622	1314
49139	525538	548287	46903	31443	10078	-2301	-1597	477
475085	1023796	527054	538964	399576	2873	15418	16483	6639

15-12 各地区规模以上服务业企业主要财务指标（2022年）

Main Financial Indicators of Enterprises above Designated Size of Service Industry by Region (2022)

单位：万元 (10 000 yuan)

地区	Region	资产总计 Total Assets	流动资产合计 Total Current Asstes	固定资产原价 Original Value of Fixed Assets	负债合计 Total Liabilities	所有者权益合计 Total Owners` Equities	营业收入 Business Revenue
全　省	**Provincial Total**	**183049214**	**50568271**	**82246588**	**95535828**	**87513385**	**48939424**
南昌市	Nanchang	96672827	22606278	45509337	56742624	39930203	14463374
景德镇市	Jingdezhen	1654537	925312	929131	1086581	567956	1559188
萍乡市	Pingxiang	2909133	679050	1085944	1307483	1601650	859532
九江市	Jiujiang	5393903	2802521	2755578	3619429	1774474	4528031
新余市	Xinyu	911969	390087	588692	538246	373723	532288
鹰潭市	Yingtan	2344154	1514357	632628	1453782	890372	2245555
赣州市	Ganzhou	11627812	4280627	6720138	7358984	4268828	3810914
吉安市	Ji'an	6091108	2012487	1793813	2754082	3337026	3319052
宜春市	Yichun	13736376	7317745	3164893	7990493	5745883	3851126
抚州市	Fuzhou	3823536	1546928	1308613	2460027	1363508	3078912
上饶市	Shangrao	5509652	3018197	2326492	3863381	1646271	7337854

15-12 续表 continued

单位：万元 (10 000 yuan)

地区	Region	营业成本 Business Cost	税金及附加 Taxes and Other Charges	营业利润 Business Profits	利润总额 Total Profits	本年应交增值税 Valued-Added Payable
全　省	**Provincial Total**	**40823508**	**250993**	**1637857**	**1743657**	**1201393**
南昌市	Nanchang	11487259	80429	690467	665773	357203
景德镇市	Jingdezhen	1332815	7110	88206	100874	38973
萍乡市	Pingxiang	705072	3817	27189	31896	23557
九江市	Jiujiang	3717354	21563	358065	375453	98032
新余市	Xinyu	421379	2386	26712	27342	12476
鹰潭市	Yingtan	1940188	16117	57824	69279	55146
赣州市	Ganzhou	2947301	16597	297009	306676	85156
吉安市	Ji'an	2793804	20090	198760	209166	72663
宜春市	Yichun	3259042	28593	206580	229562	101629
抚州市	Fuzhou	2817754	16199	48748	81609	147349
上饶市	Shangrao	5767504	32475	385614	408392	131698

15-13 按行业分企业信息化及电子商务情况（2022年）
Informatization and E-Commerce of Enterprises by Industrial Sector(2022)

行业	Industrial Sector	企业数（个）Number of Enterprises (unit)	期末使用计算机数（台）Computers Used at the End of Period (unit)	每百家企业拥有计算机数（台）Computers Per 100 Enterprises (unit)	企业拥有网站数（个）Websites of All Enterprises (unit)	每百家企业拥有网站数（个）Websites Per 100 Enterprises (unit)
总计	**Total**	**44086**	**1168141**	**2649.7**	**17214**	**39.0**
采矿业	Mining	489	8794	1798.4	134	27.4
制造业	Manufacturing	15310	466437	3046.6	7751	50.6
电力、热力、燃气及水生产和供应业	Producting and Supply of Electricity，Heat，Gas and Water	502	62526	12455.4	237	47.2
建筑业	Construction	5829	126916	2177.3	1885	32.3
批发和零售业	Wholesale and Retail Trades	9900	138167	1395.6	2861	28.9
交通运输、仓储和邮政业	Transport，Storage and Post	1750	88114	5035.1	486	27.8
住宿和餐饮业	Hotels and Catering Services	2792	26495	949.0	840	30.1
信息传输、软件和信息技术服务业	Information Transmission，Software and Information Technology	457	68796	15053.8	354	77.5
房地产业	Real Estate	3306	53800	1627.3	1144	34.6
租赁和商务服务业	Leasing and Business Services	1442	19256	1335.4	429	29.8
科学研究和技术服务业	Scientific Research and Technical Services	527	31559	5988.4	273	51.8
水利、环境和公共设施管理业	Management of Water Conservancy，Environment and Public Facilities	191	5415	2835.1	95	49.7
居民服务、修理和其他服务业	Service to Households，Repair and Other Services	455	3277	720.2	123	27.0
教育	Education	293	34701	11843.3	192	65.5
卫生和社会工作	Health and Social Service	278	23125	8318.3	168	60.4
文化、体育和娱乐业	Culture，Sports and Entertainment	565	10763	1905.0	242	42.8

15-13 续表 continued

行 业	Industrial Sector	通过网站或APP实现的电子商务交易情况 E-commerce Transactions Through Websites or Apps		电子商务销售额(万元) Sales Through E-commerce (million yuan)	电子商务采购额(万元) Purchases Through E-commerce (million yuan)
		企业数(个) Enterprises (uint)	比重(%) Proportion (%)		
总 计	Total	**4250.0**	**9.6**	**36726051.7**	**11323424.0**
采矿业	Mining	9.0	1.8	40577.5	14474.8
制造业	Manufacturing	1036.0	6.8	15255596.0	3210120.1
电力、热力、燃气及水生产和供应业	Producting and Supply of Electricity，Heat，Gas and Water	21.0	4.2	277524.7	66327.7
建筑业	Construction	32.0	0.5	7818.3	461062.3
批发和零售业	Wholesale and Retail Trades	1802.0	18.2	16478492.7	7276340.5
交通运输、仓储和邮政业	Transport，Storage and Post	77.0	4.4	2363561.8	116323.8
住宿和餐饮业	Hotels and Catering Services	874.0	31.3	363996.6	5909.6
信息传输、软件和信息技术服务业	Information Transmission，Software and Information Technology	88.0	19.3	1375815.9	71227.1
房地产业	Real Estate	49.0	1.5	94817.3	1627.0
租赁和商务服务业	Leasing and Business Services	93.0	6.4	330965.6	94456.9
科学研究和技术服务业	Scientific Research and Technical Services	5.0	0.9	5736.7	2903.0
水利、环境和公共设施管理业	Management of Water Conservancy，Environment and Public Facilities	17.0	8.9	15580.2	130.0
居民服务、修理和其他服务业	Service to Households，Repair and Other Services	27.0	5.9	9255.9	631.0
教育	Education	13.0	4.4	20805.0	416.0
卫生和社会工作	Health and Social Service	14.0	5.0	2074.6	4.1
文化、体育和娱乐业	Culture，Sports and Entertainment	93.0	16.5	83433.0	1470.2

15-14 分地区企业信息化及电子商务情况（2022年）
Informatization and E-Commerce of Enterprises by Region(2022)

地 区	Region	企业数（个）Number of Enterprises (unit)	期末使用计算机数（台）Computers Used at the End of Period (unit)	每百家企业拥有计算机数（台）Computers Per 100 Enterprises (unit)	企业拥有网站数（个）Websites of All Enterprises (unit)	每百家企业拥有网站数（个）Websites Per 100 Enterprises (unit)	通过网站或APP实现的电子商务交易情况 E-commerce Transactions Through Websites or Apps		电子商务销售额（万元）Sales Through E-commerce (million yuan)	电子商务采购额（万元）Purchases Through E-commerce (million yuan)
							企业数（个）Enterprises (uint)	比重（%）Proportion (%)		
全 省	**Provincial Total**	**44086**	**1168141**	**2649.7**	**17214**	**39.0**	**4250**	**9.6**	**36726052**	**11323424**
南昌市	Nanchang	8361	450921	5393.1	3704	44.3	786	9.4	15231535	3841999
景德镇市	Jingdezhen	1586	30197	1904.0	626	39.5	219	13.8	574626	203277
萍乡市	Pingxiang	1595	36363	2279.8	776	48.7	170	10.7	509115	221207
九江市	Jiujiang	4880	98209	2012.5	2135	43.8	505	10.3	2091449	576746
新余市	Xinyu	1180	33544	2842.7	375	31.8	95	8.1	5798456	1772829
鹰潭市	Yingtan	1249	26133	2092.3	490	39.2	162	13.0	1575524	1063739
赣州市	Ganzhou	6460	151428	2344.1	2445	37.8	610	9.4	2616920	885050
吉安市	Ji'an	4645	87031	1873.6	1566	33.7	541	11.6	1465744	503083
宜春市	Yichun	5443	103574	1902.9	2106	38.7	490	9.0	2060201	253617
抚州市	Fuzhou	3057	52419	1714.7	1101	36.0	273	8.9	1182088	428348
上饶市	Shangrao	5630	98322	1746.4	1890	33.6	399	7.1	3620394	1573528

主要统计指标解释

铁路营业里程 指办理客货运输业务的铁路正线总长度。凡是全线或部分建成双线及以上的线路，以第一线的实际长度计算；复线、站线、段管线、岔线和特别用途线以及不计算运费的联络线都不计算营业里程。铁路营业里程是反映铁路运输业基础设施发展水平的重要指标，也是计算客货周转量、运输密度和机车车辆运用效率指标的基础资料。

公路里程 也称“公路通车里程”，是指实际达到《公路工程[WTB2]技术标准 JTJ01-88》规定的等级公路，并经主管部门的正式验收支付使用的公路里程数。它包括大中城市的郊区公路以及通过小城镇街道的公路里程，也包括桥梁、渡口的长度，但不包括城市的街道以及厂矿、林区和农业生产用道的里程。两条或多条公路共同经由同一路段，只计算一次，不重复计算里程长度。公路里程是反映公路建设发展规模的重要指标，也是计算运输网密度等指标的基础资料。

内河航道里程 也称“内河通航里程”，是指在枯水季节水深在０.３米及以上，能通航运输船舶及排筏的天然河流、湖泊水库、运河及通航渠道的长度。包括全年季节性通航累计三个月以上的航道，但不包括仅供零散流放竹木排的河道。内河航道里程是反映内河水运网规模、水平和发展情况的主要指标。

货（客）运量 指运输业实际运送的货物（旅客）数量。货运按吨计算，客运按人计算。货物不论运输距离长短，货物类别，均按实际重量统计；旅客不论行程远近或票价多少，均按一人一次作为客运量统计。半票价、小孩票，也按一人统计。货（客）运量是反映运输业为国民经济和人民生活服务的数量指标，也是制定和检查运输生产计划、研究运输展规模和速度的重要指标。

货物（旅客）周转量 指运输业运送的货物（旅客）数量与其相应运输距离的乘积之总和，通常以吨公里和人公里为计算单位。计算货物周转量通常按发出站与到达站之间的最短距离，也就是计费距离计算。它是反映运输业生产总成果的重要指标，也是编制和检查运输生产计划、计算运输效率、劳动生产率以及核算运输单位成本的主要基础资料。

铁路货运机车平均日产量 指平均每台货运机车在一昼夜内所完成的总重吨公里数。它既包括载运货物的重量，也包括车辆本身的自重，它是从时间和牵引能力两方面反映了机车运用效率的综合性指标。计算公式为：

$$货运机车平均日产量 = \frac{货运总重吨公里数}{货运机车台日数}$$

邮电业务总量 指以货币表现的邮电部门为用户传递信息和提供其他邮电服务的总量。它用各种邮电分类业务量，如函件件数、电报份数、长话张数、市内电话和农村电话的年均户数、订销报刊累计份数等，分别乘以相应的不变单价加总后再加上出租电路和设备的收入、代用户维护电话交换机和线路等设备的收入、其他业务收入求得。邮电业务总量综合反映了一定时期邮电工作的总成果，是研究邮电业务量构成和发展趋势的重要指标。

Explanatory Notes on Main Statistical Indicators

Length of Railways in Operation refers to the total length of the trunk line for passenger and freight transportation (including both full operation and temporary operation). The calculation is based on the actual length of the first line if this line has a full or partial double (or more). Not included are double tracks, station sidings, tracks under the charge of stations, branch lines, special-purpose lines and non-payable connecting lines. The length of railways in operation is an important indicator to show the development of the infrastructure of railway transport. It is also essential data to calculate volume of passenger freight transport, traffic density and utilization efficiency of locomotives and carriages.

Length of Highways refers to the length of highways which are built in conformity with the grades specified by the highway engineering standard [Highways WTBZ-Technical Standard JTJ01-88]formulated by the Ministry of Communications, and have been formally checked and accepted by the departments of highways and put into use. The length of highways includes that of the suburb highways at large and medium-sized cities, highways passing through streets at small cities and towns, and also the length of bridges and ferry piers. It does not include the length of streets in big and medium-sized cities and highways built for the production purpose at factories, mines, forest areas and agricultural areas. If two or more highways go the same section of the way, the length of the section is only calculated for once and no duplication is allowed. The length of highways is an indicator to show the development of the scale of highway construction and to provide essential information to calculate the transport network density.

Length of Navigable Inland Waterways is an indicator reflecting the size and development of inland water network. It refers to the length of the natural rivers, lakes, reservoirs, canals, and ditches open to navigation during a given period, which enables transportation by ships and rafts. It includes the channels open to navigation for over an accumulated period of 3 months in a year, yet this does not include the river courses which are only used to float odd logs and bamboo rafts. This indicator can reflect the scale, level and development situation of the inland waterway network.

Freight (Passenger) Traffic refers to the volume of freight (passenger) transported with various means within a specific period of time. This indicator reflects the service of the transport industry towards the national economy and people's living conditions, as well as an important indicator used in formulating and monitoring transport production plans and research into the scale and pace of transport development. Freight transport is calculated in tons and passenger traffic is calculated in terms of number of persons. Freight transport is calculated in terms of the actual weight of the goods and takes no account of the type of freight and distance of travel. Passenger traffic is calculated by the principle that one person can be counted only once in one trip and takes no account of the travelling distance and ticket price. The passengers who travel with a half price ticket or a child's ticket is also calculated as one person.

Freight Ton-kilometres (Passenger-kilometres) refers to the sum of the product of the volume of transported cargo (passengers) multiplied by the transport distance. It is an important indicator to reflect the achievement of the transportation industry. This is an important indicator to show the total results of the transport industry; to prepare and examine the transport plan; and to serve as the main basic data for calculating the efficiency, labour productivity and unit cost of transport. Normally, the shortest distance between the departure station and the destination station (i.e., the payable distance) is the basis in calculating the freight ton-kilometres.

Average Daily Haul of Freight Locomotives refers to the average total ton-kilometres accomplished by each freight transport locomotive over one day and night during a given period of time. It includes both the weight of the goods carried and the dead weight of the train itself. It is a comprehensive indicator reflecting the locomotive efficiency in terms of both time and the pulling force.

$$\begin{array}{c}\text{Average Daily Haul of}\\ \text{Freight Transport Locomotive}\\ \text{(Ton-kilometre)}\end{array}=\frac{\begin{array}{c}\text{Total Ton-kilometres}\\ \text{of Freight}\end{array}}{\begin{array}{c}\text{Daily Number of Freight}\\ \text{Transport Locomotive}\end{array}}$$

Business Volume of Post and Telecommunications refers to the total amount of postal and telecommunication services, expressed in value terms, provided by the post and telecommunications departments for society. Postal and telecommunication services can be classified as letters, parcels, remittance, issue of newspapers and magazines, fast mail service, express mail service, savings deposits, stamps for collection, facsimiles, long-distance telephone service, leasing of telephone lines, mobile telephone service, data transmission, income from leasing, maintenance, etc. The accounting approach is to multiply the service products of all types with their average unit price (constant price) to get the total business value, and to add to it income from other services such as leasing of telephone lines and equipment and maintenance of telephone switchboards and lines on behalf of customers. This indicator reflects the overall results of postal and telecommunication services during a given period, and is important for studying the composition of business service and the trend of development of postal and telecommunication services.

十六、

国内贸易和旅游

DOMESTIC TRADE AND TOURISM

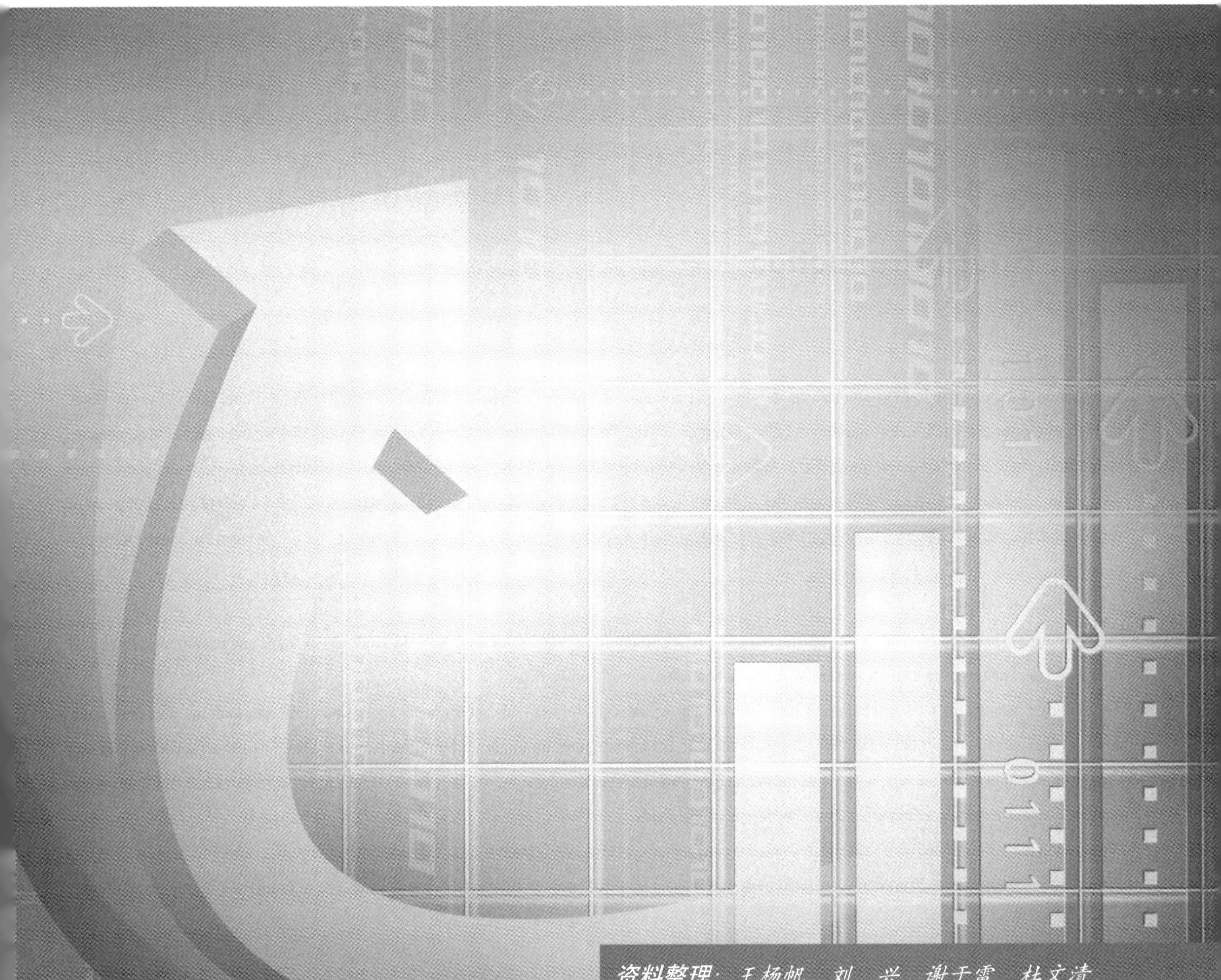

资料整理：王杨帆　刘　兴　谢于雷　杜文清

简要介绍

一、本篇资料的主要内容

本篇资料主要反映全省国内贸易基本情况、零售市场的发展和批发和零售业商品流转情况、住宿和餐饮业经营情况以及主要财务状况；旅游的历年概况等。主要内容包括：社会消费品零售总额及其分组指标；城乡个体私营批发零售贸易、住宿餐饮业基本情况；限额以上批发和零售业、住宿和餐饮业基本情况、商品流转和经营情况、财务状况；亿元商品交易市场成交情况；旅游统计资料等。

二、本篇资料的统计范围

从事批发和零售业、住宿和餐饮业的法人企业、产业活动单位和个体户，以及年成交额在亿元以上的商品交易市场。

根据国家统计局对社会消费品零售总额指标调整的要求，我们对社会消费品零售总额进行了调整，即：1993年以后社会消费品零售总额指标不包括农业生产资料；1997年以后社会消费品零售总额指标不包括居民购买住房；2003年以后社会消费品零售总额指标不包括有各种经济类型的制造业法人企业、产业活动单位和个体工业，直接售给城乡居民（包括本企业职工）和社会集团的商品以及农民在田间地头出售的农产品。

限额以上批发和零售业、住宿和餐饮业统计限额标准：批发业，年主营业务收入2000万元及以上；零售业，年主营业务收入500万元及以上；住宿业、餐饮业，年主营业务收入200万元及以上。

国际旅游和国内旅游资料。

三、本篇的资料来源

本篇资料国内贸易部分是江西省统计局贸易外经处根据国家统计局制定的《批发和零售业、住宿和餐饮业统计报表制度》进行搜集和加工整理而得；城乡个体私营批发零售贸易、住宿餐饮业基本情况资料由省工商局提供；旅游资料来自省旅游局。

四、本篇的统计调查方法

本篇资料中限额以上批发和零售业、住宿和餐饮业法人企业资料和限额以下批发和零售业、住宿和餐饮企业及个体户的资料采用全面调查和抽样调查的方法取得；国际、国内旅游收入和旅游人数等指标采取抽样调查方法取得。

Brief Introduction

I. Main Contents

Data in this chapter reflect the development for the whole province of domestic market, development of retail trade, and circulation of commodities through wholesale and retail trades, and the operation, management and financial situation of hotels catering services and annual tourism. Main contents include total retail sales of consumer goods and its indicators by group; the basic conditions of private enterprises in wholesale and retail trades and catering services in urban and rural areas; the basic statistics of the wholesale and retail trades, hotels and catering services above designated size; circulation of commodities (in operation and financial terms); turnover of large commodity transaction markets with transaction over 1 00 million yuan; statistical information of tourism.

II. Scope of Statistics

This chapter Included corporation enterprises, economic active establishments and self-employed individuals of wholesale and retail trades; hotels and catering services and large commodity markets with transaction value over 100 million yuan.

Based on requests from national bureau of statistics, we adjusted datas of total retail sales of consumer goods since 1993, this indicator does not include means of agricultural production; since 1997, this indicator does not include purchase of houses by residents. Since 2003, this indicator does not include commodities sold to urban and rural households (including their own employees) and institutions directly by manufacturing corporations, establishments and individual manufacturers, nor farm products sold by farmers in the fields.

Criteria for wholesale and retail sale trades, hotels and catering services above designated size are as follows: wholesale trade, wholesale trade with annual principal business sales over 20 million yuan; retail trade, with annual principal business sales over 5 million yuan. The statistical unit of enterprises of hotel and catering services above the designated size is the annual income of main business at and over 2 million yuan.

Statistical information of home and aboard tourism.

III. Sources of Data

Data on domestic trade in this chapter are collected and processed in accordance with The Statistical Reporting Form System on Wholesale and Retail Trades, Hotels and Catering Services of the National Bureau of Statistics by the Department of Trade and External Economic Relations of Jiangxi Provincial Bureau of Statistics. Data on private enterprises in wholesale and retail trades and catering services in urban and rural areas are provided by Industry and Commerce Bureau of Jiangxi Province. Data on tourism are provided by Tourism Bureau of Jiangxi Province.

IV. Methods of Survey

Data on basic conditions for all corporate enterprises of wholesale and retail trades, hotels and catering services above designated size and enterprises and individual enterprises below the designated size are collected through comprehensive reporting form system and sample surveys. Data are reported to their next higher level. Data on private enterprises in wholesale and retail trades and catering services in urban and rural areas are offered by Jiangxi Administration for Industry and Commerce. Data on revenue and population of home and aboard tourism are collected from sample surveys.

16-1 社会消费品零售总额
Total Retail Sales of Consumer Goods

单位：万元 (10 000 yuan)

年 份 Year	社会消费品零售总额 Total Retail Sales of Consumer Goods	按所在地分 Grouped by Location		
		市 City	县 County	县以下 Below County Level
1985	857101	284121	241686	331294
1990	1519351	565455	416650	537246
1991	1691914	652942	452991	585981
1992	1976150	773815	552926	649409
1993	2436197	993276	647603	795318
1994	3309488	1417590	842239	1049659
1995	4108625	1754824	1032896	1320905
1996	4904426	2136075	1160310	1608041
1997	5585484	2509674	1328683	1747127
1998	6050877	2783772	1416479	1850626
1999	6504678	3024481	1504438	1975759
2000	7048677	3336519	1597858	2114300
2001	7633414	3689149	1712064	2232201
2002	8327099	4062171	1867732	2397196
2003	9232088	4553077	2066072	2612939
2004	10744928	5545548	2358081	2841299
2005	12448931	6449814	2737685	3261432
2006	14481923	7594410	3170514	3716999
2007	17189295	9097512	3736589	4355194
2008	21417862	11464236	4583190	5370436
2009	24844266	13305829	5317196	6221240
2010	33619205	28716971	14614792	4902234

16-1 续表 continued

单位：万元 (10 000 yuan)

年 份 Year	社会消费品零售总额 Total Retail Sales of Consumer Goods	按所在地分 Grouped by Location		
		城 镇 City and Town	#城 区 County Proper	乡 村 Below County Level
2011	40568061	34499930	17705183	6068131
2012	47304341	40288589	20861469	7015752
2013	54247060	46387518	25350871	7859542
2014	61558885	52854919	28362972	8703965
2015	69395207	59290812	31187097	10104395
2016	78235168	64759249	41703594	13475919
2017	88433249	73226241	47828018	15207007
2018	90457400	76508966	44151945	13948434
2019	100680523	86420874	45874082	14259649
2020	103717748	87465516	51560569	16252232
2021	122066922	102726766	61460198	19340156
2022	128534855	108130194	63256128	20404661
南 昌 市 Nanchang	30119960	27693729	17788427	2426230
景德镇市 Jingdezhen	5730579	4878000	3092045	852579
萍 乡 市 Pingxiang	4106411	3390664	1733522	715747
九 江 市 Jiujiang	14859584	12369143	7417875	2490441
新 余 市 Xinyu	4232495	3702359	2160229	530136
鹰 潭 市 Yingtan	4232159	3649204	2978928	582955
赣 州 市 Ganzhou	21000086	17562574	8186605	3437511
吉 安 市 Ji'an	10947690	7772860	4882634	3174830
宜 春 市 Yichun	11309984	9491763	4994517	1818221
抚 州 市 Fuzhou	6658978	5568234	2906074	1090745
上 饶 市 Shangrao	15336930	12051665	7115270	3285265

16-2 限额以上批发零售贸易法人企业商品购进、销售、库存总额(2022年)

单位：万元

指标	Item	法人企业(个) Number of Corporate Enterprises	商品购进额 Total Purchases Value	#进口 Imports
总计	**Total**	**10360**	**128869577**	**874579**
批发业	**Wholesale Trade**	**4428**	**98577051**	**426916**
按登记注册类型分	**By Types of Registration**			
内资企业	Domestic Invested Enterprises	4411	97063962	390890
国有企业	State-owned Enterprises	112	9903779	72251
集体企业	Collective-owned Enterprises	7	36408	
有限责任公司	Limited Liability Corporations	832	40381468	106598
国有独资公司	State Sole-proprietorship Corporations	44	7258721	5902
其他有限责任公司	Other Limited Liability Corporations	788	33122747	100695
股份有限公司	Share-holding Corporations Ltd.	49	2136434	637
私营企业	Private Enterprises	3394	42089837	211405
#私营有限责任公司	Private Limited Liability Corporations	3242	41080263	207682
私营股份有限公司	Private Share-holding Corporations Ltd.	37	159278	
其他企业	Other Enterprises	7	50950	
港澳台商投资企业	Enterprises with Investment from Hong Kong, Macao and Taiwan	10	1264967	35673
港澳台商独资企业	Sole-proprietorship Enterprises	4	39873	
港澳台商投资股份有限公司	Share-holding Corporations Ltd. with Funds	2	3231	
外商投资企业	Foreign Invested Enterprises	7	248122	354
#中外合资经营企业	Joint-venture Enterprises	3	236454	
外资企业	Sole-proprietorship Enterprises	3	11668	354
按国民经济行业分	**By Sector**			
农、林、牧、渔产品批发业	Wholesale of Agricultural, Forestry, Livestock and Fishery Products	153	1567994	8975
食品、饮料及烟草制品批发业	Wholesale of Food, Beverages and Tobaccos	431	7566122	14916
#米、面制品及食用油批发业	Wholesale of Rice, Flour and Edible Oil	72	844107	5556
烟草制品批发业	Whole of Tobaccos	12	3879673	
纺织、服装及家庭用品批发业	Wholesale of Textiles, Wearing Apparel and Household Articles	243	2576468	13646
#服装批发业	Wholesale of Garments	65	448915	
日用家电批发	Wholesale of Household Electrical Appliances	56	801476	
文化、体育用品及器材批发业	Wholesale of Culture, Sports Appliances and Equipments	86	926021	417
医药及医疗器材批发业	Wholesale of Medicines and Medical Appliances	648	11746588	44027
矿产品、建材及化工产品批发业	Wholesale of Mineral Products, Building Materials and Chemical Products	1904	55926725	228849
#煤炭及制品批发业	Wholesale of Coal and Related Products	190	6572328	2742
石油及制品批发业	Wholesale of Petrolem and Related Products	74	3547131	
金属及金属矿批发业	Wholesale of Metal Materials	569	31691885	174782
建材批发业	Wholesale of Building Materials	747	10822589	17403
化肥批发业	Wholesale of Chemical Fertilizer	46	358173	
机械设备、五金交电及电子产品批发业	Wholesale of Machinery, Hardware and Electronic Products	553	7514353	30032
#汽车及零配件批发	Wholesale of Motor Vehicles and Their Parts	149	2059938	17280
计算机、软件及辅助设备批发业	Wholesale of Computer, Software and Auxiliary Appliances	50	816547	2522
贸易经纪与代理	Trade Broker and Agency	48	1150845	59486
其他批发业	Other Wholesale not Classified Elsewhere	362	9601936	26570

Total Purchases, Sales and Inventory of Enterprise above Designated Size in Wholesale and Retail Sale Trades (2022)

(10 000 yuan)

商品销售额 Total Sales Value	批发 Wholesale Trade	#出口 Exports	零售 Retail Trade	期末商品库存额 Stock (year-end)
145247794	**102991521**	**3209606**	**41452676**	**6123164**
108456204	**99627730**	**3183066**	**8033358**	**3695925**
106755471	98107831	2473847	7852524	3618376
11736520	10083857	83198	1531557	528875
37395	26253		11142	1264
43168488	40918658	1478011	1988908	1287608
7911635	7827269	2098	83517	226220
35256853	33091389	1475912	1905391	1061388
3317692	1524326	20245	1793366	200490
46137399	43205606	892393	2518704	1596585
45062306	42198519	886147	2467373	1557177
175613	160276	2438	14306	21639
51947	43245		8702	634
1218345	1208039	610342	10306	18333
49161	49161			6427
3595	1906		1689	4
482387	311860	98878	170527	59216
256691	247062	91208	9629	55544
21552	21552	7670		3671
1669103	1582963	60680	84870	220589
9871847	8832497	11822	800135	307014
954503	852855	1397	101648	84329
5674810	5674810			91316
2833296	2677540	345519	145756	153692
538577	514662	198112	14940	13852
869037	837907		31006	93071
1035868	960862	77832	68503	51933
14622519	13745693	48256	820673	877529
59322603	54189658	233015	4816916	1556950
6776227	6571232	6601	155654	120653
5490845	2931986		2548348	196846
32367191	30986034	96572	1333887	734849
11186620	10395013	16721	606545	333354
382015	366726		12251	31305
7617884	7172898	2061422	382165	303934
2040979	1915771	589011	119770	90258
738567	691317	23152	45295	44387
1257022	1240096	162954	14930	70787
10226064	9225524	181566	899411	153496

16-2 续表

单位：万元

指　标	Item	法人企业(个) Number of Corporate Enterprises	商品购进额 Total Purchases Value	#进口 Imports
零售业	**Retail Trade**	**5932**	**30292526**	**447663**
按登记注册类型分	**By Types of Registration**			
内资企业	Domestic Invested Enterprises	4411	97063962	390890
国有企业	State-owned Enterprises	112	9903779	72251
股份合作企业	Cooperative Enterprises	5	18248	
有限责任公司	Limited Liability Corporations	832	40381468	106598
国有独资公司	State Sole-proprietorship Corporations	44	7258721	5902
其他有限责任公司	Other Limited Liability Corporations	788	33122747	100695
股份有限公司	Share-holding Corporations Ltd.	49	2136434	637
私营企业	Private Enterprises	3394	42089837	211405
私营独资企业	Private Sole-proprietorship Enterprises	317	535465	
私营合伙企业	Private Partnership Enterprises	61	122069	2531
私营有限责任公司	Private Limited Liability Corporations	4526	17580861	230758
私营股份有限公司	Private Share-holding Corporations Ltd.	37	159278	
其他企业	Other Enterprises	7	50950	
港澳台商投资企业	Enterprises with Investment from Hong Kong, Macao and Taiwan	10	1264967	35673
#与港澳台商合资经营企业	Joint-venture Enterprises	4	152024	
港澳台商独资企业	Sole-proprietorship Enterprises	4	39873	
外商投资企业	Foreign Invested Enterprises	7	248122	354
中外合资经营企业	Joint-venture Enterprises	4	54041	
外资企业	Sole-proprietorship Enterprises	3	11668	354
按国民经济行业分	**By Sector**			
综合零售业	General Retail	757	4553009	9463
#百货零售业	Retail of General Merchandise	375	2310189	7566
超级市场零售业	Retail of Supermarkets	306	2038565	1517
食品、饮料及烟草制品专门零售业	Special Retail of Food, Beverages and Tobaccos	708	1917718	16522
纺织、服装及日用品专门零售业	Special Retail of Textiles, Garments and Daily Consumer Articles	202	705128	374
#服装零售业	Retail of Garments	72	459064	374
文化、体育用品及器材专门零售业	Special Retail of Culture, Sports Appliances and Equipments	194	1142102	1771
#图书、报刊零售业	Retail of Books, Newspapers and Magazines	42	830492	1002
医药及医疗器材专门零售业	Special Retail of Medicines and Medical Appliances	185	1274642	7797
#西药零售	Retail of Western Medicines	112	1046657	
汽车、摩托车、零配件和燃料及其他动力销售	Retail of Motor Vehicles, Motorcycles, Parts, and Fuel and Other Powers	1596	13421413	366468
#汽车新车零售	Retail of New Motor Vehicles	1249	11748822	365262
机动车燃料零售业	Retail of Fuel Oil of Motor Vehicles	212	1216375	
家用电器及电子产品专门零售业	Special Retail of Household Electric Appliances and Electronic Products	736	1804189	2502
#日用家电零售	Retail of Household Electric Appliances	360	953776	2341
计算机、软件及辅助设备零售业	Retail of Computer, Software and Assistant Appliances	178	423836	
通信设备零售业	Retail of Communication Equipments	94	219713	
五金、家具及室内装修材料专门零售业	Special Retail of Hardware, Furniture and Interior Decoration Materials	642	981603	8954
货摊、无店铺及其他零售业	Stalls, Non-shop and Other Retails	912	4492722	33812

continued

(10 000 yuan)

商品销售额 Total Sales Value	批发 Wholesale Trade	#出口 Exports	零售 Retail Trade	期末商品库存额 Stock (year-end)
36791590	**3363791**	**26541**	**33419318**	**2427239**
106755471	98107831	2473847	7852524	3618376
11736520	10083857	83198	1531557	528875
18610	342		18268	379
43168488	40918658	1478011	1988908	1287608
7911635	7827269	2098	83517	226220
35256853	33091389	1475912	1905391	1061388
3317692	1524326	20245	1793366	200490
46137399	43205606	892393	2518704	1596585
587464	17858		569579	22749
140049	2347		137703	2908
19058438	1358554	20811	17691443	1218386
175613	160276	2438	14306	21639
51947	43245		8702	634
1218345	1208039	610342	10306	18333
148493	5293		143200	7651
49161	49161			6427
482387	311860	98878	170527	59216
56214	5641		50573	2690
21552	21552	7670		3671
5542705	191253	15	5350216	314428
2885814	99292	15	2785292	155558
2421411	36905		2384506	143237
2276446	222409	1210	2053801	99961
785489	48806	2730	736684	68671
495072	32658	2730	462414	40399
1483446	431557	486	1050873	89692
1133262	413953		718292	50491
1600478	233628	5730	1366840	162250
1273333	119809		1153515	142499
17191942	1448108	50	15739979	1191848
12060924	653011	50	11404085	1088902
4646122	754868		3891227	77222
2005202	160059	594	1845138	155120
1048848	67750	29	981093	101661
485108	57668		427440	21670
240448	13276	565	227172	19886
1109274	106971	211	1001136	51660
4796608	521002	15515	4274653	293609

16-3 限额以上批发零售贸易法人企业主要财务指标(2022年)

单位：万元

类别	Type	流动资产合计 Total Current Assets
总　　计	**Total**	**54937110**
批发业	**Wholesale Trade**	**41756437**
按登记注册类型分	**By Types of Registration**	
内资企业	Domestic Invested Enterprises	41153913
国有企业	State-owned Enterprises	5458701
集体企业	Collective-owned Enterprises	6812
有限责任公司	Limited Liability Corporations	18575202
国有独资公司	State Sole-proprietorship Corporations	3063033
其他有限责任公司	Other Limited Liability Corporations	15512169
股份有限公司	Share-holding Corporations Ltd.	2177522
私营企业	Private Enterprises	14447293
#私营独资企业	Private Sole-proprietorship Corporations	167029
私营有限责任公司	Private Limited Liability Corporations	14068634
港澳台商投资企业	Enterprises with Investment from Hong Kong, Macao and Taiwan	442839
#港澳台商独资企业	Sole-proprietorship Enterprises	41882
外商投资企业	Foreign Invested Enterprises	159685
#中外合资经营企业	Joint-venture Enterprises	129748
外资企业	Sole-proprietorship Enterprises	28968
按国民经济行业分	**By Sector**	
农、林、牧、渔产品批发业	Wholesale of Agricultural, Forestry, Livestock and Fishery Products	634664
食品、饮料及烟草制品批发业	Wholesale of Food, Beverages and Tobaccos	3642717
#米、面制品及食用油批发业	Wholesale of Rice, Flour and Edible Oil	603538
烟草制品批发业	Whole of Tobaccos	1469546
纺织、服装及家庭用品批发业	Wholesale of Textiles, Wearing Apparel and Household Articles	1381357
#服装批发业	Wholesale of Garments	186516
日用家电批发	Wholesale of Household Electrical Appliances	535704
文化、体育用品及器材批发业	Wholesale of Culture, Sports Appliances and Equipment	369474
医药及医疗器材批发业	Wholesale of Medicines and Medical Appliances	7815065
矿产品、建材及化工产品批发业	Wholesale of Mineral Products, Building Materials and Chemical Products	21613727
#煤炭及制品批发业	Wholesale of Coal and Related Products	2990701
石油及制品批发业	Wholesale of Petrolem and Related Products	1894781
金属及金属矿批发业	Wholesale of Metal Materials	9255847
建材批发业	Wholesale of Building Materials	6236550
化肥批发业	Wholesale of Chemical Fertilizer	116314
机械设备、五金交电及电子产品批发业	Wholesale of Machinery, Hardware and Electronic Products	3629750
#汽车及零配件批发	Wholesale of Motor Vehicles and Their Parts	894699
计算机、软件及辅助设备批发业	Wholesale of Computer, Software and Auxiliary Appliances	779682
贸易经纪与代理	Trade Broker and Agency	517661
其他批发业	Other Wholesale not Classified Elsewhere	2152023

Main Financial Indicators on Enterprise above Designated Size in Wholesale and Retail Sale Trade (2022)

(10 000 yuan)

固定资产净额 Net Value of Fixed Assets	固定资产原价 Original Value of Fixed Assets	资产总计 Total Assets	负债合计 Total Liabilities	所有者权益合计 Total Owners' Equities
3112707	**6179137**	**69361352**	**50518747**	**18665657**
1552619	**3127033**	**49083318**	**36632116**	**12265948**
1506508	3054955	48269422	36056578	12027590
237066	525312	6343044	4148116	2188794
1738	2354	8406	1577	6828
680006	1312788	21394217	16524176	4795907
66951	150394	3707474	2465778	1198505
613055	1162395	17686743	14058398	3597402
157183	387689	3898515	2363432	1535083
425718	820946	16120885	12629179	3386720
11002	18079	190362	144083	44323
405499	787526	15582834	12225244	3255287
24303	34805	506122	450791	55331
8182	14374	52192	33553	18640
21807	37272	307774	124747	183027
3315	5654	230564	87802	142762
85	85	29364	19919	9445
118042	255035	950902	589860	339990
321442	708206	4441729	2359122	2055822
66979	135629	737377	734954	1650
143267	361237	1684311	317082	1367229
13030	26368	1446751	1204113	241525
1615	3670	195222	146969	47295
1861	6956	542591	458389	84202
10475	22095	401593	261490	139246
191629	368700	8445305	6730834	1701069
756423	1460714	25898059	19846522	5995779
415504	639151	4174927	3111644	1060791
200778	523009	3350555	2321739	1028596
39576	112040	10146136	7980459	2151146
59716	117120	6585334	5325930	1226572
7326	11806	128536	100802	26984
98841	177864	4437924	3274175	1148319
24424	48365	1110787	876584	227749
2354	5529	856919	679063	177853
3573	28501	623267	461229	161977
39164	79549	2437787	1904771	482221

16-3 续表1

单位：万元

类别	Type	流动资产合计 Total Current Assets
零售业	**Retail Trade**	**13180673**
按登记注册类型分	**By Types of Registration**	
内资企业	Domestic Invested Enterprises	41153913
国有企业	State-owned Enterprises	5458701
股份合作企业	Cooperative Enterprises	9732
有限责任公司	Limited Liability Corporations	18575202
国有独资公司	State Sole-proprietorship Corporations	3063033
其他有限责任公司	Other Limited Liability Corporations	15512169
股份有限公司	Share-holding Corporations Ltd.	2177522
私营企业	Private Enterprises	14447293
私营独资企业	Private Sole-proprietorship Corporations	127985
私营合伙企业	Private Partnership Enterprises	31185
私营有限责任公司	Private Limited Liability Corporations	14068634
私营股份有限公司	Private Share-holding Corporations Ltd.	191620
其他企业	Other Enterprises	48884
港澳台商投资企业	Enterprises with Investment from Hong Kong, Macao and Taiwan	442839
#与港澳台商合资经营企业	Joint-venture Enterprises	27316
港澳台商独资企业	Sole-proprietorship Enterprises	95990
外商投资企业	Foreign Invested Enterprises	159685
中外合资经营企业	Joint-venture Enterprises	13749
外资企业	Sole-proprietorship Enterprises	28968
按国民经济行业分	**By Sector**	
综合零售业	General Retail	1355906
#百货零售业	Retail of General Merchandise	684095
超级市场零售业	Retail of Supermarkets	582769
食品、饮料及烟草制品专门零售业	Special Retail of Food, Beverages and Tobaccos	710390
纺织、服装及日用品专门零售业	Special Retail of Textiles, Garments and Daily Consumer Articles	378983
#服装零售业	Retail of Garments	273746
文化、体育用品及器材专门零售业	Special Retail of Culture, Sports Appliances and Equipments	1759047
#图书、报刊零售业	Retail of Books, Newspapers and Magazines	1039908
医药及医疗器材专门零售业	Special Retail of Medicines and Medical Appliances	721748
#西药零售	Retail of Western Medicines	584900
汽车、摩托车、零配件和燃料及其他动力销售	Retail of Motor Vehicles, Motorcycles, Parts, and Fuel and Other Powers	5851453
#汽车新车零售	Retail of New Motor Vehicles	3377404
机动车燃料零售业	Retail of Fuel Oil of Motor Vehicles	2352725
家用电器及电子产品专门零售业	Special Retail of Household Electric Appliances and Electronic Products	803592
#日用家电零售	Retail of Household Electric Appliances	335198
计算机、软件及辅助设备零售业	Retail of Computer, Software and Assistant Appliances	235287
通信设备零售业	Retail of Communication Equipments	97514
五金、家具及室内装修材料专门零售业	Special Retail of Hardware, Furniture and Interior Decoration Materials	495016
货摊、无店铺及其他零售业	Stalls, Non-shop and Other Retails	1104539

continued

(10 000 yuan)

固定资产净额 Net Value of Fixed Assets	固定资产原价 Original Value of Fixed Assets	资产总计 Total Assets	负债合计 Total Liabilities	所有者权益合计 Total Owners' Equities
1560088	**3052105**	**20278034**	**13886631**	**6399709**
1506508	3054955	48269422	36056578	12027590
237066	525312	6343044	4148116	2188794
475	2031	11081	8335	2746
680006	1312788	21394217	16524176	4795907
66951	150394	3707474	2465778	1198505
613055	1162395	17686743	14058398	3597402
157183	387689	3898515	2363432	1535083
425718	820946	16120885	12629179	3386720
26424	54793	184539	80712	101451
6645	11805	47470	27357	20059
405499	787526	15582834	12225244	3255287
9113	15048	327506	248098	79406
4581	5417	53666	6218	47447
24303	34805	506122	450791	55331
3712	8747	40683	28954	11729
28941	59864	526996	509165	19099
21807	37272	307774	124747	183027
306	2456	19624	34278	4250
85	85	29364	19919	9445
307469	715023	3045555	2466348	622755
154485	393496	1855206	1563965	289576
141217	290283	971780	793702	217701
136698	246037	1122817	455563	658485
30987	65084	547624	378605	168780
22837	44614	413796	286027	127660
179095	272479	3670184	1869479	1800489
153588	210328	1391877	510926	880893
55437	86430	967767	724091	239768
49936	76751	816571	623287	189485
633986	1278435	7869197	5880918	1968143
340790	740627	4247571	3266536	961291
275418	488532	3430400	2500946	929378
22351	68769	926858	672963	249235
7965	30806	390220	301145	84508
7121	19306	284352	188761	95591
1481	6507	104838	75832	29006
106878	145552	747898	524846	228971
87189	174298	1380132	913818	463084

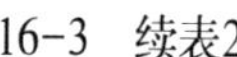
16-3 续表2

单位：万元

类　别	Type	营业收入 Business Revenue
总　　计	**Total**	**133259853**
批发业	**Wholesale Trade**	**99520514**
按登记注册类型分	**By Types of Registration**	
内资企业	Domestic Invested Enterprises	97902636
国有企业	State-owned Enterprises	10609162
集体企业	Collective-owned Enterprises	36591
有限责任公司	Limited Liability Corporations	39362407
国有独资公司	State Sole-proprietorship Corporations	6937272
其他有限责任公司	Other Limited Liability Corporations	32425135
股份有限公司	Share-holding Corporations Ltd.	3050126
私营企业	Private Enterprises	42745659
#私营独资企业	Private Sole-proprietorship Corporations	765389
私营有限责任公司	Private Limited Liability Corporations	41745978
港澳台商投资企业	Enterprises with Investment from Hong Kong, Macao and Taiwan	1172744
#港澳台商独资企业	Sole-proprietorship Enterprises	53943
外商投资企业	Foreign Invested Enterprises	445134
#中外合资经营企业	Joint-venture Enterprises	239876
外资企业	Sole-proprietorship Enterprises	21122
按国民经济行业分	**By Sector**	
农、林、牧、渔产品批发业	Wholesale of Agricultural, Forestry, Livestock and Fishery Products	1585846
食品、饮料及烟草制品批发业	Wholesale of Food, Beverages and Tobaccos	9109636
#米、面制品及食用油批发业	Wholesale of Rice, Flour and Edible Oil	887316
烟草制品批发业	Whole of Tobaccos	5082610
纺织、服装及家庭用品批发业	Wholesale of Textiles, Wearing Apparel and Household Articles	2634910
#服装批发业	Wholesale of Garments	507705
日用家电批发	Wholesale of Household Electrical Appliances	802503
文化、体育用品及器材批发业	Wholesale of Culture, Sports Appliances and Equipment	980347
医药及医疗器材批发业	Wholesale of Medicines and Medical Appliances	13492762
矿产品、建材及化工产品批发业	Wholesale of Mineral Products, Building Materials and Chemical Products	53539659
#煤炭及制品批发业	Wholesale of Coal and Related Products	6239829
石油及制品批发业	Wholesale of Petrolem and Related Products	4758460
金属及金属矿批发业	Wholesale of Metal Materials	29196497
建材批发业	Wholesale of Building Materials	10087727
化肥批发业	Wholesale of Chemical Fertilizer	360796
机械设备、五金交电及电子产品批发业	Wholesale of Machinery, Hardware and Electronic Products	7148969
#汽车及零配件批发	Wholesale of Motor Vehicles and Their Parts	1890286
计算机、软件及辅助设备批发业	Wholesale of Computer, Software and Auxiliary Appliances	689817
贸易经纪与代理	Trade Broker and Agency	1169853
其他批发业	Other Wholesale not Classified Elsewhere	9858532

continued

(10 000 yuan)

营业成本 Business Cost	税金及附加 Taxes and Other Charges	营业利润 Profits	利润总额 Total Profits	本年应交增值税 Valued Added Payable
121421057	**980112**	**2640988**	**2832167**	**1630845**
91751685	**868768**	**1904087**	**2102352**	**1383313**
90215181	867126	1893927	2090435	1381857
8904345	677471	670779	685598	210307
32706	589	1375	1378	442
37239517	65403	551715	593630	401482
6831788	5561	35395	43199	33635
30407728	59843	516320	550431	367848
2802004	8237	61739	61346	21882
39152541	114167	596960	737183	740488
719838	3149	16119	17846	16562
38236635	110286	565366	700460	719129
1136470	1267	-4822	-3237	3748
49268	194	-463	-518	1188
400034	375	14983	15153	-2292
208162	127	12966	12986	-3281
19699	9	-492	-236	44
1468898	1963	13737	20731	955
7154566	679095	739641	758959	230716
845728	948	-7092	8892	12430
3513005	672613	654024	652874	197491
2448918	4064	30990	34759	19986
449263	808	18914	20632	5969
748621	1708	10456	10952	6222
898705	1583	27669	27552	2301
10531977	58970	491129	531973	403292
51956483	78657	432195	516860	401377
5995563	21196	98920	123941	133628
4426431	10620	43707	41209	33457
28858443	23474	108836	145569	100560
9647780	17647	123623	144269	98977
344696	1089	3035	3110	638
6758638	8243	67473	74917	45723
1803653	1842	-2917	800	6494
654240	585	8278	8774	5069
1125329	571	8937	9344	39093
9408171	35623	92316	127256	239870

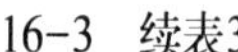
16-3 续表3

单位：万元

类　别	Type	营业收入 Business Revenue
零售业	**Retail Trade**	**33739339**
按登记注册类型分	**By Types of Registration**	
内资企业	Domestic Invested Enterprises	97902636
国有企业	State-owned Enterprises	10609162
股份合作企业	Cooperative Enterprises	17358
有限责任公司	Limited Liability Corporations	39362407
国有独资公司	State Sole-proprietorship Corporations	6937272
其他有限责任公司	Other Limited Liability Corporations	32425135
股份有限公司	Share-holding Corporations Ltd.	3050126
私营企业	Private Enterprises	42745659
私营独资企业	Private Sole-proprietorship Corporations	563811
私营合伙企业	Private Partnership Enterprises	145451
私营有限责任公司	Private Limited Liability Corporations	41745978
私营股份有限公司	Private Share-holding Corporations Ltd.	163011
其他企业	Other Enterprises	51188
港澳台商投资企业	Enterprises with Investment from Hong Kong, Macao and Taiwan	1172744
#与港澳台商合资经营企业	Joint-venture Enterprises	110435
港澳台商独资企业	Sole-proprietorship Enterprises	737045
外商投资企业	Foreign Invested Enterprises	445134
中外合资经营企业	Joint-venture Enterprises	49862
外资企业	Sole-proprietorship Enterprises	21122
按国民经济行业分	**By Sector**	
综合零售业	General Retail	5029590
#百货零售业	Retail of General Merchandise	2613719
超级市场零售业	Retail of Supermarkets	2198725
食品、饮料及烟草制品专门零售业	Special Retail of Food, Beverages and Tobaccos	2164160
纺织、服装及日用品专门零售业	Special Retail of Textiles, Garments and Daily Consumer Articles	757460
#服装零售业	Retail of Garments	484058
文化、体育用品及器材专门零售业	Special Retail of Culture, Sports Appliances and Equipments	1516567
#图书、报刊零售业	Retail of Books, Newspapers and Magazines	1143911
医药及医疗器材专门零售业	Special Retail of Medicines and Medical Appliances	1468776
#西药零售	Retail of Western Medicines	1163940
汽车、摩托车、零配件和燃料及其他动力销售	Retail of Motor Vehicles, Motorcycles, Parts, and Fuel and Other Powers	15555748
#汽车新车零售	Retail of New Motor Vehicles	11065654
机动车燃料零售业	Retail of Fuel Oil of Motor Vehicles	4031590
家用电器及电子产品专门零售业	Special Retail of Household Electric Appliances and Electronic Products	1796652
#日用家电零售	Retail of Household Electric Appliances	912515
计算机、软件及辅助设备零售业	Retail of Computer, Software and Assistant Appliances	455770
通信设备零售业	Retail of Communication Equipments	220123
五金、家具及室内装修材料专门零售业	Special Retail of Hardware, Furniture and Interior Decoration Materials	995286
货摊、无店铺及其他零售业	Stalls, Non-shop and Other Retails	4455099

continued

(10 000 yuan)

营业成本 Business Cost	税金及附加 Taxes and Other Charges	营业利润 Profits	利润总额 Total Profits	本年应交增值税 Valued Added Payable
29669372	**111344**	**736901**	**729815**	**247532**
90215181	867126	1893927	2090435	1381857
8904345	677471	670779	685598	210307
15560	48	459	459	60
37239517	65403	551715	593630	401482
6831788	5561	35395	43199	33635
30407728	59843	516320	550431	367848
2802004	8237	61739	61346	21882
39152541	114167	596960	737183	740488
485344	2205	31031	30764	4132
118210	692	5183	5177	2317
38236635	110286	565366	700460	719129
143598	458	4331	6976	1807
48497	20	3246	3246	7
1136470	1267	-4822	-3237	3748
95342	164	201	177	713
675249	2071	2728	-6245	2563
400034	375	14983	15153	-2292
44468	13	-656	-351	47
19699	9	-492	-236	44
4281135	25549	40979	19293	25667
2209970	11191	28559	24519	14406
1880202	13272	12697	-5394	13140
1777925	5386	93300	96167	14458
615616	4579	24023	24721	9600
403946	2379	12078	12586	3870
1194707	4445	123252	114753	-8589
864845	2019	112193	103495	2317
1109336	3965	40038	44303	31646
902744	2541	29630	31609	21216
14574477	37884	150921	155351	109958
10491995	30467	6065	13934	78841
3665095	6500	139506	136487	26882
1616142	7564	23433	24982	12776
827812	5868	6640	7247	6210
400721	880	12929	13353	3763
200849	298	6249	6347	1046
851771	3771	39769	40341	9878
3648264	18202	201185	209904	42138

16-4 限额以上餐饮法人企业主要财务指标(2022年)

单位：万元

类 别	Type	流动资产合计 Total Current Assets	固定资产净额 Net Value of Fixed Assets	固定资产原价 Original Value of Fixed Assets
总 计	**Total**	**575580**	**326774**	**601361**
按登记注册类型分组	**By Types of Registration**			
内资企业	Domestic Invested Enterprises	565103	314728	570454
国有企业	State-owned Enterprises	26434	3919	10670
股份合作企业	Cooperative Enterprises	2907	2	798
有限责任公司	Limited Liability Corporations	160251	74403	142057
#其他有限责任公司	Other Limited Liability Corporations	155929	73288	140041
股份有限公司	Share-holding Corporations Ltd.	5508	2131	7330
私营企业	Private Enterprises	369943	234270	409596
私营独资企业	Private Sole-proprietorship Enterprises	33954	22768	48922
私营合伙企业	Private Partnership Enterprises	10876	4475	12222
私营有限责任公司	Private Limited Liability Corporations	322962	206531	346183
私营股份有限公司	Private Share-holding Corporations Ltd.	2152	495	2270
港澳台商投资企业	Enterprises with Investment from Hong Kong, Macao and Taiwan	2953	4402	10125
与港澳台商合资经营企业	Joint-venture Enterprises	234	16	28
港澳台商独资企业	Sole-proprietorship Enterprises	2718	4386	10097
外商投资企业	Foreign Invested Enterprises	7525	7643	20782
中外合资经营企业	Joint-venture Enterprises	1785	85	1549
外资企业	Sole-proprietorship Enterprises	5740	7558	19233
按国民经济行业分组	**By Sector**			
正餐服务	Restaurant	509857	305330	556810
快餐服务	Fast food	14865	10519	25502

Main Financial Indicators on Enterprises above Designated Size in Catering Services (2022)

(10 000 yuan)

资产总计 Total Assets	负债合计 Total Liabilities	所有者权益合计 Total Owners' Equities	营业收入 Business Revenue	营业成本 Business Cost	税金及附加 Taxes and Other Charges	营业利润 Profits	营业外收入 Other Income	利润总额 Total Profits
1292590	**834873**	**450125**	**1448856**	**999462**	**6156**	**58495**	**6203**	**58956**
1241521	796745	437184	1353230	950061	5958	49951	5909	50406
65144	54260	10884	30166	23227	60	-963	1210	224
2909	4427	-1518	714	477	2	-168		-169
346297	256338	89814	243815	183707	1460	-2108	1186	-3248
339631	249334	90152	233249	177468	1375	-123	948	-1498
11795	8049	3746	5890	3773	62	116	1	116
815315	473649	334219	1072418	738698	4374	53072	3511	53482
112206	35941	74683	99426	65651	375	9762	57	9828
23320	11716	9456	39267	29395	402	2718	7	2756
677069	424846	248506	926105	638115	3551	40038	3445	40341
2719	1146	1574	7620	5537	46	555	2	556
8689	8295	394	2421	1051	62	-90	1	-91
392	106	286	610	231		-55		-55
8297	8189	108	1812	821	62	-35	1	-35
42380	29832	12548	93204	48349	136	8634	293	8640
2703	1243	1460	2754	1357	3	-478	43	-435
39677	28589	11088	90450	46992	133	9112	250	9075
1160386	731679	421195	1220003	849148	5808	45475	4694	45148
55967	36690	19277	124267	72197	207	11400	288	11397

16-5 限额以上住宿法人企业主要财务指标(2022年)

单位：万元

类 别	Type	流动资产合计 Total Current Assets	固定资产净额 Net Value of Fixed Assets	固定资产原价 Original Value of Fixed Assets
总 计	**Total**	**1201077**	**941126**	**2309772**
按登记注册类型分组	**By Types of Registration**			
内资企业	Domestic Invested Enterprises	1186488	912544	2242462
国有企业	State-owned Enterprises	69927	59403	188222
联营企业	Joint Ownership Enterprises	189	1959	3125
有限责任公司	Limited Liability Corporations	404810	316432	656913
#其他有限责任公司	Other Limited Liability Corporations	334089	306800	617045
股份有限公司	Share-holding Corporations Ltd.	2547	722	7268
私营企业	Private Enterprises	708035	533761	1385934
私营独资企业	Private Sole-proprietorship Enterprises	13163	13823	28460
私营合伙企业	Private Partnership Enterprises	11803	12074	20043
私营有限责任公司	Private Limited Liability Corporations	680409	505587	1330646
私营股份有限公司	Private Share-holding Corporations Ltd.	2660	2278	6785
其他企业	Other Enterprises	980	267	1000
港澳台商投资企业	Enterprises with Investment from Hong Kong, Macao and Taiwan	12467	19343	51916
与港澳台商合资经营企业	Joint-venture Enterprises	401	974	3040
港澳台商独资企业	Sole-proprietorship Enterprises	12066	18368	48876
外商投资企业	Foreign Invested Enterprises	2122	9239	15395
中外合资经营企业	Joint-venture Enterprises	11	12	345
外资企业	Sole-proprietorship Enterprises	826	1933	5476
按国民经济行业分组	**By Sector**			
旅游饭店	Tourism Hotel	779097	694910	1397706
一般旅馆	General Hotels	316630	188758	797726
其他住宿业	Others	93814	50811	95539

Main Financial Indicators on Enterprises above Designated Size of Hotels (2022)

(10 000 yuan)

资产总计 Total Assets	负债合计 Total Liabilities	所有者权益合计 Total Owners' Equities	营业收入 Business Revenue	营业成本 Business Cost	税金及附加 Taxes and Other Charges	营业利润 Profits	营业外收入 Other Income	利润总额 Total Profits
3979865	**2657544**	**1267587**	**1115282**	**649861**	**10445**	**-61933**	**18601**	**-54700**
3900458	2601099	1244627	1098763	641339	10213	-59060	18356	-52052
311125	170445	97207	64456	35614	1237	-6540	2849	-4969
2237	2126	111	3313	1407	13	197	0	197
1363396	1011786	348459	353344	223182	2957	-48500	12630	-45128
1236427	892410	340865	308148	192568	2517	-39682	12186	-36732
7595	5994	1601	4114	2470	15	37	40	77
2215126	1410661	796357	672921	378482	5991	-4461	2837	-2436
39666	15900	23471	41956	31855	236	2362	25	2290
22973	3911	19062	17274	13284	107	1525	37	1559
2142741	1385146	749781	608911	330986	5592	-8266	2760	-6212
9745	5703	4042	4781	2357	57	-82	15	-72
980	88	892	616	185	1	208		208
63469	43474	19995	12836	6251	111	-1496	117	-1385
1518	39	1479	466	100	6	-206	1	-208
61951	43435	18516	12370	6151	105	-1290	116	-1177
15937	12971	2966	3683	2270	121	-1377	127	-1263
1112	218	893	1282	1103	6	17		17
3499	5368	-1869	1442	141	7	-343	3	-341
2507060	1993200	497726	624353	358855	5349	-68225	15966	-63015
1235359	524109	672929	385297	226889	3660	3567	1796	4883
203177	121914	80985	89517	53033	1403	2512	728	3130

16-6 限额以上住宿业经营情况(2022年)

Basic Conditions of Enterprises above Designated Size of Hotels (2022)

单位：万元 (10 000 yuan)

类别	Type	法人企业(个) Number of Corporate Enterprises	年末从业人数(人) Employed Persons at Year-end (person)	营业额 Business Revenue	#客房收入 From Hotel Rooms	#餐费收入 From Meals	#商品销售收入 From Commodities
总计	**Total**	**1244**	**47818**	**1127291**	**672404**	**364831**	**27106**
按登记注册类型分	**By Types of Registration**						
内资企业	Domestic Invested Enterprises	1232	47035	1108879	661015	358284	26948
国有企业	State-owned Enterprises	49	3075	65479	24149	37566	1064
联营企业	Joint Ownership Enterprises	2	28	3313	1602	1547	136
有限责任公司	Limited Liability Corporations	234	14552	355806	167004	127523	12223
#其他有限责任公司	Other Limited Liability Corporations	220	11784	307031	146596	108192	11480
股份有限公司	Share-holding Corporations Ltd.	11	241	4376	3099	1077	4
私营企业	Private Enterprises	935	29083	679282	464830	190299	13503
私营独资企业	Private Sole-proprietorship Enterprises	65	1262	42579	30942	9444	2021
私营合伙企业	Private Partnership Enterprises	22	512	17702	12768	4390	280
私营有限责任公司	Private Limited Liability Corporations	836	27079	614287	417125	175772	11180
私营股份有限公司	Private Share-holding Corporations Ltd.	12	230	4714	3994	693	23
其他企业	Other Enterprises	1	56	622	332	272	18
港澳台商投资企业	Enterprises with Investment from Hong Kong, Macao and Taiwan	7	530	14687	8458	5921	150
与港澳台商合资经营企业	Joint-venture Enterprises	1	65	494	238	186	
港澳台商独资企业	Sole-proprietorship Enterprises	6	465	14193	8221	5736	150
外商投资企业	Foreign Invested Enterprises	5	253	3726	2931	626	8
中外合资经营企业	Joint-venture Enterprises	2	28	1282	1279	1	0
外资企业	Sole-proprietorship Enterprises	1	61	1485	1106	231	
按国民经济行业分	**By Sector**						
旅游饭店	Tourism Hotel	470	26749	622639	323385	229343	19376
一般旅馆	General Hotels	623	16256	394774	286967	95155	5413
其他住宿业	Others	99	4183	93079	50779	35581	1837

16-7 限额以上餐饮法人企业经营情况(2022年)

Basic Conditions of Enterprises above Designated Size of Catering Services (2022)

单位：万元

(10 000 yuan)

类别	Type	法人企业(个) Number of Corporate Enterprises	年末从业人数(人) Employed Persons at Year-end (person)	营业额 Business Revenue	#客房收入 From Hotel Rooms	#餐费收入 From Meals	#商品销售收入 From Commodities
总计	**Total**	**1653**	**53900**	**1464682**	**103950**	**1302785**	**42256**
按登记注册类型分	**By Types of Registration**						
内资企业	Domestic Invested Enterprises	1641	49762	1368773	102742	1208607	41736
国有企业	State-owned Enterprises	22	1828	31438	3167	27724	415
股份合作企业	Cooperative Enterprises	1	47	756		601	
有限责任公司	Limited Liability Corporations	208	8021	246788	31152	196554	14374
#其他有限责任公司	Other Limited Liability Corporations	202	7403	235779	28564	188199	14309
股份有限公司	Share-holding Corporations Ltd.	11	389	6142	840	5210	75
私营企业	Private Enterprises	1398	39463	1083422	67583	978433	26729
私营独资企业	Private Sole-proprietorship Enterprises	186	3279	100161	9546	84521	4393
私营合伙企业	Private Partnership Enterprises	55	1177	40545	3675	35824	950
私营有限责任公司	Private Limited Liability	1147	34739	934516	54360	850102	21352
私营股份有限公司	Private Share-holding	10	268	8201	2	7986	34
港澳台商投资企业	Enterprises with Investment from Hong Kong, Macao and Taiwan	5	101	2423	1207	1213	
与港澳台商合资经营企业	Joint-venture Enterprises	1	34	646		646	
港澳台商独资企业	Sole-proprietorship Enterprises	4	67	1777	1207	566	
外商投资企业	Foreign Invested Enterprises	7	4037	93486		92966	520
外资企业	Sole-proprietorship Enterprises	5	3889	90682		90682	
中外合资经营企业	Joint-venture Enterprises	7	3981	92922		92304	488
按国民经济行业分组	**By Sector**						
正餐服务业	Restaurant	1523	44111	1234279	103073	1075914	40648
快餐服务业	Fast food	35	4869	125779		124761	662

16-8 各地区限额以上批发零售贸易法人企业主要指标(2022年)
Main Indicators of Enterprises above Designated Size of Wholesale and Retail Trades by Region (2022)

地 区	Region	法人企业(个) Number of Corporate Enterprises	批发企业 Wholesale Trade	零售企业 Retail Trade	产业活动单位(个) Number of Economic Active Units (unit)	年末从业人数(人) Employed Persons at Year-end (person)	商品销售额(万元) Total Sales Value (10 000 yuan)
全 省	**Provincial Total**	**10625**	**4617**	**6008**	**8862**	**313509**	**145247794**
南昌市	Nanchang	2777	1734	1043	4210	108044	63941449
景德镇市	Jingdezhen	468	167	301	270	11001	2855697
萍乡市	Pingxiang	350	93	257	680	9930	2615099
九江市	Jiujiang	906	300	606	639	26290	7677422
新余市	Xinyu	275	180	95	20	6976	7018492
鹰潭市	Yingtan	297	114	183	103	7102	7668942
赣州市	Ganzhou	1228	369	859	1400	40035	14210163
吉安市	Ji'an	1202	303	899	561	28108	7435062
宜春市	Yichun	1222	570	652	426	36983	12484765
抚州市	Fuzhou	611	235	376	317	13361	7734156
上饶市	Shangrao	1289	552	737	236	25679	11606547

16-8 续表 continued

单位：万元 (10 000 yuan)

地 区	Region	批发额 Wholesale Value	#出口 Exports	零售额 Retail Value	营业收入 Business Revenue	营业成本 Business Cost	税金及附加 Taxes and Other Charges	营业利润 Profits
全 省	**Provincial Total**	**102991521**	**3209606**	**41452676**	**133259853**	**121421057**	**980112**	**2640988**
南昌市	Nanchang	49696518	2198633	14226161	57670578	53696295	185454	772007
景德镇市	Jingdezhen	1505615	25115	1323916	2837931	2570650	36811	70712
萍乡市	Pingxiang	1528566	64952	1084297	2410300	2140876	36654	84601
九江市	Jiujiang	3644359	922	4031185	7044215	6184457	108953	304816
新余市	Xinyu	6060329	4099	937667	6296750	5821288	33710	103461
鹰潭市	Yingtan	5627511	978	2031105	7361217	7042100	27377	29394
赣州市	Ganzhou	9085357	577633	5097650	12929926	11576644	130554	340643
吉安市	Ji'an	3812350	20951	3545519	6796390	5841057	86228	157917
宜春市	Yichun	9233558	50431	3119297	11795200	9903784	119966	398416
抚州市	Fuzhou	5619427	220338	2093348	7134565	6552309	70916	82478
上饶市	Shangrao	7177931	45555	3962533	10982782	10091598	143489	296544

16-9 各地区限额以上住宿餐饮法人企业主要指标(2022年)

Main Indicators of Enterprises above Designated Size of Hotels and Catering Services by Region (2022)

地 区	Region	法人企业(个) Number of Corporation (unit)	住宿企业 Hotels	餐饮企业 Catering Services	产业活动单位(个) Number of Economic Active Units (unit)	年末从业人数(人) Employed Persons at Year-end (person)	营业额(万元) Business Revenue (10 000 yuan)	#客房收入 From Hotel Rooms
全 省	**Provincial Total**	**2897**	**1244**	**1653**	**742**	**101718**	**2591973**	**776354**
南昌市	Nanchang	484	265	219	441	22848	542261	130081
景德镇市	Jingdezhen	178	87	91	52	5678	123651	48025
萍乡市	Pingxiang	134	30	104	11	3636	78674	15345
九江市	Jiujiang	380	153	227	44	12462	483339	144701
新余市	Xinyu	47	16	31		2794	73959	21456
鹰潭市	Yingtan	57	36	21	10	2489	81686	31204
赣州市	Ganzhou	378	144	234	75	18070	387845	112984
吉安市	Ji'an	386	136	250	69	9029	234768	74846
宜春市	Yichun	327	125	202	20	9733	197383	56104
抚州市	Fuzhou	168	58	110	4	4568	114301	37244
上饶市	Shangrao	358	194	164	16	10411	274107	104365

16-9 续表 continued

单位：万元 (10 000 yuan)

地 区	Region	餐费收入 From Meals	商品销售收入 From Commodities	营业收入 Business Revenue	营业成本 Business Cost	税金及附加 Taxes and Other Charges	营业利润 Profits
全 省	**Provincial Total**	**1667617**	**69362**	**2564138**	**1649323**	**16601**	**-3438**
南昌市	Nanchang	392234	6167	545208	299926	2292	-29522
景德镇市	Jingdezhen	69255	1142	129401	75037	437	-10153
萍乡市	Pingxiang	56251	6927	81259	52339	539	1573
九江市	Jiujiang	279254	20682	470124	346727	3603	18993
新余市	Xinyu	49821	838	77163	45898	339	3389
鹰潭市	Yingtan	46692	2713	75576	46270.7	573	-5328
赣州市	Ganzhou	265987	7322	371985	236771	2415	-4371
吉安市	Ji'an	150296	6432	232242	167408	1904	3099
宜春市	Yichun	129602	4722	196861	127504	860	6623
抚州市	Fuzhou	68087	7822	111564	78737	695	1914
上饶市	Shangrao	160139	4596	272754	172705	2945	10344

16-10 亿元以上商品交易市场摊位成交额情况(2022年)

Turnover of Commodity Exchange Markets of Transaction Value over 100 Million Yuan (2022)

类　别	Classification	年末出租摊位数(个) Number of Rented Booths at Year-end (unit)	成交额(万元) Turnover (10 000 yuan)
全　省	**Total**	**81871**	**24005718**
#粮油、食品类	Grain and Oil, Food	23615	11262673
#粮油类	Grain and Oil	3044	1168295
肉禽蛋类	Meat,Poultry and Eggs	2948	1221275
水产品类	Aquatic Products	2194	1664463
蔬菜类	Vegetables	8839	3276493
干鲜果品类	Dried and Fresh Melons and Fruits	4300	2981467
饮料类	Beverages	912	205376
烟酒类	Tobacco and Liquor	989	279836
服装、鞋帽、针纺织品类	Clothing,shoes,Hats and Textiles	12015	3617012
#服装类	Clothing	7996	2573147
鞋帽类	Footwear and Hats	2136	605833
针纺织品类	Knitwear and Textiles	1883	438032
化妆品类	Cosmetics	340	91202
金银珠宝类	Gold silver and Jeweller	141	81619
日用品类	Articles for Daily Use	1961	409390
五金、电料类	Hardware & Electrical Materials	1563	433593
体育、娱乐用品类	Sports & Recreational Articles	212	20905
书报杂志类	Newspapers and Magazines	112	9351
电子出版物及音像制品类	E-Book and Video Products	128	252968
家用电器和音像器材类	Household Appliances and Audio-visual Equipment	2011	185261
中西药品类	Traditional Chinese and Western Medicine	514	1041487
#西药类	Western Medicine	25	16399
中草药及中成药类	Traditional Chinese Medicine	395	1000577
文化办公用品类	Cultural and office Goods	997	149233
家具类	Furniture	11307	2794764
通讯器材类	Communication Appliances	83	67124
煤炭及制品类	Coal and Related Products		
木材及制品类	Wood and Wooden Products	735	124187
化工材料及制品类	Raw Chemical Materials and Related Products	222	33405
#化肥类	Fertilizer	2	467
金属材料类	Metal Materials	905	67903
建筑及装潢材料类	Building and Decoration Materials	12653	894639
机电产品及设备类	Mechanical & Electrical Products	822	393074
#农机类	Agricultural Machinery	42	124421
汽车类	Automobile	4669	827638
种子饲料类	Seed and Feedstuff	123	14224
棉麻类	Cotton and Hemp	4	512
其他类	Others	4838	748342

16-11 各地区亿元以上商品交易市场基本情况(2022年)

Basic Statistics on Commodity Exchange Markets of Transaction Value over 100 Million Yuan by Region (2022)

地区	Region	市场数量(个) Number of Markets (unit)	总摊位数(个) Number of Booths (unit)	年末出租摊位数(个) Number of Rented Booths at Year-end (unit)	营业面积(平方米) Operating Area (sq.m)	成交额(万元) Turnover (10 000 yuan)
全省	**Provincial Total**	**107**	**102639**	**81871**	**9018379**	**24005718**
南昌市	Nanchang	25	27225	21441	2832980	8332458
景德镇市	Jingdezhen	5	8753	7926	531250	1023290
萍乡市	Pingxiang	4	3211	2907	131900	353144
九江市	Jiujiang	12	9043	5949	984845	1090210
新余市	Xinyu	1	1500	371	100010	31250
鹰潭市	Yingtan	6	2530	2367	407399	642049
赣州市	Ganzhou	15	19585	14151	2213176	6158647
吉安市	Ji'an	5	5982	5959	311968	726589
宜春市	Yichun	5	4214	3741	173084	2287279
抚州市	Fuzhou	4	2502	2338	58402	175646
上饶市	Shangrao	25	18094	14721	1273365	3185156

16-12 旅游业发展情况

Basic Statistics on Tourism

年份 Year	旅游总收入(亿元) Total Tourism Earnings (100 million yuan)	为全省地区生产总值 (%) As Percentage of the Province's GDP (%)	为全省地区生产总值中第三产业 (%) As Percentage of Tertiary Industry in the Province's GDP (%)
1991	4.30	0.90	3.04
1992	4.81	0.84	2.79
1993	5.31	0.73	2.47
1994	6.33	0.67	2.14
1995	8.39	0.72	2.14
1996	50.15	3.56	10.27
1997	79.35	4.94	13.64
1998	81.64	4.75	12.35
1999	111.29	6.00	15.03
2000	134.60	6.72	16.47
2001	161.40	7.42	18.27
2002	191.10	7.80	19.65
2003	197.47	7.02	18.68
2004	240.81	7.09	19.60
2005	320.02	8.12	23.04
2006	390.89	8.32	24.68
2007	463.67	8.03	23.67
2008	559.38	8.07	23.30
2009	675.61	8.85	25.16
2010	818.32	8.72	25.96
2011	1105.93	9.55	28.17
2012	1402.59	10.95	31.34
2013	1896.06	13.26	37.19
2014	2649.70	16.91	45.67
2015	3637.65	21.68	54.30
2016	4993.29	27.15	63.51
2017	6435.09	31.84	72.05
2018	8145.12	35.86	75.71
2019	9656.38	39.15	81.91
2020	5422.70	21.03	43.63
2021	6769.02	22.69	48.00
2022	5758.67	17.95	37.73

16-13 国际旅游收入情况
Income from International Tourism

单位：万美元 (USD 10 000)

指　标	Item	2005	2010	2015	2017	2018	2019
合　计	**Total**	**10395**	**34630**	**56700**	**62992**	**74538**	**86538**
长途交通	Long Distance Transportation	3618	11324	20374	20661	10137	9865
民　航	Civil Aviation	1653	7792	11657	11401	6336	4154
铁　路	Railway	676	1420	3121	3213	745	433
汽　车	Highway	468	1281	1938	2142	3056	5279
轮　船	Waterway	821	831	3659	3905		
游　览	Sightseeing	322	1281	2204	2646	5814	7442
住　宿	Accommodation	1279	3498	5617	7244	13566	14365
餐　饮	Food and Beverage	1092	3047	3938	5102	14535	16875
娱　乐	Entertainment	665	2009	2025	2079	3205	4673
购　物	Shopping	1715	9281	16272	18268	19827	25875
邮电通讯	Post and Communication Services	374	623	1191	1134	596	173
市内交通	Local Transportation	187	693	1235	1323	522	260
其　他	Others	1143	2874	3844	4535	6336	7010

注：自2020年后，国家暂不反馈相关数据。
a)Since 2020, the State will not feed back relevant data temporarily.

16-14 入境旅游情况
Oversea Visitor Arrivals

指 标	Item	2005	2010	2015	2018	2019	2020
旅游人数(人次)	**Number of Oversea Visitor Arrivals (person-time)**	**372513**	**1140792**	**1552833**	**1917812**	**1971659**	**129658**
外 国 人	Foreigners	136270	399449	448810	572490	611402	44408
#印度尼西亚	Indonesia	1982	12251	11954	20098	18003	1360
日 本	Japan	23945	34956	25124	47576	44414	3231
马来西亚	Malaysia	3639	12113	15124	25746	24271	1965
菲 律 宾	Philippines	1794	8320	7156	15857	15213	1083
新 加 坡	Singapore	8271	20249	22060	31375	30698	2206
韩 国	Korea Rep	10809	36240	49150	53260	64087	5798
泰 国	Thailand	1716	4271	22337	19992	24303	1327
英 国	United Kingdom	11543	21613	23449	35048	33103	2281
德 国	Germany	5943	21689	18913	22011	22442	2016
法 国	France	6488	15299	21765	29117	28871	2059
意 大 利	Italy	3320	9132	11883	14772	15703	1528
西 班 牙	Spain	3757	5551	5219	7181	9228	481
瑞 典	Sweden	1131	6705	6704	5720	7072	538
瑞 士	Switzerland	364	6748	7505	7840	8783	783
俄 罗 斯	Russia	2329	16502	17110	12132	16271	979
加 拿 大	Canada	4380	10886	20105	23579	23558	1887
美 国	United States	27235	52339	43509	47011	47445	3522
澳大利亚	Australia	4622	11888	15616	16351	19515	1048
新 西 兰	New Zealand	1486	2911	8428	10869	12458	661
港澳同胞	Chinese Compatriots from Hong Kong and Macao	154885	534537	825395	988287	965430	62066
台湾同胞	Chinese Compatriots fromTaiwan Province	81358	206806	278628	357035	394827	23184
旅游外汇收入(万美元)	**Foreign Exchange Earnings from International Tourism (USD 10 000)**	**10395**	**34630**	**56700**	**74538**	**86538**	**3738.91**

注：外国人包括了华侨人数。2015年后入境旅游者人数为入境过夜游客人数，不包括一日游人数。2021年数据暂未反馈。

a) Overseas Chinese are included in oversea vistors.Since 2015, the number of oversea visitors refers to overnight visitors, excluding one-day-tour visitors. No data feedback in2021.

16-15 各地区旅游情况(2022年)
Basic Statistics on Tourism by Region (2022)

地 区	Region	国内游客(万人次) Number of Domestic Visitors (10 000 person-times)	国内旅游收入(亿元) Earnings from Domestic Tourism (100 million yuan)	星级饭店数(个) Number of Star-rated Hotel (unit)
全 省	**Provincial Total**	**65537.07**	**5758.67**	**348**
南昌市	Nanchang	8222.78	886.70	43
景德镇市	Jingdezhen	4466.69	362.96	7
萍乡市	Pingxiang	4312.15	364.67	5
九江市	Jiujiang	8085.63	675.94	58
新余市	Xinyu	3578.91	255.43	5
鹰潭市	Yingtan	4105.34	354.30	7
赣州市	Ganzhou	8299.58	823.61	80
吉安市	Ji'an	5191.18	437.26	43
宜春市	Yichun	7161.73	572.13	30
抚州市	Fuzhou	5263.36	427.40	23
上饶市	Shangrao	7302.80	598.27	47

16-16 全省春节、劳动节、国庆节旅游情况
Tourism by Region in Spring Festival,May Day or National Day Holidays

年 份	旅游人数（万人次） Number of Visitors (10 000 person-times)			旅游收入（万元） Tourism Earnings (10 000 yuan)		
	春 节 Spring Festival	劳动节 Labor Day	国庆节 National Day	春 节 Spring Festival	劳动节 Labor Day	国庆节 National Day
2005	196.10	519.40	580.30	67754	205469	175259
2006	249.52	632.60	699.70	81259	247132	219200
2007	300.40	762.80	826.60	95121	310087	271900
2008	210.75	377.40	996.27	58049	138669	334200
2009	274.90	447.00	1226.60	72517	171901	419537
2010	321.90	539.20	1398.40	104459	211204	512439
2011	443.40	700.30	1777.40	143631	293357	701800
2012	550.94	912.30	2405.70	196974	429481	1018597
2013	685.00	1092.70	2469.90	262467	515316	1150264
2014	877.78	1411.29	3232.21	354596	684200	1603200
2015	1182.99	1858.95	3937.01	526292	970100	2036600
2016	1639.87	2473.83	5360.34	761814	1340700	2925800
2017	2210.65	3005.90	6087.21	1093209	1722600	3685600
2018	2623.82	3383.17	5639.55	1455249	1999500	3415900
2019	2690.25	3982.26	6261.61	1587200	2392900	3880300
2020		2895.41	6809.75		1538300	3988100
2021	2539.06	4145.80	6586.74	1447600	2412700	4051000
2022	2742.94	2253.30	4577.88	1591300	1280400	2476200

主要统计指标解释

批发业 指批发商向批发、零售单位及其他企事业、机关单位批量销售生活用品和生产资料的活动，以及从事进出口贸易和贸易经纪与代理的活动。批发商可以对所批发的货物拥有所有权，并以本单位、公司的名义进行交易活动；也可以不拥有货物的所有权，而以中介身份做代理销售商。还包括各类商品批发市场中固定摊位的批发活动。

零售业 指百货商店、超级市场、专门零售商店、品牌专卖店、售货摊等主要面向最终消费者（如居民等）的销售活动。包括以互联网、邮政、电话、售货机等方式的销售活动，还包括在同一地点，后面加工生产，前面销售的店铺（如前店后厂的面包房）。不包括：谷物、种子、饲料、牲畜、矿产品、生产用原料、化工原料、农用化工产品、机械设备（乘用车、计算机及通信设备等除外）等生产资料的销售（列入批发业）；非零售单位附带的零售活动，如汽车修理单位销售汽车零件（列入单位主业所对应的行业类别中）；商业零售单位所在商厦的物业管理（列入物业管理）；商业零售单位所在的商品市场、商业大厦的市场管理活动（列入市场管理）。

批发和零售业商品购进、销售、库存额 指各种登记注册类型的批发和零售业企业(单位)以本企业(单位)为总体的，从国内、国外市场购进的商品总量，销售和出口的商品总量，库存的商品总量等情况。该指标可以反映商品流转过程中商品的购进、销售、库存之间的比例关系和存在的问题。

商品购进额 指从本企业以外的单位和个人购进（包括从国外直接进口）作为转卖或加工后转卖的商品金额（含增值税）。商品购进包括：（1）从工农业生产者、批发和零售业企业、住宿和餐饮业企业、出版社或报社的出版发行部门和其他服务业企业购进的商品；（2）从机关团体、事业单位购进的商品；（3）从海关、市场管理部门购进的缉私和没收的商品；（4）从居民收购的废旧商品等。不包括：（1）企业为本单位自身经营用，不是作为转卖而购进的商品，如材料物资、包装物、低值易耗品、办公用品等；（2）未通过买卖行为而收入的商品，如接受其他部门移交的商品、借入的商品、收入代其他单位保管的商品、其他单位赠送的样品、加工回收的成品等；（3）经本单位介绍，由买卖双方直接结算，本单位只收取手续费的业务；（4）销售退回和买方拒付货款的商品；（5）商品溢余。

商品销售额 指对本单位以外的单位和个人出售的商品金额（包括售给本单位消费用的商品，含增值税）。商品销售包括（1）售给城乡居民和社会集团消费用的商品；（2）售给农业、工业、建筑业、运输邮电业、服务业、公用事业等国民经济各行业用于生产、经营用的商品，包括售予批发和零售业作为转卖或加工后转卖的商品；（3）对国（境）外直接出口的商品。不包括：（1）未通过买卖行为付出的商品，如随机构变动移交给其他企业单位的商品、借出的商品、归还受其他单位委托代保管的商品、付出的加工原料和赠送给其他单位的样品等；(2) 经本单位介绍，由买卖双方直接结算，本单位只收取手续费的业务；（3）购货退回的商品；（4）商品损耗和损失；（5）出售本单位自用的废旧物资。

商品库存额 指报告期末各种登记注册类型的批发和零售业企业(单位)已取得所有权的商品。它反映批发和零售业企业(单位)的商品库存情况和对市场商品供应的保证程度。商品库存包括：(1)存放在批发和零售业经营单位(如门市部、批发站、采购站、经营处)的仓库、货场、货柜和货架中的商品；(2)挑选、整理、包装中的商品；(3)已记入购进而尚未运到本单位的商品，即发货单或银行承兑凭证已到而货未到的商品；(4)寄放他处的商品，如因购货方拒绝付款而暂时存在购货方的商品；(5)委托其他单位代销(未作销售或调出)尚未售出的商品；(6)代其他单位购进尚未交付的商品。不包括：所有权不属于本单位的商品；委托外单位加工的商品；外贸企业代理其他单位从国外进口尚未付给订货单位的商品；代国家物资储备部门保管的商品等。

连锁总店（总部） 指负责连锁企业资源（商号、商誉、经营模式、服务标准、管理模式等等）的开发、配置、控制或使用等功能的企业核心管理机构。连锁经营是指经营同类商品或服务，使用统一商号的若干店铺，在同一总店（总部）的管理下，采取统一采购或特许经营等方式，实现规模效益的组织形式，包括直营连锁、特许连锁和自愿连锁三种形式。其中，直营连锁是指连锁店铺由连锁公司全资或控股开设，在总部的直接控制下，开展统一经营的连锁经营形式；特许连锁是指拥有注册商标、企业标志、专利、专有技术等经营资源的企业（特许人），以合同形式将其拥有的经营资源许可其他经营者（被特许人）使用，被特许人按合同约定在统一的经营模式下开展经营，并向特许人支付特许经营费用的连锁经营形式；自愿连锁是指若干个店铺或企业自愿组合起来，在不改变各自资产所有权关系的情况下，以同一个品牌形象面对消费者，以共同进货为纽带开展的连锁经营形式。

亿元以上商品交易市场 指年成交额在亿元及以上的商品交易市场。商品交易市场是指经有关部门和组织批准设立，有固定场所、设施，有经营管理部门和监管人员，若干市场经营者入内，常年或实际开业三个月以上，集中、公开、独立地进行生活消费品、生产资料等现货商品交易以及提供相关服务的交易场所，包括各类消费品市场、生产资料市场等。

住宿业 指有偿为顾客提供临时住宿的服务活动。不包括提供长期住宿场所的活动，如出租房屋、公寓等（列入房地产开发经营）。

餐饮业 指在一定场所，对食物进行现场烹饪、调制，并出售给顾客主要供现场消费的服务活动。

营业额 指住宿和餐饮业单位在经营活动中因提供服务或销售商品等取得的收入。包括：客房收入、餐费收入、商品销售额和其他收入。其中，客房收入指住宿和餐饮业单位在经营活动中因提供住宿服务取得的收入。餐费收入指住宿和餐饮业单位因为顾客提供就餐服务取得的收入，包括经烹饪、调制加工后出售的各种食品，如主食、炒菜、凉拌菜等的收入。

社会消费品零售总额 指企业（单位、个体户）通过交易直接售给个人、社会集团非生产、非经营用的实物商品金额，以及提供餐饮服务所取得的收入金额。个人包括城乡居民和入境人员，社会集团包括机关、社会团体、部队、学校、企事业单位、居委会或村委会等。

旅游人数

(1)**入境游客** 指报告期内来中国（大陆）观光、度假、探亲访友、就医疗养、购物、参加会议或从事经济、文化、体育、宗教活动的外国人、港澳台同胞等游客(即入境旅游人数)。统计时，入境游客按每入境一次统计1人次。入境旅游人数包括入境过夜游客和入境一日游游客。

(2)**国内游客** 指在报告期内在中国（大陆）观光游览、度假、探亲访友、就医疗养、购物、参加会议或从事经济、文化、体育、宗教活动的中国（大陆）居民人数，其出游的目的不是通过所从事的活动谋取报酬。统计时，国内游客按每出游一次统计1人次。

国际旅游(外汇)收入 指入境游客在中国（大陆）境内旅行、游览过程中用于交通、参观游览、住宿、餐饮、购物、娱乐等全部花费。

国内旅游收入 指国内游客在国内旅行、游览过程中用于交通、参观游览、住宿、餐饮、购物、娱乐等全部花费。

星级饭店 指设备、设施、服务符合《旅游饭店星级的划分与评定》（GB/T14308-2003），通过相关旅游管理部门评定，并取得星级饭店称号的饭店（含预备星级饭店）。

Explanatory Notes on Main Statistical Indicators

Wholesale Trade refers to the activities of wholesaler selling at wholesale commodities for daily use and capital goods to enterprises of wholesale and retail trades and other enterprises, institutions and government offices, including the activities of wholesaler engaged in import and export and acting as a trade agent. The wholesaler may have the right of ownership over the commodities of wholesale and trade in the name of its owns or a company, the wholesaler may not have the right of ownership, only acts an agent. The wholesale trade also include the activities of wholesaler at the fixed stalls of the wholesale market of different commodities.

Retail Trade refers to the activities of department store, supermarket, franchised store, brand store, retail stall and on-the-spot-making-selling store selling commodities to the final consumers (citizens) by any means including internet, post, telephone, sales machine. Retail trade excludes the activities of sales of capital goods such a grain, seed, feed, livestock, mineral products, raw material for production, industrial chemicals, chemical products for farm, machine and equipment (vehicle, computer and communication equipment), and the activities of supplementary sales of non-retailer such as the sales of spare parts of car repair business (listed as branch in correspondence with principle business), property management of buildings of retail units (listed as property management); market management of commercial markets and buildings of retail units (listed as market management) .

Purchase, Sales and Stock of Commodities by Wholesale and Retail Trades refer to the total volume of commodities purchased, total volume of sales and exports, and the stock of commodities by wholesale and retail enterprises (establishments) of different status of registration from domestic and overseas markets. This indicator reflects the relationship among purchase, sales and stock of commodities in the circulation of goods and reveals the existing problems.

Total Purchases of Commodities refer to the total value of purchases of commodities by enterprises (establishments) from other establishments or individuals (including direct import from abroad) for the purpose of re-selling, either with or without further processing of the commodities purchased. The commodities include: (1) commodities purchased from agricultural and industrial producer, wholesaler, retailer, publishing house and other service business; (2) commodities purchased from institutions and government departments; (3) confiscated goods purchased from the customs authorities or market management agencies; (4) second-hand goods and wastes purchased from residents; The commodities exclude 1. commodities purchased by enterprises (establishments) for use in their own business operation, commodities obtained without buying or selling procedures such as materials, consumable goods of low value, office appliance, etc. 2. received goods without trading, such as goods handed over from others, borrowed goods, preserved goods for others, donated goods from others, processed and retrieved goods, etc. 3. goods of direct settlement between buyer and seller with handling fees introduced by others, 4. goods returned or refused to pay by the buyer, 5. excessive goods.

Total Sales of Commodities refer to value of commodities sold by the establishments to other establishments and individuals (including goods sold for self consumption, including the value-added tax). The commodities include: (1) commodities sold to urban and rural residents and social groups for their consumption; (2) commodities sold to establishments in all industries for their production and operation, including agriculture, industry, construction, transportation, post and telecommunications, catering services, and public utility including commodities sold to wholesale and retail establishments for re-selling, with or without further processing; and (3) commodities for direct export to abroad. Excluded are (1) extended commodities without trading, such as goods handed over to other enterprises and institutions because of the change of organizations, lent goods, returned goods preserved for others, extended processing materials and samples donated to others, (2) goods of direct settlement between buyer and seller with handling fees introduced by others, 3. goods returned after purchase, (4) damaged and spoiled goods, (5) waste and used goods of self use,

Total Stock of Commodities refers to total commodities possessed by wholesaler and retailer of various types of registration status at the end of the reference period, reflecting the commodity stock level of various wholesaler and retailer and the potential for market supply. It includes: (1) commodities located in storage, garages, counters, and shelves of operating places of wholesale and retail trades (such as sale stores, wholesale centers, procurement stations and operating offices); (2) commodities in the process of being selected, sorted, and packed; (3) commodities not arrived but recorded as purchase in the account, i.e. commodities not arrived but payment receipts for the commodities from the sellers or the banks arrived; (4) commodities deposited in other places rather than places mentioned above, for instance: commodities in the hold of purchasers temporarily due to the refusal of payment; (5) commodities entrusted to other units to sell but not sold yet; (6) commodities purchased for other units but not delivered yet. Commodities not included as stock are those not owned by the enterprises (units), commodities on commission for processing, imported commodities of agency of foreign trade enterprise but not yet delivered to ordering units and finally those put in stock on behalf of the state material reserves units.

Chain Head Stores (headquarter) refer to the core leading stores responsible for development, allocation, administration and utilization of resources (name of stores, brand of stores, operation model, service standard, management way, etc.) of chain stores. Chain stores refers to the stores engaged in providing homogeneous commodities or services, with the central leadership of head store (headquarters) and guided by common policies, conduct centralized purchase and distributed selling of commodities, in order to gain better efficiency through standardized operation. The chain stores include regular chain stores, franchise chain stores and voluntary chain stores.

Regular Chain store refers to chain stores that are invested or controlled by the headquarters. They operate under direct and unified management from the headquarters.

Franchise chain store refers to the chain stores (franchisees) which are franchised with operation resources such as trade marks, names, patent and operation know-how by the franchisor in form of contract and pay the operation fees to the franchisor.

Voluntary chain store refers to the stores operate jointly on the voluntary bases while maintaining their status of independent legal entities with full ownership of their assets. They sell goods of same brand from same channel of resource to the consumers.

Large Commodity Markets with Transaction Value over 100 Million Yuan refers to the commodity markets with an annual transaction at and above 100 million. The commodity market refers to the markets approved and managed by related departments, where there are fixed sites, facilities, managers and administration offices, where there are a certain number of traders to operate for three month and above or all the year, where the commodities including the articles for daily consumption and capital goods and services are traded in a centralized, independent and open way. Such market includes markets of daily goods and market of capital goods, etc.

Hotel Services refer to the charged accommodation services provided to customers, excluding the long term accommodation service activities such as rental housing and apartments(it is under real estate development and management).

Catering Services refer to the activities of enterprises providing on-the-spot services of selling food cooked and prepared to the customer in certain sites

Business Revenue refers to revenue of hotels and catering services received from providing services or selling commodities through business activities, including income from hotels, from catering services, from selling of commodities and from other services. Income from hotels refers to income of hotels and catering services by providing lodging services through business activities. Income from catering services refers to income of hotels and catering services by providing catering services, including selling of cooked or prepared foods, such as staple food, cooked dishes, or cold dishes.

Total Retail Sales of Consumer Goods refer to the amount obtained by enterprises (units, self-employed individuals) through direct sales of non-production and non-business physical commodity to individuals, social institutions, and revenue from providing catering services. Individuals include rural and urban households, population from abroad, social institutions include government agencies, social organizations, military units, schools, institutions, neighborhood (village) committees.

Number of Tourists

(1) **Visitor arrivals** refer to the number of tourists of foreigners, Chinese compatriots from Hong Kong, Macao and Taiwan who come to China (mainland) within the reference period for sight-seeing, vacation, visiting relatives, medical treatment, shopping, attending conference, or to engage in economic, cultural, sports and religious activities. Each entry of one visitor counts as one person-time. Visitor arrivals include both overnight-trippers and day-trippers.

(2) Number of domestic tourists refers to the number of Chinese (mainland) residents who travel within China (mainland) for sight-seeing, vacation, visiting relatives, medical treatment, shopping, attending conference, or to engage in economic, cultural, sports and religious activities. In compiling statistics, each time of travelling is counted as one person-time.

Foreign Exchange Earnings from International Tourism refer to the total expenditure of foreigners, overseas Chinese, Chinese compatriots from Hong Kong, Macao and Taiwan during their stay in the mainland of China on transportation, sighting, accommodation, food, shopping and entertainment.

Income from Domestic Tourism refer to expenditure of domestic tourists on transportation, sighting, accommodation, food, shopping and entertainment while they travel.

Star-rated Hotels refer to hotels rated with stars as assessed by the relevant tourism authorities according to GB/T14308-2003 standard with reference to their infrastructure, facilities and service levels.

十七、金融业

FINANCIAL INDUSTRY

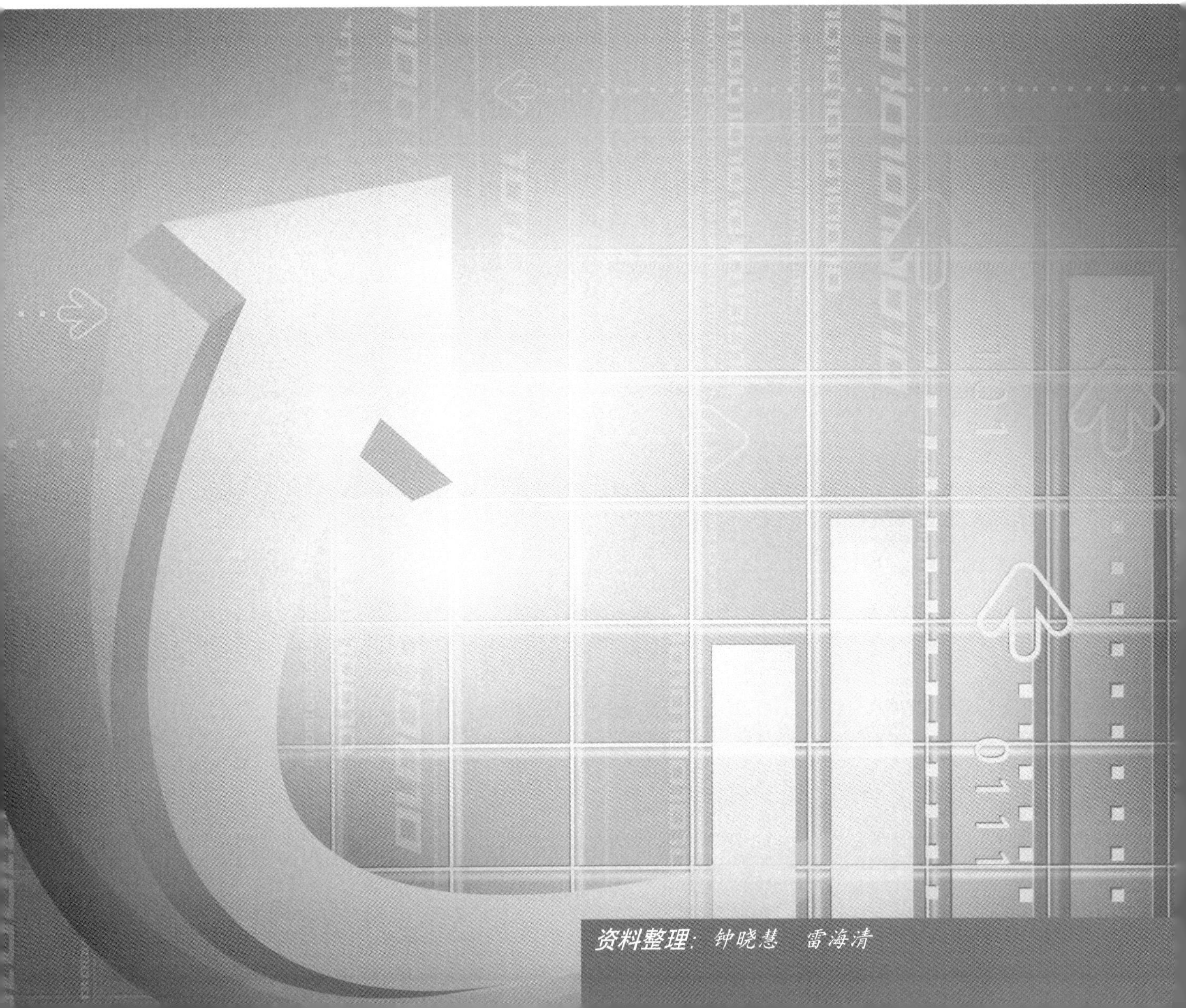

资料整理：钟晓慧　雷海清

简要介绍

一、本篇资料主要内容

本篇资料主要反映全省金融、保险、证券等方面的基本情况。

二、本篇资料来源

金融资料由中国人民银行江西省分行提供，险业务资料由国家金融监督管理总局江西监管局提供，资料由中国证券监督管理委员会江西监管局提供。

Brief Introduction

Ⅰ.Main Contents

The data in this chapter show the basic conditions of local government banking, insurance and securities of the whole province.

Ⅱ.Sources of Data

The data on banking are provided by Jiangxi Provincial Branch of the People's Bank of China. The data on insurance are provided by Jiangxi Provincial Bureau of the National Administration of Financial Regulation.The data on securities are provided by Jiangxi Provincial Bureau of China Securities Regulatory Commission.

17-1 金融机构本外币信贷资金平衡表年末余额(2022年)
Balance Sheet of Credit Funds of RMB and Foreign Currency of Financial Institutions at Year-end (2022)

单位：万元 (10 000 yuan)

指　标	Item	年末余额 Balance	比年初增减 Over Beginning of Year	增长(%) Growth Rate (%)
各项存款	**Total Deposits**	**531624405**	**54063999**	**11.3**
境内存款	Domestic Deposits	531278959	54228072	11.4
住户存款	Resident Deposits	300672565	45444342	17.8
活期存款	Current Deposits	99637256	9184195	10.2
定期及其他存款	Fixed and Other Deposits	201035310	36260147	22.0
非金融企业存款	Deposits of Non-financial Enterprises	146154396	7432263	5.1
活期存款	Current Deposits	72529533	1604403	1.5
定期及其他存款	Fixed and Other Deposits	73624862	5827859	9.0
机关团体存款	Deposits of Non-profit Institutions	56725506	-981756	-1.9
财政性存款	Fiscal Deposits	16237547	670514	5.2
非银行业金融机构存款	Deposits of Non-banking Financial Institutions	11488945	1662708	19.7
境外存款	Overseas Deposits	345446	-164073	-25.2
各项贷款	**Total Loans**	**527755814**	**56021545**	**11.9**
境内贷款	Domestic Loans	527369958	56088335	11.9
住户贷款	Resident Loans	191121304	8712377	4.8
短期贷款	Short-term Loans	48998307	287637	0.6
中长期贷款	Medium and Long-term Loans	142122996	8424740	6.3
企(事)业单位贷款	Loans from enterprises (Institutions)	334744501	46180159	16.0
短期贷款	Short-term Loans	83950945	10386790	14.1
中长期贷款	Medium and Long-term Loans	208396241	27028281	14.9
票据融资	Bill Financing	41172031	9403854	29.6
融资租赁	Financial Lease	912234	-623769	-40.6
各项垫款	Various Advances	313049	-14997	-4.6
非银行业金融机构贷款	Loans of Non-banking Financial Institutions	1504154	1195799	387.8
境外贷款	Overseas Loans	385856	-66790	-14.8

注：本表统计口径包括中国人民银行、政策性银行、国有独资商业银行、邮政信汇局、其他商业银行、农村合作银行、城市信用社、农村信用社、信托投资公司、财务公司等金融机构。后同。

a) The statistical scope in the table includes the People's Bank of China, policy banks, state-owned commercial banks, postal savings bureau, other commercial banks, rural cooperative banks, urban credit cooperatives, rural credit cooperatives, financial trust and investment companies, finance companies and other financial institutions. The same applies to the following tables.

17-2 金融机构人民币信贷资金平衡表年末余额(2022年)

Balance Sheet of Credit Funds of Financial Institutions at Year-end (2022)

单位：万元 (10 000 yuan)

指标	Item	年末余额 Balance	比年初增减 Over Beginning of Year	增长(%) Growth Rate (%)
各项存款	**Total Deposits**	**528640689**	**54083276**	**11.4**
境内存款	Domestic Deposits	528394870	54176854	11.4
住户存款	Resident Deposits	299985516	45437985	17.9
活期存款	Current Deposits	99278430	9208851	10.2
定期及其他存款	Fixed and Other Deposits	200707085	36229134	22.0
非金融企业存款	Deposits of Non-financial Enterprises	144005090	7402810	5.2
活期存款	Current Deposits	70931137	1313720	1.2
定期及其他存款	Fixed and Other Deposits	73073954	6089090	9.5
机关团体存款	Deposits of Non-profit Institutions	56682724	-995925	-2.0
财政性存款	Fiscal Deposits	16237547	670514	5.2
非银行业金融机构存款	Deposits of Non-banking Financial Institutions	11483994	1661470	19.7
境外存款	Overseas Deposits	245818	-93579	-15.7
各项贷款	**Total Loans**	**526291444**	**57084539**	**12.2**
境内贷款	Domestic Loans	526286743	57085377	12.2
住户贷款	Resident Loans	191118100	8711276	4.8
短期贷款	Short-term Loans	48995122	286531	0.6
中长期贷款	Medium and Long-term Loans	142122978	8424745	6.3
企(事)业单位贷款	Loans from enterprises (Institutions)	333664489	47178302	16.5
短期贷款	Short-term Loans	83333981	11241377	15.6
中长期贷款	Medium and Long-term Loans	208069901	27308545	15.1
票据融资	Bill Financing	41172031	9403854	29.6
融资租赁	Financial Lease	912234	-623769	-40.6
各项垫款	Various Advances	176342	-151705	-46.2
非银行业金融机构贷款	Loans of Non-banking Financial Institutions	1504154	1195799	387.8
境外贷款	Overseas Loans	4701	-838	-15.1

17-3 各地区金融机构(含外资)本外币信贷主要指标(2022年)
Main Indicators on RMB and Foreign Currency Trust of Financial Institutions (Foreign-Capital Included) by Region (2022)

单位：亿元 (100 million yuan)

地区	Region	各项存款 Savings Deposits in Various Forms			各项贷款 Loans in Various Forms		
		年末余额 Balance	比年初增减 Over Beginning of Year	增长(%) Growth Rate (%)	年末余额 Balance	比年初增减 Over Beginning of Year	增长(%) Growth Rate (%)
全省	**Provincial Total**	**53162.44**	**5406.40**	**11.3**	**52775.58**	**5602.15**	**11.9**
南昌市	Nanchang	16110.30	1352.88	9.2	18949.13	1328.18	7.5
景德镇市	Jingdezhen	1805.08	143.64	8.6	1576.83	232.80	17.3
萍乡市	Pingxiang	1798.02	207.12	13.0	1592.81	224.59	16.4
九江市	Jiujiang	5020.32	502.96	11.1	4579.11	554.55	13.8
新余市	Xinyu	1869.98	270.59	16.9	1545.69	266.58	20.8
鹰潭市	Yingtan	1363.08	196.47	16.8	1393.15	233.66	20.2
赣州市	Ganzhou	7306.15	870.59	13.5	7456.17	833.70	12.6
吉安市	Ji'an	4304.80	427.31	11.0	3452.06	388.64	12.7
宜春市	Yichun	4937.31	513.67	11.6	4139.24	505.18	13.9
抚州市	Fuzhou	3171.97	376.05	13.4	2962.96	375.37	14.5
上饶市	Shangrao	5422.86	546.80	11.2	4802.90	595.66	14.2

17-4 财产保险公司主要指标
Main Indicators of Property Insurance Companies

单位：万元 (10 000 yuan)

指标	Item	保费收入 Premium Income		赔款支出 Indemnity Expenditure	
		2021	2022	2021	2022
合计	**Total**	**3269198**	**3658350**	**2188021**	**2310949**
企业财产保险	Enterprise Property Insurance	55113	57765	50673	23376
机动车辆保险	Motor Vehicle Insurance	1978191	2128683	1380708	1406352
货物运输保险	Freight Transport Insurance	17219	21527	3174	3994
责任保险	Liability Insurance	163082	195587	80526	86751
信用保证保险	Credit Insurance	104428	123175	99622	114403
农业保险	Agriculture Insurance	272947	427158	133678	256796
其他财产保险	Other Insurance	678219	704455	439642	419277

注：1. 本表数据为各公司上报中国保险统计信息系统数据，未经审计。
2. 因部分机构目前处于风险处置阶段，数据口径暂时调整为不包含风险处置机构，直至相关机构风险处置结束。

a) Data in this table are collected through China Insurance Statistical Information System reported by insurance companies, and have not been audited.
b) As some institutions are currently in the risk disposal stage, the data calibre is temporarily adjusted to exclude risk disposal institutions until the end of risk disposal by relevant institutions.

17-5 人寿保险公司主要指标
Main Indicators of Life Insurance Companies

单位：万元 (10 000 yuan)

指　标	Item	2014	2015	2016	2017	2018	2019	2020	2021	2022
原保险保费收入	**Premium of Primary Insurance**	**2544629**	**3372161**	**4135346**	**4922223**	**4836839**	**5282872**	**5949364**	**5826830**	**6066364**
寿险小计	Life Insurance in Total	1533897	1489765	1712066	2315342	1866118	1986421	2542832	2820675	3367684
普通寿险	Ordinary Life Insurance	708121	711855	822691	1432132	576424	749868	1084411		
分红寿险	Participating Life Insurance	816392	767550	877721	870399	1277569	1224444	1446621		
投资联结保险	Investment-linked Life Insurance	155	153	114	112	113	116	119		
万能寿险	Universal Life Insurance	9229	10207	11540	12698	12013	11993	11681		
年金保险	Annuities Insurance	692137	1460478	1767520	1840503	1946199	1967147	1919164	1619588	1386452
意外伤害险	Accident Insurance	63162	63815	73158	82401	103256	111634	123651	112212	84577
健康险	Health Insurance	255434	358102	582602	683979	921266	1217670	1363717	1274355	1227651
赔付支出	**Payment**	**658874**	**922922**	**1055501**	**966602**	**1145437**	**1090017**	**1201902**	**1153383**	**1234470**
赔款支出	Claim	68799	124142	183381	187894	293111	390250	410186		
死伤医疗给付	Medical benefits for death & injury	48762	56595	66687	85197	105810	133555	160286		
满期给付	Expire Payment	483762	643882	689364	548255	539669	382280	455273		
年金给付	Annuities Payment	57551	98303	116068	145255	206846	183933	176157		

注：1. 本表数据为各公司上报中国保险统计信息系统数据，未经审计。
2. 因部分机构目前处于风险处置阶段，数据口径暂时调整为不包含风险处置机构，直至相关机构风险处置结束。
a) Data in this table are collected through China Insurance Statistical Information System reported by insurance companies, and have not been audited.
b) As some institutions are currently in the risk disposal stage, the data calibre is temporarily adjusted to exclude risk disposal institutions until the end of risk disposal by relevant institutions.

17-6 各地区保险业务情况(2022年)
Statistics on Insurance Business Conditions by Region (2022)

单位：万元

地 区	Region	全部业务保费收入 Total Insurance Business Premium Income	财产保险公司业务保费收入 Property Insurance Business Premium Income	人身保险公司业务保费收入 Life Insurance Business Premium Income
全 省	**Provincial Total**	**9724713**	**3658350**	**6066364**
南昌市	Nanchang	2772883	887863	1885021
景德镇市	Jingdezhen	291889	110811	181078
萍乡市	Pingxiang	370779	139329	231450
九江市	Jiujiang	895845	340698	555147
新余市	Xinyu	317658	93999	223658
鹰潭市	Yingtan	217993	81102	136891
赣州市	Ganzhou	1412008	567123	844884
吉安市	Ji'an	879256	330335	548920
宜春市	Yichun	1055546	443832	611713
抚州市	Fuzhou	561172	257277	303895
上饶市	Shangrao	933228	389521	543707

注：1.本表数据为各公司上报中国保险统计信息系统数据，未经审计。
2.因部分机构目前处于风险处置阶段，数据口径暂时调整为不包含风险处置机构，直至相关机构风险处置结束。
a) Data in this table are collected through China Insurance Statistical Information System reported by insurance companies, and have not been audited.
b) As some institutions are currently in the risk disposal stage, the data calibre is temporarily adjusted to exclude risk disposal institutions until the end of risk disposal by relevant institutions.

17-6 续表 continued

单位：万元 (10 000 yuan)

地 区	Region	保险密度(元) Density of Insurance (yuan)			保险深度(%) Depth of Insurance (%)		
		全部业务 Total Insurance Business	财产险 Property Insurance	人身险 Life Insurance	全部业务 Total Insurance Business	财产险 Property Insurance	人身险 Life Insurance
全 省	**Provincial Total**	**2150.20**	**808.89**	**1341.32**	**3.03**	**1.14**	**1.89**
南昌市	Nanchang	4273.98	1368.51	2905.48	3.85	1.23	2.62
景德镇市	Jingdezhen	1800.44	683.51	1116.93	2.45	0.93	1.52
萍乡市	Pingxiang	2051.51	770.90	1280.60	3.20	1.20	1.99
九江市	Jiujiang	1964.92	747.28	1217.64	2.22	0.85	1.38
新余市	Xinyu	2641.66	781.70	1859.95	2.54	0.75	1.79
鹰潭市	Yingtan	1886.74	701.94	1184.80	1.76	0.66	1.11
赣州市	Ganzhou	1571.69	631.26	940.43	3.12	1.25	1.87
吉安市	Ji'an	1987.52	746.71	1240.81	3.20	1.20	2.00
宜春市	Yichun	2123.66	892.95	1230.71	3.04	1.28	1.76
抚州市	Fuzhou	1567.88	718.82	849.07	2.88	1.32	1.56
上饶市	Shangrao	1450.02	605.22	844.79	2.82	1.18	1.64

注：保险密度=年保费收入/年平均人口；保险深度=年保费收入/年地区生产总值。
a) Density of insurance= annual premium income/annual average population; Depth of insurance= annual premium income/annual gross domestic product.

17-7 江西省上市公司数量
Number of Listed Companies of Jiangxi

单位：个 (unit)

地 区	Region	2015	2016	2017	2018	2019	2020	2021	2022
全 省	**Provincial Total**	**35**	**37**	**39**	**42**	**43**	**55**	**66**	**77**
南昌市	Nanchang	17	19	19	20	20	22	25	29
景德镇市	Jingdezhen	4	4	4	4	4	5	5	6
萍乡市	Pingxiang	1	1	1	1	1	2	3	3
九江市	Jiujiang						1	2	3
新余市	Xinyu	2	2	3	4	4	4	6	6
鹰潭市	Yingtan	2	2	2	2	2	2	2	2
赣州市	Ganzhou	3	3	3	4	4	5	8	11
吉安市	Ji'an					1	2	2	3
宜春市	Yichun	2	2	3	3	3	4	4	4
抚州市	Fuzhou	1	1	1	1	1	2	3	3
上饶市	Shangrao	3	3	3	3	3	6	6	7

17-8 股票发行量和筹资额
Issued Share and Raised Capital

年份 Year	股票发行量(亿股) Issued Share (100 million shares)	A股 A Shares	H股 H Shares	B股 B Shares	股票筹资额(亿元) Raised Capital (100 million yuan)	A股 A Shares	配股 Rights Issued	B股 B Shares
2012	7.98	4.90	3.08		65.35	60.48		4.87
2013	4.03	4.03			33.63	33.63		
2014	5.60	5.60			37.27	37.27	5.66	
2015	7.31	7.31			81.46	81.46	5.90	
2016	17.03	17.03			191.56	191.56		
2017	10.68	10.68			68.72	68.72	6.4	
2018	6.16	4.16	2		70.26	42.07		
2019	2.78	2.78			28.67	28.67		
2020	20.59	20.59			215.43	215.43		
2021	10.29	10.29			127.02	127.02		
2022	22.42	22.42			208.53	208.53		

17-9 江西省证券市场基本情况
Jiangxi General Statistics on Securities Markets

指　标	Item	2018	2019	2020	2021	2022
证券法人公司(个)	Securities corporation(unit)	2	2	2	2	2
证券营业部(个)	Security Exchange(unit)	321	318	353	303	299
证券投资者开户数(万户)	Securities Investors Accounts Established (10 000 units)	635.00	736.66	822.39	911.33	992.67
A股成交金额(亿元)	Total Turnover of A shares (100 million yuan)	24805.54	37629.91	55503.05	62738.93	55838.10
B股成交金额(亿元)	Total Turnover of B shares (100 million yuan)	6.63	6.28	7.34	7.39	7.69
上市公司总股本(亿股)	Total Share Capital of Listed Companies (100 million shares)	364.57	376.73	436.91	504.94	693.91
A股	A shares	345.25	373.29	433.47	501.50	685.28
B股	B shares	3.44	3.44	3.44	3.44	8.63
流通股本(亿股)	Negotiable shares (100 million shares)	321.41	347.56	406.36	442.87	496.32
股票市价总值(亿元)	Total Market Capitalization (100 million yuan)	3084.96	3913.25	6637.17	8909.90	9281.05
A股	A shares	2927.06	3894.73	6615.86	8888.42	9179.98
B股	B shares	23.67	18.52	21.31	21.48	101.07
股票流通市值(亿元)	Negotiable Market Capitalization (100 million yuan)	2591.87	3440.10	6286.40	8457.65	8801.93
A股	A shares	2433.96	3421.58	6265.09	8436.17	8781.37
B股	B shares	23.67	18.52	21.31	21.48	20.56
期货投资者开户数(万户)	Future Investors Accounts Established (10 000 units)	4.93	5.17	5.82	6.41	6.77
期货总成交量(万手)	Trading Volume of Future (10 000 pieces)	2403.11	3133.48	4160.74	5286.60	4744.26
期货总成交额(亿元)	Trading Turnover of Future (100 million yuan)	19109.74	28120.71	35260.36	46032.39	39083.44

主要统计指标解释

各项存款 指单位、个人、财政部门在保留资金或货币所有权的条件下，以不可流通的存单或类似凭证为依据，确保名义本金不变暂时让渡资金使用权所存入金融机构的款项，包括单位存款、个人存款、国库定期存款、临时存款、邮政储蓄银行老协议存款、外汇储备委托贷款资金、非存款类金融机构存放款项等。

各项贷款 指金融机构在保留资金或货币所有权的条件下，以不可流通的借款凭证或类似凭证为依据，暂时让渡资金使用权所形成的债权，包括信用卡及账户透支、个人经营和消费贷款、单位经营贷款、固定资产贷款、并购贷款、贸易融资、融资租赁、各项垫款、票据融资以及拆放非存款类金融机构款项等。

保险金额 指保险人承担赔偿或者给付保险金责任的最高限额。

保费 指投保人为取得保险人在约定范围内所承担赔偿责任而支付给保险人的费用。

赔偿 指保险人根据保险合同的规定，向被保险人支付的赔偿保险责任损失的金额。

Explanatory Notes on Main Statistical Indicators

Various Deposits refers to the money deposited in financial institutions by units, individuals and financial departments on the basis of non-negotiable certificates of deposit or similar certificates to ensure the invariable nominal principal and temporarily transfer the right to use funds under the condition of retaining the ownership of funds or currency. It includes corporate deposits, individual deposits, Treasury time deposits, temporary deposits, deposits under the old agreement of postal savings banks, funds for entrusted loans of foreign exchange reserves, funds deposited by non-deposit financial institutions, etc.

Various Loans refers to the creditor's rights formed by the temporary transfer of the right to use funds by financial institutions on the basis of non-negotiable loan certificates or similar certificates under the condition of retaining capital or currency ownership. Including credit card and account overdraft, personal business and consumer loans, unit business loans, fixed assets loans, merger and acquisition loans, trade financing, financial leasing, advances, bill financing and the release of non-deposit financial institutions, etc.

Amount Insured refers to the maximum that the insurant will get for the claim of the case insured.

Premium is the fee paid by the insurant to the insurer to obtain the obligation of compensation from the insurance within the agreed terms.

Settled Claim is the compensation paid by the insurer to the insurant in accordance with the insurance contract.

十八、

房地产开发

REAL ESTATE DEVELOPMENT

◆ *419/432*

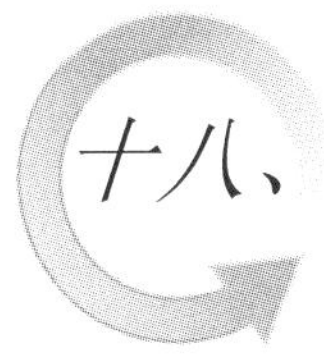

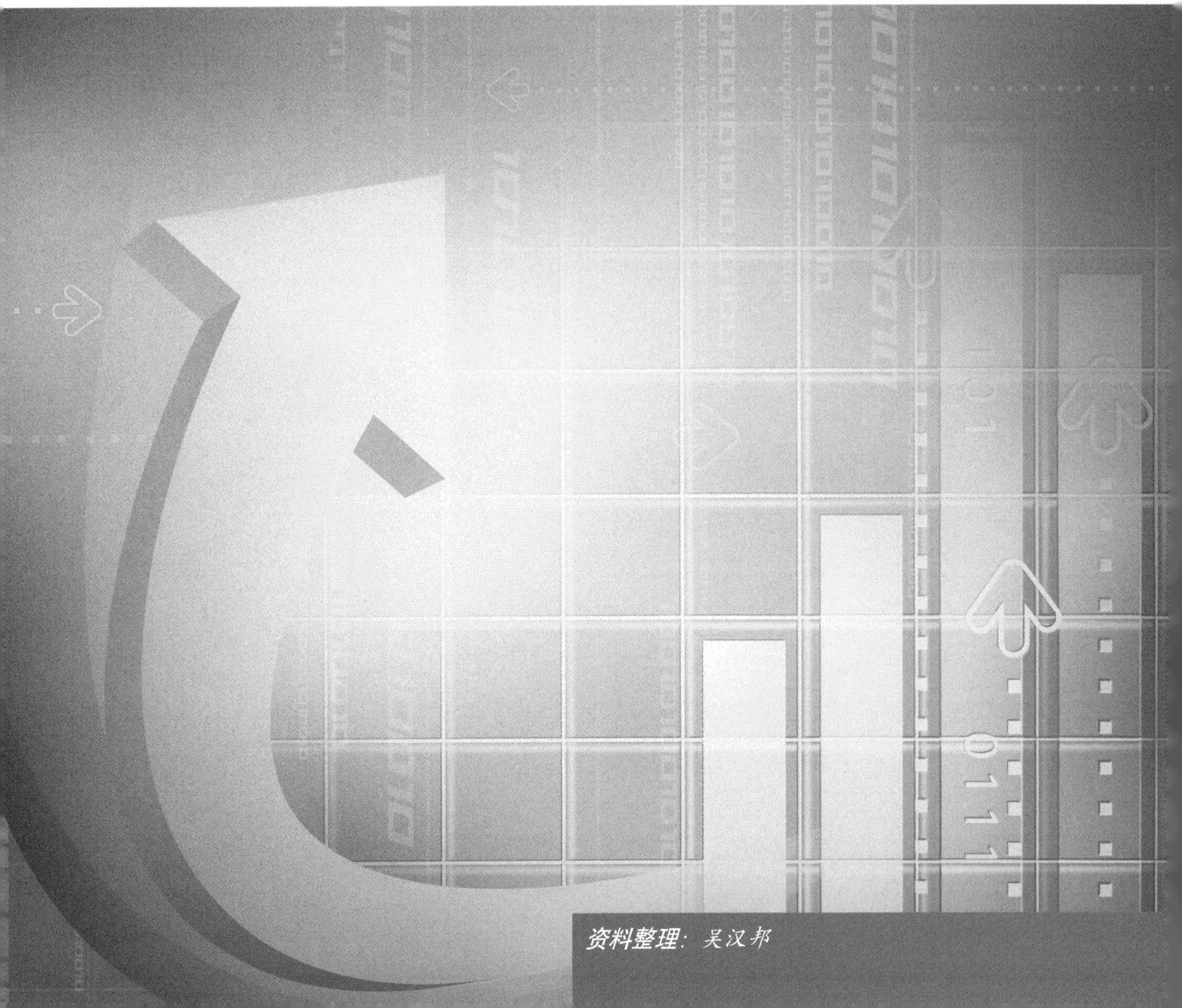

资料整理：吴汉邦

简要介绍

房地产开发统计资料的主要内容包括：全省房地产开发经营方面的基本情况，包括11个设区市的主要房地产开发统计数据。如：房地产开发投资额、房屋施工面积、房屋竣工面积、商品房销售面积、商品房销售额、房地产开发投资资金来源等。

房地产开发统计范围包括有房地产开发经营活动的全部房地产开发经营业法人单位。

资料来源：根据国家统计局制定的《房地产开发统计报表制度》搜集资料，由省统计局固定资产投资处整理汇总。

统计调查方法：由各级统计部门采取全面调查方法，执行企业一套表，由企业网上直报。

Brief Introduction

Main Contents of Real Estate Statistic: Data in this chapter show the general situation and the development of real estate. They cover the situation of real estate of the 11 municipalities in the whole Jiangxi Province. The data include the value of real estate development, floor space under construction, floor space completed, floor space sold, value of house sold, the source of funds for the development.

The scope of the development of real estate statistics covers all corporate units with development and operating activities engaged in real estate development.

Sources of Data: Data on Real Estate Statistic are collected in accordance with the Reporting Form System of the Development of Real Estate Statistics stipulated by the National Bureau of Statistics and provided by Fixed Assets Investment Division of Jiangxi Provincial Bureau of Statistics.

Methods of Survey: Comprehensive survey methodology is adopted by statistical department at all levels. Data are reported by enterprises through the online data-report system.

18-1 房地产开发经营业主要指标
Main Indicators of Enterprises for Real Estate Development

指　标	Item	2000	2010	2015	2020	2021	2022
房地产开发投资增速(%)	**Growth Rates of Total Investment in Real Estate Development (%)**	**26.1**	**11.4**	**14.9**	**6.2**	**6.3**	**-12.6**
按登记注册类型分	Grouped by Registration Status						
内　资	Domestic Funded		10.8	16.4	4.1	6.2	-12.5
#国　有	State-owned Units		2.4	64.8	-25.5	4.6	28.0
集　体	Collective-owned Units		-16.7			-42.9	174.4
联　营	Joint Ownership Units		5.9				3839.2
有限责任公司	Limited liability Enterprises		10.9	23.8	0.2	-6.9	-15.5
股份有限公司	Share-holding Corporations Ltd.		16.3	-15.9	-53.8	-57.7	-20.3
私　营	Private Enterprises		13.7	7.7	15.4	22.7	-13.2
其　他	Others		0.0	49.5		106.6	-51.1
港澳台商投资	Enterprises with Funds from Hong Kong, Macao and Taiwan		10.9	-0.2	81.2	10.0	-17.7
外商投资	Foreign Funded		42.5	-49.5	329.5	4.4	-7.4
按构成分	Grouped by Use of Funds						
建筑工程	Construction	21.3	3.1	11.0	14.0	11.7	-6.4
安装工程	Installation	17.5	14.6	46.8	-4.2	0.7	-17.8
设备工器具购置	Purchase of Equipment and Instruments	49.1	83.7	31.1	15.4	-20.6	-32.7
其他费用	Others	40.7	40.9	12.7	-7.4	-2.8	-27.5
#土地购置费	Total value of Land Purchased	33.6	65.4	17.2	-1.2	-7.4	-21.8
按工程用途分	Grouped by Use of Projects						
住　宅	Residential Buildings	32.0	7.0	14.5	7.2	10.3	-11.6
办公楼	Office Buildings	25.2	-5.1	-3.5	43.7	-11.7	-15.2
商业营业用房	Houses for Bussiness Use	25.8	23.7	20.5	-2.0	-10.6	-14.6
其　他	Others	9.8	44.1	17.9	-3.8	6.2	-20.4

18-1 续表 continued

指 标	Item	2000	2010	2015	2020	2021	2022
企业个数(个)	**Number of Enterprises (unit)**	**539**	**2141**	**2187**	**2855**	**3068**	**2992**
本年新增固定资产(万元)	**Newly Increased Fixed Assets this Year (10 000 yuan)**	**294124**	**3898732**	**6676396**	**8511116**	**8636130**	**5138994**
土地开发(万平方米)	**Land Space Developed (10 000 sq.m)**						
本年购置土地面积	Land Space Purchased this Year	287.81	777.15	542.89	551.99	391.93	252.33
资金来源(万元)	**Sources of Funds (10 000 yuan)**						
本年资金来源小计	Sources of Funds This Year	444086	10081606	21013298	37778809	39006601	28948232
国内贷款	Domestic Loans	71414	1464036	2308154	3759022	3335408	2037190
#银行贷款	Bank Loans		1412902	2063823	3189884	2947625	1904463
非银行金融机构贷款	Non-banking Financial Institutions Loans		51134	244331	569138	387783	132727
利用外资	Foreign Investment	33925	28979	61412	14437	44984	
自筹资金	Self-raising Funds	134697	3912925	7307833	9055657	10101670	7313253
其他资金来源	Others	202730	4675666	11335899	585941	701877	823346
定金及预收款	Deposit and Prepayment	164019	2542706	5852983	13177959	13630340	9778943
个人按揭贷款	Individual Mortgage Loans		1460827	4479961	11185793	11192322	8995500
房屋施工、竣工和销售、出租情况(万平方米)	**Floor Space of Buildings Under Construction and Completed, On Sale and for Rent (10 000 sq.m)**						
房屋施工面积	Floor Space under Construction	896.62	7229.94	15293.60	23580.80	25219.87	22714.76
#新开工面积	Started this Year	490.92	2344.98	3704.87	5301.79	5282.04	3629.35
房屋竣工面积	Floor Space of Buildings Completed	402.80	1817.74	1907.89	2238.50	2517.44	1462.76
商品房销售面积	Floor Space of Commercialized Buildings Sold	286.69	2469.73	3478.23	6732.71	7676.21	6702.65
商品房销售额(万元)	Total Sales of Commercialized Buildings(10 000 yuan)	272008	7764058	18636712	52227807	58941262	4905.156
商品房出租面积	Floor Space of Commercialized Buildings for Rent	4.67	23.66	5.96	4.11	1.87	9.52
商品房待售面积	Floor Space of Commercialized Buildings Lying Idle	102.90	357.99	1496.06	803.45	737.49	683.61

18-2 房地产开发房屋施工、竣工、销售与出租情况(2022年)
Buildings under Construction, Completed, Sold and for Rent of Real Estate Development (2022)

指标	Item	合计 Total	住宅 Residential Buildings
房屋施工面积(平方米)	Floor Space under Construction (sq.m)	227147606	176042436
#新开工面积	Started This Year	36293452	29466649
房屋竣工面积(平方米)	Floor Space If Buildings Completed (sq.m)	14627625	11147091
房屋竣工价值(万元)	Value of Buildings Completed (10 000 yuan)	4143266	3147822
商品房销售面积(平方米)	Floor Space of Commercialized Buildings Sold (sq.m)	67026495	56630601
现房销售面积	Floor Space of Marketable Housing Sold	9235416	6515633
期房销售面积	Floor Space of Future Marketable Housing Sold	57791079	50114968
出租房屋面积(平方米)	Floor Space for Rent (sq.m)	95185	
不可销售面积(平方米)	Floor Space Unsalable (sq.m)	334493	68307
待售面积(平方米)	Floor Space Lying Idle (sq.m)	6836099	3386769
商品房销售额(万元)	Total Sales of Commercialized Buildings (10 000 yuan)	49051564	41385894
现房销售额	Sale of Marketable Housing	5924989	4291066
期房销售额	Sale of Future Marketable Housing	43126575	37094828

18-2 续表 continued

指标	Item	办公楼 Office Buildings	商业营业用房 Houses for Bussiness Use	其他 Others
房屋施工面积(平方米)	Floor Space under Construction (sq.m)	4933039	23643031	22529100
#新开工面积	Started This Year	306064	2598408	3922331
房屋竣工面积(平方米)	Floor Space If Buildings Completed (sq.m)	271030	1604793	1604711
房屋竣工价值(万元)	Value of Buildings Completed (10 000 yuan)	80727	506404	408313
商品房销售面积(平方米)	Floor Space of Commercialized Buildings Sold (sq.m)	1846238	6166978	2382678
现房销售面积	Floor Space of Marketable Housing Sold	541286	1494965	683532
期房销售面积	Floor Space of Future Marketable Housing Sold	1304952	4672013	1699146
出租房屋面积(平方米)	Floor Space for Rent (sq.m)		92390	2795
不可销售面积(平方米)	Floor Space Unsalable (sq.m)	978	28047	237161
待售面积(平方米)	Floor Space Lying Idle (sq.m)	270954	2255272	923104
商品房销售额(万元)	Total Sales of Commercialized Buildings (10 000 yuan)	1490622	5038890	1136158
现房销售额	Sale of Marketable Housing	388755	957365	287803
期房销售额	Sale of Future Marketable Housing	1101867	4081525	848355

18-3 按登记注册类型分的房地产开发投资增速和资金来源(2022年)

单位: %, 万元

指标	Item	合计 Total	内资 Domestic Funds	国有 State-owned
投资增速(%)	**Growth Rates of Total Investment (%)**	**-12.6**	**-12.5**	**28.0**
按构成分	Grouped by Use of Funds			
建筑工程	Construction	-6.4	-6.5	20.3
安装工程	Installation	-17.8	-17.6	-66.9
设备工器具购置	Purchase of Equipment and Instruments	-32.7	-30.6	71.5
其他费用	Others	-27.5	-27.7	-21.5
按工程用途分	Grouped by Use of Projects			
住　宅	Residential Buildings	-11.6	-11.4	8.7
#90平方米及以下住房	Housing of 90 Square Metres and below	-9.6	-10.7	16.0
144平方米及以上住房	Housing of 144 Square Metres and Above	-15.2	-18.2	67.3
办公楼	Office Buildings	-15.2	-9.1	27.1
商业营业用房	Houses for Bussiness Use	-14.6	-17.0	-40.7
其　他	Others	**-20.4**	**-21.5**	**15.7**
本年资金来源(万元)	**Total Sources of Funds (10 000 yuan)**			
上年末结余资金	Surplus Funds Last Year	10703673	10181456	511967
本年资金来源小计	Sources of Funds This Year	28948232	27500031	1575451
国内贷款	Domestic Loans	2037190	2002450	464665
银行贷款	Bank Loans	1904463	1870223	464665
非银行金融机构贷款	Non-banking Financial Institutions Loans	132727	132227	
利用外资	Foreign Investment			
自筹资金	Self-raising Funds	7313253	7099236	529838
其他资金来源	Others	823346	819166	26078
定金及预收款	Deposit and Advance Payment	9778943	9151192	349782
个人按揭贷款	Individual Mortgage Loans	8995500	8427987	205088

Growth Rates of Investment in Real Estate Development and Sources of Funds by Registration Status (2022)

(%，10 000 yuan)

集体 Collective-Owned	联营 Jointment Ownership	股份有限公司 Share-holding Corporations Ltd.	私营 Private	其他内资 Others	港澳台商投资 Funds from Hong Kong, Macao and Taiwan	外商投资 Foreign Funded
174.4	**3839.2**	**-15.0**	**-13.2**	**-51.1**	**-17.7**	**-7.4**
157.2	19.4	-9.7	-6.3	-27.9	-12.2	70.9
	375.0	-18.8	-15.0	-91.6	-13.6	-67.5
	6900.0	-39.0	-22.8	-100.0	-61.9	-86.4
	-98.8	-30.2	-25.9	-76.4	-30.9	83.5
174.4	-11.7	-13.8	-11.0	-100.0	-21.4	12.6
		1.8	-21.9	-100.0	29.9	1277.7
166.9	-33.5	-31.1	-13.0	-100.0	54.9	20.4
		-16.5	3.8	47.9	-60.9	
	13.0	-15.1	-17.5	-85.2	16.8	642.4
	-11.9	**-35.1**	**-13.8**		**1.3**	**652.9**
2430	28822	4397751	5240486		382664	139553
9431	54240	12037988	13822921		1216294	231907
		1062709	475076		33240	1500
		982873	422685		32740	1500
		79836	52391		500	
	1133	3155529	3412736		197900	16117
	440	337550	455098		25	4155
6114	30593	3875555	4889148		525361	102390
3317	22074	3606645	4590863		459768	107745

18-4 各地区房地产开发经营业主要指标(2022年)

指 标	Item	全 省 Total	南 昌 市 Nanchang	景德镇市 Jingdezhen
企业个数(个)	**Number of Enterprises (unit)**	**2992**	**531**	**98**
投资额和新增固定资产投资额增速(%)	**Gorwth Rate of Investment And Newly Increased Fixed Assets Investment (%)**	**-12.6**	**-19.3**	**-21.1**
按登记注册类型分	Grouped by Registration Status			
内 资	Domestic Funded	-12.5	-18.9	-22.0
#国 有	State-owned	28.0	54.0	-21.3
集 体	Collective-owned	174.4	174.4	
联营	Limited liability Enterprises	3839.2		
股份有限公司	Share-holding Corporations Ltd.	-15.0	-31.8	-17.1
私营	Private Enterprises	-13.2	-7.9	-36.0
其他内资	Others	-51.1	-100.0	
港澳台商投资	Enterprises with Funds from Hong Kong, Macao and Taiwan	-17.7	-25.8	35.1
外商投资	Foreign Funded	-7.4	-8.8	
按构成分	Grouped by Use of Funds			
建筑工程	Construction	-6.4	-15.0	2.5
安装工程	Installation	-17.8	-31.1	-9.6
设备工器具购置	Purchase of Equipment and Instruments	-32.7	-58.4	13.4
其他费用	Others	-27.5	-21.4	-86.6
#土地购置费	Total Value of Land Purchased	-21.8	-15.7	-91.3
按工程用途分	Grouped by Use of Projects			
住 宅	Residential Buildings	-11.6	-19.9	-19.0
#90平方米及以下住房	Housing of 90 Square Metres and Below	-9.6	-17.0	-45.6
144平方米及以上住房	Housing of 144 Square Metres and Above	-15.2	-30.1	-41.9
办公楼	Office Buildings	-15.2	-15.4	-41.1
商业营业用房	Houses for Bussiness Use	-14.6	-14.1	24.9
其 他	Others	-20.4	-25.7	-56.4
本年新增固定资产(万元)	**Newly Increased Fixed Assets this Year (10 000 yuan)**	**5138994**	**1414608**	**85958**
土地开发情况(平方米)	**Land Space Developed (sq.m)**			
本年购置土地面积	Land Space Purchased this Year	2523288	481262	146984
资金来源(万元)	**Source of Funds (10 000 yuan)**			
本年资金来源小计	**Source of Funds this Year (10 000 yuan)**	**28948232**	**9048985**	**836647**
国内贷款	Domestic Loans	2037190	1021817	13044
#银行贷款	Bank Loans	1904463	955210	13044
非银行金融机构贷款	Non-banking Financial Institutions Loans	132727	66607	
利用外资	Foreign Investment			
自筹资金	Self-raising Funds	7313253	2771512	146961
其他资金来源	Others	823346	197312	32872
定金及预付款	Deposit and Prepayment	9778943	2716645	350426
个人按揭贷款	Individual Mortgage Loans	8995500	2341699	293344
房屋施工、竣工和销售、出租情况(平方米)	**Floor Space of Buildings Under Construction and Completed, on Sale and for Rent (sq.m)**			
房屋施工面积	**Floor Space of Buildings under Construction**	**227147606**	**49826457**	**7781558**
住 宅	Residential Buildings	176042436	34649245	6522008
办公楼	Office Buildings	4933039	3109045	42102
商业营业用房	Houses for Bussiness Use	23643031	5309191	576987
其 他	Others	22529100	6758976	640461

Main Indicators of Enterprises for Real Estate Development by Region (2022)

萍乡市 Pingxiang	九江市 Jiujiang	新余市 Xinyu	鹰潭市 Yingtan	赣州市 Ganzhou	吉安市 Ji'an	宜春市 Yichun	抚州市 Fuzhou	上饶市 Shangrao
116	**381**	**76**	**95**	**528**	**240**	**288**	**260**	**379**
-21.5	**-10.2**	**-3.8**	**-8.7**	**-3.6**	**-7.4**	**-8.2**	**-7.7**	**-10.0**
-21.5	-11.4	-3.8	-10.9	-3.6	-8.2	-9.2	-7.7	-8.3
-32.1	128.6	11.7	-62.1	41.3	-19.3	57.9	84.2	-21.8
				254.5				
-27.5	9.6	4.9	-9.3	-1.2	29.6	-5.3	7.1	-3.7
-14.1	-36.5	-22.3	-2.0	-5.5	-17.4	-15.2	-18.5	-10.2
-100.0				-34.2				-53.1
	47.1		187.9	30.5	2043.4	39.7		-65.1
				-12.2		86.6		
-16.1	-7.1	-5.7	-4.8	3.8	-2.6	-6.6	-4.1	2.8
-23.1	-2.4	62.5	-29.7	-9.4	-8.3	-26.6	-0.1	-6.2
-79.3	1.6	40.3	39.6	-9.1	-24.6	-18.5	-14.7	-22.1
-69.7	-28.4	-44.2	-14.6	-33.0	-30.8	-6.9	-46.8	-61.7
-58.4	-24.7	-36.9	-5.5	-25.1	-34.9	0.8	-45.9	-58.9
-23.1	-8.8	3.8	-13.5	-1.7	-1.9	-11.2	-2.2	-6.4
-63.9	29.5	-53.5	-45.9	9.0	-14.5	-7.0	38.8	23.5
-48.7	14.6	2.1	-64.4	-7.7	11.7	-3.0	-19.0	31.9
-11.8	-13.2	151.0	-36.8	0.7	-73.5	21.7	20.6	-43.5
-20.0	-20.7	-31.8	69.9	-4.7	-30.1	5.0	-38.0	-35.5
-14.7	-17.4	-42.5	-41.1	-18.9	-11.0	26.7	-35.0	0.9
59963	**520121**	**100674**	**132284**	**998674**	**582760**	**642426**	**271946**	**329580**
	118163	66036	163859	371161	332091	252695	458492	132545
548615	**2545745**	**422270**	**646916**	**4875226**	**1788836**	**2858877**	**2587216**	**2788899**
21632	82536	2480	17430	226863	70188	62302	432374	86524
21632	79786	2480	14030	215135	65468	50657	427484	59537
	2750		3400	11728	4720	11645	4890	26987
124210	697105	21190	145675	977383	435694	590588	928579	474356
4025	34712	8239	50506	122746	42412	169849	47791	112882
204433	774989	234868	253704	1805124	690792	1024245	674547	1049170
194315	956403	155493	179601	1743110	549750	1011893	503925	1065967
8963838	**26958763**	**4427425**	**6984045**	**43174886**	**15052176**	**22562859**	**17858803**	**23556796**
6854133	22810746	3600374	5583766	32087079	11615153	18325914	14829941	19164077
26444	396819	1377	59460	575822	80834	287173	165345	188618
628129	2311619	464850	712706	5316980	1585041	2652618	1569376	2515534
1455132	1439579	360824	628113	5195005	1771148	1297154	1294141	1688567

18-4 续表

指 标	Item	全 省 Total	南 昌 市 Nanchang	景德镇市 Jingdezhen
房屋新开工面积(平方米)	**Floor Space Started this Year (sq.m)**	**36293452**	**4564237**	**2027102**
住 宅	Residential Buildings	29466649	3383903	1787855
办公楼	Office Buildings	306064	111304	4342
商业营业用房	Houses for Bussiness Use	2598408	327947	68750
其 他	Others	3922331	741083	166155
房屋竣工面积(平方米)	**Floor Space of Buildings Completed (sq.m)**	**14627625**	**3337090**	**328541**
住 宅	Residential Buildings	11147091	2491578	303246
办公楼	Office Buildings	271030	176195	
商业营业用房	Houses for Bussiness Use	1604793	293031	24995
其 他	Others	1604711	376286	300
竣工房屋价值(万元)	**Value of Buildings Completed (10 000 yuan)**	**4143266**	**1150650**	**72628**
住 宅	Residential Buildings	3147822	895591	68757
办公楼	Office Buildings	80727	51271	
商业营业用房	Houses for Bussiness Use	506404	114367	3771
其 他	Others	408313	89421	100
商品房销售面积(平方米)	**Floor Space of Commercialized Buildings Sold (sq.m)**	**67026495**	**13907026**	**2109094**
住 宅	Residential Buildings	56630601	10568778	1845155
#90平方米及以下住房	Housing of 90 Square Metres and Below	2435503	970542	71935
144平方米及以上住房	Housing of 144 Square Metres and Above	4968605	1583425	235968
办公楼	Office Buildings	1846238	1255173	10604
商业营业用房	Houses for Bussiness Use	6166978	1494056	118510
其 他	Others	2382678	589019	134825
商品房销售额(万元)	**Total Sales of Commercialized Buildings Sold (10 000 yuan)**	**49051564**	**14372970**	**1367057**
住 宅	Residential Buildings	41385894	11439869	1226049
#90平方米及以下住房	Housing of 90 Square Metres and Below	1928988	957735	58680
144平方米及以上住房	Housing of 144 Square Metres and Above	4631706	2137110	183437
办公楼	Office Buildings	1490622	1103138	3075
商业营业用房	Houses for Bussiness Use	5038890	1460737	102670
其 他	Others	1136158	369226	35263
商品房出租面积(平方米)	**Floor Space for Rent (sq.m)**	**95185**	**7409**	
住 宅	Residential Buildings			
办公楼	Office Buildings			
商业营业用房	Houses for Bussiness Use	92390	7409	
其 他	Others	2795		
商品房待售面积(平方米)	**Floor Space Lying Idle (sq.m)**	**6836099**	**1163913**	**254439**
住 宅	Residential Buildings	3386769	325421	124455
办公楼	Office Buildings	270954	189275	
商业营业用房	Houses for Bussiness Use	2255272	411512	97279
其 他	Others	923104	237705	32705

continued

萍乡市 Pingxiang	九江市 Jiujiang	新余市 Xinyu	鹰潭市 Yingtan	赣州市 Ganzhou	吉安市 Ji'an	宜春市 Yichun	抚州市 Fuzhou	上饶市 Shangrao
1857580	**3427777**	**1059167**	**2057870**	**6680388**	**3161073**	**4744225**	**3237444**	**3476589**
1474775	2884699	928393	1565272	5119329	2526172	4096120	2777138	2922993
9879	29616	269	2916	13817	34676	20475	48292	30478
83347	274299	41392	261561	559479	231397	368085	158088	224063
289579	239163	89113	228121	987763	368828	259545	253926	299055
191609	**1850980**	**87546**	**480936**	**3158013**	**1865403**	**1664713**	**770674**	**892120**
160028	1427369	74095	425307	2268778	1209581	1338938	620189	827982
			24 131	23301	28246	18291	866	
31581	297343	2451	7925	291334	365193	161787	73577	55576
	126268	11000	23573	574600	262383	145697	76042	8562
55091	**386866**	**32804**	**112961**	**920835**	**452609**	**509814**	**213874**	**235134**
47183	280783	28128	99967	659784	287442	397622	163947	218618
			4 511	6598	7908	10075	364	
7908	79391	672	2227	98685	95852	68490	20260	14781
	26692	4004	6256	155768	61407	33627	29303	1735
1800119	**8706984**	**1334257**	**1594578**	**13281493**	**4048400**	**6200725**	**5183914**	**8859905**
1629214	7677758	1172451	1429910	10695972	3683328	5308345	4739872	7879818
36806	309797	23337	24077	205255	176576	256990	129302	230886
155919	444734	139632	56298	970056	233020	437733	211905	499915
	143935		1576	225507	50518	120614	4290	34021
149533	704560	104721	145733	1547010	246313	635240	334540	686762
21372	180731	57085	17359	813004	68241	136526	105212	259304
960596	**5262014**	**838134**	**961752**	**8949254**	**2530872**	**4339729**	**3390697**	**6078489**
826789	4618412	745167	862494	7224135	2338647	3639560	3119745	5345027
17976	220808	11180	14596	139847	105503	172659	79842	150162
104112	318647	109755	44232	713085	158449	344675	147728	370476
	69554		158	192366	13746	76021	2656	29908
124222	487523	69434	93058	1174255	155522	553500	217266	600703
9585	86525	23533	6042	358498	22957	70648	51030	102851
20276				**61646**				**5854**
20214				58913				5854
62				2733				
546474	**853705**	**203942**	**169464**	**1013159**	**970882**	**701925**	**329927**	**628269**
306019	565168	82884	48035	543704	413600	445953	170918	360612
1000	36160		22555	7961	2311	1278	3775	6639
216481	217941	88002	91672	257000	367735	231772	75904	199974
22974	34436	33056	7202	204494	187236	22922	79330	61044

主要统计指标解释

房地产业 是指从事房地产开发、建设、经营、租赁及维修等活动的经济部门。按照国民经济行业划分的规定，房地产业包括房地产开发与经营、房地产管理和房地产经纪与代理业三部分内容。

房地产开发业 是房地产业的一个重要组成部分，是指进行商品房屋建设和土地开发及经营活动的企业和单位。

房地产开发投资额 是以货币形式表现的房地产开发企业（单位）在一定时期内进行房屋建设及土地开发所完成的工作量及有关费用的总称。

建筑工程 指各种房屋、建筑物的建造工程，又称建筑工作量。这部分投资额必须兴工动料，通过施工活动才能实现。

安装工程 指各种设备、装置的安装工程，又称安装工作量。

设备、工器具购置 指工业企业生产的产品转化为固定资产的购置活动，包括建设单位或企、事业单位购置或自制的，达到固定资产标准的设备、工具、器具的价值。

商品住宅 指房地产开发企业(单位)建设并出售、出租给使用者，仅供居住用的房屋。

办公楼 指企业、事业、机关、团体、学校、医院等单位使用的各类办公用房(又称写字楼)。

本年新增固定资产 指在报告期已经完成建造和开发过程并交付使用的房屋和土地开发面积的价值。指房地产开发公司进行开发经营活动的最终成果，即为社会提供的固定资产，而且是在报告期内新增加的。不是反映房地产开发企业本身固定资产的增加。

上年末结余资金 指上年资金来源中没有形成投资额而结余的资金。包括尚未用到工程上去的材料价值、未开始安装的需要安装设备价值及结存的现金和银行存款等。可根据有关财务数字填报。上年末结余资金不能出现负数，即不能把上年应付工程、材料款作为上年末结余资金的负数来处理。

本年资金来源小计 指房地产开发企业(单位)实际拨入的，用于房地产开发的各种货币资金。包括国内贷款、利用外资、自筹资金和其他资金。

国内贷款 指报告期房地产开发企业(单位)向银行及非银行金融机构借入的用于房地产开发与经营的各种国内借款，包括银行利用自有资金及吸收的存款发放的贷款、上级主管部门拨入的国内贷款、国家专项贷款(包括煤代油贷款、劳改煤矿专项贷款等)，地方财政专项资金安排的贷款、国内储备贷款、周转贷款等。

银行贷款 指向各商业银行、政策性银行借入的用于房地产开发与经营的各项贷款。

利用外资 指报告期收到的用于房地产开发与经营的境外资金(包括外国及港澳台地区)，包括外商直接投资、对外借款(外国政府贷款、国际金融组织贷款、出口信贷、外国银行商业贷款、对外发行债券和股票)及外商其他投资(包括补偿贸易和加工装配由外商提供的设备价款、国际租赁)。不包括我国自有外汇资金(包括国家外汇、地方外汇、留成外汇、调剂外汇和中国银行自有资金发行的外汇贷款等)。各类外资按报告期的外汇牌价(中间价)折成人民币“万元”计算。

自筹资金 指各地区、各部门及企事业单位筹集用于房地产开发与经营的预算外资金。

其他资金来源 指在报告期收到的除以上各种资金之外其他用于房地产开发与经营的资金。包括国家预算内资金、债券、社会集资、个人资金、无偿捐赠的资金及用征地迁移补偿费、移民费等进行房地产开发的资金。

房屋施工面积 指报告期内施工的全部房屋建筑面积。包括本期新开工的面积和上年开工跨入本期继续施工的房屋面积，以及上期已停建在本期恢复施工的房屋面积。本期竣工和本期施工后又停建缓建的房屋面积仍包括在施工面积中，多层建筑应填各层建筑面积之和。

房屋竣工面积 指报告期内房屋建筑按照设计要求已全部完工，达到住人和使用条件，经验收鉴定合格或达到竣工验收标准，可正式移交使用的各栋房屋建筑面积的总和。

竣工房屋价值 指在报告期内竣工房屋本身的建造价值。竣工房屋的价值一般按房屋设计和预算规定的内容计算。包括竣工房屋本身的基础、结构、屋面、装修以及水、电、卫等附属工程的建筑价值，也包括作为房屋建筑组成部分而列入房屋建筑工程预算内的设备(如电梯、通风设备等)的购置和安装费用；不包括厂房内的工艺设备、工艺管线的购置和安装，工艺设备基础的建造；办公和生活用家具的购置等费用；购置土地的费用；迁移补偿费和场地平整的费用及城市建设配套投资。竣工房屋价值一般按结算价格计算。

出租房屋面积 指在报告期期末房屋开发单位出租的商品房屋的全部面积。

商品房销售面积 指报告期内出售商品房屋的合同总面积(即双方签署的正式买卖合同中所确定的建筑面积)。由现房销售建筑面积和期房销售建筑面积两部分组成。

商品房销售额 指报告期内出售商品房屋的合同总价款(即双方签署的正式买卖合同中所确定的合同总价)。该指标与商品房销售面积同口径，由现房销售额和期房销售额两部分组成。

待售面积 指报告期末已竣工的可供销售或出租的商品房屋建筑面积中，尚未销售或出租的商品房屋建筑面积，包括以前年度竣工和本期竣工的房屋面积，但不包括报告期已竣工的拆迁还建、统建代建、公共配套建筑、房地产公司自用及周转房等不可销售或出租的房屋面积。

本年购置土地面积 指在本年内通过各种方式获得土地使用权的土地面积。

Explanatory Notes on Main Statistical Indicators

Real Estate Industry refers to those engaged in real estate development, construction, management, leadin and maintenance activities in the sectors of the economy. In accordance with the provisions of the national economy sectors, the real estate industry including real estate development and management, property management and real estate brokers and agents part of the contents of the three.

Real Estate Development Industry is an important component of real estate industry ,refers to enterprises and units engaged in housing construction and land development and management.

Value of Real Estate Development Investment is in the form of money in real estate development enterprises (units) in a certain period for housing construction and land development by the workload and related costs.

Construction refers to the construction of houses and buildings, also called work volume of construction. This part of investment can only be realized under construction.

Installation refers to the installation of various kinds of equipment and instruments, also called work volume of installation.

Purchase of Equipment and Instruments Purchase of equipment and instruments refers to the total value of equipment, tools, and instruments purchased or self-produced which come up to the cut-off point for fixed assets by the construction units or investing enterprises or institutions.

Residential Buildings refers to buildings built and sold, least to users, only used for living .

Office Buildings refer to office space for enterprise, business, institutions, organizations, schools, hospitals and other units .

Newly Increased Fixed Assets This year refer to the newly increased value of fixed assets, constructed or purchased, that have been transferred to the investors. This is an indicator that demonstrates the results of investment in fixed assets in monetary terms, and an important indicator to reflect the speed of construction and to calculate the efficiency of investment.

Surplus Funds Last Year refers to the surplus funds which didn't form the investment in fixed assets in the sources of funds in previous year. It includes material values that will be used in the projects, facilities values that must be and will be installed, and surplus cashes and deposits in bank.

Sources of Funds This Year refers to the monetary funds received by investing enterprises during the reference period for the purpose of investment in fixed assets. It includes funds from domestic loans, foreign investment, self-raised funds, and others.

Domestic Loans refer to loans of various forms borrowed by investing units from banks and non-bank financial institutions during the reference period, including loans issued by banks from their self-owned funds and deposit, loans appropriated by higher responsible authorities, special loans by government (including loan for substituting petroleum with coal, special loan for reform-through-labour coal mines), loans arranged by local government from special funds, domestic reserve loan, and working loan, etc.

Bank Loans refer to loans for real estate development and management brought from commercial banks and policy banks.

Foreign Funded refers to foreign funds received during the reference period for investment in fixed assets (covering equipment, materials and technology), including foreign direct investment, foreign borrowings (loans from foreign governments and international financial institutions, export credit, commercial loans from foreign banks, issuance of bonds and stocks overseas), and other foreign investment (covering facilities' funds provided by foreign investment by compensation trade and processing & assembly, as well as international lease).

Self-raising Funds refer to extra-budgetary funds for investment in fixed assets received by investing units from central government ministries, local governments, enterprises and institutions during the reference period.

Others Sources of Funds refer to funds for investment in fixed assets received from the sources other than those listed above, including funds raised from social and individuals, through donations, and funds transferred from other units.

Floor Space under Construction refer to total floor space of all buildings under construction during the reference period, including floor space of newly started buildings during the reference period, floor space of construction extended from the previous period to the current period, and floor space of construction suspended during the previous period and resumed in the current period. Floor space of construction completed in the current period, and floor space of construction started and then suspended in the current period are also included in the floor space under construction of the current year.

Floor Space Completed refers to the floor space of all buildings completed in the reference period, which have been appraised and accepted (or come up to the designed standards) and have been transferred to owner units.

Value of Buildings Completed refer to the intrinsic construction value of buildings completed in the reference period. It is figured by the rules of buildings design and budget, which not only includes the construction value of foundations, structure, furnishings, subsidiary projects such as water, electricity, toilet, etc. but also includes purchase and installation expenditures of facilities (such as lift, ventilation, etc.) listed into buildings budget as component of building construction. It excludes the purchase and installation of technical facilities, leads and lines in factories, construction of technical facilities' basis, expenditures of environment projects such as water, eructate, electricity, toilet, road projects, wall fended to earth outside, purchase of furniture in office or house, purchase of lands, as well as expenditures of move compensation and land leveling etc.

Floor Space of Buildings for rent refer to the total area for rent in the end of the reference period.

Floor Space of Commercialized Buildings Sold refer to total contracted area of commercialized housing (i.e. area of floor space as designated in the formal contracts signed by both sides) during the reference time. It constitutes floor space of completed housing and floor space of future housing.

Total Sales of Commercialized Buildings Sold refer to the total contracted value (i.e. value of sales/purchase for selling/purchase of commercialized housing as designated in the contract signed by both sides) during the reference time. This indicator has the same coverage as the area of commercialized housing sold, which constitutes floor space of completed housing and floor space of housing yet to be completed.

Floor Space Lying Idle refer to the area has not yet sold or rent, including the housing area completed in the current period the previous year, but does not include demolition re-construction, united construction and the building of agents, public supporting the construction, real estate companies, such as swing space for personal use and not for sale or rental of housing area. has been completed in the reporting period.

Land Space Purchased This Year refer to the land area accessible by various means in current year.

科技、教育、文化

SCIENCE, EDUCATION AND CULTURE

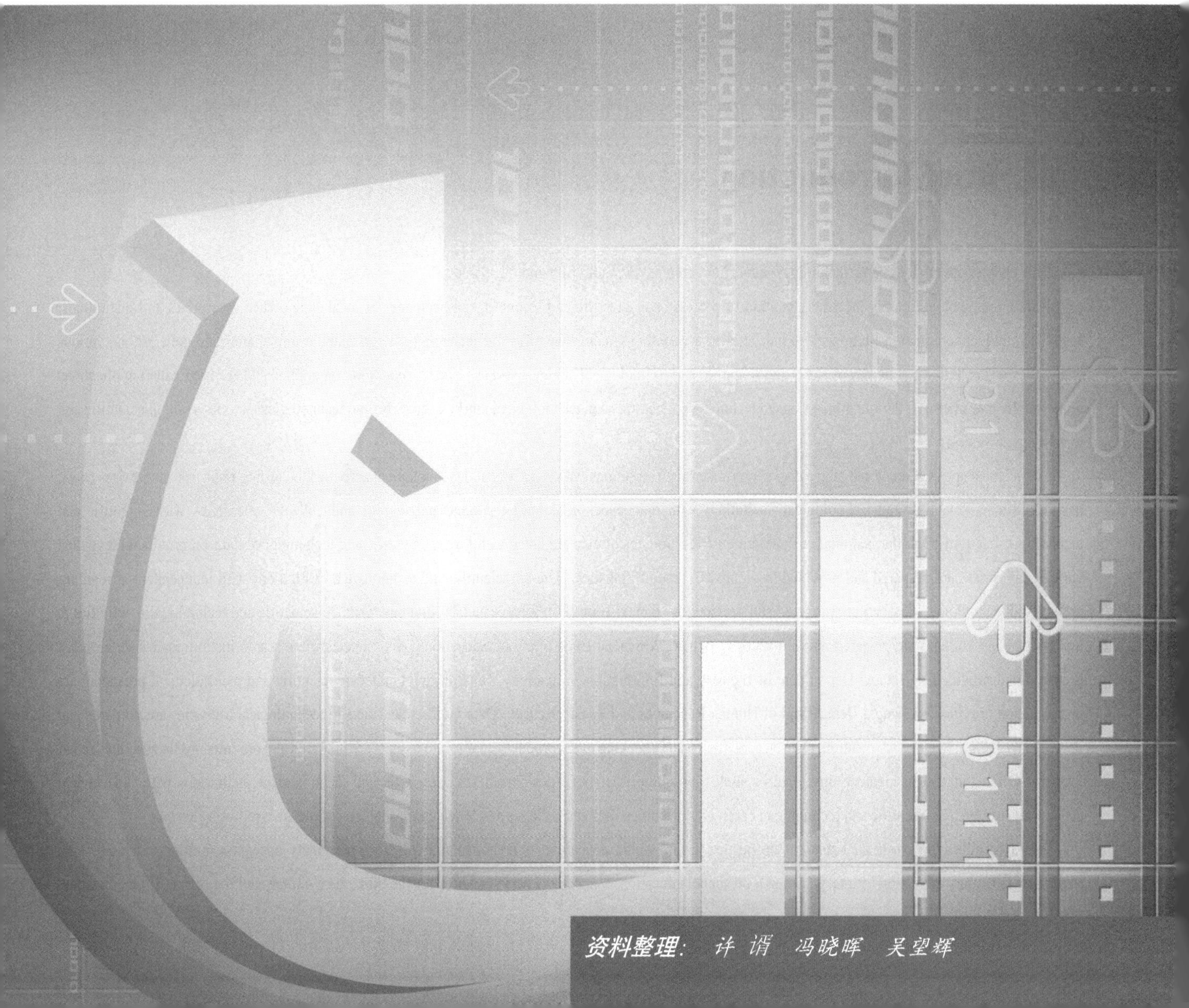

资料整理：许 谓 冯晓晖 吴望辉

简要介绍

本篇资料主要分为科技、教育、文化、新闻出版、广播电视四部分。

科技统计资料主要内容包括：地方企事业单位专业技术人员情况；独立核算的科研机构、高校及各类企事业单位的科技活动人员、科技成果及奖励等情况；专利申请和授权情况；技术市场技术合同成交情况；科协系统科技活动情况等。

科技统计范围：包括全社会有科技活动的企事业单位，具体为：规模限额以上企业、独立核算的科研机构、普通高等学校以及国民经济其他行业中有研发活动的企业（单位）等。资料来源:全省科技综合资料、各类企业科技资料由省统计局调查提供；独立核算的科研机构资料、技术市场资料由省科技厅调查提供；高校科技活动资料由省教育厅调查提供；国防科研机构资料由省工信委调查提供；专业技术人员资料由省人力资源保障厅调查提供；科协系统科技活动资料由省科协调查提供；专利由省知识产权局调查提供。统计调查方法：规模（限额）限额以上企业、独立核算的科研机构、高校的科技活动资料采用全数调查取得。

教育统计资料包括研究生教育、高等教育(普通教育本专科、成人教育本专科)、中等教育(高中阶段教育和初中阶段教育)、初等教育(小学)、学前教育、特殊教育(盲聋哑和弱智儿童学校)等资料。主要指标包括学校数、在校学生数、招生数、毕业生数、教职工数和专任教师数等。资料来源于省教育厅，其中技工学校资料来源于省人力资源和社会保障厅。

文化统计资料主要包括艺术表演团体、艺术表演场所、公共图书馆、博物馆、文化馆、文化站、文物、文化产业、新闻出版、广播电视等资料，资料来源于省文化和旅游厅、省广播电视局。

新闻出版、广播电视资料主要包括各类报纸杂志、图书出版数量、全省广播电台、电视台数量、广播电视人口覆盖率、有线电视人口覆盖等资料。资料来源于省新闻出版局、省广播电视局。

规上工业企业研发数据均为年报数据。

Brief Introduction

This chapter covers four parts: technology, education, culture, and radio film and television.

Data on technology mainly include: condition of professional scientific and technological personnel of local state-owned enterprises and institutions; scientific and technological institutions with independent accounting system, scientific and technological personnel in universities and colleges and various enterprises or institutions, activities of R&D and scientific and technological achievements and prizes; condition on applied and certified patent applications domestically and overseas; the situation of signed technological contracts on technological market; scientific and technological activities within scientific and technological system.

Statistical scope of science and technology: enterprises and institutions with scientific and technological activities, including industrial enterprises above designated size, scientific and technological institutions with independent accounting system, universities and colleges enterprises with scientific and technological activities in other national economic industries. Sources of data are listed as follows. Scientific and technological data on provincial level and various enterprises are prepared and provided by Jiangxi Bureau of Statistics. Data on scientific and technological institutions with independent accounting system and technological markets are prepared and provided by Jiangxi Bureau of Science and Technology. Data on scientific and technological activities in universities and colleges are prepared and provided by Jiangxi Provincial Department of Education. Data on scientific research institutions for defense are prepared and provided by Jiangxi Department of Industry and Information Technology. Data on the number of scientific and technological personnel are prepared and provided by Jiangxi Department of Human Resources and Social Security. Data on the scientific and technological activities are prepared and provided by Jiangxi Science Association. Data on supervision and checking of the products quality and patents are prepared and provided by Jiangxi Intellectual Property Office. Statistical methodology: data on industrial enterprises above designated size, scientific and technological institutions with independent accounting system and scientific and technological activities of universities and colleges are collected through comprehensive reporting system.

Data on education cover the situations on postgraduates, higher education (universities and colleges), secondary education (senior and junior high schools), elementary education (primary schools), preschool education, special education (schools for the blind, deaf-mutes, and the retarded) on education.

The main indicators cover the number of schools, the number of student enrollment, the number of new enrollment, the number of graduates, the number of staff and workers, and the number of full-time teachers. The data are mainly prepared and provided by Bureau of Education. Data on the technical training schools are prepared and provided by the Bureau of Labor and Social Security.

Data on culture industry cover art performance troupes, art performance places, public libraries, museums, culture centers, culture stations, relics, publishing and broadcasting. Data source from Jiangxi Bureau of Culture and Tourism, The Administration of Press, Publication, Radio, Film and Television of Jiangxi Province, The Bureau of Statistics of Jiangxi Province.

Data on press, publication and broadcasting mainly include publication of newspapers, magazines and books, number of radio and television stations, TV and radio coverage rate of population. Data are prepared and provided by Jiangxi Bureau of Press and Publication, Jiangxi Bureau of Broadcasting and Television.

R&D data of industrial enterprises above designated size are all annual reports.

19-1 R&D 经费内部支出
R&D Internal Expenditure

年份 Year	R&D经费内部支出(万元) R&D Internal Expenditure (10 000 yuan)	企业 Enterprises	#规模以上工业企业 Industrial Enterprises above Designated Size	科研机构 Science Institutions	高等院校 High Educations	其他 Others	R&D经费内部支出与GDP比值 Proportion of R&D Internal Expenditure in GDP (%)
2005	288244	219157	210844	34437	32253	2397	
2010	860691	671849	659161	93819	74108	20915	0.91
2011	967529	783482	769834	82488	79950	21609	0.82
2012	1136552	939633	925985	90599	85676	20644	0.88
2013	1354972	1115772	1106443	122711	95126	21363	0.94
2014	1531114	1295464	1284642	114192	100738	20720	0.97
2015	1731820	1484984	1474968	122029	103843	20964	1.04
2016	2073091	1813485	1797561	130051	103038	26517	1.13
2017	2558030	2244897	2216865	152315	135412	25406	1.28
2018	3106906	2730419	2677714	185337	159222	31928	1.37
2019	3843094	3296754	3202151	251305	245564	49472	1.55
2020	4307188	3634753	3460219	352406	248617	71412	1.68
2021	5021718	4224688	3978466	376306	307133	113591	1.70
2022	5581520	4645822	4396905	410559	384121	141017	1.74

19-2 R&D情况(2022年)
Basic Statistics on R&D (2022)

项目	Item	总计 Total	企业 Enterprises	#规模以上工业企业 Industrial Enterprises above Designated Size	科研机构 Science Institutions	高等院校 High Educations	其他 Others
有R&D活动单位(个)	R&D Institutions (unit)	5886	5498	5145	79	179	130
R&D人员(人)	R&D Personnel (person)	194515	150494	140158	6968	30943	6110
#研究人员	Research Personnel	68972	34151	132286	5471	25798	3552
全时人员	Full-time	127428	106137	98889	5734	12099	3458
非全时人员	Non Full-time	67087	44357	41269	1234	18844	2652
R&D人员折合全时当量(人年)	Full-time Equivalent of R&D Personnel (person-year)	131673	108339	101018	6176	13185	3973
R&D经费内部支出(万元)	R&D Internal Expenditure (10 000 yuan)	5581520	4645822	4396905	410559	384121	141017
日常性支出	Current Expenditure	5026614	4325892	4084691	317861	272055	110806
#人员劳务费	Labour	1300599	989212	848008	146748	108062	56577
资产性支出	Capital Expenditure	554906	319930	312214	92698	112066	30211
#仪器和设备	Instruments and Facilities	451985	312043	304518	33090	87126	19726
政府资金	Government Funds	948469	210595	206790	393860	245626	98387
企业资金	Enterprises Funds	4562816	4434266	4189346	2208	97105	29236
境外资金	Overseas Funds	203	38			163	2
其他资金	Other Funds	70033	924	770	14491	41227	13392
R&D经费外部支出(万元)	R&D External Expenditure (10 000 yuan)	366039	186482	180225	163463	13014	3080

19-3 规模以上工业企业R&D情况
R&D Activities of Industrial Enterprises above Designated Size

指 标	Item	2021	2022
企业基本情况	**Basic Statistics**		
企业数(个)	Number of Industrial Enterprises above Designated Size (unit)	15823	17613
#有R&D活动企业数	Enterprises with R&D Activities	5986	5145
#有研发机构企业数	Enterprises with Research Institutions	5056	5529
R&D活动人员情况	**R&D Personnel**		
R&D人员合计(人)	R&D Personnel (person)	140382	140158
#参加项目人员	Project Participants	131126	132286
管理和服务人员	Management and Service Personnel	9256	7872
#女性	Female	31569	31226
#研究人员	Researchers	34751	30222
#全时人员	Full-time	102546	98889
非全时人员	Non Full-time	37836	41269
R&D人员折合全时当量合计(人年)	Full-time Equivalent of R&D Personnel (person-year)	97497	101018
#研究人员	Researchers	24260	21867
#基础研究人员	Basic Research	67	118
应用研究人员	Applied Research	1957	2467
试验发展人员	Experimental Development	95473	98434
R&D活动经费支出情况	**R&D Expenditure**		
R&D经费内部支出合计(万元)	R&D Internal Expenditure (10 000 yuan)	3978466	4396905
#经常费支出	Routine	3715946	4084691
#人员劳务费	Labour	815326	848008
资产性支出	Capital Expenditure	262519	312214
土建工程	Building Projects	16843	7696
仪器和设备	Instruments and Facilities	245676	304518
#基础研究支出	Basic Research	5591	5828
应用研究支出	Applied Research	69390	67096
试验发展支出	Experimental Development	3903485	4323981
#政府资金	Government Funds	135429	206790
企业资金	Enterprises Funds	3843015	4189346
境外资金	Overseas Funds	22	
其他资金	Other funds		770
R&D经费外部支出合计(万元)	R&D External Expenditure (10 000 yuan)	148667	180225
#对境内研究机构支出	to Domestic Research Institutions	16801	58496
对境内高等学校支出	to Domestic Higher Education	10670	12932
对境内企业支出	to Domestic Enterprises	111911	97808
对境外支出	to Foreign Institutions	9286	10988
全部R&D项目情况	**R&D Projects**		
项目数(个)	R&D Projects (unit)	24316	21697
项目人员折合全时当量(人年)	Participants (person-year)	97248	100866
项目经费内部支出	Expenditure (10 000 yuan)	4088358	4641684
企业办研发机构情况	Scientific Research Institutions		
期末机构数	Institutions (unit)	5270	5774

19-3 续表 continued

指 标	Item	2021	2022
机构人员合计(人)	Personnel (person)	128937	135932
#博士毕业	Doctors	952	1156
硕士毕业	Masters	6563	6795
机构经费支出(万元)	Expenditure on S&T Institutions (10 000 yuan)	5199616	5747724
期末仪器和设备原价(万元)	Equipment (10 000 yuan)	3120403	3959678
科技活动产出及相关情况	**S&T Output**		
自主知识产权情况	**Proprietary Intellectual Property Rights**		
专利申请数(件)	Numbers of Patent Applications (unit)	32350	32595
#发明专利	Inventions	8312	9714
期末有效发明专利数(件)	Numbers of Effective Inventions (unit)	21690	24847
#已被实施	Implemented	12702	14687
专利所有权转让及许可数(件)	Ownership Transfer of Patent and License (unit)	60541	48915
专利所有权转让与许可收入(万元)	Revenue from Ownership Transfer of Patent and License (10 000 yuan)	790855	324587
新产品开发、生产及销售情况	**New Products Development, Production and Sale**		
新产品开发项目数(个)	New Products (unit)	29613	32823
新产品开发经费支出(万元)	Expenditure on New Products Development (10 000 yuan)	5884402	6090169
新产品销售收入(万元)	Sales Revenue of New Products (10 000 yuan)	95750449	116447505
#出口	Exports	10197966	14687643
其他情况	**Others**		
发表科技论文(篇)	Number of S&T Paper Published (piece)	1904	20997
期末拥有注册商标(件)	Registered Trademarks Owned at Year-end (unit)	16986	26031
形成国家或行业标准(个)	National and Industrial Standards (item)	488	533
其他情况	**Others**		
政府相关政策落实情况	Government Policy Implementation		
使用来自政府部门的科技活动资金(万元)	S&T Funds from Government (10 000 yuan)	3896331	258705
研究开发费用加计扣除减免税(万元)	Tax Reliefs of R&D Expenditure Additional Deduction (10 000 yuan)	625160	805229
高新技术企业减免税(万元)	Tax Reliefs of High-tech Enterprises (10 000 yuan)	465597	719352
技术获取和技术改造情况(万元)	Technology Acquisition and Renovation (10 000 yuan)	1047002	939362
引进境外技术经费支出(万元)	Expenditure for Acquisition of Foreign Technology (10 000 yuan)	13261	21383
引进技术的消化吸收经费支出(万元)	Expenditure for Assimilation of Technology (10 000 yuan)	2171	2075
购买境内技术经费支出(万元)	Expenditure for Purchase of Domestic Technology (10 000 yuan)	57429	88618
技术改造经费支出(万元)	Expenditure for Technical Renovation (10 000 yuan)	974141	939362

注：使用来自政府部门的科技活动资金指标口径有变化。

a) The statistic caliber of S&T funds from government is adjusted.

19-4 各地区规模以上工业企业R&D情况(2022年)
Main Statistics on R&D of Industrial Enterprises above Designated Size by Region (2022)

地　区	Region	有R&D活动单位数(个) Enterprises with R&D Activities (unit)	R&D人员(人) R&D Personnel (person)	R&D内部经费支出(万元) R&D Internal Expenditure (10 000 yuan)
全　省	**Provincial Total**	**5145**	**140158**	**4396905**
南昌市	Nanchang	477	21417	809791
景德镇市	Jingdezhen	143	4119	155723
萍乡市	Pingxiang	250	6237	133408
九江市	Jiujiang	615	16231	507315
新余市	Xinyu	99	4646	160786
鹰潭市	Yingtan	189	7677	245108
赣州市	Ganzhou	838	17034	591245
吉安市	Ji'an	640	19758	431637
宜春市	Yichun	800	19852	565684
抚州市	Fuzhou	494	10799	270617
上饶市	Shangrao	600	12388	525637

19-5 科学研究和技术服务业单位情况(2022年)
Main Statistics on Institutions of Scientific Research and Technical Services (2022)

类别	Type	机构数(个) Number of Institutions (unit)	从业人员总数(人) Total Number of Employees (person)	#科技活动人员 Personnel Engaged in S&T Activities	经费收入总额(万元) Total Income (10 000 yuan)	经费内部支出总额(万元) Internal Expenditure (10 000 yuan)	#科技经费内部支出 S&T Expenditure
总计	**Total**	**218**	**16725**	**12652**	**888890**	**800324**	**639928**
按隶属关系分	**Grouped by Jurisdiction of Management**	**190**	**15954**	**11993**	**865182**	**776298**	**619608**
中央部门属	Central-department Administrated	4	580	573	49405	39345	38799
地方部门属	Local-department Administrated	186	15374	11420	815777	736953	580809
省级部门属	Provincial-department Administrated	70	10504	7430	637828	582773	444937
地市级部门属	Municipal-departments Administrated	69	3624	2968	128970	108481	93861
按单位性质分	**Grouped by Nature of Unit**						
事业单位	Institution	190	15954	11993	865182	776298	619608
民办非企业	People-Run Non-Enterprise Unit	28	771	659	23708	24026	20320
按国民经济行业分	**Grouped by Sector**						
农、林、牧、渔业	Agriculture, Forestry, Animal Husbandry and Fishery	50	3765	2977	139959	135652	119315
采矿业	Mining	2	329	236	20809	20425	14988
制造业	Manufacturing	24	1204	1121	75187	50318	47639
建筑业	Construction	2	217	105	8561	5978	1155
交通运输、仓储和邮政业	Transport, Storage and Post						
信息传输、软件和信息技术服务业	Information Transmission, Software and Information Technical Service	3	119	117	3942	4444	3826
科学研究和技术服务业	Scientific Research and Technical Service	127	10211	7364	590337	535889	414769
水利、环境和公共设施管理业	Management of Water Conservancy, Environment and Public Facilities	5	637	522	39523	37361	31038
教育	Education	1	39	39	666	563	563
卫生、社会工作	Health and Social Affairs	4	204	171	9908	9695	6636
文化、体育和娱乐业	Culture, Sports and Entertainment						
按学科领域分	**Grouped by Field of Study**						
自然科学领域	Natural Science	21	2051	1261	140096	138204	75315
农业科学领域	Agricultural Science	80	4934	4031	189544	187443	168580
医学科学领域	Medical Science	18	1407	1193	82365	63196	56326
工程科学与技术领域	Engineering Science and Technology	86	7791	5650	445884	383377	313250
社会、人文科学领域	Social and Human Science	13	542	517	31001	28105	26457
按地区分	**Grouped by Region**						
南昌市	Nanchang	74	8753	7137	493451	444753	368300
景德镇市	Jingdezhen	8	423	352	7403	8610	6814
萍乡市	Pingxiang	11	468	434	10875	13171	12326
九江市	Jiujiang	22	957	850	36613	31330	27958
新余市	Xinyu	7	937	677	62990	64776	48287
鹰潭市	Yingtan	4	51	49	1900	1528	1408
赣州市	Ganzhou	28	3173	1574	209657	170533	116504
吉安市	Ji'an	19	683	532	20467	19906	17425
宜春市	Yichun	3	193	182	5852	5987	5892
抚州市	Fuzhou	26	597	395	18158	18062	14974
上饶市	Shangrao	16	490	470	21524	21671	20043

注：科技活动人员不含外聘流动学者和在读研究生。

a) Transient scholars and master candidates are not included in personnel engaged in S&T activities.

19-6 高等学校科技人力资源情况(2022年)
Basic Statistics on Higher Education for Human Resource (2022)

单位：人 (person)

类别	Type	合计 Total	高级 Senior	中级 Medium	初级 Junior	技术员 Technician	辅助人员 Assistant
总计	**Total**	**40261**	**12055**	**17059**	**9991**	**1155**	**1**
按学科分	Grouped by Field of Study						
自然科学	Natural Science	5828	2267	2684	860	16	1
工程与技术	Engineering and Technology	15731	5669	6662	3033	367	
医药科学	Medical Science	16288	3367	6674	5516	731	
农业科学	Agricultural Science	1242	506	582	148	6	
其他	Others	1172	246	457	434	35	
按学历分	Grouped by Schooling						
博士研究生	Doctor-graduate	8523	4136	3878	495	14	
硕士研究生	Post-graduate	13656	3055	6450	3998	152	1
大学本科	Undergraduate	14440	4753	5781	3551	355	
大学专科	Junior College	3566	99	915	1931	621	
中专及以下	Secondary Technical School and below	76	12	35	16	13	

注：本表数据为高校理工院校。后同。
a) The data in this table are from polytechnic universities and colleges. The same applies to the following tables.

19-7 高等学校科技项目情况(2022年)
Statistics on Scientific Projects in Schools of Higher Education (2022)

类别	Type	课题数(项) Number of Project (item)	当年投入(万元) Input This Year (10 000 yuan)	当年支出经费(万元) Expenditures This Year (10 000 yuan)	当年投入人员(人年) Staff Input This Year (person-year)	高级职务 Senior Title	中级职务 Middle Title	初级职务 Junior Title	其他 Others
总计	**Total**	**23549**	**2593129**	**2128949**	**10784.6**	**4237.6**	**4665.4**	**1809.2**	**72.4**
基础研究	Basic Research	11981	1062078	928439	5290.3	2113.6	2317.3	836.1	23.3
应用研究	Applied Research	7704	742583	595475	3928.4	1473.2	1659.1	756.2	39.9
试验发展	Experimental Development	677	194900	147354	321.3	134.2	133.9	49.9	3.3
R&D成果应用	R&D Production Application	1211	195696	149174	475.3	193.7	217.6	60.3	3.7
其他科技服务	Other Scientific Services	1976	397872	308507	769.3	322.9	337.5	106.7	2.2

19-8 科协系统科技活动情况(2022年)

Basic Statistics on S&T Activities of S&T Associations (2022)

指 标	Item	科协合计 Total Number of Associations	省科协 Provincial Associations	市科协 Prefectural Associations	县科协 County Associations	省学会合计 Total Number of Academic Societies
机构与人员	**Number of Associations or Academic Societies and Personnel**					
机构数(个)	Number of Associations (unit)	123	1	11	111	105
人员数(人)	Number of Personnel (person)	2307	307	144	1856	477
举办学术交流活动	**Academic Exchange**					
次　　数(次)	Number of Academic Meetings (time)	24	5	14	5	205
参加人数(人次)	Number of Participants (person-time)	5417	3520	1422	475	428634
科普活动	**S&T Popularization Activities**					
科普宣讲活动(次)	Number of S&T Popularization Lectures (time)	978	145	305	528	1308
受众人次(万人次)	Number of Participants (10 thousand person-time)	239.7	11.4	149.9	78.4	121.6
科普展览次数(次)	Number of S&T Popularization Exhibitions (time)	862		410	452	54
参观人次(万人次)	Number of Participants (10 thousand person-time)	125.7		41.0	84.7	554.7
出　　版	**S&T Media**					
科技期刊种数(种)	Number of S&T Journals (kind)	20		3	17	19
科技期刊年发行总数(万册)	Printed Copies (10 000 copies)	14.29		2.03	12.26	11.12

19-9 技术市场基本情况
Basic Statistics on Technology Market

类 别	Type	项数(项) Item (item)			成交额(万元) Transaction Value (10 000 yuan)		
		2020	2021	2022	2020	2021	2022
总 计	**Total**	**4086**	**6625**	**10255**	**2334290**	**4139931**	**7582261**
按签订的技术合同类别分	**Grouped by Signed Technological Contracts**						
技术开发合同	Technological Development Contract	1565	2159	3190	777278	1513282	3157675
技术转让合同	Technological Transfer Contract	461	791	1183	368415	751964	1568254
技术咨询合同	Technological Consultation Contract	521	1048	1355	141859	261145	438907
技术服务合同	Technological Service Contract	1539	2627	4527	1046738	1613539	2417425

19-10 各地区发明专利情况（2022年）
Basic Statistics on Patents by Region (2022)

地 区	Region	本年度发明专利授权量(件) Number of Patents for Invention Granted (unit)	PCT申请量(累计)(件) Number of Accumulatively PCT Applied (unit)	有效发明专利拥有量(件) Number of Effective Patents for Invention Owned (unit)	每万人有效发明专利拥有量(件) Number of Effective Patents for Invention Owned per 10 Thousand Population (unit)
全 省	**Provincial Total**	**8655**	**138**	**31312**	**6.93**
南 昌 市	Nanchang	3730	35	13630	21.77
景德镇市	Jingdezhen	401		1525	9.41
萍 乡 市	Pingxiang	294		1017	5.65
九 江 市	Jiujiang	728	25	1920	4.17
新 余 市	Xinyu	122	4	635	5.29
鹰 潭 市	Yingtan	255		745	6.48
赣 州 市	Ganzhou	1233	27	4782	5.33
吉 安 市	Ji'an	574	9	1863	4.17
宜 春 市	Yichun	659	14	2188	4.37
抚 州 市	Fuzhou	390	16	1792	4.96
上 饶 市	Shangrao	269	8	1215	1.87

19-11 专利授权量
Number of Patent Applications Granted

单位：项 (unit)

类 别	Type	2000	2005	2010	2015	2020	2021	2022
专利授权量	**Number of Patent Applications Granted**	**1072**	**1361**	**4351**	**24161**	**80239**	**97372**	**75830**
按种类分	**Grouped by Types**							
发 明	Inventions	67	142	411	1639	4407	6741	8655
实用新型	Utility Models	690	717	2588	13408	51326	64221	43817
外观设计	Designs	315	502	1352	9114	24506	26410	23358
按申请者分	**Grouped by Applicants**							
个 人	Individuals	854	1089	2313	8615	24706	26578	20978
大专院校	Universities and Colleges	6	12	428	2558	6581	8438	6366
科研单位	Research Institutions	11	11	58	250	709	1040	1221
工矿企业	Industrial and Mining Enterprises	193	247	1539	12671	47846	60591	46557
机关团体	Government Agencies and Organizations	8	2	13	67	397	725	708

19-12 获国家级、省级科技奖项数
National-level and Provincial-level S&T Awards

单位：项 (unit)

类 别	Type	2005	2010	2015	2020	2021	2022
国家级科学技术奖	National-level S&T Advancement Award	4	8	12	3		
省级奖项合计	Total Provincial-level Awards	79	102	108	146	146	148
特别贡献奖	Special Contribution Award			1		1	
国际合作奖	International Cooperation Award						1
自然科学奖	Natural Science Award	8	11	14	47	43	29
特等奖	Grand Prize						1
一等奖	First Prize	1	2		6	8	6
二等奖	Second Prize	3	3	6	17	15	22
三等奖	Third Prize	4	6	8	24	20	
技术发明奖	Technology Invention Award	2	5	14	7	4	4
一等奖	First Prize	1	1	1	2	1	
二等奖	Second Prize		1	6	1	1	4
三等奖	Third Prize	1	3	7	4	2	
科技进步奖	S&T Advancement Award	69	86	79	92	98	114
特等奖	Grand Prize						2
一等奖	First Prize	4	5	7	15	13	25
二等奖	Second Prize	17	19	31	24	32	87
三等奖	Third Prize	48	62	41	51	53	

19-13 各类学校基本情况(2022年)

Total Enrollment of Full-time Schools by Type of School (2022)

单位：人 (person)

类 别	Type	学校数（所） Number of Schools (unit)	在校学生数 Total Enrollment	招生数 New Enrollment	毕业生数 Graduates	教职工数 Teachers and Staff	#专任教师 Full-time Teachers
研究生	Post-graduates		66333	23421	15832		
普通高等学校	Regular Institutions of Higher Education	106	1464437	497870	379138	97316	73347
成人高等教育	Adult Higher Education	5	467065	188570	124097	876	547
中等职业教育	Secondary Vocational Education	263	557069	195219	142125	25858	21865
普通中学	Regular Secondary Schools	2794	3290028	1106237	1138833	290193	233988
高　中	Senior Secondary Schools	561	1206507	421740	373189	122203	81583
初　中	Junior Secondary Schools	2233	2083521	684497	765644	167990	152405
技工学校	Technical Schools	134	246848	101060	52389	16556	12619
小　学	Primary Schools	6324	3839179	567850	685057	211322	242473
幼儿园	Kindergartens	14173	1508518	438026	540693	197746	116144
特殊教育学校	Special Education Schools	91	39321	6882	8338	2385	2163
专门学校	Specialist School	8	849	762	409	254	140

注：研究生指标的学校数和教职工数已包含在普通高等学校中。

a) Number of schools, teachers and staff of regular institutions of higher education includes those of post graduates.

19-14 各类学校在校学生数

Total Enrollment of Full-time Schools by Type of School

类 别	Type	1980	1990	2000	2010	2020	2021	2022
研究生(人)	Post-graduates (person)	58	479	2118	21313	51251	59005	66333
普通高等学校(人)	Regular Institutions of Higher Education (person)	35623	56608	144293	816484	1241984	1348666	1464437
成人高等教育	Adult Higher Education		37525	85953	120348	303325	400509	467065
中等职业教育	Secondary Vocational Education					445493	519162	557069
普通中学(万人)	Regular Secondary Schools (10 000 persons)	154.86	181.06	259.22	273.96	330.87	332.28	329.00
高　中	Senior Secondary Schools	28.01	26.23	38.53	73.96	110.45	115.84	120.65
初　中	Junior Secondary Schools	126.85	154.83	220.69	199.99	220.41	216.43	208.35
技工学校(人)	Technical Schools (person)	13370	34237	34617	169564	175313	211398	246848
小　学(万人)	Primary Schools (10 000 persons)	529.30	450.44	422.68	426.02	406.31	395.79	383.92
幼儿园(万人)	Kindergartens (10 000 persons)	30.61	36.26	62.06	123.51	170.03	161.83	150.85
特殊教育学校(人)	Special Education Schools (person)	485	1195	13142	23741	40167	40514	39321

19-15 各类学校毕业生数
Graduates in Full-time Schools by Type of School

类 别	Type	1980	1990	2000	2010	2020	2021	2022
研 究 生(人)	Post-graduates (person)		215	409	4568	13261	14061	15832
普通高等学校(人)	Regular Institutions of Higher Education (person)	3363	13616	24449	225943	309211	310180	379138
成人高等教育	Adult Higher Education		11156	20461	37056	51092	70362	124097
中等职业教育	Secondary Vocational Education					107960	117575	142125
普 通 中 学(万人)	Regular Secondary Schools (10 000 persons)	34.82	49.02	73.79	79.92	101.98	108.54	113.88
高 中	Senior Secondary Schools	15.83	8.39	9.19	26.25	33.28	34.17	37.32
初 中	Junior Secondary Schools	18.99	40.63	64.6	53.68	68.69	74.38	76.56
技 工 学 校(人)	Technical Schools (person)	297	9457	14740	51359	44477	45260	52389
小 学(万人)	Primary Schools (10 000 persons)	60.89	86.02	85.61	67.85	68.24	70.55	68.51
特 殊 教 育(人)	Special Education Schools (person)	65	98	1073	2476	7825	8537	8338

19-16 普通高等学校分学科学生情况(2022年)
Basic Statistics on Students in Regular Institutions of Higher Education by Field of Study (2022)

单位：人　　(person)

类别	Type	在校学生数 Total Enrollment	招生数 New Enrollment	毕业生数 Graduates
总　　计	**Total**	**1464437**	**497870**	**379138**
#女	#Female	703641	238080	184701
普通本科	Undergraduate Course	698423	209655	165267
#女	#Female	354619	106964	85969
哲　　学	Philosophy	206	71	34
经济学	Economics	28535	7523	8305
法　　学	Law	25676	7955	6142
教育学	Education	41422	13124	8502
文　　学	Literature	75122	22836	18221
历史学	History	3927	1192	868
理　　学	Science	38703	11432	8604
工　　学	Engineering	223438	69068	49603
农　　学	Agriculture	7467	2047	1873
医　　学	Medicine	58396	15955	10568
管理学	Management	107529	32443	31873
艺术学	Art	88002	26009	20674
职业本科	Vocational Undergraduate	19850	8771	519
#女	#Female	9494	4088	202
农林牧渔大类	Agriculture, Forestry, Animal Husbandry and Fishery			
资源环境与安全大类	Resource Environment and Safety	245	101	
能源动力与材料大类	Energy Power and Materials	27	8	
土木建筑大类	Civil Construction	183	183	
水利大类	Water Resources and Hydropower Engineering			
装备制造大类	Equipment Manufacturing	2094	743	40
生物与化工大类	Biology and Chemical Engineering			
轻工纺织大类	Light and Textile Industry			
食品药品与粮食大类	Food, Medicine and Grain			
交通运输大类	Transportation			
电子与信息大类	Electronics and Information	6929	3161	99

19-16 续表 continued

单位：人 (person)

类 别	Type	在校学生数 Total Enrollment	招 生 数 New Enrollment	毕业生数 Graduates
医药卫生大类	Medicine and Health			
财经商贸大类	Finance and Economics	4956	1486	238
旅游大类	Tourism	10	10	
文化艺术大类	Culture and Art	2412	1639	118
新闻传播大类	Journalism and Communication	792	451	
教育与体育大类	Education and Sport	2149	936	24
公安与司法大类	Public Security and Judiciary	37	37	
公共管理与服务大类	Public Affairs and Services	16	16	
专 科	Specialized Undergraduate Courses	746164	279444	213352
#女	#Female	339528	127028	98530
农林牧渔大类	Farming,Forestry, Husbandry and Fishing	15222	6721	4578
资源环境与安全大类	Resource, Environment and Safety	8073	3743	2196
能源动力与材料大类	Energy, Power and Material	12968	5697	4042
土木建筑大类	Civil Construction	58096	20138	14516
水利大类	Water Conservation	4128	1581	709
装备制造大类	Equipment Manufacturing	73304	32897	18953
生物与化工大类	Bio-science and Chemical Engineering	1384	563	389
轻工纺织大类	Light and Textile Industry	2967	1047	834
食品药品与粮食大类	Food, Medicine and Grain	3477	1146	634
交通运输大类	Transportation	29887	12993	8164
电子信息大类	Electronic Information	135636	50920	36712
医药卫生大类	Medicine and Health	84246	29722	22660
财经商贸大类	Finance and Commerce	119866	43665	36003
旅游大类	Tourism	10962	4440	3600
文化艺术大类	Culture and Art	46675	16086	13445
新闻传播大类	Journalism and Communication	6858	2474	1707
教育与体育大类	Education and Sport	114321	39227	38184
公安与司法大类	Public Security and Judiciary	11102	3626	3794
公共管理与服务大类	Public Affairs and Services	6992	2758	2232

19-17 各地区普通中学基本情况(2022年)
Basic Statistics on Regular Secondary Schools (2022)

单位：人 (person)

类别	Type	学校数(所) Number of Schools (unit)	在校学生数 Total Enrollment	初中 Junior Secondary Schools	高中 Senior Secondary School	招生数 New Enrollment	初中 Junior Secondary Schools
全省	**Provincial Total**	**2794**	**3290028**	**2083521**	**1206507**	**1106237**	**684497**
#女	Female		**1489853**	**938497**	**551356**	**502377**	**308735**
南昌市	Nanchang	316	330471	209001	121470	110993	70032
景德镇市	Jingdezhen	105	120173	77880	42293	41625	25889
萍乡市	Pingxiang	112	114993	74147	40846	38836	24431
九江市	Jiujiang	297	321475	198583	122892	105175	62882
新余市	Xinyu	44	81154	51275	29879	28743	17998
鹰潭市	Yingtan	99	89947	58490	31457	30212	19322
赣州市	Ganzhou	499	688489	436059	252430	228293	140114
吉安市	Ji'an	331	371573	240503	131070	127515	79043
宜春市	Yichun	274	380790	251277	129513	128788	84903
抚州市	Fuzhou	241	272997	170228	102769	94194	58037
上饶市	Shangrao	473	515741	314937	200804	171067	101497
赣江新区	Ganjiang New Area	3	2225	1141	1084	796	349

19-17 续表 continued

单位：人 (person)

类别	Type	高中 Senior Secondary Schools	毕业学生数 Graduates	初中 Junior Secondary Schools	高中 Senior Secondary Schools	教职工数 Teachers and Staff	#专任教师 Full-time Teachers
全省	**Provincial Total**	**421740**	**1138833**	**765644**	**373189**	**290193**	**233988**
#女	Female	**193642**	**512195**	**343283**	**168912**	**165268**	**124884**
南昌市	Nanchang	40961	108314	72216	36098	36126	24142
景德镇市	Jingdezhen	15736	40189	27029	13160	10008	8498
萍乡市	Pingxiang	14405	38876	25983	12893	11226	8541
九江市	Jiujiang	42293	115255	74266	40989	26624	21812
新余市	Xinyu	10745	28377	19087	9290	6409	5600
鹰潭市	Yingtan	10890	29726	20233	9493	8399	6212
赣州市	Ganzhou	88179	242773	166951	75822	57651	49464
吉安市	Ji'an	48472	123607	86127	37480	33333	26576
宜春市	Yichun	43885	128986	85659	43327	33206	27706
抚州市	Fuzhou	36157	97409	65612	31797	23335	19775
上饶市	Shangrao	69570	184697	122073	62624	43662	35471
赣江新区	Ganjiang New Area	447	624	408	216	214	191

19-18 中等职业学校基本情况(2022年)

Basic Statistics on Vocational Secondary Education by Type of School (2022)

单位：人 (person)

类 别	Type	毕业生数 Graduates	招生数 New Enrollment	在校学生数 Total Enrollment	教职工数 Teachers and Staff	#专任教师 Full-time Teachers
总 计	**Total**	**142125**	**195219**	**557069**	**25858**	**21865**
#女	Female	**65843**	**88406**	**255896**	**14088**	**12346**
全日制	Full-time	141397	195191	556172		
非全日制	Part-time	728	28	897		
按举办部门分	Grouped by Administrative Department					
中央部门	Central Department	30		24	23	10
地方部门	Regional Department	105818	141068	397017	17560	15591
教育部门	Educational Department	73662	102503	291087	12946	11913
其他部门	Other Department	32156	38565	105930	4614	3678
地方企业	Local Enterprise					
民 办	Private-run	36277	54151	160028	8275	6264

19-19 平均每万人口在校学生数

Number of Students per 10 000 Population by Level

指 标	Item	1980	1990	2000	2010	2020	2021	2022
各类学校在校学生占全省人口比重(%)	Schools of All Types of Students in the Proportion of the Population of the Province (%)	21.21	17.28	17.57	22.34	25.06	25.41	25.35
平均每万人口在校学生数（人）	**Number of Students Per 10 000 population by Level (person)**							
普通高等学校	Regular Institutions of Higher Education	10.91	14.98	35.29	187.98	353.26	400.27	441.22
中等职业教育	Secondary vocational education					98.65	114.92	123.03
普通中学	Regular Secondary Schools	473.55	475.13	624.84	614.71	732.10	735.55	726.60
技工学校	Technical Schools	4.09	8.98	8.35	38.05	38.79	46.80	54.52
小 学	Primary Schools	1618.56	1182.05	1018.85	955.90	899.03	876.15	847.88
幼儿园	Kindergartens					376.51	358.23	333.15

注：普通高等学校包括成人高等教育、研究生。

a) The number of regular institutions of higher education includes the number of adult higher education and post-graduates.

19-20 小学、特殊教育基本情况(2022年)
Basic Statistics on Primary Schools and Special Education (2022)

单位: 人 (person)

类别	Type	学校数(所) Number of Schools (unit)	毕业生数 Graduates	招生数 New Enrollment	在校学生数 Total Enrollment	教职工数 Teachers and Staff	#专任教师 Full-time Teachers
小学	Primary Schools	**6324**	**685057**	**567850**	**3839179**	**211322**	**242473**
#女	Female		309086	262598	1756257	152640	178200
民办	Non-public	39	33694	9708	112335	1709	7529
按城乡分	Grouped by Residence						
城区	Cities	898	226226	221756	1379995	60879	75325
镇区	Counties and Towns	1890	331329	256779	1804619	92535	106111
乡村	Rural Areas	3536	127502	89315	654565	57908	61037
按地区分	Grouped by Region						
南昌市	Nanchang	380	70024	74880	446015	17847	27161
景德镇市	Jingdezhen	274	25748	21453	142223	7443	8439
萍乡市	Pingxiang	338	24549	21135	144451	7822	9206
九江市	Jiujiang	519	62554	54026	367443	20225	22886
新余市	Xinyu	72	17940	15140	101935	5975	6369
鹰潭市	Yingtan	99	19069	12903	93774	4570	6085
赣州市	Ganzhou	1468	139217	120665	801243	47323	51183
吉安市	Ji'an	608	78544	62129	441867	23400	26730
宜春市	Yichun	625	84739	62651	442887	26232	28375
抚州市	Fuzhou	557	58488	42993	307655	17231	19615
上饶市	Shangrao	1383	103878	79504	547518	33126	36296
赣江新区	Ganjiang New Area	1	307	371	2168	128	128
特殊教育	Special Education	91	8338	6882	39321	2385	2163

19-21 初中毕业生、小学毕业生升学率
Proportion of Students Entering into Junior and Senior Secondary Schools

年 份 Year	初 中 Junior Secondary School			小 学 Primary School		
	毕业生数(万人) Graduates (10 000 persons)	高级中等学校招生数(万人) New Enrollment of Senior Secondary Schools (10 000 persons)	升学率(%) Rate of Entering the Higher School (%)	毕业生数(万人) Graduates (10 000 persons)	初级中等学校招生数(万人) New Enrollment of Junior Secondary Schools (10 000 persons)	升学率(%) Rate of Entering the Higher School (%)
1978	41.77	20.69	49.53	72.03	56.36	78.25
1979	39.55	21.36	54.01	61.41	45.49	74.08
1980	19.03	10.78	56.65	60.89	41.23	67.71
1981	33.88	15.22	44.92	64.86	41.13	63.41
1982	31.71	12.40	39.10	67.30	39.89	59.27
1983	29.99	12.64	42.15	69.90	41.20	58.94
1984	28.75	14.26	49.60	67.85	42.58	62.76
1985	30.04	13.42	44.67	71.75	45.50	63.41
1986	34.07	14.68	43.09	76.41	50.10	65.57
1987	37.32	15.14	40.57	83.68	52.55	62.80
1988	40.35	15.46	38.31	88.94	54.07	60.79
1989	41.18	14.88	36.13	86.96	53.83	61.90
1990	41.27	15.88	38.48	86.02	56.65	65.86
1991	43.41	16.38	37.73	85.44	57.66	67.49
1992	45.83	17.10	37.31	79.45	57.18	71.97
1993	47.51	18.36	38.64	71.50	57.87	80.94
1994	48.44	19.26	39.76	67.99	58.23	85.64
1995	46.99	20.57	43.78	70.05	63.08	90.04
1996	51.27	20.96	40.88	73.70	68.44	92.86
1997	55.51	21.38	38.52	77.20	72.88	94.39
1998	59.55	21.99	36.92	80.35	75.70	94.21
1999	62.28	25.53	40.99	83.90	78.57	93.65
2000	65.34	26.57	40.67	85.61	81.23	94.89
2001	65.49	30.53	46.62	85.47	81.00	94.77
2002	67.15	38.81	57.80	82.15	81.25	98.91
2003	68.66	43.30	63.06	75.74	75.96	100.29
2004	72.42	48.69	67.23	67.68	67.72	100.06
2005	74.32	57.88	77.88	64.88	64.53	99.46
2006	69.48	57.63	82.94	53.84	53.54	99.44
2007	62.06	54.81	88.32	54.28	54.73	100.82
2008	60.09	55.90	93.03	65.48	66.83	102.06
2009	51.90	51.67	99.56	69.48	69.69	100.30
2010	53.68	49.05	91.37	67.85	68.39	100.80
2011	63.12	57.52	91.13	66.79	67.56	101.15
2012	65.18	56.26	87.08	67.01	65.59	97.88
2013	62.60	52.11	83.24	65.59	61.06	93.09
2014	55.11	45.41	82.40	59.65	59.47	99.70
2015	55.65	52.55	94.43	59.39	60.07	101.14
2016	57.45	51.65	89.90	63.27	64.58	102.07
2017	56.66	49.87	88.02	67.84	68.63	101.16
2018	57.64	52.20	90.56	73.16	74.06	101.23
2019	63.58	58.89	92.62	76.53	76.87	100.44
2020	68.69	63.47	92.40	68.24	68.57	100.49
2021	74.38	69.35	93.24	70.55	70.36	99.73
2022	76.56	71.80	93.78	68.51	68.45	99.92

注：高级中等学校招生人数包括中等职业教育学校、技工学校和高中招生数。

a) The number of new enrollment of senior secondary schools includes the number of secondary vocational educations, technician training schools and senior secondary schools.

19–22 幼儿园基本情况
Basic Statistics on Kindergartens

单位：人 (person)

年 份 Year	幼儿园数（所） Number of Kindergartens (unit)	入园幼儿数 New Enrollment	在园幼儿数 Total Enrollment	教职工数 Teachers and Staff	#专任教师 Full-time Teachers
1978	2104		105914	6278	4159
1979	3854		172476	8304	6509
1980	7204		306055	13565	11184
1981	6364		300231	14366	11853
1982	5488		300630	15638	12693
1983	1857		296400	16000	12923
1984	4987		310300	15257	13454
1985	5208		323021	14778	12998
1986	5866	190318	318347	17744	14147
1987	5406	194370	329718	18229	14259
1988	4547	182034	327540	18471	14579
1989	4520	187932	330680	18953	14574
1990	4827	208294	362621	19798	15492
1991	4141	283249	394487	20013	15780
1992	4490	294967	450005	21050	16983
1993	3856	337689	491055	21365	17271
1994	4123		505530	21058	17755
1995	4600	419190	525330	22284	18976
1996	5084	462715	584601	23757	19822
1997	5986	496134	609026	26124	21764
1998	6626	518683	619048	26879	22321
1999	7602	514200	626009	29179	24124
2000	6573	500453	620624	26472	21154
2001	2894	428073	488380	18519	12335
2002	3469	475561	574756	21526	14275
2003	4478	504672	633073	26515	17612
2004	4370	507222	658093	28406	18228
2005	4870	526960	716760	32367	20742
2006	5848	594627	806287	37453	24235
2007	6245	648555	881690	41853	27093
2008	6620	649104	924488	47920	30447
2009	8326	728337	1123138	60102	39541
2010	8518	812046	1235056	69186	43349
2011	9431	894446	1455048	86222	52895
2012	10560	902810	1521149	94067	57338
2013	11485	944893	1563241	102917	61588
2014	11448	946767	1593532	111715	67360
2015	11870	946900	1662501	123459	73221
2016	14071	568461	1590431	116440	75438
2017	14952	680354	1609422	125150	81868
2018	15368	666442	1613091	139260	89133
2019	15958	608004	1657888	165264	102539
2020	16330	685861	1700285	181262	111150
2021	15832	576192	1618274	196164	117522
2022	14173	438026	1508518	197746	116144

19-23 按城乡、按地区分幼儿园基本情况(2022年)
Basic Statistics on Kindergartens by Residence and Region (2022)

单位：人 (person)

类 别	Type	园数(所) Number of Kindergarten (unit)	离园幼儿数 Dropout	入园幼儿数 New Enrollment	在园幼儿数 Total Enrollment	教职工数 Teachers and Staff	#专任教师 Full-time Teachers
全 省	**Provincial Total**	**14173**	**540693**	**438026**	**1508518**	**197746**	**116144**
#女	Female		249989	200241	692954	186824	113855
民 办	Non-public	7200	248691	186975	656177	92216	52104
按城乡分	Grouped by Residence						
城 区	City Area	3528	183299	157443	546855	76291	43026
镇 区	Town Area	5358	255813	208955	721164	90934	53715
乡 村	Village	5287	101581	71628	240499	30521	19403
按地区分	Grouped by Region						
南昌市	Nanchang	1166	66228	62429	196895	27398	15020
景德镇市	Jingdezhen	530	19105	16004	49721	6715	3788
萍乡市	Pingxiang	631	21066	18820	60882	9198	5063
九江市	Jiujiang	1262	53041	43728	147614	18591	10169
新余市	Xinyu	286	14608	10805	44776	5400	3047
鹰潭市	Yingtan	421	12017	9104	33417	4895	2686
赣州市	Ganzhou	3204	113354	95120	324000	39593	24776
吉安市	Ji'an	1826	61053	45293	162517	20545	12143
宜春市	Yichun	1265	63046	48924	170692	21276	12495
抚州市	Fuzhou	894	40688	33480	113304	16776	10346
上饶市	Shangrao	2686	76459	54319	204231	27295	16577
赣江新区	Ganjiang New Area	2	28		469	64	34

19-24 文化和旅游机构及人员数
Number of Institutions and Staff Personnel for Culture and Tourism

指 标	Item	1980	1990	2000	2010	2020	2021	2022
机构数(个)	**Number of Institutions (unit)**					**6861**	**6791**	**6877**
艺术表演团体	Art Performance Troupes	118	86	79	103	380	395	352
#公有制艺术表演团体	Public Ownership					79	75	81
艺术表演场馆	Art Performance Venues					77	82	61
#公有制艺术表演场馆	Public Ownership					42	41	39
公共图书馆	Libraries	49	104	104	108	114	114	114
文 化 馆	Cultural Centers	102	101	101	103	120	117	117
文 化 站	Cultural Stations	637	1983	1887	1719	1739	1737	1737
#乡镇综合文化站	Village and Town					1594	1589	1564
艺术展览创作机构	Art Exhibition and Creation Institutions					46	47	47
#美术馆	Gallery					43	45	46
文化和旅游部门教育机构	Cultural and Tourism Education Institutions					2	2	2
文化和旅游科研机构	Cultural and Tourism Research Institutions					13	9	6
文化市场经营机构(不包括非公有制院团和场馆)	Institutions of Cultural Market Management					3942	3858	4009
文化和旅游行政部门	Cultural and tourism administration					115	115	116
其他文化和旅游机构	Other Cultural and tourism Institutions					47	42	39
#文化市场执法机构	Enforcing Authorities of Art Market					3	2	2
博 物 馆	Museums	52	82	81	102	172	189	203
文物保护管理机构	Agencies of Cultural Relics Preservation					66	63	53
文物科研机构	Scientific and Research Historical Relics Agencies				2	2	2	2
文物行政部门	Administrative Departments of Cultural Relics Preservation					24	18	16
其他文物机构	Other Historical Relics Agencies		1	2	2	2	1	3
人员数(人)	**Number of Staff (person)**					**53289**	**48671**	**44382**
艺术表演团体	Art Performance Troupes	7747	4384	3949	4082	10334	8217	8413
#公有制艺术表演团体	Public Ownership					2153	1941	2290
艺术表演场馆	Art Performance Venues					1514	1092	806
#公有制艺术表演场馆	Public Ownership					709	613	559
公共图书馆	Libraries					1387	1389	1461
文 化 馆	Cultural Centers	1434	1484	1486	1664	1891	1795	1972
文 化 站	Cultural Stations	862	3635	2594	2296	4324	4508	4549
#乡镇综合文化站	Village and Town					3841	3901	4015
艺术展览创作机构	Art Exhibition and Creation Institutions					397	424	471
#美术馆	Gallery					372	398	446
文化和旅游部门教育机构	Cultural and Tourism Education Institutions					330	355	362
文化和旅游科研机构	Cultural and Tourism Research Institutions					302	160	137
文化市场经营机构(不包括非公有制院团和场馆)	Institutions of Cultural Market Management					23739	21763	17086
文化和旅游行政部门	Cultural and tourism administration					3150	3177	3483
其他文化和旅游机构	Other Cultural and tourism Institutions					905	874	807
#文化市场执法机构	Enforcing Authorities of Art Market					54	46	65
博 物 馆	Museums	764	1134	1324	1917	4033	4164	4309
文物保护管理所(文物保护管理机构)	Agencies of Historical Relics Preservation	292	510	242	217	469	446	239
文物科研机构	Scientific and Research Historical Relics Agencies				44	110	95	153
文物行政部门	Administrative Departments of Cultural Relics Preservation					278	197	93
其他文物机构	Other Historical Relics Agencies		280	292	316	126	15	41

注：1. 从2013年起，艺术馆表演团体包括市场艺术团体。

2. 从2014年起，文化馆包含群众艺术馆。

a) Market art performance troupes have been included in art performance troupes since 2013.

b) Mass art centers have been included in cultural centers since 2014.

19-25 各地区文化事业单位数(2022年)

Number of Institutions for Cultural Undertakings by Region (2022)

单位: 个 (unit)

地 区	Region	艺术表演团体 Art Performance Troupes	艺术表演场馆 Art Performance Venues	公共图书馆 Public Libraries	#总藏量(万册) Total Collections (10 000 copies)	博物馆 Museums	文物保护管理机构 Agencies of Cultural Relics Preservation
全 省	**Provincial Total**	**352**	**61**	**114**	**3403.49**	**203**	**53**
省 级	Provincial	7	5	1	144.67	1	
南昌市	Nanchang	72	7	10	255.95	30	4
景德镇市	Jingdezhen	4	2	5	392.04	22	2
萍乡市	Pingxiang	4	3	6	93.92	7	4
九江市	Jiujiang	15	7	15	56.23	28	12
新余市	Xinyu	1	1	3	548.41	4	1
鹰潭市	Yingtan	3	2	4	359.99	8	2
赣州市	Ganzhou	36	8	19	232.40	27	4
吉安市	Ji'an	19	2	15	357.35	21	5
宜春市	Yichun	39	6	11	186.19	14	7
抚州市	Fuzhou	106	5	12	483.98	17	7
上饶市	Shangrao	46	13	13	292.38	24	5

注：文物保护管理所包括其他文物机构。

a) Data on agency of historical relics reservations include data on other historical relics institutions.

19-26 文化文物机构基本情况

Basic Statistics on Cultural and Relics Institutions

单位: 个 (unit)

指 标	Item	合计 Total 2021	合计 Total 2022	文化部门 Culture Department 2021	文化部门 Culture Department 2022	其他部门 Other Departments 2021	其他部门 Other Departments 2022
总 计	**Total**	**6791**	**6877**	**2516**	**2511**	**4275**	**4366**
文化合计	Cultural Industry	6518	6600	2279	2277	4239	4323
艺术业	Art Industry	477	413	99	102	378	311
图书馆业	Museum Industry	114	114	114	114		
群众文化业	Mass Art Industry	1854	1854	1854	1854		
艺术展览创作机构	Art Exhibition and Creation Institutions	47	47	47	47		
文化和旅游部门教育机构	Cultural and Tourism Education Institutions	2	2	2	2		
文化和旅游科研机构	Cultural and Tourism Research Institutions	9	6	9	6		
文化市场经营业	Institutions of Cultural Market Management	3858	4009			3858	4009
文化和旅游行政部门	Cultural and tourism administration	115	116	115	116		
其他文化和旅游机构	Other Cultural and tourism Institutions	42	39	39	36	3	3
文物合计	Cultural Relic Industry	273	277	237	234	36	43

注：1. 艺术业包括艺术表演团体和艺术表演场馆。

2. 有关文化产业的指标仅含省文化和旅游厅本系统的数据。后同。

a)Art performance troupes and venues are included in art industry.

b) Data on cultural industry cover only provincial-level. The same applies to the following tables.

19-27 文化文物机构从业人员基本情况(2022年)
Basic Statistics on Personnel of Cultural and Relics Institutions (2022)

单位：人 (person)

指标	Item	合计 Total	#正高级职称 Senior Title	#副高级职称 Sub-senior Title	中级职称 Middle Title	文化部门 合计 Cultural Department	#正高级职称 Senior Title	#副高级职称 Sub-senior Title	中级职称 Middle Title
总计	**Total**	**44382**	**266**	**1044**	**3533**	**19845**	**157**	**778**	**2653**
文化合计	Cultural Industry	39547	181	821	2833	12154	91	578	2016
艺术业	Art Industry	9219	30	218	767	2395	25	198	650
图书馆业	Museum Industry	1461	11	91	383	1461	11	91	383
群众文化业	Mass Art Industry	6521	22	150	650	6521	22	150	650
艺术展览创作机构	Art Exhibition and Creation Institutions	471	5	30	70	471	5	30	70
文化和旅游部门教育机构	Cultural and Tourism Education Institutions	362	10	57	98	362	10	57	98
文化和旅游科研机构	Cultural and Tourism Research Institutions	137	10	22	49	137	10	22	49
文化市场经营业	Institutions of Cultural Market Management	17086							
文化和旅游行政部门	Cultural and tourism Administration	3483				3483			
其他文化和旅游机构	Other Cultural and tourism Institutions	807	8	30	116	807	8	30	116
文物合计	Cultural Relic Industry	4835	85	223	700	4208	66	200	637

19-27 续表 continued

单位：人 (person)

指标	Item	#其他部门 合计 Others	#正高级职称 Senior Title	#副高级职称 Sub-senior Title	中级职称 Middle Title
总计	**Total**	**24537**	**24**	**43**	**175**
文化合计	Cultural Industry	23910	5	20	112
艺术业	Art Industry	6824	5	20	112
图书馆业	Museum Industry				
群众文化业	Mass Art Industry				
艺术展览创作机构	Art Exhibition and Creation Institutions				
文化和旅游部门教育机构	Cultural and Tourism Education Institutions				
文化和旅游科研机构	Cultural and Tourism Research Institutions				
文化市场经营业	Institutions of Cultural Market Management	17086			
文化和旅游行政部门	Cultural and tourism Administration				
其他文化和旅游机构	Other Cultural and tourism Institutions				
文物合计	Cultural Relic Industry	627	19	23	63

19-28 文化文物机构人员情况(2022年)
Statistics on Personnel of Cultural and Relics Institutions (2022)

单位：人 (person)

指标	Item	合计 Total		文化部门 Culture Department		其他部门 Other Departments	
		2021	2022	2021	2022	2021	2022
总计	**Total**	**48671**	**44382**	**19107**	**19845**	**29564**	**24537**
文化合计	Cultural Industry	43754	39547	14838	12154	28916	23910
艺术业	Art Industry	9309	9219	2161	2395	7148	6824
图书馆业	Museum Industry	1389	1461	1389	1461		
群众文化业	Mass Art Industry	6303	6521	6303	6521		
艺术展览创作机构	Art Exhibition and Creation Institutions	424	471	424	471		
文化和旅游部门教育机构	Cultural and Tourism Education Institutions	355	362	355	362		
文化和旅游科研机构	Cultural and Tourism Research Institutions	160	137	160	137		
文化市场经营业	Institutions of Cultural Market Management	21763	17086			21763	17086
文化和旅游行政部门	Cultural and tourism Administration	3177	3483	3177	3483		
其他文化和旅游机构	Other Cultural and tourism Institutions	874	807	869	807	5	
文物合计	Cultural Relic Industry	4917	4835	4269	4208	648	627

19-29 报纸、期刊、图书出版种数
Copies of Publication of Newspapers, Periodicals and Books

单位：种 (kind) (kind)

指标	Item	1980	1990	2000	2010	2020	2021	2022
报　　纸	Newspapers Published	6	28	65	63	65	65	64
综 合 报	General Newspapers	2	18	28	29	26	26	26
专 业 报	Special Newspapers	4	10	37	34	39	39	38
期　　刊	Magazines Published	84	141	167	163	165	165	165
综　　合	General Magazines	6	1	1	5	6	6	6
哲学、社会科学	Philosophy and General Social Sciences	10	33	52	39	48	48	48
自然科学、技术	Natural Sciences and Technology	47	63	78	71	69	69	69
文化、教育	Culture and Education	9	27	21	29	32	32	32
少年儿童读物	Children's Books	2	3	7	7	8	8	8
文学、艺术	Literature and Art	10	13	8	10	10	10	10
画　　刊	Picture Books		1		2	2	2	2
图　　书	Books	362	1264	2158	3869	9437	9845	10147
#课　　本	Textbooks	134	329	583	689	376	320	288

注：根据中宣部统计报表口径，少儿期刊和画刊为其中项，在填报2019年数据时，进行相应调整。后同。

a) According to the statistical caliber of Publicity Department of Communist Party of China, children's periodicals and picture magazines are sub-items. The data on 2019 were adjusted accordingly.The same applies to the following tables.

19-30 报纸、期刊、图书出版数量
Pieces of Newspapers, Periodicals and Books Published

单位: 万份　　(10 000 copies)

指　标	Item	1980	1990	2000	2010	2020	2021	2022
报　　纸	Newspapers Published	17048	58930	39929	70449	75566	72876	69857
综合报	General Newspapers	16506	38936	33273	60771	31476	30947	32003
专业报	Special Newspapers	542	19994	6657	9678	44090	39702	37854
期　　刊	Magazines Published	584	2714	9060	7060	7959	7875	7028
综　合	General Magazines	23	54	2	46	23	20	18
哲学社会科学	Philosophy and General Social Sciences	18	933	3239	577	1903	1654	1366
自然科学技术	Natural Sciences and Technology	119	241	830	576	195	159	133
文化、教育	Culture and Education	210	679	2401	1696	5625	5838	5313
少年儿童读物	Children's Books	30	417	1850	3715	1476	1564	1362
文学艺术	Literature and Art	184	384	738	420	213	204	198
画　刊	Picture Books		6		30	22	7	3
图　　书	Books	8474	19216	20300	16039	27050	26539	32740
#课　本	Textbooks	4861	10935	10490	6945	9234	8737	9254

19-31 广播、电视事业基本情况
Basic Statistics on Radio and Television

指 标	Item	1980	2000	2010	2020	2021	2022
广播电视播出机构(个)	Radio and TV Broadcasting Institutions (unit)				97	96	96
公共广播节目套数(套)	Public Broadcasting Programs (set)	3	72	103	99	96	95
全年广播剧播出时间(小时)	Time of Radio Play Programs Broadcasted (Hours)				32931	31457	29438
中短波转播发射台(座)	FM&AM Radio Broadcasting Stations (set)	17	15	16	21	17	17
广播综合人口覆盖率(%)	General Radio Coverage of Population (%)	38.5	89.49	96.78	99.07	99.23	99.47
#乡村广播综合人口覆盖率(%)	General Radio Coverage of Village Population (%)			96.23	98.92	98.99	99.15
公共电视节目套数(套)	Public TV Programs (set)		42	113	128	129	126
全年电视剧播出部数(部)	Pieces of TV Series Broadcast (piece)			9318	9146	7105	7015
全年电视剧播出集数(集)	Episodes of TV Series Broadcast (episode)			247239	228719	226318	221565
全年电视动画片播出部数(部)	Pieces of Cartoons Broadcast (piece)			782	1535	1634	1729
全年电视动画片播出集数(集)	Episodes of Cartoons Broadcast (episode)			28192	44715	48612	47190
电视发射机部数(部)	TV Transmission Facilities (unit)	58	493	301	271	267	256
电视综合人口覆盖率(%)	General TV Coverage of Household (%)	50.5	92.67	97.96	99.51	99.63	99.75
#乡村电视综合人口覆盖率	General TV Coverage of Village Population			97.55	99.37	99.44	99.60

注：1. 1995年以前中短波广播发射台数是指广播发射台及转播台数。
2. 2000年以前电视台是指无线电视台，2001年无线电视台与有线电视台合并。

a) Before 1995, the number of FM&AM Radio Broadcasting Stations referred to the number of radio broadcasting stations and transmission stations.

b) Before 2000, the number of TV Stations referred to the number of Wireless TV. Wirless TV and CATV merged in 2001.

19-32 各地区广播电视主要统计指标(2022年)
Basic Statistics on Radio and Television by Region (2022)

地 区	Region	广播电视播出机构(个) Radio and TV Broadcasting Institutions (unit)	中、短波转播发射台(座) Medium and short wave broadcast transmitters (set)	调频、电视转播发射台(座) FM & TV Broadcast Transmitters (set)	广播综合人口覆盖率(%) Radio &TV Coverage of Population (%)	电视综合人口覆盖率(%) General TV Coverage of Household (%)
全 省	**Provincial Total**	**96**	**17**	**146**	**99.47**	**99.75**
省本级	Provincial Level	2		5		
南昌市	Nanchang	5	1	36	100.00	100.00
景德镇市	Jingdezhen	3	2	7	100.00	100.00
萍乡市	Pingxiang	4	1	5	99.88	100.00
九江市	Jiujiang	12	1	18	99.19	99.63
新余市	Xinyu	2	1	3	99.99	99.99
鹰潭市	Yingtan	3	1	2	99.85	99.85
赣州市	Ganzhou	19	4	26	97.94	99.07
吉安市	Ji'an	12	2	6	100.00	100.00
宜春市	Yichun	10	2	13	99.77	99.82
抚州市	Fuzhou	12	1	17	99.99	100.00
上饶市	Shangrao	12	1	8	100.00	100.00

19-33 各地区广播电视主要经济指标(2022年)
Basic Statistics on Radio and Television by Region (2022)

地 区	Region	从业人员(人) Number of Employees (person)	总收入(万元) Total Income (10 000 yuan)	实际创收收入(万元) Actual Income (10 000 yuan)	广告收入(万元) Advertisement (10 000 yuan)	有线电视网络收入(万元) Cable TV Network (10 000 yuan)	新媒体业务收入(万元) New Media Business (10 000 yuan)	广播电视节目销售收入(万元) Sales Revenue of Broadcasting and TV Programs (10 000 yuan)
全 省	**Provincial Total**	**21223**	**943093**	**490155**	**128817**	**163639**	**106293**	**12343**
省本级	Provincial Level	9170	372441	322546	96742	154770	28748	2214
南昌市	Nanchang	1960	83348	38355	5839	8327	1731	1612
景德镇市	Jingdezhen	550	10707	708	708			
萍乡市	Pingxiang	660	18322	5546	4357		17	
九江市	Jiujiang	1548	108794	9207	5281	536	3150	203
新余市	Xinyu	548	9826	6662	1904			4551
鹰潭市	Yingtan	324	20112	12398	142			
赣州市	Ganzhou	2071	100774	9458	5854		105	2264
吉安市	Ji'an	1000	49203	3878	2068		28	1106
宜春市	Yichun	1077	28075	2550	1669	7	6	3
抚州市	Fuzhou	825	34677	2583	2246		8	
上饶市	Shangrao	1490	106814	76264	2005		72500	390

19-34 测绘地理信息生产完成情况

Statistics on Projects Completed by Surveying and Mapping Departments

年份 Year	大地测量 Geodesy GPS测量(点) Global Positioning System Survey (point)	水准测量(公里) Leveling (kilometer)	测图合计(幅) Mapping (unit)	地图数字化(幅) Digital Map (unit)	地图编制 Cartography 地形图(幅) Topographic Map (unit)	专题地图(幅/册) Special Map (unit/volume)	地图集(册) Atlas (volume)
2001	528	336	1941	1416	440	61	2
2002	500	481	2219	1091		372	
2003	189	100	2068	1887		23	1
2004	796	5031	3051	2754		44	
2005	576	800	2509			36	
2006	1840	200	6418	999		35	
2007	1940	286	6127	288	10	30	1
2008	2150	400	13360	286	41	33	1
2009	632	1978	5114		25	607	2
2010	1009	2022	6971	4579	58	66	1
2011	62	943	3104	2078	194		
2012	462	1281	19767		16	210	1
2013	658	327	6469		5	42	
2014	60	3500	31722		3	35	
2015	100	7000	1046		1	21	2
2016	280	4600	1762		3	40	2
2017	180	1500	1810		3	44	1
2018	66		2186		14	48	1
2019	66		2602			131	5
2020	66	314	4437		2	48	2
2021	155	238	9266			151	9
2022	71		1534			132	4

19-35 地理信息成果提供情况

Statistics on Output of Surveying and Mapping Materials

年份 Year	地形图合计(张) Topographic Map (unit)	#1:10 000 (scale)	#1:50 000 (scale)	大地成果(点) Geodetic Results (point)	遥感影像成果(片) Aerial Photograph (piece)	挂图(张) Wall Map (unit)	地图集(册) Atlas (volume)
2000	8904	7266	1638	377	281		
2001	10704	8785	1919	1611		66	217
2002	8294	7287	1007	173	120	40	48
2003	10048	8656	1392	47372	8411		
2004	5868	3959	1909	563	29000		
2005	5815	4231	1584	1327	48126	5	
2006	7926	5058	2868	17010	15865	112	20
2007	15035	12754	2281	24221	22631		
2008	17352	15336	2016	7929	12355		
2009	5523	4909	614	5554	22803		
2010	5469	4441	1028	31121	5329	628	731
2011	8153	7498	655	3687	7994	12	15
2012	10444	9162	1282	8992	52354	1035	79
2013	2886	2440	446	4880	133567	951	1500
2014	2940	2648	244	2598	120734	1700	2648
2015	6408	5328	1080	2641	364834	10	540
2016	3531	3078	410	2395	107643	600	1240
2017	2222	1910	275	1995	132718	700	500
2018	2372	2029	343	3083	141379	951	300
2019	2443	2291	126	4533	29638	1888	290
2020	10888	10610	278	2504		1250	4485
2021	26440	24468	1951	730	5684827	13693	39292
2022	4225	4074	151	591	20092101	77881	17004

注：航摄成果指标从2014年起调整为以遥感影像成果为统计指标，以平方千米作计量单位。

a) After 2014, aerial photograph refers to remote sensing image photograph, measuring in the unit of sq.km.

19-36 各地区产品质量监督检查情况(2022年)
Results of Supervision and Sampling Check on the Quality of Products by Region (2022)

地区	Region	抽查产品(种) Production Supervised (kind)	抽查企业(家) Number of Enterprises Supervised (unit)	抽查产品(批) Production Supervised (time)	不合格产品(批) Production Unqualified (time)
全省	**Provincial Total**	**248**	**10445**	**13883**	**1280**
省本级	Provincial level	88	2234	2643	207
南昌市	Nanchang	154	883	1334	125
景德镇市	Jingdezhen	39	158	176	1
萍乡市	Pingxiang	90	778	1054	66
九江市	Jiujiang	72	1182	1933	182
新余市	Xinyu	111	397	532	67
鹰潭市	Yingtan	56	357	370	14
赣州市	Ganzhou	57	1420	1489	105
吉安市	Ji'an	85	693	1100	149
宜春市	Yichun	56	810	1210	129
抚州市	Fuzhou	38	730	940	80
上饶市	Shangrao	72	785	1083	155
赣江新区	Ganjiangxinqu	15	18	19	0

注：抽查产品合计相加不等于总数。

a) The subtotal of production supervised is not equal to the gross total.

主要统计指标解释

R&D 指为增加知识存量（也包括有关人类、文化和社会的知识）以及设计已有知识的新应用而进行的创造性、系统性工作。根据企业相关会计准则规定，研究是指为获取并理解新的科学或技术知识而进行的独创性的有计划调查。开发是指在进行商业性生产或使用前，将研究成果或其他知识应用于某项计划或设计，以生产出新的或具有实质性改进的材料、装置、产品等。

基础研究 指一种不预设任何特定应用或使用目的的实验性或理论性工作，其主要目的是为获得（已发生）现象和可观察事实的基本原理、规律和新知识。其成果通常表现为提出一般原理、理论或规律，并以论文、著作、研究报告等形式为主。包括纯基础研究和定向基础研究。纯基础研究是不追求经济或社会效益，也不谋求成果应用，只是为增加新知识而开展的基础研究。定向基础研究是为当前已知的或未来可预料问题的识别和解决而提供某方面基础知识的基础研究。

应用研究 指为获取新知识，达到某一特定的实际目的或目标而开展的初始性研究。应用研究是为了确定基础研究成果的可能用途，或确定实现特定和预定目标的新方法。其研究成果以论文、著作、研究报告、原理性模型或发明专利等形式为主。

试验发展 指利用从科学研究、实际经验中获取的知识和研究过程中产生的其他知识，开发新的产品、工艺或改进现有产品、工艺而进行的系统性研究。其研究成果以专利、专有技术，以及具有新颖性的产品原型、原始样机及装置等形式为主。

专业技术人员 指报告期内在专业技术岗位工作的或在管理岗位上工作具有专业技术职务（资格）的人员总数。

专业技术类别 指在中央职称改革工作领导小组批转的二十九个专业技术职务试行条例和中共中央办公厅、国务院办公厅关于转发《企业思想政治工作人员专业职务试行条例》的基础上，将事业、企业单位的专业技术人员归并为：工程技术人员（含民航飞行技术人员、船舶技术人员），农业技术人员，科学研究人员（含自然科学研究、社会科学研究及实验技术人员），卫生技术人员，教学人员（含高等院校、中等专业学校、技工学校、中学、小学），经济人员，会计人员，统计人员，翻译人员，图书、档案、文博人员，新闻、出版人员，律师、公证人员，播音人员，工艺美术人员，体育人员，艺术人员及政工人员，共十七个专业技术职务类别。

专利申请数 指调查单位在报告年度向国内外知识产权行政部门提出专利申请并被受理后，按规定缴足申请费，符合进入初步审查阶段条件的件数。专利是专利权的简称，是对发明人的发明创造经审查合格后，由专利主管部门依法授予发明人和设计人对该项发明创造享有的专有权，包括发明、实用新型和外观设计三种。

专利授权数 指报告年度由国内外知识产权行政部门向调查单位授予专利权的件数。

普通高等学校 指按照国家规定的设置标准和审批程序批准举办的，通过全国普通高等学校统一招生考试，招收高中毕业生为主要培养对象，实施高等教育的全日制大学、独立设置的学院和高等专科学校、高等职业学校和其他机构。

成人高等学校 指按照国家规定的设置标准和审批程序批准举办的，通过全国成人高等学校统一招生考试，招收具有高中毕业或同等学历的在职从业人员为主要培养对象，利用函授、业余、脱产等多种形式对其实施高等学历教育的学校。包括职工高等学校、农民高等学校、管理干部学院、教育学院、独立函授学院、广播电视大学、其他机构等。其他机构是承担国家成人招生计划任务不计校数的机构。

文化事业机构 指从事专业文化工作和为专业文化工作服务的独立建制的单位。不包括这些单位另外举办独立核算的其他机构和各部门的业余文化组织。该指标主要反映文化事业机构发展规模水平。

艺术表演团体 指从事戏曲、音乐、舞蹈、杂技等专业艺术表演，有独立账户的单位，不包括半工半艺、半农半艺和民间职业剧团。该指标主要反映专业艺术表演团体发展规模水平。

艺术表演观众人数 指售票、包场演出或民族地区免费演出的艺术表演观众人次数，不包括彩排审查和内部观摩演出的观看人次数。该指标主要反映观看专业艺术表演团体演出的效益规模。

Explanatory Notes on Main Statistical Indicators

Research and Development (R&D) refers to systematic and creative activities in the field of science and technology aiming at increasing the knowledge and using the knowledge for new application.According to the relevant provisions of the relevant accounting standards for enterprises, research refers to the planned survey development for the purpose of the acquiring and understanding of new scientific or technical knowledge. Development refers to the application of research results or other knowledge to a plan or design to produce new or substantially improved material device products before commercial production or use.

Basic Research refers to experimental or theoretical work undertaken primarily to acquire new knowledge of the underlying foundations of phenomena and observable facts, without any particular application or use in view. Basic research usually formulates hypotheses, theories or laws, and its results are mainly released or disseminated in the form of scientific papers or monographs or research reports. Basic research includes pure basic research and directed basic research. Pure basic research does not pursue economic or social benefits, nor does it seek the application of results. It is only basic research carried out to increase new knowledge. Directional basic research is the basic research that provides some basic knowledge for the identification and solution of the current known or future predictable problems

Applied Research refers to original investigation undertaken in order to acquire new knowledge. It is directed primarily towards a specific, practical aim or objective. Purpose of the applied research is to identify the possible uses of results from basic research, or to explore new (fundamental) methods or new approaches. Results of applied research are expressed in the form of scientific papers, monographs, fundamental models or invention patents.

Experimental Development refers to systematic work, drawing on knowledge gained from research and practical experience and producing additional knowledge, which is directed to producing new products or processes or to improving existing products or processes. Results of experimental development activities are embodied in patents, exclusive technology, and mono-type of new products or equipment.

Professional and Technical Personnel refer to persons engaged in professional and technical work or in the management of professional and technical activities.

Category of Professional Technical Positions refers to the merging of the professional and technical personnel of public institutions on the basis of the provisional Regulations on the transfer of 29 professional and technical posts approved by the Central Leading Group for Professional Title Reform and the Provisional Regulations of the General Office of the CPC Central Committee and the General Office of the State Council on the transfer of professional and political personnel of enterprises for trial implementation. Professional technology personnel is categorized into Divided into: engineering and technical personnel (including the civil aviation flight personnel ship technical personnel), agricultural technical personnel, scientific research personnel (including natural science and social science research and experimental technical personnel), health technicians, teaching staff (including secondary specialized schools in colleges and universities vestibule school middle school or primary school), economic personnel, accountants, statisticians, translators, book file wenbo personnel, press and publication, attorney notarial personnel, service personnel, arts and crafts, sports, art and political work personnel, a total of 17 categories of professional technical position.

Patent Applied refers to the number of cases in which an investigating entity, after submitting an application for patent to the intellectual property administrative department at home and abroad in the reporting year and having been accepted, pays the application fee in full according to the provisions and meets the requirements for entering the preliminary examination stage. Patent is an abbreviation for the patent right and refers to the exclusive right of ownership by the inventors or designers for the creation or inventions, given from the patent offices after due process of assessment and approval in accordance with the Patent Law. Patents are granted for inventions, utility models and designs.

Patent Granted refers to the number of patents granted to investigating units by intellectual property administrative departments at home and abroad in the reporting year.

Regular Institutions of Higher Education refers to a full-time university, an independently established college or college, a junior college or college, a higher vocational school or any other institution that carries out higher education by passing the uniform entrance examination for ordinary institutions of higher learning nationwide in accordance with the establishment standards and examination and approval procedures set by the State and enrolling senior high school graduates as its main training objects.

Institutions of Higher Learning for Adults refer to educational establishments, set up in line with relevant rules approved by the government, enrolling staff and workers with senior secondary school or equivalent education, and providing higher education courses in many forms of correspondence, spare time, or full time for adults. Professionals thus trained receive a qualification equivalent to graduates studying regular courses at regular universities, colleges and professional colleges. Institutions of higher learning for adults include schools of higher education for staff and workers, schools of higher education for peasants, colleges for management cadres, pedagogical colleges, independent correspondence colleges, Radio and TV universities and other educational establishments. Other educational establishments have undertakings to enrol adult students but not enumerated in the schools under the State Plan.

Cultural Institutions refer to units which have their own organizational system and independent accounting system and specialize in cultural work or service cultural work. They do not include other establishments run by these units with separate accounting system and amateur cultural groups established by various departments. The statistics reflect the scale and level of development of institutions engaged in cultural undertakings.

Art Troupes refer to the troupes which are engaged in drama, opera, music, dance, acrobatics or other art performance, have independent accounts with banks and have self-supporting accounting system. Troupes which are engaged partly in industrial or agricultural activities, partly in art performance and the professional troupes organized by the mass are not included. The statistics reflect the scale and level of development of professional art troupes nationally.

Number of Audience at Art Performance refers to the number of spectators at commercial shows, privately organized shows or free shows given in ethnic minority areas, and does not include the number of spectators at rehearsals and internal viewing. This indicator mainly reflects the scale and effects of viewing of performances given by professional art troupes across the country.

二十、

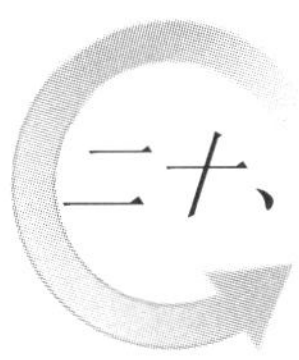

卫生、体育、社会福利和其他

PUBLIC HEALTH, SPORTS, SOCIAL WELFARE AND OTHERS

◆ 467/492

资料整理：许 诮 冯晓晖 吴望辉

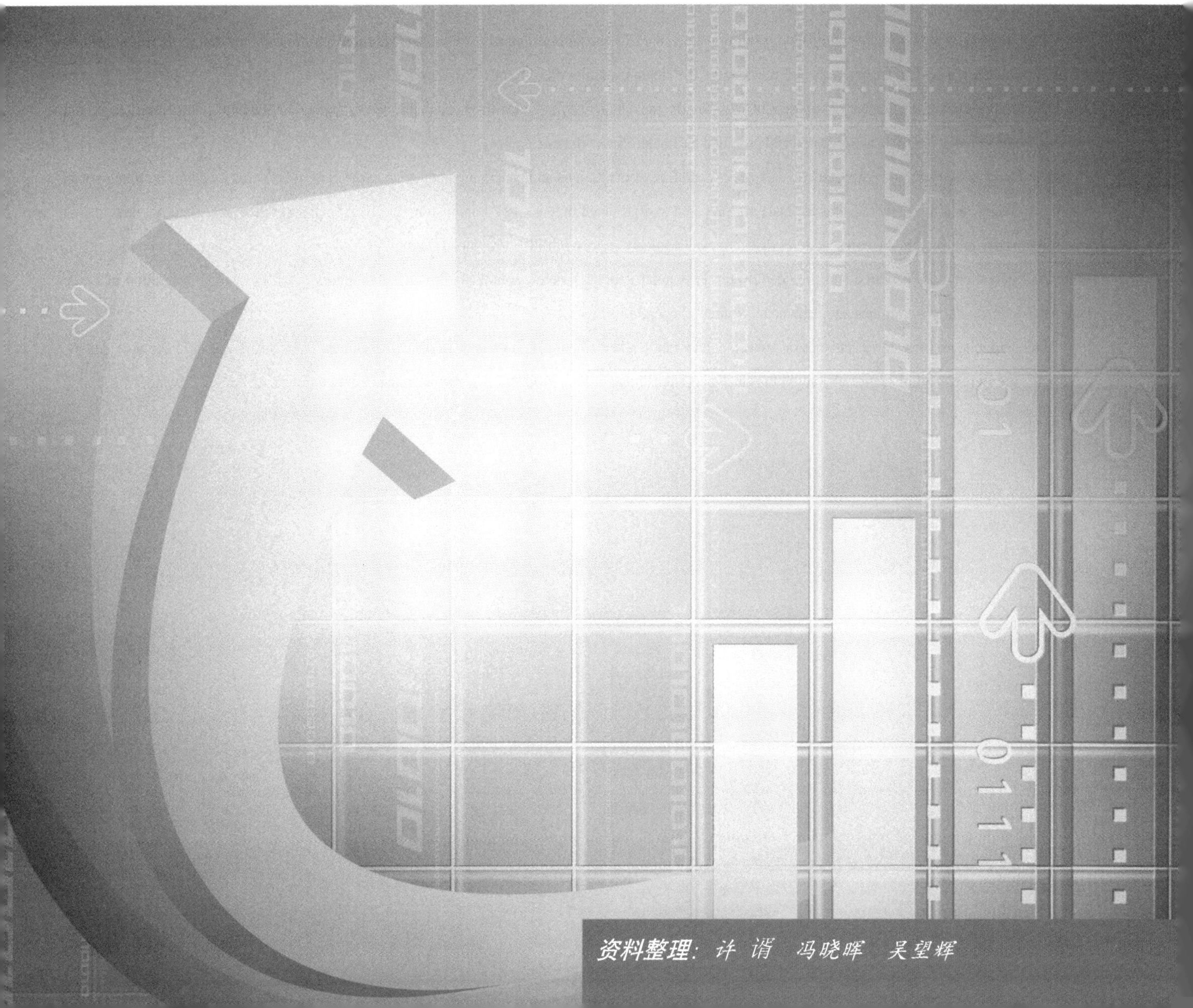

简要介绍

本篇资料主要分为卫生、体育、社会福利及其他四部分。

卫生统计资料主要包括卫生机构、人员、床位数、医院门诊诊疗人次及入院人数、医院住院治疗情况、医院病床使用等，资料由省卫生健康委员会整理提供。

体育统计资料包括举办运动会次数、全民健身活动人数、健身设施和俱乐部、国际国内比赛中获奖情况、少年儿童业余体校情况等，资料由省体育局整理提供。

社会福利及其他统计资料主要包括社会福利企事业机构、人员情况、优抚、福利类收养情况、社会救济、城镇社区服务、社会捐赠、福利彩票发行、婚姻登记情况等，由省民政厅整理提供。社会活动参与包括全省人大代表和政协委员情况、工会组织情况、共青团组织情况、妇联系统组织情况，资料分别由省人大、省政协、省总工会、团省委、省妇联整理提供。

公检法司包括律师、公证、调解工作情况和各类事故伤亡情况，资料分别由省司法厅、省安全生产监督管理局整理提供。

Brief Introduction

Data in this chapter present statistics on four sectors: public health, sports, social welfare, and other statistic data.

Data on public health cover the number of institutions, personnel, hospital beds, number of patients admitted and treated, hospital in patient treatment, use of hospital beds. The data are prepared and provided by the Heath Commission of Jiangxi Province.

Data on sports cover the number of games held, mass sports, the number of fitness facilities and clubs, domestic and international competition prizes, and amateur sports schools. The data are prepared and provided by Jiangxi Sport Bureau.

Data on social welfare and other statistic data cover condition of institutions and personnel, budget, social welfare relief, urban welfare facilities, social donations, lottery, and marriage registration. Data are prepared and provided by the Civil Administration Office in Jiangxi Province. Data on participation (covering mainly information on representatives to Provincial People's Congress, CPPCC Provincial Committee, and Trade Unions Communist Youth League, Women's Federations) are prepared and provided by the Provincial People's Congress, CPPCC Provincial Committee, the Provincial Federation of Trade Unions, Provincial Party Committee and Provincial Women's Federation.

Data on public security cover statistics on lawyers, notarization and mediation, and various accidents casualties. The data are prepared and provided by the Department of Justice of Jiangxi Province and The Bureau of Safe Production Supervision and Administration of Jiangxi Province.

20-1 医疗卫生机构、床位及人员数
Number of Health Institutions, Beds and Personnel

年 份 Year	机构数 (个) Number of Institutions (unit)	#医 院 卫生院 Hospitals and Health Centers	床位数 (张) Number of Beds (unit)	#医 院 卫生院 Hospitals and Health Centers	人员数 (人) Number of Personnel (person)	#卫生技术人员 Medical Technical Personnel	#医 生 Doctor
1978	5178	2107	72289	65237	87018	70247	30430
1979	5268	2157	74314	67398	92090	73868	31054
1980	5373	2189	76924	69716	97831	79014	32675
1981	5474	2195	78630	70876	111364	90812	37021
1982	5615	2199	81011	72471	115000	93392	38578
1983	5624	2205	82098	72963	119748	97661	40628
1984	5587	2217	82623	73510	126059	100673	40865
1985	5538	2206	84134	75203	127679	102209	43322
1986	5597	2221	86431	76779	131342	105401	45012
1987	5614	2234	89227	79304	134846	108065	46109
1988	5583	2253	90151	80342	138238	111765	48801
1989	5613	2283	92194	82059	141587	114402	50525
1990	5632	2305	92274	82601	144583	116786	51994
1991	5632	2308	92745	83190	146418	117903	51893
1992	5620	2321	93291	83619	147375	118708	52304
1993	5389	2276	93315	82625	147217	118318	52619
1994	5432	2304	94372	83911	149247	120503	54212
1995	5423	2313	93669	83625	151246	122649	55095
1996	7966	2302	88509	81323	147057	118700	50876
1997	8056	2310	90251	82489	148605	120072	51864
1998	7972	2305	91641	83349	149356	121119	52498
1999	7953	2298	91230	82326	152264	122321	53147
2000	8048	2282	90930	83300	151985	123192	54437
2001	7594	2266	91091	83484	151518	122858	53717
2002	11286	2146	90019	83817	139076	114513	46756
2003	11401	2083	85537	79790	141287	117755	49289
2004	12080	2047	84036	78211	141244	118196	46468
2005	10664	2007	85086	79292	138697	115986	46093
2006	10210	2032	88260	81585	142682	119761	51436
2007	9456	2028	94862	85502	153238	126598	51828
2008	8229	2036	105156	93890	168472	139764	55187
2009	7102	2077	123086	104700	176720	146990	56325
2010	7172	2092	127915	103075	184139	154733	59264
2011	7121	2131	136512	132319	196317	166069	62888
2012	7137	2134	157660	142436	210887	179797	67168
2013	7250	2140	174299	158096	269848	190234	70276
2014	38873	2158	186857	170042	280681	201327	74605
2015	38557	2201	197873	184120	291571	210946	76814
2016	38266	2349	209085	195277	301698	220979	79183
2017	37791	2259	233513	214206	317816	235773	83652
2018	36546	2311	249510	229276	325803	247204	87277
2019	37029	2403	267187	246733	348413	267917	96437
2020	36716	2452	285797	265356	367527	286089	104897
2021	36764	2532	307292	284963	381735	305670	111394
2022	35683	2561	314403	290776	390775	313991	113311

注：1. 从1996年起卫生年报统计口径变动，机构数中包括个体机构。
2. 2002年卫生年报统计口径调整，数据变化较大。后同。
3. 2007年卫生年报统计口径变动。后同。
4. 从2013起卫生技术人员数据不包括乡村医生和卫生员。后同。
5. 从2014年起机构合计中包括村卫生室。

a) Statistical standards in health report have been adjusted since 1996. Individual institutions have been included in total number of institutions.
b) Statistical standards in health report have been adjusted since 2002, causing data fluctuation among years. The same applies to the following tables.
c) Statistical standards in health report have been adjusted since 2007. The same applies to the following tables.
d) Village doctors and assistant nurses have not been included in technical personnel in health institutions since 2013. The same applies to the following tables.
e) Village clinics have been included in health institutions since 2014.

20-2 各类医疗卫生机构、床位、人员数(2022年)

Number of Health Institutions, Beds and Personnel by Type (2022)

类别	Type	机构数(个) Total (unit)	#国有 State-owned	床位数(张) Beds (unit)	#国有 State-owned	人员数(人) Personnel (person)	#卫生技术人员 Medical Technical Personnel
总计	**Total**	**35683**	**3151**	**314403**	**237589**	**390775**	**313991**
医院	**Hospital**	**964**	**312**	**227271**	**158495**	**227354**	**196082**
综合医院	General Hospital	572	179	146016	105007	157539	137480
中医医院	Hospital Specialized in Traditional Chinese Medicine	126	89	38120	34702	38597	34091
中西医结合医院	Hospital of Integrated Traditional Chinese with Western Medicine	25	3	2532	1022	2763	2385
专科医院	Specialized Hospital	234	41	40077	17764	28125	21922
护理院(中心)	Nursing Hospital (Center)	7		526		330	204
基层医疗卫生机构	**Health Care Institutions at Grassroot Level**	**34111**	**2316**	**67985**	**61991**	**122170**	**84643**
社区卫生服务中心(站)	Community Health Service Center	597	240	3945	2830	9278	8231
卫生院	Heath Centers	1597	1489	63505	59126	54885	48343
村卫生室	Village Clinic	26136	414			40438	11887
门诊部	Outpatient Department	532	17	535	32	5049	4325
诊所、卫生所、医务室	Clinic, Medical Center, Nursing Station	5249	156			12520	11857
专业公共卫生机构	**Professional Public Health Institutions**	**507**	**479**	**17419**	**15978**	**36635**	**30314**
疾病预防控制中心	Disease Prevention & Control Center	141	139			6208	4987
专科疾病防治院(所、站)	Specialized Disease Prevention&Treatment Institute	83	72	3542	2304	2791	2230
健康教育机构	Health Education Center	25	23			460	178
妇幼保健机构	Maternity and Child Care Center	111	109	13871	13668	23378	20101
急救中心(站)	Emergency Center	16	16	6	6	575	352
采供血机构	Institution for Blood Collection and Supplyment	20	14			1279	973
卫生监督所(中心)	Health Supervision Institution (Center)	108	103			1858	1433
计划生育技术服务机构	Birth Control Service Institution	3	3			86	60
其他卫生机构	**Other Health Care Institutions**	**101**	**44**	**1728**	**1125**	**4616**	**2952**
康复医疗机构	Rehabilitation Institntion	10	3	1728	1125	447	294
医学科学研究机构	Research Institution of Medical Science	5	5			387	229
临床检验中心(所、站)	Clinical Laboratory Institution (Station)	6				271	192
健康体检中心	Phyrical Examination Center	4				162	144
其他	Other Health Institutions	75	35			3342	2088

注：1. 本表人员合计中包括乡村医生和卫生员。

2. 不含乡镇卫生院在村卫生室工作的执业(助理)医师、注册护士数。

a) Village doctors and assistant nurses are included in personnels.

b) Licensed (assistant) physicians and nurses of country health stations working in village health stations are not included in personnels.

20-3 医疗卫生机构人员数
Number of Personnel in Health Institutions

单位：人 (person)

类 别	Type	1990	2000	2010	2020	2021	2022
总 计	**Total**	**144583**	**151985**	**184139**	**367527**	**381735**	**390775**
卫生技术人员	Medical Technical Personnel	116786	123192	154733	286089	305670	313991
执业医师	Certified Doctors	51994	54437	50737	86733	93000	94799
执业助理医师	Certified Assistant Doctors			8527	18164	18394	18512
注册护士	Registered Nurses	1774	1764	57703	129283	139922	144440
药剂师(士)	Pharmacists	1237	611	12223	15724	17530	17568
技师(士)	Technical Personnel			10584	18589	21258	23123
#检验师	Chemist	891	444	7229	12797	13444	14088
其 他	Others	5921	4351	14959	17596	14148	14219
其他技术人员	Other Technical Personnel	1229	4340	6523	11342	13390	13790
管理人员	Managerial Personnel		5004	7644	11436	19254	21034
工勤技能人员	Ground Skilled Staff	10498	12903	15239	22876	24178	24520
乡村医生和卫生员	Village Doctors and Health Workers				35715	29478	28551
平均每千人中有卫生技术人员	Number of Medical Technical Personnel Per 1000 Population	3.06	2.97	3.47	6.33	6.77	6.93
#医生	Doctors	1.36	1.31	1.33	2.32	2.47	2.50

注：1. 本表总数中不包含村卫生室人员、乡村医生和卫生人员，2007年卫生统计口径改变，故指标有所变化。
2. 2015年起本表总数中包括了村卫生室人员、乡村医生和卫生人员。
3. 因七人普人口数据修订，2017-2019年平均每千人卫生技术人员及医生数有变动。

a) Village clinic staff, rural doctors and health workers are not included in total. The statistical standard has changed since 2007 and the indicators has changed accordingly.
b) Staff of village clinics, village doctors and health workers have been included in provincial total since 2015.
c) Number of medical technical personnel per 1000 population from 2017 to 2019 is adjusted based on the Seventh National Population Census.

20-4 各地区卫生事业基本情况(2022年)
Basic Statistics on Health Institutions by Region (2022)

地 区	Region	机构数(个) Total (unit)	#医院、卫生院 Hospitals and Health Centers	床位数(张) Number of Beds (unit)	#医院、卫生院 Hospitals and Health Centers	人员数(人) Number of Personnel (person)
全 省	**Provincial Total**	**35683**	**2561**	**314403**	**290776**	**390775**
南昌市	Nanchang	2703	232	45733	43000	67447
景德镇市	Jingdezhen	1167	81	11208	10553	14439
萍乡市	Pingxiang	1379	81	14339	12928	18366
九江市	Jiujiang	2696	264	31381	27170	39442
新余市	Xinyu	1233	57	9063	8396	11576
鹰潭市	Yingtan	848	75	8063	7738	8840
赣州市	Ganzhou	8169	504	61999	57032	72741
吉安市	Ji'an	4288	305	31976	30114	33893
宜春市	Yichun	4355	278	37521	33984	41616
抚州市	Fuzhou	2677	279	22037	20920	30734
上饶市	Shangrao	6168	405	41083	38941	51681

注：1. 人员数包括乡村医生和卫生员。
2. 医院卫生院机构数不包括村卫生室和门诊部机构数。
a) Village doctors and assistant nurses are included in personnel.
b) Hospital institutes number does not include the number of village clinics and outpatient departments.

20-5 各地区卫生技术人员数(2022年)
Technical Personnel in Health Institutions by Region (2022)

单位：人 (person)

地 区	Region	合计 Total	医生 Doctors	执业医师 Certified Doctors	执业助理医师 Certified Assistant Doctors	注册护士 Registered Nurses	其他 Others
全 省	**Provincial Total**	**313991**	**113311**	**94799**	**18512**	**144440**	**56240**
南昌市	Nanchang	55191	19597	18143	1454	26773	8821
景德镇市	Jingdezhen	11725	4105	3443	662	5462	2158
萍乡市	Pingxiang	15007	5289	4433	856	7153	2565
九江市	Jiujiang	31612	11862	10194	1668	14287	5463
新余市	Xinyu	9568	3310	2852	458	4781	1477
鹰潭市	Yingtan	7091	2600	2108	492	3125	1366
赣州市	Ganzhou	59123	20911	16959	3952	26714	11498
吉安市	Ji'an	26948	10495	8491	2004	11421	5032
宜春市	Yichun	33025	11835	9919	1916	15024	6166
抚州市	Fuzhou	24669	9176	7138	2038	11303	4190
上饶市	Shangrao	40032	14131	11119	3012	18397	7504

注：其他卫生技术人员中包括药师(士)、技师(士)和见习医师等。
a) Pharmacists, technical personnel, and interns are included in other technical personnel.

20-6 各类医院机构、床位及人员数(2022年)
Beds and Personnel in Health Institutions by Specialization (2022)

类别	Type	机构数(个) Number of Institutions (unit)	床位数(张) Number of Beds (unit)	人员数(人) Number of Personnel (person)	#卫生技术人员 Medical Technical Personnel	执业医师 Certified Doctors	执业助理医师 Certified Assistant Doctors
总计	**Total**	**964**	**227271**	**227354**	**196082**	**59253**	**4243**
综合医院	General Hospital	572	146016	157539	137480	41542	2810
中医医院	Hospital Specialized in Traditional Chinese Medicine	126	38120	38597	34091	11228	758
中西医结合医院	Hospital of Integrated Traditional Chinese with Western Medicine	25	2532	2763	2385	749	83
专科医院	Specialized Hospital	234	40077	28125	21922	5697	587
口腔医院	Stomatological Hospital	24	295	1307	1014	392	60
眼科医院	Ophtalmology Hospital	22	1619	2655	1891	564	56
耳鼻喉科医院	Otolaryngology Hospital	2	246	248	165	41	8
肿瘤医院	Tumor Hospital	3	2824	2775	2423	712	8
血液病医院	Hematopathy Hospital	2	97	62	48	7	2
妇产(科)医院	Obstetrics and Gynecology Hospital	14	785	1390	878	243	22
儿童医院	Children's Hospital	1	1249	1810	1586	473	1
精神病医院	Psychiatry Hospital	83	24689	9274	7133	1444	200
传染病医院	Hospital for Infectious Diseases	4	1615	1569	1306	337	10
皮肤病院	Dermatology Hospital	6	383	776	605	202	5
结核病医院	Tuberculosis Hospital	1	271	272	230	52	6
骨科医院	Orthopedics Hospital	18	1694	1395	1119	249	83
康复医院	Rehabilitation Hospital	13	1402	948	700	172	49
美容医院	Plastic Surgery Hospital	9	204	583	372	143	13
其他专科医院	Other Specialized Hospitals	30	1908	2136	1652	448	61
护理院	Nursing Hospital	7	526	330	204	37	5

20-7 各类医疗卫生机构病床使用情况(2022年)
Bed Utilization of Medical Institutions (2022)

类别	Type	实际占用总床日数(床日) Actual Number of Bed-opening Days (Bed-Occupying day)	出院者占总床日数(日) Total Number of Bed-occupying Days (day)	病床周转次数(次) Hospital Bed Turnover (time)	病床工作日(日) Hospital Bed Using Days (day)	病床使用率(%) Utilize-tion Rate (%)	平均住院日(日) Average Staying Days in Hospital (day)
总计	**Total**	**71216705**	**67253740**	**28.0**	**242.4**	**66.4**	**8.2**
医院	**Hospital**	**57925831**	**55274032**	**28.4**	**266.5**	**73.0**	**9.0**
综合医院	General Hospital	37231512	36216197	32.9	262.8	72.0	7.8
中医医院	Hospital Specialized in Traditional Chinese Medicine	9108561	8710694	27.3	255.2	69.9	8.9
中西医结合医院	Hospital of Integrated Traditional Chinese with Western Medicine	633701	564503	23.0	252.9	69.3	9.8
专科医院	Specialized Hospital	10841781	9714677	12.7	293.0	80.3	20.6
口腔医院	Stomatological Hospital	9636	9729	8.3	44.4	12.2	5.4
眼科医院	Ophtalmology Hospital	192055	187023	31.9	127.5	34.9	3.9
耳鼻喉科医院	Otolaryngology Hospital	46354	43449	56.2	309.8	84.9	5.2
肿瘤医院	Tumor Hospital	816653	813625	32.5	289.4	79.3	8.9
胸科医院	Chest Hospital	248283	247045	27.7	332.8	91.2	11.9
妇产(科)医院	Obstetrics and Gynecology Hospital	85774	83943	19.0	116.0	31.8	6.0
儿童医院	Children's Hospital	317805	319901	45.6	254.4	69.7	5.6
精神病医院	Psychiatry Hospital	7702220	6711683	4.5	336.2	92.1	65.7
传染病医院	Hospital for Infectious Diseases	364048	341984	15.8	228.5	62.6	13.6
皮肤病医院	Dermatology Hospital	66924	66985	22.9	174.7	47.9	7.6
结核病医院	Tuberculosis Hospital	56994	57793	14.6	210.3	57.6	14.6
职业病医院	Occupational Disease Hospital	250	250	0.7	5.0	1.4	7.6
骨科医院	Orthopedics Hospital	303824	275704	25.0	213.9	58.6	7.8
康复医院	Rehabilitation Hospital	279365	214829	12.5	247.6	67.8	15.2
美容医院	Plastic Surgery Hospital	3953	3703	16.8	46.3	12.7	2.6
其他专科医院	Other Specialized Hospitals	347643	337031	23.2	209.6	57.4	8.8
护理院(中心)	Nursing Hospital(Center)	110276	67961	6.3	213.6	58.5	20.9
基层医疗卫生机构	**Health Care Institutions at Grassroots Level**	**9628183**	**8548208**	**25.5**	**162.1**	**44.4**	**5.6**
社区卫生服务中心(站)	Health Service Center for Community	378209	268594	13.1	126.8	34.8	6.9
卫生院	Heath Centers	9249974	8279614	25.9	163.9	44.9	5.7
专业公共卫生机构	**Professional Public Health Institutions**	**3525010**	**3300008**	**32.3**	**216.3**	**59.3**	**6.3**
专科疾病防治院(所、站)	Specialized Disease Prevention & Treatment Institute	868428	668723	10.2	250.6	68.7	18.9
妇幼保健院(所、站)	Maternity and Child Care Center (Station)	2656582	2631285	38.2	207.0	56.7	5.4
#妇幼保健院	Maternity and Child Care Center	2612167	2591821	39.6	213.7	58.5	5.4
其他医疗卫生机构	**Other Health Care Institutions**	**137681**	**131492**	**32.5**	**176.9**	**48.5**	**5.2**
康复医疗机构	Rehabilitation Institntion	137681	131492	32.5	176.9	48.5	5.2

20-8 各类医疗卫生机构门诊诊疗情况(2022年)
Out-patient Clinics in Hospitals in Medical Institutions (2022)

类别	Type	诊疗人次(人次) Visits (person-time)	#门、急诊 Clinics	互联网诊疗人次数(人) Online Visits (person)	观察室留观病例数(人) Cases in Observation Room (person)	健康检查人数(人) Health Examine (person)
总计	**Total**	**232876875**	**222715246**	**721136**	**1079446**	**14638333**
医院	**Hospital**	**91131119**	**88031531**	**405247**	**609370**	**5243176**
综合医院	General Hospital	67138134	64956639	350409	477138	3816478
中医医院	Hospital Specialized in Traditional Chinese Medicine	16708138	16002989	20591	102863	991300
中西医结合医院	Hospital of Integrated Traditional Chinese with Western Medicine	910710	818588		2880	121657
专科医院	Specialized Hospital	6354521	6234375	34247	26489	313739
口腔医院	Stomatological Hospital	720177	719989		1	20125
眼科医院	Ophtalmology Hospital	788270	784450		120	76776
耳鼻喉科医院	Otolaryngology Hospital	50578	49256			9872
肿瘤医院	Tumor Hospital	364763	355979	350	40	38949
胸科医院	Chest Hospital	176304	176304			
血液病医院	Hematopathy Hospital	75911	75911			
妇产(科)医院	Obstetrics and Gynecology Hospital	276374	269623		575	27926
儿童医院	Children's Hospital	1135620	1135620	33897	12618	37958
精神病医院	Psychiatry Hospital	963643	924973		341	16058
传染病医院	Hospital for Infectious Diseases	399298	399298		1915	8462
皮肤病医院	Dermatology Hospital	591305	591305		10678	6431
结核病医院	Tuberculosis Hospital	23130	23130			5750
职业病医院	Occupational Disease Hospital	26394	186			26171
骨科医院	Orthopedics Hospital	207582	200808		131	23263
康复医院	Rehabilitation Hospital	104604	97267		68	2519
美容医院	Plastic Sergury Hospital	99618	94677			266
其他专科医院	Other Specialized Hospitals	350950	335599		2	13213
护理院(中心)	Nursing Hospital (Center)	19616	18940			2
基层医疗卫生机构	**Health Care Institutions at Grassroots Level**	**128456499**	**121658044**	**238022**	**438594**	**8123559**
社区卫生服务中心(站)	Health Service Center for Community	8185315	7826809	8671	114520	1193429
卫生院	Heath Centers	44349432	42870688	156257	324074	6631410
村卫生室	Village Clinic	54791981	51249674			
门诊部	Outpatient Department	1963525	1544905	50336		226995
诊所、卫生所、医务室	Clinic,Nursing Station,Infirmary	19166246	18165968	22758		71725
专业公共卫生机构	**Professional Public Health Institutions**	**13242906**	**12984213**	**77867**	**31472**	**1271390**
专科疾病防治院(所、站)	Specialized Disease Prevention & Treatment Institute	957442	914766		3536	64671
妇幼保健院(所、站)	Maternity and Child Care Center (Station)	12034098	11818081	77867	27936	1206719
#妇幼保健院	Maternity and Child Care Center	11532893	11322460	77867	27936	1073734
急救中心(站)	Emergency Center	251366	251366			
其他医疗卫生机构	**Other Health Care Institutions**	**46351**	**41458**		**10**	**208**
康复医疗机构	Rehabilitation Institntion	46351	41458		10	208

20-9 各类医疗卫生机构住院治疗情况(2022年)
Basic Statistics on Inpatients Treatments in Medical Institutions (2022)

类 别	Type	入院人数(人) Inpatients (person)	出院人数(人) Out-patients (person)	住院病人手术人次(人次) Inpatients Operation (person-time)	病死率(%) Fatality Rate (%)	每床出院人数(人) Patients Discharged per Bed (person)	每百门急诊的入院人数(人) Number of Admissions Per 100 Outpatient Emergency Treatment (person)
总 计	**Total**	**8339276**	**8234570**	**2627585**	**0.25**	**26.2**	**5.5**
医 院	**Hospital**	**6237116**	**6167528**	**2433362**	**0.32**	**27.1**	**7.1**
综合医院	General Hospital	4713320	4659994	1601358	0.34	31.9	7.3
中医医院	Hospital Specialized in Traditional Chinese Medicine	986806	975250	196768	0.27	25.6	6.2
中西医结合医院	Hospital of Integrated Traditional Chinese with Western Medicine	58391	57744	10273	0.47	22.8	7.1
专科医院	Specialized Hospital	475401	471295	624963	0.21	11.8	7.6
口腔医院	Stomatological Hospital	1783	1804	1573		6.1	0.3
眼科医院	Ophtalmology Hospital	48158	48093	40597	0.11	29.7	6.1
耳鼻喉医院	Otolaryngology Hospital	9892	8403	5652		34.2	20.1
肿瘤医院	Tumor Hospital	91658	91818	15078	0.54	32.5	25.8
胸科医院	Chest Hospital	21381	20688	12594	0.35	27.7	12.1
妇产(科)医院	Obstetrics and Gynecology Hospital	14118	14026	5380		17.9	5.2
儿童医院	Children's Hospital	56812	56979	492581	0.04	45.6	5.0
精神病医院	Psychiatry Hospital	102877	102100	2853	0.07	4.1	11.1
传染病医院	Hospital for Infectious Diseases	26171	25155	11440	0.64	15.6	6.6
皮肤病医院	Dermatology Hospital	8707	8775	1160		22.9	1.5
结核病医院	Tuberculosis Hospital	4007	3950	102	0.38	14.6	17.3
职业病医院	Occupational Disease Hospital	29	33		3.03	0.7	15.6
骨科医院	Orthopedics Hospital	35435	35459	15435	0.01	20.9	17.7
康复医院	Rehabilitation Hospital	14183	14099	588	0.49	10.1	14.6
美容医院	Plastic Sergury Hospital	1439	1439	1030		7.1	1.5
其他专科医院	Other Specialized Hospitals	38751	38474	18900	0.02	20.2	11.6
护理院(中心)	Nursing Hospital(Center)	3198	3245		4.28	6.2	16.9
基层医疗卫生机构	**Health Care Institutions at Grassroots Level**	**1548410**	**1515635**	**27497**	**0.03**	**22.3**	**3.0**
社区卫生服务中心	Health Service Center for Community	36787	36919	1626	0.02	10.7	0.8
卫生院	Heath Centers	1493084	1459233	24804	0.04	23.0	3.5
门诊部	Outpatient Department	16456	16456			30.8	
专业公共卫生机构	**Professional Public Health Institutions**	**528347**	**526101**	**166668**	**0.02**	**30.2**	**4.2**
专科疾病防治院(所、站)	Specialized Disease Prevention & Treatment Institute	36912	35333	236		10.0	4.0
妇幼保健院(所、站)	Maternity and Child Care Center (Station)	491435	490768	166432	0.02	35.4	4.2
#妇幼保健院	Maternity and Child Care Center	484884	484386	165346	0.02	36.8	4.3
其他医疗卫生机构	**Other Health Care Institutions**	**25403**	**25306**	**58**		**14.6**	**61.3**
疗养院	Sanitarium	25403	25306	58		14.6	61.3

20-10 各地区医疗卫生机构门诊诊疗情况(2022年)
Out-patient Clinics in Medical Institutions by Region (2022)

地区	Region	诊疗人次(人次) Visits (person-time)	#门、急诊 Outpatient and Emergency Treatment	观察室留观病人(人) Patients in Observation Room (person)	健康检查人数(人) Health Examine (person)	急诊病死率(%) Fatality Rate among Emergency Admissions (%)	观察室病死率(%) Observation Room Mortality (%)
全省	**Provincial Total**	**232876875**	**222715246**	**1079446**	**14638333**	**0.04**	**0.04**
南昌市	Nanchang	27709298	26557523	273977	1633517	0.05	0.04
景德镇市	Jingdezhen	8427553	7882365	78756	477108	0.04	
萍乡市	Pingxiang	10497711	10015900	66127	582820	0.02	
九江市	Jiujiang	24562042	23091246	73744	1632104	0.05	0.05
新余市	Xinyu	7158109	6606173	21849	596024	0.02	0.04
鹰潭市	Yingtan	7029739	6832835	5713	195209	0.02	
赣州市	Ganzhou	50511952	48836741	178839	3605099	0.05	0.03
吉安市	Ji'an	23147672	22539951	99554	1582840	0.02	0.05
宜春市	Yichun	24569611	23587512	236683	1861931	0.03	0.02
抚州市	Fuzhou	20514641	19751540	18813	744266	0.01	0.02
上饶市	Shangrao	28748547	27013460	25391	1727415	0.06	0.32

20-11 各地区医院病床使用情况(2022年)
Utilization of Hospital Beds by Region (2022)

地区	Region	病床工作日(日) Hospital Bed Utilization(day)			病床使用率(%) Utilization Rate (%)			出院者平均住院日(日) Average Staying Days in Hospital (day)		
		合计 Total	公立 Public	民营 Private	合计 Total	公立 Public	民营 Private	合计 Total	公立 Public	民营 Private
全省	**Provincial Total**	**266.5**	**278.2**	**237.4**	**73.0**	**76.2**	**65.1**	**9.0**	**8.6**	**10.5**
南昌市	Nanchang	273.7	280.5	232.6	75.0	76.9	63.7	9.1	8.7	14.0
景德镇市	Jingdezhen	265.2	259.6	274.4	72.7	71.1	75.2	9.9	8.7	12.5
萍乡市	Pingxiang	317.6	342.6	262.4	87.0	93.9	71.9	9.0	8.7	9.8
九江市	Jiujiang	282.1	287.0	238.4	77.3	78.6	65.3	9.0	8.9	10.2
新余市	Xinyu	310.7	301.5	328.4	85.1	82.6	90.0	11.1	9.5	17.2
鹰潭市	Yingtan	219.3	205.6	234.1	60.1	56.3	64.1	9.7	8.0	13.3
赣州市	Ganzhou	260.2	286.2	210.2	71.3	78.4	57.6	8.6	8.3	10.1
吉安市	Ji'an	241.1	244.3	228.4	66.1	66.9	62.6	8.8	8.2	12.7
宜春市	Yichun	266.7	282.8	225.0	73.1	77.5	61.6	9.9	9.9	10.1
抚州市	Fuzhou	245.0	260.6	217.5	67.1	71.4	59.6	8.1	7.8	8.8
上饶市	Shangrao	269.4	280.9	256.2	73.8	77.0	70.2	8.3	7.8	9.1

20-12 各地区医疗卫生机构住院治疗情况(2022年)
Basic Statistics on Inpatient Treatments by Region (2022)

地 区	Region	入院人数（人）Inpatients (person)	出院人数（人）Out-patients (person)	住院病人手术人次（人次）Inpatients Operation (person-time)	病死率(%) Fatality Rate (%)	每床出院人数（人）Out-patients per bed (person)	每百门急诊的入院人数（人）Number of Admissions Per 100 Outpatient Emergency Treatment (person)
全 省	**Provincial Total**	**8339276**	**8234570**	**2627585**	**0.25**	**26.2**	**5.5**
南昌市	Nanchang	1237533	1227794	1111223	0.35	26.8	5.7
景德镇市	Jingdezhen	279267	277739	67108	0.14	24.8	6.6
萍乡市	Pingxiang	481499	480192	91057	0.12	33.5	6.8
九江市	Jiujiang	880070	870762	167465	0.25	27.7	6.2
新余市	Xinyu	178479	176099	45233	0.33	19.4	3.4
鹰潭市	Yingtan	176647	151587	24479	0.14	18.8	6.0
赣州市	Ganzhou	1695603	1680438	390511	0.4	27.1	4.8
吉安市	Ji'an	817972	812441	149249	0.2	25.4	6.1
宜春市	Yichun	897503	888010	235750	0.13	23.7	5.5
抚州市	Fuzhou	540562	535489	89306	0.16	24.3	4.5
上饶市	Shangrao	1154141	1134019	256204	0.15	27.6	6.1

20-13 各地区城镇社区服务情况(2022年)
Basic Statistics on Urban Community Service by Region (2022)

单位：个 (unit)

地 区	Region	城镇社区服务设施 Urban Community Service Facilities	社区服务志愿者组织数 Voluntary Organizations for Community Services
全 省	**Provincial Total**	**21397**	**2844**
南昌市	Nanchang	2076	513
景德镇市	Jingdezhen	658	26
萍乡市	Pingxiang	782	859
九江市	Jiujiang	2259	392
新余市	Xinyu	520	28
鹰潭市	Yingtan	486	23
赣州市	Ganzhou	4057	187
吉安市	Ji'an	2923	144
宜春市	Yichun	2697	81
抚州市	Fuzhou	2086	345
上饶市	Shangrao	2840	246

20-14 体育事业基本情况
Basic Statistics on Sports

指 标	Item	1990	2000	2010	2020	2021	2022
村级农民体育健身工程(个)	Village-Level Mass Sports Project (unit)				243	89	159
乡镇体育健身工程(个)	Township Mass Sports Project (unit)				22	76	69
青少年俱乐部(个)	Youth Club (unit)			108	190	237	238
等级裁判员发展人数(人)	Ranked Referees Developed (person)	2008	2223	567	624	861	1530
等级运动员发展人数(人)	Ranked Athletes Developed (person)				1862	2095	2232
在国际国内比赛中获奖牌数(枚)	Medals Won in International and National Competitions				60	139	111
金 牌	Gold	28	25	36	18	41	33
银 牌	Silver	33	27	26	14	47	36
铜 牌	Bronze	29	19	33	28	51	42

注：村级农民体育健身工程、乡镇体育健身工程为当年新增数量。
a) Village-level mass sports projects, township mass sports projects refer to those of new-added projects.

20-15 少年儿童业余体育学校基本情况
Basic Statistics on Amateur Sports School for Children and Adolescents

指 标	Item	1990	2000	2010	2020	2021	2022
学 校 数(所)	Number of Schools (unit)	133	105	89	92	75	60
在校学生数(人)	Total School Enrollments (person)	7122	7417	10113	18238	16841	14894
专职教练员人数(人)	Full-time Coaches (person)	400	439	462	624	582	527
#专科以上	Above Specialized Courses		238	410	598	550	488

20-16 历届全省人民代表大会的代表人数（2022年）

Number of Deputies to All the Previous Provincial People's Congresses (2022)

届 别	Congress	年 份 Year	代表总数（人） Total Number of Deputies (person)	#女代表 Female Deputies	占代表总数(%) As Percentage to Total Deputies (%)	#少数民族代表 Ethnic Minority Deputies	占代表总数(%) As Percentage to Total Deputies (%)
一 届	First Congress	1954	404				
二 届	Second Congress	1958	500	76	15.2		
三 届	Third Congress	1963	613	129	21.0	7	1.1
五 届	Fifth Congress	1978	1200	261	21.8	9	0.8
六 届	Sixth Congress	1983	958	184	19.2	17	1.8
七 届	Seventh Congress	1988	583	99	17.0	15	2.6
八 届	Eighth Congress	1993	615	108	17.6	12	2.0
九 届	Ninth Congress	1998	603	136	22.6	11	1.8
十 届	Tenth Congress	2003	604	146	24.2	14	2.3
十一届	Eleventh Congress	2008	608	148	24.3	16	2.6
十二届	Twelfth Congress	2013	609	148	24.3	21	3.4
十三届	Thirteenth Congress	2018	607	161	26.5	23	3.8

注：1968年1月成立的江西省革命委员会作为江西省第四届人民代表大会的届次计算。

a) Revolutionary Committee of Jiangxi Province which was founded in Jun.1968 is compiled as the 4th Provincial People's Congresses.

20-17 历届全省政治协商会议的委员人数（2022年）

Number of Deputies to All the Previous Provincial People's Political Consultative Conferences (2022)

届 别	Congress	年 份 Year	委员总数（人） Total Number of Deputies (person)	#中国共产党委员 Deputies from the Communist Party of China	占委员总数(%) As Percentage to Total Deputies (%)	#少数民族委员 Ethnic Minority Deputies	占委员总数(%) As Percentage to Total Deputies (%)
一 届	First Congress	1955	159	50	31.5	6	3.8
二 届	Second Congress	1959	571	227	39.8	11	1.9
三 届	Third Congress	1964	601	266	44.3	10	1.7
四 届	Fourth Congress	1978	752	340	45.3	12	1.6
五 届	Fifth Congress	1983	760	259	34.1	17	2.2
六 届	Sixth Congress	1988	755	258	36.0	22	2.9
七 届	Seventh Congress	1993	704	281	39.9	17	2.4
八 届	Eighth Congress	1998	649	274	42.2	19	2.9
九 届	Ninth Congress	2003	683	273	40.0	16	2.4
十 届	Tenth Congress	2008	690	276	40.0	13	1.9
十一届	Eleventh Congress	2013	691	275	39.8	11	1.6
十二届	Twelfth Congress	2018	591	235	39.8	9	1.5

20-18 工会组织情况
Basic Statistics on Trade Unions

年份 Year	工会基层组织数（万个） Number of Grassroots Trade Unions (10 000 units)	全省已建工会组织的基层单位的职工和会员人数（万人） Membership and Staff and Workers in Grassroots Trade Unions (10 000 persons)				工会专职工作人员人数（万人） Full-time Staff (10 000 persons)
		职工人数 Staff and Workers	#女职工 Female	会员人数 Membership	#女会员 Female	
1980	1.28	193.33	57.67	162.17		0.70
1985	1.78	260.16	90.84	229.87	77.46	1.55
1986	1.87	265.37	90.04	234.39	79.74	1.28
1987	1.95	274.43	96.85	243.38	84.88	1.29
1988	2.01	283.54	101.39	250.24	89.69	1.29
1989	2.10	293.33	102.66	260.64	93.71	1.45
1990	2.14	299.93	107.36	271.76	97.41	1.56
1991	2.16	305.12	111.02	278.47	100.88	1.60
1992	2.19	311.86	115.47	282.70	102.99	1.66
1993	2.14	300.12	111.29	272.28	99.72	1.58
1994	2.14	312.54	116.58	289.86	102.84	1.61
1995	2.01	306.17	112.10	281.77	100.15	0.91
1996	2.14	318.51	120.94	286.57	107.94	1.37
1997	1.76	243.00	91.08	222.57	81.72	1.40
1998	1.70	251.32	94.22	232.77	86.34	1.18
1999	1.56	242.01	88.92	230.59	80.78	1.16
2000	1.82	267.12	82.61	237.31	74.71	1.79
2001	3.84	288.89		273.76		1.79
2002	2.21	513.82	152.96	363.01	116.65	1.44
2003	2.24	288.55	100.68	260.36	92.68	1.04
2004	3.08	373.30	116.26	347.41	109.06	0.97
2005	3.77	391.00	139.14	375.89	131.48	1.11
2006	4.11	459.93	157.68	438.81	149.97	1.32
2007	4.60	517.76	158.07	495.92	151.90	1.55
2008	5.17	572.04	203.97	551.60	199.17	1.80
2009	5.54	600.01	218.20	581.00	212.82	2.60
2010	5.92	647.36	242.81	611.04	231.69	3.80
2011	6.48	673.36	250.61	646.86	240.67	5.42
2012	7.37	736.82	274.40	714.60	266.37	5.93
2013	7.73	750.77	276.69	730.94	270.54	4.49
2014	7.92	777.48	288.63	755.33	283.07	5.13
2015	8.23	821.84	306.30	788.59	298.61	4.69
2016	8.37	853.88	316.80	820.01	309.50	4.85
2017	8.65	891.92	324.72	861.73	320.38	5.18
2018	8.84	903.99	329.05	871.13	325.03	5.39
2019	8.84	904.12	332.68	874.02	328.73	5.42
2020	8.70	884.35	326.49	854.12	322.35	5.30
2021	7.92	867.39	316.44	822.52	308.90	4.86
2022	7.89	851.42	310.86	806.68	303.03	4.79

注：2001年为工会四季度报表数据，空白指标数据未做统计。
a) 2001 is the data for the four quarterly statements of labour unions, and the data for the blank indicators have not been counted.

20-19 共青团组织情况
Basic Statistics on the Communist Youth League

年 份 Year	基层团支部 (万个) Grassroots CYL Branches (10 000 units)	共青团员 (万人) CYL Members (10 000 persons)	#女团员 Female	团干部 (人) League Cadres (person)
1978	11.10	133.22	49.87	4342
1981	8.75	123.62	46.22	5323
1982	6.47	124.05	45.27	5713
1983	6.26	126.96	46.66	5839
1984	6.12	131.67	46.23	5903
1985	6.48	152.69	53.00	6473
1986	6.64	169.37	56.83	6729
1987	6.75	183.48	60.62	6542
1988	6.78	181.34	58.23	6337
1989	6.88	161.66	50.39	6074
1990	6.75	162.03	53.60	6725
1991	6.77	160.19	55.06	7156
1992	6.39	157.53	52.54	6821
1993	6.55	156.32	53.66	6801
1994	10.31	238.38	83.32	10339
1995	10.40	248.42	85.93	8752
1996	12.00	219.78	81.46	7855
1997	11.13	222.37	78.98	9759
1998	8.52	212.80	72.73	7909
1999	6.98	187.68	68.39	7362
2000	6.80	187.98	68.53	7015
2001	6.83	182.30	68.27	6627
2002	7.49	191.29	79.50	7444
2003	3.83	194.10	42.81	7444
2004	6.15	213.63	68.73	15680
2005	6.41	246.62	71.42	10370
2006	6.42	248.61	72.41	10370
2007	6.42	248.71	72.41	10370
2008	6.42	248.79	72.42	10470
2009	6.53	250.75	83.57	11812
2010	6.51	240.12	81.76	11756
2011	5.81	440.17	181.54	12888
2012	9.38	247.90	82.10	10146
2013	9.71	245.86	81.42	9714
2014	9.75	245.93	81.54	188736
2015	10.22	244.36	81.44	195307
2016	9.71	238.00	80.26	90736
2017	8.90	227.88	79.86	85712
2018	9.14	221.41	77.52	91552
2019	7.21	245.53	126.00	271206
2020	9.51	244.31	127.41	254548
2021	10.01	251.72	131.85	250432
2022	10.45	252.19	131.35	293744

注：1. 2011年共青团员数含驻赣部队团员及省外流动团员。
2. 从2014年起不统计专职团干部，只统计团干部数。2014年以前的数是专职团干部。

a) CYL in the PLA Garrison Force and migrating CYL has been included in the number of CYL since 2011.

b) Statistical system of league cadre has been adjusted to full-time cadres since 2014.

20-20 妇联系统组织情况
Basic Statistics on Women's Federations

单位：个 (unit)

年 份 Year	省、市、县妇联组织 Provincial,City and County Women's Federation	乡镇妇联 Township Women's Federation	街道妇联 Subdistrict Women's Federation	村级妇联 Village Women's Federation	社区妇联 Community Women's Federation
2015	112	1455	190	17975	2984
2016	100	1422	188	17913	1993
2017	121	1422	153	16261	3074
2018	112	1404	155	16685	3293
2019	109	1438	163	16770	3293
2020	111	1444	161	16966	3405
2021	111	1438	167	17104	3486
2022	113	1427	190	17117	3630

20-21 各地区福利彩票发行情况(2022年)
Statistics on Welfare Lottery by Region (2022)

地 区	Reigon	机构数(个) Number of Institutions (unit)	年末职工人数(人) Number of Staff and Workers at Year-end (person)	收 入(万元) Revenues (10 000 yuan)	支 出(万元) Expenditures (10 000 yuan)
全 省	**Provincial Total**	**12**	**254**	**17896.87**	**17361.38**
省本级	Provincial	1	51	17896.87	17361.38
南昌市	Nanchang	1	31		
景德镇市	Jingdezhen	1	12		
萍乡市	Pingxiang	1	15		
九江市	Jiujiang	1	23		
新余市	Xinyu	1	12		
鹰潭市	Yingtan	1	10		
赣州市	Ganzhou	1	8		
吉安市	Ji'an	1	20		
宜春市	Yichun	1	24		
抚州市	Fuzhou	1	22		
上饶市	Shangrao	1	26		

注：地市收支上收至省本级。

a) Revenues and Expenditnres of municipalities are consolidates at the provincial level.

20-22 社会福利事业基本情况
Basic Statistics on Social Welfare

指 标	Item	2020	2021	2022
提供住宿的社会服务机构(个)	**Residential Institutions of Social Service (unit)**	**1883**	**1930**	**1964**
#老年人与残疾人服务机构(个)	Service Institutions for The Elderly and The Disabled (unit)	1808	1854	1898
#社会福利院	Social Welfare Homes	89	88	83
养老服务机构	Residential Institutions for Aging Population	1719	1766	1812
精神卫生社会福利机构(个)	Mental Health Social Welfare Institutions(unit)	3	3	3
儿童福利机构(个)	Child Welfare Institutions (unit)	12	13	15
其他提供住宿的社会服务机构(个)	Other Residential Institutions of Social Service (unit)	60	60	51
年末在院人数(人)	**Number of Persons Housed at Year-end (person)**	**84173**	**98795**	**92308**
老年人与残疾人服务机构人数	Service Institutions for The Elderly and The Disabled	82514	97130	90664
#社会福利院人数	Social Welfare Homes	8428	9458	9245
养老服务机构人数	Residential Institutions for Aging Population	82514	87672	81419
精神卫生社会福利机构人数(人)	Number of Persons in Mental Health Social Welfare Institutions (person)	893	893	926
儿童福利机构人数(人)	Number of Persons in Child Welfare Institutions (person)	490	496	488

20-23 社会保障情况
Statistics on Social Security

单位：万人 (10 000 persons)

年 份 Year	养老保险 Pension Insurance		失业保险 Unemployment Insurance		职工基本医疗保险参保人数 Number of Staff and Workers Joining Medical Care Insurance
	职工人数 Number of Staff and Workers	离退休、退职人数 Number of Retired Persons	参加失业保险人数 Number of Staff and Workers Joining Unemployment Insurance	领取失业保险金人数 Number of Beneficiaries of Unemployment Insurance	
1990	178.70	36.42	153.96		
1991	188.77	37.07	158.29	0.01	
1992	193.28	40.71	167.15	0.08	
1993	198.29	43.61	166.60	0.16	
1994	197.73	45.17	170.92	0.43	
1995	193.26	45.57	183.44	0.14	
1996	197.29	47.00	183.03	0.56	
1997	197.16	48.94	152.24	0.39	
1998	235.67	64.06	182.76	0.80	
1999	246.50	66.72	209.60	0.96	
2000	254.85	71.58	231.59	0.81	61.44
2001	256.60	77.26	234.53	2.52	71.62
2002	257.13	82.65	226.67	5.16	125.77
2003	262.51	88.44	215.54	5.91	188.21
2004	271.83	99.92	226.56	10.18	250.42
2005	281.96	105.47	230.74	10.61	276.74
2006	303.34	111.63	241.05	9.98	313.34
2007	356.53	118.50	251.46	8.73	403.42
2008	421.87	128.46	266.29	6.79	503.16
2009	446.02	135.91	275.47	6.41	515.12
2010	462.08	145.52	265.33	10.69	532.13
2011	484.31	168.72	263.48	8.83	535.85
2012	518.26	189.12	267.44	7.86	546.76
2013	547.14	207.05	271.06	3.74	569.94
2014	562.81	221.08	271.75	2.43	579.21
2015	587.86	235.24	281.49	2.84	584.97
2016	672.74	284.56	282.64	3.14	591.62
2017	697.57	307.67	286.25	3.33	558.70
2018	719.72	333.10	287.98	3.32	573.73
2019	748.50	348.41	289.68	3.37	579.04
2020	806.72	360.69	292.1	3.53	599.03
2021	875.54	371.35	307.96	4.81	608.19
2022	976.88	385.10	357.51	5.52	646.00
省本级 Provincial					34.52
南昌市 Nanchang	204.50	67.40	106.57	2.26	153.83
景德镇市 Jingdezhen	34.73	17.97	13.69	0.25	33.45
萍乡市 Pingxiang	40.63	20.97	16.83	0.43	27.75
九江市 Jiujiang	92.45	37.40	37.10	0.38	68.69
新余市 Xinyu	27.75	12.03	12.15	0.24	22.25
鹰潭市 Yingtan	22.71	8.91	10.15	0.14	16.57
赣州市 Ganzhou	140.23	44.89	46.50	0.67	84.85
吉安市 Ji'an	86.50	27.62	28.48	0.24	50.89
宜春市 Yichun	95.87	40.62	30.90	0.35	57.23
抚州市 Fuzhou	70.80	26.36	22.64	0.32	37.99
上饶市 Shangrao	111.39	45.29	32.49	0.23	58.04

20-24 劳动人事争议仲裁基本情况(2022年)

Basic Statistics on Arbitration of Labor Disputes (2022)

指 标	Item	合 计 Total	#国有企业 State-owned Enterprises	集体企业 Collective-owned Enterprises	港澳台及外资企业 Enterprises with Funds from Hong Kong, Macao&Taiwan and Foreign Funded Enterprises	私营企业 Private Enterprises
案件受理情况	**Cases Accepted**					
案件数(件)	Number of Cases (case)	21028	413	509	347	19488
#劳动者申请案件数	Number of Cases Appealed by Laborers	18952	387	488	327	17507
劳动者当事人人数(人)	Number of Laborers Involved (person)	22670	422	523	347	21089
争议原因(件)	**Causes of Disputes (case)**					
劳动报酬	Labor Remunerations	6603	193	364	92	5934
社会保险	Social Insurance	4650	44	12	38	4533
解除、终止劳动合同	Termination of Labor Contracts	6295	85	78	108	5939
案件处理情况(件)	**Case Settled (case)**					
结案案件数	Number of Cases Settled	21116	412	512	348	19567
用人单位胜诉	Lawsuits Won by Employers	1928	113	47	93	1624
劳动者胜诉	Lawsuits Won by Laborers	8723	142	364	151	7961
双方部分胜诉	Lawsuits Partly Won by Both Parties	7946	72	42	59	7687
其他	Others	2519	85	59	45	2295
期末累计未结案数	Accumulated Cases Unsettled at the End of Period	141	3	4	5	126

20-25 律师、公证及调解工作基本情况
Basic Statistics on Lawyers, Notarization and Mediation

指 标	Item	2018	2019	2020	2021	2022
律师工作	**Lawyers**					
律师事务所(个)	Number of Law Offices (unit)	478	519	583	645	670
律 师(人)	Number of Lawyers (person)	6267	7269	8962	10433	11912
基层法律服务所(个)	Grassroots Legal Service Agencies (unit)	563	526	500	476	468
基层法律工作者(人)	Personnel of Grassroot Legal Affairs (person)	2076	1969	1702	1425	1483
担任法律顾问(家)	Legal Advisors (unit)	17751	18587	31957	19348	17800
民事案件代理(件)	Agent of Civil Cases (case)	61082	72202	84237	99006	120260
行政案件代理(件)	Agent of Administrative Action (case)	3141	3724	3095	4021	4779
刑事诉讼辩护及代理(件)	Defender and Agent of Criminal Cases (case)	21304	24756	19344	23818	21449
非诉讼法律事务(件)	Non-Litigious Legal Affairs (case)	19837	13537	12769	13571	13384
公证工作	**Notarization**					
公证处(个)	Number of Notary Offices (unit)	111	112	112	110	110
#涉外公证处	Number of Foreign-related Notary Offices	72	76	76	77	77
公证人员(人)	Notarial Personnel (person)	799	798	866	848	850
#公证员	Notaries	329	324	339	340	345
公证员助理(人)	Assistant Notaries (person)	331	329	369	341	337
办理公证文书(件)	Number of Notarized Documents (case)	243057	239076	206518	212352	199733
国内公证文书	Number of Domestic Notarization	201125	191028	182513	183987	168260
涉外公证文书	Number of Foreign-related Notarization	38673	44540	22464	26901	29860
港台澳公证文书	Number of Hong Kong,Macao&Taiwan Notarization	3259	3508	1541	1464	1613
人民参与和促进法治工作	**Persons Participating in and Promoting Law and Justice**					
司法所(个)	Number of Judicial Offices (unit)	1619	1607	1592	1592	1589
司法所工作人员(人)	Number of staff in Judiual offices (person)	3357	3413	5016	4909	6633
#有政法专项编制公务员	Public Servant in Politics and Law System within Budgeted Posts	2353	2208	1407	1371	1981
代表协助基层政府处理纠纷(件)	Representatives Assisting Grassroots Governments to handle Civil Disputes	30424	31655	7011	3280	2730
人民调解委员会(万个)	Number of People's Mediation Committees (10 000 units)	2.41	2.41	2.35	2.36	2.42
人民调解员(万人)	Number of Mediators (10 000 persons)	10.57	10.49	9.97	10.16	10.51
调解案件总数(万件)	Number of Cases Mediated(10 000 case)	18.81	17.57	16.97	18.57	20.32
#调解成功率(%)	Success Rate (%)	97.43	97.04	97.89	97.81	97.97

20-26 婚姻登记情况
Statistics on Marriages and Divorces

年份 Year	准予登记结婚（对）Total Number of Registered Marriages (couple)	初婚（人）First Marriages (person)	再婚（人）Re-marriages (person)	离婚（对）Divorces (couple)
1978	159661	150186		7387
1979	127242	239747	14737	6844
1980	148365	284253	12477	10200
1981	210132	402171	18093	5717
1982	213296			6487
1983	174610			4791
1984	223765			5666
1985	232469	453632	11306	11113
1986	231917	453021	10813	11241
1987	258275	504338	12212	12473
1988	250353	488228	12478	14063
1989	283406	551914	13075	16391
1990	334773	652052	17494	17637
1991	261054	508724	13384	17376
1992	255777	496201	15353	17682
1993	236384	458275	14493	19291
1994	249091	483833	14349	18979
1995	260573	502791	18355	19751
1996	271049	526016	16082	20037
1997	272364	525087	19641	21087
1998	278088	539122	17054	21502
1999	289370	558788	17454	26935
2000	295766	570202	18296	24229
2001	293852	548757	35569	26090
2002	283391	540779	21617	31762
2003	269708	507607	27805	29700
2004	296058	560260	28418	39897
2005	295282	553628	36936	39441
2006	315513	594219	36807	45291
2007	356154	665248	47060	51240
2008	391221	719684	62758	56030
2009	408061	738330	77792	45495
2010	361099	695884	26134	48891
2011	373001	703739	42263	54360
2012	421144	781537	60751	60006
2013	393733	713805	73661	70247
2014	371233	658658	83808	72909
2015	306158	527676	84640	79099
2016	302014	508278	95750	86405
2017	358601	593777	123425	102568
2018	330641	543471	117811	107456
2019	295407	468118	122696	115492
2020	273026	431297	114755	109680
2021	244378	384948	103808	64072
2022	211298	336088	86508	63674

注：1.1978、1979年和1981年至1984年离婚对数中未包括法院离婚数。

2.1999年以后华侨、港澳台居民登记结婚中未分初婚、再婚人数。后同。

a) Number of divorced couples in 1978, 1979, and from 1981 to 1984 did not include number of court divorces.

b) Since 1999, the number of registered marriages of overseas Chinese, Hong Kong, Macao residents has not distincted first-marriage and re-marriage. The same applies to the following tables .

20-27 各地区婚姻登记情况(2022年) Number of Marriages and Divorces by Region (2022)

地 区	Region	登记结婚件数(对) Total Number of Registered Marriages (couple)	#内地居民 Registered Marriages of Mainland	登记结婚人数(人) Total Number of Registered Marriages (person)	初 婚 First Marriages	再 婚 Re-marriage	#恢复结婚件数(对) Resumption of Marriages (couple)	离婚登记(对) Divorces (couple)
全 省	**Provincial Total**	**211298**	**211019**	**422596**	**336088**	**86508**	**10119**	**63674**
南昌市	Nanchang	27654	27654	55308	43329	11979	1980	9590
景德镇市	Jingdezhen	7689	7689	15378	11570	3808	508	3074
萍乡市	Pingxiang	7561	7561	15122	11653	3469	297	2701
九江市	Jiujiang	22348	22348	44696	33590	11106	1309	7609
新余市	Xinyu	4242	4242	8484	6342	2142	253	1561
鹰潭市	Yingtan	5010	5010	10020	7791	2229	263	1489
赣州市	Ganzhou	41035	41035	82070	66983	15087	1639	11778
吉安市	Ji'an	17820	17820	35640	28091	7549	721	4474
宜春市	Yichun	23154	23154	46308	36813	9495	1001	6745
抚州市	Fuzhou	18483	18483	36966	30124	6842	840	5229
上饶市	Shangrao	36023	36023	72046	59431	12615	1308	9396

注：各地区加总不等于合计数，因为总数中没有包括省本级。

a) Since the number of marriages and divorces in the provincial level is not included in the number of provincial total, the number by region does not add up to the total.

20-28 各类事故伤亡情况 Basic Statistics on Accidents

指 标	Item	1990	2000	2010	2020	2021	2022
事故死亡总人数(人)	**Total (person)**		**4543**	**1924**	**1062**	**932**	**577**
#工矿商贸企业事故死亡人数	Mortality of Industry, Mining, Commerce and Trade Enterprises	396	531	233	255	288	188
农林牧渔业事故死亡人数	Mortality of Agriculture, Forestry,Animal Husbandry and Fishery Accident				1	4	1
铁路运输业事故死亡人数	Mortality of Railway Traffic Accident		695	58	28	18	13
水上运输业事故死亡人数	Mortality of Water Traffic Accident		20	9	2	2	2
民航运输业事故死亡人数	Mortality of Civil Aviation Accident				1	5	0
#道路运输业事故情况	**Traffic Accidents**						
起 数(起)	Traffic Accidents (case)	5326	17591	4126	1485	1000	602
死亡人数(人)	Mortality (person)	1387	3222	1603	775	615	373
受伤人数(人)	Injures (person)	3343	13988	4938	1246	815	479
直接经济损失(万元)	Direct Economic Losses (10 000 yuan)	573	7225	4184	3984	6953	3260
火灾情况	**Fire Accidents**						
起 数(起)	Fire Accidents (case)	896	5354	4721	8721	23618	32768
死亡人数(人)	Mortality (person)	63	93	21	23	43	57
受伤人数(人)	Injures (person)	87	137	11	27	51	74
直接经济损失(万元)	Direct Economic Losses (10 000 yuan)	1139	4039	8074	20694	42049	43562

20-29 各地区工矿商贸企业事故、火灾事故情况(2022年)
Industry, Mining, Commerce and Trade Enterprises Accidents, and Fire Accidents by Region (2022)

地 区	Region	工矿商贸企业事故死亡人数（人）Mortality of Industry, Mining,Commerce (person per 100 million) Accidents (person)	火灾 Fire Accidents 起数（起）Fire Accidents (case)	死亡人数（人）Mortality (person)	受伤人数（人）Injures (person)	直接经济损失（万元）Direct Economic Losses (10 000 yuan)
全 省	**Provincial Total**	**188**	**32768**	**57**	**74**	**43562.3**
南昌市	Nanchang	34	4859	16	11	4526.5
景德镇市	Jingdezhen	8	1282	3	4	643.6
萍乡市	Pingxiang	6	1232			1759.4
九江市	Jiujiang	30	3687	5	6	3633.6
新余市	Xinyu	7	1032	2	2	1540.0
鹰潭市	Yingtan	5	1353	4	2	1015.5
赣州市	Ganzhou	11	5324	4	26	11822.8
吉安市	Ji'an	28	3443	6	2	4529.4
宜春市	Yichun	22	3485	6	6	5102.0
抚州市	Fuzhou	11	2289	8	6	2960.1
上饶市	Shangrao	26	4782	3	9	6029.4
赣江新区	Ganjiangxinqu	0				

注：各地区工矿商贸企业事故死亡人数不包括省煤炭集团，故小于总计。
a) Number of mortality of mining and trading enterprise by region does not include the number of mortality of Provincial Coal Cooperation. Therefore, the number by region does not add up to the total.

20-30 各地区安全生产三项相对控制指标情况(2022年)
Three Safe Production Relatively Control Targets by Region (2022)

地 区	Region	亿元地区生产总值生产安全事故死亡率（人/亿元）100Million GDP Production Safety Accidents Mortality Rate (person per 100 million)	工矿商贸企业从业人员10万人生产安全事故死亡率(人/10万) Production Safety Accidents Mortality Rate in Per Hundred Thousand Industry, Mining, Commerce and Trade Enterprises Employees (person per 100 thousand)	煤矿百万吨死亡率（人/百万吨）Coal Mining Mortality Rate Per Million Tons (person per million tons)
全 省	**Provincial Total**	**0.018**	**1.050**	**1.30**
南昌市	Nanchang	0.012	1.201	
景德镇市	Jingdezhen	0.014	1.263	
萍乡市	Pingxiang	0.016	0.848	0.79
九江市	Jiujiang	0.018	1.748	
新余市	Xinyu	0.015	1.474	
鹰潭市	Yingtan	0.009	1.094	
赣州市	Ganzhou	0.011	0.302	
吉安市	Ji'an	0.018	1.756	
宜春市	Yichun	0.011	1.114	2.26
抚州市	Fuzhou	0.020	0.842	
上饶市	Shangrao	0.014	1.017	

主要统计指标解释

卫生机构 包括医疗机构、疾病预防控制中心(防疫站)、采供血机构、卫生监督及监测(检验)机构、医学科研和在职培训机构、健康教育所等。

医疗机构 包括医院、社区卫生服务中心(站)、疗养院、卫生院、门诊部、诊所(卫生所、医务室)、妇幼保健院(所、站)、专科疾病防治院(所、站)、急救中心(站)和临床检验中心。医疗机构分为非营利性医疗机构和营利性医疗机构。

医院 包括综合医院、中医医院、中西医结合医院、民族医院、各类专科医院和护理院。

卫生技术人员 指卫生机构中医生、护理人员 、药剂人员、检验人员等卫生技术人员。

医生 指在医疗、预防保健机构工作且取得《执业医师证书》的执业医师和执业助理医师。

社会福利事业单位 指集中收养社会孤老、残、幼的机构，包括由民政部门管理的社会福利院、儿童福利院、精神病人福利院和城镇集体举办的福利院及农村集体举办的敬老院以及优抚医院和具有收养能力的社区服务中心等。

社会福利事业单位收养人数 包括民政部门管理和城镇、农村集体举办的社会福利事业单位中收养的老人、少年儿童、缺乏生活自理能力的残疾人员和精神病人。

社会福利企业单位 指以安置城镇有一定劳动能力的盲、聋、哑和肢体残疾人员就业为目的，享受国家减免税待遇的国有或集体企业。包括福利工厂、福利商业和服务业、假肢厂和安置农场等单位。

律师 指依法取得律师执业证书，担任法律顾问，民事(刑事、行政)案件代理人、刑事案件辩护人、办理非诉讼业务，解答法律询问，代写法律事务文书等，为社会提供法律服务的人员。

公证人员 指在公证处工作的人员总称，包括公证处主任、副主任、公证员、公证员助理(助理公证员)和其他从事辅助性工作的人员。

公证文书 指公证处根据当事人申请，依照事实和法律，按照法定程序制作的，具有法律效力的司法证明文书。根据公证书用途和使用地，公证书分为国内公证书、国内经济公证书、涉外民事公证书、涉外经济公证书四类。

调解员 指在人民调解委员会担负调解民间纠纷工作的人员，包括调解委员会的委员和调解小组的调解员。

调解民间纠纷 指调解委员会按照法律规定，根据自愿原则，用说服教育的方法调解民间发生的有关民事权利和义务争执的件数，包括调解成功数和调解未成功数。

Explanatory Notes on Main Statistical Indicators

Health Care Institutions include: medical institutions, disease prevention and control centres (epidemic prevention stations), blood gathering and supplying institutions, health supervision and inspection (check up) institutions, medicinal scientific research and on-job training institutions, health education centres and so on.

Medical Organizations include: hospitals, health service centres (stations) in communities, sanatoria, health centres, out-patient clinics, clinics (health stations and infirmaries), maternity and child care agencies (centres and stations), special disease prevention and curing agencies (centres and stations), first aid centres (stations) and clinical inspection centres. Medical organizations are grouped by two types: profit-making and non-profit-making medical organizations.

Hospitals include: polyclinics, traditional Chinese medical hospitals, hospitals integrating traditional Chinese therapeutics and western therapeutics, ethnic hospitals, various specialist hospitals and nursing homes.

Medical Technical Personnel refers to doctors, nurses, pharmacists and laboratory technicians working in medical institutions.

Doctors refer to certified physicians and certified assistant physicians with certifications working in medical and health care and prevention agencies.

Social Welfare Institutions refer to institutions taking care of old people without children, handicapped people and orphans. They include social welfare institutions run by civil affairs departments, children welfare institutions, social welfare institutions for mental patients, collective-owned old people's homes in rural areas, convalescent homes and community service centers with the capacity of receiving those people.

Number of People Accommodated by Social Welfare Institutions refers to the number of old people, children, totally dependent handicapped people and mental patients Accommodated by social welfare institutions run by civil affairs departments and those run by collective units in urban and rural areas.

Social Welfare Enterprises are collective-owned enterprises which employ the blind, deaf-mute, and physically disabled people who are able to work in cities and towns and enjoy exemption from State taxes. They include welfare plants, welfare commercial services, artificial limb plants and farms, etc.

Lawyers are certified legal workers according to law, and who are employed by legal counselling firms to act as legal advisers; agents in criminal or civil lawsuits; and defenders in criminal lawsuits; or to handle non-litigious legal affairs, to advise on matters of law or to write legal papers for others and provide service to the public.

Notary Personnel refers to people working for notary offices including: directors, deputy directors, notaries, assistant notaries and other people providing assistance.

Notary Documents refer to the judicial notary documents drawn up at the request of the interested party and are in accordance with facts and the law and following certain legal proceedings. According to usage and locality, notary documents are divided into the following 4 types: domestic notary documents, domestic economic notary documents, foreign-related civil notary documents and foreign-related economic notary documents.

Mediators refer to workers on people's mediation committees responsible for mediating in civil disputes and cases of slight infraction of the law. They include members of the mediation committees and mediators of mediation groups.

Mediation of Civil Disputes refers to number of cases made by mediation committees in mediating in civil disputes concerning civil rights and duties through persuasion and education in accordance with the provisions of law on a voluntary basis, so as to solve disputes by helping the parties involved come to an agreement and understanding, including those unsuccessful ones.

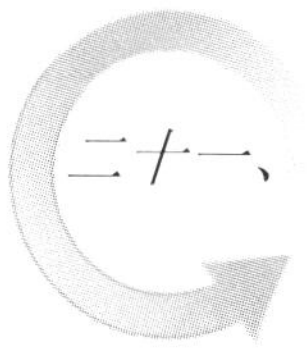

各省、自治区、直辖市主要经济指标

MAIN ECONOMIC INDICATORS OF PROVINCES, AUTONOMOUS REGIONS AND MUNICIPALITIES DIRECTLY UNDER THE CENTRAL GOVERNMENT

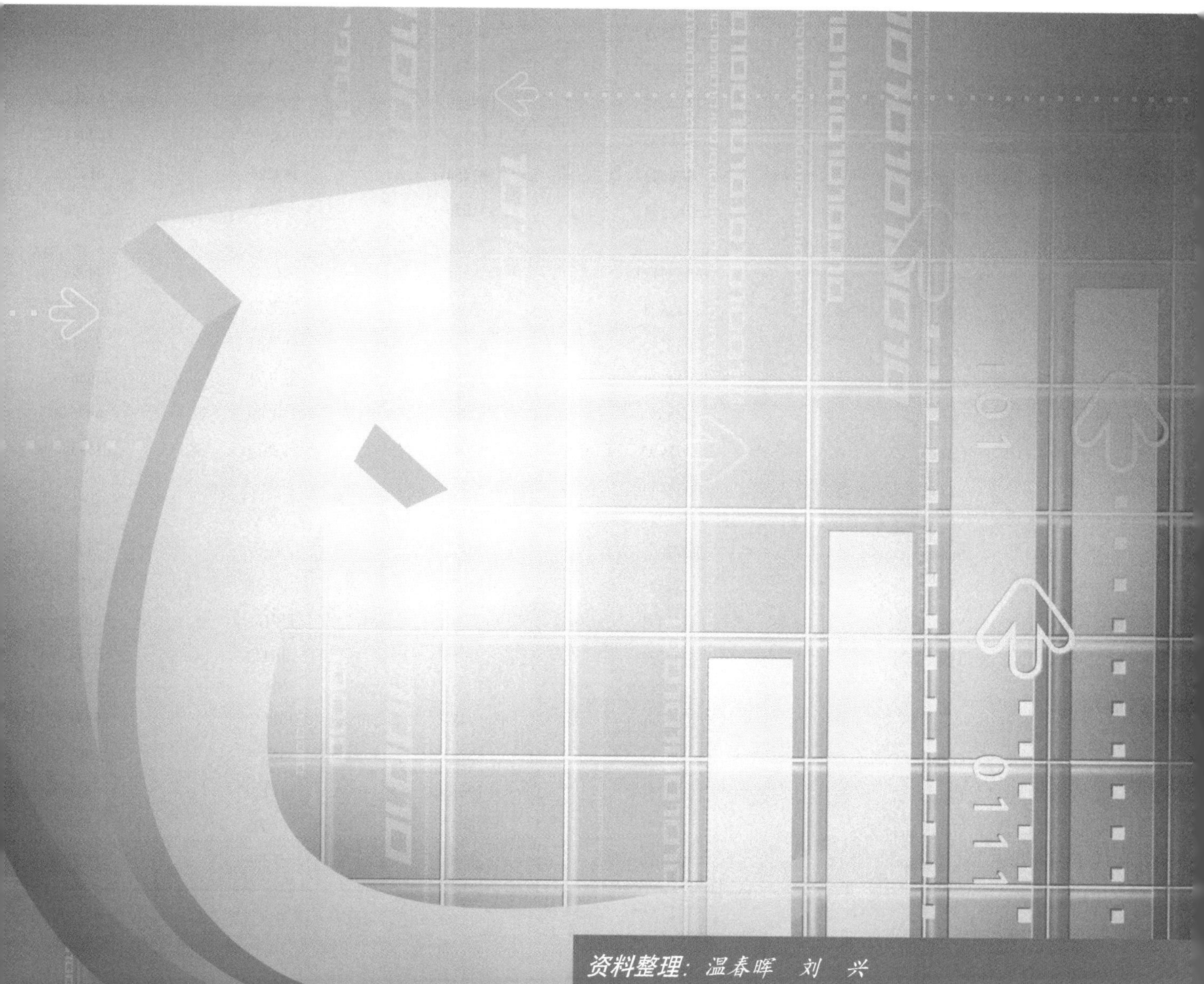

资料整理：温春晖　刘　兴

21-1 各省(区、市)按三次产业分法人单位数(2021年)
Number of Legal Entities by Three Strata of Industry of Provinces, Autonomous Regions and Municipalities (2021)

单位：个 (unit)

地区	Region	法人单位 Number of Legal Entities	第一产业 Primary Industry	第二产业 Secondary Industry	第三产业 Tertiary Industry
全国	**National Total**	**32866972**	**1915236**	**6697618**	**24254118**
北京	Beijing	1300941	7036	81434	1212471
天津	Tianjin	405767	10390	74922	320455
河北	Hebei	1569370	95296	422404	1051670
山西	Shanxi	890153	101813	134299	654041
内蒙古	Inner Mongolia	502117	64053	82031	356033
辽宁	Liaoning	778066	48248	158932	570886
吉林	Jilin	300703	28796	48813	223094
黑龙江	Heilongjiang	360309	53091	54520	252698
上海	Shanghai	539969	5128	76320	458521
江苏	Jiangsu	3082538	44477	891480	2146581
浙江	Zhejiang	2493082	48320	645388	1799374
安徽	Anhui	1314062	98829	295077	920156
福建	Fujian	1385496	60339	254822	1070335
江西	**Jiangxi**	**879842**	**81454**	**184226**	**614162**
山东	Shandong	3261394	141976	760058	2359360
河南	Henan	1953717	159565	346209	1447943
湖北	Hubei	1348824	78645	265878	1004301
湖南	Hunan	935750	67656	167982	700112
广东	Guangdong	3634156	41389	824091	2768676
广西	Guangxi	846687	83339	113700	649648
海南	Hainan	188997	12041	22570	154386
重庆	Chongqing	728589	84170	97240	547179
四川	Sichuan	971006	95172	156759	719075
贵州	Guizhou	634533	114693	109338	410502
云南	Yunnan	782491	95201	119185	568105
西藏	Tibet	54923	3055	14449	37419
陕西	Shaanxi	732758	57482	151142	524134
甘肃	Gansu	343393	66768	45735	230890
青海	Qinghai	124164	19656	17120	87388
宁夏	Ningxia	158156	20902	24095	113159
新疆	Xinjiang	365019	26256	57399	281364

21-2 各省(区、市)生产总值(2022年)

Gross Regional Product of Provinces, Autonomous Regions and Municipalities (2022)

地 区	Region	地区生产总值(亿元) Gross Regional Product (100 million yuan)	第一产业 Primary Industry	第二产业 Secondary Industry	第三产业 Tertiary Industry	地区生产总值指数(上年=100) Indices of Gross Regional Product (preceding year=100)	人均地区生产总值(元) Per Capita Gross Regional Product (yuan)	人均地区生产总值指数(上年=100) Indices of Per Capita Gross Regional Product (preceding year=100)
全 国	**National Total**	**1210207**	**88345**	**483165**	**638698**	**103.0**	**85698**	**103.0**
北 京	Beijing	41611	112	6605	34894	100.7	190313	100.8
天 津	Tianjin	16311	273	6039	9999	101.0	119235	101.8
河 北	Hebei	42370	4410	17050	20910	103.8	56995	104.1
山 西	Shanxi	25643	1340	13841	10461	104.4	73675	104.5
内蒙古	Inner Mongolia	23159	2654	11242	9263	104.2	96474	104.2
辽 宁	Liaoning	28975	2598	11756	14622	102.1	68775	102.8
吉 林	Jilin	13070	1689	4628	6753	98.1	55347	99.2
黑龙江	Heilongjiang	15901	3610	4649	7642	102.7	51096	103.9
上 海	Shanghai	44653	97	11458	33097	99.8	179907	100.0
江 苏	Jiangsu	122876	4959	55889	62028	102.8	144390	102.5
浙 江	Zhejiang	77715	2325	33205	42185	103.1	118496	102.2
安 徽	Anhui	45045	3514	18588	22943	103.5	73603	103.3
福 建	Fujian	53110	3076	25078	24956	104.7	126829	104.3
江 西	**Jiangxi**	**32075**	**2452**	**14360**	**15264**	**104.7**	**70923**	**104.6**
山 东	Shandong	87435	6299	35014	46122	103.9	86003	103.9
河 南	Henan	61345	5818	25465	30062	103.1	62106	103.5
湖 北	Hubei	53735	4987	21241	27508	104.3	92059	103.4
湖 南	Hunan	48670	4603	19183	24885	104.5	73598	104.8
广 东	Guangdong	129119	5340	52844	70935	101.9	101905	101.7
广 西	Guangxi	26301	4270	8939	13093	102.9	52164	102.6
海 南	Hainan	6818	1418	1311	4090	100.2	66602	99.5
重 庆	Chongqing	29129	2012	11694	15423	102.6	90663	102.5
四 川	Sichuan	56750	5964	21157	29628	102.9	67777	102.9
贵 州	Guizhou	20165	2861	7113	10190	101.2	52321	101.2
云 南	Yunnan	28954	4012	10471	14471	104.3	61716	104.7
西 藏	Tibet	2133	180	805	1148	101.1	58438	101.4
陕 西	Shaanxi	32773	2575	15933	14264	104.3	82864	104.3
甘 肃	Gansu	11202	1515	3945	5741	104.5	44968	104.7
青 海	Qinghai	3610	380	1586	1644	102.3	60724	102.1
宁 夏	Ningxia	5070	408	2449	2213	104.0	69781	103.5
新 疆	Xinjiang	17741	2509	7271	7961	103.2	68552	103.3

注：本表绝对量按当年价格计算，指数按不变价格计算。

a) Date in value terms in this table are calculated at current prices while the indices are calculated at constant prices.

21-3 各省(区、市)年末总人口
Total Population at Year-end of Provinces, Autonomous Regions and Municipalities

单位：万人　　(10 000 persons)

地区	Region	2015	2016	2017	2018	2019	2020	2021	2022
全　国	**National Total**	**138326**	**139232**	**140011**	**140541**	**141008**	**141212**	**141260**	**141175**
北　京	Beijing	2188	2195	2194	2192	2190	2189	2189	2184
天　津	Tianjin	1439	1443	1410	1383	1385	1387	1373	1363
河　北	Hebei	7345	7375	7409	7426	7447	7464	7448	7420
山　西	Shanxi	3519	3514	3510	3502	3497	3490	3480	3481
内蒙古	Inner Mongolia	2440	2436	2433	2422	2415	2403	2400	2401
辽　宁	Liaoning	4338	4327	4312	4291	4277	4255	4229	4197
吉　林	Jilin	2613	2567	2526	2484	2448	2399	2375	2348
黑龙江	Heilongjiang	3529	3463	3399	3327	3255	3171	3125	3099
上　海	Shanghai	2458	2467	2466	2475	2481	2488	2489	2475
江　苏	Jiangsu	8315	8381	8423	8446	8469	8477	8505	8515
浙　江	Zhejiang	5985	6072	6170	6273	6375	6468	6540	6577
安　徽	Anhui	6011	6033	6057	6076	6092	6105	6113	6127
福　建	Fujian	3984	4016	4065	4104	4137	4161	4187	4188
江　西	**Jiangxi**	**4485**	**4496**	**4511**	**4513**	**4516**	**4519**	**4517**	**4528**
山　东	Shandong	9866	9973	10033	10077	10106	10165	10170	10163
河　南	Henan	9701	9778	9829	9864	9901	9941	9883	9872
湖　北	Hubei	5850	5885	5904	5917	5927	5745	5830	5844
湖　南	Hunan	6615	6625	6633	6635	6640	6645	6622	6604
广　东	Guangdong	11678	11908	12141	12348	12489	12624	12684	12657
广　西	Guangxi	4811	4857	4907	4947	4982	5019	5037	5047
海　南	Hainan	945	957	972	982	995	1012	1020	1027
重　庆	Chongqing	3070	3110	3144	3163	3188	3209	3212	3213
四　川	Sichuan	8196	8251	8289	8321	8351	8371	8372	8374
贵　州	Guizhou	3708	3758	3803	3822	3848	3858	3852	3856
云　南	Yunnan	4663	4677	4693	4703	4714	4722	4690	4693
西　藏	Tibet	330	340	349	354	361	366	366	364
陕　西	Shaanxi	3846	3874	3904	3931	3944	3955	3954	3956
甘　肃	Gansu	2523	2520	2522	2515	2509	2501	2490	2492
青　海	Qinghai	577	582	586	587	590	593	594	595
宁　夏	Ningxia	684	695	705	710	717	721	725	728
新　疆	Xinjiang	2385	2428	2480	2520	2559	2590	2589	2587

注：本表数据根据年度人口抽样调查推算。全国数据包括中国人民解放军现役军人数，但不包括香港、澳门特别行政区和台湾地区数据；分省数据中未包括中国人民解放军现役军人数。

a) Data in the table are estimated on the basis of the annual national sample surveys of population. National total includes military personnel of the Chinese People's Liberation Army, and excludes population of Hong Kong SAR, Macao SAR and Taiwan. Population by region does not include military personnel of the Chinese People's Liberation Army.

21-4 各省(区、市)年末城镇人口比重
Proportion of Urban Population at Year-end of Provinces, Autonomous Regions and Municipalities

单位：% (%)

地 区	Region	2015	2016	2017	2018	2019	2020	2021	2022
全 国	**National Total**	**57.33**	**58.84**	**60.24**	**61.50**	**62.71**	**63.89**	**64.72**	**65.22**
北 京	Beijing	86.71	86.76	86.93	87.09	87.35	87.55	87.50	87.57
天 津	Tianjin	82.88	83.27	83.57	83.95	84.31	84.70	84.88	85.11
河 北	Hebei	51.67	53.87	55.74	57.33	58.77	60.07	61.14	61.65
山 西	Shanxi	55.87	57.27	58.59	59.85	61.29	62.53	63.42	63.96
内蒙古	Inner Mongolia	62.09	63.40	64.60	65.51	66.46	67.48	68.21	68.60
辽 宁	Liaoning	68.05	68.87	69.49	70.26	71.21	72.14	72.81	73.00
吉 林	Jilin	57.64	58.75	59.71	60.85	61.63	62.64	63.36	63.72
黑龙江	Heilongjiang	60.47	61.09	61.90	63.46	64.62	65.61	65.69	66.21
上 海	Shanghai	88.53	89.00	89.10	89.13	89.22	89.30	89.30	89.33
江 苏	Jiangsu	67.49	68.93	70.18	71.19	72.47	73.44	73.94	74.42
浙 江	Zhejiang	66.32	67.72	68.91	70.02	71.58	72.17	72.66	73.38
安 徽	Anhui	50.97	52.62	54.29	55.65	57.02	58.33	59.39	60.15
福 建	Fujian	63.22	64.39	65.78	66.98	67.87	68.75	69.70	70.11
江 西	**Jiangxi**	**52.30**	**53.99**	**55.70**	**57.34**	**59.07**	**60.44**	**61.46**	**62.07**
山 东	Shandong	56.97	59.13	60.79	61.46	61.86	63.05	63.94	64.54
河 南	Henan	47.02	48.78	50.56	52.24	54.01	55.43	56.45	57.07
湖 北	Hubei	57.18	58.57	59.88	61.00	61.83	62.89	64.09	64.67
湖 南	Hunan	50.79	52.70	54.62	56.09	57.45	58.76	59.71	60.31
广 东	Guangdong	69.51	70.15	70.74	71.81	72.65	74.15	74.63	74.79
广 西	Guangxi	47.99	49.24	50.59	51.82	52.98	54.20	55.08	55.65
海 南	Hainan	54.91	56.70	58.04	59.13	59.37	60.27	60.97	61.49
重 庆	Chongqing	61.47	63.33	65.00	66.61	68.24	69.46	70.32	70.96
四 川	Sichuan	48.27	50.00	51.78	53.50	55.36	56.73	57.82	58.35
贵 州	Guizhou	42.96	45.56	47.76	49.54	51.48	53.15	54.33	54.81
云 南	Yunnan	42.93	44.64	46.29	47.44	48.67	50.05	51.05	51.72
西 藏	Tibet	28.87	31.57	33.38	33.80	34.51	35.73	36.61	37.39
陕 西	Shaanxi	54.74	56.39	58.07	59.65	61.28	62.66	63.63	64.02
甘 肃	Gansu	44.24	46.07	48.12	49.69	50.70	52.23	53.33	54.19
青 海	Qinghai	51.67	53.55	55.45	57.27	58.78	60.08	61.02	61.43
宁 夏	Ningxia	56.98	58.74	60.95	62.15	63.63	64.96	66.04	66.34
新 疆	Xinjiang	48.78	50.42	51.90	54.01	55.51	56.53	57.26	57.89

注：本表数据根据年度人口抽样调查推算。

a) Data in the table are estimated on the basis of the annual national sample surveys of population.

21-5 各省(区、市)固定资产投资(不含农户)增长速度
Growth Rate of Investment in Fixed Assets (Excluding Rural Households) of Provinces, Autonomous Regions and Municipalities

单位：% (%)

地 区	Region	2019	2020	2021	2022
全　国	**National Total**	**5.4**	**2.9**	**4.9**	**5.1**
北　京	Beijing	-2.5	2.2	4.9	3.6
天　津	Tianjin	13.1	3.0	4.8	-9.9
河　北	Hebei	6.5	3.2	3.0	7.9
山　西	Shanxi	9.3	10.6	8.7	5.9
内蒙古	Inner Mongolia	6.7	-1.5	9.8	17.6
辽　宁	Liaoning	0.3	2.6	2.6	3.6
吉　林	Jilin	-16.2	8.3	11.0	-2.4
黑龙江	Heilongjiang	6.3	3.6	6.4	0.6
上　海	Shanghai	5.1	10.3	8.0	-1.0
江　苏	Jiangsu	5.1	0.3	5.8	3.8
浙　江	Zhejiang	10.0	5.4	10.8	9.1
安　徽	Anhui	9.2	5.1	9.4	9.0
福　建	Fujian	5.9	-0.4	6.0	7.5
江　西	**Jiangxi**	**9.2**	**8.2**	**10.8**	**8.6**
山　东	Shandong	-8.2	3.6	6.0	6.1
河　南	Henan	8.0	4.3	4.5	6.7
湖　北	Hubei	10.7	-18.8	20.4	15.0
湖　南	Hunan	10.1	7.6	8.0	6.6
广　东	Guangdong	11.1	7.2	6.3	-2.6
广　西	Guangxi	9.6	4.2	7.6	0.1
海　南	Hainan	-9.2	8.0	10.2	-4.2
重　庆	Chongqing	5.6	3.9	6.1	0.7
四　川	Sichuan	8.6	2.8	5.9	6.0
贵　州	Guizhou	0.9	3.2	-3.1	-5.1
云　南	Yunnan	8.5	7.7	4.0	7.5
西　藏	Tibet	-2.2	5.4	-14.2	-18.0
陕　西	Shaanxi	2.5	4.1	-3.0	8.1
甘　肃	Gansu	6.6	7.8	11.1	10.1
青　海	Qinghai	5.0	-12.2	-2.9	-7.6
宁　夏	Ningxia	-10.3	4.0	2.2	10.2
新　疆	Xinjiang	2.5	16.2	15.0	7.6

21-6 各省(区、市)建筑业总产值和房屋建筑面积(2022年)

Total Output Value of Construction and Floor Space of Buildings Constructed of Provinces, Autonomous Regions and Municipalities (2022)

地区	Region	总产值(亿元) Total Output Value (100 million yuan)	施工面积(万平方米) Floor Space under Construction (10 000 sq.m)	#新开工面积 Floor Space Started This Year	竣工面积(万平方米) Floor Space Completed (10 000 sq.m)	#住宅 Residential Buildings
全国	**National Total**	**311979.8**	**1564518.2**	**438438.8**	**405477.2**	**260720.6**
北京	Beijing	13866.1	89888.3	17081.1	13815.4	9247.6
天津	Tianjin	4751.3	18808.4	3491.8	2722.0	1617.2
河北	Hebei	6951.3	35918.4	9723.4	7099.0	4901.5
山西	Shanxi	6145.5	22648.1	6229.6	5634.9	3472.7
内蒙古	Inner Mongolia	1332.8	7045.5	1375.4	1096.3	829.7
辽宁	Liaoning	3936.9	13329.4	3514.8	3633.2	2527.2
吉林	Jilin	2100.7	7047.1	1820.7	1882.6	1274.2
黑龙江	Heilongjiang	1414.5	3868.0	1435.0	1056.8	734.4
上海	Shanghai	9273.9	58203.1	12389.3	8757.5	4801.6
江苏	Jiangsu	40660.0	275135.4	74173.3	76318.6	53915.4
浙江	Zhejiang	23861.1	171655.1	45290.2	44915.4	25151.8
安徽	Anhui	11702.6	49670.7	16640.0	14856.9	8459.9
福建	Fujian	17129.5	87432.9	24411.0	20254.6	14104.0
江西	**Jiangxi**	**10694.8**	**37048.4**	**15268.2**	**14682.6**	**8324.3**
山东	Shandong	17559.6	98827.9	30328.2	22917.7	14937.1
河南	Henan	15086.9	66509.3	18971.9	18282.6	12898.0
湖北	Hubei	21155.0	91309.9	29257.6	33261.2	22126.0
湖南	Hunan	14481.0	76159.7	25357.0	23988.5	15391.6
广东	Guangdong	22956.5	107366.0	30605.1	24929.5	13864.7
广西	Guangxi	7275.8	27539.2	6618.8	8561.0	4569.1
海南	Hainan	467.2	1861.8	393.0	449.5	286.3
重庆	Chongqing	10369.4	36185.8	11928.1	12601.6	8736.5
四川	Sichuan	18675.2	77718.4	22922.1	22398.7	15436.4
贵州	Guizhou	4820.2	16415.1	3740.5	3375.3	2162.4
云南	Yunnan	8168.6	17690.2	5918.8	5973.1	3507.4
西藏	Tibet	203.8	262.6	110.1	117.5	59.6
陕西	Shaanxi	10067.9	40252.7	9582.5	6825.8	4444.8
甘肃	Gansu	2477.7	12228.8	3441.3	2030.5	1401.1
青海	Qinghai	566.5	971.5	261.6	174.8	84.1
宁夏	Ningxia	725.8	1802.3	824.5	559.3	311.5
新疆	Xinjiang	3101.5	13718.3	5333.7	2304.9	1142.3

21-7 各省(区、市)房地产开发企业投资、土地购置面积和成交价款(2022年)

Investment of Enterprises for Real Estate Development, Land Space Purchased and Transaction Value of Land of Provinces, Autonomous Regions and Municipalities (2022)

地区	Region	房地产开发投资(亿元) Investment of Enterprises for Real Estate Development (100 million yuan)	住宅 Residential Buildings	办公楼 Office Buildings	商业营业用房 House for Business Use	其它 Others	土地购置面积(万平方米) Land Space Purchased (10 000 sq.m)	土地成交价款(亿元) Transaction Value of Land (100 million yuan)
全国	**National Total**	**132895.4**	**100646.4**	**5290.8**	**10647.4**	**16310.9**	**10052.1**	**9166.0**
北京	Beijing	4178.5	2667.3	224.5	237.3	1049.4	188.8	853.5
天津	Tianjin	2127.9	1682.5	45.0	141.7	258.7	182.9	125.3
河北	Hebei	4983.0	4116.9	89.1	298.1	478.9	224.5	85.4
山西	Shanxi	1764.2	1395.4	27.1	123.1	218.6	228.1	85.1
内蒙古	Inner Mongolia	978.3	771.0	7.4	80.0	119.9	97.6	12.3
辽宁	Liaoning	2362.0	1905.9	57.5	218.0	180.7	320.1	91.6
吉林	Jilin	1014.8	804.3	26.8	76.3	107.4	245.4	54.3
黑龙江	Heilongjiang	628.6	497.2	10.1	61.4	60.0	107.7	15.5
上海	Shanghai	4979.5	2771.8	695.8	416.2	1095.8	148.0	840.2
江苏	Jiangsu	12406.9	9923.8	362.6	876.6	1243.9	691.8	773.1
浙江	Zhejiang	12939.5	9086.6	529.9	888.4	2434.6	972.3	1714.2
安徽	Anhui	6811.7	5595.6	124.0	577.6	514.5	1420.3	778.4
福建	Fujian	5515.4	4112.4	146.6	386.8	869.6	299.1	473.9
江西	**Jiangxi**	**2209.3**	**1763.3**	**73.8**	**242.1**	**130.1**	**252.3**	**117.6**
山东	Shandong	9225.9	7211.6	411.1	632.1	971.1	872.1	440.5
河南	Henan	6793.4	5802.2	151.3	454.5	385.4	244.6	132.0
湖北	Hubei	6172.0	4852.0	294.4	481.6	544.0	299.9	269.2
湖南	Hunan	5180.3	4053.0	113.9	575.9	437.4	297.1	134.8
广东	Guangdong	14963.0	10700.3	1073.2	1238.7	1950.8	738.2	1353.5
广西	Guangxi	2307.4	1815.9	41.6	153.5	296.5	263.1	84.3
海南	Hainan	1158.4	793.0	76.4	119.0	169.9	60.8	38.3
重庆	Chongqing	3467.6	2609.0	61.5	344.9	452.2	256.7	185.6
四川	Sichuan	7500.0	5577.7	244.2	749.2	928.9	288.3	221.1
贵州	Guizhou	2403.7	1936.0	33.7	239.7	194.2	136.3	25.1
云南	Yunnan	3152.0	2371.4	109.9	294.5	376.3	207.5	50.5
西藏	Tibet	60.7	45.3	1.9	7.3	6.2	5.8	0.6
陕西	Shaanxi	4254.8	3249.7	208.2	326.1	470.8	112.9	72.8
甘肃	Gansu	1481.7	1160.8	21.4	119.2	180.3	91.3	15.9
青海	Qinghai	296.1	230.0	9.9	28.4	27.9	77.5	22.3
宁夏	Ningxia	419.9	316.2	2.8	42.6	58.3	142.9	50.0
新疆	Xinjiang	1158.9	828.3	15.4	216.7	98.4	578.3	48.9

21-8 各省(区、市)房地产开发企业房屋施工、竣工面积(2022年)

Floor Space of Buildings under Construction and Floor Space of Buildings Completed of Provinces, Autonomous Regions and Municipalities (2022)

单位：万平方米 (10 000 sq.m)

地区	Region	房屋施工面积 Floor Space of Buildings under Construction	#住宅 Residential Buildings	#新开工面积 Floor Space Started This Year	#住宅 Residential Buildings	房屋竣工面积 Floor Space of Buildings Completed	#住宅 Residential Buildings
全　国	**National Total**	**904999.3**	**639695.9**	**120587.1**	**88135.1**	**86222.2**	**62539.2**
北　京	Beijing	13333.1	6713.6	1774.4	978.4	1938.5	1096.2
天　津	Tianjin	11085.1	7733.6	667.2	501.1	1503.6	1086.1
河　北	Hebei	33651.8	26140.8	5395.3	4300.1	2522.6	1902.0
山　西	Shanxi	25350.5	19068.6	3453.9	2734.9	2126.8	1636.6
内蒙古	Inner Mongolia	15311.9	10988.3	1629.1	1137.1	1101.0	838.2
辽　宁	Liaoning	22973.6	17043.8	2378.6	1799.4	1946.1	1567.0
吉　林	Jilin	11579.5	8172.3	869.5	700.0	724.1	517.0
黑龙江	Heilongjiang	9968.3	7299.8	991.1	800.4	731.7	552.9
上　海	Shanghai	16678.2	7759.3	2939.7	1602.0	1676.4	934.7
江　苏	Jiangsu	62511.6	46155.0	9907.3	7298.0	7892.2	5901.6
浙　江	Zhejiang	55955.1	34773.4	7988.6	4988.3	6130.3	4064.2
安　徽	Anhui	40841.8	30610.2	6843.0	5237.6	5945.2	4315.4
福　建	Fujian	31735.0	21402.9	4142.4	2822.5	4063.4	2848.2
江　西	**Jiangxi**	**22714.8**	**17604.2**	**3629.3**	**2946.7**	**1462.8**	**1114.7**
山　东	Shandong	75798.6	55318.8	10520.6	7765.7	6686.0	4909.8
河　南	Henan	57696.5	45097.1	8948.7	7367.5	6451.8	5235.3
湖　北	Hubei	34933.4	26076.5	4274.8	3168.4	3281.2	2516.6
湖　南	Hunan	38367.0	28938.1	5522.5	4545.3	3435.7	2572.9
广　东	Guangdong	88662.7	59483.9	8535.4	5689.0	8161.1	5642.0
广　西	Guangxi	32203.2	23818.3	3034.0	2347.8	2345.4	1847.6
海　南	Hainan	9057.2	5997.7	1058.0	737.7	750.9	600.6
重　庆	Chongqing	22699.3	15033.1	2224.2	1541.0	2795.7	1920.1
四　川	Sichuan	52210.8	34778.9	8313.9	5819.0	4071.9	2725.1
贵　州	Guizhou	26256.2	18369.6	2211.5	1636.8	966.8	689.6
云　南	Yunnan	27403.5	18509.2	2922.9	2076.5	2565.3	1758.4
西　藏	Tibet	697.6	483.1	80.6	56.0	35.8	24.6
陕　西	Shaanxi	28711.6	20656.5	4413.4	3075.6	1976.2	1545.8
甘　肃	Gansu	12268.4	8953.6	2105.3	1660.8	917.8	727.9
青　海	Qinghai	3348.8	2377.5	422.5	310.7	247.9	186.9
宁　夏	Ningxia	4918.4	3402.6	766.2	598.2	627.1	483.1
新　疆	Xinjiang	16075.7	10935.8	2623.1	1892.9	1141.0	778.2

21-9 各省(区、市)房地产开发企业 商品房销售面积、销售额和待售面积(2022年)

Floor Space and Total Sale of Commercialized Buildings Sold, and Floor Space of Commercialized Buildings for Sale of Provinces, Autonomous Regions and Municipalities (2022)

地区	Region	商品房销售面积(万平方米) Floor Space of Commercialized Buildings Sold (10 000 sq.m)	#住宅 Residential Buildings	商品房销售额(亿元) Total Sale of Commercialized Buildings Sold (100 million yuan)	#住宅 Residential Buildings	商品房待售面积(万平方米) Floor Space of Commercialized Buildings for Sale (10 000 sq.m)	#住宅 Residential Buildings
全国	**National Total**	**135836.9**	**114630.7**	**133307.8**	**116747.0**	**56366.1**	**26947.1**
北京	Beijing	1040.0	741.9	3976.9	3545.3	2617.0	854.4
天津	Tianjin	973.8	895.5	1516.4	1421.6	1072.7	623.5
河北	Hebei	4615.7	4317.5	3702.1	3488.8	1027.1	717.5
山西	Shanxi	2256.7	2152.2	1515.0	1418.4	801.9	533.6
内蒙古	Inner Mongolia	1380.5	1289.0	868.0	808.7	1027.2	683.2
辽宁	Liaoning	2182.5	1983.2	1814.7	1659.7	2726.2	1726.2
吉林	Jilin	1001.1	905.4	696.3	631.0	1215.6	782.4
黑龙江	Heilongjiang	925.5	839.5	569.4	506.7	1585.7	932.8
上海	Shanghai	1852.9	1561.5	7467.5	6937.8	2646.9	673.4
江苏	Jiangsu	12115.2	10165.1	14811.6	13177.0	3851.0	1788.4
浙江	Zhejiang	6815.3	5467.0	12660.1	11061.4	1999.6	766.2
安徽	Anhui	7471.3	6448.1	5487.9	4964.3	1885.4	898.4
福建	Fujian	6054.3	4359.3	6502.4	5284.3	2037.4	739.7
江西	**Jiangxi**	**6702.6**	**5663.1**	**4905.2**	**4138.6**	**683.6**	**338.7**
山东	Shandong	11685.6	9821.7	9807.7	8481.3	3014.9	1819.7
河南	Henan	11141.0	10310.3	6724.8	6152.3	2755.4	1831.6
湖北	Hubei	6385.1	5709.9	5413.3	4821.7	1828.6	1106.1
湖南	Hunan	6792.9	6085.4	4312.3	3800.1	1221.3	678.0
广东	Guangdong	10591.1	8568.7	15870.5	13428.5	8189.1	3657.3
广西	Guangxi	4370.9	3322.9	2390.1	1908.0	1745.5	937.8
海南	Hainan	644.0	530.5	1098.0	924.9	723.2	565.1
重庆	Chongqing	4439.0	2969.0	3101.6	2448.8	2721.7	557.3
四川	Sichuan	10339.5	8060.9	8215.9	6966.7	2332.0	719.2
贵州	Guizhou	3847.0	3391.3	2193.6	1909.0	686.8	288.7
云南	Yunnan	2938.4	2469.6	1999.4	1736.1	2033.6	938.8
西藏	Tibet	59.6	53.5	50.7	43.7	86.4	45.4
陕西	Shaanxi	3308.7	2954.1	3270.5	2958.8	658.9	330.2
甘肃	Gansu	1470.4	1388.2	835.5	780.5	583.0	332.4
青海	Qinghai	204.4	177.8	145.0	127.7	187.1	104.6
宁夏	Ningxia	715.6	650.7	502.1	451.0	817.6	258.5
新疆	Xinjiang	1516.2	1377.9	883.5	764.7	1603.8	718.0

21-10 各省(区、市)社会消费品零售总额
Total Retail Sales of Consumer Goods of Provinces, Autonomous Regions and Municipalities

单位: 亿元 (100 million yuan)

地 区	Region	2017	2018	2019	2020	2021	2022
全 国	**National Total**	**347327**	**377783**	**408017**	**391981**	**440823**	**439733**
北 京	Beijing	13934	14422	15064	13716	14868	13794
天 津	Tianjin	4210	4231	4218	3583	3770	3572
河 北	Hebei	11139	11974	12986	12705	13510	13720
山 西	Shanxi	6059	6523	7031	6746	7747	7563
内蒙古	Inner Mongolia	4643	4852	5051	4760	5060	4971
辽 宁	Liaoning	8696	9113	9671	8961	9784	9526
吉 林	Jilin	3992	4074	4213	3824	4217	3808
黑龙江	Heilongjiang	5077	5275	5604	5092	5543	5210
上 海	Shanghai	13700	14875	15848	15933	18079	16442
江 苏	Jiangsu	32818	35473	37673	37086	42703	42752
浙 江	Zhejiang	23121	25162	27344	26630	29211	30467
安 徽	Anhui	14329	16156	17862	18334	21471	21518
福 建	Fujian	15394	17178	18897	18626	20373	21050
江 西	**Jiangxi**	**8118**	**9046**	**10068**	**10372**	**12207**	**12853**
山 东	Shandong	25528	27480	29251	29248	33715	33236
河 南	Henan	19289	21268	23476	22503	24382	24407
湖 北	Hubei	18520	20598	22722	17985	21561	22165
湖 南	Hunan	13794	15134	16684	16258	18597	19051
广 东	Guangdong	36599	39767	42952	40208	44188	44883
广 西	Guangxi	7038	7664	8201	7831	8539	8539
海 南	Hainan	1729	1853	1951	1975	2498	2268
重 庆	Chongqing	9769	10705	11632	11787	13968	13926
四 川	Sichuan	17404	19341	21343	20825	24133	24105
贵 州	Guizhou	6449	7105	7468	7833	8904	8507
云 南	Yunnan	8195	9197	10158	9793	10732	10839
西 藏	Tibet	619	712	773	746	810	727
陕 西	Shaanxi	8611	9510	10213	9606	10250	10402
甘 肃	Gansu	3206	3436	3700	3632	4037	3922
青 海	Qinghai	843	900	949	877	948	842
宁 夏	Ningxia	1254	1330	1399	1301	1335	1338
新 疆	Xinjiang	3250	3429	3617	3063	3585	3240

21-11 各省(区、市)网上零售额(2022年)

Online Retail Sales of Provinces, Autonomous Regions and Municipalities (2022)

地区	Region	网上零售额(亿元) Online Retail Sales (100 million yuan)	比上年增长(%) Growth Rate (%)	#实物网上零售额(亿元) Online Retail Sales in Goods (100 million yuan)	比上年增长(%) Growth Rate (%)
全　国	**National Total**	**137853**	**4.0**	**119642**	**6.2**
北　京	Beijing	11153	-1.2	8190	-0.6
天　津	Tianjin	1851	13.1	1635	14.4
河　北	Hebei	4193	16.4	3892	16.8
山　西	Shanxi	847	15.2	701	21.1
内蒙古	Inner Mongolia	500	0.5	344	-1.2
辽　宁	Liaoning	2146	15.2	1818	14.2
吉　林	Jilin	555	-7.4	408	-9.5
黑龙江	Heilongjiang	744	4.5	618	4.9
上　海	Shanghai	11761	-10.0	9992	-10.9
江　苏	Jiangsu	12209	5.1	10783	7.0
浙　江	Zhejiang	19477	1.6	17307	9.8
安　徽	Anhui	3436	9.5	3019	11.4
福　建	Fujian	7738	9.3	7142	9.7
江　西	**Jiangxi**	**2599**	**18.1**	**2312**	**17.5**
山　东	Shandong	6699	7.5	5957	9.6
河　南	Henan	3666	13.1	3089	16.7
湖　北	Hubei	3744	7.2	3216	6.7
湖　南	Hunan	2549	11.3	2117	14.5
广　东	Guangdong	29478	5.6	27145	5.9
广　西	Guangxi	1057	8.4	786	15.0
海　南	Hainan	572	10.9	444	23.0
重　庆	Chongqing	1352	6.3	1003	11.0
四　川	Sichuan	4161	2.3	3419	5.5
贵　州	Guizhou	565	14.0	384	13.3
云　南	Yunnan	1081	5.1	810	7.3
西　藏	Tibet	91	-4.9	75	-4.9
陕　西	Shanxi	1644	8.7	1378	12.2
甘　肃	Gansu	293	1.7	224	14.4
青　海	Qinghai	83	3.8	53	6.2
宁　夏	Ningxia	167	-2.3	108	19.3
新　疆	Xinjiang	345	-7.7	258	-6.5

21-12 各省(市、区)货物进出口总值(2022年)

Total Value of Imports and Exports of Goods of Provinces, Autonomous Regions and Municipalities(2022)

地区	Region	人民币（亿元） RMB 100 million			美元（亿美元） USD 100 million		
		进出口总值 Total Imports & Exports	出口值 Exports	进口值 Imports	进出口总值 Total Imports & Exports	出口值 Exports	进口值 Imports
全国	**National Total**	**420678**	**239654**	**181024**	**63096**	**35936**	**27160**
北京	Beijing	36446	5890	30555	5465	882	4583
天津	Tianjin	8449	3804	4645	1268	572	696
河北	Hebei	5629	3407	2222	843	511	333
山西	Shanxi	1846	1211	634	277	182	96
内蒙古	Inner Mongolia	1524	630	893	228	94	133
辽宁	Liaoning	7907	3585	4323	1188	538	649
吉林	Jilin	1559	502	1056	234	75	159
黑龙江	Heilongjiang	2652	546	2106	397	81	316
上海	Shanghai	41903	17134	24769	6272	2564	3709
江苏	Jiangsu	54455	34816	19639	8178	5226	2952
浙江	Zhejiang	46837	34325	12511	7034	5158	1876
安徽	Anhui	7531	4764	2767	1131	714	417
福建	Fujian	19829	12141	7688	2975	1820	1155
江西	**Jiangxi**	**6713**	**5088**	**1625**	**1007**	**764**	**243**
山东	Shandong	33325	20356	12969	4994	3048	1947
河南	Henan	8524	5247	3277	1279	788	491
湖北	Hubei	6171	4209	1962	927	632	295
湖南	Hunan	7058	5155	1904	1054	770	284
广东	Guangdong	83103	53323	29780	12470	8000	4471
广西	Guangxi	6604	3705	2898	980	547	434
海南	Hainan	2009	723	1287	301	107	193
重庆	Chongqing	8158	5245	2913	1228	791	437
四川	Sichuan	10077	6215	3862	1512	931	580
贵州	Guizhou	801	524	278	119	78	41
云南	Yunnan	3342	1613	1730	500	241	259
西藏	Tibet	46	43	3	7	6	0.4
陕西	Shaanxi	4835	3011	1824	726	452	274
甘肃	Gansu	584	127	457	88	19	69
青海	Qinghai	43	27	16	6	4	2
宁夏	Ningxia	257	197	61	39	30	9
新疆	Xinjiang	2464	2091	372	367	311	56

注：该表统计数据为海关总署统计月报数据。

a)The statistics in this table are from the monthly statistical report of the General Administration of Customs.

21-13 各省(区、市)用电量

Electricity Consumption of Provinces, Autonomous Regions and Municipalities

单位：亿千瓦小时 (100 million kWh)

地 区	Region	2016年	2017年	2018年	2019年	2020年	2021年	2022年
北 京	Beijing	1020	1067	1142	1166	1140	1233	1281
天 津	Tianjin	808	806	855	878	875	982	991
河 北	Hebei	3265	3442	3666	3856	3934	4294	4344
山 西	Shanxi	1797	1991	2161	2262	2342	2608	2721
内蒙古	Inner Mongolia	2605	2892	3353	3653	3900	3957	4200
辽 宁	Liaoning	2037	2135	2302	2401	2423	2576	2551
吉 林	Jilin	668	703	751	780	805	843	852
黑龙江	Heilongjiang	897	929	974	996	1014	1089	1139
上 海	Shanghai	1486	1527	1567	1569	1576	1750	1746
江 苏	Jiangsu	5459	5808	6128	6264	6374	7101	7400
浙 江	Zhejiang	3873	4193	4533	4706	4830	5514	5799
安 徽	Anhui	1795	1921	2135	2301	2428	2715	2993
福 建	Fujian	1969	2113	2314	2402	2483	2837	2900
江 西	**Jiangxi**	**1183**	**1294**	**1429**	**1536**	**1627**	**1863**	**1983**
山 东	Shandong	5391	5430	6084	6219	6940	7383	7559
河 南	Henan	2989	3166	3418	3364	3392	3647	3908
湖 北	Hubei	1763	1869	2071	2214	2144	2472	2648
湖 南	Hunan	1496	1582	1745	1864	1929	2155	2236
广 东	Guangdong	5610	5959	6323	6696	6926	7867	7870
广 西	Guangxi	1360	1445	1703	1907	2029	2238	2217
海 南	Hainan	287	305	327	355	363	405	416
重 庆	Chongqing	925	997	1119	1160	1186	1341	1404
四 川	Sichuan	2101	2205	2459	2636	2865	3275	3447
贵 州	Guizhou	1242	1385	1482	1541	1586	1743	1744
云 南	Yunnan	1411	1538	1679	1812	2025	2139	2390
西 藏	Tibet	49	58	69	78	82	101	119
陕 西	Shaanxi	1357	1495	1594	1912	1741	2217	2378
甘 肃	Gansu	1065	1164	1290	1288	1376	1495	1501
青 海	Qinghai	638	687	738	716	742	858	922
宁 夏	Ningxia	887	978	1065	1084	1038	1158	1250
新 疆	Xinjiang	2316	2543	2686	2868	3099	3460	3466

注：本表数据来源于中国电力企业联合会，2022年数据为快报数

a) The data in this table are from China Electricity Council. The data in 2021 are express numbers.

21-14 各省(区、市)一般公共预算收入
General Public Budget Revenue of Provinces, Autonomous Regions and Municipalities

单位：亿元　　(100 million yuan)

地　区	Region	2017年	2018年	2019年	2020年	2021年	2022年
地方合计	**National Total**	**91469**	**97903**	**101081**	**100143**	**111084**	**108819**
北　京	Beijing	5431	5786	5817	5484	5932	5714
天　津	Tianjin	2310	2106	2410	1923	2141	1847
河　北	Hebei	3234	3514	3739	3826	4168	4084
山　西	Shanxi	1867	2293	2348	2297	2834	3454
内蒙古	Inner Mongolia	1703	1858	2060	2051	2350	2824
辽　宁	Liaoning	2393	2616	2652	2656	2766	2524
吉　林	Jilin	1211	1241	1117	1085	1144	851
黑龙江	Heilongjiang	1243	1283	1263	1153	1301	1291
上　海	Shanghai	6642	7108	7165	7046	7772	7608
江　苏	Jiangsu	8172	8630	8802	9059	10015	9259
浙　江	Zhejiang	5804	6598	7049	7248	8263	8039
安　徽	Anhui	2812	3049	3183	3216	3498	3589
福　建	Fujian	2809	3007	3053	3079	3383	3339
江　西	**Jiangxi**	**2247**	**2373**	**2487**	**2508**	**2812**	**2948**
山　东	Shandong	6099	6485	6527	6560	7284	7104
河　南	Henan	3407	3766	4042	4169	4354	4262
湖　北	Hubei	3248	3307	3389	2512	3283	3281
湖　南	Hunan	2758	2861	3007	3009	3251	3102
广　东	Guangdong	11320	12105	12655	12924	14105	13280
广　西	Guangxi	1615	1681	1812	1717	1800	1688
海　南	Hainan	674	753	814	816	921	832
重　庆	Chongqing	2252	2266	2135	2095	2285	2103
四　川	Sichuan	3578	3911	4071	4261	4773	4882
贵　州	Guizhou	1614	1727	1767	1787	1969	1886
云　南	Yunnan	1886	1994	2074	2117	2278	1949
西　藏	Tibet	186	230	222	221	216	180
陕　西	Shaanxi	2007	2243	2288	2257	2775	3312
甘　肃	Gansu	816	871	850	875	1002	908
青　海	Qinghai	246	273	282	298	329	329
宁　夏	Ningxia	418	437	424	419	460	460
新　疆	Xinjiang	1467	1531	1578	1477	1619	1889

注：本表数据为地方财政本级收入。由于体制调整，2022年新疆数据包含新疆生产建设兵团。

a) Data in the table refer to public budget revenue of local governments.

21-15 各省(区、市)一般公共预算支出
General Public Budget Expenditure of Provinces, Autonomous Regions and Municipalities

单位：亿元 (100 million yuan)

地 区	Region	2017年	2018年	2019年	2020年	2021年	2022年
地方合计	**National Total**	**173228**	**188196**	**203743**	**210583**	**210623**	**225039**
北 京	Beijing	6825	7471	7408	7116	7205	7469
天 津	Tianjin	3283	3103	3556	3151	3153	2740
河 北	Hebei	6639	7726	8309	9023	8848	9336
山 西	Shanxi	3756	4284	4711	5111	5047	5873
内蒙古	Inner Mongolia	4530	4831	5101	5270	5240	5885
辽 宁	Liaoning	4879	5338	5745	6014	5879	6253
吉 林	Jilin	3726	3790	3933	4127	3697	4044
黑龙江	Heilongjiang	4641	4677	5012	5449	5105	5452
上 海	Shanghai	7548	8352	8179	8102	8431	9393
江 苏	Jiangsu	10621	11657	12574	13682	14585	14903
浙 江	Zhejiang	7530	8630	10053	10082	11015	12018
安 徽	Anhui	6204	6572	7392	7474	7591	8379
福 建	Fujian	4684	4833	5078	5216	5205	5703
江 西	**Jiangxi**	**5111**	**5668**	**6387**	**6674**	**6779**	**7288**
山 东	Shandong	9258	10101	10740	11234	11713	12132
河 南	Henan	8216	9218	10164	10373	9784	10645
湖 北	Hubei	6801	7258	7970	8443	7934	8626
湖 南	Hunan	6869	7480	8034	8403	8326	9005
广 东	Guangdong	15037	15729	17298	17431	18247	18510
广 西	Guangxi	4909	5311	5851	6179	5807	5894
海 南	Hainan	1444	1691	1859	1972	1971	2096
重 庆	Chongqing	4336	4541	4848	4894	4835	4893
四 川	Sichuan	8695	9708	10348	11199	11216	11915
贵 州	Guizhou	4613	5030	5949	5739	5590	5849
云 南	Yunnan	5713	6075	6770	6974	6634	6700
西 藏	Tibet	1682	1971	2188	2211	2027	2594
陕 西	Shaanxi	4833	5302	5719	5930	6069	6766
甘 肃	Gansu	3304	3772	3952	4163	4033	4263
青 海	Qinghai	1530	1647	1864	1933	1855	1975
宁 夏	Ningxia	1373	1419	1438	1480	1428	1584
新 疆	Xinjiang	4637	5012	5315	5533	5377	6857

注：本表数据为地方财政本级支出。由于体制调整，2022年新疆数据包含新疆生产建设兵团。

a) Data in the table refer to public budget expenditure of local governments.

21-16 各省(区、市)各类价格指数(2022年) Price Indices of Provinces, Autonomous Regions and Municipalities (2022)

(上年同期=100) (preceding year=100)

地区	Region	居民消费价格指数 Consumer Price Indices	工业生产者出厂价格指数 Producer Price Index for Industrial Products	工业生产者购进价格指数 Purchasing Price Index for Industrial Products	农产品生产者价格指数 Producer Price Indices for Farm Products
全　国	**National Total**	**102.0**	**104.1**	**106.1**	**100.4**
北　京	Beijing	101.8	102.3	106.2	102.7
天　津	Tianjin	101.9	105.8	104.4	98.4
河　北	Hebei	101.8	100.5	104.7	103.5
山　西	Shanxi	102.1	111.4	109.7	104.0
内蒙古	Inner Mongolia	101.8	108.6	111.2	100.8
辽　宁	Liaoning	102.0	107.9	110.1	103.6
吉　林	Jilin	102.1	101.9	104.6	100.7
黑龙江	Heilongjiang	101.9	110.9	110.0	102.5
上　海	Shanghai	102.5	102.6	104.9	102.6
江　苏	Jiangsu	102.2	103.2	105.8	100.1
浙　江	Zhejiang	102.2	104.0	106.1	101.5
安　徽	Anhui	102.0	103.2	104.0	102.8
福　建	Fujian	101.9	102.9	105.2	100.8
江　西	**Jiangxi**	**102.0**	**103.5**	**109.4**	**97.5**
山　东	Shandong	101.7	105.1	105.8	100.6
河　南	Henan	101.5	105.0	105.7	97.2
湖　北	Hubei	102.1	103.4	107.8	100.6
湖　南	Hunan	101.8	102.0	104.8	103.6
广　东	Guangdong	102.2	103.0	104.1	100.1
广　西	Guangxi	101.9	102.5	107.3	100.8
海　南	Hainan	101.6	115.0	119.8	106.8
重　庆	Chongqing	102.1	102.3	104.4	98.7
四　川	Sichuan	102.0	102.8	105.8	99.1
贵　州	Guizhou	101.6	105.7	111.2	95.9
云　南	Yunnan	101.6	105.4	107.9	96.7
西　藏	Tibet	101.5	104.1		
陕　西	Shaanxi	102.1	107.3	106.2	104.4
甘　肃	Gansu	101.9	110.9	113.5	100.2
青　海	Qinghai	102.4	112.2	114.0	98.4
宁　夏	Ningxia	102.3	111.1	117.6	98.3
新　疆	Xinjiang	101.8	112.3	114.6	99.6

21-17 各省(区、市)全体居民人均可支配收入

Per Capita Disposable Income of Households of Provinces, Autonomous Regions and Municipalities

单位：元 (yuan)

地 区	Region	2017年	2018年	2019年	2020年	2021年	2022年
全国总计	**National Total**	**25974**	**28228**	**30733**	**32189**	**35128**	**36883**
北 京	Beijing	57230	62361	67756	69434	75002	77415
天 津	Tianjin	37022	39506	42404	43854	47449	48976
河 北	Hebei	21484	23446	25665	27136	29383	30867
山 西	Shanxi	20420	21990	23828	25214	27426	29178
内蒙古	Inner Mongolia	26212	28376	30555	31497	34108	35921
辽 宁	Liaoning	27835	29701	31820	32738	35112	36089
吉 林	Jilin	21368	22798	24563	25751	27770	27975
黑龙江	Heilongjiang	21206	22726	24254	24902	27159	28346
上 海	Shanghai	58988	64183	69442	72232	78027	79610
江 苏	Jiangsu	35024	38096	41400	43390	47498	49862
浙 江	Zhejiang	42046	45840	49899	52397	57541	60302
安 徽	Anhui	21863	23984	26415	28103	30904	32745
福 建	Fujian	30048	32644	35616	37202	40659	43118
江 西	**Jiangxi**	**22031**	**24080**	**26262**	**28017**	**30610**	**32419**
山 东	Shandong	26930	29205	31597	32886	35705	37560
河 南	Henan	20170	21964	23903	24810	26811	28222
湖 北	Hubei	23757	25815	28319	27881	30829	32914
湖 南	Hunan	23103	25241	27680	29380	31993	34036
广 东	Guangdong	33003	35810	39014	41029	44993	47065
广 西	Guangxi	19905	21485	23328	24562	26727	27981
海 南	Hainan	22553	24579	26679	27904	30457	30957
重 庆	Chongqing	24153	26386	28920	30824	33803	35666
四 川	Sichuan	20580	22461	24703	26522	29080	30679
贵 州	Guizhou	16704	18430	20397	21795	23996	25508
云 南	Yunnan	18348	20084	22082	23295	25666	26937
西 藏	Tibet	15457	17286	19501	21744	24950	26675
陕 西	Shaanxi	20635	22528	24666	26226	28568	30116
甘 肃	Gansu	16011	17488	19139	20335	22066	23273
青 海	Qinghai	19001	20757	22618	24037	25920	27000
宁 夏	Ningxia	20562	22400	24412	25735	27905	29599
新 疆	Xinjiang	19975	21500	23103	23845	26075	27063

21-18 各省(区、市)全体居民人均消费支出
Per Capita Consumption Expenditure of Households of Provinces, Autonomous Regions and Municipalities

单位：元 (yuan)

地 区	Region	2017年	2018年	2019年	2020年	2021年	2022年
全国总计	**National Total**	**18322**	**19853**	**21559**	**21210**	**24100**	**24538**
北 京	Beijing	37425	39843	43038	38903	43640	42683
天 津	Tianjin	27841	29903	31854	28461	33188	31324
河 北	Hebei	15437	16722	17987	18037	19954	20890
山 西	Shanxi	13664	14810	15863	15733	17191	17537
内蒙古	Inner Mongolia	18946	19665	20743	19795	22658	22298
辽 宁	Liaoning	20463	21398	22203	20672	23831	22604
吉 林	Jilin	15632	17200	18075	17318	19605	17898
黑龙江	Heilongjiang	15578	16994	18112	17056	20636	20412
上 海	Shanghai	39792	43351	45605	42536	48879	46045
江 苏	Jiangsu	23469	25007	26697	26225	31451	32848
浙 江	Zhejiang	27079	29471	32026	31295	36668	38971
安 徽	Anhui	15752	17045	19137	18877	21911	22542
福 建	Fujian	21249	22996	25314	25126	28440	30042
江 西	**Jiangxi**	**14459**	**15792**	**17651**	**17955**	**20290**	**21708**
山 东	Shandong	17281	18780	20428	20940	22821	22640
河 南	Henan	13730	15169	16332	16143	18391	19019
湖 北	Hubei	16938	19538	21567	19246	23846	24828
湖 南	Hunan	17160	18808	20479	20998	22798	24083
广 东	Guangdong	24820	26054	28995	28492	31589	32169
广 西	Guangxi	13424	14935	16418	16357	18088	18343
海 南	Hainan	15403	17528	19555	18972	22242	21500
重 庆	Chongqing	17898	19249	20774	21678	24598	25371
四 川	Sichuan	16180	17664	19338	19783	21518	22302
贵 州	Guizhou	12970	13798	14780	14874	17957	17939
云 南	Yunnan	12658	14250	15780	16792	18851	18951
西 藏	Tibet	10320	11520	13029	13225	15343	15886
陕 西	Shaanxi	14900	16160	17465	17418	19347	19848
甘 肃	Gansu	13120	14624	15879	16175	17456	17489
青 海	Qinghai	15503	16557	17545	18284	19020	17261
宁 夏	Ningxia	15350	16715	18297	17506	20024	19136
新 疆	Xinjiang	15087	16189	17397	16512	18961	17927

21-19 各省(区、市)城镇居民人均可支配收入

Per Capita Disposable Income of Urban Households of Provinces, Autonomous Regions and Municipalities

单位：元 (yuan)

地 区	Region	2017年	2018年	2019年	2020年	2021年	2022年
全国总计	**National Total**	**36396**	**39251**	**42359**	**43834**	**47412**	**49283**
北 京	Beijing	62406	67990	73849	75602	81518	84023
天 津	Tianjin	40278	42976	46119	47659	51486	53003
河 北	Hebei	30548	32977	35738	37286	39791	41278
山 西	Shanxi	29132	31035	33262	34793	37433	39532
内蒙古	Inner Mongolia	35670	38305	40782	41353	44377	46295
辽 宁	Liaoning	34993	37342	39777	40376	43051	44003
吉 林	Jilin	28319	30172	32299	33396	35646	35471
黑龙江	Heilongjiang	27446	29191	30945	31115	33646	35042
上 海	Shanghai	62596	68034	73615	76437	82429	84034
江 苏	Jiangsu	43622	47200	51056	53102	57744	60178
浙 江	Zhejiang	51261	55574	60182	62699	68487	71268
安 徽	Anhui	31640	34393	37540	39442	43009	45133
福 建	Fujian	39001	42121	45620	47160	51141	53817
江 西	**Jiangxi**	**31198**	**33819**	**36546**	**38556**	**41684**	**43697**
山 东	Shandong	36789	39549	42329	43726	47066	49050
河 南	Henan	29558	31874	34201	34750	37095	38484
湖 北	Hubei	31889	34455	37601	36706	40278	42626
湖 南	Hunan	33948	36698	39842	41698	44866	47301
广 东	Guangdong	40975	44341	48118	50257	54854	56905
广 西	Guangxi	30502	32436	34745	35859	38530	39703
海 南	Hainan	30817	33349	36017	37097	40213	40118
重 庆	Chongqing	32193	34889	37939	40006	43503	45509
四 川	Sichuan	30727	33216	36154	38253	41444	43233
贵 州	Guizhou	29080	31592	34404	36096	39211	41086
云 南	Yunnan	30996	33488	36238	37500	40905	42168
西 藏	Tibet	30671	33797	37410	41156	46503	48753
陕 西	Shaanxi	30810	33319	36098	37868	40713	42431
甘 肃	Gansu	27763	29957	32323	33822	36187	37572
青 海	Qinghai	29169	31515	33830	35506	37745	38736
宁 夏	Ningxia	29472	31895	34328	35720	38291	40194
新 疆	Xinjiang	30775	32764	34664	34838	37642	38410

21-20 各省(区、市)城镇居民人均消费支出
Per Capita Consumption Expenditure of Urban Households of Provinces, Autonomous Regions and Municipalities

单位：元 (yuan)

地 区	Region	2017年	2018年	2019年	2020年	2021年	2022年
全国总计	**National Total**	**24445**	**26112**	**28063**	**27007**	**30307**	**30391**
北 京	Beijing	40346	42926	46358	41726	46776	45617
天 津	Tianjin	30284	32655	34811	30895	36067	33824
河 北	Hebei	20600	22127	23483	23167	24192	25071
山 西	Shanxi	18404	19790	21159	20332	21966	21923
内蒙古	Inner Mongolia	23638	24437	25383	23888	27194	26667
辽 宁	Liaoning	25379	26448	27355	24849	28438	26652
吉 林	Jilin	20051	22394	23394	21623	24421	21835
黑龙江	Heilongjiang	19270	21035	22165	20397	24422	24011
上 海	Shanghai	42304	46015	48272	44839	51295	48111
江 苏	Jiangsu	27726	29462	31329	30882	36558	37796
浙 江	Zhejiang	31924	34598	37508	36197	42194	44511
安 徽	Anhui	20740	21523	23782	22683	26495	26832
福 建	Fujian	25980	28145	30946	30487	33942	35692
江 西	**Jiangxi**	**19244**	**20760**	**22714**	**22134**	**24587**	**25976**
山 东	Shandong	23072	24798	26731	27291	29314	28555
河 南	Henan	19422	20989	21972	20645	23178	23539
湖 北	Hubei	21276	23996	26422	22885	28506	29121
湖 南	Hunan	23163	25064	26924	26796	28294	29580
广 东	Guangdong	30198	30924	34424	33511	36621	36936
广 西	Guangxi	18349	20159	21591	20907	22555	22438
海 南	Hainan	20372	22971	25317	23560	27565	26418
重 庆	Chongqing	22759	24154	25785	26464	29850	30574
四 川	Sichuan	21991	23484	25367	25133	26971	27637
贵 州	Guizhou	20348	20788	21402	20587	25333	24230
云 南	Yunnan	19560	21626	23455	24569	27441	26240
西 藏	Tibet	21088	23029	25637	24927	28159	28265
陕 西	Shaanxi	20388	21966	23514	22866	24784	24766
甘 肃	Gansu	20659	22606	24454	24615	25757	25207
青 海	Qinghai	21473	22998	23799	24315	24513	21700
宁 夏	Ningxia	20219	21977	24161	22379	25386	24213
新 疆	Xinjiang	22797	24191	25594	22952	25724	24142

21-21 各省(区、市)农村居民人均可支配收入
Per Capita Disposable Income of Rural Households of Provinces, Autonomous Regions and Municipalities

单位：元 (yuan)

地 区	Region	2017年	2018年	2019年	2020年	2021年	2022年
全国总计	**National Total**	**13432**	**14617**	**16021**	**17131**	**18931**	**20133**
北 京	Beijing	24240	26490	28928	30126	33303	34754
天 津	Tianjin	21754	23065	24804	25691	27955	29018
河 北	Hebei	12881	14031	15373	16467	18179	19364
山 西	Shanxi	10788	11750	12902	13878	15308	16323
内蒙古	Inner Mongolia	12584	13803	15283	16567	18337	19641
辽 宁	Liaoning	13747	14656	16108	17450	19217	19908
吉 林	Jilin	12950	13748	14936	16067	17642	18134
黑龙江	Heilongjiang	12665	13804	14982	16168	17889	18577
上 海	Shanghai	27825	30375	33195	34911	38521	39729
江 苏	Jiangsu	19158	20845	22675	24198	26791	28486
浙 江	Zhejiang	24956	27302	29876	31930	35247	37565
安 徽	Anhui	12758	13996	15416	16620	18372	19575
福 建	Fujian	16335	17821	19568	20880	23229	24987
江 西	**Jiangxi**	**13242**	**14460**	**15796**	**16981**	**18684**	**19936**
山 东	Shandong	15118	16297	17775	18753	20794	22110
河 南	Henan	12719	13831	15164	16108	17533	18697
湖 北	Hubei	13812	14978	16391	16306	18259	19709
湖 南	Hunan	12936	14093	15395	16585	18295	19546
广 东	Guangdong	15780	17168	18818	20143	22306	23598
广 西	Guangxi	11325	12435	13676	14815	16363	17433
海 南	Hainan	12902	13989	15113	16279	18076	19117
重 庆	Chongqing	12638	13781	15133	16361	18100	19313
四 川	Sichuan	12227	13331	14670	15929	17575	18672
贵 州	Guizhou	8869	9716	10756	11642	12856	13707
云 南	Yunnan	9862	10768	11902	12842	14197	15147
西 藏	Tibet	10330	11450	12951	14598	16932	18209
陕 西	Shaanxi	10265	11213	12326	13316	14745	15704
甘 肃	Gansu	8076	8804	9629	10344	11433	12165
青 海	Qinghai	9462	10393	11499	12342	13604	14456
宁 夏	Ningxia	10738	11708	12858	13889	15337	16430
新 疆	Xinjiang	11045	11975	13122	14056	15575	16550

21-22 各省(区、市)农村居民人均消费支出
Per Capita Consumption Expenditure of Rural Households of Provinces, Autonomous Regions and Municipalities

单位：元 (yuan)

地 区	Region	2017年	2018年	2019年	2020年	2021年	2022年
全国总计	**National Total**	**10955**	**12124**	**13328**	**13713**	**15916**	**16632**
北 京	Beijing	18810	20195	21881	20913	23574	23745
天 津	Tianjin	16386	16863	17843	16844	19286	18934
河 北	Hebei	10536	11383	12372	12644	15391	16271
山 西	Shanxi	8424	9172	9728	10290	11410	12091
内蒙古	Inner Mongolia	12184	12661	13816	13594	15691	15444
辽 宁	Liaoning	10787	11455	12030	12311	14606	14326
吉 林	Jilin	10279	10826	11457	11864	13411	12729
黑龙江	Heilongjiang	10524	11417	12495	12360	15225	15162
上 海	Shanghai	18090	19965	22449	22095	27205	27430
江 苏	Jiangsu	15612	16567	17716	17022	21130	22597
浙 江	Zhejiang	18093	19707	21352	21555	25415	27483
安 徽	Anhui	11106	12748	14546	15024	17163	17980
福 建	Fujian	14003	14943	16281	16339	19290	20467
江 西	**Jiangxi**	**9870**	**10885**	**12497**	**13579**	**15663**	**16984**
山 东	Shandong	10342	11270	12309	12660	14299	14687
河 南	Henan	9212	10392	11546	12201	14073	14824
湖 北	Hubei	11633	13946	15328	14472	17647	18991
湖 南	Hunan	11534	12721	13969	14974	16951	18078
广 东	Guangdong	13200	15411	16949	17132	20012	20800
广 西	Guangxi	9437	10617	12045	12431	14165	14658
海 南	Hainan	9599	10956	12418	13169	15487	15145
重 庆	Chongqing	10936	11977	13112	14140	16096	16727
四 川	Sichuan	11397	12723	14056	14953	16444	17199
贵 州	Guizhou	8299	9170	10222	10818	12557	13172
云 南	Yunnan	8027	9123	10260	11069	12386	13309
西 藏	Tibet	6691	7452	8418	8917	10577	11139
陕 西	Shaanxi	9306	10071	10935	11376	13158	14094
甘 肃	Gansu	8030	9065	9694	9923	11206	11494
青 海	Qinghai	9903	10352	11343	12134	13300	12516
宁 夏	Ningxia	9982	10790	11465	11724	13536	12825
新 疆	Xinjiang	8713	9421	10318	10778	12821	12169

21-23 各省(区、市)农林牧渔业总产值及增长速度(2022年)

Gross Output Value and Growth Rate of Agriculture, Forestry, Animal Husbandry and Fishery of Provinces, Autonomous Regions and Municipalities (2022)

地区	Region	农林牧渔业总产值(亿元) Total Gross Output Value (100 million yuan)	#农业 Farming	#林业 Forestry	#牧业 Animal Husbandary	#渔业 Fishery	农林牧渔业总产值比上年增长(%) Growth Rate (%)
全国	**National Total**	**156066**	**84439**	**6821**	**40652**	**15468**	**4.4**
北京	Beijing	268	130	87	42	4	-2.0
天津	Tianjin	521	277	9	147	70	2.9
河北	Hebei	7667	4036	267	2392	342	4.6
山西	Shanxi	2212	1288	175	616	9	5.0
内蒙古	Inner Mongolia	4317	2208	108	1876	31	4.9
辽宁	Liaoning	5180	2258	162	1695	881	3.2
吉林	Jilin	3218	1513	69	1483	62	4.1
黑龙江	Heilongjiang	6718	4320	212	1843	148	2.5
上海	Shanghai	274	149	8	46	51	-1.1
江苏	Jiangsu	8734	4686	186	1294	1857	3.9
浙江	Zhejiang	3752	1770	183	406	1261	3.4
安徽	Anhui	6278	2937	473	1813	660	4.5
福建	Fujian	5503	2066	430	1066	1741	3.9
江西	**Jiangxi**	**4224**	**1917**	**417**	**1094**	**553**	**4.3**
山东	Shandong	12131	6207	227	3004	1730	4.8
河南	Henan	10952	6948	150	2832	147	5.1
湖北	Hubei	8939	4193	311	2128	1584	4.4
湖南	Hunan	8160	3973	477	2467	618	3.8
广东	Guangdong	8892	4308	549	1680	1898	4.8
广西	Guangxi	6939	3978	548	1510	576	5.0
海南	Hainan	2272	1237	119	340	467	3.5
重庆	Chongqing	3068	1882	176	801	137	4.5
四川	Sichuan	9860	5529	438	3282	343	4.5
贵州	Guizhou	4909	3314	340	941	80	4.2
云南	Yunnan	6636	3630	492	2192	120	5.5
西藏	Tibet	279	121	7	143	0	4.8
陕西	Shanxi	4602	3310	86	925	36	4.6
甘肃	Gansu	2681	1806	36	662	2	5.9
青海	Qinghai	566	238	13	302	4	4.6
宁夏	Ningxia	846	456	11	323	23	4.9
新疆	Xinjiang	5469	3754	53	1305	32	5.8

注：本表绝对数按当年价格计算，增长速度按可比价格计算。

a) Data in value terms in this table are calculated at current prices while the growth rate is calculated at constant prices.

21-24 各省(市、区)农村贫困人口(2010年标准)
Rural Poverty Population (2010 Standard) of Provinces, Autonomous Regions and Municipalities

单位：万人 (10 000 persons)

地　区	Region	2014	2015	2016	2017	2018	2019
全　国	**National Total**	**7017**	**5575**	**4335**	**3046**	**1660**	**551**
北　京	Beijing	.	.	.	.	.	.
天　津	Tianjin	.	.	.	.	.	.
河　北	Hebei	320	241	188	124	63	.
山　西	Shanxi	269	223	186	133	74	16
内蒙古	Inner Mongolia	98	76	53	37	14	.
辽　宁	Liaoning	117	86	59	39	24	.
吉　林	Jilin	81	69	57	41	26	9
黑龙江	Heilongjiang	96	86	69	50	27	.
上　海	Shanghai	.	.	.	.	.	.
江　苏	Jiangsu	61	.	.	.	.	.
浙　江	Zhejiang	45	.	.	.	.	.
安　徽	Anhui	371	309	237	158	67	.
福　建	Fujian	50	36	23	.	.	.
江　西	**Jiangxi**	**276**	**208**	**155**	**107**	**63**	**.**
山　东	Shandong	231	172	140	60	.	.
河　南	Henan	565	463	371	277	168	51
湖　北	Hubei	271	216	176	114	67	.
湖　南	Hunan	532	434	343	232	105	42
广　东	Guangdong	82	47	.	.	.	.
广　西	Guangxi	540	452	341	246	140	51
海　南	Hainan	50	41	32	23	7	.
重　庆	Chongqing	119	88	45	21	13	.
四　川	Sichuan	509	400	306	212	98	52
贵　州	Guizhou	623	507	402	295	173	53
云　南	Yunnan	574	471	373	279	179	66
西　藏	Tibet	61	48	34	20	13	4
陕　西	Shaanxi	350	288	226	169	83	17
甘　肃	Gansu	417	325	262	200	121	46
青　海	Qinghai	52	42	31	23	10	5
宁　夏	Ningxia	45	37	30	19	9	4
新　疆	Xinjiang	212	180	147	113	64	20

注：1. “.”表示数值较小，统计上不显著。

2. 2020年我国现行农村贫困标准下的农村贫困人口全部脱贫。

a) "." in the table refers to minimum number, and is statistically insignificant.

b) Till the Year 2020, all rural poverty population under China's current rural poverty standard has been lifted out of poverty.

21-25 各省(区、市)规模以上工业企业主要经济指标(一)(2022年)

Main Indicators of Industrial Enterprises above Designated Size of Provinces, Autonomous Regions and Municipalities (I) (2022)

单位：亿元 (100 million yuan)

地 区	Region	营业收入 Business Revenue	营业成本 Business Cost	销售费用 Selling Expenses	管理费用 Administrative Expenses	财务费用 Financial Expenses	利润总额 Total Profits
全 国	**National Total**	**1379098.4**	**1168426.4**	**31997.9**	**71238.8**	**9850.3**	**84038.5**
北 京	Beijing	26794.4	22310.9	1269.6	1568.5	128.6	1980.9
天 津	Tianjin	23537.1	20080.7	441.1	1074.8	117.8	1523.3
河 北	Hebei	52403.7	47132.4	948.3	2001.1	519.6	1261.2
山 西	Shanxi	37961.2	30397.5	478.3	1693.9	743.2	3633.4
内蒙古	Inner Mongolia	28158.2	21559.7	443.3	1007.2	398.9	4060.0
辽 宁	Liaoning	35854.2	30763.4	743.0	1465.2	344.1	1540.9
吉 林	Jilin	13835.9	11471.1	404.3	785.4	119.0	917.3
黑龙江	Heilongjiang	12418.8	10128.6	259.1	643.7	185.8	604.0
上 海	Shanghai	45264.8	37510.5	1433.4	3185.5	17.0	2793.6
江 苏	Jiangsu	161506.0	138124.9	3871.9	9249.0	703.5	9061.9
浙 江	Zhejiang	107956.6	92107.8	2668.4	6823.2	626.1	5863.6
安 徽	Anhui	49051.1	42521.9	1037.5	2474.5	287.8	2449.7
福 建	Fujian	70367.5	61346.1	1474.3	2781.2	325.5	4071.3
江 西	**Jiangxi**	**48295.5**	**41848.4**	**713.6**	**1781.3**	**241.2**	**3456.1**
山 东	Shandong	108019.9	94572.5	2139.0	4835.2	834.8	4473.2
河 南	Henan	60206.8	53255.8	1075.4	2267.8	573.2	2534.0
湖 北	Hubei	53789.9	45878.5	1280.5	2744.1	409.5	3139.6
湖 南	Hunan	47644.8	39668.6	1292.1	3148.0	320.0	2310.1
广 东	Guangdong	179878.2	151220.7	5677.4	12646.5	567.3	9460.9
广 西	Guangxi	23234.8	20861.2	345.2	771.3	218.5	702.3
海 南	Hainan	2944.3	2399.3	111.8	147.6	40.6	135.2
重 庆	Chongqing	28211.4	24190.3	685.1	1312.2	124.7	1683.8
四 川	Sichuan	54932.4	45044.9	1465.7	2383.9	510.8	4836.3
贵 州	Guizhou	10255.5	7785.7	246.6	621.0	189.6	1284.9
云 南	Yunnan	19682.8	15967.8	340.0	775.7	267.4	1330.5
西 藏	Tibet	498.5	360.8	9.4	40.6	18.7	61.5
陕 西	Shaanxi	35208.7	27051.0	608.3	1396.4	296.5	4570.3
甘 肃	Gansu	10960.4	9337.8	134.2	352.7	164.0	594.6
青 海	Qinghai	4544.0	3421.6	43.4	166.8	84.0	828.9
宁 夏	Ningxia	8107.3	6902.0	86.1	302.0	172.7	412.7
新 疆	Xinjiang	17573.8	13204.0	271.6	792.5	299.8	2462.3

注：本表为快报数据。

a) The data in the table are from preliminary reporting form.

21-26 各省(区、市)规模以上工业企业主要经济指标(二)(2022年)
Main Indicators of Industrial Enterprises above Designated Size of Provinces, Autonomous Regions and Municipalities (II) (2022)

单位：亿元 (100 million yuan)

地区	Region	亏损企业亏损总额 Total Loss of Loss-making Enterprises	流动资产合计 Total Current Assets	应收账款 Accounts Receivable	存货 Inventories	产成品 Finished Goods	资产总计 Total Assets	负债合计 Total Liabilities
全国	**National Total**	**15568.1**	**807645.9**	**216466.2**	**159134.4**	**60363.2**	**1561196.7**	**882994.2**
北京	Beijing	293.8	25976.0	5765.8	3468.6	1285.4	64237.4	28002.6
天津	Tianjin	360.7	12496.8	3397.7	2667.3	926.6	24752.1	13203.4
河北	Hebei	879.4	29651.1	6958.5	5545.0	2160.0	60192.4	37425.4
山西	Shanxi	796.3	29172.5	6673.2	3033.3	1291.6	59676.4	41330.5
内蒙古	Inner Mongolia	420.2	16234.4	3268.5	2479.2	948.1	42114.4	23294.1
辽宁	Liaoning	656.4	22045.3	5103.7	5186.3	1703.4	43477.2	26643.7
吉林	Jilin	308.4	8927.6	1926.3	1865.9	586.5	19382.1	10681.0
黑龙江	Heilongjiang	344.1	9348.3	2110.8	1655.4	565.3	19181.9	11628.6
上海	Shanghai	555.3	32037.7	9389.9	6627.1	2089.1	54298.1	26243.8
江苏	Jiangsu	1519.5	103067.9	34218.8	21735.3	8864.0	169623.2	92356.0
浙江	Zhejiang	989.6	71129.2	21182.3	14727.9	5980.0	125075.7	70201.8
安徽	Anhui	516.1	29189.3	9055.4	5516.2	2153.9	55493.6	30951.0
福建	Fujian	425.1	27558.4	6639.6	6245.7	2621.8	51807.6	27705.8
江西	**Jiangxi**	**235.3**	**17938.7**	**5035.7**	**3769.9**	**1467.6**	**33934.0**	**18730.5**
山东	Shandong	1469.3	64412.3	14912.2	13432.1	5434.7	119195.8	73376.8
河南	Henan	634.8	28120.5	7005.0	5597.2	2004.5	57668.8	32846.4
湖北	Hubei	592.1	24927.9	6292.6	5289.4	2031.6	51829.6	27685.2
湖南	Hunan	208.0	17348.3	5508.8	3576.9	1310.1	36454.6	18720.7
广东	Guangdong	1744.7	115668.2	31873.1	22895.0	8398.2	193540.2	111493.0
广西	Guangxi	295.9	12770.9	3371.5	2853.7	1197.3	25919.1	16692.7
海南	Hainan	58.9	1741.8	440.6	326.6	102.0	4528.5	2729.9
重庆	Chongqing	239.0	14260.5	4179.9	2389.9	957.6	26911.8	15012.2
四川	Sichuan	411.9	29354.8	7743.9	5992.6	2103.4	64081.6	35542.1
贵州	Guizhou	288.5	8211.2	1820.2	1934.3	460.0	18897.7	11593.6
云南	Yunnan	263.5	10528.9	2251.2	2877.0	798.3	26815.1	15057.2
西藏	Tibet	67.8	455.8	98.6	61.8	18.8	2297.6	1182.7
陕西	Shaanxi	281.7	20477.7	4620.2	3077.4	1275.3	44192.6	23804.2
甘肃	Gansu	186.7	5648.6	1357.9	1340.2	412.4	14787.9	8588.8
青海	Qinghai	87.4	2886.5	686.8	430.8	157.8	7439.7	4988.0
宁夏	Ningxia	186.1	4778.1	1093.6	746.6	315.7	13152.9	8527.6
新疆	Xinjiang	251.7	11281.0	2483.7	1789.9	742.1	30237.0	16754.8

21-27 各省(区、市)货运量和货物周转量(2022年)
Freight Traffic and Freight Ton-kilometers of Provinces, Autonomous Regions and Municipalities (2022)

地区	Region	货运量(万吨) Freight Traffic (10 000 tons)	#铁路 Railways	#公路 Highways	#水运 Waterways	货物周转量(亿吨公里) Freight Ton-kilometers (100 million ton-km)	#铁路 Railways	#公路 Highways	#水运 Waterways
全国	**National Total**	**5152571**	**498424**	**3711928**	**855352**	**231783**	**35945.7**	**68958.0**	**121003.1**
北京	Beijing	18918	368	18549		1017	791.6	225.4	
天津	Tianjin	52898	11754	30382	10761	2666	574.3	604.9	1486.6
河北	Hebei	232136	30212	196727	5197	14234	5506.0	7890.3	837.9
山西	Shanxi	211540	104514	107024	1	6473	3308.7	3164.3	0.0
内蒙古	Inner Mongolia	211615	84906	126709		5221	3079.7	2141.0	
辽宁	Liaoning	166281	22394	139403	4484	4611	1304.5	2777.5	529.1
吉林	Jilin	46467	5654	40813		1874	596.9	1276.7	
黑龙江	Heilongjiang	52119	12955	38616	547	1852	969.3	846.1	36.2
上海	Shanghai	141059	512	44846	95701	32370	20.7	844.4	31504.6
江苏	Jiangsu	279143	10010	159936	109197	11829	382.0	3207.6	8239.7
浙江	Zhejiang	321583	5453	205935	110195	13545	286.6	2650.4	10607.9
安徽	Anhui	394061	7912	245982	140167	11282	849.0	3696.0	6736.8
福建	Fujian	169091	4816	106939	57336	11340	206.4	1260.6	9873.3
江西	**Jiangxi**	**196926**	**5200**	**178366**	**13360**	**5120**	**619.1**	**4086.4**	**414.2**
山东	Shandong	334165	36174	276906	21085	14273	1896.7	7912.6	4464.2
河南	Henan	259983	12156	230055	17772	11751	2748.0	7716.2	1286.9
湖北	Hubei	209475	6279	144979	58217	7544	1224.1	2058.8	4261.3
湖南	Hunan	213251	4827	186123	22301	2932	1015.6	1465.0	450.9
广东	Guangdong	351809	11707	242474	97628	28078	362.7	2710.3	25005.0
广西	Guangxi	213331	9805	163219	40307	5173	741.4	1885.6	2545.9
海南	Hainan	30007	911	6844	22252	9964	13.0	39.5	9911.2
重庆	Chongqing	135491	1899	111915	21678	3880	303.7	1063.3	2513.2
四川	Sichuan	186423	8045	172329	6049	3202	1068.5	1858.0	275.6
贵州	Guizhou	94999	6672	87870	456	1417	680.2	722.9	14.2
云南	Yunnan	145857	6009	139217	630	2000	528.0	1463.4	8.4
西藏	Tibet	4024	91	3934		130	27.7	102.8	
陕西	Shaanxi	164723	43505	121188	30	4369	2497.9	1871.0	0.0
甘肃	Gansu	72945	8861	64084		3681	1990.2	1690.3	
青海	Qinghai	18467	3594	14874		703	527.4	175.3	
宁夏	Ningxia	48623	10160	38463		874	276.0	597.8	
新疆	Xinjiang	88293	21068	67225		2503	1549.6	953.6	

21-28 各省(区、市)入境旅游情况

Development of Overseas Visitor Arrivals of Provinces, Autonomous Regions and Municipalities

地 区	Region	入境游客（万人次） Number of Overseas Visitor Arrivals (10 000 Person-times)			外汇收入（万美元） Foreign Exchange Earnings from International Tourism (USD 10 000)		
		2017	2018	2019	2017	2018	2019
北 京	Beijing	392.56	400.41	376.90	512981	551639	519247
天 津	Tianjin	79.21	58.96	56.10	375147	110985	118254
河 北	Hebei	91.01	98.86	97.08	57869	64667	74023
山 西	Shanxi	67.00	71.35	76.22	35014	37798	40995
内蒙古	Inner Mongolia	184.83	188.08	195.83	124556	127210	134009
辽 宁	Liaoning	278.85	287.70	294.14	177806	173958	173903
吉 林	Jilin	148.43	143.75	136.58	76579	68585	61496
黑龙江	Heilongjiang	103.88	109.16	110.69	47958	53706	64593
上 海	Shanghai	719.33	742.04	734.69	669865	726139	824351
江 苏	Jiangsu	370.10	400.85	399.46	419472	464836	474356
浙 江	Zhejiang	589.06	456.76	467.11	358644	259579	266824
安 徽	Anhui	351.09	370.75	379.74	288078	318757	338769
福 建	Fujian	691.74	513.55	566.03	758803	282821	339845
江 西	**Jiangxi**	**174.69**	**191.78**	**197.17**	**62992**	**74538**	**86538**
山 东	Shandong	440.52	422.00	404.22	317404	329282	341314
河 南	Henan	155.89	167.25	180.35	66155	72323	94696
湖 北	Hubei	368.14	405.11	450.02	210474	237969	265416
湖 南	Hunan	322.28	365.08	466.95	129537	152041	225087
广 东	Guangdong	3654.52	3748.06	3731.39	1996040	2051174	2052131
广 西	Guangxi	512.44	562.33	623.96	239563	277773	351128
海 南	Hainan	111.95	126.36	143.59	68102	77052	97237
重 庆	Chongqing	224.85	279.98	297.11	194759	218989	252483
四 川	Sichuan	336.17	369.82	414.78	144654	151165	202379
贵 州	Guizhou	32.40	39.69	47.18	28327	31763	34503
云 南	Yunnan	667.69	706.08	739.02	355033	441800	514736
西 藏	Tibet	34.35	47.62	54.19	19751	24709	27907
陕 西	Shaanxi	383.74	437.14	465.72	270440	312666	336765
甘 肃	Gansu	7.88	10.01	19.82	2086	2830	5905
青 海	Qinghai	7.02	6.92	7.31	3829	3613	3336
宁 夏	Ningxia	6.53	8.82	12.66	3763	5587	6932
新 疆	Xinjiang	77.41	99.30	34.67	81081	94637	45400

注：2020年-2022年年数据暂未反馈。

a) The data from 2020 to 2022 are not available yet.

21-29 各省(区、市)客运量和旅客周转量(2022年)

Freight Traffic and Freight Ton-kilometers of Provinces, Autonomous Regions and Municipalities (2022)

地区	Region	客运量(万人) Freight Traffic (10 000 tons)	#铁路 Railways	#公路 Highways	#水运 Waterways	旅客周转量(亿人公里) Freight Ton-kilometers (100 million ton-km)	#铁路 Railways	#公路 Highways	#水运 Waterways
全国	**National Total**	**558738**	**167296**	**354643**	**11627**	**12921**	**6577.5**	**2407.5**	**22.6**
北京	Beijing	25055	3950	21105		89	43.6	45.0	
天津	Tianjin	8295	1311	6959	25	98	57.9	39.5	0.0
河北	Hebei	8410	4114	4296		382	345.4	36.8	
山西	Shanxi	6274	3716	2476	81	119	96.6	22.5	0.0
内蒙古	Inner Mongolia	3557	1712	1844		89	68.5	20.4	
辽宁	Liaoning	17579	4184	13151	244	269	201.1	66.3	1.7
吉林	Jilin	7417	2052	5318	47	122	81.5	41.0	0.0
黑龙江	Heilongjiang	9203	3070	6016	118	126	91.7	34.4	0.1
上海	Shanghai	7397	4313	2865	220	76	42.2	33.5	0.4
江苏	Jiangsu	47077	12842	32652	1582	621	416.7	203.5	0.6
浙江	Zhejiang	32659	12360	17938	2360	491	348.0	139.2	3.5
安徽	Anhui	14672	7301	7284	87	484	407.8	75.6	0.1
福建	Fujian	16567	6378	9651	538	260	191.7	68.1	0.5
江西	**Jiangxi**	**16217**	**6386**	**9734**	**97**	**456**	**394.2**	**61.3**	**0.1**
山东	Shandong	17536	8471	8247	818	415	313.8	98.3	3.2
河南	Henan	26828	7512	19189	127	640	470.3	169.1	0.2
湖北	Hubei	26050	8433	17412	205	475	377.6	96.2	0.8
湖南	Hunan	38244	9779	27641	823	687	538.7	146.6	1.8
广东	Guangdong	42329	17714	23730	884	723	526.8	193.8	2.3
广西	Guangxi	20654	5974	14479	201	378	245.2	131.8	0.8
海南	Hainan	6688	1840	3447	1400	60	28.8	28.2	3.0
重庆	Chongqing	19634	4824	14432	378	207	127.4	77.9	1.3
四川	Sichuan	40221	9679	29816	726	393	223.1	168.6	0.9
贵州	Guizhou	20323	4580	15537	205	320	207.2	112.2	0.4
云南	Yunnan	16698	4724	11690	284	248	143.7	103.3	0.5
西藏	Tibet	630	240	390		22	11.6	10.1	
陕西	Shaanxi	13372	4825	8496	50	279	216.0	62.7	0.1
甘肃	Gansu	8013	2444	5544	26	209	176.7	32.2	0.0
青海	Qinghai	1118	366	721	31	43	33.1	10.2	0.0
宁夏	Ningxia	2701	434	2195	71	37	17.5	19.0	0.0
新疆	Xinjiang	12149	1766	10384		193	133.1	60.0	

2022年江西统计调查大事记

1月

1月5日　省统计局报送的《争取今年最好结果实现明年强劲开局》获省委副书记、代省长叶建春批示。

1月5日　省统计局党组书记、局长方向军率队赴上饶市走访慰问，并调研乡村振兴帮扶工作。

1月6日　省统计局报送的《1-11月各设区市主要经济指标情况》获省委副书记、代省长叶建春批示，省委常委、常务副省长梁桂圈阅。

1月6日　省统计局召开以“深入贯彻落实习近平总书记关于统计工作重要论述，为推动江西统计高质量发展贡献力量”为主题的青年干部座谈会。

1月10日　省统计局报送的《全省规模以上生产性服务业稳健发展》获省委副书记、代省长叶建春，省委常委、常务副省长梁桂等省领导批示。

1月11日　省统计局报送的《2020年江西省文化及相关产业增加值突破千亿》获省委副书记、代省长叶建春，省委常委、常务副省长梁桂等省领导批示。

1月13日　省统计局召开党史学习教育总结会议。

1月14日　省统计局召开以“深入贯彻落实习近平总书记视察江西提出的‘作示范、勇争先’目标要求，奋力开创江西统计工作新局面”为主题的处级干部座谈会。

1月19日　省委副书记、赣州市委书记吴忠琼到省统计局走访调研。

1月20日　省统计局报送的《关于我省“五上”企业入库工作的情况报告》获省委常委、常务副省长梁桂批示。

1月21日　省委常委、省委组织部部长吴浩指导省统计局党史学习教育专题民主生活会。

1月22日　省统计局报送的《增量扩容成效显著成长培育仍需加力——2021年全省新入库“五上”单位情况分析》获省人大常委会党组书记、副主任赵力平批示。

1月24日　省统计局报送的《油菜种植形势良好农户期盼不容忽视》获省委副书记、省长叶建春批示。

1月27日　省统计局报送的《增速保持稳定结构仍需优化——2021年全省固定资产投资情况解析》获省委常委、常务副省长梁桂批示。

1月30日　省统计局报送的《2021年江西工业实现“十四五”良好开局》获省委副书记、省长叶建春圈阅，省委常委、副省长任珠峰批示。

2月

2月9日　省统计局报送的《恢复态势明显后势还需关注——2021年江西规模以上服务业运行情况简析》获省委副书记、省长叶建春圈阅，省委常委、常务副省长梁桂批示。

2月17日　省统计局召开2022年全省统计工作会议。

2月17日　省统计局举办全省统计系统领导干部理论和业务知识培训班。

2月25日　省统计局召开全面从严治党工作会议。

2月28日　省统计局报送的《数量质量双提升　“三难”问题需重视》获省委常委、常务副省长梁桂，省委常委、副省长任珠峰批示。

3月

3月1日　省委副书记、省长叶建春主持召开省政府常务会议，听取我省统计监督工作情况汇报。

3月2日　省统计局报送的《小微企业运行稳营商环境再提升》获省委副书记、省长叶建春，省委常委、常务副省长梁桂批示。

3月3日　省统计局召开打造让党放心、人民满意的模范机关动员部署会。

3月8日至10日　省统计局党组书记、局长方向军率队赴赣州市调研一季度经济形势和统计基层基础工作。

3月14日　省统计局召开全局领导干部会议传达学习全国两会和全省领导干部会议精神。

3月16日　省委副书记、省长叶建春到省统计局走访调研。

3月16日　省统计局召开党组扩大会议传达学习省委副书记、省长叶建春在省统计局调研时的讲话精神。

3月16日　省统计局报送的《1-2月全省主要经济指标情况汇报》获省委副书记、省长叶建春批示。

3月22日　省统计局召开局党组会议部署省委巡视、预算审计和国家统计督察整改工作。

3月23日　省统计局举行“3.23”警示教育活动。

3月24日　省统计局召开落实疫情防控要求做好统计工作视频会议。

3月24日　江西省第五次全国经济普查筹备领导小组及办公室正式成立。

3月30日　省统计局召开局长办公会贯彻落实《2022年国家统计局年度重点工作督促检查事项》。

4月

4月3日　省统计局党组书记、局长方向军赴南昌市实地督导检查一季度企业联网直报工作，并主持召开经济运行分析研判会议。

4月7日　省统计局召开统计服务数字经济做优做强“一号发展工程”动员部署视频会议。

4月14日　省统计局召开党组扩大会议传达学习贯彻李克强总理考察江西重要讲话要求。

4月25日　省统计局报送的《江西油菜种植现状与发展优势》获副省长罗小云批示。

4月27日　省统计局召开全省统计系统经济运行分析研判会。

4月27日下午　副省长罗小云到省统计局调研，并召开统计部门、农业农村部门座谈会。

5月

5月5日　省统计局报送的《疫情后提振消费：企业怎么看？下一步怎么办？》获省委副书记、省长叶建春批示。

5月5日　省统计局报送的《“五一”期间“不停工、不停产”统计监测报告》获省委副书记、省长叶建春批示。

5月6日　省统计局报送的《一季度各设区市主要经济指标情况》获省委副书记、省长叶建春批示。

5月6日　省统计局荣获2021年度省直机关绩效考核优秀等次。

5月7日　省统计局报送的《企业复工复产呈“三稳”态势面临“四难”需加力化解》获省委书记易炼红批示。

5月13日　省统计局报送的《服务业中小微企业纾困政策效应与问题调研报告》获省委书记易炼红，省委常委、常务副省长梁桂批示。

5月13日　省统计局报送的《3-4月大宗商品消费遭遇“速冻”二季度需精准发力抢抓“天时”》获省委书记易炼红，省委副书记、省长叶建春，省委常委、常务副省长梁桂等省领导批示。

5月16日　省统计局召开全省统计干部业务知识视频培训会。

5月18日　省统计局报送的《文化产业恢复发展开局起步积极向好——2022年一季度全省文化产业发展情况》获省委常委、省委宣传部长庄兆林批示。

5月18日　省统计局报送的《精准施策稳定投资如何发力？》获省委副书记、省长叶建春，省委常委、常务副省长梁桂等省领导批示。

5月18日　省统计局荣获“2021年度全省法治政府建设优秀单位”称号。

5月20日　省统计局荣获2021年度全面依法治省考评优秀等次。

5月24日　省统计局党组书记、局长方向军率队赴南昌小蓝经开区调研经济形势并召开座谈会。

5月中下旬　省统计局局领导带队，分6个组赴各设区市开展经济形势大调研。

5月31日　省统计局报送的《1-4月各设区市主要经济指标情况》获省委副书记、省长叶建春，省委常委、常务副省长梁桂等省领导批示。

6月

6月2日　省统计局报送的《农业生产总体稳定不利因素需要关注》获副省长罗小云批示。

6月2日　省统计局与江西总队联合召开全省统计法治工作视频座谈会，省委常委、常务副省长梁桂出席会议并讲话。

6月10日　省统计局开展2022年安全生产月防火消防安全知识培训。

6月10日　省统计局综合处冷晴被授予2021-2022年度江西省“青年岗位能手”荣誉称号。

6月17日　省统计局报送的《开局即提速首破四万家——前5个月全省“五上”单位培育情况》获省委副书记、省长叶建春批示，省委常委、常务副省长梁桂和省委常委、副省长任珠峰圈阅。

6月24日　省统计局召开统计造假不收手、不收敛问题专项纠治工作动员部署视频会议。

6月27日　省统计局党组书记、局长方向军参加所在党支部狠抓工作落实专题组织生活会。

6月28日　赣南等原中央苏区振兴发展战略实施十周年座谈会在江西赣州召开。省委书记易炼红出席并讲话。国家统计局财务司司长刘恒受邀参加座谈会。

7月

7月14日　省统计局召开江西省第五次全国经济普查国家专项试点工作布置视频会议。

7月17日　省统计局报送的《稳经济政策落地显效，全省经济平稳回升——上半年全省经济运行情况》获省委常委、副省长任珠峰批示。

7月18日　省统计局荣获2021年度全省政府系统“五型”政府建设先进集体荣誉称号。

7月21日　省委办公厅、省政府办公厅印发《<关于更加有效发挥统计监督职能作用的若干措施>的通知》。

7月22日　国家统计局2022年第4统计督察组进驻江西省开展统计督察“回头看”工作。

7月22日　国家统计局党组成员、副局长盛来运在南昌市调研经济形势，省委常委、常务副省长梁桂陪同调研。

7月25日　省统计局报送的《市场主体保持活力，非公经济平稳增长——2022年上半年全省非公有制经济运行情况分析》获省委副书记、省长叶建春批示，省委常委、常务副省长梁桂圈阅。

7月25日　省统计局党组召开全面从严治党形势分析会。

7月27日　省直机关工委书记叶仁荪一行到省统计局专题调研打造模范机关工作。

7月28日　省委书记易炼红、省长叶建春分别主持召开省委常委会议、省政府常务会议，传达学习《防范和惩治统计造假、弄虚作假重要文件汇编》精神。

8月

8月1日　省统计局召开庆“八一”退役军人座谈会。

8月12日　省委副秘书长、省委办公厅主任沈谦芳一行到省统计局调研指导。

8月12日　省统计局报送的《上半年全省文化产业营业收入增长9.7%》获省委副书记、省长叶建春，省委常委、省委宣传部部长庄兆林批示。

8月10日—12日　国家统计局调研组来江西调研指导第五次全国经济普查专项试点工作。

8月16日　省委常委、常务副省长梁桂在南昌新建区主持召开国家统计督察“回头看”和统计执法检查立行立改现场推进会。

8月24日　省委、省政府向国家统计局联合呈报《江西：红色统计的发祥与发扬》调研文章。

8月31日　省统计局报送的《消费市场平稳增长 下行风险日趋凸显》获省委副书记、省长叶建春批示。

9月

8月31—9月2日　国家统计局调研组来江西指导五经普国家专项试点工作。

9月9日　省统计局报送的《持续高温干旱致农作物面临减产—秋季经济作物生产形势调查情况分析》获省委副书记、省长叶建春，省委常委、常务副省长梁桂批示。

9月13日　江西省第五次全国经济普查网站正式开通。

9月13日　省委召开财经委会议，研究部署国家统计督察“回头看”发现问题整改工作。

9 月 15 日　省统计局开展集体廉政谈话。

9 月 16 日　省统计局党组书记、局长方向军监誓，省统计局新任命国家工作人员向宪法宣誓。

9 月 18 日　省统计局报送的《总量跃升结构优化消费品市场成就辉煌》获省委副书记、省长叶建春和省委副书记、赣州市委书记吴忠琼批示，省委常委、常务副省长梁桂圈阅。

9 月 26 日　省委常委、省纪委书记、省监委主任马森述在省统计局对口帮扶的南昌小蓝经济技术开发区调研。

9 月 28 日　《光明日报》刊发中共江西省委理论学习中心组署名文章《江西：红色统计事业的发祥与发扬》。9 月 29 日，《江西日报》全文转载。

10 月

10 月 10 日　省统计局举办江西省第十三届“中国统计开放日”活动。

10 月 12 日　省政府办公厅印发《关于进一步夯实统计基层基础全面提升统计能力和水平若干措施的通知》。

10 月 12 日　省统计局召开“江西这十年”系列主题新闻发布会（统计工作专题）。

10 月 14 日　省统计局报送的《两纲事业稳步推进妇女儿童更加幸福——党的十八大以来江西经济社会发展成就之二十二》获省委常委、副省长任珠峰批示。

10 月 14 日　省委组织部、省委党史研究室、省统计局共同编著的《新时代江西这十年》正式出版。

10 月 16 日　省统计局集中收听收看党的二十大开幕会盛况。

10 月 21 日　省统计局核算处肖茜文获省直机关“喜迎二十大 奋进新征程”演讲比赛优秀奖。

10 月 25 日　省统计局开展法制教育宣传平安江西志愿者活动。

10 月 25 日　省统计局召开党组扩大会议传达学习贯彻党的二十大精神。

10 月 28 日　省统计局报送的《三季度全省规上工业企业景气与信心指数持续下滑》获省委常委、副省长任珠峰批示。

10 月 28 日　省统计局与省社科院合作完成报送的调研课题《江西文化制造向“文化智造”转型升级的困难挑战与对策建议》获省委常委、常务副省长梁桂批示。

10 月 28 日　省统计局编撰的《牢记嘱托担使命 感恩奋进谱新篇》一书成为江西省二十大代表的参会资料书。

11 月

11 月 1 日　省统计局报送的《揽胜青山当策马，咬定目标不放松——消费品市场发展向好，三重制约仍需加力化解》获省委副书记、省长叶建春和省委常委、常务副省长梁桂圈阅。

11 月 1 日　《江西统计年鉴（2021）》获全省专业年鉴特等奖。

11 月 2 日　省统计局报送的《前三季度全省非公有制经济增加值增长 5.4%》获省委副书记、省长叶建春和省委常委、常务副省长梁桂批示。

11 月 4 日　江西省第七次全国人口普查总结表彰会议在南昌召开。

11 月 8 日　省统计局报送的《全省开发区发展总体平稳、分化加剧》获省委副书记、省长叶建春批示。

11 月 15—17 日　省统计局党组书记、局长方向军赴南昌市、赣江新区宣讲党的二十大精神，调研经济形势以及统计工作。

11 月 29 日　省统计局召开党组扩大会议，传达学习贯彻省委十五届三次全会精神。

12 月

12 月 2 日　省统计局青年干部理论学习小组赴省博物馆开展学习贯彻落实党的二十大精神实地参观活动。

12 月 8 日　省统计局报送的《全省规上工业利润增速大幅回升》获省委常委、常务副省长梁桂，省委常委、副省长任珠峰批示。

12月12日　省统计局人口和就业统计处荣获“江西省社会保障工作先进集体”称号。

12月16日　省委、省政府召开国家统计督察“回头看”反馈意见整改工作动员会，省委常委、常务副省长梁桂主持并讲话。

12月16日　省统计局召开全省统计系统贯彻落实国家统计督察“回头看”反馈意见整改工作动员会议。

12月26日　省统计局连续9年捐衣献爱心。